연려술속燃藜述續 1

이 책은 2024년도 정부(교육부)의 재원으로
한국고전번역원의 지원을 받아 수행된 특수고전협동번역사업의 결과물임

연려술속 燃藜述續 1

번역과 주해

김용흠·원재린·김정신 역주

혜안

책머리에

조선후기 정치사는 흔히 당쟁사로 인식되었다. 조선왕조 국가의 멸망 원인으로서 지금까지도 당쟁망국론이 거론될 정도로 당쟁은 조선후기 정치사를 부정적으로 묘사하는 개념이 되었다. 16세기에 붕당이 형성된 이후 이를 기반으로 삼아서 전개된 정치적 대립과 갈등을 17세기 붕당정치, 18세기 탕평정치, 19세기 세도정치로 유형화하여 이해하는 시각이 제시되기도 하였지만 당쟁에 대한 부정적 인식이 크게 불식되지는 못하였다.

조선후기 정치사에서 개인의 권력욕이나 사리사욕, 당리당략에 의한 모략과 음모 등이 난무한 것은 사실이지만 이것만으로 모든 정치적 갈등을 설명할 수는 없다. 여기에는 개인의 권력욕이나 당리당략을 합리화하는 논리와 이에 의거하여 기득권을 유지 고수하려는 세력만이 있었던 것이 아니라 민생을 안정시켜 국가를 유지 보존하려는 세력과 논리도 역시 존재하였다. 이들은 현실 정치 속에서 서로 대립 갈등할 수밖에 없었는데, 당론서에는 바로 이러한 배경 속에서 발생한 다양한 사건들과 갈등 당사자들의 현실인식, 사유형태 등이 풍부하게 담겨 있다. 당론서를 통해서 표출된 주장과 논리는 이처럼 정책과도 긴밀하게 연관되어 있었다.

조선후기에는 당쟁이 격렬하였던 것만큼이나 각 당파의 정당성을 주장하는 수많은 당론서가 생산되고 필사를 통해 전파되었다. '당론서(黨論書)'란 17세기 이후 서인과 남인의 대립 갈등이 격화되는 가운데 생성되어, 이후 노론과 소론, 시파와 벽파의 갈등을 거치면서 각 정파의 행적과 논리의 정당성을 천명하기 위해 의도적으로 편찬된 자료를 지칭한다. 당론서는 국가의 공식 기록인 《조선왕조실록》이나 《승정원일기》와 같은 연대기, 또는 개인이나 문중에서 편찬하는 문집이나 전기류 등과는 구별되는 독특한 체제와 내용을 담고 있다.

여기에는 해당 시기 정계와 학계를 주도했던 인물들의 정치 행적뿐만 아니라 그들의 현실인식과 세계관, 이에 입각하여 정치적 과제를 설정하고 대처해 나가는 모습 등이 구체적으로 담겨있다. 이에 대해서 당대의 사회경제적 제반 조건과 관련지어 체계적이고 과학적으로 분석해야만 조선후기 정치적 갈등이 정책과 어떻게 관련되어 있는지를 드러낼 수 있을 것이다. 따라서 당론서는 조선후기 정치사를 과학적으로 인식하는 관건이 되는 자료라고 말할 수 있다.

조선후기 당론서는 현재 확인되는 것만도 그 규모가 방대하고 대부분이 한문 원자료 상태로 남아 있어 일반인의 접근이 어려운 것이 현실이다. 그리고 일부 번역된 것도 있지만 원문 번역에 그쳐서 일반인이 이해하기는 쉽지 않다는 문제가 있었다. 그리하여 관련 연구자가 전공 지식에 바탕을 두고 정밀한 역주를 통해서 친절하게 안내할 필요가 있다는 지적이 있어왔다.

본서의 번역에 참여한 세 사람의 전임연구원들은 모두 조선시대 정치사, 정치사상사 전공자들로서 다년간에 걸쳐서 당론서 번역 사업을 수행해왔다. 2006년에는 한국연구재단의 지원을 받아서 '당론서 3종 번역과 주석 및 표점 작업'을 진행하여 《갑을록(甲乙錄)》(소론), 《아아록(我我錄)》(노론), 《동소만록(桐巢漫錄)》(남인)을 번역하는 사업을 완료하고, 《동소만록》은 2017년에 간행하였다. 이어서 2013년과 2014년에는 '신규장각 자료구축사업'의 일환으로 서울대 규장각 한국학연구원의 지원을 받아 한국학자료총서로서 『사도세자의 죽음과 그 후의 기억-《현고기(玄皐記)》 번역(飜譯)과 주해(註解)』(2015), 『충역의 시비를 정하다-《정변록(定辨錄)》 역주』(2016)를 간행하였다. 이와 병행하여 2011년에는 한국역사연구회, 2016년에는 한국사상사학회 주관으로

학술대회를 통해서 연구 성과를 발표하기도 하였다. 또한 한국고전번역원의 '특수고전 정치사분야 협동번역사업'의 일환으로 2015년 《형감(衡鑑)》, 2016년 《족징록(足徵錄)》과 《진감(震鑑)》, 2017년 《유문변록(酉門辨錄)》과 《대백록(待百錄)》 등의 번역이 완료되었고, 2019년 《형감》(혜안)을, 2020년 《대백록》(혜안)을 각각 출간한 바 있다.

2단계 사업성과인 《동남소사(東南小史)》와 《수문록(隨聞錄)》, 《황극편(皇極編)》은 특수고전협동번역사업(정치사) 우수 성과 원고 출판지원을 받아 연차별로 다음과 같이 마무리할 수 있었다. 2021년 《동남소사》와 《수문록 1》을 시작으로, 2022년에는 《수문록 2》와 《황극편 1》, 2023년에는 《황극편 2》와 《황극편 3》, 2024년에는 《황극편 4》와 《황극편 5》를 각각 출간하였다.

현재는 3단계 사업으로 《연려술속(燃藜述續)》과 《신임기년제요(辛壬紀年提要)》에 대한 번역·주석 작업을 진행 중에 있으며, 그 중 완료된 《연려술속》 권1~8에 대해서 예의 특수고전협동번역사업 우수 성과 원고 출판지원을 받아 2025년부터 순차적으로 출판할 예정이다.

《연려술속》은 경종대 정치 상황을 다루고 있다. 경자년(1720, 숙종46) 6월 4일부터 정미년(1727, 영조3) 8월 5일까지를 포괄하고 있다. 편자는 미상이며, 대체로 소론(少論) 완론(緩論) 입장에서 해당 시기 노·소론(老少論) 사이에서 벌어졌던 정치적 갈등을 단대사(單代史) 형태로 정리하였다. 이긍익(李肯翊)의 《연려실기술(燃藜室記述)》과의 연관성 여부는 아직 명확히 밝혀져 있지 않지만 《연려실기술》에서 다루고 있지 않은 시기를 정리했다는 점에서 상호 보완적인 성격을 띠고 있는 것은 분명한 것 같다.

《연려술속》은 모두 9권 9책으로 구성되어 있는데, 본 사업단은 전체를 4책으로 나누어 《연려술속》 권1~2를 《연려술속 1》로, 권3~4를 《연려술속 2》로, 권5~6을 《연려술속 3》으로, 권7~9를 《연려술속 4》로 출간할 예정이다.

《연려술속 1》은 숙종 사후(死後)로부터 1721년(경종1) 10월 17일까지 시기를, 《연려술속 2》는 1721년 10월 17일부터 1722년(경종2) 3월 27일까지를 다루고 있다. 해당 시기는 경종이 즉위하면서 정국 주도권을 둘러싸고 소론과 노론 간 갈등과 대립이 격화되던 때로서, 이로 인해 신축년(辛丑年, 1721, 경종1) 환국과 임인년(壬寅年, 1722, 경종2) 옥사가 발생하였는데, 그 과정에서 전개된 노·소론 간 당쟁이 밀도 있게 묘사되어 있다.

본 사업을 진행하면서 많은 분들의 도움을 받았다. 한국고전번역원의 김언종 원장님, 전임 원장이신 신승운 선생님을 위시한 여러 임직원분들이 당론서의 사료 가치를 공유하고 적극적으로 지원하여 이 사업이 완수될 수 있었다. 《연려술속》 역주본의 출간을 앞두고 진심으로 감사를 표하는 바이다. 또한 한국고전번역원 출범의 산파 역할을 했던 유기홍 전 국회의원의 적극적인 후원에도 감사드린다. 연세대학교 국학연구원의 김현주 원장님과 전임 김성보 원장님 이하 임직원 여러분들의 도움에도 감사드린다.

그리고 세 사람의 전임연구원과 함께 20년이 넘는 기간 같이 전공 세미나를 전개하며 물심양면으로 도움을 준 정호훈, 구만옥, 정두영 선생 등과도 출간의 기쁨을 함께 나누고 싶다. 당론서를 비롯한 국학 자료 출판에 애정을 갖고 더딘 번역 작업을 인내심을 갖고 기다려 주신 혜안 출판사 오일주 사장님과 난삽한 원고를 깔끔하게 정리해주신 김현숙, 김태규 선생께도 감사드린다.

2025년 2월 김용흠

차례

번 역

燃藜述續 一 校勘·標點

《연려술속 1》 해제

1.《연려술속》의 구성과 내용

본 역주서는 연세대학교 소장 필사본《연려술속(燃藜述續)》([그림1·3·5])을
저본으로 한다. 전체 9권 9책으로 구성되었으며, 다루는 시기는 경자년(1720,
숙종46) 6월 4일부터 정미년(1727, 영조3) 8월 5일까지로서, 해당 시기의
주요 정치적 사건을 날짜별로 기록하였다. 편자는 미상이지만, 제목에서도
알 수 있듯이《연려실기술(燃藜室記述)》처럼 소론측에서 편찬한 것은 분명해
보인다. 내용 또한 대체로 소론(少論) 완론(緩論) 입장에서 해당 시기 노·소론(老
少論) 사이에서 벌어졌던 정치적 갈등을 단대사(單代史)로 정리하였다. 이
점에서 이 책은 이긍익(李肯翊, 1736~1806)이 편찬한 것으로 알려진《연려실기
술》을 보완하는 형태를 띠고 있다.

《연려실기술》은 원집(原集) 33권, 속집(續集) 7권, 별집(別集) 19권 등으로
구성되어 있다. 원집이 포괄하는 시기는 태조(太祖) 이래 현종(顯宗)까지 283년
간(1392~1674)으로 해당 시기 주요 정치적 사건을 기사본말체(紀事本末體)
형식에 따라 정리해 놓았다. 속집은 숙종조 47년간(1674~1720)의 정치적
사건들을 원집의 형식대로 정리해 두었다. 별집은 역대 관직과 제도 등
전고(典故)를 정리하였다.

《연려술속》은 정치적 사건을 정리한《연려실기술》의 원집을 이어서 경종
즉위로부터 영조대 초반까지의 당쟁사를 편년체(編年體) 방식으로 보충해

놓았다. 숙종대를 다룬 《연려실기술》 속집은 누군가에 의해 추보(追補)된 것으로 추정되는데, 경종대를 다룬 《연려술속》 또한 이를 본받은 것이다. 다만 속집까지 이어지던 기사본말체 편찬 방식 대신 편년체로 정리한 이유는 아직 밝혀지지 않았다.

각 권별로 다루는 시기는 다음과 같다. 권1은 1720년(숙종46) 6월 4일부터 1721년(경종1) 5월 16일까지, 권2는 1721년 6월 4일부터 동년 10월 17일까지, 권3은 10월 17일부터 12월 12일까지, 권4는 1721년 12월 13일부터 1722년(경종2) 3월 27일까지, 권5는 3월 27일부터 5월 6일까지, 권6은 5월 7일부터 8월 28일까지, 권7은 9월 1일부터 1723년(경종3) 4월 9일까지, 권8은 4월 14일부터 1724년(경종4) 11월 16일까지, 권9는 11월 17일부터 1727년(영조3) 8월 5일까지이다.

《연려술속》은 성균관대학교 존경각(尊經閣) 소장 이본(異本, [그림2·4·6])이 더 있는데, 역시 편자 미상의 9권 9책 필사본이다. 두 필사본에서 현재까지 발견된 분량이나 구성상 차이는 거의 없다. 교차 검토해 본 결과 문자 간 다소의 출입이 있을 뿐, 대체로 연세대본과 동일하였다. 연세대본에는 필사 과정에서 오탈자를 교정하였는데([그림7]), 존경각본에는 그것을 거의 반영하여 수정하였다([그림8]). 그렇지만 간간이 수정이 안 된 것도 발견되었다.

연세대본은 서너 가지 서로 다른 필적으로 필사되어 있어서 여러 사람이 필사한 것을 알 수 있는데, 존경각본은 한 사람의 필적으로 정결하게 필사되어 있다. 그리고 연세대본의 판형에 맞추어 필사하여 매 쪽마다 시작과 끝 글자가 대부분 일치되어 있다.

그런데 존경각본은 필사 과정에서 기사를 누락한 것이 보인다[그림9·10]. 아마도 전체적으로 필사한 후 누락된 기사를 세필로 교정하여 보충한 것 같다. 이렇게 기사를 누락하면서 연세대본과 판형이 달라졌다.

글자 수를 기준으로 볼 때 두 본 모두 대략 31만 자 내외의 볼륨을 유지하고 있다. 다만 연세대본의 경우 권9에서 두주(頭註) 형태로 9선사 가량이 존경각본에 비해 더 가필(加筆)되었다([그림10·11]).

[그림1] 연대본 권1 표지

[그림2] 존경각본 권1 표지

[그림3] 연대본 권9 표지

[그림4] 존경각본 권9 표지

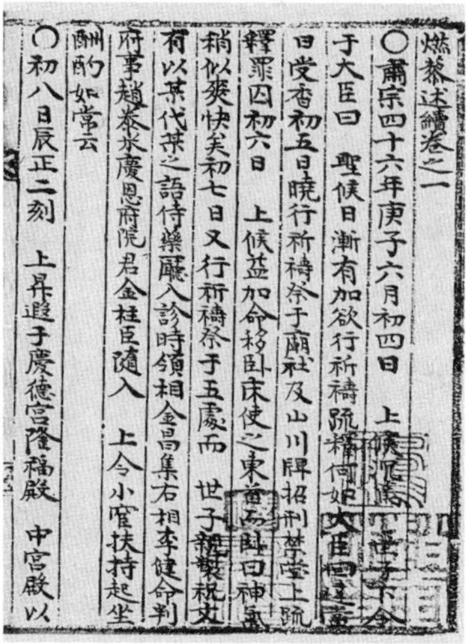

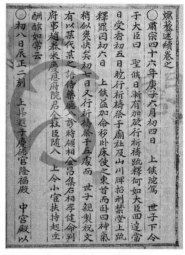

燃藜述續卷之一
○肅宗四十六年庚子六月初四日 上候沈篤 世子下令
于大臣曰 聖候日漸有加欲行祈禱疏釋何如大臣回達當
日受香初五日曉行祈禱祭于廟社及山川岬招刑禁堂上疏
釋罪囚初六日 上候益加命移卧床使之東首而卧曰神氣
稍似爽快矣初七日又行祈禱祭于五處而 世子親製祝文
有以某代某之語侍藥廳入診時領相金昌集右相李健命判
府事趙泰采慶恩府院君金柱臣隨入 上令小宦扶持起坐
酬酢如常云
○初八日辰正二刻 上昇遐于慶德宮隆福殿 中宮殿以

[그림5] 연대본 권1, 1쪽

燃藜述續卷之
○肅宗四十六年庚子六月初四日 上候沈篤 世子下令
于大臣曰 聖候日漸有加欲行祈禱疏釋何如大臣回達當
日受香初五日曉行祈禱祭于廟社及山川岬招刑禁堂上疏
釋罪囚初六日 上候益加命移卧床使之東首而卧曰神氣
稍似爽快矣初七日又行祈禱祭于五處而 世子親製祝文
有以某代某之語侍藥廳入診時領相金昌集右相李健命判
府事趙泰采慶恩府院君金柱臣隨入 上令小宦扶持起坐
酬酢如常云
○初八日辰正二刻 上昇遐于慶德宮隆福殿 中宮殿以

[그림6] 존경각본 권1, 1쪽

後快於其心歟母子之間人所難言雖於敵以下亦不敢顯言
直斥以傷孝子心而志述乃敢曰明施典章興憤少洩有若幸
殿下罔極之變快國家不幸之事者然噫渠若有一分人心嚴
畏之意則其何敢費君絶母少不顧藉若是之肆然耶其斁敗
倫紀慢蔑君父可謂無餘地矣此賊終逭王章偃息於覆載之
間則臣恐環東土數千里將未免淪胥入於夷狄禽獸之域而
莫之救也伏願 殿下先將志述付之攸司亟正邦刑使彝倫
無壞輿憤少洩云云○同日忠清道幼學洪瀹等疏曰目今新
化之初賊臣志述倡起絶母之議於闕倫彝斁絶義理晦塞賢
茲敢叶率同志之士仰籲於 嚴廬之下臣等謹按詩風之蓼

[그림7] 연대본 권1(1720년 11월 4일)

後快於其心歟母子之間人所難言雖於敵以下亦不敢顯言
直斥以傷孝子心而志述乃敢曰明施典章興憤少洩有若幸
殿下罔極之變快國家不幸之事者然噫渠若有一分人心嚴
畏之意則其何敢費君絶母少不顧藉若是之肆然耶其斁敗
倫紀慢蔑君父可謂無餘地矣此賊終逭王章偃息於覆載之
間則臣恐環東土數千里將未免淪胥入於夷狄禽獸之域而
莫之救也伏願 殿下先將志述付之攸司亟正邦刑使彝倫
無壞輿憤少洩云云○同日忠清道幼學洪瀹等疏曰目今新
化之初賊臣志述倡起絶母之議於賢關倫彝斁絶義理晦塞
茲敢叶率同志之士仰籲於 嚴廬之下臣等謹按詩風之蓼

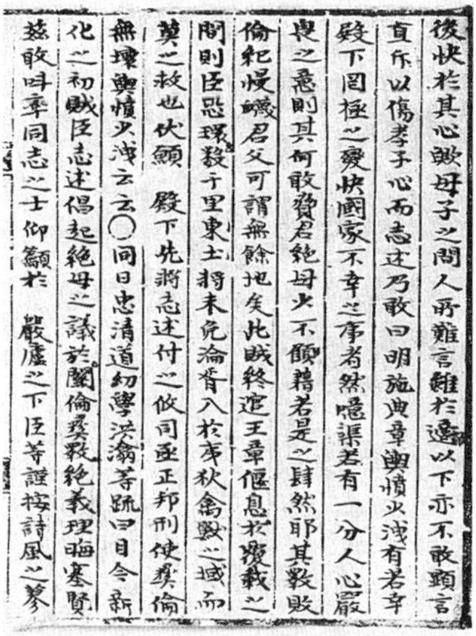

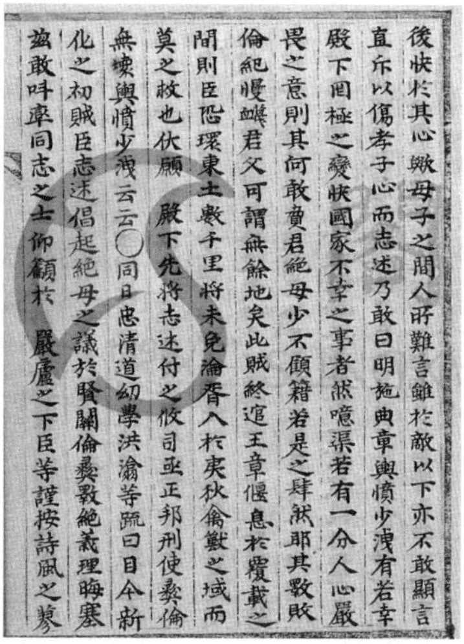

[그림8] 존경각본 권1(1722년 1월 10일)

○初八日政院啓兵判李光佐以守禦使辭疏未下 批不得
行公 傳曰疏批雖未下卽爲牌招開政○謝恩江華留守沈
壽賢
○初十日 傳曰今番 明陵展謁時 世弟隨駕 展謁吉日二月初九
日○引見時 傳曰刑判金錫衍判尹尹憲柱政差閉于大臣
從二品中差出○引見時右相首陳逆豎伏法輿憤火洩而金
夢祥宣泄宮闈之言乞允臺啓又言三朝視膳之外頻接 春
宮或講論經史或探討義理 兩宮之間和氣融洽則雖有妖
邪輩不敢螮蝀於大明之下矣又云大小臣僚半夜倉皇全集
闕下前席陳達旣承摘發正法之敎追聞外議臣與領相陳劄
五十五

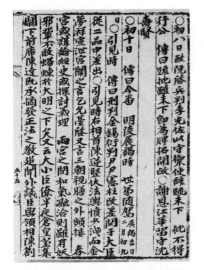

[그림9] 연대본 권4(1722년 1월 10일)

○初八日政院啓兵判李光佐以守禦使辭疏未下 批不得
行公 傳曰疏批雖未下卽爲牌招開政○謝恩江華留守沈
壽賢
○初十日 傳曰今番 明陵展謁時 世弟隨駕 展謁吉日二月初九
○引見時 傳曰刑判金錫衍判尹尹憲柱政差閉于大臣從二品中差出
日○引見時右相首陳逆豎伏法輿憤火洩而金夢祥宣泄宮
閫之言乞允臺啓又言三朝視膳之外頻接 春宮或講論經
史或探討義理 兩宮之間和氣融洽則雖有妖邪輩不敢螮
蝀於大明之下矣又云大小臣僚半夜蒼皇全集闕下前席陳
達旣承摘發正法之敎追聞外議臣與領相陳劄請鞫兩司合
啓爭執旣已準請設鞫之後鎭日加刑竟至輸情夬正邦刑有

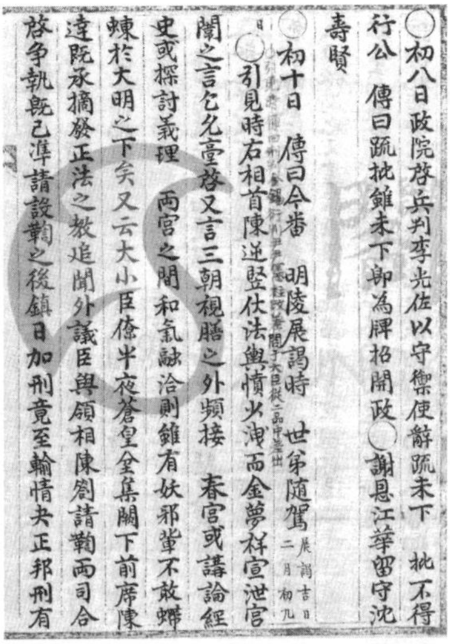

[그림10] 존경각본 권4(1722년 1월 10일)

○十五日內局提調閔鎭遠○洪禹傳李東常黃梓放送金鎭
商洪錫輔量移
○十六日山陵行幸○備忘記方萬規疏旨意凶慘不可以一
時投畀以懲日後亂說噫語犯其親爲臣子者其可不切齒痛
卞不可不一番親覈以明倫常拿鞫○李天海拿來囚○李師
尙南海島置洪錫輔恩津量移○方萬規原情更推刑十五度
直指○上幸 懿陵天海於駕前亂言 上親鞫天海發論慘
不忍聞之凶言累施刑訊而竟不直告指嗾之人後戊申逆亂
時任遷供云甲辰乙巳年間天海以凶言被誅此則有翼維賢
做出凶言而使之也世弘有翼內外相應後始發此言曰其時

[그림11] 연대본 권9(1725년 1월 16일)

○十五日內局提調閔鎭遠○洪禹傳李東常黃梓放送金鎭
商洪錫輔量移
○十六日山陵行幸○備忘記方萬規疏旨意凶慘不可以一
時投畀以懲日後亂說噫語犯其親爲臣子者其可不切齒痛
卞不可不一番親覈以明倫常拿鞫○李天海拿來囚○李師
尙南海島置洪錫輔恩津量移○方萬規原情更推刑十五度
直指○上幸 懿陵天海於駕前亂言 上親鞫天海發論慘
不忍聞之凶言累施刑訊而竟不直告指嗾之人後戊申逆亂
時任環供之甲辰乙巳年間天海以凶言被誅此則有翼維賢
做出凶言而使之也世弘有翼內外相應後始發此言曰其時

[그림12] 존경각본 권9(1725년 1월 16일)

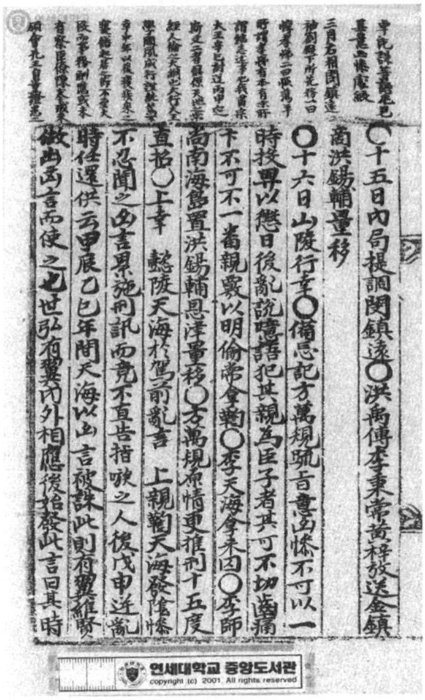

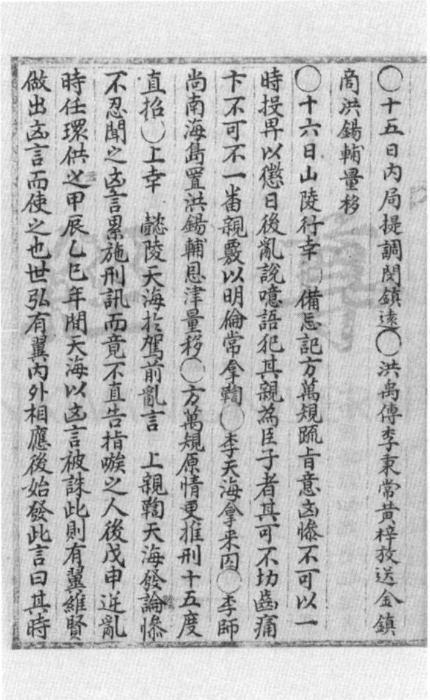

구성에서는 권1의 경우 연세대본은 1721년(경종원년) 5월 16일까지 다루고 있는 반면 존경각본에서는 5월 6일, 8일, 27일 기사가 더 있다. 권6의 경우 존경각본에서는 1722년(경종2) 5월 7일부터 8월 29일까지로 연세대본 보다 하루 늦게 시작하여 끝에서 하루치 기사를 더 기록해 놓은 것이 차이라면 차이이다.

본서에서 밀도 있게 다루고 있는 주요한 정치 현안은 경종대 신축년(1721, 경종1) 환국과 임인년(1722, 경종2) 옥사 그리고 영조대 정미환국(丁未換局, 1727)까지의 노·소론간 격렬한 정치적 대립과 갈등을 빚게 된 원인과 그 전개 양상, 그리고 사후 처결 과정 등이다.

선조(宣祖)대 사림(士林)이 동인(東人)과 서인(西人)으로 분열되어 다투다가 결국 광해군대 북인(北人) 정권의 성립으로 귀결되었고, 1623년 인조반정(仁祖反正)으로 서인이 최종 승리자가 되었다. 인조반정은 서인이 주도하였지만 남인의 협찬을 받아서 성공할 수 있었으므로 이후 서인 주도 아래 남인이 참여하여 공존하였다. 그렇지만 두 당파 사이의 갈등은 결국 파국으로 갈 수밖에 없었다. 현종대(顯宗代) 예송(禮訟)과 숙종대(肅宗代) 환국(換局)이 그것을 보여준다.

숙종대 당쟁에서는 두 가지 큰 특징이 드러났는데, 하나는 당쟁으로 인한 국가의 위기를 극복하기 위해 탕평론(蕩平論)이 등장하여, 이에 대한 찬반을 두고 서인이 노론(老論)과 소론(少論)으로 분열되었다는 점이고, 다른 하나는 숙종의 후계 구도와 관련된 왕위계승 문제가 당쟁의 직접적인 요인으로 작용하였다는 점이다.

경종은 장희빈의 아들이었고, 장희빈이 중전으로 있는 동안 정국 주도세력은 남인이었다. 숙종이 서인의 지지를 받는 인현왕후(仁顯王后)에게서 후사가 없자 장희빈 소생을 후계자로 지명하고, 이에 반발하는 서인을 내치고 남인을 불러들인 것이 1689년 기사환국이었다. 그 결과 송시열(宋時烈)과 김수항(金壽恒)으로 대표되는 노론이 주로 화를 입었다.

기사환국 이후 정국을 주도했던 남인들은 국정 운영과 관련된 새로운 비전을 제시하지 못하고, 서인에 대한 보복에만 매달렸다. 이로써 남인과 서인 사이에 물밑에서 진행된 치열한 정탐정치(偵探政治)의 결과 서인이 승리하여 1694년 갑술환국으로 다시 국면이 전환되었다.

갑술환국 이후 인현왕후가 복위되자 장희빈의 아들인 세자는 그 지위가 불안해질 수밖에 없었다. 당시 정국을 주도하였던 소론 탕평파는 남인을 그 당색 자체로 부정해서는 안 된다는 탕평론을 견지하면서도 왕위계승에 대한 숙종의 고민을 소홀히 한 것이 기사환국으로 귀결되었다고 반성하고 세자인 경종을 보호하기 위해 노력하였다. 이로 인해 인현왕후에 대한 의리를 내세우는 노론의 집요한 반발을 받았다.

그렇지만 숙종이 세자를 적극 보호하겠다는 의지를 표명하며 남구만(南九萬)·최석정(崔錫鼎) 등 소론 탕평파 대신들에게 힘을 실어주었으므로, 세자를 부정하려는 노론의 시도는 1701년(숙종27, 신사) 장희빈이 사사된 뒤에도 별다른 성과를 거두지 못하였는데, 1716년 병신처분(丙申處分)으로 노론이 정국을 주도하게 되면서 소론 탕평파는 정치적 위기에 몰리지 않을 수 없었다.

병신처분으로 소론 탕평론에 의거한 탕평책(蕩平策)이 파탄되고 노론의 당파적 의리가 국가의 공인을 받으면서, 노론은 세자 교체의 의지를 노골적으로 드러냈다. 이전에 세자 보호 의지를 강력하게 표명했던 숙종은 이때부터 세자를 교체할 수도 있다는 가능성을 열어두었던 것으로 보인다. 신료들 다수를 차지하고 있던 노론이 집권한 이상 세자가 국정을 책임지고 운영하기는 어렵다고 보았던 것이다. 이러한 상황에서 후계자 문제에 대한 숙종의 모색이 1717년(숙종43) 정유독대(丁酉獨對)와 세자에 대한 대리청정(代理聽政) 하교로 나타났다.

숙종은 말년에 질병으로 인해 군주로서의 일상적인 업무 처리가 어려웠으므로 대리청정은 불가피한 일이었는데, 신료들 사이에서는 세자의 실수를 노린 정치적 음모라는 해석이 나올 정도로 세자에 대한 노론의 적대감은

팽배해 있었다. 더구나 정유독대에서 숙종이 노론에게 세자 교체 가능성을 시사하고, 그로 인해 발생할 수 있는 파행적 사태에 대비하라고까지 말한 것은 정탐정치에 익숙해 있던 노론에게 날개를 달아준 격이 되었다.

경종이 즉위하자마자 노론 측에서는 후계자 문제를 제기하였다. 그리하여 연잉군(延礽君)을 세제(世弟)로 책봉하게 한 뒤, 이어서 경종의 질병을 문제 삼아 세제의 대리청정을 추진하였다. 숙종 말년에 대리청정을 할 때부터 자신에게 적대적인 노론 정승들에게 둘러싸여 늘 국정 운영에 소극적이었던 경종은 세제 책봉은 수용하였지만 대리청정 주장이 나오고 이에 대한 소론의 반발이 있자 정국 주도 세력을 노론에서 소론으로 교체하였다. 이것이 1721년 신축환국이다.

신축환국으로 소론이 정국 주도권을 다시 갖게 되었는데, 이것은 노론측의 과도한 권력욕이 부른 반작용이기도 하였다. 경종과 소론은 노론이 주도한 세제책봉은 수용할 수밖에 없었지만 세제의 대리청정 주장으로 경종을 인정하지 않겠다는 노론의 본심이 드러나자 일치단결하여 노론을 몰아낼 수 있었다. 이것은 어쩌면 경종이 은인자중하면서 노론의 무리를 유도해서 가능했던 일인지도 모른다.

그 이듬해인 1722년(임인, 경종2)에 남인 목호룡이 경종을 시해하려는 노론측의 음모를 고변하였다. 이른바 '삼수(三手)'가 그것으로서, 직접 칼로 베어 죽이는 대급수(大急手), 수라에 독약을 타서 죽이는 소급수(小急手), 숙종의 유언을 위조하여 폐출하는 평지수(平地手) 등이었다.

고변은 이이명(李頤命)을 통해서 숙종의 밀지를 받은 김용택(金龍澤)과 이천기(李天紀) 등이 주도하고, 여기에 이이명과 김창집(金昌集)의 자질들이 다수 가담했다는 내용으로 확대되어, 이건명(李健命)·조태채(趙泰采)와 함께 노론 정승 네 명이 사사되고 수십 명이 처벌받는 대규모 옥사가 발생하였다. 이것이 이른바 임인옥사(壬寅獄事)로서, 노론측에서는 이것을 고문으로 조작하였다고 주장하였지만, 김창집·이이명 등이 그 빌미를 제공한 것을 부정할 수 없었다. 어쨌든 이것은 당쟁이 왕위 계승과 결부되면서 빚어진 참극인 것만은 분명하였다.

한편 소론 전체가 탕평론을 추종한 것은 아니었으므로, 신임옥사 이후 집권한 소론 내부에서도 입장 차이가 표면화되어 소론이 분열되었다. 탕평론을 부정하고 노론 전체를 제거하려는 급소(急少), 탕평론을 견지하면서도 경종에 대한 불충을 노골적으로 드러낸 노론에 대해 원칙론을 적용하여 강력한 처벌을 주장한 준소(峻少), 그리고 진정한 탕평을 위해서 일부 원칙을 굽혀서라도 노론을 포용해야 한다는 완소(緩少) 등으로 분열되었다.

탕평론을 견지했던 준소와 완소는 경종에게 충성하면서도 세제도 보호해야 한다는 입장이었으므로 영조가 즉위한 이후 탕평책을 강력하게 주장할 수 있었지만, 탕평론을 부정했던 급소는 영조에 의해 제거되는 운명을 피할 수 없었다.

경종은 1701년(辛巳) 생모가 사사된 뒤부터 음양으로 노론의 공격에 노출되어 있다가 20여 년 만에 즉위하였으므로, 궁중 안에서 겪은 스트레스가 보통 사람의 상상을 넘어선 것이었을 것이다. 그가 후사가 없고, 늘 질병에 시달린 것은 우연이 아니었던 것이다.

그렇지만 그는 수시로 변화되는 권력의 향방 속에서 자신이 할 일이 무엇인지를 분명하게 자각한 군주였던 것으로 보인다. 그는 적극적으로 정국을 주도하는 것은 포기하는 대신, 은인자중하면서 노론의 무리수를 유도하여 결국 생모의 원수를 갚고 죽었던 것이다. 그러면서도 이복동생인 연잉군과 우애하여 영조 탕평책이 펼쳐질 수 있는 공간을 열어주고 죽은 것이 그의 업적 아닌 업적이 되었다.

《연려술속》은 이처럼 경종대 정치적 갈등을 사실에 입각하여 구체적인 기록으로 남겼다는 점에서 중요한 사료적 가치를 지닌다. 자료 제목에서도 드러났듯이 이 자료는 소론측 입장의 정당성을 천명할 목적으로 편찬되었다고 볼 수 있으므로, 노론측의 《신임기년제요(辛壬紀年提要)》와 함께 이 시기의 정치사를 객관적으로 파악하려면 간과할 수 없는 자료라고 할 수 있다. 특히 경종대 정치에 대한 기억이 이후 영조대 정치사 전개의 핵심 축을 형성하였으므로 영조 탕평책을 이해하기 위해서도 관건으로서의 의의가 있을 것이다.

본 사업단은 《연려술속》 9권 9책을 네 권으로 나누어 번역하고 주석을 붙였으며, 한국고전번역원이 제시한 원칙에 따라서 원문을 입력하고 교감(校勘)·표점(標點)하였다. 《연려술속》 권1과 권2를 《연려술속 1》로, 권3과 권4를 《연려술속 2》로, 권5와 권6을 《연려술속 3》으로, 권7~9를 《연려술속 4》로 구분하고, 올해 《연려술속 1》과 《연려술속 2》를 간행하게 되었다.

2. 《연려술속 1》 해제

1) 권1 : 노론의 정국 주도와 소론의 반격

《연려술속》이 날짜별로 기록하는 편년체로 서술되어 있다는 것은 앞서 언급하였다. 《연려술속 1》은 《연려술속(燃藜述續)》 권1과 권2를 번역 주해한 것인데 1720년 숙종이 사망한 6월 4일부터 1721년 10월 17일까지의 기사를 수록하였다.

권1에서는 1720년 6월 4일부터 1721년 5월 16일까지의 사건을 기록하였다. 숙종 말년 노론이 집권한 상태에서 경종이 즉위하였는데, 노론측에서는 노론의 의리를 경종에게 확인받으려 하고, 소론측에서는 노론의 정국 운영에서 드러난 허점을 공격하는 양상을 볼 수 있다.

권1에서 가장 먼저 주목되는 기사는 7월 21일 용인(龍仁) 유학(幼學) 조중우(趙重遇)가 올린 상소문이다. 그는 해당 글에서 경종 즉위년 폐서인(廢庶人) 된 장희빈(張禧嬪)의 작위를 회복해야 힌다고 주상하면서 추보(追報)의 도리는 《예경(禮經)》에 분명히 나와 있고, 어미가 자식 덕분에 귀해지는 것은 《춘추(春

秋)》의 대의(大義)라고 강조하였다.

이에 노론 주도의 승정원에서 장희빈의 사사는 선왕대의 처분임을 내세워 조중우를 비난하면서 유배 보낼 것을 청하였다. 숙종대 병신처분(丙申處分, 1716)을 기점으로 노론이 전권을 장악한 상황에서 소론으로서는 자파가 지지하는 경종의 의중을 파악하고, 정국의 주도권을 되찾아올 계기로 삼고자 했다. 따라서 해당 상소문은 양측간 본격적인 대립을 알리는 신호탄이었다.

다음으로 주목되는 기사는 8월 30일 인사 적체 문제와 관련하여 올린 승지 송성명(宋成明)의 상소이다. 그는 능력과 상관없이 당파가 다르다는 이유로 등용되지 못하는 현실과 홍문록(弘文錄)에 오른 뒤에 한 번도 실직(實職)에 오르지 못한 현실을 지적하고, 노론인 조상건(趙尙健)·김상옥(金相玉)을 꼭 집어서 그 등용에 반대하였다.

또한 전 승지 김일경(金一鏡)의 상소에 대한 비답이 내려왔을 때 입직(入直)했던 승지가 비밀리에 사알(司謁)을 불러서 미품(微稟)하여 고치기를 청하고, 이를 이서(吏胥)에게 비밀에 부친 사실을 지적하며 황선(黃璿)의 파직을 주장하였다. 해당 상소는 전조(銓曹)의 권한을 빼앗으려는 의도로 간주되어 노론의 반발을 샀으며, 이후 환국을 초래한 원인의 하나로 자리하였다.

9월 6일에서는 대사성 황귀하(黃龜河)를 통해 장의(掌議) 윤지술(尹志述)의 소회(所懷)가 알려졌다. 윤지술은 명릉(明陵, 숙종 능호)의 지문(誌文)에서 신사년(1701, 숙종27)과 병신년(1716) 두 해의 일에 대해 미진한 부분이 있다고 지적하면서 다시 고쳐 쓸 것을 주장하였다. 그러자 10월 4일 정언 조최수(趙最壽)가 윤지술을 정면으로 반박하는 상소를 올렸다. 그는 윤지술이 "마치 전하에게 숨겨야 할 어버이가 있는 것처럼 말했다.(윤지술이 이이명의 행동을 비판한 말)"는 등의 말로써 군부(君父)에게 자신을 낳아 준 은혜를 스스로 끊어버리라고 강요하여, 군부에게 비리를 더하는 죄를 지었다고 주장하면서 유배 보낼 것을 청하였다.

윤지술의 소회는 조중우의 상소와 더불어 노·소론(老少論) 간 상호 공방을

야기하였고, 여기에 홍문록을 둘러싼 논란이 뒤섞이면서 점차 경기도에서 충청도로, 나아가 전라도까지 확산되었다. 그 정점에서 이진검(李眞儉)의 상소가 나왔다. 그는 유배에 그친 윤지술의 죄를 여론을 빌어 공격하면서 그를 비호하는 김고(金櫜) 등을 함께 비난하였다. 여기에 더해 이이명(李頤命)이 연루된 정유독대(丁酉獨對, 1717)와 청나라 측에서 왕위계승의 주문(奏文)을 거부할 것에 대비하여 챙겨간 은화(銀貨)문제를 덧붙이고, 홍문록 사태를 재론하면서 국왕의 엄정한 결단을 촉구하였다.

이진검 상소를 통해 기세를 잡은 소론은 11월 22일 영접도감(迎接都監)을 통해 알려진 청나라 황지(皇旨) 내용을 빌미로 공세의 고삐를 더욱 죄어갔다. 11월 22일 영접도감에 따르면 청나라 칙사(勅使)가 황지라고 칭하면서 왕제(王弟)와 자질(子侄) 및 종실을 만나 보기를 요구했고, 이에 사실관계를 확인해준 정황을 보고하였다.

이에 같은 달 26일 우의정 조태구(趙泰耈)가 차자(箚子)를 올려 이전에는 없던 일이 발생했다고 하면서 관련자 처벌을 요청하였다. 이어지는 12월 1일 기사에서도 조태구는 황지의 진위 여부를 따져 물었고, 5일 영의정 김창집(金昌集)과 좌의정 이건명(李健命)이 연명(連名) 차자를 올려 해명하였지만, 11일 조태구는 청나라 측의 무례와 함께 노론측의 경솔한 대처를 비난하였다.

이처럼 노론이 황지 사건으로 궁지에 몰린 상황에서 13일 윤지술의 처벌을 촉구하는 충청도 유생 이몽인(李夢寅)의 상소가 올라왔다. 이에 16일 영의정은 사직(辭職) 차자를 올리는 한편, 승정원에서는 상소 원본의 소재 및 연명과 관련한 의문점을 제시하였다. 이 문제가 해를 넘겨 1721년 1월까지 이어지자 이이명이 나서서 8일 윤지술 건, 독대 건, 은화 건에 대해 책임을 지고 물러나겠다고 상소하여 소론의 공세를 일단 저지하였다.

2월 5일에 이르러 사간원은 조최수의 일과 이봉징(李鳳徵)·이연(李梉)·이환(李煥)·이혁(李爀)의 직첩(職牒)을 환급해준 일, 이진검의 상소를 거론하면서 반격을 시도하였다. 여기에 27일 지평 이정소(李廷熽)의 상소가 더해지며 공세를 강화하였다.

그는 이몽인이 칼을 지니고 궁궐에 돌입한 사실, 원본 상소의 소재 문제를 다시 거론하면서 이이명을 적극 변론하였다. 여기에 더해 조태구가 상국(上國)에서 열국(列國)의 임금을 조문하면서 동생과 조카까지 아울러 배신(陪臣)을 삼는 것은 옛날에 없었던 일인데도 이를 받아들이는 것은 "혐의를 무릅쓰는 일이다.[冒嫌]"고 한 언설을 반박하면서 반전을 모색하였다.

한편 소론에서는 병신처분을 교정하는 데로까지 전선을 넓혀갔다. 2월 19일 김시환(金始煥)은 병신년(1716, 숙종42) 윤선거(尹宣擧)의 문집을 헐고 윤증(尹拯)에 대한 예우를 없애버린 이른바 병신처분에 대해 항의하다가 처벌받은 소론측 유생에 대한 유벌(儒罰)을 풀어달라고 청하였다. 그러자 21일 김운택(金雲澤)이 시비를 도치시킨다고 반대하였고, 이튿날 김창집도 병신처분을 되돌리려는 시도로 간주하면서 사문난적(斯文亂賊)의 혐의로 죽은 윤휴(尹鑴)까지 거론하며 적극 반대하였다. 3월 15일 정언 이성룡(李聖龍)이 김시환에 대한 처벌을 촉구하여, 김시환은 마침내 정배되었다.

노·소론 간의 공방이 사문시비(斯文是非)로까지 확산되는 가운데《연려술속》은 1721년 5월 6일 기사로 교리 조문명(趙文命)의 탕평책(蕩平策) 관련 상소문을 실어 소론의 정체성을 확인하였다. 이 글에서 조문명은 국가가 병을 얻게 된 근원을 붕당(朋黨) 때문이라고 보고 그 폐해로부터 국가를 구할 방도로 '임금이 나라 다스리는 법칙을 세우는 것[皇建其有極]'을 제시하였다.

2) 권2 : 노론 주도 세제 책봉과 소론의 반발

권2는 1721년 6월 4일부터 10월 17일까지의 기사를 기록하였는데, 세제 책봉을 두고 긴박하게 전개된 정국 동향을 묘사하였다. 즉위 초반 수세에 몰린 노론에게 후계자 문제는 경종의 건강과 후사가 없는 상황을 고려할 때 정국을 반전시킬 유효한 수단으로 간주되었다. 그래서 나온 첫 움직임이 이정소(李廷熽)의 상소였다.

1721년 8월 19일 이정소는 저위(儲位) 확정을 촉구하였고, 사안의 중대성을 감안하여 빈청(賓廳)에서 원임(原任)대신, 육경(六卿), 삼사(三司) 장관 등을 소집할 것을 청하였다. 영의정 이하가 입시하여 논의한 내용이 김창집을 위시하여 차례로 소개되었고, 경종은 마침내 그 의견을 받아들였다.

좌의정 이건명이 이 사실을 숙종의 계비 인원왕후(仁元王后)에게 알릴 것을 청하여, 마침내 20일 오전 5시에 효종으로부터 현종과 숙종에게 이어지는 삼종 혈맥(三宗血脈)에 근거하여 연잉군(延礽君)을 세제(世弟)로 확정하라는 언문(諺文) 하교가 내려왔다.

이튿날 연잉군은 분수에 넘치는 작위라고 하면서 성명(成命)을 거둬주기를 청하였지만 경종은 명을 받들기를 촉구하였다. 바로 이때 노론이 주도한 국본 결정 과정에 문제를 제기한 인물이 부사직 유봉휘(柳鳳輝)였다.

8월 21일 그는 저사(儲嗣)를 세우는 일의 중대성을 강조하면서 즉위하자마자 이 같은 일을 벌인 노론 처사의 부당성을 부각시켰다. 그리고 일련의 과정에서 이정소를 부추기면서 화응(和應)한 무리들이 있다고 단언하면서 재고해 줄 것을 간곡히 요청하였다. 하지만 23일 경종은 시임·원임 대신과 여러 신하들을 불러들여 후사가 없는 자신의 처지와 삼종 혈맥이 갖는 엄중함을 거론하면서 결정을 되돌릴 의사가 없음을 분명히 밝혔다.

이에 고무된 노론은 유봉휘가 국가의 큰 계책을 하찮은 데로 돌리고 날조된 거짓으로 자신들을 망측한 곳에 몰아넣었다고 맹비난하면서 국청(鞫廳)을 설치하여 처벌해야 한다고 주장하였다. 그러자 우의정 조태구가 인조대(仁祖代)에 봉림대군(鳳林大君)을 세자로 책봉하는 데 반대하다가 쫓겨난 이경여(李敬輿)의 사례를 들어 유봉휘를 변호하였다.

이처럼 노·소론 간 공방이 점차 택군(擇君) 문제로까지 확산되자 이에 부담을 느낀 세제는 네 번째 상소를 올려 다시 한번 명을 철회해 줄 것을 청하였지만 경종은 안심하라고 당부하면서 거절하였다. 이어지는 기사에서는 이경여를 사례로 든 것을 비난하는 이건명의 차자가 실려 있고, 역시 조태구와 유봉휘를 공격하는 삼사의 합계가 8월 25, 26일 자에 소개되었다.

심지어 빈청에서는 세제의 '모골이 송연하고 심담이 떨어지는 듯하다.'는 발언을 거론하면서 유봉휘에 대한 강력한 처벌을 연이어 주장하였지만 경종이 거부하였다. 이에 재야 유생들까지 동원하여 여론전에 나섰는데, 이혼(李混) 등은 유봉휘의 배후에 조태구가 있고, 이진검까지 연루되었다고 주장하였다. 즉 유봉휘의 상소 초안을 이진검이 짓고, 조태구가 윤색하였으니 이진검을 죄주지 않았기 때문에 조태구가 일어났고, 조태구를 죄주지 않았기 때문에 유봉휘가 계속해서 나오게 되었다는 주장이었다.

9월 26일 세제의 책례(冊禮)가 거행되자 10월 6일 집의 조성복(趙聖復)이 세제의 대리청정(代理聽政)을 요청하였다. 그는 세제로 하여금 정사에 참여하게 하여 한편으로는 가부(可否)를 강론해 확정하는 방도로 삼고, 다른 한편으로는 일에 따라 가르치고 숙련하는 방법으로 삼게 하라고 주문하였다. 이에 경종은 10일 세제에게 크고 작은 국사를 결정토록 하라고 전교하였다.

대리청정이 확정되는 일련의 과정에서 보여준 경종의 결단은 은연중 이 문제의 최종 결정권자는 국왕일 수밖에 없다는 인식을 확산시키는 계기가 되었다. 결국 국왕이 어떤 결정을 내리느냐에 따라서 정국의 향방이 좌우되는 형국으로 전환되었던 것이다. 이에 노·소론 간에는 국왕의 의중을 살피면서 청정을 유지 혹은 철회할 논리와 명분을 제시하는 치열한 눈치싸움이 전개되었다. 한발 먼저 선수를 친 쪽은 소론이었다.

10월 10일 우참찬 최석항(崔錫恒)이 상소하여 경종을 설득하였다. 그는 건강 상태나 즉위 초반인 점을 감안할 때 대리청정은 시기상조이며 선대왕의 뜻도 아니라고 설득하였다. 아울러 조성복은 보잘것없는 한 명의 대관(臺官)에 불과하며 그의 말은 분수에서 벗어난 것이라고 비난하면서 처벌을 촉구하였다. 마침내 이튿날 새벽 4시 즈음에 경종이 비망기를 거둬들였다.

이에 탄력을 받은 소론은 11일 대리청정 철회에 따른 책임 소재를 놓고 공세를 폈다. 호조참판 조태억(趙泰億)은 을유년(乙酉年, 1705) 전선(傳禪)을 도로 거둬들인 사례를 거론하며 병증이 없는 경종이 내린 대리청정 하교에 대해서 수수방관한 신료들의 무책임을 비난하였다.

사직 이광좌(李光佐)는 제왕의 승통(承統)이 갖는 엄중함을 들어 조성복과 그 무리의 책임을 물어야 한다고 주장하였다. 이러한 비판은 12일 부사직 박태항(朴泰恒) 등 32인 상소에서도 견지되었고, 이후로도 그 배후를 캐어 처벌해야 한다는 상소가 뒤를 이었다.

이에 맞서 노론은 사헌부를 중심으로 불안해하는 춘궁(春宮) 보호를 명목으로 소론의 공세를 저지하는데 총력을 기울였다. 양사에서는 대리청정을 철회하는 과정에서 최석항이 몰래 먼저 들어간 사실을 지적하고, 최석항이 이를 통해 조정 신하들을 함정에 빠뜨렸다고 비난하면서 그 죄를 물어야 한다고 주장하였다.

그러자 13일 경종은 자신의 병에 차도가 없음을 이유로 다시 두 번째 대리청정을 명하는 비망기를 내리고, 자신의 병세를 이유로 대리청정의 명을 거둘 의사가 없다고 밝혔다. 이에 세제를 비롯하여 노론과 소론 모두가 명을 거둬들일 것을 청하면서 정청(庭請)을 진행하였다.

그런데 10월 17일 영의정 김창집, 영부사 이이명, 판부사 조태채, 좌의정 이건명 등이 정청을 중지하고 연명으로 차자를 올려 정유년(1717, 숙종43) 절목(節目)에 입각하여 거행할 것을 청하였다. 이를 통해 노론 4대신은 신하로서 차마 경종의 명을 완전히 거부할 수 없다는 명분과, 자파가 후원하는 세제 연잉군의 대리청정을 관철시키는 실익을 함께 챙기고자 하였다. 이에 경종은 비망기를 거둬들여서 다시 한번 대리청정 철회의 명이 번복되었다.

권2 끝 부분에서는 이 10월 17일 기사를 편찬자가 서술하는 형태로 기록하였다. 이어지는 권3은 당일 경종과 신료들 사이에서 오간 대화를 구체적으로 기록하는 것으로 시작하고 있다.

이처럼 《연려술속 1》에서는 경종이 즉위하고 나서 노론이 주도하는 정국 속에서 연잉군으로 경종의 후계자를 결정하고 대리청정까지 시도하는 과정

을 보여준다. 동시에 그 과정에서 노론 당국자들에 맞서 정국의 전환을
꾀하는 국왕 경종과 소론의 모습을 자세하게 서술하여 경종 즉위년 정국을
둘러싼 정치적 긴장감을 세밀하게 묘사하고 있다. 이어지는 《연려술속 2》에
서는 세제의 대리청정까지 시도하였다가 노론이 몰락하는 과정을 볼 수
있다.

번
역

《연려술속(燃藜述續)》 권1

○ **경자년(1720, 숙종46) 6월 4일**, 주상의 병후가 깊어지자 세자가 대신에게 하령(下令)¹⁾하기를,

"성후(聖候, 임금 신체의 안위(安危))가 날이 갈수록 더욱 위독해지니 기도하고, 소석(疏釋)²⁾하려 하는데, 어떠한가?"

하니, 대신들이 회달(回達)³⁾하고, 당일에 수향(受香)⁴⁾하였다.

5일, 새벽에 기도를 거행하고 종묘사직과 산천에 제사를 지냈다. 형조와 의금부 당상을 패초(牌招)⁵⁾하여 죄수를 소석하였다.

6일, 주상의 건강이 더욱 나빠지자, 명하여 침상을 옮겨서 머리를 동쪽으로 향하여 눕게 하고 말하기를, "신기(神氣)가 조금 상쾌해지는 듯하다." 하였다.

7일, 또 기도를 거행하고, 다섯 곳에 제사를 지냈다. 세자가 직접 제문을 지었는데, "아무개로써 아무개를 대신합니다."라는 말이 있었다.

시약청(侍藥廳)⁶⁾에서 주상을 진찰하러 들어갈 때 영의정 김창집(金昌集)⁷⁾,

---

1) 하령(下令) : 세자가 내리던 명령이다. 국왕이 신하에게 내리던 하교(下敎)와 구분하여 사용하였다.

2) 소석(疏釋) : 죄수에게 너그러운 법을 적용하여 석방하는 일이다.

3) 회달(回達) : 대리청정(代理聽政) 중에 있는 세자의 물음에 신하들이 대답하는 일이다.

4) 수향(受香) : 제관(祭官)이 제단(祭壇)에 임할 때에 국왕에게서 향과 제물을 받는 일이다.

5) 패초(牌招) : 승지를 시켜 왕명으로 신하를 부르는 일이다. '命' 자를 쓴 나무패에 신하의 이름을 써서 원례(院隷)를 시켜 보냈다.

6) 시약청(侍藥廳) : 임금 등의 병이 위중할 때 두었던 임시 의료기관이다. 궁중에는 왕실의 병을 치료하고 의약의 제조를 관장하는 내의원(內醫院)이 있으나, 만일 그 병이 중태일

우의정 이건명(李健命)[8], 판중추부사(判中樞府事) 조태채(趙泰采)[9], 경은 부원군
(慶恩府院君) 김주신(金柱臣)[10]이 따라 들어갔다. 주상이 젊은 환관에게 부축하
라고 명하여, 일어나 앉아서 말을 주고받은 것이 평상시와 같았다고 한다.

○ **8일**, 오전 8시 30분 주상이 경덕궁(慶德宮)[11] 융복전(隆福殿)에서 승하하였

경우에는 임시로 시약청이나 의약청(議藥廳)을 특설하여 내의원 소속 이외의 의관이나
침의(針醫)·의방(醫方)에 능통한 신하들을 참여시켜 치료·투약에 대한 상의를 하여
만전을 기하게 하였다.

7) 김창집(金昌集) : 1648~1722. 본관은 안동(安東), 자는 여성(汝成), 호는 몽와(夢窩)이다.
김상헌의 증손, 김수항의 아들, 김창협·창흡의 형이다. 1672년(현종13) 진사, 1684년(숙종
10) 정시문과에 급제하여 청요직을 두루 역임하다가 1689년 기사환국 때 아비가 사사되자
은거하였다. 그 뒤 예조참판·개성유수 등을 거쳐 1717년 영의정이 되었다. 경종이
즉위한 뒤 1721년(경종1)에 이이명·조태채·이건명 등과 함께 소론의 반대에도 불구하고
연잉군(延礽君, 영조)을 세제로 세웠다. 이어서 세제의 대리청정을 시도하다가 실패하고,
김일경(金一鏡)·목호룡(睦虎龍) 등이 일으킨 신임옥사로 사사(賜死)되었다.

8) 이건명(李健命) : 1663~1722. 본관은 전주(全州), 자는 중강(仲剛), 호는 한포재(寒圃齋)·제
월재(霽月齋)이다. 영의정 이경여(李敬輿)의 손자, 이조판서 이민서(李敏敍)의 아들, 좌의
정 이관명(李觀命)의 동생이다. 1684년(숙종10) 진사시, 1686년 춘당대 문과에 급제하여
청요직을 두루 거쳐 이조판서 등을 지냈다. 1717년 종형 이이명과 숙종의 정유독대(丁酉獨
對) 직후, 우의정에 발탁되어 연잉군 보호를 부탁받았다. 경종 즉위 후 좌의정에 올라
김창집·이이명·조태채와 함께 세제 책봉에 노력한 노론 4대신으로 칭해졌다. 1722년(경
종2) 목호룡의 고변으로 유배되었다가 죽었다.

9) 조태채(趙泰采) : 1660~1722. 본관은 양주(楊州), 자는 유량(幼亮), 호는 이우당(二憂堂)이
다. 조태구(趙泰耉)의 종제이고, 조태억(趙泰億)의 종형이다. 1686년(숙종12) 별시문과에
급제하여 청요직을 두루 거쳐 1717년 좌의정에 올랐다. 1721년(경종1) 신축환국으로
유배되었다가 이듬해 사사되었다. 숙종 말년부터 노론 청류로 자처했는데, 그가 낙동(駱
洞)에 살았으므로 그와 교류하는 인물들을 낙당(駱黨)이라고 칭하였다. 과천의 사충서원
(四忠書院)과 진도의 봉암사(鳳巖祠)에 제향되었다. 저서로 《이우당집》이 있고, 시호는
충익(忠翼)이다.

10) 김주신(金柱臣) : 1661~1721. 본관 경주(慶州), 자는 하경(廈卿), 호는 수곡(壽谷)·세심재(洗
心齋)이다. 박세당(朴世堂) 문인이다. 1686년(숙종12) 생원시에 장원으로 합격하여 호조좌
랑 등을 역임하였다. 딸이 숙종의 계비 인원왕후(仁元王后)가 되자 돈령부 도정, 이어
돈령부영사로 경은부원군에 봉해졌다. 도총관으로서 상의원·장악원의 제조 및 호위대
장을 겸임하였다.

11) 경덕궁(慶德宮) : 1617년(광해군9)에 세운 별궁으로서, 동궐인 창덕궁에 대하여 서궐(西
闕)이라 하였다. 1760년(영조36) 장릉(章陵)의 시호(諡號)와 음(音)이 같아 경희궁으로

다. 중궁전(中宮殿)12)에서 승전색(承傳色)13)을 통해서 상사(喪事)를 하교하고,
대신과 동평위(東平尉)14), 임창군(臨昌君)15), 대궐 안에서는 연잉군(延礽君)16)에
게 상사를 주관하라고 분부하였다. 미시(未時, 오후 2시 전후 시점)에 습(襲)17)

고쳤다.

12) 중궁전(中宮殿) : 인원왕후(仁元王后, 1702~1757) 김씨(金氏, 1687~1757)를 가리킨다. 본관
    은 경주(慶州)이고, 경은부원군(慶恩府院君) 김주신(金柱臣)의 딸이다. 1701년(숙종27)
    인현왕후(仁顯王后) 민씨가 죽자, 간택되어 궁중에 들어가 다음해에 왕비로 책봉되었다.
    1711년 천연두를 앓았으나 소생했고, 2년 뒤에 혜순(惠順)이라는 호를 받았다. 능호는
    명릉(明陵)으로 경기도 고양시 신도읍 용두리의 서오릉(西五陵) 묘역 내에 있다.

13) 승전색(承傳色) : 내시부(內侍府)에 소속된 관직이다. 국왕의 전교(傳敎) 가운데에서 정사
    (政事)와 관련된 중요한 일들은 승정원에서 담당하고, 사사로운 일들은 이들 승전색이
    맡았는데, 왕비의 전교는 전적으로 승전색이 수행하였다. 또한 왕의 전명(傳命)은 액정서
    (掖庭署)의 사알(司謁) 등이 맡기도 하였으나 왕비의 경우에는 금지하였다.

14) 동평위(東平尉) : 정재륜(鄭載崙, 1648~1723)을 가리킨다. 본관은 동래(東萊), 자는 수원(秀
    遠), 호는 죽헌(竹軒)이다. 영의정 정태화(鄭太和)의 아들이다. 1656년(효종7) 효종의
    다섯째 딸 숙정공주(淑靜公主)와 혼인하여 동평위가 되었다. 저서로《공사견문록(公私見
    聞錄)》《한거만록(閑居漫錄)》등 수필형식의 기록이 있다.

15) 임창군(臨昌君) : 이혼(李焜, 1663~1724)을 가리킨다. 본관은 전주(全州)이다. 인조(仁祖)
    의 장남인 소현세자(昭顯世子)의 손자이고, 경안군(慶安君) 이회(李檜)의 아들이다. 1696년
    (숙종22) 사은사로 연경(燕京)에 다녀왔으며, 이후로도 여러 차례 더 다녀왔다. 음주와
    관련된 잦은 기행으로 지속적으로 탄핵 받고 정배되기도 했다. 사신(史臣)에 의하여
    종신(宗臣) 가운데에서는 매우 현명한 인물이라는 평가를 받았다.

16) 연잉군(延礽君) : 1694~1776. 21대 국왕 영조(英祖, 1724~1776)를 가리킨다. 숙종의 생존한
    세 아들[경종·영조·연령군(延齡君)] 중 둘째로, 어머니는 화경숙빈(和敬淑嬪) 최씨이다.
    1699년(숙종25) 연잉군에 봉해졌다. 1721년 경종이 즉위하였지만 후사가 없자 김창집·이
    건명·이이명·조태채 등 노론 4대신이 세제 책봉을 촉구하니, 숙종 계비(繼妃) 인원왕후(仁
    元王后)가 삼종혈맥(三宗血脈)을 내세워 마침내 책봉을 관철시켰다. 노론은 여기서 더
    나아가 경종의 지병을 핑계로 세제의 대리청정을 요구하였다. 이에 유봉휘 등 소론이
    임금에 대한 불충이라 하며 강하게 반발하였고, 결국 대리청정을 취소시켰다. 뒤이어서
    김일경 등이 목호룡의 고변을 빌미로 임인옥사를 일으켜 노론 4대신을 위시한 170여
    명의 인사들을 처벌하였다. 이 사건에 연잉군의 처남 서덕수(徐德壽) 등이 연루되었고,
    연잉군 자신도 공초(供招)에 오르내리며 혐의를 받았다. 그렇지만 김동필(金東弼)·조현
    명(趙顯命)·송인명(宋寅明)·박문수(朴文秀) 등의 보호를 받아 세제 지위를 유지할 수
    있었고, 마침내 1724년 즉위하였다.

17) 습(襲) : 시신의 머리를 빗기고 목욕을 시킨 뒤에 옷을 갈아입히는 절차이다. 습 다음
    소렴(小殮), 대렴(大殮)의 절차가 이어진다.

하였다.

9일, 소렴(小斂)18)하였다. - 염습할 때 입시한 사람은 영의정과 우의정, 판중추부사 이이명(李頤命)19)·조태채(趙泰采)·김우항(金宇杭)20), 부원군 김주신, 예조판서 이관명(李觀命)21), 대사헌(大司憲) 조도빈(趙道彬)22), 대사간(大司諫) 이의현(李宜顯)23), 교리(校理) 홍정필

---

18) 소렴(小殮) : 상례 절차에서 반함(飯含, 염습할 때 죽은 사람의 입 속에 구슬과 쌀을 물리는 일)이 끝난 후 시신에 수의(壽衣)를 입히는 일이다. 죽은 뒤 습을 마치고 나서 뼈가 굳어 입관하는 데 지장이 생기지 않도록 손과 발을 거두는 절차이다.

19) 이이명(李頤命) : 1658~1722. 본관은 전주, 자는 지인(智仁)·양숙(養叔), 호는 소재(疎齋)이다. 세종의 아들 밀성군(密城君)의 6대손이다. 영의정 이경여(李敬輿)의 손자, 이민적(李敏迪)의 아들, 이사명(李師命)의 동생이다. 1680년 별시문과에 급제하여 지평·이조좌랑 등을 거쳐 승지를 지냈다. 1689년 기사환국으로 유배되었다가 1694년 갑술환국으로 승지에 임명되고 이조판서 등을 거쳐 1706년 우의정, 1708년 좌의정에 올랐다. 1717년 정유독대(丁酉獨對)를 통해 세자[경종]를 교체해도 된다는 언질을 받았다. 1721년(경종1) 세제[영조]의 대리청정을 추진하다가 김창집 등과 함께 유배된 상태에서 목호룡의 고변으로 이듬해 사사되었다.

20) 김우항(金宇杭) : 1649~1723. 본관은 김해(金海), 자는 제중(濟仲), 호는 갑봉(甲峰)·좌은(坐隱)이다. 1669년(현종10) 사마시에 합격, 1675년(숙종1) 유생들과 더불어 자의대비(慈懿大妃) 복상 문제로 송시열(宋時烈)이 유배되자 이의 부당함을 상소하였다. 1681년 식년문과에 급제하여 1689년 도당록(都堂錄)에 올랐다. 1703년 형조판서, 1713년 우의정 등을 역임하였다. 1722년 김일경의 사친 추존론(私親追尊論)을 반대하다가 화를 입었다. 문집으로 《갑봉집》이 있다.

21) 이관명(李觀命) : 1661~1733. 본관은 전주, 자는 자빈(子賓), 호는 병산(屛山)이다. 영의정 이경여(李敬輿)의 손자, 이조판서 이민서(李敏敍)의 아들이다. 1687년(숙종13) 사마시, 1698년 알성문과에 급제하여, 이조·병조·예조참판 등을 거쳐 대제학을 지냈다. 1721년 (경종1) 관작을 삭탈 당하였으며, 이듬해 동생 이건명이 노론 4대신으로 사사되자 자신도 유배되었다. 1725년(영조1) 풀려나 우의정을 거쳐 이듬해 좌의정에 이르렀다. 저서로 《병산집(屛山集)》이 있으며, 시호는 문정(文靖)이다.

22) 조도빈(趙道彬) : 1665~1729. 본관은 양주(楊州), 자는 낙보(樂甫), 호는 수와(睡窩)·휴와(休窩)이다. 1691년(숙종17) 진사시, 1702년 알성문과에 급제하여 병조판서 등을 역임하였다. 신임옥사 때 사사된 작은아버지 조태채의 죄명에 연루되어 유배되었다. 영조 즉위로 풀려나 1726년(영조2) 우의정에 올랐다. 시호는 정희(靖僖)이다.

23) 이의현(李宜顯) : 1669~1745. 본관은 용인(龍仁), 자는 덕재(德哉), 호는 도곡(陶谷)이다. 좌의정 이세백(李世白)의 아들이고, 김창협 문인으로 송상기(宋相琦)의 천거를 받았다. 1694년(숙종20) 별시문과에 급제하여 청요직을 두루 지내고, 경종이 즉위하자 동지정사(冬至正使)로 청나라에 다녀온 뒤 형조판서에 올랐다. 예조판서 재직 시 세제의 대리청정

(洪廷弼)24), 필선(弼善) 이상열(李尙說), 보덕(輔德) 송성명(宋成明)25), 승지 윤헌주(尹憲柱)26)·

조명봉(趙鳴鳳)27)·한세량(韓世良)28)·한중희(韓重熙)29)·유중무(柳重茂)30)·조관빈(趙觀

문제로 김일경 등의 공격을 받아 벼슬에서 물러났다. 뒤이어 신임옥사가 일어나자
유배되었다. 영조가 즉위해 풀려나와 1725년(영조1) 형조판서로 서용, 1727년 우의정,
1735년 영의정에 올랐다. 민진원이 죽은 뒤 노론의 영수로 추대되었으며, 노론 4대신(김창
집·이이명·이건명·조태채)의 신원과 신임옥사가 무옥(誣獄)임을 밝히는 데 진력하였다.
그 결과 1740년의 경신처분(庚申處分)과 1741년의 신유대훈(辛酉大訓)으로 신임옥사 때의
충역시비(忠逆是非)를 노론측 주장대로 판정나게 하였다. 저서로 《도곡집》이 있고,
시호는 문간(文簡)이다.

24) 홍정필(洪廷弼) : 1674~1727. 본관은 남양(南陽), 자는 사섭(士燮)이다. 영안위(永安尉) 홍
주원(洪柱元)의 후손이다. 1705년(숙종31) 알성문과에 급제하여 숙종·경종 연간 청요직
을 두루 지내고, 1727년(영조3) 보덕이 되었다.

25) 송성명(宋成明) : 1674~1740. 본관은 여산(礪山), 자는 성집(聖集)·군집(君集), 호는 송석(松
石)이다. 호조참판 송징은(宋徵殷)의 아들이다. 1699년(숙종25)에 생원시, 1705년에 증광
문과에 급제하여 청요직을 두루 거쳤다. 경종 즉위년(1720) 동부승지, 영조 즉위 후
대사성을 거쳐 공조판서 등을 역임하였다. 저서로 《송석헌집(松石軒集)》과 편서인
《해동명신록(海東名臣錄)》이 있다.

26) 윤헌주(尹憲柱) : 1661~1729. 본관은 파평(坡平), 자는 길보(吉甫), 호는 이지당(二知堂)이
다. 1683년(숙종9) 사마시에 합격해 진사가 되고, 1698년 알성문과에 장원 급제하였다.
숙종대 병조·호조참판을 거쳐 도승지를 지냈다. 경종대 한성판윤으로 있다가 대간의
탄핵을 받고 유배되었다. 영조 즉위 뒤 석방되어 평안감사를 거쳐 각조의 판서를
역임하였다. 무신란을 토평한 공으로 분무원종공신(奮武原從功臣)에 추록되고 영의정을
추증받았다. 시호는 익헌(翼獻)이다.

27) 조명봉(趙鳴鳳) : 1666~1737. 본관은 양주(楊州), 자는 택지(擇之)이다. 숙종대 사간·승지
등을 거쳐 경종대 도승지 등에 올랐으나, 김창집과의 친분 때문에 탄핵을 받아서
사판(仕版)에서 삭제되었다. 영조가 즉위하자 병조참지에 제수되었으나, 부제학 정호를
비호하다 파직되었다.

28) 한세량(韓世良) : 1653~1723. 본관은 청주(淸州), 자는 상오(相五)이다. 1699년(숙종25) 증
광문과에 장원 급제하여 승지를 거쳐 여주 목사를 지냈다. 1721년(경종1) 노론이 세제의
대리청정을 주장하자 조태구·유봉휘 등과 함께 반대하였다. 이 일로 노론의 반발을
초래했지만 경종이 비호하여 무사하였다. 그 뒤 공조참의와 함경도 관찰사를 역임하였
다.

29) 한중희(韓重熙) : 1661~1723. 본관은 청주(淸州), 자는 회지(晦之)이다. 1702년(숙종27) 식
년문과에 급제하여 청요직을 두루 역임하였다. 1722년(경종2) 김동필(金東弼)의 탄핵을
받고, 이후 신임옥사에 연루되어 파직당한 뒤 고향에 돌아가 죽었다.

30) 유중무(柳重茂) : 1652~1728. 본관은 문화(文化), 자는 미중(美仲)이다. 1694년(숙종20) 알
성문과에 급제하여 청요직을 두루 거쳤다. 소론계 대간으로 1694년(숙종20) 갑술환국

彬)31), 주서(注書) 이중환(李重煥)32), 가주서(假注書) 유응환(柳應煥)·조현명(趙顯命)33), 사관 (史官) 이기진(李箕鎭)34)·여선장(呂善長)35)·신방(申昉)36)이다. ○ 판서 민진원(閔鎭遠)37),

---

이후 세자 보호를 힘써 주장하였다. 정언·장령 등을 거쳐 승지를 지냈다. 1720년(경종 즉위년) 우승지로서 노론의 홍문록을 둘러싼 농간을 논박하고, 조태구를 우대하며 이광좌의 억울함을 풀어줄 것을 요청했다가 파직 당했다. 이듬해 승지로 복귀하여 예조·호조참판 등을 역임하였다. 영조가 즉위하자 삭탈관작 되고 유배되었다가 정미환 국(1727)으로 도승지에 발탁되었는데, 얼마 안 되어 죽었다.

31) 조관빈(趙觀彬) : 1691~1757. 본관은 양주(楊州), 자는 국보(國甫), 호는 회헌(悔軒)이다. 노론 4대신 조태채의 아들이다. 1714년(숙종40) 증광문과에 급제하여 청요직을 두루 지냈다. 신임옥사에서 화를 당한 아버지에 연좌되어 1723년 유배되었다가, 1725년(영조1) 노론이 집권하자 풀려나왔다. 이후 대사헌·호조판서 등을 역임하였다. 저서로《회헌집》 이 있고, 시호는 문간(文簡)이다.

32) 이중환(李重煥) : 1690~1756. 본관은 여주(驪州), 자는 휘조(輝祖), 호는 청담(淸潭)·청화산 인(靑華山人)이다. 참판 이진휴(李震休)의 아들이며, 이익(李瀷) 문인이다. 1713년(숙종39) 증광문과에 급제하여 승문원 정자를 거쳐, 1722년(경종2) 병조정랑·전적 등을 역임하였 다. 영조가 즉위하자 목호룡의 당여로 사로잡혀 유배되었다. 1735년(영조11) 풀려났는데, 1739년 다시 의금부에 수금되었다가 이듬해 병으로 겨우 풀려났다. 저서로《택리지(擇里 志)》가 있다.

33) 조현명(趙顯命) : 1690~1752. 본관은 풍양(豊壤), 자는 치회(稚晦), 호는 귀록(歸鹿)·녹옹(鹿 翁)이다. 1713년(숙종39) 진사가 되고 1719년 증광문과에 급제하여 검열이 되었다. 1721년 (경종1) 연잉군이 세제로 책봉되자 겸설서(兼說書)로서 세제 보호에 힘썼다. 영조대 교리를 역임하고 1728년(영조4) 이인좌의 난 당시 분무공신(奮武功臣) 3등에 녹훈, 풍원군 (豊原君)에 책봉되었다. 이후 이조·호조판서 등의 요직을 두루 역임하였다. 1740년 경신처분(庚申處分) 직후 우의정에 발탁되었고, 1750년 영의정에 올라 균역법 제정을 총괄하였다. 조문명·송인명과 함께 완론 세력을 중심으로 한 이른바 노·소론 중심의 탕평을 주도하였다. 시호는 충효(忠孝)이다.

34) 이기진(李箕鎭) : 1687~1755. 본관은 덕수(德水), 자는 군범(君範), 호는 목곡(牧谷)이다. 이식(李植)의 증손이고, 권상하(權尙夏) 문인이다. 1717년(숙종43)에 진사가 되고, 같은 해 정시문과에 급제하여 청요직에 진출하였다. 1721년(경종1) 헌납 재직시 세제(世弟) 연잉군을 비난한 유봉휘의 처벌을 주장하다가 신임옥사 때 파직되었다. 영조 즉위로 교리에 등용되어 소론에 대한 논죄를 주장하다가 영조의 노여움을 사기도 하였다. 이후 1727년(영조3) 부제학, 1728년 대사성, 1741년 이조판서 등을 거쳐 1751년 판돈녕부사 에 이르렀다. 시호는 문헌(文憲)이고, 저서로《목곡집》이 있다.

35) 여선장(呂善長) : 1686~? 본관은 함양(咸陽), 자는 원백(元伯)이다. 영의정 여성제(呂聖齊) 의 증손이다. 1717년(숙종43) 진사가 되고, 1718년 증광문과에 급제하여 경종대 청요직을 두루 지냈다. 1725년(영조1) 유배되었다가 1727년 정미환국으로 다시 청요직에 등용되어 1730년 승지가 되었다.

참의 김운택(金雲澤)38), 금평위(錦平尉) 박필성(朴弼成)39), 김도협(金道浹), 심정보(沈廷輔),
밀풍군(密豊君)40)이 모두 내전(內殿)의 하교를 받고 들어가 참여하였다. -

---

36) 신방(申昉) : 1686~1736. 본관은 평산(平山), 자는 명원(明遠), 호는 둔암(屯菴)이다. 영의정
　　신완(申琓)의 손자이고, 아버지는 신성하(申聖夏), 어머니는 박세채의 딸이다. 1717년(숙
　　종43) 사마시, 1719년 별시문과에 급제하여, 경종대 헌납 등을 거쳐 영조대 이조참판
　　등을 역임하였다.
37) 민진원(閔鎭遠) : 1664~1736. 본관은 여흥(驪興), 자는 성유(聖猷), 호는 단암(丹巖)·세심(洗
　　心)이다. 민유중(閔維重)의 아들이며, 인현왕후의 오빠이자 민진후(閔鎭厚)의 동생이고,
　　송시열 문인이다. 1691년(숙종17) 증광문과에 급제하여, 1694년 갑술환국 이후 청요직을
　　두루 거치고 1697년 홍문록에 올랐다. 1715년《가례원류》간행을 둘러싸고 노·소론간에
　　당론이 치열해지자 정호(鄭澔)를 두둔하다가 파직되었다. 1721년(경종1) 공조판서가
　　되었다가 신임옥사로 유배되었다. 1724년 영조가 즉위하자 우의정에 오르고, 1725년
　　좌의정이 되었다. 노론을 대표하여 영조 탕평책을 거부하고 끝까지 소론을 배척하였다.
　　1730년 기로소에 들고 1733년 봉조하(奉朝賀)가 되었다. 저서로《단암주의(丹巖奏議)》
　　《연행록(燕行錄)》《단암만록(丹巖漫錄)》《민문충공주의(閔文忠公奏議)》등이 전한다. 영
　　조의 묘정에 배향되었으며, 시호는 문충(文忠)이다.
38) 김운택(金雲澤) : 1673~1722. 본관은 광산, 자는 중행(仲行), 호는 백운헌(白雲軒)이다.
　　광성부원군(光城府院君) 김만기(金萬基)의 손자, 예조판서 김진귀(金鎭龜)의 아들, 김춘택
　　(金春澤)의 동생이다. 1699년(숙종25) 사마시, 1704년 춘당대 문과에 급제하여 형조참판
　　등을 역임하였다. 1722년에 신임옥사 때 유배되었다가 목호룡의 고변으로 노론 4대신과
　　함께 죽임을 당했다. 뒤에 이조판서에 추증되었으며, 시호는 충정(忠貞)이다.
39) 박필성(朴弼成) : 1652~1747. 본관은 반남(潘南), 자는 사홍(士弘), 호는 설송재(雪松齋)이
　　다. 1662년(현종3) 효종의 딸 숙녕옹주(淑寧翁主)와 혼인하여 금평위(錦平尉)에 봉해졌으
　　나, 1668년에 숙녕옹주가 종두(種痘)로 죽은 후에는 평생 홀로 지냈다. 숙종 때에는
　　1685년부터 1717년까지 네 차례나 사은사 또는 주청사(奏請使)로서 청나라에 다녀와,
　　견문을 넓히고 외교 역량을 과시하였다.
40) 밀풍군(密豊君) : 소현세자(昭顯世子)의 셋째 아들인 경안군(慶安君) 이회(李檜)의 손자이
　　며, 임창군(臨昌君) 이혼(李焜)의 아들인 이탄(李坦, 1688~1729)이다. 소현세자가 일찍
　　죽자 세 아들이 제주도로 유배되어 맏아들 경선군(慶善君)과 둘째 아들 경완군(慶完君)은
　　그곳에서 죽고, 경안군만이 혼자 살아남았으므로 그는 소현세자의 혈손이기도 하다.
　　밀풍군(密豊君)에 봉하여졌다. 1723년(경종3) 사은사가 되어 청나라에 다녀오고, 1726년
　　(영조2) 다시 사은사 겸 동지사가 되어 다녀왔다. 1728년 소론 급진파인 이인좌(李麟佐)
　　등이 반란을 일으켰을 때 훈련대장 남태징(南泰徵)과 그의 아우인 남태적(南泰績), 이정(李
　　檉) 등이 그를 임금으로 추대하고자 하였다는 말이 퍼지자, 난이 평정된 뒤 사사(賜死)되었
　　다. 남태징 등이 끝내 불복하였음에도 피의자들과 함께 무더기로 참형되었고, 또한
　　소현세자의 현손이라는 신분이 풍문과 관련되어 억울한 죽음을 당하였다.

○ 영의정 김창집이 원상(院相)⁴¹⁾이 되었다.

○ 총호사(摠護使)⁴²⁾는 이건명이다.

○ 9일, 중전이 언문 교서를 내려 대신에게 다음과 같이 하교하였다. "평일의 성대(盛大)한 덕(德)을 대신(大臣)과 조신(朝紳)이 모르지 않겠지만 오히려 다 알지 못하는 것이 있다. 공사(公事)가 너무 많아서 수응(酬應)하실 때 침식(寢食)의 여러 절차를 폐하기까지 할 정도였다. 밤낮으로 쉬지 않고 공경히 하늘을 섬기어 비록 소소한 재이(災異)를 만나서 두려워하는 중에도 봄·여름·가을·겨울의 기후를 살피고, 혹시라도 비와 눈이 시기를 어기거나 바람과 햇볕이 조화롭지 않으면 한 때라도 근심을 늦추지 않았다. 만약 몸소 살피기 어려우면 반드시 날씨의 흐리고 맑음과 바람이 어느 방향으로 부는지를 내시와 궁인(宮人)에게 물었다.

만일 농사가 잘못되지 않고 시기가 어긋나지 않으면 반드시 기뻐하였고, 혹시 비가 많이 오거나 적어서 농사에 적합하지 않으면 반드시 근심하여 잠시라도 해이한 적이 없었다. 따라서 비록 여러 해 동안 피로가 쌓여 건강을 해치고 있었지만 오늘날에 이르기까지 크고 작은 국사(國事)와 민폐(民弊)에 대하여 근심이 미치지 못할 듯이 하셨다.

비록 하늘이 무너지고 땅이 갈라지는 일을 당하였지만, 성덕(盛德)의 만분의 일일지라도 대략이나마 서술하지 않을 수 있겠는가? 국사에 수고롭게 힘쓰다가 병에 걸리는 빌미가 되어 성수(聖壽)가 줄어들기에 이르고 말았다.

오늘날에 이르러 상장(喪葬)의 여러 물품 또한 예(禮)에 맞추어 극진하게 하지 않을 수 없겠지만, 반드시 성상의 덕의(德意)를 본받아야 하고, 나아가

---

41) 원상(院相) : 국왕이 병이 났거나 어린 왕이 즉위하였을 때 국정을 의논하기 위하여 원임(原任)·시임(時任)의 재상들로 하여금 승정원에 주재하게 한 임시관직이다.

42) 총호사(摠護使) : 국상이 났을 때 상장(喪葬)에 관한 일을 총괄하여 보살피는 임시 벼슬이다.

민생의 고치기 어려운 폐단을 먼저 살펴야 할 것이다.

근래 해당 조(曹)의 저축이 모두 바닥난 것을 성상이 근심하고, 모든 빈전(殯殿)43)과 산릉(山陵)의 기명(器皿) 등의 물품에 들어갈 은자(銀子)를 순은(純銀)으로 만들고 '계(啓)'자를 찍어 봉(封)해 두었다. 그러므로 앞으로 빈전과 산릉에서 쓸 은그릇은 대내(大內)에서 마땅히 봉해 둔 은자(銀子)를 내려줄 것이니, 다만 양식대로 만들어 들이면 될 것이다. 빈전에서 사용할 금잔[金杯] 3구(口)와 항아리 1좌(坐)는 3, 4년 전에 이미 만들어 두었으니, 또한 이것을 사용하고자 한다. 이전에 성상이 말하시기를,

'근래에 여러 도(道)에 해마다 흉년이 들었으니 이번에 통신사(通信使)가 가지고 온 은자는 호조에 내어주고, 그 남은 수효는 강계(江界, 평안도 소재)와 내수사(內需司)의 노비 공포(貢布)44) 대신 받는 은자와 합해서 함께 「계」자를 찍은 뒤 봉해 두어 장차 앞으로의 진휼(賑恤)할 때의 수요에 대비하라.'

하였고, 이어서 말하시기를,

'만약 해마다 풍년이 들어 이것을 번거롭게 사용하지 않게 된다면 다행이겠다.'

하였었다. 오늘날 국가가 불행하게도 죄역(罪逆)이 깊고 무거워 갑자기 이런 변고를 당하였는데, 이와 같은 일을 어찌 대신들로 하여금 알게 하지 않을 수 있겠는가? 성덕을 우러러 의지하며 마음속으로 무강(無疆)의 수(壽)를 기원해 본다.

윤월(閏月)에 의대(衣襨)45)를 일찍이 이미 만들어 두었고, 평상시에 입었던

43) 빈전(殯殿) : 국상(國喪) 때 인산(因山) 때까지 왕이나 왕비(王妃)의 관을 모시던 전각(殿閣)이다.
44) 공포(貢布) : 외거(外居) 공노비가 신역(身役) 대신 노비공으로 매년 국가에 바치던 베[布]이다. 조선 초기의 공포는 노(奴)의 경우 매년 포 1필, 저화(楮貨) 20장, 비(婢)의 경우 포 1필, 저화 10장이었고, 저화의 유통이 끊어진 중기 이후는 노의 경우 1.5필, 비의 경우 1필이었으나 윤달이 있는 해는 각기 4척, 2.66척을 더 내게 하였다. 1748년(영조 24) 노비의 윤달 공포를 감해주었고, 1755년 노비의 공포를 각각 반으로 삭감하였다. 1774년 비의 공포가 폐지되었고, 1801년(순조1) 공노비가 해방되면서 공포의 징수도 폐지되었다.
45) 의대(衣襨) : 임금과 세자, 왕비와 세자빈의 옷을 가리킨다. 여기서는 임금의 옷을 의미한

의대도 지금 또 대령해 놓았으니, 해당 조에서는 비록 의대 같은 물건일지라도
굳이 일일이 관례에 따라 준비할 필요가 없다. 다만 내간(內間)에서 써서
보이기를 기다렸다가 비로소 준비해 올리도록 하여 성상이 평소 절약하던
뜻을 힘써 따라서 성덕(盛德)을 훼손하는 일이 없도록 한다면 매우 다행이겠
다." - 14일에 또 언문으로 하교하고 은자 3,753냥을 내렸다. -

○ 대신들이 백관을 거느리고서 세자에게 즉위할 것을 권하여 세 차례나
아뢰었지만 윤허하지 않았다. 11일 또다시 아뢰어 즉위하라고 권하고, 홍문관
에서 차자를 올려 청하니, 주상이 답하기를, "성복(成服)[46] 뒤에 힘써 따르겠
다."고 하교하였다.

○ 대비전(大妃殿)[47]에서 언문으로 원상에게 하교하여 다음과 같이 말하였다.
"성상이 평소에 국사를 힘껏 돌보는 이외에도 서사(書史, 서책)를 매우
좋아하여 베껴서 만든 것이 매우 많았는데, 그중에 조정에 내어 보인 것들은
일찍이 이미 기록하여 보관해 두었다. 이처럼 천지에 망극한 일을 당한
와중이지만 그 책자를 동궁에게 보내어 내어 보일 수 있게 하겠다."

○ 관학(館學, 성균관) 유생 윤지술(尹志述)[48] 등이 상소하여 유생들의 복제(服

다.
46) 성복(成服) : 상을 당한 뒤 초종(初終)·습(襲)·소렴(小斂)·대렴(大斂) 등을 마친 뒤 상복(喪
    服)으로 갈아입는 절차이다. 대렴 다음날, 즉 상을 당한 지 4일 만에 행하는 것이
    원칙이다. 성복을 하고 나면 아침저녁으로 빈소(殯所)에 전(奠)을 올리며 정식으로
    문상을 받기 시작한다.
47) 대비전(大妃殿) : 숙종의 제2계비 인경왕후 김씨를 가리킨다.
48) 윤지술(尹志述) : 1697~1721. 본관은 칠원(漆原), 자는 노팽(老彭), 호는 북정(北汀)이다.
    1720년(경종 즉위년) 성균관 장의로서 이이명이 편찬한 숙종의 지문(誌文)이 편파적으로
    기록되어 있다고 상소하고, 유생들을 선동하여 권당(捲堂)하였다. 윤지술이 문제 삼은
    지문의 내용은 희빈(禧嬪) 장씨(張氏)를 사사(賜死)한 신사처분(辛巳處分, 1701)과 윤선거
    (尹宣擧)의 문집을 훼판(毁板)한 병신처분(丙申處分, 1716)인데, 그는 이 사안들이 의리상

制)의 일에 대해 말하자,49) 해당 조로 하여금 품처(稟處)하도록 하였다.

○ 12일, 대렴(大斂)50)을 하여 재궁(梓宮)51)에 내리고, 자정전(資政殿, 경희궁 소재)에 빈전(殯殿)을 차렸다.

이전에 대행왕(大行王)52)이 명을 남겨 말하기를,

"시어소(時御所)53)의 여러 전각들이 모두 좁으니, 내가 죽은 뒤에는 빈전을 동구(洞口) 내 선정전(宣政殿, 창덕궁 소재)으로 옮기는 것이 좋겠다."

하였었다. 이제 이것을 대신이 아뢰어 올리니 답하기를,

"이 일은 옮겨서 봉안(奉安)하기가 편치 않고, 시어소인 자정전이 비록 좁지만 또한 봉안할 만하다. ……"

하여, 자정전에 설치하였다.

○ 13일, 묘시(卯時, 오전 6시 전후한 시점)에 성복(成服)한 뒤 세자가 빈전에서 어보(御寶)54)를 받았다. 앞서 면복(冕服, 제례 때 착용한 관복)을 입고 숭정문(崇政門, 경희궁 정전인 숭정전의 정문)에 나아가 즉위한 뒤 백관의 조하(朝賀)55)를 받았다. 중궁전 - 혜순왕비(惠順王妃) 김씨56) - 을 올려 왕대비로

중대함에도 불구하고 누락되거나 애매하게 기재되었다고 비판하였다. 신축옥사 때 김일경(金一鏡) 등 소론의 탄핵으로 처형되었다. 1725년(영조1) 노론이 집권하자 신원되었고, 1841년(헌종7) 이조판서에 추증되었다. 노론에 의해 임창(任敞)·이의연(李義淵)과 함께 신임(辛壬)의 삼포의(三布衣)라고 추앙을 받았다. 시호는 정민(正愍)이다.

49) 윤지술 …… 말하자 : 이 상소는 윤지술이 숙종 지문의 문제를 지적하기 전에 있었는데, 예조에서는 이 상소에 따라서 전직 관원과 유생(儒生) 등의 복제를 개정(改正)하였다. 《肅宗實錄 46年 6月 11日》

50) 대렴(大斂) : 상례에서 소렴이 끝난 뒤 시신을 묶어서 입관하는 의식으로서, 장례를 치르기 위한 준비단계이다.

51) 재궁(梓宮) : 왕·왕대비·왕비·왕세자 등의 시신을 넣던 관(棺)을 말한다.

52) 대행왕(大行王) : 임금이나 왕비가 죽은 뒤 시호(諡號)를 아직 올리기 전의 칭호이다.

53) 시어소(時御所) : 임금이 임시로 거처하는 곳을 말한다.

54) 어보(御寶) : 임금의 도장인 옥새(玉璽)와 옥보(玉寶)를 가리킨다.

55) 조하(朝賀) : 조의진하(朝儀陳賀)의 준말로서, 조정에 나아가 임금에게 하례(賀禮)하는

삼고, 단의빈(端懿嬪) 심씨(沈氏)[57]를 추숭하여 왕후에 삼았으며, 빈(嬪) 어씨(魚氏)[58]를 책봉하여 왕비로 삼았다.

○ **17일**, 정언 신석(申晳)[59]이 상소하여 네 가지 일에 대해서 아뢰었다. 첫 번째로 말하기를,

"여러 신하들이 아침저녁으로 곡림(哭臨)[60]하는 것은 인정과 예의를 참고해 볼 때 마땅히 빠뜨릴 수 없습니다. 그런데 삭망(朔望, 음력 초하루와 보름)에 배제(陪祭)[61]하는 것 외에는 비록 금성(禁省, 궁궐과 그 안에 있는 관청)에

일이다. 신정(新正)·동지(冬至)·입춘(立春)·삭망(朔望)·즉위(卽位)·탄일(誕日) 및 기타 경축일(慶祝日)에 왕세자(王世子)·종친(宗親)·백관(百官)·사객(使客) 등이 임금이나 왕비에게, 세자빈(世子嬪)·내외명부(內外命婦) 등이 왕비·대비(大妃)에게 하례하는 의식이다.

56) 혜순왕비(惠順王妃) 김씨 : 숙종의 계비 인원왕후(仁元王后, 1687~1757)를 가리킨다. 경은부원군(慶恩府院君) 김주신(金柱臣)의 딸이다. 1701년(숙종27) 인현왕후가 죽자, 간택되어 이듬해 왕비에 책봉되었다. '혜순(惠順)'은 1713년에 받은 존호이다. 경종대 연잉군의 대리청정을 위해 노론 4대신이 후계자를 세우는 일은 종사(宗社)의 대계(大計)를 위한 것이라고 거듭 주장하면서 결단을 내리기를 종용하였고, 마침내 경종의 마음을 돌려 윤허를 받았다. 그 다음 인원왕후에게 가서 뜻을 물어 수필(手筆)을 받아오도록 경종에게 요구하였다. 이에 자전의 언문수교를 보인 후 연잉군을 후계자로 삼는다는 전지를 써서 내도록 하였다.

57) 단의빈(端懿嬪) 심씨(沈氏) : 경종의 첫 번째 왕비 단의왕후(端懿王后, 1686~1718)를 가리킨다. 본관은 청송(靑松)이고, 청은부원군(靑恩府院君) 심호(沈浩)의 딸이다. 1696년 세자빈(世子嬪)으로 책봉되었으나 경종이 즉위하기 2년 전에 병으로 죽었다. 1720년 경종이 즉위하자 왕후에 추봉되었다.

58) 빈(嬪) 어씨(魚氏) : 선의왕후(宣懿王后, 1705~1730)를 가리킨다. 본관은 함종(咸從)이고, 영돈녕부사 어유귀(魚有龜)의 딸이다. 1718년(숙종44) 첫 번째 세자빈(世子嬪)인 심씨(沈氏, 단의왕후)가 죽자 그 해에 14세의 나이로 세자빈으로 책봉되어 가례(嘉禮)를 올렸고, 1720년 경종이 즉위하자 왕비가 되었다.

59) 신석(申晳) : 1681~1723. 본관은 평산(平山), 자는 성여(聖與)이다. 도승지 신익전(申翊全)의 증손이고, 이조판서 신정(申晸)의 손자이다. 1699년(숙종25)에 진사시, 1718년 정시문과에 급제하여 청요직을 두루 역임하였다. 1722년(경종2) 임인옥사 때 관작을 삭탈당하고, 이듬해 유배되어 죽었다.

60) 곡림(哭臨) : 임금이 친히 영전(靈前)에 곡하고 조문하다. 또는 장사(葬事) 때 여러 사람이 모여서 정해진 때에 슬피 우는 것을 말한다.

61) 배제(陪祭) : 임금이 제사를 지낼 때 대신이 모시고 배례하는 일이다.

입직(入直)했던 자라도 한 번도 들어가 곡림하지 못하였으니, 이것이 어찌 인정과 의리에 편안하겠습니까? 삼가 원컨대 전하가 예관(禮官)에게 순문(詢問, 신하에게 물음)하여 빨리 여러 신하들이 곡림하는 절차를 정하십시오."

하였다. 두 번째로 말하기를,

"조정 신료들이 상장(喪杖)을 짚는 한 조항은 각 사(司)의 장관 이외 비록 재신(宰臣)의 반열에 있는 자들도 모두 상장을 짚는 것을 허락하지 않았습니다. 전에 관학 유생 윤지술의 상소에서 말한 것은 근거가 명확한데, 예관이 생략하고 논하지 않았으니 신은 적이 개탄스럽습니다. 또한 예관으로 하여금 검토하여 곧 변통하게 하여 여러 가지 비웃는 말이 나오지 않게 하십시오."

하였다. 세 번째로 말하기를,

"선정전에 빈전을 설치하는 일은 실로 불편하지만 인산(因山, 임금의 초상) 전에 길일(吉日)을 택하여 선정전으로 빈전을 옮겨 봉안(奉安)하여 유교(遺敎)를 저버리지 마십시오."

하였다. 네 번째로 말하기를,

"김세흠(金世欽)[62]과 박태춘(朴泰春)[63] 등 여러 사람들이 죄를 지은 정황은 지극히 원통하고 관계가 매우 중한데도 혼동하여 직첩(職牒)을 돌려받는 은전을 입었습니다. 풀어주는 해택은 비록 '물(物)마다 받지 못하는 사람이

---

[62] 김세흠(金世欽) : 1649~1721. 본관은 의성(義城), 자는 천약(天若), 호는 칠탄(七灘)이다. 1673년(현종14) 진사가 되고 1687년(숙종13) 식년문과에 병과로 급제하여, 1693년 홍문록·도당록에 올랐다. 1707년 수찬 재직시 이잠(李潛)을 구원하였다가 관작을 삭탈당하고 흥양(興陽)에 유배되었다. 이잠은 1706년 9월 김춘택(金春澤)이 희빈(禧嬪) 장씨(張氏) 소생의 원자를 해치려 한다는 상소를 올렸다가 노론계의 반발로 국문을 받다가 죽었다.

[63] 박태춘(朴泰春) : 1728년 무신난(戊申亂)에 가담한 박필현(朴弼顯)의 아버지이다. 임부(林溥)와 함께 1706년(숙종32) '세자 모해설'을 유포한 혐의로 조사를 받았다. 그 전에 장희재(張希載)가 윤순명(尹順命)에게 편지를 보내, 김춘택(金春澤)이 자신을 해치면 세자도 무사하지 못할 것이라는 말을 했다고 하였는데, 세자도 무사하지 못할 것이라는 '세자모해설'을 임부가 퍼트렸다는 것이다. 말의 출처를 조사하던 중에 박태춘이 출처로 지목되었다. 이 사건은 해를 넘겨 조사가 진행되었는데, 임부는 자백하지 않고 버티다가 죽고, 박태춘은 정배되었다. 《肅宗實錄 32年 6月 23日·26日, 33年 1月 10日》

없도록 해야 한다.'고 하지만 이 같은 부류는 결코 가볍게 옛 직첩을 돌려줄
수 없습니다. 직첩을 내려주라는 명을 거둬들이시어 죄를 징벌하는 법을
엄하게 해야 마땅합니다."

하였다. 주상이 답하기를,

"첫 번째, 두 번째 사안은 예관으로 하여금 의논하여 아뢰게 하라. 빈전을
옮겨서 봉안하는 일은 이미 위로 자전(慈殿)의 뜻을 받들었으니, 고쳐서는
안 될 것이다. 아래 조항의 일은 이미 대사면을 거쳤으니 논하지 않는 것이
마땅하다."

하였다.

○ **23일**, 사헌부에서 - 집의 조성복(趙聖復)[64] - 다음과 같이 아뢰었다.

"원주 목사(原州牧使) 심정보(沈廷輔)[65]는 왕실(王室)의 지친(至親)으로서 선조
(先朝)의 두터운 은총을 입었습니다. 그런데 성상의 병환이 악화되던 날 심정보
와 여러 대신을 함께 궁궐로부터 불러들이라는 하교를 받았는데도 곧장
궐문을 나가 물러나 한가하게 거처하였습니다.

이에 재차 부르면서 거듭 재촉하였으나, 속광(屬纊)[66]한 뒤에야 비로소
입시하였습니다. 만약 그가 하늘로부터 부여받는 떳떳한 도리가 있다면

---

64) 조성복(趙聖復) : 1681~1723. 본관은 풍양(豊壤), 자는 사극(士克), 호는 퇴수재(退修齋)이
다. 1702년(숙종28) 별시문과에 급제하여 청요직을 두루 거쳤다. 1716년 지평으로서
윤선거(尹宣擧)의 선정(先正) 칭호를 금할 것을 청하였고, 1721년(경종1) 집의 재직 시
세제 대리청정을 요구하는 상소를 올려 경종의 재가를 받았으나, 무군부도(無君不道)하
다는 소론의 반격으로 유배되었다. 1723년 다시 잡혀 올라와 국문을 받던 중 옥중에서
자살하였다. 신임옥사 때 삼학사(三學士) 중 한 사람으로 일컬어진다. 영조 즉위 후
이조판서에 추증되고, 충간(忠簡)이란 시호가 내렸다.
65) 심정보(沈廷輔) : 1658~1727. 본관은 청송(靑松)이다. 효종의 둘째 딸인 숙명공주(淑明公
主)와 청평위 심익현(沈益顯)의 아들이다. 사의(司議)·청풍 부사(淸風府使)·원주 목사(原州
牧使)·한성부 우윤 등을 역임하였다.
66) 속광(屬纊) : 임종(臨終) 때의 한 절차로서, 사람이 죽어갈 무렵에 고운 솜을 코나 입에
대어 죽은 사람의 숨이 멈춘 것을 확인하기 위한 과정이다.

그 소홀하고 근신하지 않은 일이 어찌 차마 이 지경에 이를 수 있단 말입니까?
청컨대 관작을 삭탈하십시오.

　지난번 세초(歲抄)67) 가운데 박태춘·여필중(呂必重)68)·강이상(姜履相)69)·김
세흠·이언명(李彦明)·홍석구(洪錫九) 등이 혹 흉언(凶言)을 전파하고 선동하여
임부(林溥)70)의 상소가 나오게 하거나,71) 혹은 상소로 흉인(凶人)을 구호(求護)
하면서 지어낸 말이 망측하였고,72) 혹은 흉악한 무리들에게 아첨하여 섬기면
서 비밀리에 음모에 협조하였으니,73) 그 죄를 범한 것이 지극히 절통해서
모두 변방에 물리치는 형률을 당하였습니다.

---

67) 세초(歲抄) : 해마다 6월과 12월에 이조와 병조에서 조관(朝官) 가운데 허물이 있는 벼슬아
　　치를 적어서 임금에게 올려, 강등시키거나 서용(敍用)하던 일이다.
68) 여필중(呂必重) : 1657~? 본관은 함양(咸陽), 자는 대이(大而)이다. 1677년(숙종3) 진사가
　　되고, 1696년 문과 정시에 급제하여 청요직을 두루 지냈다. 1706년에 임부의 상소로
　　인해 1701년 문사낭청 당시의 일로 1707년 유배되었다가 1711년 풀려났다.
69) 강이상(姜履相) : 1657~1719. 본관은 진주(晉州), 자는 예경(禮卿)이다. 1696년(숙종22) 정
　　시문과에 급제하여 청요직을 두루 지냈다. 1706년(숙종32) 임부의 상소에 나오는 '모해동
　　궁' 네 글자가 당시 문사낭청이었던 강이상과 여필중에게서 나왔다. 두 사람은 "모해란
　　말은 듣지 못하고 다만 좋지 못한 일이 있다는 말을 들었다."고 하며 네 글자를 삭제하였다
　　가 발각되어 유배되었다.
70) 임부(林溥) : 1706년 충청도 유생 임부가 상소하여 윤증(尹拯)을 불러오라고 청하면서
　　다음과 같이 말하였다. "신사년에 이르러서 '동궁을 해치려고 도모하였다[謀害東宮].'는
　　말이 죄인 윤성(尹姓, 윤순명)의 공초(供招)에서 나왔는데, 그때 국청에서 네 글자를
　　빼버리고 몰래 숨기고 아뢰지 않았으니, 이것이 진실로 무슨 의도이며, 어찌 처음에
　　모해(謀害)한 자가 끝내 멋대로 음흉한 짓을 거행하지 않을지를 알겠습니까? 어찌
　　이전에 몰래 숨기던 자가 뒤에 몰래 발설하지 않을지를 알겠습니까?" 하였다. '모해동궁'
　　네 글자가 당시 문사낭청(問事郞廳)이었던 강이상과 여필중에게서 나왔는데, 두 사람은
　　"모해란 말은 듣지 못하고 다만 좋지 못한 일이 있다는 말을 들었다."고 하며 네 글자를
　　삭제하였다가 발각되어 유배되었다.
71) 흉언을 …… 하거나 : 이것은 박태춘, 여필중, 강이상을 가리킨다.
72) 흉언을 …… 망측하였고 : 이것은 김세흠을 가리킨다. 수찬 김세흠은 1707년(숙종33)
　　이잠(李潛)이 '전하를 위해 말하고 동궁을 위해 죽으려' 했으니 '충신'이라고 상소하였다
　　가 관작을 삭탈 당하였다. 《肅宗實錄 33年 10月 11日》
73) 흉악한 …… 협조하였으니 : 이것은 이언명과 홍석구를 가리킨다. 이들은 1701년(숙종27)
　　에 민암과 장희재를 복종해 섬긴다고 탄핵받고 극변에 정배되었다. 《肅宗實錄 27年
　　12月 19日》

이것은 우리 성고(聖考)께서 간악함을 징계하여 제방(隄防)으로 삼으려는 뜻을 보인 것이 어찌 엄하고 또한 분명하지 않겠습니까? 그런데 지금 즉위한 초기에 맨 먼저 직첩(職牒)을 돌려주는 은전을 베풀었는데, 이와 같이 지은 죄가 무거운 부류는 가볍게 옛 직첩을 돌려주어서는 안 될 것입니다. 청컨대 명을 도로 거두어 주십시오."

주상이 "윤허하지 않는다." 답하였다. - 또 형조판서 유집일(兪集一)74)이 곡반(哭班)75)에는 나가지 않고 술판만 쫓아다니고 있다면서 관작을 삭탈하라고 아뢰어 청하였다. -

○ 24일, 지문(誌文)76) 제술관(製述官) 판부사 이이명이 차자를 올려 지문 찬진(撰進)의 명을 감당할 만한 인물에게 돌려 제수하기 바란다고 아뢴 일에 대하여 주상이 다음과 같이 답하였다.

"내가 불행하게도 하늘에 죄를 얻어 이처럼 망극한 아픔을 만나게 되어 단지 스스로 목 놓아 곡을 할 뿐이다. 지금 경의 차자를 보니 더욱 놀랍다. 우러러 선조(先朝)의 지우(知遇)77)를 유념하여 빨리 지어 올리도록 하라."

○ 7월일, 지평 홍현보(洪鉉輔)78)가 상소하여 대략 다음과 같이 말하였다.

---

74) 유집일(兪集一) : 1653~1724. 본관은 창원(昌原), 자는 대숙(大叔)이다. 1680년(숙종6) 진사로서 정시문과에 병과로 급제하여 청요직을 두루 거치고, 1718년(숙종44) 형조판서, 이듬해 공조판서 등을 역임하였다. 1720년 숙종이 죽자 산릉도감제조(山陵都監提調)를 지낸 뒤 기로소에 들어갔다.
75) 곡반(哭班) : 국상(國喪) 때 궁궐에 모여 곡을 하는 관리의 반열이다.
76) 지문(誌文) : 명릉(明陵, 숙종 능호)의 지문을 가리킨다. 남하정(南夏正)의 《동소만록(桐巢漫錄)》에 따르면 당시 이이명이 지문을 지어 바쳤는데 그 내용 가운데 희빈에게 사약을 내려 죽게 한 일에 대해서 분명히 말하지 못하였다. 이에 윤지술이 성균관 유생들을 이끌고 상소하여, "전하와 장씨 사이에 이미 모자의 의리가 끊어졌으니 그 사실을 숨길 필요가 없습니다." 하면서 고쳐 지으라고 주장하였다가 죽임을 당하였다. 이에 노론은 윤지술이 절개를 세워 의롭게 죽었다고 여겨 추천하여 장려하고 존모하였다.
77) 지우(知遇) : 인격이나 학식(學識)을 남이 알고서 잘 대우하다.
78) 홍현보(洪鉉輔) : 1680~1740. 본관은 풍산(豊山), 자는 군거(君擧), 호는 수재(守齋)이다. 선조의 부마 홍주원(洪柱元)의 현손이고, 홍만용(洪萬容)의 손자이며, 홍중기(洪重箕)의

"동평위 정재륜이 국상[國喪] 때 성기(省記)79)도 없이 궁궐에서 숙직하였으
니, 청컨대 삭출(削黜)80)하십시오. 예조판서 김연(金演)81)이 반차(班次)에서
술을 마셨으니, 청컨대 삭탈하십시오."

○ 정언 신석이 다음과 같이 아뢰었다.

"좌윤 윤취상(尹就商)82)이 정청(庭請)83)할 때 물러나 사사로이 머물면서
정청하는 반열에 나아가지 않으니, 청컨대 파직하십시오"

○ 공조판서 민진원이 아뢰기를,

"공자(孔子)가 말하기를,

'맹장자(孟莊子)의 효는 아버지의 신하와 아버지의 정치를 바꾸지 않았던
일이다.'84)

아들이다. 1718년(숙종44) 정시문과에 장원 급제하여 청현직을 두루 거쳤다. 영조대
대사헌·호조참판 등을 거쳐 예조판서에 올랐다.

79) 성기(省記) : 궁궐과 중요관청의 야간당직자·경비원·순찰자들의 명단을 장부에 기록하
는 제도이다. 이는 병조의 성기색(省記色)이란 부서에서 담당하였는데, 매일 신시(申時,
오후 4시 전후 시점)까지 작성하여 낭관이 직접 왕에게 보고하고 결재를 받도록 하였다.

80) 삭출(削黜) : 삭탈관작(削奪官爵) 문외출송(門外出送)을 줄인 말이다. 관작을 삭탈하고
도성 밖으로 내쫓다.

81) 김연(金演) : 1655~1725. 본관 상산(商山), 자는 사익(士益), 호는 퇴수당(退修堂)이다. 1675
년(숙종1) 진사가 되고, 1684년 정시문과에 급제하여 청요직을 두루 거쳤다. 1721년(경종
1) 김일경 등과 함께 세제의 대리청정을 반대하여 취소하게 하였다. 1723년 형조판서가
되었으나, 이듬해 영조가 즉위하자 노론의 탄핵을 받아 유배되었다.

82) 윤취상(尹就商) : ?~1725. 본관은 함안(咸安)이다. 1676년(숙종2) 무과에 장원 급제하여
1701년 총융사가 되었다. 경종 즉위 후 병조참판·동지의금부사를 지냈다. 1722년(경종2)
형조판서에 올라 김일경과 함께 노론을 축출하는 데 앞장섰다. 1724년 영조가 즉위하면서
김일경의 일당으로 몰려 국문을 받고 복주(伏誅)되었다.

83) 정청(庭請) : 백관이 함께 궁정에 나아가 벌여 서서 사안을 간쟁하고, 임금의 하교를
기다리는 일을 이른다.

84) 맹장자 …… 일이다 : 《논어》〈자장(子張)〉에, 증자(曾子)가 공자에게서 들은 말이라며,
"맹장자의 효는 다른 일은 그가 하는 것처럼 잘할 수가 있으나, 그가 아버지의 신하와
아버지의 정치를 바꾸지 않았던 일은 잘하기가 어렵다.[孟莊子之孝也, 其他可能也, 其不改父

하였으니, 선조의 구신(舊臣)이라면 비록 조금 자기의 뜻을 거스르더라도 반드시 말하기를,

'이는 선조가 여러 사람 가운데에서 선발하였으니 더욱 두텁게 신임해야 한다.'

하고, 선조의 구정(舊政)이 비록 내 뜻에 편치 않더라도 반드시 말하기를,

'이는 선왕이 익숙히 강론한 일이니 한결같이 받들어 따를 것이다.'

하여야 할 것입니다."

하였다. 주상이 말하기를, "이 말이 좋다." 하였다.

○ **16일**, 사헌부에서 - 장령 박필정(朴弼正)[85] - 다음과 같이 아뢰었다.

"청은군(淸恩君) 한배하(韓配夏)[86]는 궁궐 바깥에서 술판을 벌이고, 혼전충의(魂殿忠義)[87]에 종자(從子, 조카)와 당질(堂姪)을 차출하였으니, 청컨대 파직하고 서용하지 마십시오. 우윤 김중기(金重器)[88]는 정청할 때 반열을 이탈하였고, 윤취상이 탄핵을 받자 상소하여 승부를 다투려 하였으니, 청컨대 파직하십시오."

之臣與父之政, 是難能也.」하였다.

85) 박필정(朴弼正) : 1684~1756. 본관은 밀양(密陽), 자는 계심(季心), 호는 일휴(逸休)이다. 1711년(숙종37) 식년문과에 급제하여 청요직을 두루 지냈다. 1722년(경종2) 사과 재직 시 김일경의 탄핵을 받았다. 영조대 판결사를 거쳐 한성부 좌윤을 역임하였다.
86) 한배하(韓配夏) : 1650~1722. 본관은 청주(淸州), 자는 하경(夏卿), 호는 지곡(芝谷)이다. 1693년(숙종19) 알성문과에 급제하여 1706년 홍문록에 올랐다. 1720년 청은군(淸恩君)에 책록되었고, 1722년(경종2) 공조판서가 되었다. 1725년(영조1) 화원을 시켜 목호룡의 초상을 그리게 강요하였다는 혐의를 받고 관작을 추탈당하였다가 죽은 뒤에 있었던 사실임이 판명되어 추복(追復)되었다.
87) 혼전충의(魂殿忠義) : 혼전은 임금이나 왕비의 국상 중 장사를 마치고 종묘에 입향할 때까지 신위를 모시는 곳이며, 그 상주관으로서 참봉 2인과 충의 4인이 있었다.
88) 김중기(金重器) : ?~1735. 숙종대 함경도 병마절도사를 거쳐 총융사가 되어 북한산성 축조를 건의하였다. 경종대 훈련대장 등을 역임하였으나, 영조 즉위 후 소론으로 간주되어 파직되었다가 다시 총융사로 기용되었다. 1728년 이인좌(李麟佐)의 난에 연루되어 유배되었다가 결국 1735년(영조11)에 의금부 옥중에서 죽었다.

○ 18일, 이조판서 권상유(權尙游)[89]가 병으로 체직되자, 그 대신 조태구(趙泰耉)[90]를 낙점하였다.

○ 19일, 정언 서종섭(徐宗燮)[91]이 상소하여 다음과 같이 말하였다.

"전하가 청정(聽政, 정사를 듣고 처리함)할 때 오직 연묵(淵默, 말없이 침묵을 지킴)을 위주로 하여서 의심스러운 사단이 있어도 어려움이 무엇인지 묻는 것을 꺼리십니다. 갑과 을이 논변할 때 혹 가부(可否)를 결단하지 못하고 신중함이 지나쳐서 마치 입 밖으로 말을 내지 못하는 것처럼 하며, 상소에 대한 비답이 혹 상소의 말과 서로 부합되지 않기도 합니다.

참판 이광좌(李光佐)[92]는 대행대왕(大行大王)의 후반(候班)[93]에 한 번도 나아

---

89) 권상유(權尙游) : 1656~1724. 본관은 안동, 자는 계문(季文)·유도(有道), 호는 구계(癯溪)이다. 권상하의 동생으로 송시열 문하에서 수학하였다. 1694년(숙종20) 알성문과에 급제하여 청현직을 두루 거쳤다. 1703년(숙종29) 박세당의 《사변록(思辨錄)》을 비판하는 글을 지어 김창협의 칭찬을 받았다. 1709년 대사성을 거쳐 도승지가 되었다. 대사헌 정호가 윤증을 논핵한 일에 관련되어 면직되기도 했다. 그 뒤 이조판서 등을 역임하다가 1721년(경종1) 신축환국으로 탄핵을 받아 문외출송 되었다가 이듬해 풀려났다. 시호는 정헌(正獻)이다.

90) 조태구(趙泰耉) : 1660~1723. 본관은 양주(楊州), 자는 덕수(德叟), 호는 소헌(素軒)·하곡(霞谷)이다. 형조판서 조계원(趙啓遠)의 손자이고, 우의정 조사석(趙師錫)의 아들이며, 조태채(趙泰采)와 조태억(趙泰億)의 종형이다. 1683년(숙종9) 생원이 되고, 1686년 별시문과에 급제하여 청요직을 두루 거쳐 1720년(경종 즉위) 우의정에 올랐다. 당시 소론의 영수로서 노론과 대립하던 중 1721년 정언 이정소(李廷熽)의 건저 상소(建儲上疏)와 김창집 등 노론 4대신의 주청에 의해 연잉군이 세제로 책봉되자, 유봉휘 등과 함께 이에 반대하였다. 또한 노론이 세제의 대리청정을 주장하자 최석항(崔錫恒)·조태억·박태항(朴泰恒)·이광좌(李光佐) 등과 함께 대리청정의 환수를 청하여 관철시켰다. 같은 해 12월 전 승지 김일경과 이진유(李眞儒)·윤성시(尹聖時) 등이 상소하여 건저를 주장하던 노론 4대신을 4흉(四凶)으로 몰아 탄핵한 뒤 이들을 사사(賜死)하게 하였다. 그 뒤 영의정에 올라 최석항·김일경 등과 함께 국론을 주도하였다. 1725년(영조1) 신임옥사의 원흉으로 탄핵을 받고 관작이 추탈되었다가 1908년(순종2)에 복관되었다.

91) 서종섭(徐宗燮) : 1680~1734. 본관 대구(大丘), 자는 숙화(叔和)이다. 1713년(숙종39) 사마시(司馬試), 1717년(숙종43) 정시(庭試) 문과에 합격하여 청요직을 두루 거치고, 영조대 우부승지·대사간 등을 역임하였다. 사후에 좌찬성(左贊成)에 추증되었다.

92) 이광좌(李光佐) : 1674~1740. 본관은 경주, 자는 상보(尙輔), 호는 운곡(雲谷)이다. 이항복

가 참여하지 않다가, 원래 스스로 폐고할 의리가 없었으므로 나와서 돈장(敦

匠)94)하라는 명에 응하였으니 의리에 대처하는 것이 근거가 없습니다. ……"

○ 서종섭의 상소 뒤에, 도승지 홍치중(洪致中)95)이 들어가 진찰할 때 - 23일 - 지

나치게 의심한다고 주상 앞에서 여쭈었다. 서종섭이 이 때문에 - 24일 - 피혐(避

嫌)96)하였는데, 다음과 같은 말이 있었다.

"이광좌의 정세(情勢)란 지난날 훼판한 일로써 일찍이 선대왕으로부터

편치 않은 하교를 받은 것에 불과합니다.97) 그런데 이것이 무슨 요·순(堯舜)과

(李恒福)의 현손으로, 1694년(숙종20) 별시문과에 장원급제하여 청요직을 두루 역임하였
다. 숙종대 소론으로서 병신처분(丙申處分)에 반대하다가 파직되었다. 1721년(경종1)
예조판서, 1723년 우의정에 올라 경종 보호에 힘썼으며, 영조 즉위 뒤 영의정에 올랐다가
노론이 득세하여 파직 당하였다. 1727년(영조3) 정미환국으로 다시 영의정이 되어
1728년 이인좌(李麟佐)의 난을 평정한 공으로 분무원종공신(奮武原從功臣) 1등에 봉해졌
다. 1730년에 영조에게 탕평책을 상소하여 당쟁의 폐습을 막도록 건의했다. 1737년
다시 영의정이 되어 재직 중 1740년 박동준(朴東俊) 등이 주도한 삼사의 합계(合啓)로
'호역(護逆)'이라고 탄핵하자 울분 끝에 죽었다.

93) 후반(候班) : 임금의 안부를 묻기 위해 늘어선 문무백관의 반열을 말한다.

94) 돈장(敦匠) : 장인(匠人)들과 공역(工役) 전반을 감독하는 일이다. 주로 국장(國葬) 등의
행사 때에 관곽(棺槨)과 산릉(山陵)의 역사를 도맡아 관리 감독하던 임시 직책이다.

95) 홍치중(洪致中) : 1667~1732. 본관은 남양(南陽), 자는 사능(士能), 호는 북곡(北谷)이다.
우의정 홍중보(洪重普)의 손자, 관찰사 홍득우(洪得禹)의 아들이다. 1699년(숙종25) 사마
시, 1706년 정시문과에 급제하여 대사간·승지 등을 거쳐 이조참판 등을 지냈다. 1721년(경
종1) 형조판서에 올랐는데, 신임옥사로 홍주목사로 좌천되었다가 1724년 지돈녕부사가
되었다. 영조 즉위 후 예조판서를 거쳐 1726년(영조2) 좌의정 민진원의 천거로 우의정에
올랐다. 1729년 조문명(趙文命) 등이 신임옥사에 대한 시비의 절충을 꾀하자, 노론
4대신과 삼수옥(三手獄) 관련자에 대한 신원문제를 구분해야 한다는 논리를 주장하여
기유처분(己酉處分)을 내리게 하였다. 이어 영의정으로 승진하였다. 시호는 충간(忠簡)이
다.

96) 피혐(避嫌) : 삼사의 언관이 논핵한 사건에 관련이 있는 관원이 벼슬에 나가는 것을
피하는 일이다. 사건에서 혐의가 풀릴 때까지 벼슬길에 나가지 않는 것이 관례(慣例)였다.

97) 이광좌의 …… 불과합니다 : 1716년 신구(申球)의 상소를 계기로 하여 윤선거(尹宣擧)의
문집을 훼판하자 이광좌가 상소하여 신구와 김창집을 비판하였다가 숙종으로부터
엄한 비답을 받은 일을 가리킨다. 《肅宗實錄 42年 9月 27日》《承政院日記 肅宗 42年 9月
27日》

영결하는 단서가 된다고 사정(私情)을 펴지 못하였다고 핑계대면서 분의(分義)를 저버리고 자신의 잘못된 견해를 고집하여 마침내 상(喪)이 나기 전에 들어가 문후를 드리지 않았습니다.

진실로 떳떳한 도리가 다 사라지지 않고 남아 있다면 오늘 문후를 드리지 못한 아픔이 다른 사람의 배가 될 것입니다. 돈장은 비록 폐하지 않았다고 하지만 대체(大體)가 이미 훼손되었으니, 작은 수고로 어떻게 그것을 대신할 수 있겠습니까?"

홍치중이 이에 맞서 상소하여 - 25일 - 다음과 같이 말하였다.

"물러나 있는 사람은 스스로 조정의 반열에 나올 방도가 없으니 반드시 불러야만 응할 수 있습니다. 그렇지만 시약(侍藥, 약 시중)이나 돈장과 같은 부득이한 일이 있는 뒤에 감히 명을 받들지 않을 수 없는 것은 사리에 마땅합니다. 이광좌가 물러난 지 5년이 되어 신료들의 반열 안으로 들어오지 못했던 것은 형세상 그러했던 것입니다.

도성 바깥 궁궐 아래에서 1백여 일 동안이나 선대왕의 안부를 들으며 예(禮)에 맞게 분수를 펴고 있었으며, 오직 종적(蹤迹)이 불안하여 당돌하게 신료들의 행렬에 참여하지 못했을 뿐입니다. 그러므로 그가 신하의 도리를 지키지 않은 적이 없었는데 지금 그의 본심을 미리 의심하여 떳떳한 도리가 모두 없어지고 분의(分義)를 모두 잃어버렸다고 바로 단정하였으니, 이것이 과연 공평하고 관대한 도리란 말입니까?

조정의 논의가 나눠지고 의논하는 말이 중도를 지나쳤으니, 이는 진실로 근래 폐단입니다. 더구나 새로 즉위하신 지금 더욱 마땅히 마음을 합쳐 사태를 진정시켜서 화평한 복을 배양해야 하는데, 한마디를 망발하였다고 비웃으며 비난하는 말이 번갈아 이르고 있습니다. ……"

○ 21일, 용인(龍仁) 유학(幼學) 조중우(趙重遇)가 다음과 같이 상소하였다.[98]

98) 조중우(趙重遇)가 …… 상소하였다 : 조중우는 경종 즉위년 폐서인이 된 장희빈의 작위를

"삼가 생각건대, 제왕의 덕은 효(孝)보다 더한 것이 없어서, 추보(追報)[99]하는 도리는 《예경(禮經)》에 분명히 나와 있고, 어미가 자식 덕분에 귀해지는 것은 《춘추(春秋)》의 대의(大義)입니다.[100] 이제 전하가 후계를 이어 대위(大位)에 올라서 종사(宗社)와 신인(神人)의 주인이 되었는데, 낳아 주신 어버이는 오히려 명호(名號)도 없이 적막한 시골 마을의 사우(祠宇)에 매우 쓸쓸히 계시고, 한 줌의 무덤에는 풀만 황량(荒涼)합니다. 삼가 전하께서는 엄려(嚴廬)[101]에서 슬퍼하는 가운데에도 반드시 두려워서 편안하지 못한 바가 있을 것입니다.

문무 조신(文武朝臣) 중 직질(職秩)이 종2품인 자도 오히려 증직(贈職)의 영전(榮典)이 있는데, 전하는 당당한 천승(千乘)의 존귀한 몸으로서 유독 낳아서 길러 준 어버이에게는 작호(爵號)를 더한 것이 없으니, 무엇으로써 나라의 체통을 높이고 지극한 정리(情理)를 펼치겠습니까? 위로는 대신으로부터 아래로는 삼사에 이르기까지 한 사람도 전하를 위하여 이러한 일을 말하는 자가 없으니, 알지 못해서 말하지 않는 것입니까? 아니면 알면서도 말하지 않는 것입니까? 신은 적이 개탄스럽게 여깁니다.

회복시켜 달라는 상소를 올렸다. 아들이 즉위하였는데 그 생모가 작호가 없는 전례는 없는 일이었기 때문에 명분이 서는 일이었다. 그러나 그는 노론의 탄핵을 받아 형문 끝에 죽었다. 노론은 한발 더 나아가 이를 기화로 경종을 압박하였다. 그해 9월 성균관 장의(掌議) 윤지술은 장희빈을 죽인 처분이 정도(正道)를 호위한 것이라는 내용을 숙종의 지문(誌文)에 넣어 영원히 전해야 한다고 주장했다.

99) 추보(追報) : 경종의 생모 장씨에 대한 추보를 가리킨다. 1720년 7월, 유학 조중우가 장씨를 추보하여 명호(名號)를 정하자고 상소한 데서 비롯되었다. 이후 논의를 거쳐 1722년 1월 10일 우의정 최석항이 별묘(別廟)를 세우고 명호를 정할 것을 청하여 윤허를 받았으며, 동년 10월 10일 장씨를 옥산부대빈(玉山府大嬪)으로 추존하였다. 《景宗實錄 卽位年 7月 21日, 1年 12月 19日, 2年 1月 10日·21日, 2年 10月 10日》

100) 어미가 …… 대의(大義)입니다 : 《춘추공양전(春秋公羊傳)》 은공(隱公) 원년에 "환공은 어찌하여 귀한가? 어머니의 신분이 귀하기 때문이다. 어머니의 신분이 귀하면 자식은 어찌하여 귀해지는가? 자식은 어머니 덕분에 귀해지고 어머니는 자식 덕분에 귀해지는 것이다.[桓何以貴? 母貴也. 母貴則子何以貴? 子以母貴, 母以子貴.]"하였다. 이것은 후궁의 자식이라도 아버지의 뒤를 이어 즉위하면 그 생모의 지위가 높아져 사후에 존호를 추상할 수 있는 경전 상의 근거가 될 수 있었다.

101) 엄려(嚴廬) : 임금이 국상(國喪)을 당하였을 때 거처하는 여막(廬幕)이다.

조정 신료들이 비록 청하지 않더라도 전하가 마땅히 즉시 처분을 내려야 하는데, 여러 날 귀를 기울여도 아직 들을 수 없으니, 알지 못하겠지만 전하에게 무엇을 의심하고 어려워할 것이 있으십니까? 신이 오히려 기억하기로는 지난날 선대왕이 전하의 마음을 살펴서 특별히 천장(遷葬)을 허락하였고, 전하의 뜻을 알고서 다시 망곡(望哭)[102]하게 하였습니다. 이로써 미루어 보건대 선대왕의 오르내리는 영혼이 오늘날의 거조(擧措)에 대하여 반드시 어긋났다고 하지는 않을 것입니다.

신이 삼가 《선원보략(璿源譜略)》[103] 1책을 보니, 전후로 찬집(纂輯)한 것은 모두 품의하여 선대왕의 결재를 받았는데, '희빈(禧嬪)' 두 글자를 아직도 삭제하지 않았으니, 또한 어찌 선대왕의 은밀한 뜻이 그 사이에 있지 않겠습니까? 삼가 원하건대 전하께서 특별히 예관(禮官)으로 하여금 빨리 명호(名號)를 정하게 하여 지극한 정리를 펴고 나라의 체통을 높인다면 천만다행일 것입니다."

○ 승정원에서 다음과 같이 아뢰었다. - 홍치중, 권엽(權燁)[104], 홍계적(洪啓迪)[105], 윤석래(尹錫來)[106]가 함께 참여하였고, 한중희(韓重熙)[107]가 연명(聯名)하였다. 송성명은

---

102) 망곡(望哭) : 먼 곳에서 어버이의 상사(喪事)를 당할 때 그쪽을 향하여 슬피 우는 일이다. 국상(國喪)을 당하여 대궐문 앞에서 백성이 모여서 곡하는 일이다.
103) 선원보략(璿源譜略) : 선원계보기략(璿源系譜記略) 또는 선원록(璿源錄)을 가리킨다. 1679년(숙종5)에 착수해 2년 뒤 완성한 왕실 족보이다. 이후 역대 왕이 새로 즉위할 때마다 중교(重校)·보간(補刊)한 것을 1897년(고종34)에 합간(合刊)하였다.
104) 권엽(權燁) : 1673~? 본관은 안동, 자는 명숙(明淑)이다. 1705년(숙종31) 식년시 생원이 되고, 1706년 정시문과에 급제하여, 1713년 지평, 1718년 승지가 되었다.
105) 홍계적(洪啓迪) : 1680~1722. 본관은 남양(南陽), 자는 혜백(惠伯), 호는 수허재(守虛齋)이다. 1702년(숙종28) 진사가 되어 1703년 성균관 유생들과 함께 박세당을 성토하는 상소를 올렸다. 그해 6월 박세당(朴世堂)의 《사변록(思辨錄)》과 이경석(李景奭)의 비문을 태워 없애라고 상소하였다. 1708년 식년문과에 급제하여 청요직을 두루 거쳤다. 경종대 대사헌 재직 시 세제의 대리청정을 주장하여 소론과 대립하였다. 1722년 노론 4대신의 당인이라는 죄목으로 투옥되었다가 죽었다. 영조 즉위 후 정호(鄭澔)의 주청으로 신원되고, 이조판서에 추증되었다.

부모님의 병환을 이유로 휴가를 갔다. -

"그저께 유학(幼學) 조중우라는 사람이 와서 상소를 올렸는데, 마침 승정원이 거의 비어있을 때였으므로 동료들이 모두 모인 뒤에 의견을 모으는 것이 합당하다고 말하였습니다. 이제 조중우가 또 상소를 올려서 신들이 그 상소문 원본을 보았는데, 앞부분에는 자성(慈聖)의 복선(復膳)108)을 청하였고, 아래 조항에는 '어미가 아들 덕분에 귀하게 된다.'고 말하면서 또 감히 말하기를,

'선대왕의 오르내리는 영혼이 오늘날의 거조에 대하여 반드시 어긋났다고 하지 않을 것이다.'

하고, 또 감히 말하기를, '선대왕의 은미한 뜻이 그 사이에 있다.' 하였습니다. 아! 이것이 어찌 오늘날 신하가 차마 입 밖에 낼 수 있는 것입니까?

삼가 생각건대 선대왕의 당초 처분이 있었던 후에 하교가 엄중할 뿐만이 아니어서 지난번 병술년(1706, 숙종32) 비망기에서, '암행어사의 서계(書啓)109) 가운데에 감히 작호(爵號)를 썼는데, 일의 해괴함이 이보다 심한 것이 없다.'고 하면서 바로 파직을 명하였습니다.110) 또 정유년(1717, 숙종43) 함일해(咸一海)의 상서(上書)에 감히 작호(爵號)를 썼다 하여 또한 매우 절통(絶痛)하다고 하교하셨습니다.111)

---

106) 윤석래(尹錫來) : 1665~1725. 본관은 파평(坡平), 자는 중길(仲吉), 호는 둔정(鈍靜)·만회(晚晦)이다. 1690년(숙종16) 진사가 되고, 1710년 증광문과에 급제하여 청요직을 두루 거쳤다. 1722년(경종2) 신임옥사로 소론이 집권하게 되자 동래부사를 사직하고 물러났다. 1724년 영조가 즉위하면서 노론이 재집권하자 도승지를 거쳐 병조참판에 이르렀다.

107) 한중희(韓重熙) : 1661~1723. 본관은 청주(淸州), 자는 회지(晦之)이다. 1691년(숙종17) 사마시, 1702년(숙종27) 식년문과에 급제하여 청요직을 두루 역임하였다. 1722년(경종2) 김동필(金東弼)의 상소에서 탄핵을 받고, 이후 신임옥사에 연루되어 파직을 당한 뒤 고향에 돌아가 죽었다.

108) 복선(復膳) : 특별한 사유로 줄였던 밥상의 음식 가짓수를 평시와 같이 도로 회복하는 것이다.

109) 서계(書啓) : 암행어사와 같은 봉명관(奉命官)이 복명할 때 올리는 문서이다.

110) 병술년 …… 명하였습니다 : 병술년(1706, 숙종32) 전라우도 암행어사 이교악(李喬岳)이 서계(書啓) 중에 죄를 받아 죽은 장씨의 작호를 썼다가 파직당했다. 《肅宗實錄 32年 6月 6日》

　성의(聖意)의 소재가 해와 별같이 밝아 지금도 사람들의 눈과 귀에 널리 퍼져 있으니, 무릇 우리 신서(臣庶)들이라면 누가 감히 다른 의논을 용납할 수 있겠습니까? 그런데 이제 재궁이 빈소(殯所)에 있고 선침(仙寢)[112]이 채 식지도 않았는데, 이미 이같은 음험하고 사특한 무리들이 생겨나서 그 현혹하고 상시(嘗試)[113]하려는 계책을 이루고자 하여 선왕의 뜻을 꾸며서 속였으니 그 의도가 음험하고 간특합니다.

　만일 이 무리들이 진실로 선왕의 뜻을 추념(追念)하고 선조를 두려워하는 마음이 있었다면, 감히 무망(誣罔)한 말을 멋대로 감히 가하지 못할 자리에 함부로 가하여 조금도 거리낌이 없을 수 있겠습니까?

　이런 귀신과 물여우[114] 같은 무리들을 만약 엄중히 징계하고 통렬하게 배척하지 않는다면, 다만 후일에 제방(隄防)이 점차 해이해질 뿐만 아니라, 우리 성상이 선왕의 법을 준행하여 고치지 않는 도리에도 결함이 있을까 두렵습니다. 신들이 크게 놀란 나머지 감히 예에 따라 봉입(捧入)[115]하지 못하고 소회(所懷)를 덧붙여 진달합니다."

　주상이 다음과 같이 전교하였다.

　"이제 조중우의 상소문 원본을 보니 한편의 주된 의도는 오로지 빨리 명호를 정하기를 청하는데 있다. 그런데 아래 조항의 '어미가 아들 덕분에 귀하게

---

111) 함일해 …… 하교하셨습니다 : 《숙종실록 43년 12월 7일》 기사에 따르면 강릉 유학 함일해가 희빈의 묘소를 거론하면서 훌륭한 지사(地師)로 하여금 길흉을 조사하게 한 다음 다시 길지(吉地)를 잡기를 촉구하였다. 이에 숙종이 상소에서 "희빈"이라는 작호를 썼다고 질책하였다.

112) 선침(仙寢) : 제왕의 능묘(陵墓) 가의 침전(寢殿)으로, 제왕의 능묘를 가리키기도 하는데, 여기서는 숙종의 침전을 가리킨다.

113) 상시(嘗試) : 짐짓 다른 일을 빌어서 이야기하여 상대방의 속마음을 떠보는 언설(言說)을 가리킨다.

114) 귀신과 물여우 : 원문은 "鬼蜮"이다. 물여우가 모래를 머금고 있다가 물에 비치는 사람의 그림자에 쏘면 그 사람이 병에 걸린다고 한다. 곧 음흉함을 말한다.

115) 봉입(捧入) : 백성의 청원 서류로서 임금에게 올린 것을 승정원에서 접수하거나, 각조(各曹)·각사(各司)에서 수리하여 승정원에 회부(回付) 진달(進達)하여 올리는 것을 말한다.

된다.'고 말하면서, 감히 말하기를, '선대왕의 오르내리는 영혼이 오늘날의 거조에 대하여 반드시 어긋났다고 하지 않을 것이다.' 하였고, 또 감히 말하기를, '선대왕의 은미한 뜻이 그 사이에 있다.' 하였다.

이것이 어찌 오늘날 신하가 차마 입 밖에 낼 수 있는 것인가? 이 또한 선대왕께서 처분하신 의도와 어긋난 것이다. 하물며 지금 선침(仙寢)이 채 식지도 않은 날에 감히 남을 속이는 말을 어떻게 이와 같이 멋대로 하는가? 통렬하게 배척하지 않을 수 없으니, 조중우를 먼 변방에 정배하고, 이 상소는 돌려주라." - 조중우를 삼수부(三水府, 함경도 소재)로 유배 보냈다. -

○ **21일**, 대사간 조관빈이 다음과 같이 상소하였다.

"신이 가만히 보건대 성명(聖明)께서 즉위하신 이래로 베풀어 행하는 모든 일이 한결같이 선왕의 뜻을 따르십니다. 그리하여 어제의 처분은 선왕의 일을 이어받아 따르는 아름다움과 징토(懲討)의 엄중함이 위로는 하늘에 계신 선왕의 영혼을 기쁘게 하기에 충분했으며, 아래로는 간사한 무리들의 틈을 엿보는 음모를 깨뜨려 버리기에 충분했습니다. 이는 실로 역사책에서도 본 적이 없으니, 또한 오직 종묘사직의 무궁한 기쁨이 될 것입니다.

그렇지만 저 조중우의 흉특한 실정에 대해서는 통렬히 분별하지 않을 수 없는 것이 있으니, 이 무리들이 이러한 말로써 오늘날 떠보려고 하는 것은 대개 망령된 마음으로 감히 말하기 어려운 자리를 의논하여 다른 사람들과 국가에 화를 끼치는 계책을 이루려고 하는 것입니다.

'은미한 뜻'이나 '어긋났다고 하지 않을 것' 등의 말에 이르러서는 선왕의 뜻을 꾸며서 속이면서도 조금도 염려하고 거리낌이 없으니, 이 어찌 조중우 한 사람이 홀로 저지른 일이겠습니까?

저 흉당들이 화심(禍心)을 품고 간사한 꾀를 지어낸 지 오래되었으니, 저들이 장차 얼굴을 바꾸어 번갈아 나와 백 가지 계략으로 선동하여 반드시 전하의 총명함을 현혹시키고 조정을 어지럽힌 뒤에야 그칠 것입니다. 그 놀랍고 우려되는 점은 여윈 돼지가 뛰려는 조짐116)이나, 명이(明夷)가 뱃속으로 들어 가는 것을 경계117)하는 것만이 아닐 것입니다. 삼가 원컨대 성명께서는 더욱 과감하게 결단하여 제방을 엄중히 하고 이러한 상소는 다시 봉입하지 말라고 명하여 흉악하고 간사한 무리가 뒤를 이어 일어나지 못하게 하십시오."

또 말하기를,

"승정원은 마땅히 합사(合辭)하여 엄중히 배척하여야 할 것인데, 송성명이 사정을 진술한 상소가 마침 이날 있었습니다. 비록 부모님의 병환의 경중(輕重) 이 어떠한지는 알지 못하겠으나, 잠깐 나왔다가 바로 들어가 기미를 알고 교묘하게 회피하려 한 자취가 현저하게 드러났습니다. ……"

하니, 주상이 답하기를,

"어제 처분이 이미 결정되었는데, 그대의 상소에서 나열한 것이 또한 매우 명쾌하다. 아래 조항의 일은 추고(推考)하도록 하라."

하였다.

○ 도승지 홍치중이 아뢰기를,

"소장을 봉입하지 않으면 진실로 뒷날 폐단이 생길 것인데, 사안이 선조에 관계되므로 전적으로 맡겨서 시끄럽게 해서는 안 될 것입니다. 대사간이 상소에서 말한 의도는 여기에서 나온 것 같으니, 주상께서 반드시 명백하게 지목하여 하교한 뒤에 본원이 거행해야 마땅할 것입니다."

하니, 주상이 말하기를, "봉입하지 않는 것이 좋겠다." 하였다.

---

116) 여윈 …… 조짐 : 《주역(周易)》 구괘(姤卦) 초육(初六)의 효사(爻辭)에 "여윈 돼지가 날뛰고 싶은 마음이 진실하다.[羸豕孚蹢躅]"에서 나온 말이다. 이는 소인이 올바르지 못한 마음으로 군자를 해치려는 생각을 품고 있음을 비유한 것이다.

117) 명이(明夷)가 …… 경계 : 간악한 자가 왕에게 접근하는 것을 경계한다는 뜻한다. 《주역》 명이괘(明夷卦) 육사효(六四爻)의 상(象)에 이르기를, "왼쪽 배로 들어감은 마음과 뜻을 얻은 것이다.[入于左腹, 獲心意也.]" 하였는데, 이에 대한 전(傳)에 이르기를, "왼쪽 배로 들어갔다는 것은 사벽(邪僻)한 길로 군주에게 들어가서 그 마음과 뜻을 얻음을 이른다." 한 것에서 인용한 것이다.

○ 사헌부에서 - 집의 조성복, 장령 박필정, 지평 홍용조(洪龍祚)[118] - 다음과 같이 아뢰었다.

"조중우의 상소문 원본에서 하나, '《춘추》 대의'를 말하고, 하나, '선왕의 은미한 뜻'이라고 이르렀으니, 아! 이것이 무슨 말입니까? '어미가 아들 덕분에 귀하게 된다.'는 말은 《춘추》 공양(公羊)의 설인데 호씨(胡氏)[119]의 전(傳)에서 그것이 잘못임을 극론하였고, 정자(程子)[120]와 주자(朱子)[121]의 가르침도 또한 심히 엄중하였습니다.

상소 가운데 '대의(大義)'라고 하는 말은 이미 매우 근거가 없는데, '선왕의 은밀한 뜻이다.'거나 '오늘날의 거조에 어긋나지 않았다.' 등의 말은 더욱이

---

118) 홍용조(洪龍祚) : 1686~1741. 본관은 남양(南陽), 자는 희서(羲瑞), 호는 금백(金伯)이다. 1717년(숙종43) 식년문과에 급제하여 청요직을 두루 거쳤다. 1721년(경종1) 세제 책봉에 반대하는 유봉휘를 처형하라고 상소하였다가 파직되었다. 이듬해 신임옥사로 유배되었다가 영조대 호조참의 등을 역임하였다.

119) 호씨(胡氏) : 호안국(胡安國, 1074~1138)을 가리킨다. 북송의 관리이자 유학자이다. 건녕(建寧) 숭안(崇安) 사람으로 다른 이름은 호적(胡迪)이고, 자는 강후(康侯), 호는 청산(靑山), 무이선생(武夷先生)이다. 소성(紹聖) 4년(1097) 진사(進士) 출신으로 벼슬은 태학박사(太學博士)를 지냈다. 수신(修身)을 위한 학문을 바탕으로 경세치용(經世致用)을 주장하였는데, 특히 《춘추(春秋)》에 정통하였다. 시호가 문정(文定)이어서, 호문정공(胡文定公)으로 일컬어진다.

120) 정자(程子) : 송나라 성리학자 정이(程頤, 1033~1107)를 가리킨다. 자는 정숙(正叔), 호는 이천(伊川)이다. 주염계(周濂溪)에게서 배우고 '이(理)'를 최고의 범주로 삼아 도학(道學)을 체계화하고 발전시켰다. 특히 '성즉리(性卽理)'의 명제를 세워 성선설을 천리로 삼아 절대화하여, 성을 천명(天命)의 성과 기질(氣質)의 성으로 나누고 또한 성과 정(情)을 구별하였다.

121) 주자(朱子) : 남송대 학자이자 정치가인 주희(朱熹, 1130~1200)이다. 자는 원회(元晦)·중회(仲晦), 호는 회암(晦庵)·회옹(晦翁)·운곡산인(雲谷山人)·창주병수(滄洲病叟)·둔옹(遯翁) 등이 있다. 북송대 발원한 송대 이학(理學)을 집대성하여 그의 학문을 주자학(朱子學)이라고 칭하였다. 18세에 과거에 급제한 뒤 지방관을 전전하다가 영종(寧宗) 즉위 후 시강관(侍講官)으로 발탁되었으나 한탁주(韓侂冑)의 공격을 받고 파직당하여 불우한 말년을 보냈다. 한탁주는 도학(道學)을 위학(僞學)으로 규정하고 주희의 제자들을 탄압하였다. 이것을 '경원당금(慶元黨禁)'이라고 한다. 한탁주가 죽은 뒤 '문공(文公)'이라는 시호를 받았다. 주자학은 고려 말에 신흥 사대부로 대표되는 지식인들이 신봉하기 시작하여 새로운 왕조국가인 조선을 개창하는 사상적 바탕이 되었으며, 이후 조선왕조가 멸망할 때까지 주류 사상의 지위를 유지하였다.

지극히 원통합니다.

전에는 박만정(朴萬鼎)[122]과 박정(朴涏)[123]에게 내린 비답[124]이 있었고, 뒤에
는 특별히 어사를 파직하고 함일해를 통렬하게 배척하는 하교가 있었습니다.
이처럼 처분의 엄정함이 금석(金石)같이 굳고 의지와 뜻이 밝게 내 걸린
것이 해와 별같이 밝았으니, 오늘날 신하 된 자가 어찌 감히 이와 같이
꾸미고 속이는 말을 함부로 발설할 수 있겠습니까? 속히 엄중히 형신하여
끝까지 심문하라고 명하십시오."

주상이 답하기를, "윤허하지 않겠다." 하였으나, 다시 아뢰자 "그대로 윤허
한다." 하였다.

○ 판결사 조태억(趙泰億)[125]이 대략 다음과 같이 상소하였다.

"조상건(趙尚健)[126]은 신의 아비[127]가 송상민(宋尚敏)[128]을 위해 눈물 흘리고

---

122) 박만정(朴萬鼎) : 1648~1717. 본관은 밀양(密陽), 자는 사중(士重), 호는 동계(東溪)·설정(雪
汀)이다. 윤휴(尹鑴)에게 수학하였다. 1683년(숙종9) 증광문에 급제하여, 1689년 기사환
국 이후 청요직을 두루 역임하였다. 1694년 갑술환국으로 중전에서 희빈으로 강등된
장씨를 따로 명호를 세워서 예우할 것을 주장하였다가 1701년 희빈이 사사된 뒤 중도부처
되었다.
123) 박정(朴涏) : 1653~1725. 본관은 밀양, 자는 거원(巨源), 호는 정소헌(淨疎軒)이다. 1682년
(숙종8) 생원이 되고, 1686년(숙종12) 알성문과에 급제하여 청요직을 두루 역임하였다.
1694년 박만정과 함께 장희빈을 비호한 일로 1701년 중도부처 되었다. 1723년(경종3)
다시 등용되어 청요직에 진출하였으며, 영조 즉위 직후 승지가 되었다.
124) 박만정(朴萬鼎)과 …… 비답 : 1701년(숙종27) 박만정과 박정이 서로 잇따라 상소하여
장희빈의 명호를 세우자고 상소하였다가 유배된 일을 말한다. 《肅宗實錄 27年 10月
21日》 그런데 여기에 숙종의 자세한 비답은 보이지 않는다.
125) 조태억(趙泰億) : 1675~1728. 본관은 양주(楊州), 자는 대년(大年), 호는 겸재(謙齋)·태록당
(胎祿堂)이다. 조존성(趙存性)의 증손, 형조판서 조계원(趙啓遠)의 손자, 이조참의 조가석
(趙嘉錫)의 아들이다. 조태구·태채의 종제이며, 최석정 문인이다. 1693년(숙종19) 진사가
되고, 1702년 식년문과에, 1707년 문과중시에 급제하여 청요직을 두루 거치고, 1721년
호조참판이 되었다. 이때 조태구·최석항·이광좌 등과 함께 대리청정을 반대하여 철회시
켰다. 영조 즉위 후 우의정, 1727년(영조3) 정미환국 이후 좌의정에 올랐다. 1755년
나주괘서사건(羅州掛書事件)으로 관작이 추탈되었다가 1908년(순종2)에 복관되었다.
저서로 《겸재집》이 있고, 시호는 문충(文忠)이다.

송시열(宋時烈)129)에게 궤신(饋贐)130)했던 일131)을 가지고 협박할 계책으로

---

126) 조상건(趙尙健) : 1672~1721. 본관은 풍양(豐壤), 자는 자이(子以)이다. 1713년(숙종39) 증
광문과에 급제하여 1714년 지평이 되었다. 1716년 정언 재직 시 《가례원류》 문제로
윤증을 배척하고 송시열을 옹호하는 상소를 올렸다가 관작을 삭탈당하였다. 1717년
다시 지평이 되고 홍문록에도 올랐다.

127) 신의 아비 : 조가석(趙嘉錫, 1634~1681)을 가리킨다. 본관은 양주, 자는 여길(汝吉), 호는
태촌(苔村)이다. 조존성(趙存性)의 손자, 형조판서 조계원(趙啓遠)의 아들이다. 1660년(현
종1) 증광문과에 급제하여 청요직을 두루 역임하였는데, 1677년(숙종3) 상소하여 송시열
을 신구하였다가 삭직되었다. 1680년 경신환국 이후 승지, 이조참의 등을 지냈다.

128) 송상민(宋尙敏) : 1626~1679. 본관은 은진(恩津), 자는 자신(子愼), 호는 석곡(石谷)이다.
송시열·송준길 문인이다. 1660년(현종1) 사마시에 합격하고 곧 송시열이 있는 회덕으로
내려가 학문 연구에 힘썼다. 1675년(숙종1) 갑인예송으로 송시열이 유배되자 1679년
3월 12일 송상민은 스승을 변호하기 위하여 예론의 시말과 윤휴 및 허목을 비판하는
책을 만들어서 숙종에게 바쳤다. 이 일로 숙종의 노여움을 사서 송상민 자신은 장살되었
으며 연루자들은 모두 국문을 받고 죽거나 유배되었다. 이후 경신환국으로 신원되어
공조좌랑에 추증되었다.

129) 송시열(宋時烈) : 1607~1689. 본관은 은진(恩津), 자는 영보(英甫), 호는 우암(尤菴)·우재(尤
齋), 시호는 문정(文正)이다. 사용원 봉사 갑조(甲祚)의 아들이며, 김장생(金長生)·김집(金
集)의 문인이다. 1633년(인조11) 생원시에서 장원하고, 1636년 인조의 둘째 아들 봉림대군
(鳳林大君)의 사부(師傅)가 되었다. 이해 병자호란이 일어나자 남한산성에서 인조를
호종하였다. 이듬해 삼전도의 치욕 이후 고향에 은거하여 산림(山林)을 자처하였다.
1658년(효종9) 효종은 호서산림(湖西山林) 세력을 재등용하는 일환으로 송시열을 이조판
서에 특서(特敍)하였다. 이후 현종대 두 차례 예송(禮訟)에 깊이 간여했다가 1674년(현종
15) 서인이 패배하자 파직·삭출되었다. 1680년(숙종6) 경신환국으로 다시 등용되었는데,
이후 서인이 노론과 소론으로 분열하는 과정에서 노론의 종장(宗匠)이 되었다. 1689년
기사환국으로 남인이 재집권했는데, 이때 세자 책봉에 반대하는 소를 올렸다가 유배되었
고, 그 해 6월 정읍에서 사약을 받고 죽었다.

130) 궤신(饋贐) : 여행을 떠나는 사람에게 전별(餞別)로 먹을 것, 혹은 돈이나 물품 등의
예물을 주다.

131) 송상민을 …… 일 : 《숙종실록 45년 7월 7일》 기사에 조상건의 다음과 같은 상소가
보인다. "송상민이 임종할 때에 올린 소장(疏章)은 오로지 선정의 억울함을 풀어 주기
위한 것이었는데, 이를 본 다른 사람들은 화를 가득히 담고 남에게 해를 끼치는 물건과
같이 보았으나, 조가석은 그 글을 읽을 때마다 한없이 눈물을 흘렸으며, 이 때문에
의리를 사모하고 덕을 좋아하는 마음이 가인(家人)과 부유(婦孺)들까지 교화시켰다고
하였습니다. 송시열이 북방의 유배지에서 남쪽으로 옮길 때 친구들은 두려운 나머지
움추린 채 감히 묻지도 못했는데, 노고를 탄식하고 고통을 안타깝게 여기는 말이
조가석의 규문(閨門) 안에서 나와 마침내 종들까지 흐느껴 울게 하였고, 의복을 부쳐
보냈는데 송시열이 비록 물품을 사절하고 받는 데에 근신(謹愼)했으나 감사한 마음으로

삼았습니다. 송상민이 스승이 억울함을 상소하였다가 항양(桁楊)[132]을 받고
죽었으므로 신의 아비가 눈물을 흘린 일은 대개 시대를 근심해서 그런 것이지
사사로움이 있었던 것은 아니었습니다.

송시열이 이 소식을 듣고 말하기를, '이 눈물이 어찌 공적인 일이 아니겠는
가?' 하여, 뒤에 신 아비의 만사(輓詞)를 작성한 사람이 이르기를,

'당시 선비들이 곡을 하여 넓은 궁궐 뜰이 텅 비었는데, 대로(大老)[133]가
오히려 그 눈물이 공적이라고 칭찬하였네.'

하였습니다. 이것으로 보건대 신의 아비와 송시열은 평소 친분이 두텁지
않았음을 알 수 있습니다

송시열이 북쪽으로부터 남쪽으로 유배지를 옮길 때[134] 가는 길이 삼척(三陟)
을 지났는데, 신의 아비가 마침 관차(官次)를 떠나 있었으므로 신의 어미가
양식과 반찬, 필포(匹布, 베)를 보냈지만 복첩(僕妾)들이 울면서 사양하였는데,
송시열이 이것을 또한 문자로 기록하였습니다.

그런데 이 일을 가지고 신이 송시열이 증오한 윤선거(尹宣擧)[135]를 구원한

받아 입고 사양하지 않았습니다."

132) 항양(桁楊) : 죄인을 속박하는 형구의 하나이다. 죄인의 목에 씌우는 칼과 발목에 채우는
차꼬를 합칭한 것이다.
133) 대로(大老) : 일반적으로 나이가 많은 현인(賢人)을 일컫는 말이다. 여기에서는 송시열을
높여서 부른 말이다.
134) 송시열이 …… 때 : 1674년(현종15) 2차 예송에서 서인이 패배하자 송시열은 삭출되었다
가 1675년(숙종1) 덕원(德原)으로 유배되었는데, 뒤에 장기(長鬐)·거제(巨濟) 등지로 이배
된 일을 가리킨다.
135) 윤선거(尹宣擧) : 1610~1669. 본관은 파평(坡平), 자는 길보(吉甫), 호는 미촌(美村)·노서(魯
西)·산천재(山泉齋)이다. 성혼(成渾)의 외손이자 윤황(尹煌)의 아들이며 윤증(尹拯)의 부
친이다. 1633년(인조11) 생원·진사시에 모두 합격하여 성균관에 들어가, 1636년 후금(後
金)의 사신을 목 베라는 유생 상소의 소두(疏頭)가 되었다. 병자호란 이후 강화도에서
살아남은 것을 자책하여 출사하지 않고, 학문에만 정진하였다. 벗이었던 송시열과
윤휴가 주자의 경전 해석을 두고 학문적으로 대립하자, 이를 중재하다가 결국 송시열과
대립하게 되었다. 1716년 윤선거의 문집이 간행되었는데, 효종에게 불손한 내용이
있다고 하여 훼판(毁板)하고, 이듬해 윤선거 부자의 관작도 추탈되었다가 1722년(경종2)
회복하였다. 저서로 《노서유고(魯西遺稿)》가 있으며, 시호는 문경(文敬)이다.

함이 부당하다고 하는 것이 과연 말이 되겠습니까?"

또 이르기를,

"신이 듣건대 신구(申球)136)의 상소가 나오자 조상건이 깊이 배척하였습니다."

하였고, 또 이르기를,

"김민택(金民澤)137)이 회장(會葬)138)과 상복 입는 것을 가지고 심공(沈珙)139)을 거짓으로 꾸며서 무고하였습니다."

하였다.

조상건이 또 이에 맞서 상소하여 말하기를,

"그 할아비140)가 기록한 역사에는 일찍이 선정(先正, 송시열)에 대해서는 언급하지 않은 적이 없었지만 윤증(尹拯)141)은 언급하지 않았습니다. ……"

---

136) 신구(申球) : 1666~1734. 본관은 평산(平山), 자는 군미(君美)이다. 1689년(숙종15) 기사환국으로 유배된 송시열을 위하여 상소를 올렸고, 1716년 7월 경기도·충청도·전라도의 유생 60명이 연명하여 상소를 올릴 때, 그 소두(疏頭)가 되어 윤선거와 그의 아들 윤증을 논핵(論劾)하였다. 그 결과 윤선거의 문집을 훼판(毀板)하고, 윤선거 부자의 관작을 추탈하였다. 1722년 신임옥사로 유배되었다가 영조가 즉위하자 풀려나 희릉(禧陵) 참봉 등을 지냈다.

137) 김민택(金民澤) : 1678~1722. 본관은 광산(光山), 자는 치중(致中), 호는 죽헌(竹軒)이다. 김익겸(金益兼)의 증손, 광성부원군(光城府院君) 김만기(金萬基)의 손자, 호조판서 김진귀(金鎭龜)의 아들이다. 1719년(숙종45) 별시문과에 급제하여 청요직에 진출하였다. 1720년 이진검·이진유 등이 형 김운택(金雲澤)을 논핵하자 이에 대항하는 상소를 올렸다. 1722년 목호룡 고변 명단에 끼어 옥사하였다. 김제겸·조성복과 함께 신임옥사 때 죽은 삼학사(三學士)로 일컬어졌다.

138) 회장(會葬) : 장례에 참여하는 일이다.

139) 심공(沈珙) : 1681~1734. 본관은 청송(靑松), 자는 공보(共甫), 호는 이파(梨坡)·취규재(聚奎齋)이다. 참의 심수량(沈壽亮)의 아들이다. 1708년(숙종34) 진사가 되고 1711년 문과에 급제하여, 1716년 홍문록에 올랐다. 1717년 이사명(李師命)의 복관을 반대하였다가 이이명의 탄핵을 받았지만, 경종대 청요직을 두루 역임하다가 영조 즉위 초에 물러났다. 1727년(영조3) 대사간, 1729년 대사헌, 1733년 부제학을 지내다 병으로 사망하였다.

140) 할아비 : 조태억의 조부 조계원(趙啓遠, 1592~1670)을 가리킨다. 본관은 양주(楊州). 자는 자장(子長), 호는 약천(藥泉)이다. 1616년(광해군8) 진사시에 합격하고, 인조반정 후 의금부도사가 되었다. 1628년(인조6) 별시문과에 급제, 정언을 거쳐 형조좌랑이 되었다. 효종대 경기감사 등을 지내고 현종대 형조판서에 올랐다.

141) 윤증(尹拯) : 1629~1714. 본관은 파평(坡平), 자는 자인(子仁), 호는 명재(明齋)이다. 성혼의

하였다.

○ 형조의 계목(啓目)142)에서 이르기를, "조중우가 다음과 같이 공초하였습니다. ……" 하였다.

○ 29일 김창집과 이건명이 조상건과 김상옥(金相玉)143)을 힘써 나오게 하라고 청하면서, 주상 면전에서 운운하였다.

○ 8월 3일, 승지 김일경(金一鏡)144)이 상소하여 말하기를, "이정익(李禎翊)145)이 '은혜를 팔아 복을 구한다.'는 구절을 '깊은 근심과

외증손이자 윤선거의 아들이고, 남인 권시(權諰)의 사위이다. 1657년(효종8) 김집의 권유로 회덕으로 가서 송시열을 스승으로 섬겼다. 그렇지만 1673년(현종14) 이후 송시열과 갈등한 이른바 '회니시비(懷尼是非)'가 벌어지면서 송시열과 정치·사상적으로 대립하여 서인이 노론과 소론으로 분기하는 일익을 담당하였다. 윤선거의 〈기유의서(己酉擬書)〉와 윤증의 〈신유의서(辛酉擬書)〉는 이들 부자가 송시열을 비판하는 결정적 내용을 담고 있었다. 1684년 최신(崔愼) 상소로 회니시비가 조정으로 비화되자 김수항 등의 건의를 받고 윤증에 대한 예우를 철회하였다. 1694년 갑술환국 이후 소론의 추천을 받고 벼슬이 정승에 이르렀지만 나가지 않았다. 1716년 병신처분 이후 관작이 추탈되었다가, 1722년 복작되었다. 저서로 《명재유고(明齋遺稿)》가 있으며, 시호는 문성(文成)이다.

142) 계목(啓目) : 중앙 관서에서 국왕에게 올리는 문서양식이다.

143) 김상옥(金相玉) : 1683~1739. 본관은 연안, 자는 언장(彦章), 호는 소와(疎窩)이다. 1709년(숙종35) 알성문과에 장원 급제하여 대사헌 등을 역임하였다. 1724년 노론 선비들과 함께 상소하여 김일경과 목호룡 등을 제거하는 데 앞장섰다. 1728년(영조4) 이인좌의 난이 평정된 뒤 탕평책에 반대하다가 유배되기도 했다.

144) 김일경(金一鏡) : 1662~1724. 본관은 광산(光山), 자는 인감(人鑑), 호는 아계(丫溪)이다. 김익렴(金益廉)의 손자이다. 1687년(숙종13)에 진사가 되고, 1702년 식년문과에 장원급제하여 청요직을 두루 역임하였다. 1721년(경종1)에 노론은 연잉군(延礽君, 영조)을 세제(世弟)에 책봉한 뒤 대리청정을 실시하려고 하자 김일경이 조태구 등과 함께 이를 반대해 대리청정을 취소하게 하였다. 임인옥사 당시 급소(急少)로서 김창집·이이명·조태채·이건명 등 노론 4대신의 처벌을 주도하였다. 1724년 영조가 즉위하자 노론의 재집권으로 유배되었다가 청주의 유생 송재후(宋載厚)의 상소를 발단으로 신임옥사가 무고(誣告)였다는 탄핵을 받고 목호룡과 함께 참형을 당하였다.

145) 이정익(李禎翊) : 1655~1726. 본관은 한산(韓山), 자는 붕거(鵬擧), 호는 애헌(崖軒)이다.

지나친 염려'라는 구절과 서로 대응하는 말로 만들었으니, 그 (세자를) 지칭하여 핍박한 죄상에 대해서는 여론이 모두 분통하게 여기고 있습니다."

하였다. 주상이 답하기를, "기왕의 일에 대해서 깊이 혐의할 필요 없다." 하였는데, 처음 비답에서 "흉인의 상소"를 승지 황선(黃璿)146)이 미품(微稟)147) 하여, "기왕의 일"로 고치게 하였다.148)

○ 7일, 평양에서 이이명이 상소하여 말하기를,

"대행대왕(大行大王)의 지문(誌文)에 대해서 여론이 불만스럽게 여기므로, 신이 사행(使行)을 출발한 뒤에 대신 및 사신(詞臣)149)에게 명하여 마음을 기울여 산정(刪定)150)하기를 감히 청하였으나, 묘당(廟堂)151)에서 하교를 받들

이필천(李必天)의 아들이다. 1684년(숙종10) 식년문과에 급제하여, 사간을 거쳐 승지를 지냈으며, 경종대 김일경을 탄핵하다가 1721년 유배되었다. 숙종대 이정익은 남구만과 최석정을 비판한 표현인 '깊은 근심과 지나친 염려[深憂過慮]'라는 말에 대응하여 '은혜를 베풀어 복을 구한 것[市恩邀福]'이라고까지 말하였다. 《肅宗實錄補闕正誤 31年 7月 12日》 이것은 그가 인현왕후에 대한 신하의 의리를 강조하고, 장희재와 장희빈 처벌에 반대했던 남구만과 최석정 등을 세자에게 아부하였다고 비판한 것이었다.
146) 황선(黃璿) : 1682~1728. 본관은 장수(長水), 자는 성재(聖在), 호는 노정(鷺汀)이다. 1710년 (숙종36) 진사가 되고, 그해 증광문과에 병과로 급제하여 청요직을 두루 역임하였다. 1721년(경종1) 승지로 재직하다가 박필몽의 탄핵을 받아 유배되었다. 1725년(영조1) 복직되어 형조참판 등을 거쳐 1727년 대사간이 되었다. 1728년 이인좌(李麟佐)의 난 때 거창 지방을 뒤흔든 정희량(鄭希亮)의 난을 평정하였다.
147) 미품(微稟) : 간단한 일에 대하여 격식을 갖추지 않고 넌지시 구두(口頭)로 아뢰는 일이다.
148) 황선이 …… 하였다 : 당시 입직 승지였던 황선이 김일경에게 내린 소비(疏批)의 개정을 청하였다. 《경종실록 1년 12월 12일》 기사에 따르면 황선이 성교(聖敎)를 잘못 생각한 것으로 돌려 사알(司謁)을 불러 고치기를 청하였다. 그러나 이로 인해 "임금이 유약하여 과단성이 없으니 시배(時輩)들이 더욱 거리낌 없이 쥐고 펴는 것을 제멋대로 하였다."라고 비판하는 빌미가 되었다. 즉 경종이 '흉인'이라고 한 것을 황선이 숨기려고 하였다는 것이다.
149) 사신(詞臣) : 문사(文詞)를 담당한 신하를 말한다.
150) 산정(刪定) : 쓸데없는 부분을 깎아내어 정리하다.
151) 묘당(廟堂) : 종묘(宗廟)와 명당(明堂)이라는 뜻으로 조정(朝廷)을 일컫기도 하였고, 또는 의정부(議政府)를 달리 이르던 말이었는데, 왜란 이후에는 비변사(備邊司)를 지칭하기도 하였다.

지 않는 이유는 무엇 때문입니까?

길에서 시중의 나도는 말을 들어보니 빠진 내용이 있다고 하는데, 신은 '어버이를 위해 숨기다.'[152]는 뜻에 붙이고자 한 것이지만, 미천한 의견이 반드시 사리에 합당한지 또한 어찌 알겠습니까? 오직 죄에 대한 책임을 기다리고 있을 뿐이니, 지문은 다른 사람에게 맡기도록 명하십시오. ……"

하였다. 주상이 답하기를, "묘당에 순문(詢問)하여 마음을 다해 수정하게 하라." 하였다.

○ 10일, 지평 정택하(鄭宅河)[153]가 아뢰기를,

"김일경은 청류(淸流)로부터 버림받았고, 주군(州郡)을 다스릴 때 탐오(貪汚)하였는데, 도리어 이정익을 꾸짖는 것이 고변하는 급서(急書)와 같았고, '핍존(逼尊)'[154]이라고 한 말은 사람을 악역(惡逆)으로 몰아넣은 것입니다. 청컨대 청선(淸選)[155]에 추천하지 마십시오."

---

152) 어버이를 위해 숨기다 : 원문은 "諱親"이다. 어버이나 어진 분의 사적에 대해서 불미스러운 일을 드러내지 않는 것이다. 여기서는 경종이 친모 장희빈의 허물을 거론하지 않은 것을 말한다. 허물이란 경종의 친모인 장희빈(張禧嬪)이 1701년 인현왕후(仁顯王后)를 저주하여 죽게 했다는 혐의를 받아 사사된 일을 가리킨다. 당시 장희빈은 취선당(就善堂) 서쪽에 신당(神堂)을 차려 놓고 저주하면서 중궁으로 복위하기를 기도하였다는 혐의를 받았다. 그런데 숙종이 승하한 후 이이명이 지어 올린 명릉(明陵, 숙종 능호)의 지문(誌文)에 희빈 장씨를 사사한 신사처분(辛巳處分, 1701)이 애매하게 기술되었다는 비판이 일었다. 이에 1720년(경종 즉위년) 장의(掌議) 윤지술(尹志述)이 경종과 장희빈 사이에 이미 모자(母子)의 의리가 끊어졌으니 신사처분의 의리를 분명하게 명시해야 한다고 주장하였다.

153) 정택하(鄭宅河) : 1693~1741. 본관은 연일(延日), 자는 자중(子中)이다. 1715년(숙종41) 식년문과에 급제하여 청요직을 두루 지냈다. 경종 즉위 이후 세제 책봉 문제를 둘러싸고 김일경 등의 탄핵을 받아 노론 4대신과 함께 파직되었다. 영조가 즉위하면서 다시 기용되어 헌납·사간 등을 역임하였다.

154) 핍존(逼尊) : 윗사람을 핍박하였다는 뜻이다. 남구만 등을 비판하면서 '시은요복(市恩徼福)'이라고 말한 것은 결국 세자 시절 경종을 핍박하는 말이었다는 의미이다.

155) 청선(淸選) : 청환(淸宦)의 후보자에 드는 것을 이른다. 청환, 즉 청요직(淸要職)은 주로 삼사(三司)인 사헌부·사간원·홍문관의 관리를 말한다. 대개 이들 관직은 국가의 기강을 담당하고 또 국왕을 가까운 거리에서 보좌하는 시종신(侍從臣)에 해당하거나 시종신으로

하니, 주상이 답하기를, "윤허하지 않는다." 하였다.

○ 청주에서 안장(安樟)·신선(申璿)·권시경(權始經) 등이 통문(通文)[156]을 돌려 말하기를,

"신사년(辛巳年) 무옥(誣獄)[157]을 차마 말할 수 있겠는가? 성궁(聖躬)을 낳아 기르고, 어머니로서 6년간이나 군림한 존귀한 분이 참소에 걸려 화(禍)를 당하였으므로 뭇 사람들의 심정이 통탄스러워 하였다. 천도(天道)는 끝내 꺾일 리가 없고, 인정은 반드시 펼쳐지는 의리가 있다. ……"

하였다. 향교에서 통문에 답하기를, "무뢰배들이 기회를 틈타 일어났다. ……"하자, 쌍천(雙泉, 청주 소재)에서 통문에 답하기를,

"기묘년(1519, 중종14)[158] 여러 사람들의 억울함은 효릉(孝陵, 인종) 때 풀어졌고, 을사년(1545, 명종 즉위년)[159] 참화는 선조[宣廟]때 신원되었으며, 병술년(1646, 인조24) 강빈(姜嬪) 옥사[160]도 무술년(1718, 숙종44)에 마침내

나갈 수 있는 직소(職所)이므로 능력뿐만 아니라 조행에 엄격한 기준을 적용하였다. 또한 판서 등 이른바 당상(堂上)이나 숭품(崇品)으로 가기 위해서는 반드시 이러한 청요직을 거쳐야 했기 때문에 선망의 대상이었다.

156) 통문(通文) : 서원·향교·문중 등에게 어떤 일을 알리거나 추진하기 위하여 여기에 참여한 여러 사람들의 이름을 적어 작성한 문서이다.

157) 신사년(辛巳年) 무옥(誣獄) : 신사년(1701, 숙종27) 인현왕후가 승하한 뒤, 희빈 장씨가 취선당에 신당(神堂)을 설치하고 왕후를 저주하였다는 혐의를 받고 사사된 일을 가리킨다. 이러한 혐의는 사실이 아니라는 인식에서 이 사건을 '무옥(誣獄)'으로 규정한 것이다.

158) 기묘년 : 기묘사화가 발생한 해이다. 1519년(중종14) 11월 조광조(趙光祖)·김정(金淨)·김식(金湜) 등 신진사류가 남곤(南袞)·심정(沈貞)·홍경주(洪景舟) 등의 훈구파 재상에 의해 화를 입은 사건이다.

159) 을사년 : 을사사화가 발생한 해이다. 1545년(명종 즉위년) 왕실의 외척인 대윤(大尹)과 소윤(小尹)의 반목으로 일어나, 대윤이 소윤에 의해 숙청된 사건이다. 이것은 표면적으로 장경왕후(章敬王后) 집안인 윤임(尹任)으로 대표되는 대윤과 문정왕후(文定王后) 집안인 윤원형(尹元衡)으로 대표되는 소윤 간의 갈등이었지만, 그 와중에 유관(柳灌)·이언적(李彦迪)과 같은 사림파(士林派)가 숙청된 사건이기도 하였다.

160) 강빈(姜嬪) 옥사 : 1646년(인조24) 소현세자의 빈 강씨(姜氏)가 사사된 사건이다. 1645년 소현세자가 갑작스럽게 죽은 뒤 강빈의 소생인 원손(元孫)을 제치고 봉림대군이 세자로 책봉되자, 강빈의 입지는 약화되었다. 여기에 궁중에서 일어난 인조 저주사건과 왕의

신원되었는데,[161] 신사년 무옥만 홀로 오늘날에도 원한을 풀어내지 못한단
말인가?"

하였다. 청주의 권세형(權世衡)과 채지숙(蔡之淑)이 통문을 돌리자, 태학
장의(掌議)[162] 윤지술이 통문에 답하였는데, 신선 등 24인이 윤지술에게 묵삭
(墨削)[163]의 벌을 내렸다.

○ 17일, 이조판서 조태구가 상소하여 체직되자 전망(前望)[164]을 받은
민진원을 낙점하였다.

○ 20일, 장령 박필정이, 대신이 주상 앞에서 한배하의 일에 대해 아뢴
일로[165] 피혐하였다.

○ 25일, 이조판서 민진원은 대신이 차자를 올려 변통하라고 청하여[166]

수라에 독을 탄 사건의 배후로 몰려 1646년 3월 사사되었다.

161) 강빈(姜嬪) …… 신원되었는데 : 강빈은 무술년(1718, 숙종44)에 숙종이 발의하여 신원되
　　어 민회빈(愍懷嬪)에 봉해졌다. 《肅宗實錄 44年 3月 25·28日, 4月 8日, 閏8月 7日》

162) 장의(掌議) : 성균관 유생들의 자치기구인 재회(齋會)의 임원을 가리킨다. 동재(東齋)와
　　서재(西齋)에 각 1인씩 있었는데, 선출방법은 현임의 장의가 후임 장의를 천거하도록
　　하되 전임 장의들의 완전 합의가 있어야만 가능하였다. 장의는 재회를 소집하였으며,
　　재회에서의 역할과 권한은 거의 절대적이었다.

163) 묵삭(墨削) : 유생이 유가(儒家)의 규범에 어긋나는 행위를 하였을 때 그 유생에 대하여
　　자치적으로 제재를 가하는 징벌로, 묵삭, 명고 영삭(鳴鼓永削), 부황 영삭(付黃永削),
　　영손 손도(永損損徒), 영출재(永黜齋) 등이 있었다. 이를 한 번 당하면 유생은 과거에
　　나아갈 수 없었고 영원히 선비로 호칭되지 못하였다.

164) 전망(前望) : 이전에 삼망(三望)에 들었던 사람을 가리킨다.

165) 대신이 …… 일로 : 앞서 7월 16일 박필정이 숙종 상중에 술자리를 낭자하게 베풀었다고
　　한배하를 탄핵하였는데, 8월 20일 영의정 김창집이 한배하가 억울하다고 하면서 서용할
　　것을 청하여 윤허받은 일을 가리킨다. 《景宗實錄 卽位年 8月 20日》

166) 대신이 …… 청하여 : 대신은 영의정 김창집을 가리킨다. 《景宗實錄 卽位年 8月 24日》
　　민진원은 이조판서로 임명된 뒤 왕실 외척임을 들어서 사양하였으므로 이런 논의가
　　나왔다. 민진원은 인현왕후의 오빠이다.

체직을 허락하고, 전망에 있던 송상기(宋相琦)[167]로 낙점하였으며, 호조판서
에는 조태구를 낙점하였다.

○ 27일, 한배하의 사직 상소에 답하여 말하기를, "무망(誣罔)한 말을
어찌 혐의할 가치가 있겠는가?" 하였는데, 후에 대신의 진달로 인하여 '무망'이
라고 한 말을 '실제와 어긋났다.'로 고쳤다.

○ 30일, 승지 송성명이 상소하여 대략 다음과 같이 말하였다.
"신은 바야흐로 스스로 거취를 정하기에도 겨를이 없으므로 다른 사안을
방자하게 언급하는 것은 마땅치 않습니다만, 최근 홍문관을 차출하는 정사가
진실로 개탄스러움을 이길 수 없기에 대략 여기에 부쳐서 아룁니다.
처음에 신록(新錄)[168]을 정탈(定奪, 아뢰어 결재 받음)할 때부터 번번이
말하기를, '홍문관에 사람이 없다.' 합니다. 아! 한때 재주가 뛰어난 자들이
수풀처럼 꽉 들어찼지만 아무 죄과도 없이 공공연히 한쪽 편에 묶어놓고
등용하지 않으면서 인재가 없다고 하니, 이보다 해괴한 일이 없습니다. 그리하
여 홍문록(弘文錄)[169]에 오른 뒤에 한 번도 실직(實職)을 거치지 못하는 사람이
단지 한두 명이 아니었습니다.
최상리(崔尙履)[170]의 경우, 이미 전조(銓曹)의 낭관(郞官)에까지 의망(擬望)[171]

---

167) 송상기(宋相琦) : 1657~1723. 본관 은진(恩津), 자는 옥여(玉汝), 호는 옥오재(玉吾齋)이다.
    예조판서 송규렴(宋奎濂)의 아들이고, 송시열 문인이다. 1684년(숙종10) 정시문과에
    급제하여 청요직을 두루 지냈다. 1689년 기사환국으로 낙향하였다가 1694년 갑술환국으
    로 장령이 되고, 이후 이조판서 등을 역임하였다. 1722년(경종2) 신임옥사에 연루되어
    강진으로 귀양 가서 이듬해 유배지에서 죽었다.
168) 신록(新錄) : 홍문관의 교리·수찬에 임명할 사람을 새롭게 작성한 명단, 즉 홍문록(弘文錄)
    을 말한다.
169) 홍문록(弘文錄) : 홍문관의 교리·수찬을 선임(選任)하는 기록이다. 7품 이하의 홍문관
    관원이 방목(榜目)을 조사하여 피선될 만한 사람을 초출(抄出)하여 부제학 이하 응교
    등이 여기에 원점(圓點)을 치게 하는데, 원점 하나를 1점으로 하여 득점자 순으로 후보자
    를 선출하였다.

되었는데, 어찌 한 자리 빙함(氷銜)172)을 아낄 것이 있습니까? 그런데 그 사람이 갑자기 세상을 떠나고 말았으니, 참으로 슬픈 일입니다.

만약 관록(館錄)173)을 속히 거행하고자 한다면 어찌하여 이전 홍문록에 있는 사람을 권점(圈點)174)하여 모두 천거하여 공정하게 뽑지 않고, 이처럼 몰래 사사롭게 행하여, 자기 물건인 것처럼 생각하는 것이 거의 귀를 가리고 방울을 훔치는 자와 다름이 없게 합니까? 국면이 바뀔 때마다 피차를 등용하고 치우쳐서 내치는 경우가 진실로 적지 않았지만, 공기(公器)를 제멋대로 가지고 놀면서 거리낌 없이 방자한 것이 또한 이와 같이 심한 적이 없었습니다.

조상건과 김상옥의 경우, 두 사람이 처한 상황은 염치와 도리로써 헤아려 볼 때 조금도 출사할 상황이 아니었습니다. 평일에 스스로 두 신하와 서로 좋게 지낸다고 생각하는 사람들도 마음속으로 그렇다는 것을 모르지 않지만 오히려 또한 얽매고 구박하여 반드시 나오도록 한 뒤에야 그치려고 하니, 덕으로 사람을 사랑하는 것이 어찌 이와 같단 말입니까? 조정에서 두 신하를 대우함이 매우 각박하다고 할 만합니다.

심지어 그 몸이 양사(兩司, 사헌부와 사간원)에 있는 자가 영록(瀛錄)175)을 빨리 시행하라고 상소하여 청한 것은 이전에 들어본 적이 없으니 더욱 가소롭

170) 최상리(崔尙履) : 1692~1720. 본관은 해주(海州), 자는 계수(季綏)이다. 영의정 최규서(崔奎瑞)의 아들이다. 1713년(숙종39) 증광문과에 급제하여, 1716년 홍문록에 올랐다. 1717년 함경도 암행어사를 제수 받아 함경도지역을 순찰하고 복명하였다.
171) 의망(擬望) : 후보자를 천거하다. 관원을 임명할 때 세 사람의 후보자를 추천하던 일이다. 임금은 추천자 명단을 참조하여 결정하였다.
172) 빙함(氷銜) : 청현(淸顯)한 관직을 말한다. 송(宋)나라 때 진팽년(陳彭年, 961~1017)이 한림원(翰林院)에 있으면서 10여 가지 청직(淸職)을 겸하였는데, 겸임한 관직이 모두 문한(文翰)의 직임이었으므로, 당시 사람들이 그의 관직을 일러 '한 줄기의 얼음[一條氷]'이라고 칭한 데서 온 말이다. 한 줄기의 얼음이란 얼음처럼 깨끗하다는 뜻이다.
173) 관록(館錄) : 홍문관 교리·수찬을 선임하는 기록인 홍문록을 말한다.
174) 권점(圈點) : 관원을 선발할 때 추천권자들이 피추천자의 이름 위에 둥근 점을 찍고, 이 점이 가장 많은 사람을 이조에 추천하여 임명하게 했던 제도이다.
175) 영록(瀛錄) : 등영록(登瀛錄)의 준말로, 홍문록(弘文錄)을 이른다. '등영록'이라는 명칭은 홍문관의 별칭이 영각(瀛閣)인 데서 온 것이다.

습니다. 비록 조정의 사체(事體)로써 말하더라도 오늘 패초(牌招)를 어겼다고
파직해 놓고 이튿날 서용하기를 청하고, 다른 날 패초를 어겨서 또 파직되면
그 다음날 또 서용하기를 청하여, 이와 같은 일이 수십 차례일 뿐만이 아닙니다.

전후로 개정(開政)[176]한 것은 대부분 홍문관 때문인데 홍문관원을 임명한
것이 번번이 이 두 사람에서 벗어나지 않으니, 옆에 있는 사람들이 바라보기가
또한 지루하기만 합니다. 신은 알지 못합니다만, 두 사람 이외에는 홍문관에
충원할 사람이 하나도 없다는 말입니까? 그 괴롭고 군색한 모습은 비록
삼척동자가 듣더라도 또한 웃다가 저도 모르게 넘어질 것입니다.

이뿐만이 아닙니다. 혹은 특별히 개석(開釋)[177]하라고 신칙하는 교지도
없는데, 억지로 탑전(榻前, 왕의 자리 앞) 하교라고 하면서 장황하게 써내기도
하고, 혹은 대신이 건의하여 주청한 것으로 인하여 금추(禁推)[178]하라는 명령
이 분명히 있었는데도 또 결정하신 분부가 없다고 하면서 끝내 승전(承傳)을
받들어 거행하지 않기도 합니다.

거행 조건 가운데 주상의 하교에 없는 '당(當)' 자(字)를 제멋대로 써서 내리고
구차하게 미봉하여, 정관(政官, 이조의 관원)이 서용할 것을 청하고는 또 다시
태연자약하니, 바깥사람들이 전해 듣고 매우 해괴하게 여깁니다.

비록 전하께서 넓은 도량으로 곡진하게 따라서 애써 응하지 않은 일이
없지만 이 무리들은 유독 군상(君上)이 지극히 존엄하고, 조정의 기강이 매우
엄하다는 것을 유념하지 않는단 말입니까? 이것이 바로 이른바 우리 임금에게
무례하다는 것이니, 신은 적이 통탄스럽습니다.

또한 신이 삼가 듣건대, 지난번 전 승지 김일경의 상소에 대한 비답이
내려왔을 때 입직(入直)했던 승지가 비밀리에 사알(司謁)[179]을 불러서 미품(微

---

176) 개정(開政) : 이조에서 관원들의 인사 문제를 처리하는 것을 말한다. 대개 6월과 12월에
    시행하였다.
177) 개석(開釋) : 잘못이 없음을 밝혀서 마음을 풀어주다. 또는 죄인을 용서하여 방면하다.
178) 금추(禁推) : 죄인을 의금부에서 신문(訊問)하다.
179) 사알(司謁) : 임금의 명령을 전달하는 일을 맡아보던 정6품의 잡직(雜職)이다.

稟)하여 고치기를 청하고는 이서(吏胥)에게 비밀리에 누설하지 말라고 몰래 경계했다고 합니다. 예로부터 출납을 맡은 자리에서 봉박(封駁)[180]하여 반려하는 경우는 있었지만, 이 같은 거조(擧措)는 실로 들어본 적이 없습니다. 신은 그날의 승지를 파직으로 처벌하여 뒷날의 폐단을 막아야 한다고 생각합니다.

또 이날 대신의 청으로 인하여 청은군 한배하의 상소에 대한 비답을 갑자기 고쳐서 부표(付標)하는 거조가 있었다고 합니다. 인군(人君)의 한마디 말에 만약 옳고 그름이 뒤집어진다면 이는 흥망과 관계되므로 상신(相臣)이 바로잡는 것은 진실로 불가할 것이 없습니다만 이것은 단지 비지(批旨, 비답)의 자구(字句) 사이에 경중(輕重)이 조금 다를 뿐인데 어찌하여 번거롭게 청하는 데에까지 이른단 말입니까?

하물며 김일경은 바야흐로 파직하라는 탄핵을 받았지만, 대계(臺啓)[181]가 제대로 마무리되지도 않았고, 본원에서도 또한 거칠고 소홀하기까지 한 것은 아니었는데, 갑자기 체차하라고 청하니, 도대체 무슨 의도입니까? 매사가 모두 이와 같으니 신은 늘였다 줄이고, 처벌하고 용서하는 권한과 누르고 높이거나 주고 빼앗는 기틀이 전적으로 아래로 돌아가고 위에는 없지 않을까 두렵습니다. ……"

주상이 다음과 같이 답하였다.

"상소를 살펴보고 소상히 알았다. 진달한 일은 대체적인 뜻이 매우 좋으니, 마음에 두지 않을 수 있겠는가? 황선을 견책하여 파직하라는 청은 마땅하니, 그대는 사직하지 말고, 조리하면서 직책을 살피라."

○ **9월 1일**, 승정원에서 - 조명봉과 권엽 - 다음과 같이 아뢰었다.

---

180) 봉박(封駁) : 왕명 및 조칙이 합당하지 않은 경우 봉함하여 되돌려 보내고 반박 의견을 제시하는 제도이다.
181) 대계(臺啓) : 대간이 논하여 아뢰는 일이다. 특히 관리의 잘못을 지적하여 유죄임을 밝히려고 임금에게 올리는 계사(啓辭)이다.

"신들이 삼가 우부승지 송성명의 상소문 원본을 보았는데, 종이 가득 나열한 말은 오로지 묘당을 두들겨 뒤흔들고 인사 담당자들을 공격하여 제거하려는 데 있으니, 오른쪽에서는 꾸짖고 왼쪽에서는 아우성쳐서 조정을 무너뜨려 혼란에 빠뜨리려는 계략을 이루고자 하였습니다. 지금 이처럼 빈전(殯殿)에 재궁(梓宮)을 모시고 있어 상하가 모두 슬퍼하여 경황이 없는 날 어찌 차마 이와 같은 일을 한단 말입니까?

동부승지 황선을 논박한 일은 더욱 지극히 교묘하고 참담합니다. 당시 비답이 내려오자 황선이 함께 숙직한 동료 - 즉 한세량이다. - 와 더불어 상의하고 아뢰어 곧바로 고쳐서 내린 비답을 받았으니, 그것이 암암리에 은밀히 하지 않았다는 사실을 누가 모르겠습니까?

그런데 말하기를, '사알을 은밀히 불렀다.'거나, '경계하여 누설하지 못하게 하였다.' 하니 아! 이것이 무슨 말입니까? 사알은 궁궐에서 명령을 기다리는 사람으로 비밀리에 불러서 올 수 없으며, 승정원의 이서(吏胥)는 일개 관료가 사사롭게 끼고 부릴 수 있는 하인이 아닌데, 또한 어떻게 경계하고 당부하여 전달하지 못하게 할 수 있단 말입니까?

지금 그 교묘한 말로 은밀하게 사안을 숨겼다는 죄목을 억지로 더해서 견책하여 파직하라고 청하기까지 하였습니다. 지금 이 한 가지 일은 대개 그 전편(全篇)의 뜻이 참혹하고 악독하며, 그 표현이 위태롭게 핍박하는 말이라는 것을 보여줍니다.

그런데 전하께서는 단지 그 모함하는 말만 믿고 상소에 대한 비답 가운데 이미 '대체적인 뜻이 매우 좋다.' 하교하고, 또 황선을 견책하여 파직하는 것이 마땅하다는 명을 내렸습니다.

신들이 죽을죄를 무릅쓰고 생각건대, 혹 아마도 전하께서 그 어지럽히고 미혹하려는 정상을 미처 살피지 못하여 이와 같은 일이 생기기에 이른 것 같아서, 신들은 적이 통탄스러움을 금할 수 없습니다. 삼가 바라건대 성명께서 빨리 돌이켜 거듭 생각하시어[182] 특별히 반한(反汗)[183]의 명을 내려 주십시오."

주상이 답하기를, "윤허하지 않는다." 하였다.

○ 전라감사 한지(韓祉)[184]가 상소하자, 주상이 답하기를, "기왕의 일을 추후에 제기할 필요는 없다." 하였다.[185]

○ 우의정 이건명이 차자를 올렸는데, 그 대개는 다른 사람의 말이 나오게 한 죄에 맞게 자신에게 엄한 처벌을 내려달라고 비는 내용이었다.[186] 이에 주상이 답하기를,

"경의 앞뒤 연주(筵奏)[187]는 실로 잘못된 것을 바로잡으려는 뜻에서 나왔으니, 경에게는 별도의 혐의가 없으므로 안심하고 처벌을 기다리지 말라." 하였다.

---

182) 거듭 생각하시어 : 원문은 "三思"이다. 거듭 신중하게 생각한다는 뜻이다. 《논어》〈공야장(公冶長)〉에 "계문자가 세 번 생각하고 행하였다. 공자께서 이를 들으시고 '두 번이면 가하다.' 하였다.[季文子三思而後行, 子聞之, 曰'再斯可矣'.]" 하였다.

183) 반한(反汗) : 임금이 이미 발표한 명령을 취소하거나 고치는 일을 말한다. 본래 나온 땀을 다시 들어가게 한다는 뜻이다.

184) 한지(韓祉) : 1675~? 본관은 청주(淸州), 자는 석보(錫甫), 호는 월악(月嶽)이다. 서인이 노론과 소론으로 분당할 때 소론 청론(淸論)을 대표했던 한태동(韓泰東)의 아들이다. 숙종대 정언 등을 지냈으며, 1718년(숙종44) 충청도관찰사로 부임하였다. 그해 노론 김진상(金鎭商)을 탄핵하는 상소를 올렸다가 왕의 노여움을 사서 관작을 삭탈 당하고 문외출송(門外黜送) 되었다. 경종이 즉위한 1720년 복권되어 전라도관찰사를 거쳐 지평에 임명되었다. 1727년(영조3) 의주부윤으로 있을 때는 법을 엄격히 적용하여 기강을 바로 세웠다.

185) 전라감사 …… 하였다 : 1718년(숙종44)에 김익훈의 손자인 김진상(金鎭商)과 한태동의 아들 한지가 서로 상소하여 다투었는데, 이에 대해 숙종은 한태동의 논의에 대해서는 '올바르지 못하였다.'라고 평가하였으며, 한지에게는 '역적을 비호하였다.'라고 하면서 삭탈관작하고 문외출송(門外黜送)하여 김진상의 손을 들어 준 일이 있었다. 이에 경종이 즉위한 뒤 한지가 다시 상소하였으므로 경종의 비답이 이와 같았다. 《承政院日記 肅宗 44年 7月 16日》《肅宗實錄 44年 8月 19日》《景宗實錄 即位年 8月 30日》

186) 우의정 …… 내용이었다 : 이것은 이건명이 송성명의 상소에 대해 변명한 것이다. 《承政院日記 景宗 即位年 9月 1日》

187) 연주(筵奏) : 조강(朝講)·주강(晝講)·석강(夕講)과 같은 경연(經筵) 및 임금을 대하는 자리에서 임금에게 시사(時事) 혹은 정책 등에 대한 의견을 직접 아뢰는 일이다.

○ 재궁에 '상(上)'자(字)를 쓸 때 주상이 전교하기를, "영의정과 우의정의 거처에 승지를 보내어 같이 와서 함께 입시하라." 하였다.

우승지 권엽이 두 사람의 말을 다음과 같이 서계(書啓)하였다. 영의정 김창집은 말하기를,

"지금 승지가 상소에서 논한 것은 인신(人臣)으로서 지극한 죄가 아닌 것이 없으므로, 신이 바야흐로 거적을 깔고 엎드려서 삼가 엄한 견책을 기다리고 있기에 명을 받들 수 없습니다. ……"

하였다. 우의정 이건명은 말하기를,

"신이 당한 일은 신하로서 감히 들을 수 있는 일이 아닌데, 어떻게 별일 없는 사람처럼 편안하게 다시 전하의 대궐 섬돌에 나아갈 수 있겠습니까? ……"

하였다.

○ 정언 김용경(金龍慶)[188]이 사직 상소를 올리고 겸하여 자신의 견해를 진달하였는데,[189] 주상이 답하기를,

"송성명의 상소는 그 말이 매우 잘못되었으니 특별히 그 직책을 파면하라. 대신의 정세가 비록 '편하기는 어렵다.' 해도 애써 나올 것을 기대한다."

하였다.

○ 2일, 영의정 김창집의 사직 차자에 대해 주상이 답하기를,

"송성명의 상소의 말은 매우 잘못되었는데, 나라를 자기 몸처럼 여기는

---

188) 김용경(金龍慶) : 1678~1738. 본관은 경주(慶州), 자는 이현(而見)이다. 김홍욱(金弘郁)의 증손이다. 1718년(숙종44) 정시문과에 급제하여 설서 등을 거쳐 경종대 정언을 지냈다. 영조대 교리 등을 지내면서 노론 4대신의 관작 회복에 앞장섰다. 이후 대사간을 거쳐 개성부 유수를 역임하였다.

189) 김용경이 …… 진달하였는데 : 김용경의 이 상소로 송성명이 파직되기에 이르렀는데, 이것은 숙종에 대한 상례(喪禮)를 진행하기 위한 불가피한 조치였을 뿐 경종의 본뜻은 아니었다는 사평(史評)이 보인다. 《景宗實錄 卽位年 9月 2日》

경의 정성으로 어찌 입에 올릴 가치가 있겠는가? 오늘 결과(結裹)190)할 때 참여하지 않을 수 없으니, 안심하고 함께 와서 나의 지극한 소망에 부응하도록 하라."

하였다.

○ 주상이 전교하기를,

"오늘 재궁을 결과할 때, 영의정과 우의정이 참여하지 않으면 안 되니 다시 전유(傳諭)191)하여, 함께 오도록 하라."

하였으나, 대신이 또 명을 받들지 않았다. 주상이 또

"재궁을 결과할 때 경들이 참여하지 않을 수 없기 때문에 결과하는 시각을 부득이 뒤로 물려서 정할 것이니, 굳게 고집하지 말고 속히 참여하라."

라고 다시 전유하였다. 영의정과 우의정이 비로소 참여하였는데, 시각이 2경(二更, 오후 10시 전후한 시점)이 되어서야 비로소 결과의 절차를 시행하였다.

○ 장령 송필항(宋必恒)192)이 사직 상소를 올리면서 아울러 송성명을 배척하였다. 주상이 사직하지 말고 직책을 살피라고 하교하였으나, 송성명의 일에 대해서는 답하지 않았다. 다음날 또 그 일에 대해 아뢰면서 한마디 비답을 내려줄 것을 빌었는데, 승정원에 제출하였지만 도로 내주었다.

○ 부제학 김재로(金在魯)193), 부응교 조상건, 교리 김상옥이 두 번 패초(牌招)

---

190) 결과(結裹) : 상례(葬禮)에서 줄기직 따위로 관(棺)을 싼 위에 숙마(熟麻)로 만든 밧줄이나 베로 밤얽이를 쳐서 동여매는 일이다.

191) 전유(傳諭) : 임금의 명령을 의정(議政) 또는 유현(儒賢)에게 전하던 일이다.

192) 송필항(宋必恒) : 1675~? 본관은 은진(恩津), 자는 원구(元久)이다. 1702년(숙종28) 식년시, 1714년(숙종40) 증광문과에 급제하여 청요직을 두루 역임하였다. 1725년(영조1) 임인옥사를 고변한 목호룡을 끝까지 추문하지 않은 것에 대해서 마음이 아프다고 영조에게 아뢰었다. 또한 언로를 어지럽혔다고 유봉휘·이현장(李顯章)·남태징(南泰徵) 등을 탄핵하였다.

하였으나 나아가지 않아 승전(承傳)194)에 의해 파직하였다.

○ 6일, 사간원에서 다음과 같이 아뢰었다. - 헌납 송필항, 정언 김고(金槀)195)와 김용경인데, 김고가 의논을 꺼냈다. -

"지금 선침(仙寢)이 빈소에 있어 온 조정이 근심하여 황망하니, 상하의 대소 신료들이 오직 신종(愼終)196)의 절차에 온 마음을 다해야 마땅합니다. 그런데 이전에 전 승지 송성명이 기회를 틈타 상소하였는데, 그 한편의 정신이 오로지 조정을 두드려 뒤흔들고 전조(銓曹)를 기울여 빼앗으려는 계략에서 나왔습니다.

그리하여 주워 모아 배척하고 짓밟는 것도 부족해서 곧 '우리 임금께 무례하다', '처벌하고 용서하며, 주거나 빼앗는 권한이 위에 있지 않고 아래에 있다.'는 등의 말로 공공연히 멋대로 무함한 짓이 끝이 없었으니, 그 의도가 자못 급서와 같았습니다.

재궁에 글자를 쓰는 일이 얼마나 중대한 일인데 대신이 끝내 참석하지 않다가 결국 결과(結裹)하는 날에 이르러 시간을 넘겨서 근근이 모양을 이루었

193) 김재로(金在魯) : 1682~1759. 본관은 청풍, 자는 중례(仲禮), 호는 청사(淸沙)·허주자(虛舟子)이다. 우의정 김구(金構)의 아들이다. 1702년(숙종28) 진사시에 합격하고, 1710년 춘당대 문과(春塘臺文科)에 급제하여 청요직을 두루 지냈다. 1716년 부수찬 재직시 유봉휘·정식(鄭栻)을 탄핵해 물러나게 하였다. 1720년 경종이 즉위하자 이조참의 등을 거쳐 개성유수를 지내다가 1722년 신임옥사로 파직되었다. 1724년 영조가 즉위하자 풀려나 이듬해 대사간에 기용되었다. 부제학 재직시 유봉휘·이광좌 등 5인을 죄주도록 청하고, 김일경의 무고 사실을 상소해 사형에 처하게 하였다. 신임옥사로 죽은 노론 4대신의 복관(復官)을 상소해 이를 달성시켰다. 그 뒤 우의정을 거쳐 1740년(영조16) 영의정에 올라 1758년 관직을 떠나기까지 네 차례에 걸쳐 10여 년간 영의정을 지냈다. 저서로는 《천의소감언해(闡義昭鑑諺解)》와 《난여(欄餘)》가 있고, 시호는 충정(忠靖)이다.
194) 승전(承傳) : 임금의 뜻이나 명령을 받아 관계관에게 전달하는 일이다. 승정원과 승전색(承傳色)이 담당하였다.
195) 김고(金槀) : 1670~1727. 본관은 청풍(淸風), 자는 봉년(逢年)이다. 1714년(숙종40) 증광문과에 급제하여, 1719년 지평·정언을 지냈다. 신임옥사에 연루되어 유배 갔다가 영조 즉위 후 풀려나 1725년(영조1) 승지가 되었는데, 1727년 다시 파면당했다.
196) 신종(愼終) : 상사(喪事)를 당하여 진심으로 애도하는 마음으로 신중히 상례를 치르다.

습니다. 만약 송성명으로 하여금 조금이라도 대례(大禮)를 고려하게 하였다면
이러한 때 어찌 차마 이 같은 일을 할 수 있단 말입니까? 그 죄상을 따진다면
결코 파직에만 그칠 수 없으니, 청컨대 전 승지 송성명의 관작을 삭탈하십시오.”
　주상이 답하기를, “윤허하지 않는다.” 하였다.

○ 주서 서종급(徐宗伋)197)이 송성명 상소로 인해 변론하는 상소를 올려
다음과 같이 말하였다.
　“7월 29일 소결(疏決)198) 할 때 두 정승이 조상건과 김상옥을 힘써 나오게
할 일을 진달하여 주상으로부터 발락(發落, 결정을 내림)을 받을 때 ‘금추(禁推)’
두 글자는 있었는데, 그 나머지 소리는 분명하게 알아들을 수 없었습니다.
　우의정이 ‘두 사람이 지금은 직명이 없으므로, 앞으로 패초를 어기면 진실로
이와 같이 해야 마땅하지만, 우선은 개석(開釋)하는 것이 좋을 것 같다.’고
운운하였으므로 ‘마땅히 추고해야 한다[當禁推矣].’는 네 글자를 써서 들이는
거조(擧條)가 있었던 것입니다.”

○ 5일, 관학 유생 이기중(李箕重)199) 등이 다음과 같이 상소하였다.
　“하번(何蕃)200)·진동(陳東)201)·구양철(歐陽澈)202)·동양(董養)203) 등의 기절

---

197)　서종급(徐宗伋) : 1688~1762. 본관은 달성(達城), 자는 여사(汝思), 호는 퇴헌(退軒)이다.
　　　달성위(達城尉) 서경주(徐景霌)의 증손으로, 권상하(權尙夏) 문인이다. 1711년(숙종37)
　　　진사가 되고, 1719년 증광문과에 급제하여 정언이 되었다. 1721년(경종1) 지평 재직시
　　　세제의 대리청정을 건의했던 조성복을 두둔하다가 유배되었다. 영조가 즉위하자 풀려나
　　　형조판서 등을 역임하고, 1757년(영조33)에 기로소(耆老所)에 들어갔으며 이듬해 봉조하
　　　(奉朝賀)가 되었다. 저서로 《퇴헌유고(退軒遺稿)》가 있고, 시호는 문정(文貞)이다.
198)　소결(疏決) : 국가에서 특별한 경우에 전국의 죄수를 다시 심리(審理)하여 너그럽게
　　　처결하는 것을 이른다.
199)　이기중(李箕重) : 1697~1761. 본관은 한산(韓山), 자는 자유(子由)이다. 이색(李穡)의 13대
　　　손으로, 이희조(李喜朝) 문인이다. 1722년(경종2) 장희빈을 추보하는 일을 비판하였다.
　　　영조대 장녕전 참봉·진천현감 등을 역임하였다.
200)　하번(何蕃) : 당나라 덕종(德宗) 때 태학생(太學生)으로 주자(朱泚)의 난리 때 죽었다.
201)　진동(陳東) : 1086~1127. 송나라 태학생으로 흠종(欽宗)이 즉위하자 무리를 이끌고 대궐로

(氣節)이 탁월하였으므로 선왕(先王)이 특별히 사당을 세우라고 명하여, 성균관의 사당(祠堂) 옆에 세우기로 이미 정탈(定奪)204)하였는데도 거행하지 않았습니다. 지금 지문에 특별히 이 일을 실었으니, 네 사람의 사우(祠宇)205)를 세우는 일을 서두르지 않을 수 없으므로 인산(因山) 이전에 세우고 제사를 지내 선왕의 뜻을 추모해야 할 것입니다. ……"

○ 6일, 사간 김제겸(金濟謙)206)이 상소하여 청풍부사 조관빈을 머물러

나가 채경(蔡京)을 비롯한 양사성(梁師成)·이언(李彦)·왕보(王黼)·동관(童貫)·주면(朱勔) 등 육적(六賊)을 주륙할 것을 주청했다. 한편 금나라 군대가 개봉(開封)을 포위하였을 때 이강(李綱)이 주전(主戰)을 주장하다 파직되자 다시 수만 명의 유생들을 이끌고 궁궐로 가서 상소하여 이강을 복직시켰다. 태학록(太學錄)에 임명되고, 채경 등의 주륙을 주장하다 사직하고 귀향했다. 고종(高宗)이 즉위하자 불려 남경(南京)으로 갔는데, 마침 이강이 파직되자 상서하여 이강을 유임시키고 황잠선(黃潛善)과 왕백언(汪伯彦)을 파직하라고 주청했지만 받아들여지지 않았다. 그때 포의(布衣) 구양철도 상서하자 왕잠선이 이를 황제에게 아뢰니 고종이 격노하여 둘 다 시장에서 참수하도록 했다. 처형에 임해 당당하게 대처하자 모두 눈물을 흘리며 애통해했다고 한다.

202) 구양철(歐陽澈) : 1091~1127. 송나라 태학생으로 흠종 집권 초에 포의(布衣)로 세 차례 글을 올려 폐정(弊政)을 개혁할 것과 변방을 안정시켜 외적을 막는 방책에 대해 건의하였다. 고종(高宗)이 즉위하자 도보로 행재(行在)로 가 대궐 앞에 엎드려 상서하면서 재신(宰臣) 황잠선과 왕백언이 화의를 주장하여 나라를 망친 사실을 지적하며 규탄했다가 태학생(太學生) 진동(陳同)과 함께 피살되었다.

203) 동양(董養) : 진(晉)나라 태학생이다. 진나라 태시(泰始, 265~274) 초에 양후(楊后)가 폐위되자 동양이 태학에서 "모후까지 폐하게 된 것은 너무나 심한 일이 아닌가? 하늘과 사람의 이치가 이제 소멸되었도다." 하였다.

204) 정탈(定奪) : 신하들이 올린 몇 가지의 논의나 계책 중에서 임금이 가부를 논하여 그 어느 한 가지만을 택하다.

205) 네 사람의 사우(祠宇) : 사현사(四賢祠) 내지는 숭절사(崇節祠)라고도 한다. 진나라의 태학생 동양(董養), 당나라의 태학생 하번(何蕃), 송나라의 태학생 진동(陳東)과 구양철을 향사(享祀)하는 곳이다. 1725년(영조1) 숭절사를 세워 이들을 제사지냈다.

206) 김제겸(金濟謙) : 1680~1722. 본관은 안동, 자는 필형(必亨), 호는 죽취(竹醉)이다. 김창집의 아들이자 김원행(金元行)의 아버지이다. 1705년(숙종31) 진사가 되고, 1719년 증광문과에 급제하여 청요직을 두루 지냈다. 신임옥사에 연루되어 1722년(경종2) 4월에 사사되었다. 뒤에 이조참판으로 추증되었으며, 노론 측에서는 조성복·김민택(金民澤)과 함께 신임옥사 때 죽은 삼학사(三學士)의 한 사람으로 꼽았다. 저서로 《죽취고(竹醉藁)》, 편서로 《증보삼운통고(增補三韻通考)》가 있고, 시호는 충민(忠愍)이다.

있게 해달라고 청하였다.

○ 8일, 지난밤 성균관 관원이 대사성 황귀하(黃龜河)[207]의 뜻으로 다음과
같이 아뢰었다.

"어제 유생이 저녁 식당에 들어오지 않아서 신이 달려가서 물어보니 유생
심경(沈坰) 등이 말하기를,

'상소하는 일을 소두(疏頭)[208]가 꺼리고 회피함으로 인해 끝내 이루어지지
않았고, 재임(齋任)[209] 또한 인입(引入)[210]하였기 때문에 감히 홀로 들어갈
수 없었습니다. ……'

하였습니다. 그런데 장의 윤지술이 소회를 써서 다음과 같이 아뢰었습니다.

'우리 선대왕께서 절의(節義)를 숭상하고 사기(士氣)를 격려하신 성대한
덕이 지문 가운데 들어가지 않았습니다. 그리하여 신사년(1701, 숙종27)과
병신년(1716) 두 해의 일[211]에 대해 미진한 부분을 고쳐야 한다는 뜻으로
발론(發論)하여 소청(疏廳)[212]을 설치하였는데 외방(外方)의 사우(士友)들이 한

---

207) 황귀하(黃龜河) : 1672~1728. 본관은 창원(昌原), 자는 성징(聖徵)이다. 1705년(숙종31) 알
    성문과에 급제하여 청요직을 두루 거쳤다. 1721년 대사간 재임시 노론 4대신이 유배될
    때 파직되었다. 영조 즉위 직후 대사성에 오르고, 이후 도승지·호조판서 등을 역임하였
    다.
208) 소두(疏頭) : 연명하여 올리는 상소(上疏)에서 맨 먼저 이름을 적은, 주동이 되는 사람을
    이른다.
209) 재임(齋任) : 성균관 등에 거재(居齋)하는 유생 가운데 유생들의 의견 등을 대표하거나
    거재할 때의 여러 일들을 처리하기 위해 뽑힌 임원이다.
210) 인입(引入) : 원래는 벼슬아치가 잘못된 일에 대하여 인책(引責)하고 출사하지 않음을
    이르는데, 여기서는 성균관 재임이 성균관을 벗어나 돌아간 일을 가리킨다.
211) 신사년 두 해의 일 : 신사년은 1701년(숙종27) 인현왕후가 승하한 뒤, 희빈 장씨가 취선당
    에 신당(神堂)을 설치하고 왕후를 저주하였다는 혐의를 받고 사사된 일을 가리킨다.
    병신년의 일은 1716년(숙종42)에 내려진 병신처분(丙申處分)이다. 숙종이 송시열과 윤증
    의 다툼으로 일어난 회니시비(懷尼是非)에서 송시열과 노론이 옳다고 판정하고 이어서
    노론이 윤선거의 문집에 효종을 비난한 구절이 있다고 공격하니 윤선거 문집의 판을
    헐어버리게 한 처분을 내렸다. 이 결정으로 노론이 정국을 주도하게 되었고, 1718년에는
    윤선거와 윤증의 관작이 추탈되었다.

사람도 여기에 동조하지 않았으니 이미 몹시 부끄러웠습니다.

동재(東齋)와 서재(西齋) 및 사학(四學)의 하재생(下齋生)213)들은 대부분 까닭 없이 불참하였고, 상재생(上齋生)214)의 경우에도 거의 모두 회피할 길을 도모하여 겨우 재(齋)에 남아 있는 7, 8명만으로 간신히 일을 논의할 모임을 이룰 수 있었으므로, 어쩔 수 없이 거재 유생을 소두로 차출하였는데, 소두가 또 터무니없는 말로 인혐(引嫌)215)하고 도주하였습니다.

신이 재임으로서 이 일을 주장하였는데, 평소 언행이 재생들로부터 존중을 받지 못하여 이같이 전례 없는 낭패를 당하였으니, 어떻게 편안히 식당에 들어가 금신(衿紳, 사대부)의 반열에 섞일 수 있겠습니까?

그러나 신이 마음속에 품고 있던 생각을 엄려(嚴廬, 상중에 임금이 거처하는 여막) 아래에 진달하고 싶었는데, 이번 기회를 통해 아뢰어서 천하 후세로 하여금 한 가닥의 죽지 않은 공의(公議)가 있었음을 알게 할 수 있게 되었으니, 이 또한 불행 중 다행입니다.

삼가 생각건대 우리 대행 대왕(大行大王)이 재위하신 지 40여 년 동안 하늘과 같은 인(仁)으로 백성을 감싸고 신과 같은 영명(英明)함으로 결단하여 끊어질 듯 위태롭던 나라의 형세를 태산(泰山)처럼 안정시키고 악한 데에 빠진 인심이 짐승처럼 되는 것을 면하게 하였습니다. 이것이 생명을 간직한 동방의 무리들이 죽어도 선대왕의 성덕(盛德)과 지선(至善)을 잊지 못하는 까닭입니다.

아! 세월이 흘러 어느덧 찬도(攢塗)216)가 장차 열리려고 합니다. 곡부(曲阜,

212) 소청(疏廳) : 선비들이 상소하기 위하여 모여서 의논하던 장소를 가리킨다.
213) 하재생(下齋生) : 생원, 진사로 성균관의 정원이 차지 않을 경우 입학 자격을 완화하여 정원을 채운 기재생(寄齋生)을 이른다. 기재생의 자격은 15세 이상의 사학(四學) 생도 중에 《소학(小學)》·사서(四書) 중 하나에 통한 자, 유음 적자(有蔭嫡子)로서 《소학》에 통한 자, 문과(文科)나 소과(小科)의 초시(初試)에 합격한 자, 조정의 관리 중 취학하기를 원하는 자 등이었다. 《經國大典 禮典 生徒》
214) 상재생(上齋生) : 생원시, 진사시에 합격하여 성균관에 입학한 거재생(居齋生)을 이른다.
215) 인혐(引嫌) : 혐의가 있는 일에 잘못을 깨닫고 뉘우쳐 책임을 지고 사퇴하다.
216) 찬도(攢塗) : 임금의 빈소나 영구차를 말한다. 천자가 죽어 초빈을 할 때는 용을 그린 영구차에다 관(棺)을 얹고 그 주위에다 나무를 쌓아 외곽(外槨)처럼 만든 다음 흙으로

중국 산동성 소재)의 신발은 이미 멀어지고[217] 창축(昌歜)의 기호[218]도 따를
수 없으니, 오늘날 신하들이 만분의 일이나마 스스로 힘쓸 수 있는 것은
오직 선대왕의 평소 뜻과 사업을 발휘하여 그것을 통해서 만세토록 자손을
편안하게 할 계책을 전하고 온 나라의 부모를 잃은 듯한 슬픔을 위로하는
데 있을 뿐입니다.

우리 전하께서 반드시 정성을 다하고 반드시 삼가는 도리[219]에 유감이
없게 하는 방도 또한 오직 이에 있을 뿐입니다. 진실로 여기에 하나라도
미진함이 있다면 전하가 무엇을 따라서 무궁한 효사(孝思)를 펼치실 것이며,
신하가 어떻게 《춘추》에서 신하의 도리를 저버렸을 때 주벌(誅伐)한 일[220]을
면할 수 있겠습니까?

아! 우리 선대왕의 정교(政敎)와 모훈(謨訓)은 늘 법도에 부합되고 전후의
사업이 백대(百代)의 임금보다 훨씬 탁월한데, 특히 신사년과 병신년의 일은
그 변고에 대처한 것이 도리에 합당하고 도(道)를 보위하는데 정성을 다한

겉을 바른다.

217) 곡부(曲阜)의 …… 멀어지고 : 곡부는 노(魯)나라 도읍이자, 공자(孔子)의 고향이다. 선왕
(先王)의 덕이 전하고 있음을 말한 것이다. 《후한서(後漢書)》〈동평왕창전(東平王蒼傳)〉에
"노나라 공씨(孔氏)는 아직까지 중니(仲尼)의 거여(車輿)와 관리(冠履, 관과 신발)를 보관
하고 있으니, 덕이 성대한 분은 광영(光靈)이 멀리 전하고 있음을 밝힌 것이다." 했다.
218) 창축(昌歜)의 기호 : 성현을 사모함을 가리킨다. 창축은 창포 뿌리를 절여서 만든 김치
종류의 음식으로, 주(周)나라 문왕(文王)이 이를 좋아하였는데 공자가 문왕을 사모하여
창축을 먹었다고 한다.
219) 반드시 …… 도리 : 부모의 상례와 장례를 정성스럽고 삼가하여 치러서 후회가 없게
됨을 말하는 것이다. 《예기(禮記)》〈단궁 상(檀弓上)〉에 "사람이 죽고 3일 만에 빈례(殯禮)
를 행할 적에 시신(屍身)과 함께 입관(入棺)하는 물품들을 반드시 정성스럽게 하고
반드시 삼가서 뒷날 후회하는 일이 없도록 해야 한다. 그리고 3개월이 지나 장사할
적에 관곽(棺槨)과 함께 배장(陪葬)하는 물품들을 반드시 정성스럽게 하고 반드시 삼가서
뒷날 후회하는 일이 없도록 해야 한다.[喪三日而殯, 凡附於身者, 必誠必信, 勿之有悔焉耳矣.
三月而葬, 凡附於棺者, 必誠必信, 勿之有悔焉耳矣.]"라고 하였다.
220) 《춘추》에서 …… 일 : 《춘추좌씨전(春秋左氏傳)》 소공(昭公) 31년 봄 정월 기사에 "만약
계손(季孫)을 불러도 오지 않는다면 진실로 신하의 도리를 저버리는 것이니, 그런 뒤에
토벌하는 것이 어떻겠습니까?[若召季孫而不來, 則信不臣矣, 然後伐之若何?]"라는 내용이
보인다.

것이 실로 천만고(千萬古)에 없던 일입니다.

삼가 판부사 이이명이 지어 올린 유궁(幽宮)의 지문(誌文)을 보니, 신사년의 일에 대해서는 빼버리고 쓰지 않았고, 병신년의 일에 대해서는 그 표현을 부드럽게 하여 시비를 서로 뒤섞이게 하였으니, 신은 지극히 놀랍고 슬픈 마음을 견딜 수가 없습니다.

저 신사 연간의 변고는 어둡고 은밀하여 헤아려 알기 어려웠는데, 우리 선대왕이 기미를 밝게 살피시고 환란을 방지하는 데 신중하여 쾌히 강건한 결단을 발휘하시고 밝게 전장(典章)을 베풀어서 궁궐을 엄숙하게 하고 백성들의 울분을 풀도록 하였습니다. 그 처분의 엄정함과 의사(意思)의 심원(深遠)함은 간책(簡冊)에서도 또한 찾아보기가 어렵습니다.

병신년의 일은 변고가 스승과 제자 사이에 일어나서 백성의 윤리가 날로 무너져 그 해로움이 장차 부자(父子)가 각박해지고 군신 사이가 단절되기에 이를 지경이었습니다. 우리 선대왕의 성학(聖學)이 고명(高明)하여 시비를 밝게 분변하시고 이미 윤증이 스승을 배반한 죄[221]를 밝게 바로 잡은 것에 이어서 또 우리 전하가 혹시라도 동요됨이 없도록 힘써 경계하였습니다.

그 인심(人心)을 착하게 하고 선비의 추향(趣向)을 바르게 하신 공로는 참으로 천지에 세워도 어긋나지 않으니, 이것은 사문(斯文)이 길이 의지하여 실추시키지 말아야 할 일입니다. 아! 우리 선대왕이 이미 이렇게 크고 훌륭한 덕을 베푼 일이 있는데도 이제 다시 볼 수 없으니, 선대왕의 신하된 자로서 누군들 눈물을 삼키고 추모하며 내세(來世)에 표장(表章)하고자 하지 않겠습니까?

그런데 이이명이라는 자는 머리가 하얀 늙은 나이에도 오히려 또한 이해(利害)를 돌아보고 교묘한 솜씨를 다 허비하여 선왕의 높고 두터운 은혜를

---

221) 윤증이 …… 죄 : 1684년(숙종10) 5월 송시열의 문인 최신(崔愼)이 윤증을 비난하는 상소를 올렸는데, 윤증의 〈신유의서(辛酉擬書)〉(1681)를 빌미로 윤증이 스승 송시열을 배반했다는 배사론(背師論)을 제기하였고, 아울러 윤선거의 일까지도 언급하였다. 이 상소로 인해 송시열과 윤증의 다툼이 조정에서 공식적으로 논의되기에 이르러 본격적으로 정치 문제화 되었다. 《肅宗實錄 10年 4月 29日》

망각하고, 뒷날 참소하는 역적에게 구실을 마련해 주었으니, 이것이 어찌 신하로서 차마 할 수 있는 일이겠습니까?

이로 인해 공의(公議)가 시끄럽게 일어나 끝내 죄에서 도망칠 수 없음을 알게 되자 최후에는 또 '어버이를 위해 숨긴다.'는 말로 의리를 만들어 마치 전하가 참으로 숨길 만한 어버이가 계시고 신하들이 스스로 마땅히 숨겨야 할 의리가 있는 것처럼 하였습니다.

아! 이것이 무슨 말입니까? 우리 선대왕과 선후(先后)께서 이미 조종(祖宗)의 엄중함을 받아 전하께 차례를 전하여, 전하께서 보위(寶位)에 올라 사직(社稷)과 생민(生民)의 주인이 되었으니, 전하에게는 감히 다시 사친(私親)이 있을 수 없음이 의리상 분명합니다. 하물며 신사년의 처분은 실로 선대왕이 국가 만세를 위한 생각에서 나온 것으로서 전후의 장주(章奏)에 대한 비답에 성지(聖旨)의 소재를 분명히 한 것이 마치 해와 별처럼 밝으니, 그렇다면 전하가 감히 다시 다른 뜻을 마음속에 품을 수 없다는 것은 도리상 당연한 일입니다.

그런데 대신이 이미 스스로 화복이 닥치는 것을 두려워하여 선대왕의 아름다운 덕이 가려져 드러나지 못하게 하는 것을 면하지 못하였습니다. 또 경전(經典)의 가르침을 견강부회하고 간사한 말을 꾸며냈는데, 그 요점은 스스로 그 심적(心迹)을 은폐하고 한 시대의 이목을 속이려 한 것이었습니다.

아! 선대왕이 만일 오늘날 살아계셨다면 상신(相臣)이 오히려 감히 이와 같은 말을 상소문에서 멋대로 늘어놓을 수 있겠습니까? 그 불충하고 형편없는222) 죄는 또 이루 다 처벌할 수 없을 것입니다.

삼가 바라건대 전하께서는 속히 다른 대신에게 선대왕의 유궁의 지문을 고쳐 짓도록 명하시고, 그 쓰지 않은 내용에 대해서 통쾌히 설명하여 선대왕의 성덕(盛德)과 대업(大業)이 끝내 꺾이고 침식되는 데에 이르지 않게 한다면 실로 국가의 큰 다행일 것이며, 하늘에 계신 우리 선대왕의 혼령도 역시

---

222) 형편없는 : 원문은 "無狀"이다. 멋대로 행동하여 내세울 만한 선행이나 공적이 없는 것을 말한다.

조금은 위로가 될 수 있을 것입니다.

신은 애초에 이런 내용으로 소장(疏章)을 올리고자 하였는데, 이 의리는 사람들이 모두 알고 있으며, 상신의 상소에서도 역시 물의(物議)가 있다고 말하였으니, 조정에서 필시 차마 선왕을 배신하지 못하고 전하를 위해 말하는 자가 있을 것이라고 생각하여 우선 사당을 세우는 일부터 청하였습니다.

그렇지만 지금 지문을 새기는 일이 머지않아 장차 시작되려 하는데도 경악(經幄)[223]에 자리한 자들은 상소가 이미 갖추어져 있지만 두려워하며 위축되어 감히 발설하지 못하고, 묘당(廟堂)과 대각(臺閣)의 신하들도 또한 전하의 주광(紸纊)[224] 아래에 진달하는 자가 없습니다. 전하의 팔과 다리, 눈과 귀가 되는 신하들이 이와 같으니, 이런데도 오히려 나라 꼴이 될 수 있겠습니까? 신은 적이 애통합니다.

아! 조정의 신하로서 온갖 풍상을 다 겪어 지기(志氣)가 꺾이고 무너진 자들이야 본디 말할 것도 못 되지만, 유독 애석한 것은 저 사림(士林) 가운데 평소 언의(言議)로 자임하고 절의(節義)로 자부하여 항상 세상 사람들보다 훨씬 뛰어나다고 여기던 사람들조차 일찍이 한 명도 비분강개하여 의리를 인도하는 사람이 없다는 것입니다. 재임으로서 여러 해 동안 성균관에 거주하면서 오래도록 국고를 지원받은 자들에게 모두 한갓 제염(齏鹽)[225]만 허비하는 결과가 되었으니, 이것은 진실로 다른 사람들을 대신 부끄럽게 만든다고 할 만합니다.

비록 그렇지만 신이 이미 정대(正大)한 의론을 내었는데 동료들에게 경시되

---

223) 경악(經幄) : 신하가 국왕에게 유교 경전이나 역사서를 강론하는 일이나 그를 행하는 자리를 말하며, 일반적으로는 경연(經筵)이라고 한다.

224) 주광(紸纊) : 임금의 귀를 뜻한다. 누런색 솜으로 둥글게 만들어 관(冠) 양쪽에 붙여 드리워서 귀를 막는 물건이다. 임금은 함부로 아무 말이나 듣지 않도록 경계해야 한다는 뜻이다.

225) 제염(齏鹽) : 제(齏)는 절인 채소를 말하고 염(鹽)은 소금이다. 나물 반찬과 소금 또는 절인 나물 반찬은 청빈한 생활을 비유하는 말로 쓰인다. 여기서는 성균관 생도들에게 국가에서 식사를 제공한 일을 말한 것이다.

어 이처럼 성균관에 막대한 치욕을 끼쳤으니 조종조(祖宗朝)에서 3백 년 동안 배양한 기풍이 씻은 듯이 모두 사라졌습니다. 신은 그 염치로 보아 감히 함부로 들어갈 수가 없어서 여사(閭舍)에 물러나 엎드려 공손히 처분을 기다리겠습니다.'

신은 엄려(嚴廬, 상주가 거처하는 여막)에서 슬퍼하는 가운데 이 때문에 번거롭게 할 수 없어서 서둘러서 도로 들어가라는 뜻으로 거듭 권유하였으나, 끝내 마음을 되돌리지 못했습니다."

○ 다시 다음과 같이 아뢰었다.

"성균관에서 권당(捲堂)[226]하는 일은 사체(事體)로 보아 편치 않으니, 조속히 들어갈 것을 권고하라고 명하셨기에 신이 장의 윤지술과 여러 유생, 심경(沈坰) 등을 초치(招致)하여 성지(聖旨)를 전하자 윤지술은 비답을 들은 뒤에 즉시 자기 이름을 삭제하고 나갔습니다.

심경은 말하기를,

'재임이 이름을 삭제하고 나갔으니, 정세가 갑절이나 편안하지 못한 상황입니다. 이처럼 슬프고 괴로우신 가운데 한결같이 버티고 실랑이 하는 것은 또한 매우 황송하므로 성교(聖敎)를 우러러 받들어 식당으로 도로 들어가지 않을 수 없었습니다.'

하였습니다."

○ 주상이 다음과 같이 전교하였다. "대신과 연로한 여러 신하들은 개소(開素)[227]하라."

---

226) 권당(捲堂) : 성균관 유생(儒生)들이 행하던 일종의 동맹휴학이다. 공관(空館)이라고도 한다. 자신들의 주장이 관철되지 않을 때, 또는 재회(齋會, 자치기관)에서 결정된 사론(士論)에 대하여 부당한 처분을 받게 될 때, 유생들이 식당에 들어가는 것을 거부하거나 아니면 성균관을 비워두고 나가 버렸다.

227) 개소(開素) : 상복을 입는 기간에 고기가 든 음식을 먹지 않다가 그 기간이 끝나면

○ **9일**, 정언 김고가 다음과 같이 아뢰었다.

"신이 삼가 성균관 유생 윤지술이 글로 써서 아뢴 소회[228]를 살펴보니, 선대왕의 지문에 대해 삭제하고 고치기를 청하지 않은 것으로써 대각을 비난하고 배척하였는데, 말이 매우 심각하여, 신이 이에 대해 몹시 두려워 견딜 수 없습니다.

대신 이이명이 작성한 지문 가운데 신사년에 관한 한 조항은 완전히 빠뜨렸습니다. 8년간 봉작(封爵)한 것[229]과 말년 무렵에 내리셨던 처분[230]은 모두 근거가 되는 사실이 있는데도 그 전말을 쓰지 않고 모호하게 말하였습니다. 지금은 비록 그때로부터 멀지 않아서 알지 못하는 사람이 없겠지만 시간이 흘러서 일이 지나간 뒤에는 이에 대해 의심할 뿐만 아니라 선대왕의 뜻과 공업이 모호하게 되는 것도 많을 것입니다.

명릉에 오른쪽을 비워두라고 하신 명은 선대왕이 생각하신 바가 있는 것인데, '장릉(長陵)[231]의 옛 제도를 따르라.'고 말하여 그 말이 분명하지가 않아서 갈피를 잡을 수 없게 했습니다. 앞으로 후세에 의심하는 논의가 나올 것이니, 이것이 어찌 오늘날 통탄스럽고 한스러운 일이 아니겠습니까?

사문(斯文)의 시비에 대해서도 당초 논쟁은 다만 '아비와 스승은 경중(輕重)이 있다.'[232]는 것이었는데, 지금 스승과 제자 사이의 일이 한 시대의 논쟁이

다시 먹는 것을 이른다.

228) 윤지술이 …… 소회 : 경종 즉위년 성균관의 재생(齋生)들이 권당(捲堂)하자 대사성(大司成) 황귀하(黃龜河)가 유생들을 불러 그 연유를 물으니, 장의(掌議) 윤지술이 소회(所懷)를 써서 올린 것이다.《景宗實錄 卽位年 9月 7日》 본서 바로 앞 9월 8일자 기사에 보인다.

229) 8년간 봉작(封爵)한 것 : 희빈 장씨가 중전으로 있다가 1694년 갑술환국으로 인현왕후가 복위되자 희빈으로 강등되어 1701년 사사될 때까지 8년간 희빈(禧嬪)이라는 작호를 받은 일을 말한다.

230) 말년 …… 처분 : 1716년 병신처분을 가리킨다.

231) 장릉(長陵) : 인조(仁祖, 1623~1649)와 비(妃) 인열왕후(仁烈王后, 1623~1636) 한씨(韓氏, 1594~1636)의 합장릉(合葬陵)으로, 현재 경기도 파주시(坡州市) 탄현면(炭縣面)에 있다.

232) 아비와 …… 있다 : 원문은 '父師輕重'이다. 숙종은 1694년 갑술환국 이후 '부사경중론(父師輕重論)'을 내세우면서 윤증을 옹호하였다. 이것은 노론이 윤증을 스승인 송시열을 배반하였다고 비판한 것을 완곡하게 부정한 것이다. 즉 윤증이 스승인 송시열을 비판한

되었다고 말하는 것은 너무 명백하게 분별하지 못한 것입니다. 또한 온천에 행차할 때 백성을 구휼한 것과 과거를 실시한 등의 일233)이나 청성묘(淸聖廟)234)에 어필로 편액(扁額)을 내린 은전 등의 일은 모두 선조의 성대한 업적에 관계되는데도 이 또한 없애 버렸습니다. 이 때문에 온 나라 백성이 안타깝게 여깁니다. 신이 삼가 이 몇 가지 일을 가지고 처분해 주기를 청하고자 했으나 아직 직명이 없어 분수를 넘는 일이 될까 두려워하면서 마음에 담아둔 지 오래되었습니다.

사간원에 들어온 뒤에는 풍문으로 묘지석을 새기기 시작한 지 이미 며칠이 지났다고 듣고, 혹 뒤늦게 말하였다가 자칫 큰일을 망칠까 두려워 여러 날 머뭇거리는 사이에 입을 다물고 말하지 못하였습니다. 이제 성균관 유생의 조롱이 이에 이르렀으니, 말하지 못한 허물에서 벗어날 길이 없는데, 어떻게 편안히 대간의 직책에 있을 수 있겠습니까? 청컨대 신의 체직을 명하여 주십시오."

주상이 답하기를, "사직하지 말라." 하였다.

○ 사간원에서 - 김고 - 다음과 같이 아뢰었다.

"이번 산릉 지문에는 내용이 많이 빠져있어서 여론이 놀라고 분개한 지

것은 송시열이 부친인 윤선거를 욕하였기 때문이라는 사실을 인정한 것이었다. 아비와 스승은 그 경중이 다르다고 말한 것은 결국 아비가 스승보다 더 중요하다는 것을 인정한 것이었기 때문이다. 갑술환국 이후의 탕평 국면에서 회니시비는 숙종의 탕평책 성공 여부를 가늠하는 기준이 되었다. 회니시비는 최석정의 《예기유편(禮記類編)》시비와 함께 탕평책에 반대하는 노론측 공세의 일환으로서 전개되었고, 숙종이 윤증을 옹호하였지만 이들의 집요한 공세에 의해 결국 병신처분이 내려져서 노론 일당 전제가 실현되자 탕평책은 파탄되기에 이르렀다.

233) 온천에 …… 일 : 《숙종실록 43년 2월 23일》기사에 따르면 승정원에서 전례 없는 가뭄을 들어 곤궁해진 백성의 처지를 고려하여 온천에 거둥하여 과거를 설행하지 말 것을 상소하였다.

234) 청성묘(淸聖廟) : 은(殷)나라 백이(伯夷)와 숙제(叔齊)의 위패(位牌)를 봉안(奉安)한 곳으로 황해도 해주에 있다. 1701년 숙종은 이제묘(夷齊廟)의 호를 청성묘로 정하고, 어필로 써서 승정원에 내린 일이 있었다.《肅宗實錄 27年 4月 2日》

이미 오래되었습니다. 그 신종(愼終)의 도리로 보아 진실로 마땅히 뜻을 다해 수윤(修潤)하여 조금이라도 미진함이 없게 해야 합니다. 하물며 오늘 지문을 개찬(改撰)하라는 청이 성균관에서 나왔으니, 공의(公議)가 무성하게 일어나고 있다는 것을 더욱 볼 수 있습니다.

아! 유궁의 지문은 사체가 엄중한데, 한번 비판하는 논의가 나온 뒤에도 오히려 역사(役事)가 이미 다시 시작되었습니다. 고쳐 쓰는 일이 무겁고 어렵다는 것을 우려하여 변통할 생각을 하지 않고 구차하게 그대로 사용하려 하니, 거듭되는 의론을 막기 어렵고, 끝없이 후회하는 일이 반드시 많을 것입니다. 도감에 빨리 품지하여 거행하도록 할 것을 청합니다."

주상이 답하기를 "아뢴대로 하라." 하였다.

○ 강화유수 홍계적이 송성명의 상소로 인해 변론하는 상소를 올려 아뢰기를, "신이 승정원에 재직하면서, 입시했을 때 거조(擧條)를 써냈다는 사안은 지극히 의도적으로 날조한 일이므로 죽음을 무릅쓰고 호소하니 바라건대 삭직을 명하십시오."

하니, 주상이 답하기를,

"이 같은 상소의 말은 깊이 혐의할 필요가 없다. 경은 사직하지 말고 속히 부임하여 직무를 살피라."

하였다.

○ 10일, 우의정이 차자를 올려 대략 말하기를,

"지문을 고쳐 쓰는 일을 도감에 품지하여 거행하라는 하교에 대해 신하의 분의(分義)로 보아 결코 혐의를 무릅쓰며 받들 수 없으니, 신이 맡은 총호사의 임무를 갈아주시기 바랍니다."

하니, 주상이 답하기를,

"지문은 대신이 뜻을 다하여 지었으므로 원래 빠뜨린 곳이 없고, 또한 잘못된 말도 없으니, 결코 고쳐 쓸 필요가 없다. 어찌 복주(覆奏)[235]해야 할 이치가 있겠는가? 경은 안심하고 사퇴하지 말라."

하였다.

○ 헌납 송필항이 다음과 같이 아뢰었다.

"윤지술이 지문에 빠진 내용이 있다는 일로 지어 바친 대신을 비방하였는데, 그 말이 너무도 심각하였습니다. 심지어

'대각의 신하들이 논의를 취합하고 몰래 탄식하면서도 끝내 전하께 한 번도 아뢰지 못했다.'

고 말한 것은 그 비난하여 배척한 것이 대수롭지 않은 일에 비할 바가 아니므로 신은 진실로 놀랍고 두렵기 그지없습니다.

대개 성왕의 지문이 완성된 뒤 비록 혹 다른 말이 있었지만 이미 돌에 새기기 전에 바로 다시 고치지 않아서 지문이 이미 돌에 새겨지고, 그 역사(役事)가 또 거의 끝나가므로 구구한 저의 생각으로는 지금에 이르러 제론(提論)하는 것은 매우 중대한 일이라고 여겼는데, 비난하여 배척하는 말이 갑자기 성균관 유생의 입에서 나왔으니 청컨대 체척(遞斥)[236]하여 주십시오. ……"

○ 헌납 송필항이 피혐하면서 아뢴 말에 대해 주상이 다음과 같이 답하였다.

"지문은 대신이 각별히 찬술하여 이미 빠뜨리거나 잘못된 곳이 없다. 지문을 이미 돌에 새기기 시작하여, 그 일이 끝날 즈음에 윤지술이 악독한 수단으로 몸소 앞장서서 논의를 모아, 지문을 빙자하여 큰일을 저해하고 원로(元老)를 무함하여 그 말이 사친(私親)에 미쳤는데, 그 내용이 음험하였다. 이러한 풍습은 막지 않을 수 없으니, 먼 변방에 정배하라. 그대는 혐의할 것이 없으니, 사직하지 말고 물러가 기다리라."

---

235) 복주(覆奏) : 다시 의논하여 아뢰는 일이다.
236) 체척(遞斥) : 직임에서 갈아내어 내쫓다.

○ 집의 홍우전(洪禹傳)237)이 피혐하면서 아뢴 말에 대해 주상이 다음과 같이 대답하였다.

"윤지술의 사안에 대한 처분은 이미 정해졌으니, 그대는 혐의할 것이 없다."

○ 수찬 유척기(兪拓基)238)가 상소하여 송성명의 상소 가운데 조상건과 김상옥, 두 신하에 관한 일을 변론하고, 또 말하기를,

"윤지술의 소회(所懷) 가운데, '경악(經幄)의 신하가 상소문을 이미 만들어 놓고도 감히 내지 못하였다.' 하였습니다. 그러니 신처럼 애초에 초안을 잡지도 않은 사람이 더욱 어떻게 머뭇거린 죄를 피할 수 있겠습니까? ……"
하였다.

○ 11일, 승정원에서 다음과 같이 아뢰었다.

"신들이 삼가 헌납 송필항의 피사에 대해 내린 비답을 보니 윤지술을 멀리 변방에 정배하라는 명이 있었는데, 신들은 적이 놀라서 탄식을 금할 길이 없습니다. 윤지술의 소회는 그 말이 부딪치는 사람마다 격동시켰으니 망령됨이 심하지만 원래 그 본래의 실정은 나이 어린 유생이 전혀 사체에 어두우면서도 단지 선조의 뜻과 사업이 혹 지문 가운데 갖추어지지 않을까 우려하여 이 같은 일을 저지른 것에 불과합니다.

---

237) 홍우전(洪禹傳) : 1663~1728. 본관은 남양(南陽), 자는 집중(執中), 호는 구만(龜灣)이다. 송시열 문인이다. 1702년(숙종28) 진사시, 1719년 별시문과에 급제하여 청요직에 진출하였다. 1722년 박필몽의 탄핵을 받아 삭직되어 은거하였다가 이듬해 조지빈의 탄핵을 받았고, 다음해 유배되었다. 영조대 복직되어 공조참판 등을 역임하였다.

238) 유척기(兪拓基) : 1691~1767. 본관은 기계(杞溪), 자는 전보(展甫), 호는 지수재(知守齋)이다. 1714년(숙종 40) 증광문과에 급제하여, 청요직을 두루 역임하다가 1722년 임인옥사 때 탄핵을 받고 유배되었다. 1725년(영조1) 노론이 집권하면서 경상도 관찰사·호조판서 등을 거쳐 1739년 우의정에 올라, 임인옥사 당시 사사된 김창집·이이명의 복관(復官)을 건의해 신원(伸寃)시켰다. 만년에 김상로(金尙魯)·홍계희(洪啓禧) 등이 영조와 사도세자 사이를 이간시키자 이를 깊이 우려했고, 이천보(李天輔)의 뒤를 이어 영의정이 되었다.

전하께서 천지와 같은 큰 도량으로 너그럽게 용서하지 않고 갑자기 멀리 유배보내는 법률을 시행하시니 어찌 포용하는 덕을 훼손하는 일이 되지 않겠습니까?

또한 윤지술이 이미 성균관 재임이고, 조정에서 성균관에 대해서 기르고 우대하는 일은 예로부터 특별하였는데, 오늘날 그 언어의 망령됨으로 인해 가볍게 위엄과 분노를 더 하고 심지어 먼 지방으로 내쫓았으니 실로 성세(聖世)의 아름다운 일이 아닙니다. 거듭 잘 생각해서 윤지술을 정배 보내라는 명을 거둬주십시오."

주상이 답하기를, "번거롭게 하지 말라." 하였다.

○ 주상이 전교하기를, "승지는 공사(公事)를 가지고 입시하라." 하였다.

○ 형조에서 윤지술을 먼 변방인 부안현(扶安縣)에 정배하였다고 아뢰었다.

○ 정언 김용경(金龍慶)이 상소하여 윤지술을 정배하라는 명을 거둬줄 것을 청하였다. 주상이 답하기를,

"윤지술이 대신을 능멸하였는데, 명을 거둬달라고 청한 것이 타당한지 알지 못하겠다."

하였다.

○ 정언 김고가 상소하여 걱정하고 개탄하는 정성을 덧붙여 진달하고, 상소를 올리려고 하였으나 미처 올리지 못하였다고 자수하면서, 유척기를 배척하여239) 말하기를,

───────

239) 유척기를 배척하여 : 홍문관 수찬이었던 유척기가 자신은 상소문 초고를 작성하지도 못하였다고 말한 상소는 앞에 보인다. 김고가 유척기를 '유신(儒臣)'이라고 한 것은 그가 홍문관에 재직하고 있었기 때문이다. 《경종실록 즉위년 9월 11일》 기사에서 사관(史官)은 김고가 바야흐로 시론(時論)의 앞잡이가 되어 윤지술을 힘써 두둔했으므로 아울러

"유신(儒臣)이 상소문 초고도 얽지 못했다는 등의 말로 상소하여 잘난 척하였는데, 이 같은 추한 모습을 신은 차마 바로 볼 수 없습니다."

하였다. 주상이 답하기를,

"윤지술이 국가 대사를 저해하여 희롱하였지만 처벌은 편배(編配)[240]에 그쳤는데, 그것을 그만두어야 한다는 말이 올바른지 알지 못하겠다."

하였다.

○ 지평 정택하가 피혐하고, 또한 정배의 명을 거둬주기를 청하면서 말하기를,

"윤지술이 써서 아뢴 소회에서는 판부사 이이명이 지어 바친 지문 가운데 신사년과 병신년의 일이 혹 전부 빠지거나 혹은 두루뭉술하게 쓴 일을 요란하게 논하였습니다. 심지어

'대각의 신하들이 혹 모여서 의논하다가 몰래 탄식하면서도 끝내 한마디도 아뢰지 않았으니, 전하의 팔과 다리, 눈과 귀가 되는 신하들이 이와 같고도 나라를 다스릴 수 있겠습니까?'

라고까지 말하였으니, 신은 여기에서 삼가 두려움을 이기지 못하겠습니다.

성왕의 지문을 지을 때 비록 빠지거나 소략한 사실이 있지만 대신이 이미 스스로 어버이를 위해 숨기는 의리를 내세웠으니, 그 말이 은미하고 완곡하더라도 또한 시비를 가리기에는 어려움이 있습니다.

하물며 또한 이미 즉시 보충하여 고칠 수는 없다고 말하는 사람들이 있으니, 큰 역사가 한창 전개되는 즈음에 뒤미처 거론하는 것은 결국 중대하고도 곤란한 일이 될 것입니다. 그런데 지금 고쳐 쓰기를 청하지 않았다고 배척하여 말하는 것이 지극히 심각하여 양사가 인피(引避)[241]하였는데, 제가 처한 정세

유척기를 배척한 것이라고 평가하였다.

240) 편배(編配) : 도형(徒刑)이나 유형(流刑)에 처한 죄인의 이름을 도류안(徒流案)에 기록하여 넣는 것을 가리킨다.

241) 인피(引避) : 직무상 거북한 처지에 있어 그 벼슬을 사양하여 물러나는 일이다.

도 이와 다르지 않습니다. ……"

하였다. 또 정배의 명을 거둬달라고 청하면서 말하기를,

"이제 교화를 새롭게 펼치기 시작할 때가 되었으니, 바로 총명을 널리 열어야 마땅하므로 언로를 획기적으로 넓혀야 합니다. 하물며 윤지술의 말은 또한 경상(經常)을 지키려는 데에서 나와서 많은 사람들이 감격하고 있는데, 지금 이 유생이 말 때문에 죄를 얻고, 대각은 말하지 않은 것 때문에 배척을 당하니 모두 성세의 아름다운 일이 아닙니다. ……"

하였다. 주상이 답하기를, "물러나서 물론(物論, 여러 사람의 논의)을 기다려라." 하였다.

○ 사헌부 - 집의 홍우전 - 에서 아뢰어 윤지술에게 내린 정배의 명을 그칠 것을 청하면서 말하기를,

"성균관 재임 윤지술이 대신이 찬술한 지문에 빠진 내용이 있고 소략해서 혹 선대왕의 큰 계책과 거룩한 공덕이 빠져서 누락될 것을 우려하여 물의(物議)를 채택해 소회를 써 올렸으니, 이는 오로지 선열(先烈)을 드러내 높이려는 뜻에서 나왔습니다.

비록 표현한 말을 가려서 사용하지 못한 것이 많지만 이는 나이 어린 유생이 과격한 결과에 불과할 뿐입니다. 그 임금의 도량을 넓히고 사풍(士風)을 진작시키는 도리에 있어서 결코 가볍게 꺾어서는 안 될 일인데, 하물며 갑자기 변방에 정배하는 무거운 법률을 적용할 수 있겠습니까? 사림의 기세가 꺾이고, 이것을 들은 사람들이 놀라고 한탄하고 있으니, 어찌 즉위 초의 청명한 날에 바로 이같이 비상(非常)하고 지나친 조처가 있으리라 생각할 수 있단 말입니까?"

하니, 주상이 답하기를, "윤허하지 않는다." 하였다.

○ 12일, 성균관 유생들이 권당하였다. 지관사(知館事) 이관명, 동지관사

신임(申銋)242)과 송상기, 대사성 황귀하를 패초하여 이들로 하여금 나아가서
유생들에게 들어가라고 권유하게 하였다.

○ 주상이 대사성 황귀하가 소회를 올린 상소에 다음과 같이 답하였다.
"윤지술이 논한 것에는 본래 과격한 내용이 많으니, 환수하라는 청이
타당한지 알지 못하겠다. 사직하지 말고 빨리 직무를 살피라."
하였으나, 패초를 어겨서 파직되었다.

○ 정언 김고가 피혐하면서 아뢰기를,
"여러 대간의 피사(避辭)는 바로 성균관 유생에게 배척을 받았기 때문에
나왔습니다. 신도 또한 일찍이 이미 인피하였는데, 어떻게 태연하게 그 사이에
서 가부(可否)를 결정할 수 있겠습니까? 이미 처치하지 못하였으니, 결코
그대로 무릅쓰고 있을 수 없습니다. ……"
하니, 주상이 답하기를, "사직하지 말고 물러나 기다리라." 하였다.

○ 정언 김용경이 피혐하면서 다음과 같이 아뢰었다.
"무릅쓰고 일하기 어려운 뜻은 …… 지문은 비록 구별하여 밝히는데 미진한
점이 있지만 이미 즉시 첨가하여 고치는 일을 할 수 없었으니, 지금 논의를
제기하는 것은 결국 중대한 일이 되므로 구구한 저의 뜻은 대체로 이점에
있습니다. ……
윤지술의 소회 가운데 있는 말을 그대로 믿고 말하기는 부적절하지만
그 대체적인 의도는 단지 덕행을 기록하는 글에 조금이라도 빠진 곳이 없기를

---

242) 신임(申銋) : 1639~1725. 본관은 평산(平山), 자는 화중(華仲), 호는 한죽(寒竹)이다. 박세채
(朴世采) 문인이다. 1657년(효종8) 진사시, 1686년(숙종12) 별시문과에 급제하여, 숙종대
공조판서 등을 지냈다. 경종대 세제의 대리청정 근거를 실록에서 초출하였다. 1722년
옥사 당시 소론을 비판하고 동궁을 보호하라고 상소하였다가 유배되었다. 영조 즉위
후 사면되어 돌아오던 도중 죽었다. 영의정에 추증되었으며, 시호는 충경(忠景)이다.

원해서 나온 것입니다. 그런데 갑자기 노여움을 더하여 무거운 형률로 다스렸
으니, 사람들이 듣고 놀라서 탄식하고 있습니다.

하물며 지금 말세의 풍속이 쇠미해지고 사풍(士風)이 사라지고 있는데,
윤지술이 성균관에 있으면서 분격하여 발론한 것이 말을 혹 가리지 못하였지
만 그 뜻은 진실로 가상합니다. 그런데 전하가 대신을 보호하는데 급급해서
이내 도리어 꺾어버리고 멀리 쫓아냈는데, 신은 언의(言議)가 졸렬하여 비답을
받아들이지 못하겠습니다. ……

동료의 상소에서 이르기를, '몸이 대각에 있은 지 이제 사흘이 지났지만
아직도 인혐하지 않았다.' 하였는데, 신은 담화(痰火)[243]의 질병으로 현기증이
나고 위독해서 저절로 지연하게 된 것입니다. 그러다가 패초에 따라 대궐에
나아와서 조용히 몇 마디를 대략 열거하여 아뢰었지만 이미 사흘이 지난
뒤였고, 또 실지로 받아들여지지도 않았습니다. …… 하물며 동료들이 모여
있는 자리에서 비웃고 책망하는 말이 절실하게 나와서 스스로를 용납할
수가 없습니다. ……"

주상이 답하기를, "사직하지 말라." 하였다.

○ 집의 홍우전이 피혐하면서 아뢰기를,
"신은 배척당한 사람과 한 몸이어서 결코 가부(可否)를 처치할 수 없습니다."
하니, 주상이 답하기를, "사직하지 말라." 하였다.

○ **13일**, 주상이 장령 이중협(李重協)[244]의 상소에 답하기를,

---

243) 담화(痰火) : 담(痰)을 낀 화(火)나 담에 의하여 생긴 화이다.
244) 이중협(李重協) : 1681~? 본관은 경주, 자는 화중(和仲)이다. 1713년(숙종39) 증광문과에
　　급제하여 청요직을 두루 거쳤다. 1721년(경종1) 우의정 조태구가 세제 대리청정에
　　반대하여 입궐했을 때 경종이 승정원을 경유하지 않고 직접 내시를 보내 조태구를
　　인견하자, 당시 교리였던 이중협은 사간 어유룡, 장령 박치원과 함께 승정원을 거치지
　　않고 경종을 알현한 조태구의 죄를 맹렬히 논척하였다가 임인옥사의 과정에서 그
　　불경함이 다시 문제가 되었고, 이로 인해 모두 유배되었다. 이 일로 이중협은 어유룡·박치

"윤지술을 멀리 유배 보낸 것은 엄정한 처분에서 나온 것인데, 반한(反汗)하라는 청이 타당한지 모르겠다."

하였다.

○ 14일, 장령 이중협이 피혐하면서 아뢰기를,

"여러 대간들이 인피한 것은 성균관 유생이 말하지 않았다고 배척하였기 때문이고, 신도 실로 그에 해당하는데, 오히려 어떻게 다른 사람에 대해 가부를 처치할 수 있겠습니까? 청컨대 체척하여 주십시오."

하였다.

○ 입진(入診, 임금을 진찰하러 들어감)할 때 영의정[245]이 아뢰기를,

"몇 해 전 오명윤(吳命尹)[246]이 성균관 유생이라고 핑계대고 선정(先正, 송시열)을 무욕(誣辱)하였는데, 신이 성균관 유생에게는 죄를 줄 수 없다는 뜻으로 선조에게 진달하여 즉시 윤종(允從, 남의 말을 좇아 따름)을 받았습니다.[247] 지금 윤지술이 비록 경거망동하였지만 사기(士氣)를 꺾어버릴 수는 없으니, 특별히 생각을 돌려 처리하신다면 성덕은 빛나고, 여러 일들이 순조롭고 편해질 것입니다."

하니, 주상이 말하기를, "대신이 진달한 바가 진실로 옳으니 마땅히 유념하겠다." 하였다.

원 등과 함께 신임옥사의 삼간신(三諫臣)으로 불리었다. 영조의 즉위 후 다시 기용되어, 1728년(영조4) 승지가 되고, 1745년 도승지에 올랐다.

245) 영의정 : 김창집을 가리킨다.

246) 오명윤(吳命尹) : 1673~1734. 본관은 해주(海州), 자는 이로(伊老)이다. 1715년(숙종41) 식년시에 급제하여 진사가 되어 성균관에 들어갔다. 1716년 숙종이 송시열이 작성한 윤선거 묘문과 윤증이 지은 〈신유의서(辛酉擬書)〉를 보고 송시열 편을 들어서 윤증을 비판하자 이에 대항하여 윤선거·윤증 부자를 변론하는 상소의 소두가 되었다.

247) 오명윤이 …… 받았습니다 : 1718년(숙종42) 성균관 유생으로서 오명윤이 소두(疏頭)가 되어 윤증을 위하여 상소하였다가 변방으로 유배되었는데, 당시 좌의정 김창집의 상소로 취소한 일이 있었다. 《肅宗實錄 42年 7月 17日·21日》

제조 조태구가 말하기를,

"대신 이이명이 말하기를, '찬술한 지문은 어버이를 위해 숨기는 뜻에서 나왔다.' 하였는데, 이 같은 의리가 진실로 존재합니다. 그런데 윤지술이 이러한 의리에 완전히 어두워서 말이 매우 잘못되었습니다.

전하께서 말씀하시기를

'꺼리고 숨기는 것은 전혀 없고, 제방(隄防)으로 삼으려 한 것이다.'

하였으니, 성의(聖意)의 소재가 진실로 지나친 것이 아닙니다.

그런데 일시에 여러 사람들이 시끄럽게 구원하여 죄를 벗겨주려 했는데, 그런 이유가 무엇인지 알지 못하겠습니다. 대신 김창집이 비록 성균관 유생이라고 말하였지만 스스로 그 이름을 삭제하였고, 벌인 짓이 해괴망측하였으니, 이는 상소한 유생과는 다릅니다.

또한 공당(空堂)²⁴⁸)한 유생들 또한 이해할 수 없는 점이 있습니다. 장의(掌議)가 이름을 삭제하고 나갔는데, 여러 유생들은 도로 들어갔으니, 의견이 각기 달랐기 때문인 것 같습니다. 그런데 또 윤지술이 죄를 받자 다시 공당하였으니, 그 의리가 어디에 근거하는지 알지 못하겠습니다. 비록 그렇지만 성묘(聖廟)에서 공당이 오래되었으니 즉시 들어가기를 권하지 않을 수 없습니다."

하였다. 영의정이 말하기를,

"윤지술의 소회가 비록 상소와는 다르지만 이미 재임으로 있었으므로 꺾어버릴 수 없을 것 같습니다. 비록 매우 해괴망측하더라도 이로 인하여 성묘가 텅 비게 되면 조정이 편치 않으니 유념하여 들어오기를 마땅히 권면해야 합니다."

하고, 이어서 사직하겠다는 뜻을 진달하였다. 주상이 말하기를, "사직하지 말고, 안심하고 공무를 수행하라." 하였다.

---

248) 공당(空堂) : 성균관 유생들이 정치적 사안에 불만이 있을 때 일제히 관(館)을 비우고 물러나가던 일이다.

○ **15일,** 사학(四學)[249] 유생 조징(趙徵) 등이 상소하여 지문을 고칠 것과 윤지술을 풀어줄 일을 청하였다. 주상이 답하기를, "윤지술이 논한 바가 과격하였는데, 풀어달라는 청이 타당한지 알지 못하겠다." 하였다.

○ 사학 유생 조징 등이 대략 다음과 같이 상소하였다.

"윤지술은 의리가 분명하고 사기(辭氣)가 통쾌하여 사기(士氣)를 감발(感發)하기에 충분합니다. 선대왕의 성려(聖慮)는 넓고 아득하며, 성학(聖學)은 고명(高明)하여, 그 당시 성교(聖敎)에 이르기를, '종사를 위해서이고, 세자를 위해서이다.' 하고, 또 말하기를, '의리를 깊이 궁구하였으니, 옳고 그름이 크게 정해졌다.' 하였는데, 지금 도리어 빠뜨리고 호도(糊塗)하여 위엄과 공덕을 드러내지 못하였습니다.

윤지술이 담당한 일은 지금 세상에서 회피하는 일이고, 아뢰어 드러낸 것은 지금 세상에서 머뭇거리며 제대로 말하지 못하는 내용입니다. 마땅히 도와서 세워 권장해야 하는데도 지금 무거운 벌로 다스렸으니 천하 후세에 이것을 두고 장차 무엇이라고 하겠습니까?"

○ **16일,** 영의정이 차자를 올려 권당한 유생들을 들어가라고 권하는 일을 논하고, 또 김고가 유척기를 능욕한 일에 대해서 말하였다. -《난여(爛餘)》[250]에서 자세히 볼 수 있다. - 주상이 답하기를,

"송상기를 동성균(同成均)[251] 직임에서 체개(遞改)하라. 이조참판 심택현(沈

---

249) 사학(四學) : 서울에 두었던 중학(中學)·동학(東學)·남학(南學)·서학(西學) 등이다.

250) 난여(爛餘) : 숙종이 죽은 1720년 6월부터 1723년 12월까지 노론과 소론이 갈등한 내용을 편년체로 엮은 기록으로서, 김재로(金在魯)가 편찬하였다. 경종대를 다룬 대표적 당론서인 노론측의 《신임기년제요(辛壬紀年提要)》와 소론측의 본서보다 더 원사료에 충실한 자료이다.

251) 동성균(同成均) : 동지성균관사(同知成均館事)를 가리킨다. 성균관에 소속된 종2품 관직이다. 동지사라는 관직명은 송나라의 관제에 기원을 두고 있는데, 지사의 다음, 즉 제2의 보좌직을 뜻한다.

宅賢)252)이 한결같이 소명을 어기고 있으니, 매우 편치 못하다. 체직하라. 대사성을 속히 임명하여 들어오도록 권하고, 패초를 어긴 사람을 별도로 서용할 것이며, 김고는 파직하는 것이 마땅하다."

하였다.

○ 같은 날 정사(政事)가 있었다. 동지성균관사(同知成均館事)에 이의현, 이조참판에 이택(李澤)253), 이조참의에 김재로, 대사성에 김운택이 낙점되었다.

○ 17일, 정언 신방(申昉)이 피혐하면서 다음과 같이 아뢰었다.

"김고가 무거운 견벌(譴罰, 허물을 꾸짖어 처벌함)을 받았는데, 마땅히 거둬들여야 합니다. 신이 이미 그 직책을 대신하고 있는데, 편안하게 있을 수 없어서, 대략 혐의를 무릅쓰고 있기 어려운 상황을 진달하고, 이어서 거두어 달라는 청을 덧붙였지만, 마음을 열고 받아 주지 않을 뿐만 아니라 일찍이 한마디 말도 물음에 답을 주지 않았습니다. ……"

○ 18일, 동지성균관사가 유생들에게 들어가라고 권하고 나서 아뢰기를,
"심경(沈堈) 등이 소회에서
'윤지술이 선대왕의 대처분과 대시비(大是非)를 높이 드러내어 지문에 갖추

----

252) 심택현(沈宅賢) : 1674~1736. 본관은 청송(靑松), 자는 여규(汝揆)이다. 1699년(숙종25) 정시문과에 급제하여 청요직을 두루 거친 뒤 1720년(경종 즉위) 도승지가 되었다. 1722년 임인옥사 이후 향리에 은거하였다가 1725년(영조1) 다시 각조의 판서를 두루 역임하였다. 1727년 정미환국으로 관작을 삭탈 당하였다가 1728년 판의금이 되어, 홍치중(洪致中)과 함께 이인좌(李麟佐) 난을 수습하고, 신임옥사 때 죽은 김창집·이건명·이이명·조태채 등 노론 4대신의 신원을 건의하였다. 영조 탕평책을 반대하고 당론을 일삼는다는 평을 받았다.

253) 이택(李澤) : 1651~1721. 본관은 한산(韓山), 자는 광중(光仲), 호는 운곡(雲谷)이다. 1705년 (숙종31) 식년문과에 급제하여 1708년 홍문록에 올랐다. 1710년 곽경두를 구원하다가 나주에 유배되었는데, 3개월 뒤 석방되어 1712년 다시 청요직에 등용되었다. 1716년 승지가 되고 이후 이조참의·대사헌 등을 역임하였다.

어 실으려고 분연히 스스로 담당하여 다른 사람은 감히 말하지 못하는 것을
말하였습니다. 이로써 공의(公議)가 사라지지 않고, 사림의 기운을 북돋았는
데, 저희들이 이미 그 일을 논의하는 모임에 참석하였으니, 편안히 있을
수 없습니다.'

하였습니다. 신은 재주가 둔하고 말을 잘못하여 마음을 돌려 말을 듣게
하기 어려우니, 대사성을 패초하여 함께 권하여 들어오게 하십시오."

하니, 주상이 전교하기를, "윤허한다." 하였다.

○ 19일, 동지성균관사 이의현과 대사성 김운택이 함께 성균관으로 가서
유생들에게 들어가라고 권하였는데, 심경 등이 소회를 말하기를,

"윤지술이 재임으로서 가장 앞서 지문을 고쳐 지을 것을 주장하였는데,
이것은 다만 선대왕의 사업과 행동을 혹 후세에 밝게 드러내지 못할까봐
다른 사람이 감히 말하지 못하는 일을 우러러 성명(聖明)께 진달하였습니다.

그 과감하게 격발한 기운을 꺾어버려서는 안 되는데 도리어 멀리 유배되는
형률을 받았습니다. 신들은 함께 논의하는 일에 참여한 사람으로서 결코
다시 식당으로 들어가기 어렵습니다. ……"

하였다. 또한 호조판서 조태구가 저번 경연 중에 진달한 말은 유생들을
침해하여 배척한 말이 많았는데,[254] 김운택이 자기의 뜻을 유생들 소회의
말미에 붙여서 아뢰어 이르기를,

"유생 무리들이 이미 윤지술과 함께 일을 벌였으므로, 윤지술이 풀려나기
전에는 비록 여러 차례 권유하더라도 다시 들어갈 리가 없습니다. 청컨대
헤아려 선처해주십시오. ……"

하였다. 주상이 단지 다시 들어오도록 권유하라고만 비답하였다.

---

254) 조태구가 …… 많았는데 : 앞선 9월 14일 입진했을 때 영의정 김창집에 이어서 조태구가
  성균관 유생들을 비판한 것을 가리킨다. 윤지술이 소회를 올리고 스스로 이름을 지운
  뒤 나갔을 때 유생들은 오히려 식당에 들어갔었는데, 윤지술이 유배되자 다시 식당에
  들어가지 않는 것은 일관성이 없다고 비판하였다. 앞에 보인다.

다음날 정사(政事)가 있었는데, 김운택이 승지에 의망(擬望)되어 낙점을
받았다.

○ 동지성균관사와 대사성이 들어가도록 권하고 나서, 다음과 같이 아뢰었다.
"심경(沈坰) 등이 다음과 같은 소회를 피력하였습니다.

'윤지술이 유궁의 지문이 미진한 것을 염려하고 상소가 이루어지지 않은
것을 개탄하여, 항의하며 고쳐 찬술하라고 말하였는데, 만약 그것이 어렵다면
쓰지 않으면 그만입니다. 그런데 「방해하고 희롱하였다.」고 하면서 유배
보낸 것은 또한 지나치지 않습니까?

대신 김창집의 연주(筵奏) 또한 여론에서 벗어났지만, 「일시에 여러 사람이
시끄럽게 구원하여 죄를 벗겨주려 하였다.」거나 윤지술은 「상소한 유생과는
다르다.」는 등의 말은 입시한 중신 조태구에게서 나온 것입니다. 윤지술은
한 나라 사림의 논의를 관장하였는데 어떻게 사문(斯文)에 죄를 얻은 소두에
비하여 논할 수 있습니까?[255) 국가에서 대접하는 것이 또한 어찌 분명하게
서로 다르지 않겠습니까?'

신들이 거듭 알아듣도록 잘 타일렀지만 염치를 굳게 지키며 끝내 그 마음을
되돌리지 않았습니다. 생각건대 예로부터 성균관은 국가에서 중하게 여겼으
며, 더욱이 우리 조정에서는 배양하는 것을 우선하였으므로 유생의 공재(空齋)
는 실로 막대한 변고입니다.

그러므로 조종조(祖宗朝) 이래로 처음에 비록 엄한 교지를 내려 벌을 내린
일이 있더라도 늘 성균관 관원이 아뢰어 진달한 것으로 인하여 대개 이미
내린 명령을 거두었습니다. 이것은 진실로 유생은 제재(制裁)할 수 없고,
사기는 꺾을 수 없으며, 성묘(聖廟, 문묘)는 하루도 입직(入直)을 거를 수

255) 윤지술은 …… 있습니까 : 이것은 앞서 김창집이 오명윤의 일을 거론하면서 윤지술을
변론한 일을 비판한 것이다. 노론 측에서는 오명윤이 송시열을 비판하였으므로 사문에
죄를 지었다고 간주하고, 오명윤과 윤지술은 비교 대상이 될 수 없다고 주장한 것이었다.

없기 때문이었습니다. 하물며 재임은 상소문을 올리지도 않았는데 단지 소회(所懷)를 제출한 것만으로 멀리 유배 보낸 것은 이전에 없던 일이므로 일을 같이한 유생들이 쉽게 도로 들어가려 하지 않는 것은 형세상 당연한 일입니다.

만약 조금 너그럽게 살피지 않고 단지 엄한 명령만으로 한결같이 버티기만 한다면, 삼가 생각건대 성묘가 텅 비는 일이 날이 갈수록 더욱 오래되어 국가의 일이 더욱 편치 않게 될까 우려됩니다. 만약 별도의 성은을 입어 그 말이 비록 과격하더라도 특별히 불문에 부치는 것을 허락하신다면 천지와 같은 큰 도량이 빛나고 배양하는 도리에 실로 부합할 것입니다. 앞서서부터 성균관 관원이 권유하라는 명을 받고 말미에 선처할 방도를 아뢴 일이 한두 번이 아니었으므로 이에 감히 덧붙여 진달합니다. ……"

○ 세 번째 아뢰기를,
"끝내 변통할 뜻이 없으므로 별도로 깨우치고 권유하는 조처가 있어야 할 듯합니다. ……"
하였다.

○ 네 번째 아뢰기를,
"염치를 굳게 지켜서 지금 비록 별도로 깨우치고 타일러도 도로 들어갈 리가 없는 듯합니다. 성묘가 오랫동안 텅 비는 상황은 진실로 매우 염려스러운데, 다른 선처할 대책이 없으니, 어찌해야 합니까? ……"
하니, 연이어 "다시 들어가도록 권하라." 하교하였다.

○ 20일, 다섯 번째로 아뢰면서 또 덧붙여서 진달하기를,
"이전부터 재임이 벌을 받아 풀려나지 않으면 함께 일을 도모한 여러 유생들이 입재(入齋)하는 사례는 없었으므로, 여러 유생들이 옛 규례를 고수하

는 것입니다. 조정에서 유생을 대우하면서 위력을 써서 강제로 압박할 수 없으며, 공재(空齋)한 지 열흘이나 지나 편치 않으니 이보다 큰일이 어디에 있겠습니까?

일찍이 선조(先朝)도 성균관 유생을 유배 보낸 일이 있었는데, 이로 인해 공관(空館)[256]하자 명을 거두고 들어가도록 권하였으니, 이는 진실로 성상이 유의해서 몸소 거행해야 할 일입니다. 아무리 생각해도 선처하는 방도는 이것을 제외하고는 없습니다. ……"

하니, 주상이 전교하기를,

"여러 날 공재하여 사체(事體)가 편치 않으니 유배 보내라는 명을 거둬들여라."

하였다.

○ 사헌부가 전에 아뢰었던 - 지평 신석(申晳) - 박태춘 등 일, 김일경의 일, 윤지술의 정배를 거두어달라는 일, 도승지 조명봉을 개정하는 일 - 명망과 실제가 맞지 않다고 운운하였다. - 을 처리하였다.

여러 대간을 처치하여, 정택하는 체차하고, - 소장에서 스스로 나열한 것이 끝내 모호하였다고 운운하였다. - 그 나머지 송필항, 김용경, 이중협, 신방, 홍용조 등 여러 피혐인(避嫌人)들은 모두 출사(出仕)하게 하였다.

○ 26일, 지평 이덕수(李德壽)[257]가 피혐하며 다음과 같이 아뢰었다.

---

256) 공관(空館) : 성균관 유생들이 관(館)을 비우고 물러나가던 일이다. 성균관 유생들은 국가의 정책에 불만이 있을 경우, 먼저 일종의 집단휴학인 '권당(捲堂)'을 거쳐 나중에는 각기 집으로 돌아가는 공관을 감행하여 집단적으로 의사를 표시하였다.

257) 이덕수(李德壽) : 1673~1744. 본관은 전의(全義), 자는 인로(仁老), 호는 벽계(蘗溪)·서당(西堂)이다. 박세당(朴世堂)·김창흡(金昌翕) 문인이다. 1713년(숙종39) 증광문과에 급제하여, 이조좌랑 등을 역임하였다. 경종대 임인옥사(1722) 당시 김창집과 같은 역당(逆黨)으로 몰려 탄핵을 당하였다. 영조대 이광좌(李光佐)의 추천으로 이진망(李眞望)과 함께 실록청 당상에 임명되고 이를 계기로 당상관으로 승진했다. 그 뒤 형조판서 등을 역임하였다. 저서로는 《서당집》《서당사재(西堂私載)》 등이 있고, 시호는 문정(文貞)이다.

"서로 다투는 말이 걸핏하면 꾸짖고 욕하게 되어 진신(搢紳) 사이에 예양(禮讓)이 땅을 쓴 듯 사라졌으니, 저에게 아주 깨끗하게 논열(論列)하게 하더라도 그것이 장차 공정하다 할 수 있겠습니까? 저는 조금도 도움이 될 수 없으니 스스로 대간[臺省]을 그만두겠습니다."

또 강이상이 처삼촌이라고 말하면서 체척을 청하였는데, 주상이 답하기를, "사퇴하지 말고 물러나 기다리라." 하였다. 사헌부에서 처치하기를,

"대간을 스스로 그만두는 일은 진실로 지나친 고집이고, 혐의는 참작하여 용서할 수 없겠지만 가까운 선례가 있으니, 청컨대 출사하게 하십시오." 하였다.

○ 28일, 홍문록의 권점을 행하였다. 3점을 맞은 자는 조문명(趙文命)258), 정석오(鄭錫五)259), 이기진, 신석, 신방, 김민택, 김제겸, 부제학 김운택, 부응교 조상건, 교리 유척기, 수찬 김상옥이다.260)

---

258) 조문명(趙文命) : 1680~1732. 본관은 풍양(豐壤), 자는 숙장(叔章), 호는 학암(鶴巖)이다. 1705년(숙종31) 생원시, 1713년 증광문과에 급제하여 청요직에 진출하였다. 1721년(경종1) 수찬을 거쳐 부교리가 되어 붕당의 폐해를 통렬히 논했고, 영조 즉위 후에는 파붕당(破朋黨)의 설을 제창하다가 민진원(閔鎭遠)의 배척을 받았다. 1727년(영조3) 그 딸이 세자빈이 되자 도승지와 어영대장을 겸하였으며, 이듬해 이인좌(李麟佐)의 난을 진압하는 것에 공을 세워 분무공신(奮武功臣) 2등에 녹훈, 풍릉군(豐陵君)에 책봉되고 병조판서가 되었다. 이후 이조판서를 거쳐 1730년 우의정, 1732년 좌의정 등을 지내면서 송인명 등과 소론 탕평파를 이끌었다. 시호는 문충(文忠)이다.

259) 정석오(鄭錫五) : 1691~1748. 본관은 동래(東萊), 자는 유호(攸好)이다. 영의정 정태화(鄭太和)의 증손이다. 1715년(숙종41) 식년문과에 급제하여 청요직을 두루 거쳤다. 1721년(경종1) 지평 재직시 김일경 등과 김창집 등 노론 4대신 탄핵을 주도하였다. 영조가 즉위하자 삭출 당하였다가 1727년(영조3) 정미환국으로 세자시강원 사서로 기용되었다. 이후 대사헌 등을 지내고 1746년 우의정을 거쳐 좌의정에 올랐다. 1748년 영돈녕부사로서 동지 겸 사은사(冬至兼謝恩使)가 되어 효현황후(孝賢皇后)에게 시호를 올린 일을 진하하고 연공(年貢)을 진헌하기 위하여 청나라에 가던 중 병사하였다. 시호는 정간(貞簡)이다.

260) 3점을 …… 김상옥이다 : 이때 홍문록에 뽑힌 사람은 조문명(趙文命)·정석오(鄭錫五)·이기진(李箕鎭)·신석(申晳)·김민택(金民澤)·김제겸(金濟謙) 등 6인이었다. 《景宗修正實錄 卽位年 9月 28日》

○ 29일, 주상이 전교하기를, "삭전(朔奠)261)에 기후(氣候)가 편치 않아 참석할 수 없다." 하였다.

○ 약방(藥房)에서 입진(入診)을 청하였으나, 주상이 전교하기를, "입진하지 말라." 하였다.

○ 10월 1일, 이조에서 마감한 홍문록262)에 든 사람은 신석, 신방, 이조좌랑 유척기였다.

○ 도당록(都堂錄)에는 김진상(金鎭商)263), 이중협, 이덕수, 서종섭, 홍현보, 윤연(尹烻)264)이 추가로 들어갔다.265)

---

261) 삭전(朔奠) : 상가(喪家)에서 그 죽은 사람에게 매달 음력 초하룻날 아침에 지내는 제사이다.

262) 이조에서 마감한 홍문록 : 홍문관 관원을 선발할 때 홍문관에서 먼저 일반문신 중의 적임자와 식년시 등 문과 급제자 중에서 그 후보자를 선발하여 홍문록을 작성하였는데 이를 본관록(本館錄)이라 하였다. 이것을 이조에 보고하면 이조에서 이를 마감하였는데, 이를 이조록(吏曹錄)이라 하였다. 이조에서 이것을 의정부에 보고하면, 의정부의 당상·관각(館閣)과 이조의 당상이 도당에 모여 본관록 중 가감, 수정하여 홍문록을 완성하는데, 이때 도당에서의 선거 기록을 도당록(都堂錄)이라 한다.

263) 김진상(金鎭商) : 1684~1755. 본관은 광산(光山), 자는 여익(汝翼), 호는 퇴어(退漁)이다. 김익훈(金益勳)의 손자, 김만채(金萬埰)의 아들이다. 1699년(숙종25) 진사가 되고 1712년 정시문과에 급제하여 청요직을 두루 거쳐 1720년 홍문록에 올랐다. 1716년 병신처분(丙申處分) 뒤 윤선거를 봉안한 서원과 문집 목판을 훼철하라고 청하였다. 1719년 장희빈의 묘를 이장할 때 동궁이 망곡(望哭)하려는 것을 저지하였다. 1722년(경종2) 신임옥사로 유배되었다가 영조가 즉위하자 이조정랑에 등용되었다. 1729년 탕평책의 일환으로 단행된 기유처분(己酉處分)에 반발하여 사직하였다가 대사헌·좌참찬 등을 역임하였다.

264) 윤연(尹烻) : 1680~? 본관은 파평(坡平), 자는 원이(遠爾)이다. 판서 윤강(尹絳)의 손자, 진사 윤지경(尹趾慶)의 아들이다. 1702년(숙종28) 식년시 진사가 되고, 1719년 별시문과에 급제하여, 1721년(경종1) 교리가 된 이후 청요직을 두루 역임하였다. 1725년(영조1) 노론 집권으로 유배갔다가 1727년 정미환국으로 풀려나 1728년 승지에 올랐는데, 무신난에 연루되어 다시 유배되었다. 1735년 완전히 석방되었다.

265) 도당록(都堂錄)에는 …… 들어갔다 : 《경종실록 즉위년 10월 1일》 기사에 따르면 13인을 선발하였다고 되어 있다. 이 6인 외에 이기진(李箕鎭)·신석(申晳)·신방(申昉)·조문명(趙文

○ 4일, 정언 조최수(趙最壽)[266]가 다음과 같이 상소하였다.

"삼가 신이 사면(辭免)을 청하고 있어서, 다른 말을 할 겨를이 없었습니다만 지금 조정의 기강이 느슨해지고 당세(黨勢)가 성해져서 국가가 장차 위험에 처할 것이니 초야에 있더라도 오히려 장차 말을 해야 하는데, 이미 간관(諫官)의 직명을 갖고 있으니, 또 어떻게 감히 침묵할 수 있겠습니까?

신이 우러러 생각건대 전하께서는 익실(翼室, 침전(寢殿)의 옆방)에서 공손하게 침묵하고, 조처하는 바가 없어서 일찍이 한마디 말도, 한 가지 일도 그 기미를 엿볼 수 없었습니다. 그런데 오늘날 조정 신하들이 무슨 이유로 스스로 의구심을 품고 날마다 계책이 깊어지는지 모르겠습니다. 그리하여 저들이 상궁(上躬, 경종)을 조절하는 것이 이르지 않는 곳이 없으니, 윤지술의 일에 이르러 극도에 달했습니다.

전하가 즉위하신 뒤 만약 혹시라도 사친(私親)을 지나치게 높이는 거조가 있었다면, 신하 된 자가 비록 죽을힘을 다하여 다투더라도 안 될 것이 없겠지만 지금 전하가 이 일에 대해 일찍이 조금도 논의하여 언급한 적이 없으니, 윤지술이라는 자는 더욱 말할 만한 단서가 없습니다.

지문의 한 조항에 이르러서는, 군부를 위해 '어버이를 위해 숨긴다.'는 말은 신하의 지극히 당연한 의리인데도 윤지술은 어떤 사람이길래 감히

命)·정석오(鄭錫五)·김민택(金民澤)·김제겸(金濟謙) 등이 그들이다. 도당록 선발 과정에 대해서는 아래 10월 25일자 기사에 수찬 조문명이 비판하는 상소문이 보인다.

266) 조최수(趙最壽): 1670~1739. 본관은 풍양(豊壤), 자는 계량(季良)이다. 1714년(숙종40) 증광문과에 급제하여 경종대 지평을 거쳐 영조대 대사간·대사헌 등을 역임하였다. 정언 재직시 조최수는 윤지술이 "전하에게 참으로 숨겨야 할 일을 가진 어버이가 있다." 등의 말로써 군부(君父)에게 자신을 낳아준 은혜를 스스로 끊어버리라고 강요하여, 군부에게 비리를 더한 죄를 지었다고 배척하면서, 외딴 섬으로 유배 보낼 것을 청하였다. 이에 대해 이문정(李聞政)은 《수문록(隨聞錄)》에서 조최수를 비판하는 견해를 피력하였다. "조최수의 상소가 나와서, 윤지술을 외딴 섬에 정배하고 권당에 참여한 유생들을 모두 쫓아낼 것이며, 양사를 구원한 여러 신하들과 성균관 당상 및 대신들을 모두 파직시키라고 청하였다. 이것은 바로 사특한 무리들이 꾸민 계략이 이미 이루어져서 올바른 무리를 배격하는 대기관(大機關)이 되었다."

갑자기 제기하여, 반드시 지나간 일을 크게 문자로 드러내어 우리 전하가 사사롭게 품고 있는 상처와 고통을 증폭시키려 하였으니, 이미 이것은 차마 못할 짓이었습니다.

그런데 오히려 '전하가 참으로 숨겨야 할 어버이가 있는 것처럼 했다.'는 등과 같은 말로 군부(君父)에게 억지로 낳아준 은혜를 스스로 끊게 만들려고 하였습니다. 군부에게 비리를 더한 것이 이와 같이 무엄하니, 어찌 몹시 절통(絶痛)하지 않겠습니까?

아! 사람 가운데 자신을 낳아준 사친이 불행스럽게 변고를 만난 경우는 예로부터 또한 있었으니 정(情)을 혹 펴지 못하더라도 그 은혜는 곧 끊지 않았습니다. 이는 참으로 만고(萬古)에 바꿀 수 없는 의리였기 때문에 윤지술이 이런 일을 주창하자, 성균관 유생 가운데 마음과 취향이 같은 자들도 또한 모두 서로 돌아보며 경악하여 대부분 달아나 흩어졌던 것이니, 인심이 같다는 사실을 여기에서 볼 수 있었습니다. 그런데 윤지술은 팔뚝을 걷어붙이고 홀로 담당했으니, 도대체 무슨 의도입니까?

이로 인해 군신의 분의(分義)가 일거에 모두 땅을 쓸어버린 듯 사라질 뿐만 아니라 또한 떳떳한 도리의 의리도 역시 이로 인해 끊어질까 두렵습니다. 윤지술에게 시행한 형률이 찬배(竄配)에 그친 것은 우리 성상이 참작하여 죄를 용서해준 은전(恩典)이었는데도 한 편의 사람들이 어지럽게 구원하여 풀어주려 하여, 마침내 성상으로 하여금 여러 사람의 말을 홀로 당해낼 길이 없게 만들어 이미 내린 명을 도로 거두게 한 뒤에야 그쳤습니다.

이것은 의리가 잠깐 밝았다가 다시 어두워진 것이고, 인주(人主)의 권위를 조금 시행하다가 도로 빼앗긴 것이니, 신은 적이 통탄스럽고 한탄스러움을 이길 길이 없습니다. 애초 권당에 참여한 유생들은 윤지술의 한두 여당(餘黨)에 불과하였으므로 마땅히 윤지술과 함께 쫓아내야만 했습니다.

만약 공관하게 되면 원래부터 다른 유생들을 권유하여 들어가게 하는 규례가 있는데, 반드시 그 당여들을 들어가도록 권하여 윤지술을 용서받는 수단으로 쓰려고 하였으니, 임금에게 당여를 보호하도록 강요한 것이 또 무엇이 이보다 더 심하겠습니까? 신의 생각에는 윤지술에게 외딴 섬에 정배 보내는 형률을 베풀어 왕법을 바로잡아야 할 것입니다.

그리고 양사(兩司)의 여러 신하들은 번갈아 상소하여 떠들썩하게 구원하는 것이 조금도 돌아보거나 꺼림이 없었으니, 그 분의와 도리에 있어서 어찌 이와 같을 수 있단 말입니까? 성균관 당상들이 들어가게 권유하는 것을 핑계 삼아서 자신의 의견을 덧붙여 위협하고 협박한 것이 유생의 소회보다 더 심하였으니, 이 같은 거조는 지극히 무엄한 일이었습니다. 견책하는 방도가 없어서는 안 되니, 양사 및 성균관 당상을 모두 일체 파직하는 것이 마땅합니다.

아! 이 지난번 범한 것이 얼마나 중대한데 전 승지 김일경이 이미 도리어 꾸짖는 말을 들었으니, 스스로를 변명하는 상소를 올리는 것은 그만둘 수 없었습니다. 상소에 대한 비답의 말이 매우 엄정하였는데, 승지가 중간에 고칠 것을 청하고,267) 대신(臺臣)이 풍지(風旨)를 받아서 공격하여268) 제거하였으며, 유배를 청하는 계사(啓辭)는 오늘에 이르기까지 쟁집(爭執)하니 공론이 일제히 분노하여 놀라지 않는 사람이 없습니다.

이에 신은 당초 계사를 발론한 대신(臺臣) 정택하는 마땅히 견책을 더하여 파직해야 하고, 미품한 승지 황선이 중간에 농간을 부린 죄는 직임을 파면하는 가벼운 처벌에 그쳐서는 안 되니 또한 마땅히 삭출하는 형전을 시행하여 뒷날의 폐단을 막는 것이 마땅하다고 생각합니다.

---

267) 승지가 …… 청하고 : 당시 입직 승지였던 황선이 김일경에게 내린 소비(疏批)의 개정을 청하였다. 본서 8월 3일자 기사에 보인다. 《경종실록 1년 12월 12일》 기사에 따르면 황선이 성교(聖敎)를 잘못 생각한 것으로 돌려 사알(司謁)을 불러 고치기를 청하였다. 그러나 이로 인해 "임금이 유약하여 과단성이 없으니 시배(時輩)들이 더욱 거리낌 없이 쥐고 펴는 것을 제멋대로 하였다."고 비판하는 빌미가 되었다. 즉 황선이 이정익을 '흉인'이라고 한 것을 숨기고자 하였다는 것이다. 본서 8월 30일 자에 있는 송성명의 상소에서 이에 대한 비판이 보인다.

268) 대신(臺臣)이 …… 공격하여 : 지평 정택하가 김일경을 탄핵한 것을 가리킨다. 본서 8월 10일자 기사에 보인다.

신이 또 듣건대 본원에서 바야흐로 전 승지 송성명에 대한 삭탈의 계사가 있을 것이라고 하는데 신은 이에 대해 더욱 동참할 수 없는 이유가 있습니다. 아! 당초 위권(威權)이 아래로 옮겨지고 군주의 형세는 외로운 때를 당하여 송성명의 말은 절실하였다고 할 수 있는데, 여러 사람들이 떠들어대고 노여워하여 달을 넘겨 가며 논계(論啓)했으니, 이 또한 제멋대로 하는 것이 심한 것입니다. 신은 삭탈의 청을 준엄한 말로 물리쳐야 할 뿐만 아니라, 저번의 특별히 파직하라는 명도 또한 빨리 도로 거두어야 마땅하다고 생각합니다.

아! 근래 몹시 놀랍고 황망하고 웃기는 일이 날마다 발생하니 말하지 않을 수 없지만, 오늘 인산이 멀지 않아서 성상께서 추모함이 망극한 것을 보았는데, 매 사안마다 논열하여 슬퍼하는 상중에 번거롭게 해드려서는 안 될 것입니다. 그러므로 단지 군부에게 무례하고 크게 의리와 분수를 어그러뜨려서 급히 말하지 않을 수 없는 것만 대략 한두 가지를 진달하였으니, 전하께서 유념하여 살펴주시기 바랍니다."

주상이 답하기를,

"상소를 살펴보고 소상히 알았다. 그러나 대신을 침해하여 욕한 말은 화평이 결여되었으니, 그것이 합당한지 모르겠다."

하였다. - 7일에 비답을 내렸다. -

○ 5일, 영의정과 우의정이 인혐하여 상소하자, 주상이 답하기를, "대간의 말이 정도에 지나치니, 혐의할 필요 없다." 하였다.

○ 6일, 홍문관에서 차자 - 교리 신방 - 를 올려 조최수의 파직을 청하면서 대략 말하기를,

"총청(聰聽)269)을 현혹하여 조정 신료들을 일망타진하려 하는데도, 엄하게

---

269) 총청(聰聽) : 임금이 밝게 잘 듣는 것을 말한다. 《서경(書經)》〈주고(酒誥)〉에 "조고(祖考)의 떳떳한 가르침을 총청(聰聽)하여 작은 덕과 큰 덕을 소자들은 똑같은 것으로 보아라.[聽

배척하지 않고 도리어 온유한 비답을 내리셨습니다. 이 무리들은 선조대로부터 원망을 품고서 은밀히 헤아려서 반드시 한 번 설욕하려고 합니다. ……"
하였다.

○ **9일**, 사간원에서 - 사간 조명겸(趙鳴謙)[270], 정언 홍용조 - 다음과 같이 아뢰었다.

"근래 일종 불령한 무리들이 유감을 쌓고 분노를 품어서 얼굴을 바꾸어 번갈아 나와 반드시 틈을 엿보다가 함정에 빠뜨리려고 한 지 대개 이미 오래되었습니다. 지난번 정언 조최수가 성균관 유생의 일을 빙자하여 일망타진의 계책을 실현하려고 상소 하나를 올렸는데 그 의도가 음험하였으니, 사람으로서 교묘하고 참혹한 것이 어찌 이 지경에 이른단 말입니까?

성균관 유생들이 죄를 받는 것은 실로 성조의 아름다운 일이 아닌데, 이 무리들 또한 인심이 있으니, 어찌 그 일이 지나치다는 사실을 알지 못하겠습니까?

그런데 감히 몰래 서로 억측하고 헤아려 망령되게 지금이야말로 바로 틈탈 만한 기회라고 생각하여 위험한 말로 주상의 이목을 두렵게 만들고, 조정 신하들을 얽어서 죄에 빠트리려고 못하는 짓이 없어서, 그 정태를 가리기 어렵고 손과 다리가 모두 드러났다는 것을 깨닫지 못합니다.

하물며 장례를 치르게 되어 상하가 슬퍼하며 애통해하는 날 멋대로 어지럽히고 국사를 유념하지 않아서, 막중한 습의(習儀)[271]를 정일(正日, 작정한 바로 그날)에 거행하지 못하게 만들었습니다. 비록 여대(輿儓)[272]와 천민도

聽祖考之彝訓, 越小大德, 小子惟一.]"고 한 것에서 나왔다.

270) 조명겸(趙鳴謙) : 1663~1722. 본관은 양주(楊州), 자는 익지(益之)이다. 1713년(숙종39) 증광문과에 급제하여 청요직을 두루 거쳤다. 1719년(숙종45) 집의 재직 시 윤선거 서원을 허물라는 계청(啓請)을 정지하였다 하여 체임되기도 했다. 1721년(경종1) 승지에 올라 김일경 상소를 비판하였다가 파직되었다.

271) 습의(習儀) : 국가에서 행하는 주요행사의 의식을 거행함에 있어 미리 예정된 식전절차에 따라 행하는 예행연습을 가리킨다.

삿대질하면서[273] 분통을 터뜨리고 욕하지 않는 자가 없으니, 그 죄상을
논한다면 너무나도 통탄스럽고 한탄스럽습니다. 청컨대 조최수의 관작을
삭탈하고 성문 밖으로 쫓아내십시오."

주상이 답하기를, "조최수를 파직하라." 하였다.

○ 헌납 이중협, 집의 홍우전, 지평 김고는 모두 윤지술을 구원한 대간이었으
므로 인피하였다. 이중협이 말하기를,

"조최수가 성균관 유생의 죄를 성토한 일은 천청을 두렵게 만드는 것으로
매우 위험하고, '양사의 여러 신하들이 시끄럽게 구원하였다.'고 하면서 아울
러 처벌하라고 청하였습니다."

하였다. 또 말하기를,

"'뒷날 혹 지나치게 높이는 조처가 있다면 신하된 자가 목숨을 걸고 다투어
야 한다.'고 한 것은 조금이나마 의리를 볼 수 있었습니다. 그렇지만 나이
어린 유생이 언어를 제대로 선택하지 못한 것을 가지고 고집스럽게 죄안으로
삼아서 저들이 다투어 빼앗는 계책으로 이용하려고 하니 이 또한 매우 부끄러
운 일이 아니겠습니까? ……"

하였다. 홍우전이 말하기를,

"조최수가 성균관 유생의 죄를 있는 힘껏 성토하였는데, 한 편의 정신이
오로지 조정을 무너뜨려 어지럽게 만드는 것에 있었습니다. 그리하여 마치
실로 큰 죄악이 있는데도 여러 신하들이 굽혀서 서로 구해주려고 한 것처럼
말하여, 위로는 성덕(聖德)을 속여서 어지럽히고 아래로는 조정 신하들을
싸우게 하여 반드시 조정을 텅 비게 한 뒤에야 그만두려 한 것입니다.……"

---

272) 여대(輿儓) : 고대 중국에서 열 등급으로 나눈 백성들 중 가장 아래의 두 등급에 속하는
    천민 계급을 말한다.
273) 삿대질하며 : 극수(戟手)란 화가 난 모양이나 용맹스럽고 위세가 있는 모양을 이르는
    말이다. 집게손가락과 가운뎃손가락을 펴고 사람을 가리키는 모양이 극(戟)과 비슷하여
    생긴 말이다.

하였다. 김고가 말하기를,

"지난날 성균관 유생을 멀리 유배보내라는 명은 실로 의외로 비상(非常)하게 지나친 조처였습니다. 신들이 명을 거두어주기 바란다고 대략 아뢰어 청한 것은 성조(聖朝)를 위해서이고 성균관을 중시하기 때문이었습니다. 그런데 지금 '조금도 돌아보고 꺼리지 않는다.'고 질책하였으니, 사람이 위험하기가 어찌 이토록 극도에 이르렀습니까?

이것은 인심이 타락하고 의리가 어두워져서 오직 자기와 의견이 다른 자들을 함정에 빠뜨리고 기회를 틈타 제멋대로 하려는 것을 급선무로 삼았기 때문입니다. 심지어 '스스로 의구심을 품고 날마다 계책이 깊어진다.'는 등의 말을 멋대로 장주(章奏)에 써서 반드시 다른 사람의 집안과 나라에 화를 끼친 뒤에야 그만두려고 하였습니다.

조정의 신료를 모두 일망타진하려는 데 그 마음이 있음은 길가는 사람들도 아는 바이니, 아! 이 또한 몹시 참혹합니다. 사대부가 수치스러운 것은 이 무리들에게 깊이 질책할 가치가 없습니다. ……"

하였다. 모두 의례적인 비답을 내렸다.

○ 부제학 김운택이 변명하는 상소를 진달하며 이르기를,

"성균관 유생의 소회를 전달하며 그 말미에 자기 견해를 진달하는 것은 그 전례(前例)가 있으며, 다른 유생을 들어가라고 권한 일은 특별한 하교에서 나온 것이 틀림없습니다. ……"

하였다.

○ 성균관 여러 유생들이 또 권당하였다. 대사성 홍치중이 다음과 같이 아뢰었다.

"심경 등이 소회에서 다음과 같이 말하였습니다.

'신들이 지난번 재임 윤지술의 일로써 편안하지 않은 바가 있어서 공재(空齋)

하고 물러나갔는데, 다행히 우리 전하께서 특별히 두루 감싸주는 도량을 넓히시어 멀리 유배 보내라는 명을 거두어들였습니다.

그런데 삼가 조최수의 상소 원본을 보니, 용의(用意)가 은밀하고 쓴 말이 위험하여, 심지어 우리 전하께서 반한(反汗)한 아름다움을 의리가 어두워지고 주상의 권한을 빼앗긴 것으로 귀결시켜 놓았습니다.

조최수 또한 우리 선대왕의 신자인데 조금이라도 선제(先帝)를 추모하고 폐하께 보답하는 마음이 있다면 어찌 차마 이런 말로 즉위 초에 군부(君父)를 현혹하고 이렇게 시험하고 아첨하는 작태를 저지른단 말입니까?

신들이 당초 권당한 것은 윤지술 한 명을 위함이 아니고 실로 처분이 지나쳐서 타당하지 못함을 염려한 것이었습니다. 성상께서 내린 명령을 환수한 것은 실로 천지를 포용할 수 있는 광대한 도량에서 나왔는데, 저들이 이른바「의리가 어두워졌다.」거나,「주상의 권위를 빼앗겼다.」고 말한 것이 어찌 심하게 흉악하고 어그러진 것이 아니겠습니까?

윤지술의 본의는 대개 상신(相臣) 이이명이 말한「어버이를 위해 숨긴다.」는 주장을 분변하려고 하여「선대왕의 업적과 덕행을 기록한 글에서는 마땅히 어버이를 위해 숨겨야 할 의리는 없다.」한 것인데, 이것이 어찌 조최수의 말과 같이 군부에게 억지로 낳아준 사친의 은혜를 스스로 끊게 한 것이겠습니까?

지금 조최수는 어구(語句)를 집어내어 죄안(罪案)을 얽어 만들어서 천청을 현혹시키고, 틈을 엿보아 일망타진하려는 간교한 계책을 부리려 하니, 이 같은 속마음은 더욱 차마 똑바로 쳐다볼 수 없습니다. 조최수가 신들을 「윤지술의 한두 여당(餘黨)이다.」이라 하고, 또 들어가기를 권한 초기(草記)를 가지고「위협하고 협박한 짓은 유생의 소회보다 더 심하다.」고 하였으니, 아! 이것이 무슨 말입니까?

신들이 이미 지문을 고치라고 청하는 논의에 참여하였는데, 끝내 재임이 죄를 받는 거조를 보고 개탄을 금할 수 없어서 일제히 서로 이끌고 권당하였으니 여론의 소재를 여기서 볼 수 있습니다.

그런데도 조최수가 단지 한두 명만을 끄집어내어 사당(私黨)으로 지목한
것은 그 의도가 반드시 공의(公議)를 가릴 수 있고, 고립된 유생들은 쉽사리
내쫓을 수 있다고 생각하여 방자하게 들어가라고 권하는 것을 가로막고
다른 경로를 가리켜 끌고 가려는 의도였습니다. 그 교묘하고 은밀한 계략과
멋대로 하는 습속이 또한 어찌 몹시 절통하지 않겠습니까?

초기(草記)의 끝부분에 있는 말은 선조(先朝)가 이미 거행한 사례를 원용하여
전하게 선조의 뜻에 따르는 도리를 권면한 것에 불과합니다. 그런데 조최수는
도리어 이것을 「위협하고 협박하였다.」하면서 바로 「임금을 압박하고 당을
비호한다.」는 죄과에 몰아넣었으니, 말의 망극함이 어찌 이 지경에 이른단
말입니까? 신들이 이미 무한한 비방을 당하였고, 또 바로 이 일로 인하여
대사성으로 하여금 터무니없는 모욕을 받게 하였으니, 신들은 편하게 식당에
들어갈 수 없습니다.'

하였습니다."

주상이 전교하기를, "성묘(聖廟)가 공당(空堂)하니, 사체가 편치 않다. 다시
들어가도록 권하라." 하였다.

○ 10일, 돌아와 입계(入啓)274)하기를 다음과 같이 운운하였다.
"염치와 의리로 보아 들어가기 어려운데, 임금의 처소에서 슬퍼하는 상중(喪
中)에 다시 번거롭고 소란스럽게 하여 실로 송구스럽습니다. ……"

○ 사간원에서 아뢰기를 - 홍용조 - ,
"지금 선침(仙寢)이 빈소에 있어 온 조정이 슬퍼하고 허둥대는데, 이것이
어찌 인신(人臣)이 당동벌이(黨同伐異)275)하며 요란하게 싸울 때란 말입니까?

274) 입계(入啓) : 임금에게 상주(上奏)하는 글월을 올리거나 또는 직접 아뢰는 일이다.
275) 당동벌이(黨同伐異) : 일의 옳고 그름은 따지지 않고 뜻이 같은 무리끼리는 서로 돕고
그렇지 않은 무리는 배척하다.

그런데 전 승지 송성명이 급급하게 상소한 것은 오로지 묘당(廟堂)을 두들겨
뒤흔들고 인사 담당자들을 쓰러뜨리려는 계략에서 나왔습니다.

이에 주워 모아 짓밟는 것도 부족해서 곧 '우리 임금께 무례하다', '처벌하고
용서하며, 주거나 빼앗는 권한이 위에 있지 않고 아래에 있다.'는 등의 말로
공공연히 멋대로 무함한 것이 끝이 없으니, 그 의도가 참혹하고 독살스러워
차마 똑바로 쳐다볼 수 없습니다.

이와 같이 바르지 못한 논의를 만약 엄히 배척하여 끊어내지 않는다면
반드시 장차 참소하는 말이 더욱 심해져서 국사를 무너뜨려 패퇴시킨 뒤에야
그칠 것입니다. 청컨대 송성명의 관작을 삭탈하시고, 조최수는 관작도 삭탈하
고 문외출송(門外出送)276) 하십시오."

하니, 주상이 답하기를, "윤허하지 않는다." 하였다.

○ 주상이 전교하기를, "다가오는 망전(望奠)277)에 참여할 수 없으니, 승정원
은 알고 있으라." 하였다.

○ 11일, 송성명의 일에 대해서 정계(停啓)278)하였다. - 홍용조 -

○ 13일, 영의정 김창집을 패초하여 복상(卜相)279)을 명하니, 이유(李濡)280),

---

276) 문외출송(門外出送) : 죄인의 벼슬과 품계를 빼앗고, 한양 밖으로 추방하던 형벌이다.
277) 망전(望奠) : 상중(喪中)의 매달 음력 보름날 아침에 제사 때와 같이 음식을 차리어
   지내던 제사이다.
278) 정계(停啓) : 대간(臺諫)이 한동안 계속하여 오던 논계(論啓)를 정지하는 일이다.
279) 복상(卜相) : 새로 정승을 가려 뽑기 위해 후보자를 천거하는 일로서, 매복(枚卜)이라고도
   한다. 그 기원은 중국의 요(堯)임금이 점을 쳐서 순(舜)임금을 지명하는 방식에서 비롯되
   었다고 한다. 복상은 주로 시임(時任) 의정(議政)이 작성한 복상단자에 국왕이 낙점하는
   방식으로 운영되었으나, 복상단자에 기록된 인물 이외의 후보자를 추가하여 낙점하는
   가복(加卜)이 행해지기도 하였다. 의정의 선발은 복상 방식이 아닌 중비(中批)로 제수되는
   경우도 있었다.
280) 이유(李濡) : 1645~1721. 본관은 전주, 자는 자우(子雨), 호는 녹천(鹿川)이다. 세종의 다섯

이이명, 김우항, 권상하(權尙夏)281), 조태채, 최규서(崔奎瑞)282)를 올렸는데,
가복(加卜)283)하라 하여 정호(鄭澔)284)를 올렸지만 다시 가복하게 하여 조태구

째 아들 광평대군(廣平大君) 이여(李璵)의 후손이고, 송시열 문인이다. 1668년(현종9)
별시문과에 급제하여 헌납·정언 등을 거쳐, 1680년(숙종6) 경신환국 직후 승지로 발탁되
었다. 1694년 갑술환국 이후 호조판서가 되었으며, 1704년 우의정에 이어서 좌의정·영의
정 등을 역임하였다. 1718년 영중추부사가 되고 기로소(耆老所)에 들어갔다. 1726년(영조
2) 민진후와 함께 경종 묘정에 배향되었고, 시호는 혜정(惠定)이다.

281) 권상하(權尙夏) : 1641~1721. 본관은 안동(安東), 자는 치도(致道), 호는 수암(遂菴)·한수재
(寒水齋)이다. 송준길·송시열 문인이다. 1660년(현종1)에 진사가 되고, 성균관에 들어가
수학 중, 1668년에 스승 송시열이 좌의정 허적(許積)과의 불화로 우의정을 사직하자
유임시키라고 상소하였다. 1689년 기사환국으로 송시열이 제주에 위리안치 되고 이어
정읍에서 사약을 받게 되자, 유배지에 달려가 스승의 임종을 지키고 의복과 서적
등 유품을 가지고 돌아왔다. 송시열의 유언에 따라 괴산 화양동(華陽洞)에 만동묘(萬東廟)
와 대보단(大報壇)을 세워 명나라 신종(神宗)과 의종(毅宗)을 제향하였다. 시호는 문순(文
純)이다.

282) 최규서(崔奎瑞) : 1650~1735. 본관은 해주(海州), 자는 문숙(文叔), 호는 간재(艮齋)·소릉(少
陵)·파릉(巴陵)이다. 1669년(현종10) 진사시, 1680년(숙종6) 별시문과에 급제하여 청요직
을 두루 지냈다. 1689년 대사간 재직시 장희빈의 책봉을 반대하였다. 1716년 병신처분(丙
申處分)으로 소론이 세력을 잃자 귀향하였다가 1721년(경종1) 우의정, 1723년 영의정에
올랐다. 당시 노론이 연잉군의 대리청정 등을 추진할 때 반대하였으며, 김일경 등이
신임옥사를 일으키자 완소(緩少)로 온건하게 대처하였다. 1728년(영조4) 무신난(戊申亂)
이 발생하자 제일 먼저 조정으로 달려와 이를 알리고, '역정포고의(逆情布告議)'라는
토난책(討難策)을 건의하였다. 영조의 묘정에 배향되었으며, 시문집 《간재집》이 있다.
시호는 충정(忠貞)이다.

283) 가복(加卜) : 정승 임용 때 망단자(望單子, 3명의 후보 추천서) 중에 적임자가 없을 경우,
왕명으로 후보자를 다시 추가하던 제도이다.

284) 정호(鄭澔) : 1648~1736. 본관은 연일(延日), 자는 중순(仲淳), 호는 장암(丈巖)이다. 정철(鄭
澈)의 현손, 정종명(鄭宗溟)의 증손으로, 송시열 문인이다. 숙종대 검열을 거쳐 정언이
되어 오도일이 붕당을 키우고 권세를 부린다고 탄핵하였다. 1689년(숙종15) 기사환국으
로 유배되었다가 1694년 갑술환국으로 풀려나 수찬·교리 등을 역임하고, 1696년 이사상
(李師尙)을 논핵하는 등 과격한 발언으로 파직되었다. 1713년 대사성 재직 시 송시열의
묘정배향을 건의하였고, 1715년에 유계의 유저(遺著)인 《가례원류》의 발문을 썼는데,
윤증이 송시열을 배반했다는 내용이 문제되어 파직되었다. 이듬해 대사헌 재직 시
《노서유고(魯西遺稿)》가 간행되자, 효종에게 불손한 내용으로 썼다 하여 훼판(毁板)하고
윤선거 부자의 관작도 추탈하게 하였다. 1717년 소론의 반대에도 불구하고 세자 대리청정
을 강행하였다. 그 뒤 이조판서에 올랐다가 1721년(경종1) 신임옥사로 노론 4대신과
함께 파직되어 유배되었다. 1725년(영조1) 풀려나와 우의정에 올랐고, 노론 4대신의
신원(伸寃)을 위해 노력하였다. 좌의정을 거쳐 영의정을 역임하였다. 저서로 《장암집》이

를 낙점하니285) 영의정이 단독으로 봉입(封入)하였다.

○ 14일, 우의정 조태구가 청대(請對)하였을 때, 며칠간 조섭한 뒤이니 마땅히 망전에 참여하겠다고 하교하였다.

○ 주상이 전교하기를, "내일 망전에 병으로 참석할 수 없다." 하니, 약방에서 들어가 진찰하기를 청하자, 전교하기를, "병이 대단하지 않으니 입진하지 말라." 하였다.

○ 18일, 주상이 전교하기를,
"초상(初喪)286) 때 들어와 참석하여 일을 담당했던 인원들은 파빈(破殯, 빈소를 헐다)할 때도 들어와 참석하라."
하였다.

○ 19일, 계빈(啓殯)287)하였다.

○ 20일, 축시(丑時, 오전 2시 전후한 시점)에 대가(大駕, 임금이 탄 수레)가 출발하여 인시(寅時, 오전 4시 전후한 시점)에 궁궐을 나갔다. 대비전과 중궁전이 창경궁으로 거처를 옮겼고, 대전은 모화관(慕華館)288) 막차(幕次)289)로부터

전해지고, 편서로 《문의통고(文義通攷)》가 있다. 시호는 문경(文敬)이다.
285) 조태구를 낙점하고 : 이로써 조태구가 우의정에 올랐다. 《景宗實錄 即位年 10月 12日》
286) 초상(初喪) : 사람이 죽어서 장사지낼 때까지의 기간을 가리킨다.
287) 계빈(啓殯) : 발인할 때 관을 내기 위해서 빈소를 열다.
288) 모화관(慕華館) : 중국 사신을 영접하던 곳이다. 1407년(태종7) 송도(松都)의 영빈관을 모방하여 서대문 밖에 건립하여 이름을 모화루(慕華樓)라 하였다. 모화루 앞에는 영은문(迎恩門)을 세우고 남쪽에 못을 파 연꽃을 심었다. 1429년(세종11) 규모를 확장하여 개수하고 모화관이라 개칭하였다.
289) 막차(幕次) : 의식이나 거동 때 임시로 장막을 쳐서, 세자나 고관들이 잠깐 머무르는

창경궁으로 거처를 옮겼다.

○ 21일, 진시(辰時, 오전 8시 전후한 시점)에 하현[下玄宮]하고, 대가가
모화관 막차에서 맞이하며 곡을 하였다. 유정(酉正, 오후 6시)에 초우제(初虞
祭)[290]를 직접 거행하고 그 뒤 우제와 졸곡(卒哭)[291]은 대신이 섭행(攝行, 대행)
하였다.

○ 25일, 수찬 조문명이 상소하여 대략 다음과 같이 말하였다.
"지난번 세 유신(儒臣)이 나온 것[292]은 어찌 그리 갑작스럽단 말입니까?
한때의 지나치게 과격한 대간의 말이야 비록 인혐할 필요가 없다 하겠으나,
유신에게 논박을 당한 유신의 경우, 염치 한 가지 일은 몸 밖으로 벗어던지고
차지해서는 안 되는 홍문관직을 무릅쓰고 차지하고 있습니다.
심지어는 초안을 의논하여 합의하는 유래(流來)의 규례를 폐기하고, 구차스
럽게 처리하고 잠간 나왔다가 곧 들어갔으니, 무슨 바쁜 일이 있어 이와
같이 황급하단 말입니까?
이것이 어찌 대신이 연주(筵奏)에 앞서서 홍문록의 모양을 갖추는 데 급급하

곳이다.

290) 초우제(初虞祭) : 장사지낸 뒤 처음 지내는 제사이다. 혼령을 위안하기 위하여 장사
    당일을 넘기지 않았다. 우제는 장사 당일 지내는 초우(初虞), 초우를 지낸 뒤 첫 번째
    유일(酉日)에 지내는 재우(再虞), 그 다음날 지내는 삼우(三虞)가 있다.
291) 졸곡(卒哭) : 장사를 마치고 삼우제(三虞祭)를 지낸 뒤에 무시애곡(無時哀哭)을 끝내기
    위하여 지내는 제사이다. 사람이 죽은 지 석 달만에 오는 첫 정일(丁日)이나 해일(亥日)을
    가려서 지낸다.
292) 세 …… 것 : 유신(儒臣)은 홍문관에 근무하는 관리를 칭하는데, 여기서는 홍문관에
    근무하고 있는 조상건(趙尙健)·김상옥(金相玉)·유척기(兪拓基) 등을 가리킨다. 이에 대해
    서는 실록에 다음과 같은 사평이 보인다. "조상건·김상옥 등은 청의(淸議)에 배척을
    당했고, 유척기도 또한 김고(金楺)에게 탄핵을 받아 모두 인입(引入)하고 나오지 않았는
    데, 이 날 몰래 서로 약속하고 돌연히 나와 회의(會議)에 참석하여 급급히 권점을 마친
    다음 이어 곧 관(館)을 비우고 흩어졌으니, 거조가 해괴하여 듣는 자들이 모두 비웃었다."
    《景宗實錄 卽位年 9月 28日》

여 다른 것을 돌아볼 겨를이 없었기 때문이었겠습니까?[293] 혹은 저들 또한 대신의 의도를 본받아서 홍문관의 일이 중대한 것만을 생각하고 한 몸이 나가야 옳은지 나가지 않아야 옳은지는 헤아리지 않아서 급히 서두르다가 어설픈 거조를 자아냈던 것입니까? 그 득실을 따지는 것은 저에게 있어서 단지 쓸데없는 말일 뿐입니다.

지금 논하는 자가 만약 말하기를,

'홍문록을 주관하는 사람이 이미 염치를 무릅쓰고 담당한 혐의가 있으면, 홍문록에 참여한 사람도 또한 무릅쓰고 나가서는 안 되는 의리가 있다고 할 수 있다.'

한다면, 이런 말을 어떻게 장차 방해하여 조롱하는 데로 귀결시키겠습니까? 신은 염치 한 가지 절개는 사대부가 소중히 여겨야 한다고 생각하므로, 만약 이것이 한 번이라도 무너진다면 공자가 이른바 '비루한 사내', 바로 그것인데, 이러한 자와 함께 임금을 섬길 수 있겠습니까?[294] 염치와 의리는 사람이 조정에 나아가고 처신하는 것에 관계되므로 가볍게 여길 수 없어서 무거워야 하는 것이 이와 같습니다.

신이 바야흐로 다른 사람이 염치를 무릅쓰고 구차하게 홍문록을 완성한 사실을 질책하고 있는데, 신도 또 따라서 염치없는 줄 알면서도 구차하게 홍문관의 직책에 응한다면 천하에 어찌 이런 이치가 있겠습니까?

생각건대 신은 출사한 지 10년이나 돼서야 비로소 청선(淸選)[295]에 참여하였

---

293) 이것이 …… 때문이었겠습니까 : 여기의 대신은 김창집을 가리킨다. 《경종실록》의 사평(史評)에 의하면, "도당록은 옛 규례에 여러 당상관(堂上官)이 먼저 모이고 대신은 최후에 나아가는 것인데, 이날 김창집은 당록이 이루어지지 않을까 염려하여 꼭두새벽에 먼저 나와 종일 여러 당상들을 힘써 불러들여 저녁때에 이르러 비로소 권점(圈點)을 마쳤으니, 전하며 비웃지 않는 자가 없었다." 하였다.

294) 비루한 …… 있겠습니까 : 《논어》〈양화(陽貨)〉에서 공자가 한 말이다. "비루한 자들과 함께 임금을 섬길 수 있겠는가? 부귀를 얻기 전에는 얻으려고 안달하고, 얻고 나서는 잃을까 걱정하니, 참으로 잃을까 걱정한다면 못 하는 짓이 없게 될 것이다.[子曰 : "鄙夫可以事君也與? 其未得之也, 患得之, 旣得之, 患失之, 苟患失之, 無所不至矣.]"

295) 청선(淸選) : 청환(淸宦)의 후보자에 드는 것을 이른다. 청환, 즉 청요직(淸要職)은 주로

으니 개인적인 분수로 보면 영광이 아닐 수 없습니다. 그렇지만 염치의 마음은 사람마다 모두 갖고 있는데, 신이 비록 용렬하지만, 이런 사람의 천거를 무릅쓰고 받는다면 진실로 한 몸에 영화(榮華)가 있더라도 어떻게 거듭 부끄럽지 않겠습니까?'

○ **11월 3일**, 우승지 유중무(柳重茂)가 다음과 같이 상소하였다.

'삼가 생각건대 세월이 빨리 흘러 활과 칼이 갑자기 감춰지더니[296] 이미 돌아서 우제(虞祭)[297]에 이르고, 얼마 있다가 졸곡(卒哭)도 지나갔습니다. 삼가 성상의 아픈 마음을 붙일 곳이 없음을 생각하면 부여잡고 통곡한들[298] 무엇하 겠으며, 어찌 견딜 수 있겠습니까? 지금 이전까지 전하가 슬픔 속에서 정성을 다한 일은 단지 혼전(魂殿)에 궤전(饋奠)[299]의 예를 올린 것과 동조(東朝)[300]를

───────────────

삼사, 즉 사헌부·사간원·홍문관의 관리를 말한다. 대개 이들 관직은 국가의 기강을 담당하고 또 국왕을 지근거리에서 보좌하는 시종신(侍從臣)에 해당하거나 시종신으로 나갈 수 있는 직소(職所)이므로 능력뿐만 아니라 조행에 엄격한 기준을 적용하였다. 또한 간서 등 이른바 당상(堂上)이나 승품(崇品)으로 가기 위해서는 반드시 이런 청요직을 거쳐야 했기 때문에 조선시대 청요직은 선망의 대상이었다.

296) 활과 …… 감춰지더니 : 원문은 "弓釼遽藏"이다. 임금의 죽음을 비유하는 말이다. 본래 활과 칼을 떨어뜨렸다는 표현과 같다. 즉 황제(黃帝)가 수산(首山)의 동(銅)을 캐서 솥을 주조하였는데, 그 솥이 완성되자 용(龍)이 수염을 드리우고 내려와 황제를 맞으니, 황제가 그 용을 타고 올라가면서 활과 칼을 떨어뜨렸으므로, 백성들은 그 활과 칼을 주워 가지고 돌아왔다 한다. 《史記 封禪書》

297) 우제(虞祭) : 장사를 지낸 뒤 망자의 혼백을 평안하게 하기 위하여 행하는 상례의식이다. 우제는 장사 당일 지내는 초우(初虞), 초우를 지낸 뒤 첫 번째 유일에 지내는 재우(再虞), 그 다음날 지내는 삼우(三虞)가 있다. 초우는 장사지낸 날 꼭 지내도록 규정하고 있다.

298) 부여잡고 통곡한들 : 원문은 "攀號"이다. "반호"는 용(龍)의 수염을 더위잡고 울부짖는다 는 뜻으로, 임금의 상(喪)을 몹시 슬퍼함을 이르는 말이다. 황제가 용을 타고 승천할 때 그 신하들이 용의 수염을 더위잡고 뒤따라 오르려다가 실패했는데, 백성들은 땅에 떨어진 용의 수염을 안고 땅을 치고 울부짖었다는 중국의 전설에서 유래한 것이다.

299) 궤전(饋奠) : 상기(喪期) 동안에 아침저녁으로 제물을 올려서 산 사람처럼 섬기는 것이다. 또는 제사에서 사용되는 음식을 비롯한 제수(祭需)를 가리킨다.

300) 동조(東朝) : 태후가 거하는 궁전을 말한다. 한(漢)나라 때에 태후가 거처하던 장락궁(長樂 宮)이 황제의 거처인 미앙궁(未央宮)의 동쪽에 있었던 데에서 유래한 것이다. 여기서는 대비 인원왕후 김씨를 가리킨다.

봉양한 일이었을 뿐입니다.

그러나 제왕의 효는 필부나 서인(庶人)과는 달라서, 조종(祖宗)이 위임한 것은 힘들고 어렵기 짝이 없는데, 비록 상중이라 공경히 삼가며 묵묵히 있더라도 장차 어쩔 수 없이 날마다 서무(庶務)를 직접 보고 권력의 강령을 총괄하여 살피셔야 합니다.

이것은 실로 경화(更化)[301]의 일대 기회이자 앞으로 나아가는 최초 노정(路程)인데 지금 천재지변이 거듭 보이고 발생하는데도 나라의 계책이나 백성들에 대한 근심은 하나도 볼 수 없으니, 위기에 처한 바둑판과 층층이 쌓아 올린 계란으로도 그 위태로운 형세를 비유하기에 부족합니다.

그리하여 비록 세 정승과 백공(百工)이 한마음으로 국가를 위해 정신을 가다듬고 분발하여 담당하고 처리해도 오히려 수습하지 못할까 걱정입니다. 그런데 조정을 돌아보면 사의(私意)가 넘쳐나서 밤낮으로 경영하는 것은 녹봉을 염두에 두고 지위를 지키는 것과 당동벌이의 습속에서 벗어나지 않아서, 민생은 거꾸러지고 국가재정은 탕진되었는데도 서로 잊고 방치하여 일찍이 조금도 구휼한 적이 없습니다.

등용하거나 내칠 때에는 치우친 것이 날로 심해지고 있습니다. 그리하여 결원이 생겨 주의(注擬)[302]할 때 교묘하게 물색을 더하여 배포한 것이 매우 궁색하고, 염치를 무릅쓰고 분수를 넘어 차지한 것이 많으니 성조(聖朝)의 공기(公器)가 주로 이것 때문에 나날이 가벼워지고 있습니다.

언론을 담당한 기관인 삼사(三司)는 아침저녁으로 교체되는데, 사사로운

---

301) 경화(更化) : 정치를 개혁하여 교화를 새롭게 한다는 뜻이다. 한(漢)나라 무제(武帝) 때 동중서(董仲舒)가 올린 〈현량대책(賢良對策)〉에 "금슬의 소리가 대단히 조화를 이루지 못하면 반드시 그 줄을 풀어서 고쳐 매야만 연주할 수 있고, 정치를 하는데 잘 행해지지 않으면 반드시 변화시켜서 교화를 새롭게 해야만 나라를 다스릴 수 있다.[琴瑟不調甚者, 必解而更張之, 乃可鼓也 ; 爲政而不行甚者, 必變而更化之, 乃可理也.]"고 한 데서 온 말이다. 《前漢書 卷56 董仲舒傳》《資治通鑑 卷17 漢紀九 世宗孝武皇帝》

302) 주의(注擬) : 관원을 임명할 때에 먼저 문관은 이조, 무관은 병조에서 임용예정자 수의 3배수[三望]를 정하여 임금에게 올리던 것이다.

당파의 몇 사람에 그치는 것에 불과합니다. 자기와 다른 사람은 한 명도 뒤섞어 쓰지 않고 이것이 점점 갈수록 습속이 되어 일상처럼 익숙해져서, 이에 대해 변명해서 말하기를, '그에 대한 말이 나오는 것을 싫어하기 때문이다.' 라고 합니다.

아! 백관이 서로 규찰하여 왈가왈부하는 것은 원래 국가가 밝아지고 평안해지는 복이었는데 지금은 그렇지 못하고, 언로를 막는 수단이 되어서 구차하게 세월만 보내는 기묘한 방도가 되었습니다. 이와 같다면 사람들은 반드시 입을 닫고 말하지 않은 뒤에야 조정에서 용납될 것이니, 국가를 지키기 위해 감히 그 잘못을 교정하는 자가 없어야 비로소 다스려진 세상이라고 할 수 있단 말입니까?

간사한 자들이 무리를 짓는 일이 날로 심해져서 멋대로 하는 것이 습관이 되니, 지금 대성(臺省)303)에 출입하는 자들은 턱짓으로 가리키고 기세로 부려먹는 부류가 아닌 사람이 없습니다. 그리하여 교대로 보호하고 서로 숨겨서 감히 한마디 말도 하지 못하고 길들어져서, 마음을 저버리고 멋대로 뜻을 펼치는 것이 전혀 거리낌 없습니다. 저들이 하고자 하는 모든 일은 충분히 충족하지 않는 일이 없으니, 그 놀랍고도 경악스러운 거조가 홍문록 한 가지 일에 이르러서 극에 달했습니다.

저 홍문관의 권록(圈錄)304)은 3백 년에 걸쳐 내려온 성대한 선발로서 예로부터 등영(登瀛)305)이라고 칭하였으니, 이것이 얼마나 깨끗한 지위이고, 이것이

---

303) 대성(臺省) : 사간원과 사헌부를 아울러 이르는 말이다. 고려 때 어사대(御史臺)의 대관(臺官)과 중서문하성(中書門下省) 성랑(省郎)의 합칭(合稱)에서 유래하였는데, 조선시대에는 이 두 기관이 주로 언론을 담당하여 양사(兩司)라고도 하였다.
304) 권록(圈錄) : 홍문관이나 예문관의 적임자를 선발할 때에 새로 신출될 사람의 성명 위에 둥근 점을 찍는 일 또는 그 책자를 가리킨다.
305) 등영(登瀛) : 등영주(登瀛洲)의 준말이다. 선비가 영예를 얻은 것을 신선이 산다는 전설상의 산인 영주에 오르는 것에다 비긴 것이다. 당 태종(唐太宗)이 태자로 있을 때 방현령(房玄齡)과 두여회(杜如晦) 등 18인을 학사(學士)로 삼아 정사를 자문하자, 사람들이 그들을 부러워하여 '영주에 올랐다'고 말했다 한다. 《新唐書 卷102 褚亮列傳》

어떤 공기(公器)란 말입니까? 그런데 이번 신록(新錄)이 나온 뒤에 온 세상이 놀라며 비웃지 않는 사람이 없어서, 심지어는 좀도둑에 비유하는 모멸하는 말까지 나왔습니다. 조정이 모욕을 당한 것이 이보다 심한 적이 없었는데, 이 지경에 이르게 된 데에는 대개 그만한 이유가 있습니다.

신이 듣건대 홍문관의 옛 제도에 따르면, 반드시 예전에 홍문관에 출입했던 사람들이 모여서 서로 의논하여 완전히 합의해야 하므로 여러 날이 소요되고 서야 비로소 권점을 받을 수 있었는데, 이는 선발을 무겁게 여기는 뜻에서 나온 것입니다. 그러므로 신록을 작성하라는 명이 내려오기 전에 늘 바깥에 있는 동료 관원을 불렀으므로, 비록 품계가 올라갈 자라도 남아서 홍문록이 완성되기를 기다렸는데, 지금은 그러하지 않습니다.

자기와 당파가 다른 사람이면 하나같이 모두 물리쳐서 혹 변방의 수령에 제수하거나 혹 경기의 고을에 보임하였으며, 그 나머지 연고가 없는 몇몇 사람은 또한 국외자(局外者)로 간주하여 일체 수록하지 않았습니다. 날마다 재촉을 받은 자들은 단지 조상건과 김상옥 두 신하뿐이어서, 이미 파직되었는 데도 서용(敍用)하기를 청하고, 서용하고 나면 맨 먼저 의망하였으니, 이 같은 일이 수십 차례뿐만이 아니어서, 마치 홍문록의 권점을 완성하는데 있어서 이 두 신하가 아니면 안 되는 것처럼 하였습니다.

그런데 저 두 신하는 끝내 염치를 잊고 치욕을 무릅쓰고서 갑자기 돌진하듯 나와서 잠깐 사이에 급하게 권점을 마치고서는 어지럽게 모두 물러났습니다. 그 들어가는 것은 몰래 습격하듯 하고, 그 나아가는 것은 급하게 피혐하듯 하여 번쩍번쩍 허둥지둥하니 그 시작과 끝을 헤아릴 수 없습니다. 깨끗한 조정의 학사(學士)가 모인 기관에서 갑작스럽게 이러한 거조가 있으리라고는 진실로 생각지도 못하였습니다.

도당(都堂)에 모여서 권점을 찍는 일306)은 사체가 더욱 중대한데 여러

---

306) 도당(都堂)에 …… 일 : 도당은 의정부의 별칭이다. 홍문관의 교리와 수찬을 선발할 적에 의정(議政), 이조판서, 참찬, 참의 등이 모여 홍문록에 오른 명단에서 적합한

당상이 모이지도 않았는데 영의정 김창집이 급히 먼저 도착하였고, 상소에 대한 비답이 내려오지도 않았는데, 전랑이 몰염치하게 부임을 재촉해서, 심야에 불러모아 놓고 서둘러 종료하였으므로 이서들은 입을 가리는데도 길가는 자들이 지목해 말합니다. 아! 준엄한 저 의정부에서 하는 일이 이와 같은데, 당을 위해 죽으려는 나이 어린 무리들이야 무슨 질책할 가치가 있겠습니까?

대개 홍문록을 주관하는 일은 홍문관에 근무한 뒤에야 사람을 천거하는 것이 부끄럽지 않을 수 있고, 홍문록에 뽑히는 자 또한 마음에 부끄러움이 없을 수 있습니다. 그런데 두 신하 같은 무리가 외람되게 차지하여 부합되지 않은 모습을 유신이 이미 말하였으니, 결코 다시 들어가서는 안 된다는 것을 사람들이 모두 알고 있습니다.

그러므로 비록 두 사람이 뻔뻔스러워 수치를 모른다고 할지라도 오히려 감히 당돌하게 조정에 나올 계책을 생각하지는 못했을 것이고, 필경 권위와 세력에 몰려서 그렇게 했을 것이니, 염치라는 하나의 절개는 전혀 살필 겨를이 없었을 것입니다.

하물며 유척기는 스스로 나이 어린 명류(名流)로 자부하다가 새롭게 대간의 논핵을 받았는데, 심지어 그 '추한 모습을 차마 똑바로 바라볼 수 없다.'고까지 말하였습니다.[307] 그가 추악한 욕을 먹은 일은 다른 사람으로 하여금 대신 수치를 느끼게 하는데, 한 번도 명백히 드러내어 말하지 않고 갑자기 무릅쓰고 나와서 마침내 스스로 염치를 훼손한 결과가 되었으니 사람들이 비웃으며 욕하는 것을 어찌 면할 수 있겠습니까?

이 몇몇 신하들이 이미 나와서 신록을 담당하였으니, 정세에 대해서는 할 말이 없을 것 같은데, 홍문관이 한번 비었을 당시에는 또 무슨 이유로

사람의 이름 위에 권점을 찍어 권점을 많이 받은 사람을 임금에게 추천하였는데, 이를 도당 회권(都堂會圈)이라고 한다.

307) 심지어 …… 말하였습니다 : 정언 김고(金槹)가 유척기를 탄핵한 상소문에 나온 말인데, 본서 9월 11일 기사에 보인다.

서로 거느리고 모두 나갔단 말입니까? 비록 잠깐 나갔다가 곧 들어와서 감히 무릅쓰고 쭈그리고 앉아 있는 모습을 보이지는 않았다고 하더라도 저들이 홍문관원으로 자처하지 않았다는 것을 알 수 있는데, 이미 홍문관원으로 자처하지도 않았는데도 오히려 고개를 쳐들고 막중한 권점을 거행할 수 있단 말입니까?

신록의 체통이 구차해지고 나온 것이 바르지 못함이 이와 같으니 그 가운데 한두 명 그릇되게 충원한 부류에 대해서는 진실로 말할 것도 없습니다만, 지망(地望)과 재능이 충분히 부합되어 선발된 자 역시 적지 않아서 대체로 청탁이 뒤섞임을 끝내 면치 못하였으니 어찌 애석하지 않겠습니까?

저들이 비록 널리 당우(黨友)를 심어서 자기와 다른 사람들을 막아서 저지하는데 급급하더라도 유독 국가의 체통이 모두 손상되고 공의가 두렵다는 것은 염두에 두지 않는단 말입니까?

우의정 조태구는 전하가 즉위한 처음에 가장 먼저 이조판서에 임명하고, 다음 호조판서에 임명하였으며 마침내 정승의 직임에 발탁하였으니, 그 융성한 총애와 돈독한 믿음은 일반적인 경우를 훨씬 뛰어넘었습니다. 대신도 또한 성은에 감격하여 보답하려는 도리를 생각하지 않음이 없겠으나, 인산을 겨우 마치자마자 성 밖에 있다가 향리로 돌아갔으니 이 어찌 즐거워서 하는 일이겠습니까?

대개 근년에 나온 한 상소 때문에 거듭 시휘(時諱)[308]에 저촉되어 마디[309]가 겹쳐 생기고 있으니 마음은 더욱 위축되었습니다. 전후의 은총과 예우가 비록 융성하였지만 심사를 충분히 토로하지 못하였으므로 끝내 명을 따를 엄두를 내지 못하고 있을 뿐입니다. ……

308) 시휘(時諱) : 당시 정국을 주도하는 세력의 뜻에 맞지 않는 말이나 행동을 말한다. 이것은 조태구가 윤지술과 그에 동조하는 성균관 유생들의 일관성이 결여된 행동을 비판한 것을 가리킨다. 본서 앞의 9월 14일 기사에 보인다.
309) 마디 : 원문은 "節拍"이다. 박자감, 흐름새라는 말로, 일정한 규칙에 따라 진행되는 움직임을 비유한다.

　대신이 평일에 나라를 제 몸처럼 여기는 정성은 온 조정이 알고 있는 바이고, 세록(世祿)의 집안은 본래 세상을 잊어버리는 일이 없으므로 전하가 진실로 마땅히 편안하기 어려운 대목에 나아가 분석하여 깨뜨리고 잘 타이르면 반드시 돌연히 생각을 바꾸게 하는 일이 어렵지 않을 것입니다.

　그렇지 않고 한갓 은혜를 베풀어 대우하는 것에만 얽매인다면 비록 근시(近侍, 임금을 가까이 모시던 신하)에게 달을 넘겨 서로 지키게 하더라도 그를 불러오는 일에는 아마도 이로움이 없을 것입니다. 삼가 원컨대 전하께서 더욱 깊이 밝게 살펴서 특별히 명지(明旨)를 내려서 당초의 심사를 풀어주어 조정에 나갈 수 있는 길을 열어주십시오.

　참판 이광좌가 연전(年前)에 항의하는 상소를 누차 올린 것[310]은 참으로 고심과 혈성(血誠, 참된 마음의 정성)에서 나온 것이었는데, 또한 심사를 밝히지 못하였기 때문에 일절 나아가기 어렵다고 생각한 것은 대신이 처한 상황과 더불어 대략 서로 비슷하니, 이 또한 전하로부터 마땅히 한 번 개석(開釋)하는 일이 있어야 할 것입니다.

　그리고 지난번 탄핵당했을 때 대간의 말[311]은 거의 털을 불어서 흠을 찾는 것에 가까웠습니다. 대개 시약(侍藥)하느라고 초조하게 허둥지둥할 때에는 앞뒤로 도성 아래에서 주상의 안부를 물었고, 국상(國喪)을 당하여 망극한 날에는 새벽 일찍부터 궁궐 아래에서 울며 슬퍼하였으며, 돈장(敦匠)이라는 명이 이르자 또 즉시 일에 나아갔으니, 신하로서의 정성과 예를 일마다 스스로 다했다고 할만 합니다. 궁궐 안의 후반(候班)에 들어가지 않은 것은 스스로 고집하는 바가 있어서인데, 선배 가운데에도 혐의스러운 단서가 있는 사람은 의리에 대처하는 것이 또한 이와 같은 경우가 많았습니다.

310) 참판 …… 것 : 숙종대 병신처분(1726) 직후 신구(申球)를 처벌하라고 청한 상소와 1718년(숙종44) 김창집을 탄핵한 상소 등을 가리킨다. 《肅宗實錄 42年 9月 27日》《肅宗實錄補闕正誤 44年 3月 3日》
311) 저번에 …… 말 : 1720년 7월 19일 정언 서종섭이 이광좌를 탄핵한 상소를 가리킨다. 본서의 앞에 있는 같은 날짜 기사에 보인다.

대개 인신이 임금을 섬김에 나아가고 물러남을 중요하게 여겼습니다.
옛날 송나라 신하 사마광(司馬光)312)이 낙양(洛陽)으로 물러나 있을 때 변경(汴
京)313)과의 거리가 멀지 않았지만 신종(神宗)314)이 병으로 자리에 누운 지
이미 오래되어 뒷일을 처리할 때까지 애초부터 분문(奔問)315)한 일은 없었습니
다. 신종의 초상 뒤에 또 대궐에 나아가는 것을 혐의로 여겼는데, 명도(明道)316)
가 나아가라고 권유하자, 또한 세도(世道) 때문이라고 하면서 나아갔는데,
천년토록 상론(尙論)317)하는 선비가 일찍이 이것을 가지고 사마광을 비난하는
자는 없었습니다.

지금 이광좌가 전후로 의리에 대처한 것이 근거가 없는 것을 전혀 보지
못하겠는데, 대간이 곧장 '떳떳한 도리가 모두 사라졌다.'고 결론지었으니,
어떻게 그렇게도 무리한 말을 한단 말입니까? 인재가 드문 이때 이광좌와

---

312) 사마광(司馬光) : 1019~1086. 자는 군실(君實), 호는 우부(迂夫)·우수(迂叟)이다. 죽은 뒤
   온국공(溫國公)에 봉해져 사마온공(司馬溫公)이라고도 한다. 신종(神宗)대 왕안석(王安石)
   의 신법(新法)에 반대하며 여러 차례 논쟁을 벌였다. 철종(哲宗)대 문하시랑(門下侍郎)을
   거쳐 좌복야(左僕射)에 오르면서 유지(劉摯)·범순인(范純仁)·범조우(范祖禹)·여대방(呂
   大防) 등을 기용하면서 신법을 철폐하고 옛 제도를 회복시켰다. 《宋名臣言行錄 後集》
313) 변경(汴京) : 지금 하남성(河南省) 개봉(開封) 일대로, 오대(五代) 이후로 여러 왕조의
   수도였다.
314) 신종(神宗) : 1048~1085. 북송 6대 황제이다. 재위 기간에 왕안석(王安石)의 변법(變法)을
   시행하여 많은 성과를 거두었지만, 결국 신법파와 구법파의 정치적 갈등을 격화시키는
   결과를 낳았다.
315) 분문(奔問) : 난리를 당한 임금에게 달려가서 문후(問候)하는 것을 말한다. 주(周)나라
   양왕(襄王)이 난리를 피해 정(鄭)나라 시골 마을인 범(氾)에 머물면서 노(魯)나라에 그
   사실을 알리자, 장문중(臧文仲)이 "천자께서 도성 밖의 땅에서 먼지를 뒤집어쓰고 계시니,
   어찌 감히 달려가서 관수(官守)에게 문후하지 않을 수 있겠습니까.[天子蒙塵于外, 敢不奔問
   官守.]"고 대답한 고사에서 유래한 것이다. 《春秋左氏傳 僖公 24年》
316) 명도(明道) : 정호(程顥, 1032~1085)를 가리킨다. 아우인 정이(程頤, 1033~1108)와 함께
   성리학을 창시한 북송오자(北宋五子)에 속하였으며, 《이정전서(二程全書)》 등의 저술을
   남겼다.
317) 상론(尙論) : 고인(古人)의 언행이나 인격을 논하는 것을 뜻한다. 《맹자》 〈만장 하(萬章
   下)〉에 "천하의 훌륭한 학자들과 벗하는 것만으로는 아직 만족스럽지 못하여 다시
   위로 옛사람을 논의한다.[以友天下之善士, 爲未足, 又尙論古之人.]"고 한 데서 나온 말이다.

같은 사람을 어디서 구해올 수 있단 말입니까?

오랫동안 산직(散職)에 있는 것을 진실로 이미 애석하게 여겼는데, 지금 한 사람의 밀어내서 배척하는 말로 인해 조금도 용서하여 살피지 않고 견책하여 파직 당하기에 이르렀으니, 견복(牽復)318)하는 은전을 오랫동안 아끼고 있는 것을 신은 매우 애석하게 여깁니다. ……"

주상이 다음과 같이 답하였다.

"상소를 살펴보고 잘 알았다. 홍문록을 이미 완성한 뒤에 따라서 물색(物色)을 더 하였다고 대신을 침해하여 헐뜯었으니, 지극히 편치 않다. 아래 조항의 일은 아뢴 대로 시행하라." - 12일에 비답을 내렸다. -

○ 4일, 경기 유학 김행진(金行進)이 상소하여 대략 다음과 같이 말하였다.

"신들이 삼가 초야에 있으면서 뒤늦게 비로소 삼가 적신(賊臣) 윤지술이 올린 소회를 보고 신들은 모골(毛骨)이 모두 곤두서도록 두려워서, 실로 이러한 역적과 더불어 효로 다스려지는 세상에서 함께 살고 싶지 않아서 글을 올려 참수할 것을 청합니다.

장차 궐문에서 호소하려고 할 때 삼가 도로에서 전하는 말을 들으니, 간신(諫臣)이 이미 징토하는 상소를 올려서319), 윤지술을 구원한 자들까지 아울러 죄를 청하였다는 것을 듣고서 신들은 적이 기뻐하였습니다. 이것은 떳떳한 도리가 어두워져 보이지 않게 된 날에 이 같은 공의(公議)가 그 사이에서 나올 수 있었던 것을 기뻐한 것입니다.

비록 그러나 간신의 상소는 표현한 말이 엄중하지 않고 형률을 적용한 것이 또한 가벼워서 사람들의 마음에 만족스럽지 못하였으므로 신들이 침묵하면서 중간에 철회할 수 없어서, 이에 감히 전하께 모두 아뢰고자 합니다.

318) 견복(牽復) : 다시 관직에 복귀시키다. 이끌어 잡고 인도하여 정도(正道)로 되돌아오게 하는 것을 말한다. 《주역》〈소축괘(小畜卦) 구이(九二)〉에 "구이는 견복이니, 길하다.[九二, 牽復, 吉.]"는 말이 나온다.
319) 간신이 …… 올려서 : 정언 조최수의 상소를 가리킨다. 본서 10월 4일자 기사에 보인다.

아!《춘추》에 아들이 어미를 끊는 도리가 없고 아들이 어미를 원수로 여기는 의리가 없는데, 전하의 사친(私親)은 전하를 낳은 어머니가 아닙니까?

《시경(詩經)》에 이르기를, '슬프다! 부모님은 나를 낳느라 수고하셨네.' 하였고, 또 이르기를,

'아버지는 나를 낳으시고, 어머니는 나를 기르셨네. 나를 사랑하시고 나를 기르시며, 나를 자라게 하고 나를 키워주시며, 나를 돌아보시고 나를 다시 살펴셨네. 이 은혜를 갚으려면 하늘과 같이 그지없네.'[320]

하였습니다. 부모가 자식에 대해 낳아주고 돌보아 준 은혜가 이와 같이 지극하니, 이는 천자로부터 서인(庶人)에 이르기까지 한결같습니다. 어찌 아들이 제왕이 되었다고 해서 그 낳아준 은혜를 끊어버리고 돌보지 않을 수가 있겠습니까?

전하가 즉위하신 후에는 도리와 사체가 전날과 분명히 서로 다른데, 만약 오늘날 신하라는 자가 자식과 어미의 천륜의 중요함과 군신 사이의 분의(分義)의 엄중함을 안다면 어찌 조금도 돌아보는 마음이 없겠습니까? 그런데 지금 윤지술은 감히 말하기를, '전하께 감히 사친이 있을 수 없다는 것은 의리가 지극히 분명합니다.' 하였으니, 이 같은 의리가 전해 내려오는 어떤 기록에 나왔습니까? 신들은 적이 애통스럽게 여깁니다.

옛날 송나라 환공(桓公) 부인이 양공(襄公)을 낳고 버림받아 위(衛)나라로 돌아갔는데, 양공이 즉위하자, 부인이 애끓는 마음으로 〈하광(河廣)〉이라는 시(詩)를 지었습니다.[321] 선유(先儒)가 말하기를,

'천하에 어찌 어미가 없는 사람이 있겠는가! 양공의 입장에서는 살아있을

---

320) 아버지는 …… 그지없네 :《시경》〈소아(小雅) 육아(蓼莪)〉에 보인다.

321) 부인이 …… 지었습니다 :《시경》〈위풍(衛風) 하광(河廣)〉에 "누가 하수가 넓다 말하는고, 한 갈대로 건널 수 있도다. 누가 송이 멀다 말하는고, 발돋움하면 내 바라보겠도다. 누가 하수가 넓다 말하는고, 거룻배도 용납하지 못하는도다. 누가 송이 멀다 말하는고, 하루아침 거리도 다 못 되도다.[誰謂河廣? 一葦杭之. 誰謂宋遠? 跂予望之. 誰謂河廣? 曾不容刀. 誰謂宋遠? 曾不崇朝.]"고 하였다.

때에 효성을 다하고 죽어서는 예를 다할 뿐이다.'³²²⁾

하였고, 또 말하기를,

'어미와 아들 사이에는 당초 끊는 도리가 없으니, 철마다 문안을 여쭈러 보내는 사신이 길에 이어져서 나물 하나 과일 하나의 작은 것이라도 반드시 먼저 어머니께 바친다면 자식의 마음은 부끄러움이 없을 것이고, 어머니의 마음도 조금은 위로가 될 것이다.'³²³⁾

하였습니다. 양공의 어미는 아비에게 쫓겨났는데도 선유(先儒, 풍성 주씨(豐城朱氏))가 이와 같이 천리를 미루어 넓히고 인정을 곡진히 다해야 한다고 한 것은 어찌 어미와 아들의 도리는 끝내 끊을 수 없고 낳아서 키워준 은혜는 반드시 갚아야 하기 때문이 아니겠습니까?

지금 만약 이 의리를 미루어 말한다면 전하가 사친을 추보(追報)하는 일과 신하가 성정(聖情)을 우러러 본받는 것에는 각기 마땅한 도리가 있습니다. 그런데 지금 윤지술은 감히 말하기를, '전하는 숨겨야 할 어버이가 없고 신하도 숨겨야 할 의리가 없다.' 하였으니, 아! 이 또한 심합니다. 이것은 장차 전하로 하여금 사친을 죄인으로 대접하여 낳아준 큰 은혜를 끊어버리게 하고, 전하의 신하된 자들도 또한 모두 욕설을 퍼붓기를 숨기고 피하는 것이 없게 만든 뒤에야 그 마음이 시원하겠습니까?

어미와 아들 사이는 다른 사람이 말하기 어려워서, 비록 자신보다 못한 사람에게도 또한 감히 노골적인 말로 곧장 배척하여 효자의 마음을 상하게 해서는 안 되는 것입니다. 그런데도 윤지술이 감히 말하기를, '밝게 법을

---

322) 선유(先儒)가 …… 뿐이다 : 선유란 범조우(范祖禹, 1041~1098)를 가리킨다. 북송 성도(成都) 화양(華陽) 사람으로, 자는 순보(淳甫) 또는 몽득(夢得)이다. 젊어서 정호(程顥)와 정이(程頤)를 사사했으며, 사마광의 학문을 추종했다.

323) 어미와 …… 것이다 : 《시경》〈위풍(衛風) 하광(河廣)〉에 대한 풍성 주씨(豊城朱氏) 주선(朱善, 1314~1385)의 주석이다. 주선은 강서(江西) 풍성(豊城) 사람으로, 주선계(朱善繼)라고도 한다. 자는 비만(備萬)이고, 호는 일재(一齋)이다. 명나라 태조 주원장 집권기인 홍무(洪武) 연간에 문연각(文淵閣) 대학사(大學士) 등을 지냈다. 저서에 《시경해이(詩經解頤)》《사집(史輯)》《일재집(一齋集)》 등이 있다.

시행하여 사람들의 울분을 조금이라도 풀어주십시오.' 한 것은 마치 전하의
망극한 변고를 다행스럽게 여기고 국가의 불행한 일을 시원하게 여기는
것 같았습니다.

아! 그가 만약 조금이라도 인심을 엄하게 두려워하는 뜻이 있다면 어떻게
감히 군주에게 어미를 끊으라고 협박하며 조금도 돌아보지 않고 이와 같이
멋대로 할 수 있단 말입니까? 그가 윤기(倫紀)를 무너뜨리고 군부를 멸시한
것이 여지가 없다고 말할 수 있을 것입니다.

이 역적이 끝내 나라의 법을 피해서 천지 사이에서 편안히 지낸다면 신은
삼가 동토 수천 리가 장차 몰락하여 오랑캐와 금수의 지경으로 들어가서 구할
수 없게 되는 것을 면하지 못할까 두렵습니다. 삼가 원하건대 전하께서는 먼저
윤지술을 유사(攸司)에 맡겨 빨리 나라의 형법을 바로잡아서 떳떳한 도리가
무너지지 않게 하여 사람들의 분노를 조금이라도 풀게 하십시오. ……"

○ 같은 날, 충청도 유학 홍흡(洪潝) 등이 상소하여 다음과 같이 말하였다.
"바로 지금은 새로 교화를 펼치는 초기인데, 적신 윤지술이 성균관에서
어미를 끊어버리라는 주장을 앞장서서 제기하여 삼강오륜이 무너지고 의리
가 어두워졌는데도, 감히 뜻이 맞는 선비들을 불러 거느리고 거상 중인
전하께 우러러 호소하였습니다.

신들이 삼가 살피건대 《시경(詩經)》〈소아(小雅)〉육아편(蓼莪篇)324)에 이르기를,
'아버지 어머니는 나를 낳아 얼마나 고생하셨던가. 이 은혜를 갚으려면
하늘과 같이 그지없네.'
하였고, 또 살피건대, 《시경(詩經)》〈위풍(衛風)〉하광장(河廣章)325)에 범씨(范氏)326)

---

324) 《시경(詩經)》〈소아(小雅)〉육아편(蓼莪篇) : 부모가 돌아가신 후 그 은혜를 기리며 효도를
    다하지 못했음을 슬퍼하는 내용이다.
325) 《시경(詩經)》〈위풍(衛風)〉하광장(河廣章) : 춘추시대에 위(衛)나라 선강(宣姜)의 딸이
    송나라 환공(桓公)의 부인이 되었다. 하지만 양공(襄公)을 낳고 위나라로 쫓겨났고,
    아들 양공이 즉위하자 다시 송나라로 돌아갈 생각을 품었지만 의리가 아님을 알고

가 주석하기를,

'천하에 어찌 어머니가 없는 사람이 있겠는가! 천승(千乘)의 나라를 가지고
도 그 어머니를 봉양할 수 없으면 사람으로서는 불행한 일이다. 살아계시면
봉양을 다하고, 돌아가시면 그 예를 다할 따름이다.'

하였습니다. 풍성(豐城) 주씨(朱氏)[327]가 소주(小註)에서 말하기를,

'자식과 어머니는 처음부터 끊는 도리가 없으니, 양공은 마땅히 효도와
봉양을 다하여 어버이를 사랑하는 인(仁)을 잃지 말아야 한다.'

하였습니다. 송나라 양공의 어머니는 환공에게 쫓겨났는데, 선유들이 변고
에 대처하는 논의가 이와 같이 명확하였으니, 그 의리를 바로잡고 윤리를
무겁게 여기는 뜻을 여기서 볼 수 있습니다.

그런데 저 윤지술이 속으로 임금을 무시하고[328] 도리에 어긋난 마음을
품고 지문을 빙자하여 흉론을 고무하고 선동하였습니다. 그렇지만 성균관
재생으로서 비록 성향이 같은 자일지라도 또한 조금이나마 의리의 마음이
없지 않았으므로 모두 흩어져 버려서 상소하는 일이 이루어지지 않았습니다.
그런 뒤에 윤지술은 의도적으로 공재(空齋)할 마음을 먹고 소회를 써서 진달하
였는데, 온 종이에 나열된 내용이 흉악하고 사리에 어긋난 말이 아닌 것이
없었습니다.

'밝게 전장(典章)을 베풀어서 궁궐을 엄숙하게 하고 백성들의 울분을 풀어주
었다.'거나 '전하께 참으로 숨겨야 할 어버이가 있으며, 신하도 진실로 당연히

지은 시이다.
326) 범씨(范氏) : 송나라 학자 범조우(范祖禹, 1041~1098)이다. 자는 순보(淳甫)이고, 벼슬은
　　　한림학사(翰林學士)를 지냈다. 젊어서 정호(程顥)와 정이(程頤)를 사사했으며, 사마광의
　　　학문을 추종하여 그를 도와 《자치통감(資治通鑑)》을 편찬하였고, 《당감(唐鑑)》이라는
　　　당나라 역사서도 편찬하였다. 저술로 《범태사집(范太師集)》이 있다.
327) 풍성 주씨(豐城朱氏) : 주선(朱善, 1314~1385)을 가리킨다.
328) 임금을 무시하고 : 원문은 "無將"이다. 《춘추공양전(春秋公羊傳)》 장공(莊公) 32년에서,
　　　"군친(君親)에 대해서는 시해하려는 마음을 품어서는 안 되는 것이니, 그런 마음을
　　　품으면 주벌(誅罰)을 받게 된다.[君親無將, 將則誅焉.]" 하였다.

숨길 의리가 있는 것처럼 하였습니다.' 등과 같은 말이 그것입니다. 아!
이것을 차마 전하를 위하여 말할 수 있단 말입니까?

일반 사람들의 상식적인 심정으로도 비록 자신보다 못한 사람일지라도
감히 그 자식에 대해서 직접 부모의 일을 배척하는 말을 하지 못하는데,
이것이 어찌 그 어버이를 어버이로 여기는 마음으로는 차마 제기할 수 없는
말로써 효자의 애통한 사정(私情)을 거듭 아프게 한 것이 아니겠습니까?
하물며 지극히 존엄한 군부에게 있어서이겠습니까?

지금 윤지술은 바로 지극히 존엄한 지위에 대해 차마 들을 수 없는 말을
대놓고 폭로하였고, 만세토록 영원히 전수될 유궁의 지문에 대해 조금도
돌아보고 위로하는 뜻이 없었으니, 그 마음에 전하가 있다고 할 수 있겠습니
까? 신은 전하를 업신여기는 것이라고 생각합니다. 또한 그가 말하기를,
'전하에게 감히 다시 사친이 있을 수 없다.' 하였는데, 이 같은 의리를 윤지술은
어디에서 보았단 말입니까?

지금 여기에 적자(赤子)가 있는데, 사람들이 혹 말하기를, '너에게는 낳아준
어미가 없다.' 한다면 반드시 발끈 화내며 노여워하고, 측은히 여겨 마음
아파할 것인데, 이는 진실로 하늘에서 얻은 본성이자 자연스러운 이치라는
것을 저자가 어떻게 알겠습니까? 지금 윤지술이 어찌 감히 '전하에게는
사친이 없다.'고 한단 말입니까? 그가 전하를 어떻게 보는 것입니까? 그
군주를 무시하고 도리에 어긋난 죄가 위로는 하늘에까지 이르렀는데, 아직도
하늘과 땅 사이에 용납하여 숨 쉬고 있게 하고도 나라에 형전이 있다고
할 수 있겠습니까?

조최수가 올린 상소는 사람들의 마음을 약간 떨치게 하였지만 끝내 죄는
무거운데 벌은 가볍다는 조롱을 면치 못하였으므로, 진실로 멀리 있든 가까이
있든 사람들의 마음을 통쾌하게 만들고 신인(神人)의 분한 마음을 풀어줄
수는 없었습니다. 그런데 말이 쓰이지도 않았는데 마침내 배척받고 파직되는
지경에 이르렀으니, 삼가 전하의 처분이 너무 관대한 잘못을 저질러 간흉(奸凶)

이 징계되는 바가 없어서 성명께 거듭 누를 끼친 것을 애석하게 생각합니다.

아! 옛말에 이르기를, '악한 자들끼리 나쁜 짓을 하면서 서로 돕고, 같은 부류가 서로 구한다.' 하였으니 지금 어미를 끊는 논의가 어찌 윤지술이 갑자기 만들어 낸 것이겠습니까? 임창(任敞)[329]과 이정익의 패악한 상소와 흉언은 실로 이러한 일의 시작이었으니, 바로 나쁜 짓을 함께하는 같은 부류입니다.

이와 같은 무리들을 일찌감치 임금을 무시한 죄로 처벌하였다면 비록 악하기가 윤지술과 같고, 패악스럽기가 윤지술과 같고, 도리에 어긋난 것이 윤지술과 같다고 하더라도 저들이 어찌 감히 계속해서 오늘날까지 이 같은 논의를 발론(發論)할 수 있겠습니까?

그에 대한 징토가 엄하지 않고 멋대로 못하게 막는 것이 준엄하지 못하여, 혹 잠깐 편배(偏配)를 시행하였다가 곧 풀어주고, 혹 재상의 반열에 올라서 금인(金印)과 자수(紫綬)가 밝게 빛나고 있으니, 윤지술이 아무 거리낌 없이 제멋대로 굴고 차마 들을 수도 없고 차마 말할 수도 없는 일을 전하의 앞에서 지껄이면서도 누구도 자신을 어떻게 할 수 없다고 생각하는 것이 마땅합니다.

아! 어미와 자식이라는 천륜의 지친 사이를 윤지술이 끊어버리려고 하였으며, 윤리를 세상에 부식(扶植)하는 방도를 윤지술이 무너뜨리려고 하였습니다. 그러니 저 윤지술이라는 자는 전하의 죄인일 뿐만 아니라 실로 천하 만세에 모든 어미와 자식의 죄인이기도 합니다.

---

329) 임창(任敞) : 1652~1723. 본관은 풍천(豐川), 자는 회이(晦而), 호는 강개옹(慷慨翁)이다. 1702년(숙종28) 아산 유학 임창이 상소하여 장희빈이 인현왕후를 죽인 일을 고묘(告廟)해야 한다고 주장하였다가 정배되었다. 《肅宗實錄 28年 3月 17日》《동소만록》에서는 그 내용이 해괴하고 정상에서 벗어났다고 비판하였다. 남하정은 임창의 상소가 단지 장희빈의 처단만을 주장한 것이 아니라 당시 세자였던 경종에게까지 은연중 미치고 있다고 보았다. "세자의 마음이 정모(正母, 인현왕후)가 시해당한 데는 무심하고, 사친(私親, 희빈 장씨)만 치우치게 두둔하는 것처럼 말하고 있으니 그 자취가 비록 세자에게 충성을 바치는 듯 하지만 사실은 세자를 옳지 못한 데로 돌아가게 하는 것입니다." 임창의 상소에는 장희빈을 보호해야 세자를 보호할 수 있다는 논리를 깨고 그 혐의를 물어서 세자 교체로까지 확대하려는 의도가 숨겨져 있다고 보았던 것이다.

삼가 원컨대 전하께서 온 나라의 공론을 굽어살피고 따라서, 먼저 적신 윤지술이 군주와 어미를 무시하는 죄를 바로 잡고, 임창과 이정익 등 또한 한결같이 모두 법을 적용해 처단하여 인심을 진정시키고 종사를 편안하게 하는 근거로 삼는다면 매우 천만다행이겠습니다."

○ 사헌부에서 다음과 같이 아뢰었다. - 장령 임형(任泂)[330] -

"지금 삼가 듣건대, 시골 유생 김행진과 홍흡이라는 자들이 서로 이어서 상소하여 연속해서 입계(入啓)하였는데, 상소의 원문은 비록 얻어 보지 못하였지만 그 소보(小報)[331]에서 써 나온 대략을 보니, 이 또한 조중우를 위한 상소임을 알 수 있습니다.[332]

지난번 조중우의 상소는 성상이 특별히 다시 돌려주고 엄히 징계하여 다스렸고, 그 뒤에 또 이 같은 소장을 올리지 말라는 하교가 있었으니, 우리 성상이 선왕을 따르고 참소하는 적을 막으려는 뜻을 누가 기뻐하지 않겠습니까? 그런데 한번 조최수가 상소하여 미리 시험해 본 후로부터 주상께서 대략 견책하여 파직하였지만 다시 엄히 배척하지 않았으므로 이 무리들이 갑절이나 기가 올라 거리낌 없이 무뢰배들을 불러 모아 출몰하면서 서로 화답하고 호응해서 유명(儒名)을 가탁하여 잇달아 흉악한 상소를 올렸습니다.

---

330) 임형(任泂) : 1660~1721. 본관은 풍천(豊川), 자는 중경(仲夐)이다. 임홍망(任弘望)의 아들이고, 임창(任敞)의 종제이다. 1680년(숙종6) 진사가 되고, 1699년 증광문과에 급제하였지만 파방(罷榜)되었다가 1710년 복과되어 1718년 장령 등을 역임하였다.

331) 소보(小報) : 승정원에서 그날 중에 처리된 일을 간추려 각 벼슬아치에게 알리던 문서이다.

332) 김행진과 …… 있습니다 : 조중우는 폐서인된 장희빈의 작위를 회복해 달라고 상소하였다. 본서 7월 21일자 기사에 보인다. 《수문록》에서는 이들의 상소를 조중우의 추보와 연관시켜 비판하였다. 즉 조중우라는 자는 망령되게 주상의 뜻을 헤아려서 대의의 무거움을 고려하지 않고 흉악한 상소를 올려 분수에 넘치는 일을 도모하려는 마음을 드러냈고, 홍흡과 김행진의 무리들이 뒤를 이어 일어나서 주상을 불의한 지경에 빠뜨리려고 하였다는 것이다. 그렇지만 경종이 사사로운 은혜를 억제하고 조중우를 엄히 징계하였으니 이는 진실로 국가의 복이었다고 논평하였다.

승지를 맡은 자로서 조금이나마 명의(名義)를 돌아보고 애석하게 여기는
마음이 있다면 성교(聖敎)를 밝게 보이고 준엄한 말로써 물리치는 것이 마땅합
니다. 그런데 지금 조금도 어렵게 여기지 않고 제멋대로 봉입하였으니, 그
내린 명령을 아랑곳하지 않고 흉당(凶黨)을 몰래 도운 죄를 징계하지 않을
수 없습니다. 청컨대 오늘 사진(仕進, 출근)한 승지는 모두 파직하고 서용하지
마십시오."

주상이 "윤허하지 않는다." 하였다. - 봉입한 승지는 이익한(李翊漢)333)과 심수현
(沈壽賢)334)이었다. ○ 여러 차례 아뢰었지만 윤허하지 않았다. 신축년(1721, 경종1) 3월
25일에 이르러 장령 채응복(蔡膺福)335)이 탑전(榻前)에서 정론(停論)336)하였다. -

○ 좌승지 한세량, 우승지 유중무가 상소하였지만 비답을 받지 못하였는데,
봉입한 두 승지는 모두 나갔다.

○ 상가주서(上假注書)가 구전(口傳)으로 아뢰어 말하기를, "대간이 아뢴
것으로 인하여 여러 승지들이 나갔습니다."고 미품(微稟)하니, 주상이 전교하

---

333) 이익한(李翊漢) : 1659~1735. 본관은 전주(全州), 자는 여익(汝翼)이다. 1699년(숙종25) 사
    마양시에 합격한 뒤 이듬해 1700년(숙종26) 춘당대문과(春塘臺文科)에 장원급제하여
    청요직을 두루 거쳤다. 경종이 즉위하자 승지가 되었고, 강원도관찰사를 지냈다. 1727년
    (영조3) 병조참판을 거쳐 동지의금부사 등을 역임하였다.
334) 심수현(沈壽賢) : 1663~1736. 본관은 청송(靑松), 자는 기숙(耆叔), 호는 지산(止山)이다.
    심억(沈檍)의 증손이며, 응교(應敎) 심유(沈濡)의 아들이다. 1704년(숙종30) 춘당대문과에
    급제하여 1706년 홍문록에 올랐다. 1722년(경종2) 공조판서를 거쳐, 1727년(영조3) 우의
    정, 1733년 영의정에 올랐는데, 1736년 판중추부사로 있다가 사망하였다.
335) 채응복(蔡膺福) : 1675~1744. 본관은 평강(平康), 자는 석오(錫五)이다. 1711년(숙종37) 식
    년문과에 급제하여 1721년(경종1)에 장령이 되었다. 영조 즉위 직후 이의연을 비호하고
    김일경을 성토하다가 삭출되었다. 1725년(영조1) 다시 삼사에 진출하여 유봉휘 등을
    논핵하는 계사에 참여하였다가 1727년 정미환국으로 파직되었다. 1732년 다시 등용되어
    사간·집의 등을 역임하였다.
336) 정론(停論) : 정계(停啓). 대간(臺諫)이 한동안 계속하여 오던 논계(論啓)를 그만두는 것이
    다.

기를, "동부승지 임수간(任守幹)337)을 패초하여 입직하도록 하라." 하였다.

○ 사헌부에서 아뢰기를, "대간이 정서(正書)하여, 초혼(初昏)에 직접 승전색에게 전하였습니다." 하였다.

○ 임수간이 대계(臺啓)로 인하여 인혐하는 상소를 올리자 주상이 의례적인 비답을 내렸다.

○ 사헌부에서 아뢰기를,

"신이 예대(詣臺)338)하여 승지에게 계사를 전해 달라고 청했는데, 승지 임수간이 혐의를 핑계 대며 오지 않았습니다. 만약 여러 승지들과 함께 같은 죄를 지었다면 애초에 입직하지 말았어야 합니다. 그런데 승정원에 있으면서 움직이지 않아서 놀랍기 그지없으니, 청컨대 종중추고(從重推考)339) 하십시오"

하였으나, 주상이 답하기를, "윤허하지 않는다." 하였다.

○ 6일, 장령 임형이 다음과 같이 아뢰었다.

"신이 어제 동부승지 임수간이 직소(直所, 관료들이 숙직하는 곳)에 누워있으면서 대간을 접대하지 않은 죄로써 논계하여 추고를 청하였습니다. 그런데

---

337) 임수간(任守幹) : 1665~1721. 본관은 풍천(豊川), 자는 용여(用汝), 호는 돈와(遯窩)이다. 1690년(숙종16) 생원시, 1694년 알성문과에 급제하여, 1699년 홍문록에 올랐고, 1709년 사가독서(賜暇讀書)하였다. 이듬해 일시 파직되었다가 경종 즉위 후 1720년에 재기용되어 승지에 올랐다.

338) 예대(詣臺) : 예대 전계(詣臺傳啓), 즉 대간(臺諫)이 대청(臺廳)에 나아가 전계하는 것을 말한다. 예대 전계의 경우에는 승지와 주서(注書)도 대청에 참석하는데, 대간이 초본(草本)을 주서에게 주면 주서가 정서(正書)하여 승전색을 통해서 입계(入啓)하였다. 《銀臺便攷 刑房攷 臺諫》

339) 종중추고(從重推考) : 관리의 업무상 과실이나 근무 태만, 책임 회피 등에 대한 주의와 경계를 목적으로 하는 처벌이다.

방금 임수간의 상소 원본을 보니, 유생의 상소를 봉입하는 것이 사리에
맞다고 서로 의논하였다면서 수실(首實)[340]하여 인혐하고, 감히 말하기를,
　'이는 조중우 상소와는 가리키는 뜻이 서로 다르니, 이유 없이 물리칠
수만은 없습니다.'
　하였습니다. 말미에 또 별도의 한 구절을 내어 이르기를,
　'사헌부 신하의 계사는, 이것이 형편을 헤아리지 않고 승정원을 쳐서 제거하
여, 아랫사람을 제어하고 임금의 총명을 가리는 습속을 이루려 한 것이
전혀 거리낌이 없다고 할 수 있습니다.'
　하였습니다. 신은 이것을 보고 지극히 놀라고 통탄스러운 마음을 견딜
수가 없습니다. 저 두 흉악한 상소의 말을 신은 보지 못하였고, 자세히 알
수 있는 방도도 없었습니다만 그 대략을 보고 흉당이 미리 시험해 보려는
계략임을 알 수 있었습니다.
　그 마음의 소재는 조중우와 더불어 다름이 없다는 것이 불을 보듯 뚜렷하였
는데, 지금 임수간이 홀로 말하기를, '가리키는 뜻이 서로 달라서 물리칠
수 없다.'고 하여, 현저하게 저들이 주장하는 것을 부식(扶植)하겠다는 뜻을
드러내었으니, 인심이 타락한 것이 한결같이 이 지경에 이르렀는데, 더 무슨
말을 하겠습니까?
　또한 임수간이 이미 흉악한 상소를 편들고, 있는 힘껏 봉입할 것을 주장하였
으므로, 그것을 봉입하는 날 비록 사진(仕進)하지는 않았지만 이는 마땅히
사진한 승지와 같은 죄를 지은 것으로 간주해야 합니다. 다만 신은 그렇게
된 사정을 알지 못하여 아울러 논하지 못하였을 뿐입니다.
　임수간의 도리로 보아 오직 마땅히 처벌을 기다리는데 겨를이 없어야
할 터인데 무슨 이유로 의기양양하게 입궐해서 상소로 스스로 변명하는
말을 늘어놓는단 말입니까? 스스로 변명하는 것도 오히려 감히 할 수 없는데
하물며 도리어 대계(臺啓)가 막 나오려고 하는 날에 언관을 해치려 한단

340) 수실(首實) : 관아에서 자신이나 남의 범죄 사실을 설명하는 것을 말한다.

말입니까? 그가 이른바 '크게 거리낌이 없다.'는 것은 자신을 두고 하는 말입니다.

심지어 '아랫사람을 제어하고 임금의 총명을 가리는 습속을 이루려고 하였다.'라고 말한 구절은 누구를 가리켜 나온 것입니까? 그 자신이 이미 대간의 탄핵에 같이 들어가 있으면서 도리어 자기를 논한 대간을 공격하여 논하는 일이 아랫사람을 제어하는 짓이 아니고 무엇이겠습니까? 대계가 결론이 나기를 기다리지도 않고 먼저 현혹하여 막으려고 한 것이 임금의 총명을 가리는 일이 아니고 무엇이겠습니까?

이것이 바로 임수간의 죄목인데, 지금 도리어 신의 몸에 더하니, 이처럼 대각을 경시하고 공론과 힘껏 싸우는 것에서 그가 멋대로 하면서 매우 거리낌 없음을 더욱 볼 수 있습니다. 이 무리들이 경영하고 계획하여, 출몰하면서 서로 화답하고 응해서 우리의 대상(大喪, 임금의 초상)을 틈타 성총을 현혹하려고 겉모습만 달리하여 대오를 나누어 싸우니, 그 계략이 이미 완성된 것입니다.

임수간의 마음이 곧 김행진과 홍흡의 마음이고, 김행진과 홍흡의 마음이 곧 조중우의 마음입니다. 임수간이 어찌 스스로 하지 않고 봉입할 것을 주장하는 것만으로 스스로는 교묘히 빠져나가려 한단 말입니까? 이 또한 애처로워할 만합니다. ……"

주상이 답하기를, "사직하지 말고, 물러가 물론(物論)을 기다리라." 하였다.

○ 7일, 집의 홍우전이 임수간을 파직하고 서용하지 말라고 아뢰어 청하면서, "임수간의 죄는 사진한 승지와 다름이 없는데, 승패(承牌)[341]하고서 도리어 전하는 계사를 받아들이지 않았다고 꾸짖었습니다. 상소의 말이 참독하고, 현저하게 화답하고 호응해서 현혹시키려는 계략이 있습니다."

라고 말을 만들었다. 임형은, "당초에 논핵한 것이 실로 공의에 따른 것이니, 청컨대 출사시키십시오." 하였다.

---

341) 승패(承牌) : 임금으로부터 소명(召命)의 패(牌)를 받다.

○ 8일, 경기·충청 유생 조태명(趙台明) 등이 상소하여, 적신(賊臣) 임창의 종제(從弟) 임형이 적신의 남은 종자로서 지친의 혐의를 돌아보지 않고 몸을 던져 돌입하여 군부를 무시하고 많은 선비들을 무함하여 욕한 죄를 빨리 바로잡으라고 논하였는데, 승정원에 바쳤으나 물리치고 받아주지 않았다.

○ 9일, 유생 이응령(李應齡) 등이 상소하였는데 그 대개는,

"흉인 윤지술은 어미를 끊어버리는 논의를 주창하여 윤기를 멸하였으며, 적신 임창과 이정익은 성상을 위태롭게 하려고 꾀한 사람들인데 아직도 머리를 보존하고 있습니다. 이에 신들이 분개하여 격렬해지는 마음을 이길 수가 없어서 봉장(封章)하려고 합문(閤門, 편전(便殿)의 앞문)에 나아갔으나, 승정원에서 대계(臺啓)가 바야흐로 한창이라고 하여, 여러 차례 옥신각신하였지만 끝내 봉입할 뜻이 없었습니다. 청컨대 먼저 승정원에서 언론을 가로막은 죄를 다스려서 인심을 격려하십시오."

라는 내용을 승정원에 바쳤으나 물리치고 받아 주지 않았다.

○ 영광(靈光) 유학 김무당(金無黨)이 상소하였는데, 그 대개는,

"청컨대 사친의 작호(爵號)를 추복(追復)하고 별도의 사우(祠宇)를 세워서 지극한 정성을 다하십시오. 조중우의 경우는 분별없이 경솔한 말을 많이 하였으니 죄를 받아도 마땅합니다만 윤지술의 경우는 그 뜻이 선왕을 위하여 그 뜻과 사업을 분명하게 하자는 것이니, 비록 과격한 말이 있지만 죄를 주어서는 안 됩니다. ……"

하였으나, 또한 물리치고 받아주지 않았다. - 세 차례 상소하였으나 받아주지 않았는데, 모두 승지 한세량이 입직하고 있었을 때였다. -

○ 11일, 지평 정택하가 김행진 등의 상소를 성토하였는데, 그 끝에 병조 대랑(臺郞)이 중간에서 길을 인도하여 승정원에 입송(入送)한 죄를 말하였다.

○ **12일**, 우승지 유중무가 다시 상소하여 다음과 같이 말하였다.

"이번에 작성한 홍문록이 황망하고 구차하여, 바로 시골의 아녀자들도 모두 해괴하게 여기며 비웃을 정도입니다. 홍문록에 기록된 사람 가운데 또한 여론에 맞지 않은 자가 있어서, 먼저 도착한 한 가지 일은 오히려 자질구레한 절차에 불과합니다.342) 신이 지목하여 아뢴 일은 단지 눈앞의 일을 가지고 평온한 마음으로 말한 것인데, 어찌 추호라도 갈등을 일으키려 한 것과 비슷한 점이 있겠습니까?

또한 신의 말은 본래 잘못된 단서가 없는데 억지로 무고하고 날조하는 죄목으로 돌리려 한 것 또한 괴이합니다. 비록 그렇지만 비답 가운데 이미 '편치 않다.'는 하교가 있었으므로, 신은 결코 태연히 그대로 무릅쓰고 있을 수 없었습니다. 또한 사헌부에서 새롭게 두 승지를 파직하라고 청하는 계사(啓辭)가 있었으므로 이에 신은 더욱 편치 않습니다.

대개 신이 승정원에 있을 때 김행진이 와서 상소문의 대체적인 내용을 제출하였는데, 우제 때 재계해야 한다는 핑계로 물리치고 받아들이지 않았으므로 원래 상소를 보지 못해서 표현이 어떠한지 알지 못합니다.

그런데 여러 사람들이 논의하기를,

'상소 내용이 만약 조금이라도 조중우의 상소에 관련된다면 이에 의거하여 결정하고 물리치면 된다. 그런데 그렇지 않고, 단지 윤지술의 일만을 논하였다면 다시 계품(啓稟)343)해야 하는데, 번거롭게 되풀이하는 바가 있다.'

했습니다. 그 뒤 김행진의 상소를 봉입하는 날, 마침 신이 상소하고 집에 있을 때였으므로 승정원에서 출납하는 일에 비록 참여하지 않았지만 그날 주고받은 말을 신이 이미 함께 들었는데, 해당 여러 동료들이 모두 탄핵을 받는 날, 신이 어찌 홀로 편안할 수 있겠습니까?

---

342) 먼저 …… 불과합니다 : 당시 홍문록 작성을 앞두고 영의정 김창집이 급하게 먼저 도착한 일을 가리킨다. 유중무의 해당 상소는 본서 11월 3일자 기사에 보인다.
343) 계품(啓稟) : 신하가 글로 임금에게 아뢰던 일이다.

다만 스스로 처신하는 도리로써 말하자면 신의 이전 상소 가운데 이미 대성(臺省)[344]을 침해하고 배척하는 말이 있었으므로 대신(臺臣) 임형은 진실로 인피하기에 겨를이 없어야 합니다. 하물며 듣건대 홍흡의 상소 가운데 '임창을 참수하라[斬任敞].'는 세 글자가 있었고, 임창은 대신과 종형제 사이인데도 마치 듣지 못한 척하고서는 급하게 대성에 나아가서 경솔하게도 봉입한 승지를 논박하였으니, 어찌 사체(事體)에 전혀 어두운 것이 이처럼 심한 지경에 이르렀단 말입니까?

홍문록에 선발된 사람 또한 신의 말이 수치스럽다는 것을 알지 못하고, 신의 상소에 대한 비답을 받기도 전에 거만하게 상소하여 도리어 제멋대로 욕하면서 조금도 망설이지 않았습니다. 어찌 염치나 거리낌 없는 것이 이 지경에 이르렀단 말입니까? 신은 매우 애통합니다. ……"

주상이 전교하기를, "체차하라." 하였다.

○ 영의정이 유중무의 상소로 인하여 사직하는 차자를 올리니 주상이 다음과 같이 답하였다.

"유중무의 그릇되고 망령된 말을 내가 이미 알고 있어서 그의 본직을 체차하였으니 경은 조금도 꺼릴 것이 없다. 청나라 사신이 가까이 와서 접대할 일이 많으니 이 또한 유념하지 않을 수 없다."

○ **13일**, 승지 정형익(鄭亨益)[345]이 상소하여 능을 참배할 것을 청하자 주상이 답하기를,

---

344) 대성(臺省) : 사헌부와 사간원에 대한 총칭으로 쓰인다. 대간(臺諫)을 가리킨다.

345) 정형익(鄭亨益) : 1664~1737. 본관은 동래(東萊), 자는 시해(時偕), 호는 화암(花巖)이다. 1687년(숙종13) 사마시에 합격하고, 1704년 송시열의 뜻을 받들어 유생 160여 명과 함께 명나라 신종(神宗)의 사우(祠宇)를 세울 것을 상소하여 처음으로 금원(禁苑)에 황단(皇壇)을 건립하게 하였다. 1719년 증광문과에 장원 급제하여 동부승지가 되었다. 1721년 신축환국으로 유배 갔다가 영조가 즉위하자 1725년 대사간이 되었다. 1727년 정미환국으로 파직되었다가 다시 등용되어 예조판서 등을 역임하였다.

"상소의 말이 마땅하니 해당 조(曹)로 하여금 날짜를 선택하여 거행하게
하라."

하였다.

○ 16일, 동부승지 이진검(李眞儉)346)이 상소하여 다음과 같이 말하였다.

"아! 지금이 어떤 때입니까? 밖으로는 백성이 곤궁하고 병들어 열 집
가운데 아홉 집이 비었고, 안으로는 복심(腹心)이 무너지고 갈라져서 백에
하나도 믿을 곳이 없으니, 비록 군신 상하가 뜻을 같이하고 서로 공경하여
한 마음으로 국사에 전념해도 오직 저들을 구제하기 어려울까 걱정이 됩니다.

바로 지금 조정에서는 성명(聖明)의 총명을 막는 것이 습성이 되고 언로가
가로막혀, 거조(擧措)가 뒤섞여 어수선한 것이 날이 갈수록 심해져서 위태롭고
망할 조짐이 아침저녁으로 임박해 있습니다. 그런데 대소 신료들은 오직
자신과 다른 사람을 배척하고, 당(黨)을 위해 기꺼이 죽는 일을 마음속으로
달갑게 여기어 큰 사업으로 삼고 있을 뿐, 국가를 위해 공사(公事)에 힘쓰며
충성스러운 마음을 견지하는 자가 없으니, 이와 같은데도 망하지 않는 나라는
없었습니다.

신처럼 보잘 것 없어서 벼슬에 나아가든 물러나든 무관한 사람은 강호(江湖)
의 한 마리 오리나 기러기와 같을 뿐입니다만 신, 한 몸의 의리로써 말한다면
나아가더라도 무익하여 물러나 자취를 감추는 것만 같지 못하니, 이것이
신이 방황하고 답답해하면서도 감히 나아가지 못하는 이유입니다.

신은 이미 세도(世道)를 잊고 오직 조상 묘소 옆에서 생을 마치고자 마음먹었

---

346) 이진검(李眞儉) : 1671~1727. 본관은 전주, 자는 중약(仲約), 호는 각리(角里)이다. 이경직
의 증손, 이정영(李正英)의 손자, 이대성(李大成)의 아들이다. 이진유(李眞儒)는 그의
형이고, 이광사(李匡師)는 그의 아들이다. 1699년(숙종25) 생원이 되고, 1704년 문과에
급제하여 청요직을 두루 지냈다. 1721년(경종1)에 동부승지로 이이명(李頤命)을 탄핵하
다 밀양에 유배되었으나 이듬해 풀려나왔다. 신임옥사 당시 소론으로서 노론 축출에
가담하였다가 1725년(영조1) 소론 실각 후 강진에 유배되어 죽었다.

고, 승정원의 직책은 이미 언론의 책임을 맡고 있지 않으므로 시세에 저촉되는 생각을 갖추어 아뢰어 주상의 귀[347]에 들리도록 하지 않으려 하였습니다.

그렇지만 지금 해괴하고 경악스러운 일이 헤아릴 수 없이 많은데도 언론의 지위에 있는 삼사(三司)에서 한 사람도 그 문제에 끼어들어 참여하지 않으니 신이 어찌 한갓 직분에 벗어난다는 혐의를 피하려고 시종일관 침묵할 수 있겠습니까?

아! 불행히도 근래에 인심이 타락하고 세도가 어지러워져서, 기회를 타고 틈을 엿보는 자들은 감히 논의해서는 안 되는 일을 거론하면서 종용하고 상시(嘗試)하려는 계략을 부리려 하고, 권세를 훔쳐서 농락하는 자들은 차마 듣지 못할 말을 거슬러 올라가 제기하여 조종하고 겁박하는 습관을 제멋대로 부리려 하였으니, 조중우와 윤지술은 곧 그들의 사주를 받은 자들입니다.[348]

조중우의 상소는 은혜를 빙자하였으나 의리에 어긋났고, 윤지술의 말은 의리를 가탁하였지만 모자(母子)간의 은혜를 끊어버렸으니, 이들은 모두 전하의 죄인이자, 온 나라 사람들이 함께 미워하는 자들입니다.

아! 왕위를 계승한 초기이니, 신하들은 전하께서 오직 지극한 정리(情理)를 힘써 누름으로써 선조(先朝, 숙종)가 이미 정하신 규정을 한결같이 따르도록 도와야 하고, 응당 감히 조금이라도 의리에서 벗어난 일로 군부를 인도해서는

---

347) 주상의 귀 : 원문은 "絖纊"이다. 누런색 솜으로 둥글게 만들어 관(冠) 양쪽에 붙여 드리워서 귀를 막는 물건이다. 임금은 함부로 아무 말이나 듣지 않도록 경계해야 한다는 뜻으로, 임금의 귀를 가리킨다.

348) 조중우 …… 자들입니다 : 경종 즉위 직후 정국운영의 주도권을 차지하기 위한 과정에서 불거진 사건들이었다. 논란의 중심에 국왕이 연관되어 있다는 점에서 이후 극심한 당쟁을 촉발할 가능성이 매우 컸다. 장희빈에 대한 추보 문제를 제기한 조중우는 모친에 대한 사사로운 은혜를 강조하여 숙종이 확정한 대의(大義)를 무위로 돌려 정국의 파란을 초래할 여지가 다분하였다. 한편 윤지술의 경우, 숙종의 지문에 장희빈의 죄상을 남겨야 한다는 주장은 반대로 대의를 앞세워 사사로운 은혜를 끊어버릴 것을 강요하여 경종의 왕권을 제약하려는 의도를 노골적으로 드러내었다. 상호 간에 공방이 불가피한 정치적 쟁점에 대해서 어떤 주장을 싣고 있는지의 여부는 관련 당론서의 성격을 규명하는 데 주요한 지표가 될 수 있다.

안 됩니다.

그런데 저 조중우란 자는 망령되게 주상의 뜻을 억측하고 틈을 엿보아 멋대로 발론하여 대의(大義)의 엄중함을 생각하지 않고 후일을 기대하는 마음을 이루려 시도하였으니, 그 정상(情狀)을 논하면 너무나도 절통하였으므로, 전하께서 깊이 미워하여 엄하게 징치하였던 것입니다.

논의하는 자들은 반드시 조중우를 죽이려 한 것은 과중한 처사라고 하지만, 어리석은 신이 죽을죄를 무릅쓰고 삼가 망령되어 헤아려 보건대, 혹 성상(聖上)의 의중도 이러한 일을 방지하는 것을 위주로 하여 차라리 과중한 데서 잘못을 저지르는 것이 낫다고 여기시는 듯합니다.

정말로 이와 같다면 진실로 국가의 복이니, 일개 조중우의 죽음이야 무슨 말할 가치가 있겠습니까? 전하가 조치한 일에 조금도 다툴 만한 단서가 없으니, 오늘날 신하 역시 아무 일도 없는 때에 지나간 일을 다시 제기하여 어버이를 위해 숨기는 의리를 돌아보지 않고 전하의 마음을 상하게 해서는 안 된다는 점은 분명합니다.

그런데 저 윤지술은 홀로 무슨 마음이기에 조금도 거리낌 없이 오직 배척하는 말을 해야만 직성이 풀린단 말입니까?[349] 그 지극히 패악하고 인륜을 저버린 말은 신이 감히 다시 전하 앞에서 아뢰지도 못하겠는데, 그 또한 오늘날 신하이거늘 어찌 차마 이러한 짓을 할 수 있단 말입니까?

삼가 살피건대 《시경》《위풍(衛風)》〈하광(河廣)〉장의 주(註)에 풍성 주씨가 송나라 환공(桓公) 부인의 일에 대하여 논하기를,

'어미가 쫓겨났으니 진실로 종묘와는 끊어졌으나 어미와 아들 사이에는

---

349) 윤지술은 …… 말입니까 : 이같은 이진검의 견해에 남인들도 공감하였던 것으로 보인다. 《동소만록》에는 "윤지술의 소회를 담은 글이 주상에게 올려졌는데 그 말이 매우 흉악스러웠다."고 평가하면서 정사년(1737, 영조13) 노론이 정국을 장악하자 윤지술을 삼현사(三賢祠)에 배향한 사실을 신랄하게 비판하였다. 즉 "본래 삼현사를 세운 것도 의리가 없는데 주상의 어머니를 욕보인 흉악한 도적을 배향하였으니 이것이 어찌 또한 의리이겠는가?" 하였다.

애초에 끊어지는 도리가 없다. 종묘 안에서는 은혜로써 의리를 가리지 않지만, 안방350) 안에서는 의리로써 은혜를 이기지 못하는 것이다. 그러므로 양공(襄公)이 능히 종묘에 정성을 다한다면 밖으로 승중(承重)351)의 의리를 잃지 않을 것이고, 자모(慈母)에게 효도와 공경을 다 한다면 안으로도 또한 부모를 사랑하는 어진 심성을 잃지 않아, 거의 은혜와 의리를 모두 온전히 보전하게 되어 유감이 없을 것이다.'

하였습니다. 이것으로 보건대 아들이 어미를 끊어버리는 의리가 없다는 것은 이미 경전에 분명하게 실려 있습니다. 송나라 환공 부인의 일을 오늘날과 비교하면 그 일이 다른 듯하지만, 낳아준 의리를 끊어버릴 수 없다는 것은 오늘날과 옛날이 어찌 다르겠습니까? 가령 천하에 어버이를 위해 숨기는 의리가 없다면 그만이지만 공자(孔子)가 살던 시대부터 이미 행하였고, 《춘추》에 어머니를 원수로 대하거나 어미를 끊어버리는 의리가 없다는 것은 진실로 이미 해와 별같이 밝아서 얼마든지 입증할 수 있습니다.

과연 윤지술의 말대로라면 반드시 전하로 하여금 낳아준 은혜를 끊어버리게 한 뒤에야 바야흐로 마음이 시원하다는 것입니다. 아! 저자는 시골의 무지(無知)한 부류로서 유자(儒子)의 이름을 거짓으로 칭한 자이고, 어리석고 젖비린내 나는 아이로서 다른 사람의 사주를 받은 자인데, 그런 그가 어찌 살펴 아는 바가 있겠습니까? 오로지 가만히 엎드려 은밀히 탐색하고, 턱으로 지시하며 선동하는 자가 국가에 화를 끼치고 인륜을 어그러뜨리는 것을 돌아보지 않았으니 아! 또한 심합니다.

조중우의 경우 처분이 이미 엄중하였고 그 자신은 이미 죽었으니 진실로 쓸데없는 말로 다시 논할 여지도 없습니다.352) 그러나 미리 시험하여 다른

---

350) 안방 : 원문은 '閨門'이다. 부녀가 거처하는 안방을 말한다.
351) 승중(承重) : 장손(長孫)으로서 아버지·할아버지를 계승하여 조상의 제사를 받드는 일, 또는 그 일을 책임지는 사람을 가리킨다. 소종(小宗)의 지자(支子)로서 후계자가 끊어진 대종(大宗)의 가계를 잇는 경우도 포함된다.
352) 조중우의 …… 없습니다 : 이러한 이진검의 평가와는 달리 당대 노론은 연잉군으로의

사람에게 화를 전가하는 무리가 연이어 일어나는 일이 장차 얼마나 될지
모르니, 이는 바로 전하가 더욱 엄히 막아야 할 사안입니다. 윤지술의 죄는
여론이 모두 분하게 여기고, 전하도 이미 엄한 하교를 내리셨지만 형벌은
먼 변방에 정배(定配)하는 데 그쳤으니, 이는 참작하여 처분한 데에서 나온
조처였습니다.

　그러므로 오늘날 조정의 신하라면 진실로 한 목소리로 엄하게 배척하여
군부(君父)의 치욕을 씻어버려야 마땅할 일입니다. 그런데 그렇게 하지 않았을
뿐만 아니라 또 잇달아 있는 힘껏 신구(伸救)하기를, 마치 과감하게 말하는
선비를 부호(扶護)하고, 절개를 지킨 사람을 장려하듯 하여, 마침내 군부를
조절하여 내린 명령을 도로 거두게353) 하고야 말았습니다.

　이것은 반드시 전하로 하여금 그 치욕을 감수하며 제대로 손 쓸 바가 없게
한 것으로, 한갓 윤지술이 있는 줄만 알뿐 군부가 있다는 사실은 모르는
것이니, 이 무슨 심술이며 이 무슨 의리입니까? 신은 매우 통탄스럽습니다.

　신의 생각으로는 전하께서 분을 참고 마음속에 감추어 여러 소인들이
제멋대로 까불게 내버려 두기보다는 차라리 윤지술이 군부를 욕보인 죄를
다시 바로잡는 것이 낫지 않을까 여깁니다. 이어서 시끄럽게 신구(伸救)한

　저위(儲位) 확정을 저지하려는 시도로 간주하였다. 《수문록》에는 영의정 김창집의
　반응이 실려 있는데 다음과 같다. "조중우의 상소는 바로 저 무리들이 흉악한 일을
　시행하려는 조짐이며, 귀척과 체결한 것은 바로 저 무리가 국권을 옮기려는 계략입니다.
　우리 무리들은 연잉군을 위해서 한번 죽는 것 이외에는 다른 대책이 없는데, 연잉군을
　위하는 것이 어찌 국가를 위한 것이 아니겠습니까? 우리 무리들은 머리가 허연 나이에
　살날이 얼마 안 남았는데, 이처럼 불행한 때를 만났으니, 운명입니까, 한때 운수입니까?
　비록 만 번 죽임을 당한다 해도 모두 한 마음으로 삼종(三宗)의 골육 한 사람을 보호하다가
　죽어서 충의(忠義)의 귀신이 되어야만 선왕이 대우해주신 고마움에 보답할 수 있을
　것입니다." 이처럼 이문정은 소론 가문 출신임에도 서인 청론(淸論)을 표방하면서 상호
　갈등을 최대한 억제하고 현실적으로 연잉군으로의 왕위계승이 원만하게 이루어지기를
　기대하며 이러한 내용을 기술하였다.
353) 내린 …… 거두게 : 원문은 "反汗"이다. 나온 땀을 다시 들어가게 한다는 뜻으로, 군주가
　일단 발표한 명을 취소하거나 고치는 일을 말한다. 여기서는 노론의 집요한 요구로
　경종이 윤지술에 대한 처벌을 철회한 일을 가리킨다.

당여(黨與)354)를 다스려서 엄히 앞날을 경계해야 할 것입니다. 아! 윤지술에 대해서야 어찌 말할 가치가 있겠습니까?

저 김고라는 자는 시종(侍從)의 반열에 있는 몸으로 패망(悖妄)한 말을 한 것355)이 윤지술과 다름이 없었으니, 윤지술이 정배된 뒤에는 오직 움츠리고 서둘러 죄를 자책하기에도 겨를이 없어야 합니다. 그런데 도리어 스스로 무고(無故)한 사람과 똑같이 여기고 구원하고 변호하는데 앞장서다가 심지어 윤지술에게 '가상하다.'는 등의 말을 더하기까지 하였으니, 방자하고 거리낌 없는 짓이 이보다 심한 적은 없었습니다. 신의 생각에는 윤지술과 같은 죄로 처벌하지 않는다면 아마도 이 무리들이 끝내 징계되거나 두려워함이 없게 될까 두렵습니다.

조최수가 올린 한 편의 상소는 말과 의리가 엄정한데도 대간이 아뢰어서 맞서 공격했으니, 그 습성이 매우 통탄스럽습니다. 하물며 조최수에게 논척 당한 여러 대간(臺諫)들이 다른 사람들의 말은 돌아보지 않고 염치를 무릅쓰고 관직을 차지하고 있으니, 염치 한 가지를 가지고 이 무리를 질책하기에는 부족하나, 조정을 욕되게 하고 대각에 수치를 끼친 것은 어떻게 해야 합니까? 신은 청컨대 한꺼번에 모두 쓸어버려 대각의 체통을 무겁게 하십시오.

신은 임형의 일에 대해서 더욱 통한스럽게 여기는 점이 있습니다. 김행진과 홍흡 상소에 비록 협잡하려는 의도가 있지만 그 밖으로 발설한 말은 다만 윤지술에 대한 일을 논했을 뿐이니, 조중우의 상소와는 조목이 같지 않으므로,

---

354) 신구(伸救)한 당여(黨與) : 좌승지 조명봉(趙鳴鳳), 우승지 한중희(韓重熙), 집의 홍우전(洪禹傳), 정언 김용경(金龍慶) 등을 들 수 있다. 이들은 윤지술에 대한 정배의 명을 환수해 줄 것을 청하였다.

355) 김고(金橾)라는 …… 것 :《경종실록 즉위년 9월 11일》기사에 따르면 정언 김고 등이 윤지술에게 내린 정배의 벌을 철회할 것을 청하였다. 당시 집의 홍우전(洪禹傳)의 계사(啓辭)가 받아들여지지 않자 김고가 "윤지술은 말을 가리지 않고 망령되게 격동한 것이 비할 바가 없으나, 그 본정(本情)을 살펴본다면 오로지 큰일을 완성시키고자 하는 뜻에서 나온 것입니다."고 신구(伸救)하였다. 이에 김고는 시론(時論)의 앞잡이라고 배척당하였다.

승정원에서 마음대로 물리칠 수 없었던 것은 사리(事理)가 본래 그러한 것입니다. 그런데 지금 터무니없는 거짓으로 성토하여 승지들을 모두 쫓아낸 것은 이미 지극히 형편없는 일이었습니다.356)

게다가 전에 역적 임창의 상소에 있던 부도(不道)한 말이 한번 공거(公車)357)에 오르니 여러 사람들이 전파하였는데, 그의 숙부 임홍망(任弘望)358)은 화가 자신에게 미칠까 두려워 소장을 진달하여 사실대로 자백하였습니다. 비록 혈당(血黨)으로서 사사롭게 비호하려는 자도 오히려 감히 덮어주지 못하고 변방으로 내치자고 청하기까지 하였으니,359) 여기에서 임창의 죄가 분명하다는 것을 알 수 있습니다. 홍흡이 상소에서 임창의 죄를 아울러 논핵했다고 들었는데, 지금 임형은 임창의 종제(從弟)로서 감히 임창을 엄호할 계책을 내어 거짓으로 모르는 척하고 급하게 서둘러 대각에 나아가 감히 예봉(銳鋒)을 승정원으로 돌려서 승지들을 공격하여 쫓아버리고 말았으니, 그 방자하고 무엄함이 어쩌다가 이 지경에 이르렀단 말입니까? 만약 이러한 습성이 자라난다면 장차 이르지 않는 곳이 어디에 있겠습니까?

인정이 크게 놀라서 통탄하지 않는 사람이 없었지만, 대각에서 처치할 때 또 따라서 출사하게 하라고 청하였으니 저들이 비록 당을 위하여 죽기에 급급하더라도 진실로 조금이라도 조심하고 두려워하는 마음이 있었다면 어찌 감히 그렇게 하였겠습니까? 이것은 응당 엄히 징계하는 것이 마땅하니,

356) 형편없는 일이었습니다 : 원문은 "無狀"이다. 멋대로 행동하여 내세울 만한 선행이나 공적이 없는 것을 말한다.
357) 공거(公車) : 한(漢)나라 때 상소 및 징소(徵召)에 대한 일을 관장했던 관서의 이름이다. 여기에서는 승정원 또는 승정원 내의 상소를 수리하는 곳을 가리킨다.
358) 임홍망(任弘望) : 1635~1715. 본관은 풍천(豊川), 자는 덕장(德章), 호는 죽실거사(竹室居士)이다. 1657년(효종8) 생원시에 합격하고, 1666년(현종7) 별시문과에 급제하여 숙종대 청요직에 진출하였다. 1689년 민비가 폐위되자 사직하였다가 1694년 갑술환국 이후 도승지에 올랐으며, 1715년 지중추부사(知中樞府事)로 졸하였다.
359) 비록 …… 하였으니 : 1702년 아산 유학 임창이 상소하여 장희빈이 인현왕후를 죽인 일을 고묘(告廟)해야 한다고 주장하였다가 정배되었는데, 이때 노론 이관명조차도 그를 처벌해야 한다고 주장한 일을 가리킨다. 《肅宗實錄 28年 3月 17日》

신은 임형의 출사를 청한 대각의 신하 역시 죄주지 않을 수 없다고 생각합니다.

또한 신은 정유년(1717, 숙종41) 독대(獨對)360)의 일에 대해서는 일찍이 말하기 어려운 점이 있다고 생각하였습니다. 그 일은 앞서 이미 입진(入診)할 때에 발단되었으니,361) 독대의 연유는 입대하는 대신이 응당 암암리에 헤아린 바가 있었을 것입니다.

그렇지만 승지와 사관이 앞을 인도하기를 기다리지 않고362) 연영전(延英殿)363)과 지척(咫尺)의 땅에 발을 들여놓았으니, 이미 인신(人臣)의 광명정대한

---

360) 정유년(1717, 숙종41) 독대(獨對) : 정유년(1717, 숙종43) 숙종이 우의정 이이명을 불러 독대한 일을 말하는데, 사관이 동석하지 않았기 때문에 그 자세한 내용은 알 수 없다. 다만 그 직후 세자[景宗]의 대리청정을 명하였고 또 노론은 이에 적극 찬성하였다. 당시 소론 측에서는 이를 세자를 폐하기 위한 수순으로 보았다. 《肅宗實錄 43年 7月 19日》《당의통략(黨議通略)》에 의하면 영조대에 대화 내용이 비로소 드러났는데, 숙종이 연령군(延齡君)이나 연잉군(延礽君)으로 세자를 바꿀 뜻이 있다는 의사를 전하고, 노론측에 세자 교체 과정에서 예상되는 만약의 사태에 대비하여 줄 것을 지시하였다고 한다. 어쨌든 이 사건을 계기로 왕위계승 문제를 두고 노론과 소론의 갈등이 첨예화되었다. 경종을 후원했던 소론의 입장에서는 아직 정무 능력을 갖추지 못한 세자를 조기에 등판시켜 실수를 기대함으로써 후계 구도를 흔들려는 음모로 파악하였다. 노론은 독대를 근거로 연잉군과 연령군, 두 왕자에 대한 보호를 자처하였으므로, 기회를 엿보아 세자를 바꾸려 한다고 의심을 사게 되었다.

361) 입진(入診)할 때에 발단되었으니 : 당시 숙종은 비망기를 내려 5년 동안 고질병을 앓은데다가 안질(眼疾)까지 심해져서 정무를 볼 수 없다고 하면서 조선과 당나라의 고사(故事)를 들어 세자에게 청정(聽政)하게 할 것을 촉구하였다. 《肅宗實錄 43年 7月 19日》그렇지만 《동소만록》에는 이 같은 대리청정의 사례를 이이명이 제공한 것으로 기술하였다. 즉 숙종이 "눈이 어두워져 문서를 살펴보는 일이 매우 어려우니 변통하는 방도를 마련한 뒤에야 다른 근심이 없을 것이다." 하자, 이이명이 "목소리가 또렷한 자를 시켜 주상에게 올린 문서를 읽게 하고, 세자로 하여금 옆에 두고 보게 하면 어떻겠습니까?" 하였다. 이에 숙종이 "당나라 태종이 말년에 그렇게 변통하지 않았는가?" 묻자, 이이명이 "멀리서 인용할 것 없이 세종이 몸이 편찮을 때 문종을 별전에 데리고 가 국사를 참관하여 처결하게 했습니다."고 답하였다고 한다. 이처럼 남하정은 이이명이 대리청정의 논의를 주도하여 숙종에게 권면한 것으로 보았다.

362) 승지와 …… 않고 : 당시 헌납 박성로(朴聖輅) 등이 이같은 절차상의 문제를 들어 우의정 이이명을 논척하였다. 이에 이이명은 독대 날 대궐에 들어갈 때 승지·사관과 동행하려 했으나 승지와 사관은 입시를 허락받지 못하여 합문(閤門)에서 저지당하였고, 이에 주저하던 자신을 주상이 불러들여 불가피하게 배석자 없이 알현했다고 변명하였다. 《肅宗實錄 43年 7月 24日》

도리라고는 할 수 없습니다. 대신이 입대했을 때 나눈 말은 사신(史臣)이 기록할 수 없었으므로 외부인으로서는 감히 알 수 없지만, 이미 '바로잡아 구원했다.' 말했으니364) 반드시 이러한 일이 없었다고 말하지는 못할 것입니다.

그리하여 지금에 이르도록 4년간 중앙이든 지방이든 인심은 이를 대신의 죄로 삼지 않는 자가 없습니다만 어리석은 신은, 갑자기 독대한 일은 죄가 될 수 있지만, 입시 이후의 일을 가지고 억지로 심각한 죄를 더하여 인서(仁恕)365)의 도리를 상(傷)하게 하고 싶지 않다고 생각하였습니다.

그런데 대신이 왕명을 받들고 연경(燕京)에 갈 때 차자를 올려 은화(銀貨)를 청하면서366) 감히 병자년(1696, 숙종22) 사행(使行) 때 청나라 사람들이 끌어댄 《대명회전(大明會典)》367)의 일을 말한 것은 실로 인신(人臣)으로서 감히 말할 일이 아니었습니다. 《대명회전》의 일은 오래전에 있었던 일인데, 전하가 또한 어떻게 소상히 아실 수 있겠습니까?

병자년 세자 책봉(冊封)을 청할 때 고(故) 상신(相臣) 서문중(徐文重)368)이

---

363) 연영전(延英殿) : 연영전은 당나라 장안(長安)에 있는 대명궁(大明宮) 내 편전(便殿)으로, 황제가 정례적인 때가 아닌 경우 대신을 소대(召對)하는 장소였다. 실제 숙종이 이이명과 독대한 장소는 창덕궁의 편전인 희정당(熙政堂)이었는데, 이로 보아 본문에서 연영전은 편전을 가리키는 용어로 쓰였다고 할 수 있다.《肅宗實錄 43年 7月 19日》
364) 바로잡아 …… 말했으니 : 독대 당시의 일에 대해 숙종이 한 말이다. 윤지완 등 소론이 독대에 대해 비난하자 숙종은 독대가 사사로운 일이 아니라고 하면서 이이명이 정성을 다하여 "바로잡아 구원했다."하였다.《肅宗實錄 43年 8月 5日》
365) 인서(仁恕) : 자비심이 깊고 마음이 어질어, 마음 쓰는 것이 후하다.
366) 대신이 …… 청하면서 : 대신은 판부사 이이명을 가리킨다. 당시 저간의 상황이《수문록》에 기술되었다. 이이명이 사행을 떠나기 전에 우려되는 바가 있다고 하면서 경종의 건강문제를 거론하였다. 즉 신사년의 변고 이후 생긴 기이한 질병을 빌미로 청나라에서 왕위계승의 주문(奏聞)을 거부할 것에 대비하여 재물을 제공할 것을 제안하였다. 더욱이 청나라에서 의례적으로 은화를 요구하는 상황에서 국가 대사를 원만하게 처리하기 위해 6만냥의 은자(銀子)를 청하여 얻어 가지고 갔다는 것이다.
367) 대명회전(大明會典) : 명나라 초기부터 사용해 오던 모든 행정 법규를 이부(吏部)·예부(禮部)·병부(兵部)·공부(工部)·호부(戶部)·형부(刑部)의 관제로 집대성한 법전이다. 홍치(弘治, 1488~1505) 연간에 서부(徐溥) 등이 칙명을 받아 편찬하여, 1510년 수정을 거쳐 반포되었다.
368) 서문중(徐文重) : 1634~1709. 본관은 달성(達城), 자는 도윤(道潤), 호는 몽어정(夢漁亭)이

정사[上价]의 사명을 띠고 연경에 갔는데, 청나라 사람들이 말하기를,

'《대명회전》의 내용에 「제후왕은 나이가 만 50세가 되도록 정실(正室)에서 자식이 없는 뒤에야 비로소 승중(承重)하여 후계자가 되는 것을 허락한다.」는 말이 있다.'

하고, 봉전(封典)을 허락하지 않았는데, 그 뒤에 다시 주청(奏請)하여 겨우 허락받았습니다.

지금까지도 이 일을 생각하면 동방의 신하된 자로서 분하게 여기지 않는 사람이 없습니다. 우리 전하가 정식으로 춘궁(春宮)의 자리에 있은 지 거의 30년이 되어 만기(萬機)를 대리(代理)하였고, 여러 차례 청나라 사신을 접하였으니, 비록 저들일지라도 반드시 그사이에 다른 의논을 용납하려 하지는 않았을 것입니다.

그런데 대신이 감히 저들이 전혀 생각하지도 않은 일을 미리 억측하고, 감히 차마 오늘날 끌어다 인용하여 두렵게 만드는 계책으로 삼았으니, 이것은 무슨 마음입니까? 하물며 청나라 사람들에게 청하는 일은 원래부터 마땅히 시행할 상전(常典, 일반적인 규정 또는 규칙)으로서, 비록 1전(錢)을 쓰지 않더라도 저절로 순조롭게 성사될 것인데, 6만여 냥(兩)의 은화369)를 장차 어디에 쓰려 하였다는 말입니까?

지문(誌文)의 일에 이르러서는 더욱 이해하지 못할 점이 있습니다. 당초 지문에 대해서 드러내어 배척하지 않았던 것은 대개 어버이를 위해 숨기는

다. 숙종대 형조판서를 거쳐 우참찬으로 있다가 1689년(숙종15) 기사환국으로 남인이 득세할 때 중앙 정계에서 밀려났다. 갑술환국(1694)으로 서인이 득세하자 병조판서에 등용되었으나, 장희빈과 남인에 대한 징계 문제에 온건론을 주장하다 배척받아 금천(衿川)에 퇴거하였다. 그 뒤 박세채의 건의로 서용되어 1696년 우의정에 올랐으며, 청나라에 파견되어 세자 책봉을 요청하였다. 서문중이 평소 장희빈과 세자에 대해 우호적이었다는 점을 반영하여 책봉사로 선정한 것이었다. 1699년 좌의정을 거쳐 영의정에 올랐다.
369) 6만여 냥(兩)의 은화 : 은화 문제는 이후에도 노론에 대한 소론의 주요한 공세 수단이었다. 《수문록》에 따르면 김일경 무리가 이이명이 청나라에 사신으로 갈 때 은화를 가지고 간 것을 가지고 조제(弔祭)를 위해 방문한 청나라 사신에게 뇌물을 주어서 왕실의 여러 자질(子姪)들을 보기를 청하도록 도모하였다는 말을 만들기도 하였다 한다.

의리에서 나온 것이었는데, 끝내 사행(使行) 도중에 봉장(封章)을 올려 스스로 물의를 일으켰습니다.370) 게다가 지문을 비석에 새기는 공역(工役)이 시작된 뒤에 문자의 개정을 청하여 마치 오늘날 윤지술의 일을 열어준 것 같았으니 사람들의 의혹을 어찌 면할 수 있겠습니까?

새로 작성한 홍문록의 일은 전 승지 유중무의 상소에서 이미 말하였으니, 신이 중복해 아뢸 필요가 없습니다. 다만 홍문관은 본래 조정에서 정밀하게 선발하는 기관으로, 비록 거조(擧措)가 마땅함을 얻고, 선발이 지극히 공정해도 이처럼 당론이 갈라지고 좋아하고 싫어함이 각기 상이할 때에는 오히려 여론을 만족시키기 어렵습니다.

하물며 이번 권점(圈點)은 출입하면서 농간을 부리고 손발을 허둥거리는 것이 자취는 돌진하는 멧돼지와 같고, 일은 솔개가 움켜쥐는 것과 비슷하여, 여항(閭巷)에서 비웃고 손가락질하면서 웃음거리로 삼고 있습니다.

또한 그 권점을 주관한 자는 곧 김춘택(金春澤)371)의 동생372)이고, 선발된 자는 또 김춘택의 동생과 김익훈(金益勳)373)의 손자374)입니다. 그 나머지

---

370) 끝내 …… 일으켰습니다 : 이이명이 주청정사(奏請正使)로 떠나면서 상소하여, '지문 가운데 누락된 일이 있고 말도 온당치 못하다 하여 흠을 삼는다.'는 소문을 들었다며 지문을 다른 사람에게 맡겨 산개(刪改)하라 청한 일을 이른다. 《景宗實錄 卽位年 8月 8日》 본서에는 8월 7일 기사에 보인다.

371) 김춘택(金春澤) : 1670~1717. 본관은 광산, 자는 백우(伯雨), 호는 북헌(北軒)이다. 광성부원군(光城府院君) 김만기(金萬基)의 손자이며, 판서 김진귀(金鎭龜)의 아들이다. 노론 내 훈척(勳戚) 가문 출신으로서, 기사환국을 전후하여 정치공작을 펼쳤다는 비난을 받았다. 1694년(숙종20) 한중혁(韓重爀) 등과 함께 폐비 민씨의 복위를 도모하였는데, 민암(閔黯) 등이 저지하려다가 도리어 축출되어 서인이 다시 집권하였다. 1701년 소론의 탄핵을 받아 부안(扶安)에 유배되었으며, 희빈 장씨(禧嬪張氏)의 소생인 세자를 모해하였다는 혐의를 입어 서울로 잡혀가 심문을 받고, 1706년 제주로 옮겨졌다가 1712년 풀려났다.

372) 김춘택(金春澤)의 동생 : 당시 이조참의 김운택(金雲澤)을 가리킨다. 본관은 광산, 자는 중행(仲行), 호는 백운헌(白雲軒)이다. 김만기의 손자, 예조판서 김진귀의 아들, 김춘택의 동생이다. 1699년(숙종25) 사마시, 1704년 춘당대 문과에 급제하여 형조참판 등을 역임하였다. 1722년에 신임옥사 때 유배되었다가 목호룡의 고변으로 노론 4대신과 함께 죽임을 당했다.

재주도 없으면서 자리를 차지하여 머릿수만 채우는 사람이 또한 없지 않으니, 홍문록의 모양이 이와 같이 해괴하고 ㅡ 빠져있다. ㅡ 그 가려서 선발한다는 것이 또 이처럼 외람되고 난잡한데, 사람들로 하여금 말하지 못하게 하는 것 또한 어렵지 않겠습니까? 조정의 체모로 볼 때 즉시 홍문록에서 삭제하여, 잠시라도 구차하게 두어 사방의 조롱거리가 되게 해서는 안 될 것입니다.

며칠 전 승지의 상소는 여러 사람들이 말한 공론을 모아서 가볍게 말한 것에 불과한데, 전하께서는 이미 직책을 교체하고 또 '그르고 망령되다.'고 하교하였습니다. 이는 비록 대신을 위로하고 달래주기 위한 처사라지만 어찌 유독 옳고 그름이 전도된다는 사실은 생각하지 않으십니까?[375] 신은 삼가 한탄스럽고 분개함을 이기지 못하겠습니다.

아! 전하는 새롭게 보위(寶位)에 올랐으며 춘추(春秋)는 한창이십니다. 종사(宗社)의 막중함과 사무의 번다함이 전하에게 달려 있지 않은 것이 없으니, 즉위 초반에 마땅히 권세와 기강을 총람(摠覽)하여 뭇 신하들을 면려(勉勵)하고, 밤낮으로 걱정하면서 부지런히 살피고 여러 신하들을 엄숙하고 온화하게 대하여, 소인으로 하여금 두려워서 나쁜 짓을 저지르지 못하게 하며, 군자는

---

373) 김익훈(金益勳) : 1619~1689. 본관은 광산(光山), 자는 무숙(懋叔), 호는 광남(光南)이다. 산림(山林) 김장생(金長生)의 손자이고, 참판 김반(金槃)의 아들이다. 음보로 등용되어 사복시 첨정(僉正) 등을 역임하였다. 조카 김만기(金萬基)의 딸이 숙종비로서, 숙종이 즉위한 뒤 어영대장 등 군권(軍權)의 요직을 지내면서 권력을 누렸다. 1680년(숙종6) 김석주(金錫胄)의 주도로 경신환국이 일어나자 조정에서 남인들을 숙청하는데 적극 참여했으며, 그 공으로 보사공신(保社功臣) 2등과 광남군(光南君)에 봉해졌다. 1689년 어영대장 재직 중 기사환국으로 남인이 다시 정권을 잡자 공신 칭호를 빼앗기고 강계에 유배되었으며, 무고한 사람들을 많이 죽였다는 죄명으로 고문을 받고 투옥되었다가 죽었다. 1682년 남인 허새(許璽)의 모역사건 당시 그가 보인 기찰(譏察)·밀계(密啓) 등의 행동은 서인 소장파의 반감을 불러일으켜 이후 노론과 소론이 갈리는 한 계기가 되었다.

374) 김춘택의 …… 손자 : 김춘택의 동생은 김민택(金民澤)을, 김익훈의 손자는 김진상(金鎭商)을 가리킨다.

375) 며칠 …… 않으십니까 : 여기서 승지는 유중무이고 대신은 김창집이다. 유중무가 새로 홍문록을 작성하는 과정을 비판하니, 김창집이 차자를 올려 사직하였으므로, 경종이 유중무의 직임을 갈아버린 일을 가리킨다.

믿고 중용해야 할 것입니다.

그런데 삼가 보건대, 전하가 재위하신 이래로, 정령을 내릴 때는 강건함이 부족하고, 정사를 듣고 결정을 내릴 즈음에 시일을 끄는 것이 습속이 되었으며, 이미 쇠퇴한 습속을 따르면서 구차하게 세월만 보내고, 크고 작은 비지(批旨)는 지체하여 내리지 않고 있습니다. 총명하고 지혜롭게 명령을 내려 시행한다면 무슨 일인들 하지 못하시겠습니까?

그런데 우선 오늘날 내린 처분을 보더라도 한결같이 침묵만 지키며 도모하는 것이 없습니다. 한 가지 정사와 명령도 일찍이 크게 경동(驚動)하고 크게 진작시키는 일이 없어서 끝내 문무백관들로 하여금 직무에 태만하게 만들고 잡다한 사무들만 자질구레하게 번잡하여 수습할 수 없는 지경에 이르렀으니, 오늘날의 국사는 매우 위태롭고 위급하다고 할 수 있습니다.

혹 전하가 상중에 성정(聖情)이 망극하고 허둥지둥 정신이 없으니 만기(萬機)에 뜻이 없어서 그러한 것입니까? 아니면 전하가 조정을 돌아보건대, 충성을 다하는 믿을만한 자가 한 사람도 없어서 고립되어 근심하고 위태롭게 여기며 의지할 곳이 없어서 그러한 것입니까?

제왕의 효는 일반 백성과 달라서 부여잡고 통곡하며 허둥지둥하는 것을 효라 여기지 않고, 크게 이어받고 널리 드러내어 국가의 기반을 실추시키지 않는 것을 효라 여깁니다. 이와 같이 한 뒤에야 곧 성왕의 큰 효라 할 수 있을 것입니다.

예로부터 큰일을 하려는 임금은 사람을 밝게 알아보는 식견을 미루어 나라의 기둥과 같은 어진 이를 임명하여, 옳고 그름을 밝히고 좋아하고 싫어하는 것을 바로잡고, 권력을 휘둘러 사람을 마음대로 부리고, 과감한 결단을 크게 내리고, 의리를 엄격하게 구분하는 것[376]을 스스로 판단할

---

376) 엄격하게 구분하고 : 원문은 "涇渭"이다. 옳고 그름과 청탁(淸濁)에 대한 분별이 엄격함을 이르는 말이다. 원래 중국 섬서성(陝西省)에 있는 두 물 이름인데, 경수(涇水)는 물이 탁하고 위수(渭水)는 맑기 때문에 비유한 것이다.

수 있어야 합니다. 권력을 총람하고 옮기지 않아서 아랫사람에게 근엄하게
임하되 게으르지 않아야만 위에서는 격려하고 쇄신하는 효과가 있고, 아래에
서는 멋대로 거짓을 꾸미는 습속이 없을 것입니다. 이는 전하의 한번 마음먹기
에 달렸는데, 무엇을 꺼려서 하지 않으십니까?

신을 거듭 부르시기에 부득불 궁궐 밖까지 쫓아왔지만 이미 전하의 앞에는
직접 나갈 수 없으므로, 머리를 조아려 사은하려 합니다. 그렇지만 애타는
충정으로 끝내 참고 침묵할 수 없어서 이에 감히 전하의 귀를 더럽혔으니,
오직 성명이 살펴주시기만 바랄 뿐입니다." - 뒤에 12월 28일 비로소 비답을 내렸다. -
주상이 다음과 같이 답하였다.

"상소문은 잘 보았다. 상소에서 진술한 위 조항은 사안이 중대하므로
경솔히 논의할 수 없다. 영선(瀛選)377)에 대해서는, 공론이 이미 정해진 뒤에
유중무의 그릇되고 망령된 말을 그대로 답습하여 뒤따라 문제를 만들기에
여력이 없으니, 그것이 온당한지 모르겠다.

이이명은 성실하여 다른 마음이 없고, 전후로 충성스럽고 근면한 것을
이루 말할 수 없는데, 온갖 말로 심하게 침해하여 배척하니, 매우 말도 안
되는 일이다. 그 밖에 누누이 진계(陳戒)378)한 말은 매우 절실하니, 유의하지
않을 수 있겠는가?"

○ 17일, 대비전에서 복선(復膳)379)할 일로써 종친과 백관이 정청하자
윤허하고 애써 따랐다.

○ 18일, 영의정이 차자를 올려 아뢰기를,

---

377) 영선(瀛選) : 홍문관의 관리를 뽑는 일이다. 영선의 '영'은 중국의 한림원(翰林院)으로
  일명 영주(瀛州)라 부르는 데서 온 말이다.
378) 진계(陳戒) : 신하가 임금에게 이변(異變)에 대하여 경계하고 두려워하라는 뜻으로 상소
  를 올리는 일이다.
379) 복선(復膳) : 반찬을 줄이고 고기음식을 폐하였다가 다시 이전대로 복귀하는 것이다.

"산릉에 전알(展謁, 참배)하는데 추위를 당하여 동가(動駕)380)하다가 건강이 손상될 우려가 많으니 내년 봄으로 날짜를 정하십시오. ……"

하자, 주상이 답하기를, "아뢴 바가 타당하다." 하였다.

○ 19일, 장령 송필항이 이전에 아뢴 계사 가운데

"박태춘 등의 일을 정계(停啓)할 때 도리어 꾸짖은 말은 비록 매우 해괴하였지만 이미 혐의가 있으니 형세상 그 상소문을 받아들인 승지를 탄핵하는 계사에 참여하기 어려운데, 임형이 참여하였으니,381) 체차하십시오."

하였다.

○ 20일, 주상이 우의정 조태구의 여섯 차례 사직상소에 답하였다.

"전후 상소에 대한 비답에서 지극한 뜻을 남김없이 다하였지만 사양하는 말이 갈수록 굳건하여 조정에 나올 희망이 막연하니 다만 부끄러움만 더할 뿐 깨우칠 방도가 없다. 청나라 사신들이 가까이 왔으니 앞으로 반드시 논의하여 정해야 할 일이 없지 않을 것이어서 정석(鼎席, 삼정승)의 인원을 갖추지 않을 수 없다. 다행히 경이 위태로운 국세를 깊이 우려하고 있으니 정세를 들어서 사직하지 말고 즉시 서둘러 편안한 마음으로 길에 오르라. ……"

○ 주상이 병조판서 최석항(崔錫恒)382)의 사직상소에 답하였다.

---

380) 동가(動駕) : 어가(御駕)가 대궐 밖으로 출동하다.

381) 박태춘 …… 참여하였으니 : 박태춘은 임부(林溥)와 함께 1706년(숙종32) '세자모해설'을 유포한 혐의로 조사를 받고 정배되었다가 경종 즉위 초에 풀려났다. 이에 대해 그를 석방해서는 안 된다는 논계가 이어졌다가 정지되었다. 그런데 그 후 충청도 유학 홍흡이 상소하여 윤지술을 공격하면서 임창이 그러한 논의의 연원이라고 비판하였는데, 승정원에서 그 상소문을 받아들였다고 승지들을 공격하는 계사에 임형이 참여한 일을 말한다. 여기서 혐의란 임형이 임창과 종형제 사이라는 것을 가리킨다. 모두 앞에 보인다.

382) 최석항(崔錫恒) : 1654~1724. 본관은 전주(全州), 자는 여구(汝久), 호는 손와(損窩)이다. 영의정 최명길의 손자이고, 좌윤 최후량(崔後亮)의 아들이다. 영의정 최석정의 아우인데

"비록 평상시일지라도 본 병조의 직임을 잠시라도 비워 두는 것은 마땅치 않은데, 하물며 지금 이 같은 때이겠는가? 경은 사직하지 말고 속히 공무를 집행하라." - 병조판서 이만성(李晩成)[383]은 칙사(勅使)를 핑계로 피혐하여 체직되었다. -

○ 22일, 영접 도감이 다음과 같이 아뢰었다.

"칙사가 황지(皇旨, 황제의 명령)라고 칭하면서 왕제(王弟)와 자질(子姪) 및 종실을 만나 보기를 요구합니다. 이에 신들이 국왕은 아직 저사(儲嗣, 세자)가 없고 동생은 둘인데, 한 명은 작년에 자식이 없이 죽었고,[384] 다른 한 명[385]은 질병이 위독하여 거동하지 못하는데 그 또한 자식이 없으며, 종실은 원래 가까운 친족이 없다고 했습니다.

청나라 사신이 또 말하기를,

'왕제는 비록 질병이 있더라도 반드시 만나 보고자 한다. 왕제는 어느 비빈(妃嬪) 소생이며, 아무개 씨(氏)를 취하여 부인으로 삼았는지 소상히 기록

최후원(崔後遠)에게 입양되었다. 1678년(숙종4) 진사가 되고 1680년 별시문과에 급제하여 검열을 거쳐 경상도 관찰사를 지냈다. 1721년(경종1) 좌참찬 재직시 세제 대리청정의 지시를 철회시켰다. 이후 이조판서를 거쳐 좌의정 등을 역임하였다. 경종대 소론 4대신 가운데 한 사람으로 꼽혔다.

383) 이만성(李晩成) : 1659~1722. 본관은 우봉(牛峰), 자는 사추(士秋), 호는 귀락당(歸樂堂)·행호거사(杏湖居士)이다. 이유겸(李有謙)의 손자, 이숙(李翻)의 아들이고, 송시열 문인이다. 1696년(숙종22) 정시문과에 장원하여 청요직을 두루 거쳤다. 1709년 최석정의 《예기유편(禮記類編)》을 논죄하다가 삭직되었는데, 이듬해 복관되었다. 1720년 경종이 즉위하면서 형조판서에 올랐으며, 1721년 병조판서로서 연잉군을 세제로 책봉하게 하였는데, 신임옥사에 연루되어 유배되었다가 다시 서울로 불려 와서 국문을 받고 64세를 일기로 옥사하였다.

384) 한 명은 …… 죽었고 : 연령군(延齡君, 1699~1719)을 가리킨다. 숙종의 여섯째 아들로, 어머니는 명빈 박씨(禭嬪朴氏)이다. 1703년(숙종29) 5세에 연령군으로 봉하여졌다. 성품이 효성스럽고 근면하여 왕의 간병에 조금도 게으름이 없었으며, 또한 사제(私第)에 거처하였으나 민간에는 폐를 끼치지 않았다고 한다. 아들이 없이 죽자 숙종이 밀풍군(密豊君) 이탄(李坦)의 둘째 아들인 이상대(李尙大)를 그 후사로 삼도록 하고, 이유(李杺)라는 이름을 내려주었다.

385) 다른 한 명 : 연잉군(延礽君, 1694~1776)이다.

하여 보이라. 그리고 여러 종친은 편전에서 접견할 때에 어좌(御座)의 뒤에 배시(陪侍, 높은 사람을 곁에서 모심)하게 하라.'

하였습니다. 이에 역관이 말하기를, '사대관계를 맺은 이후에 없었던 일이니 결코 봉행(奉行)할 수 없다.' 하니, 칙사가 말하기를,

'이 일을 봉행할 수 없다면, 영의정이 품의(稟議)하고 상지(上旨)를 받들어서 그 문자를 친히 가지고 오면 우리들이 이것을 보고 대궐에 나아가지 않고 즉시 돌아가겠다.'

하여, 누누이 계속 다투었습니다. ……"

○ 비변사에서 다음과 같이 아뢰었다.

"지금 영접 도감의 초기를 보니, 칙사가 황지라고 칭하면서 왕제와 자질 및 종실을 만나 보기를 요구하였습니다. 받들어 거행하지 않으려면 영의정이 품의하고 상지(上旨)를 문자로 만들어 보여 달라고 한 일을 묘당으로 하여금 품처(稟處)하게 하였습니다.

지금 왕자와 종실을 만나볼 수 없게 되면 칙사가 반드시 우리나라 문자를 받으려고 하는 것은 돌아가 주문(奏聞)할 계획인 듯하였습니다. 이에 그 말에 의하여 써 주지 않을 수 없으므로 문자를 얽어 써서 들여 주상께서 살펴보기를 기다려서, 뒤에 전해주려고 합니다.

왕제가 아무개 빈의 소생이며, 아무개 성씨를 부인으로 취한 것도 또한 그 말에 의거해서 써서 보여주어야 할 것입니다. 글머리에는 혹 혼전(魂殿)에 치전(致奠)[386]하는 사례를 사용하거나 혹은 신[387]의 직명을 써서 줌이 마땅할 듯 합니다. 신이 이제 막 관소(館所)로 떠나려고 하므로 감히 아룁니다."

○ 글을 써서 보여주었다.

---

386) 치전(致奠) : 사람이 죽었을 때 제물과 제문을 가지고 조상(弔喪)하는 일이다.
387) 신 : 김창집을 가리킨다.

"조선국 세자는 올해 33세인데 현재 자녀가 없고, 세자의 아우는 금년에 27세인데 군수 서종제(徐宗悌)[388]의 딸과 결혼하였으며, 그 어미는 최씨(崔氏)[389]이고, 현재 자녀가 없다." - 비록 등극하였지만 책봉을 받지 못하였기 때문에 칙사에 대하여 "조선국 세자 겸 권지국사(權知國事)[390]"라고 칭하였다. -

○ 25일, 예조판서 이관명이 칙사를 맞이할 절목을 강정(講定, 강론하여 결정함)한 뒤에 들어왔다.

○ 황지에서 다음과 같이 운운하였다.

"조선 국왕이 습봉(襲封)[391]한 지 거의 50년이 되었으니, 그대의 나라에서 옛날부터 이와 같이 오랫동안 작위를 누린 적이 없었다. 또한 이(李) - 임금의 이름[御諱][392] - 가 지극히 근신(謹愼)하여 공물을 바치는 데에 정성을 다하였고, 공직(供職, 직무를 맡음)한 지 거의 50년 동안에 끝내 소홀함이 없었다. 나라의 변방을 방어하여 태평스러움이 계속되어 추호도 사고가 없었으니, 그 나라의 늙은이나 어린이나 감격하지 않는 자가 없었다.

그런데 홀연히 듣건대 질병으로 갑자기 죽었다고 하니, 짐의 마음이 애통함을 금할 길 없다. 신하를 임명하고 파견하여 치제(致祭)[393]하는 일을 해당

---

388) 서종제(徐宗悌) : 1656~1719. 본관은 달성(達城), 자는 효숙(孝叔)이다. 1687년(숙종 13) 사마 양시에 합격하였다. 1704년에 딸이 뒷날 영조가 되는 연잉군(延礽君)과 결혼하여 사릉참봉(思陵參奉)에 임명되었으며, 그 뒤 신천군수(信川郡守)를 역임하였다. 영조 즉위년에 우의정에 추증되고 달성부원군(達城府院君)에 봉해졌다.

389) 최씨(崔氏) : 영조의 어머니 숙빈 최씨(淑嬪崔氏, 1670~1718)이다. 7세에 궁궐에 들어와 무수리로 허드렛일을 담당했다고 한다. 인현왕후가 폐출된 뒤 숙종의 은총을 받아 1693년(숙종19) 아들 영수군(永壽君)을 낳았지만 두 달 만에 죽었다. 이듬해 인현왕후가 복위된 후 연잉군을 낳고, 숙의(淑儀)가 되었다. 1695년 귀인(貴人)에, 1699년 숙빈에 봉해졌는데, 1718년(숙종44) 병으로 세상을 떠났다.

390) 권지국사(權知國事) : 아직 왕호를 인정받지 못한 기간 동안에 임시로 나라 일을 맡아 다스린다는 뜻의 칭호이다.

391) 습봉(襲封) : 제후가 영지(領地)를 물려받는 일을 가리킨다.

392) 임금의 이름[御諱] : 숙종의 이름은 순(焞)이다.

부(部)로 하여금 전례에 비추어 주문(奏聞)하게 하는 것 이외에 짐이 부고(訃告)
를 듣던 날에 드디어 대신 2원(員)을 파견하여 역마를 타고 달려가서 조문하게
하였다. 이 표문(表文)의 내용을 조선 국왕에게 전하고 처(妻)와 자질에게
고루 유시(諭示)하게 하라."

○ 26일, 우의정 조태구가 차자를 올려 다음과 같이 말하였다.
"삼가 신이 물러나와 시골집에 돌아온 이래로 조정의 여러 일에 대해서
찾아와 신에게 묻는 자가 하나도 없었고, 신상(新喪, 아버지 상)에 며느리가
폄장(窆葬)394)을 경영하느라 애통하고 슬픈 와중이라 정신이 없어서 들어
아는 바가 없었습니다. 늦게야 비로소 청나라 사신이 이른바 지회(知會)395)하
는 문자의 등본(謄本)을 얻어 보니, 그 황제 뜻의 대략은 말하기를,
'의례적으로 대신을 보내어 치제하는 일 이외에 특지(特旨)로 근어 대신(近御
大臣)과 신료를 가려 보내어 조문하겠다. ……'
하였는데, 그 의도가 곧장 산릉에 가서 제전(祭奠)을 올리겠다는 것이었습니
다. 그 아래 또 그 말하기를,
'세자와 아울러 그 아우와 자질(子姪)을 서로 만나 본 후에 급히 돌아와서
황명을 받으라. ……'
하였으니, 이것이 과연 참된 소식이라면, 그 뜻을 가늠할 수 없기에 어찌
놀랄 일이 아니겠습니까? 이와 같은데도 만약 거절할 생각을 하지 않았다면,
나라에 사람이 있다고 말할 수 있겠습니까?
또한 사리(事理)로써 말한다면 상국(上國)에서 열국(列國)의 임금을 조문하면
서 동생과 조카까지 아울러 배신(陪臣)을 삼는 것은 옛날에 없었던 일입니다.
이러한 일을 상국이 시행하는 것은 예의에 어긋나며, 배신이 받아들이는

393) 치제(致祭) : 임금이 제물과 제문을 보내어 죽은 신하를 제사 지내던 일이다.
394) 폄장(窆葬) : 묘혈(墓穴)을 파고 관을 넣어 안장하는 것이다.
395) 지회(知會) : 모든 사람이 다 알 수 있도록 통보하다.

것은 혐의를 무릅쓰는 일입니다.

저들은 비록 예의로써 책망할 수 없겠지만 지금 왕자와 여러 종친들이 어찌 감히 이에 대해 편안할 수 있겠습니까? 산릉에 절하고 제수를 올리는 일은 간쟁해도 받아들여지지 않으면 오히려 마지못해 따를 수 있지만, 이 일에 이르러서는 결코 허락해서는 안 됩니다.

엎드려 바라건대 묘당과 빈접(儐接)396)하는 여러 신하들에게 각별히 신칙하여 예에 의거하여 엄중히 막아야 하며, 그것을 막을 말이 없다고 걱정하지 않아도 됩니다.

신이 지난번에 사직 상소를 올렸으나 비답을 받지 못했으니, 그 사례로 보아 진실로 감히 다시 진언(進言)해서는 안 됩니다. 하지만 칙사의 행차가 이미 홍제원(弘濟院)397)에 도착하였다는 것을 듣고 일의 형세가 급박해진 듯해서 부득이하게 상규(常規)를 벗어나 재차 짧은 차자를 올려 대략 신의 어리석은 생각을 바칩니다. ……"

주상이 답하기를,

"차자에서 거론한 일은 묘당으로 하여금 충분히 상의하여 시행하게 하였으니, 빨리 길을 떠나 올라와서 나의 부족한 점을 채우라."

하였다. 이조판서가 궐원(闕員)이 되어 권상유로 대신하였다. 전 판서 송상기에 대해서 영의정이 차자를 올려 청하여 체직을 허락하였다.

○ 대가(大駕)가 칙사를 모화관(慕華館)398)에서 맞이하였다.

---

396) 빈접(儐接) : 손님을 접대하다. 혹은 사행(使行)을 인도하여 접대하다.
397) 홍제원(弘濟院) : 역원제에 의해 공무 여행자에게 편의를 제공하기 위한 목적으로 설치된 것으로 중국으로 향하는 의주로에 위치하여 중요한 기능을 수행하였던 원이었다. 서대문 밖에서 무악재를 넘으면 동편에 위치하였고, 도성과는 가장 가까운 의주로 상의 첫 번째 원이었던 이유로 중국에서 오는 사신들이 많이 이용하였다.
398) 모화관(慕華館) : 중국 사신을 영접하던 곳이다. 1407년(태종7) 송도(松都)의 영빈관을 모방하여 서대문 밖에 건립하여 이름을 모화루(慕華樓)라 하였다. 1429년(세종11) 규모를 확장하여 개수하고 모화관이라 개칭하였다. 중국 사신이 올 때는 2품 이상인 원접사(遠接

○ 27일, 칙사가 혼전에 나아가 제사를 지냈다.

○ 28일, 경상감사 조태억이 장계를 올려 다음과 같이 아뢰었다.

"경주 부윤 권엽은 작년에 상주(尙州)에서 그 일대에 해독을 끼쳤습니다.[399] 각 아문에 바쳐야 할 대동미[大同]를 돈[錢]이나 포(布)로 환전하여 방납하고 백지(白地)[400]에서 명목 없이 두루 거두니, 아무런 관계없는 사람이 온 경내를 소란스럽게 만들어서 원성이 하늘을 찌를 듯하고 갈수록 폐단이 심해졌습니다. 그런데 동경(東京, 경주)의 대부(大府)를 이 사람에게 넘겨주면 다시 같은 폐단이 나올 것이므로 부득이 파출합니다."

○ 12월 1일, 우의정 조태구가 다시 차자를 올려 다음과 같이 말하였다.

"지금 28일 영접 도감 및 비변사의 계사를 보니, 모두 이르기를,

'칙사가 황지라 칭하면서 국왕의 아우와 자질 및 종실을 만나 보기를 청하여, 심지어 비변사에서 왕자가 아무개 빈의 소생이며, 아무개 성씨를 부인으로 취(娶)했다는 것까지 써 보였다.'

하였습니다. 아! 이 무슨 거조입니까? 이미 보여준 글을 지금 빼앗을 힘은 없지만 삼가 같이 오라고 보내신 승지 한세량이 보여준 승정원의 소보(小報)[401] 가운데 이른바 황지의 등본(謄本)을 가만히 보니, 그 말단에 다만 이르기를,

使)를 의주에 보내고, 선위사 또한 2품 이상인 자로 도중 5개 처에 보내어 맞게 하고 연회를 베풀어 위로하였다. 서울에 도착하면 이 모화관에 드는데, 이때 조선의 왕세자는 그의 앞에 나아가 재배의 예를 행하고 백관도 재배의 예를 행한다. 이때 백관은 반을 나누어 사신이 도착하기 전에 관에 나아가 대기하였다. 또, 사신이 돌아갈 때는 백관이 품계의 정종(正從)의 위치를 달리하여 두 줄로 섰다가 일제히 재배례를 행하였다.

399) 경주부윤 …… 끼쳤습니다 : 권엽은 1719년 상주목사로 재직하면서 대동미를 방납하였다고 우의정 이건명의 탄핵을 받았다. 《肅宗實錄 45年 11月 27日》

400) 백지(白地) : 농사가 제대로 되지 아니하여 수확이 없어서 납세의 의무가 없는 땅을 가리킨다.

401) 소보(小報) : 조보(朝報)를 발행하기 전에 그 당일에 긴요한 사항을 각 관사의 하인이 소지(小紙)에 써서 관원에게 먼저 돌리던 문서이다.

'이 표문의 내용을 조선왕에게 전하여, 그 아내와 자질에게 고루 유시하게 하라.[這表章傳於朝鮮國王妻子侄均諭]'

하는, 모두 열네 글자가 있을 뿐이었습니다. 어디에 '동생과 종실' 등의 말이 있었으며, 또한 어디에 '왕자가 아무개 빈의 소생이며, 아무개 성씨를 취했다.'는 글이 있었습니까?

'동생과 종실[弟宗室]' 세 글자와 '왕자가 아무개 빈의 소생이며, 아무개 성씨를 취했다.'는 글이 실제로 황지에 기록되어 있는데, 승지가 신에게 보여준 등본에는, 등사하여 전달하는 사이에 어찌 문자를 빠뜨리거나 잘못 기록해서 그런 것이겠습니까?

만약 신이 본 등본에 빠뜨리거나 잘못 기록된 글자가 없다면 청나라 사신이 영접 도감과 비변사에 보여준 황지 가운데 '동생과 종실' 및 '왕자가 아무개 빈의 소생이며, 아무개 성씨를 취했다.'는 것은 어떤 황지에 의거해서 한 말입니까? 어찌 황지 가운데에 없다고 하면서 사리에 의거하여 힘껏 거절하지 않았습니까?

설혹 그 말이 황지에 정말로 있었다 하더라도 어찌 그것을 모면할 방법이 없어서 한결같이 그 말을 따라 오직 부지런하게 써서 보여주었단 말입니까? 신은 실로 지붕을 쳐다보고 길게 탄식하면서, 바로 듣고 싶지 않습니다. 오늘을 위한 계책으로서 결말을 잘 마무리할 묘책을, 알지 못하겠습니다만 어디서부터 착수해야 합니까? 이 일은 관계되는 바가 매우 크기 때문에 부득불 다시 운운하는 것입니다.

엎드려 바라건대, 성명께서는 신의 이 차자를 내려서, 묘당으로 하여금 다시 잘 처리할 방도를 강구하게 하여 나라의 체통이 떨어지지 않게 하여, 청나라가 감히 업신여기지 못하게 하신다면 사직을 위해서 천만다행이 아닐 수 없을 것입니다."

주상이 다음과 같이 답하였다.

"전후 비지(批旨)에서 부지런하고 성실하게 모두 갖추어 말하였으니, 반드시 아침저녁으로 조정에 나올 것을 기다렸다. 지금 차자의 글을 보고 또 질병이 있다고 하니 놀라움을 금치 못하겠다. 써서 보여준 일은 영의정이 재삼 굳게 거절했으나 끝내 들어주지 않으므로 부득이 했던 것이다.

나라를 근심하고 백성을 사랑하는 정성으로 누누이 진언(進言)하였는데, 명심하지 않을 수 있겠는가? 차자 말미에 말한 일은 묘당으로 하여금 품처하게 할 것이니, 경은 안심하고 사직하지 말라.”

○ 2일, 세초(歲抄)하여 박태춘, 김세흠, 이정사(李廷師), 황선, 이정익 등을 모두 서용하였다. 참판 이봉징(李鳳徵)402), 우의정 목내선(睦來善)403), 판서 이현일(李玄逸)404), 복평군(福平君) 이연(李㮒)405), 양원군(陽元君) 이환(李煥)406),

---

402) 이봉징(李鳳徵) : 1640~1705. 본관은 연안(延安), 자는 명서(鳴瑞), 호는 은봉(隱峰)이다. 1675년 증광문과에 장원 급제하여 청요직을 두루 지내고 1694년 대사헌이 되었다가 갑술환국으로 파직되었다. 1698년 형조참판으로 복직되고, 1701년 부사직으로 희빈 장씨(禧嬪張氏)의 사사(賜死)를 반대, 지도(智島)에 위리안치되었다.

403) 목내선(睦來善) : 1617~1704. 본관은 사천, 자는 내지(來之), 호는 수옹(睡翁)·수헌(睡軒)이다. 인조대 출사하여 효종대 교리·판결사, 숙종대 예조·호조판서를 역임하였다. 1680년 (숙종6) 경신환국 때 삭직되었다가 1689년 우의정이 되었다. 그해 기사환국이 일어나 서인을 제거하는 데 앞장서 좌의정에 올랐다. 갑술환국(1694)으로 유배되었다가 1699년에 풀려났다.

404) 이현일(李玄逸) : 1627~1704. 본관은 재령(載寧), 자는 익승(翼升), 호는 갈암(葛庵)이다. 대사헌·이조판서 등을 역임하였다. 퇴계 학풍을 계승한 대표적인 영남 산림이었다. 1678년 지평 등을 거쳐 이조판서 등에 임명되었다. 1694년 인현왕후가 복위된 뒤 갑술환국 때 조사기를 구원하다가 유배되었다. 저서로 《갈암집(葛庵集)》 등이 있다.

405) 복평군(福平君) 이연(李㮒) : 1648~1700. 인조의 셋째 아들이자 효종의 동생인 인평대군(麟坪大君)의 아들이다. 특히 복창군(福昌君) 이정(李楨, 1641~1680)과 복선군(福善君) 이남(李楠, 1647~1680), 복평군 이연은 ‘3복(三福)’으로 일컬어졌는데, 이들은 종친으로서 권세가 있었고, 외숙인 오정창(吳挺昌) 등 남인들과도 교류하였다. 1675년(숙종1)에 청풍 부원군 김우명(金佑明)이 상소하여 이른바 3복(三福) 형제의 비리를 들추고 이들이 궁녀와 간통하였다고 논핵하였다. 이때의 차자에서 김우명은 복창군의 죄상을 논함과 동시에 자전과 임금 사이를 이간하는 무리가 있다는 말을 하고 임금이 효성으로 자전의 뜻을 받들 것을 강조하였다. 《肅宗實錄 1年 3月 12日》이에 영의정 허적은 복창군 형제의 혐의가 애매하고, 청풍 부원군 김우명이 궁녀에게 무고한 자백을 받아 왕손을 죽이려 한다고 주장하였다. 이와 같은 남인의 정치적 공세 속에 김우명이 오히려 반좌율을

의원군(義原君) 이혁(李爀)[407] 모두의 직첩(職牒, 임명장)을 환급하였다.

○ 사헌부 - 박필정 - 에서 앞서 김일경과 임수간 및 당일 사진(仕進)한 승지를 모두 파직하고 서용하지 말라고 아뢰었었다. 이어서 새롭게 아뢰기를, "나라에 큰 상사(喪事)가 있는데, 일종의 불령(不逞)한 무리가 망령되게 성상의 뜻을 억측하여 현혹하는 계략을 행하고자 얼굴을 바꾸어 번갈아 나와 기회를 틈타 날뛰는 형상이 진실로 이미 놀랍고 분통스러웠습니다.

전 승지 유중무는 머리가 허연 나이에도 오히려 벼슬을 얻지 못할까 근심하는 마음이 있어서 다른 사람의 사주를 받아 상소 하나를 올렸는데, 그 내용이 참혹하고 그 의도가 음흉하여 이루다 분변하기에도 부족합니다. 다만 그가 정소(呈疏)하던 날은 어떠한 날이었습니까? 졸곡이 겨우 끝나자마자 곧 참서(讒書)를 올렸으니, 아! 저 유중무는 유독 선왕의 신하가 아니란 말입니까? 어찌 차마 이런 날에 이런 거조를 할 수 있단 말입니까?

위로는 낭묘(廊廟, 의정부)로부터 아래로는 삼사에 이르기까지 그 공격을 받지 않은 사람이 없어서, 그가 반드시 총청(聰聽, 임금의 들음)을 의혹스럽게 하고 조정 신하들을 일망타진하려 한 것은 실로 예로부터 참소하는 사람도 감히 하지 못한 일입니다. 또한 상소 말미에서 '분석하여 깨뜨리고 잘 타이르

받을 위기에 처하여 의금부에서 대죄(待罪)하게 되었다. 이 사건은 나인들만 처벌을 받고 묻혔으나 이후 경신년(1680, 숙종6)에 허적의 서자 견(堅)이 복창군 삼형제와 역모를 도모했다는 고변으로 복창군과 복선군 및 허적·윤휴 등이 사사되고 남인 정권은 몰락하였다.

406) 양원군(陽元君) 이환(李煥) : 1658~1724. 인조의 셋째 아들 인평대군의 맏아들 복녕군(福寧君)의 맏아들이다. 1713년(숙종39) 윤 5월에 포천(抱川)의 왕방산(旺方山)을 차지하려던 일로 동생 의원군(義原君) 이혁(李爀)과 함께 사헌부의 탄핵을 받았다. 1724년(영조 즉위년) 12월에 양원군이 작고하자 영조는 특명으로 양원군의 직첩을 돌려주게 하였다. 《肅宗實錄 39年 閏5月 19日》《英祖實錄 卽位年 12月 13日》

407) 의원군(義原君) 이혁(李爀) : 1661~1722. 인조의 셋째 아들인 인평대군의 손자이다. 1680년(숙종6) 남인 허견(許堅)이 인평대군의 세 아들 복창군 이정(李楨), 복선군(福善君) 이남(李柟), 복평군 이연과 공모하여 복선군을 임금으로 세우려 했는데, 이 옥사에 연루되어 김해로 귀양 갔다.

라.'고 청하였는데,[408] 비록 그 의도가 무엇인지 알 수 없지만 우리 선왕의 처분이 해와 별처럼 빛나고 전하의 작년 하교가 그것을 준수하려는 것에서 나왔는데, 이것을 어찌 오늘날 신하가 감히 입을 놀릴 수 있단 말입니까?

흉악한 유생들의 상소[409]에 대해서는 아직까지 비답을 내리지 않으셨습니다만 유중무의 두 번째 상소에서는 이미 그 상소에서 말한 것을 알고서도 그 부화뇌동하고 화응하며 경영하고 배치한 자취가 밝게 드러나 감출 수 없습니다. 이것을 그대로 둔다면 장차 간사하게 참소하는 것을 징계하여 엄히 막을 수 없을 것입니다. 청컨대 전 승지 유중무의 관작을 삭탈하고 문외출송 하십시오."

주상이 답하기를 "윤허하지 않는다." 하였다.

○ 예조참판 박태항(朴泰恒)[410]이 상소하여 사신을 접대할 때 저지른 잘못을 거론하면서 말하기를,

"어찌 한결같이 입으로 전하는 말을 듣고 허락해 주었단 말입니까? 원접사(遠接使)의 장계에 이미 이 말이 있었으나 지금 와서는 얕은 데로부터 깊은 데로 들어가 부당한 것을 물었으니, 몹시 이상한 일입니다. 수역(首譯)[411]에게 죄주기를 청합니다. ……"

---

408) 상소 …… 청하였는데 : 유중무가 조태구를 구원하면서, 경종에게 청한 내용이다. 본서 11월 3일자 기사에 보인다. 당시 조태구는 윤지술을 비판하였다가 노론의 반발을 받고 출사하지 않고 있었다. 유중무는 결국 조태구의 출사를 원한다면 윤지술에 대한 입장을 분명히 하라고 경종에게 요구한 것이었다.

409) 흉악한 유생들의 상소 : 경기 유학 김행진과 충청도 유학 홍흡의 이름으로 제출된 상소를 말한다. 이들은 모두 윤지술을 공격하는 상소를 올렸는데, 유중무는 당시 승지로서 이들의 상소를 막지 않고 받아들였다는 비판을 받고 올린 사직상소가 여기서 언급한 그의 두 번째 상소이다. 본서 11월 12일자 기사에 보인다.

410) 박태항(朴泰恒) : 1647~1737. 본관은 반남(潘南), 자는 사심(士心)이다. 1687년(숙종13) 알성문과에 급제하여 보덕·문학 등을 거쳐 충청도관찰사를 지냈다. 1720년(경종 즉위년) 예조참판으로서 세제 책봉을 주장하는 노론을 적극 탄핵하였다. 영조가 즉위하자 삭탈관작 되었다가 정미환국(1727)으로 다시 기용되어 형조판서 등을 역임하였다.

411) 수역(首譯) : 각 관아 또는 사신에 속하는 역관(譯官)의 우두머리이다.

하니, 주상이 답하기를, "이미 우의정에게 내린 비답에서 자세히 말하였다."
하였다.

○ 승정원 - 유숭(兪崇)[412]·이정신(李正臣)[413]·정형익 - 에서 아뢰어 말하기를,
"삼가 신들이 세초 계본(歲抄啓本)[414]과 단자(單子)를 보았는데, 죄인 목내선·
이현일·이봉징의 직첩을 환급하라는 명이 있어서 신들은 삼가 지극히 놀라고
당혹스러운 것을 이길 수 없었습니다.

저 목내선은 '불공(不恭), 불경(不敬)'이란 말을 지어내어 감히 더할 수 없는
지위에 억지로 더했고,[415] 이현일이 말한 '중전으로서의 의무에 순종하지
않고 스스로 하늘[임금]과 끊었다.'[416]는 등의 말은 실로 신하의 지극한 죄이며,
이봉징이 올린 흉악한 상소는 지극히 패악한 말이 많았으며 감히 나라의

---

412) 유숭(兪崇) : 1661~1734. 본관은 창원(昌原), 자는 원지(元之)이다. 1699년(숙종25) 증광문
　　과에 급제하여 청요직을 두루 지냈다. 신임옥사에 연루되어 1723년(경종3) 파직 당하고
　　유배되었다가 이듬해 영조의 즉위로 풀려났다. 1727년 정미환국으로 소론이 등용되자
　　이를 반대하다가 문외출송 되었다. 이듬해 이인좌의 난이 일어나자 호서소모사(湖西召募
　　使)로 기용되고 이어서 도승지·공조참판 등을 역임하였다.
413) 이정신(李正臣) : 1660~1727. 본관은 연안(延安), 자는 방언(邦彦), 호는 송벽당(松蘗堂)이
　　고, 박세당(朴世堂) 문인이다. 1699년(숙종25) 정시문과에 급제하여 청요직을 두루 지냈
　　다. 경종대 도승지 재직 시 조태구 등과 더불어 노론 탄핵과 축출에 앞장섰다. 1724년
　　영조가 즉위하자 신임옥사를 일으킨 주역으로 지목되어 유배되었다.
414) 세초 계본(歲抄啓本) : 6월과 12월의 인사이동에 앞서 허물이 있는 관원의 이름을 적어서
　　국왕에게 올린 문서를 가리킨다. 계본은 원래 중앙과 지방의 직계 아문이 국왕에게
　　담당 업무에 대해 보고·건의하기 위해 올리던 문서이다.
415) 목내선은 …… 더했고 : 1689년(숙종15)에 인현왕후의 폐출을 고하는 주문(奏文)을 가지
　　고 청나라에 갈 때 부사 신후재(申厚載)가 좌의정 목내선에게 저들이 힐문하면 어떻게
　　대답해야 할지를 물었다. 목내선은 '불공불경(不恭不敬)'으로 대답하라고 하였는데,
　　인현왕후가 폐비될 때 주상이 들추어낸 죄과에는 '불공순(不恭順)'이라는 3자는 있었지만
　　'불경'이라는 글자는 없었다. 이 일로 목내선은 갑술년(1694)에 인현왕후가 복위된
　　뒤 위리안치 되었다. 《肅宗實錄 15年 8月 11日, 20年 5月 12日》
416) 중전으로서의 …… 끊었다 : 이현일이 1689년 인현왕후 폐비에 반대하는 상소문에서
　　나온 말이다. 1694년 갑술환국 이후 이 말이 문제되어 종성에 위리안치 되었다. 《肅宗實錄
　　15年 9月 24日, 20年 7月 5日》

예법을 어지럽히고, 명분을 무너뜨리려고 하였으니,[417] 이 세 사람의 죄는 모두 강상에 저촉되었습니다. 그런데 직첩을 환급하라는 명을 뜻하지 않게 갑자기 내리시니 이는 실로 의리를 밝혀 엄히 징토하는 형전과 어그러진 점이 있습니다.

또한 이연·이환·이혁 모두에게 직첩을 돌려주라는 명이 있었는데, 역옥에 연좌된 것이 얼마나 중대한 범죄인데 고신(告身)[418]을 환급합니까? 이 무리에 대해서는 왕법으로 헤아려 보건대 결코 다시 종친 명부[宗籍]에 둘 수 없으니, 청컨대 직첩을 환급하라는 명을 도로 거두어 주십시오."

등의 일이었는데, 주상이 전교하기를, "윤허하지 않는다." 하였다.

○ 3일, 사헌부에서 새롭게 아뢰어 목내선·이현일·이봉징·이연·이환·이혁의 직첩을 환급하라는 명을 모두 환수하라고 청한 일에 대해 주상이 전교하기를, "윤허하지 않는다." 하였다.

○ 5일, 영의정과 좌의정이 연명(聯名)한 차자에서 다음과 같이 말하였다.

"삼가 보건대 우의정 조태구의 차본(箚本)에서 객사를 접대할 때 일에 대해서 크게 거론하면서 묘당을 허물고 질책하였는데, 그 어의(語義)가 매우 준엄하였으므로 신들은 지극히 놀랍고도 당혹스러움을 이길 수 없습니다.

저 '왕제와 조카를 만나 보기를 요청한다.'는 말은 빈신(儐臣, 시행을 맞아 접대하는 신하)의 장문(狀聞)[419]에서 나왔는데, 앞질러 먼저 왕복한다면 갈등만 일으키기 쉽습니다. 또한 여러 빈신이 비록 말을 하더라도 요청을 들어주기

---

417) 이봉징이 …… 하였으니 : 1701년(숙종27) 인현왕후가 승하한 뒤에 이봉징이 상소하여 희빈 장씨의 복제(服制)를 다른 후궁과 차이를 두어야 한다고 주장한 일이 있었는데, 이로 인해 이봉징은 극변에 유배되었다. 《肅宗實錄 27年 8月 27日, 9月 3日》《承政院日記 肅宗 27年 10月 9日》

418) 고신(告身) : 관원에게 품계와 관직을 수여할 때 발급하던 임명장이다.

419) 장문(狀聞) : 관찰사·병마절도사·수군절도사 등 왕명을 받들고 외방에 파견된 신하가 민정을 살핀 결과를 국왕에게 장계(狀啓)로 올려 보고하는 일이다.

어려울 듯하기에 관소(館所)에 당도하기를 기다려 조처하고자 하였습니다. 관소에 당도한 후 청나라 사신이 또 말을 꺼냈지만, 동료 정승의 말을 기다릴 것도 없이 신들도 또한 결코 따를 수 없다는 것을 알고 있었으므로 질병을 핑계 삼아 그 말을 굳게 거절했습니다.

성상이 관소에 친림(親臨)하신 날 청나라 사신이 황지가 이와 같다는 뜻으로 비록 말한 바가 있었지만 또한 강력하게 청하려는 의도는 없었으므로, 그 일은 이내 중지하였습니다.

신들은 비록 청나라 사신의 말이 반드시 황지에서 나왔는지 알지 못하였지만 저들이 이미 이것으로써 말하였으니, 이것을 곧바로 거짓 명령으로 돌려서 그로 인해 서로 화목하지 못한 일이 생길 염려가 있으면 안 되므로, 창졸간에 그것을 모면할 방도로서 저절로 그렇게 하지 않을 수 없었던 것입니다.

그리하여 산릉의 제전(祭奠)도 또한 문자를 보지는 못하였지만 황지의 진위를 따진 적이 없이 다만 예의 뜻과 일의 형세만을 가지고 다툰 것은 모두 이런 뜻이었습니다.

왕자가 '아무개 빈의 소생이며 아무개 성씨를 취했다.'는 한 구절의 말에 대해서도 황지의 유무(有無)를 헤아리기 어려웠던 것은 앞에 아뢴 바와 같았습니다. 그렇지만 만나 보기를 청한 일에 비교한다면 더 심각하게 중대한 일은 아니었을 뿐만 아니라, 산릉의 일로부터 일마다 서로 다투다 보니 지력(智力)이 이미 다 고갈되고 말았습니다.

청나라 사신이 바야흐로, '만약 이 일을 받들어 봉행하지 않는다면, 대궐에 나아가지 않고 곧장 돌아가겠다.' 말하였으므로, 도감에서 누차 성상께서 앉아서 접견을 기다리고 있다고 말했지만, 끝내 청나라 사신이 고집을 부려 변동할 뜻이 없었으니, 그 곤욕스러움이 이보다 더 심할 수 없었습니다.

진실로 반드시 다투어야 할 대단한 의리가 없다면 한결같이 배척하여 사단을 일으키는 것은 옳지 못한 일입니다. 그런데 지금 사정이 어떠한지도 헤아리지 않고 다만 말단의 지엽으로 인하여 이미 미봉(彌縫)한 본래의 일까지

도 어물어물하여 명백하지 않은 것처럼 말해버리고, 심지어 다시 '착수'
할 곳이 없다고까지 말하니 신들은 어리석어서 진실로 그 이유를 이해하지
못하겠습니다. 신들이 본래 어리석고 비루한데 졸지에 무거운 임무를 담당하
여 접대할 때 능히 잘 주선하지 못하고 한갓 마음과 힘을 허비하기만 하였습니
다만, 비난하며 배척하는 말이 몹시 비상(非常)합니다. ……"

주상이 답하기를,

"우의정이 올린 차자의 말에는 다른 마음이 없다. 경들이 나라를 위해
충성을 다하는 것은 내가 이미 충분히 알고 있으니, 경들에게 조금도 혐의할
일이 없다. ……"

하였다.

○ 8일, 비변사에서 다음과 같이 아뢰었다.

"6월 도목정사를 아직까지 거행하지 않았으니, 이는 실로 일찍이 없었던
일입니다. 이조판서 권상유는 병이 근래 들어 더욱 심해졌으니 변통하지
않으면 안 됩니다. 이조판서를 지금 우선 개차(改差)하고 대신할 사람을 즉시
차출하여, 이번 달 안에 반드시 도목정사를 거행하는 방도로 삼는 것이
어떻습니까?"

○ 11일, 우의정이 올린 세 번째 상소에서 다음과 같이 말하였다.

"영의정과 좌의정의 차자는 신의 근심하고 개탄하는 말로 인하여 지나치게
의심과 노여움을 더하였습니다. 신이 차자에서 거론한 의도는 옛사람의
수레를 미는 의리420)에서 나온 것으로서 국가의 체통이 어그러지거나 손상되
는 단서가 없도록 해서 청나라 사신이 혹시 경시하여 업신여기는 근심이
없게 하려는 것뿐이었습니다.

---

420) 옛사람의 …… 의리 : 원문은 "推車之義"이다. 무거운 수레를 밀듯 어려운 나랏일을
   함께 떠맡는다는 뜻이다.

신이 애초 차자를 올릴 때에는 황지를 직접 보기 전이었는데, 홀연 청나라 사신이 보내온 문자에 대해 듣고서 저도 모르게 몹시 놀라서 단지 사리에 나아가 논하였던 것입니다. 그런데 대신의 차자에서 '동료 정승의 말을 기다리지 않고도'라고 하였는데, 신 또한 그 불가함을 알고 있었으니, 이것이 바로 의논하지 않고도 생각이 같았다고 말할 수 있는 경우였습니다.

그런데 신이 22일에 김창집 등이 청대하여 한 말을 보니, '동생과 조카를 만나보기를 청한' 한 가지 사안에 대해서 애초 거절하자는 청이 없었고, 단지 '어찌해야 옳겠습니까'라고 우러러 아뢰었을 뿐이었으니, 신이 어떻게 칙사가 관소(館所)에 당도한 후 거절할 일을 미리 알아서 한마디 말도 하지 않을 수 있었겠습니까?

경솔하게 미리 왕복하기 어려웠던 것은 형세가 혹 그럴 수도 있습니다. 그러나 연석(筵席)에서 의논하여 결정할 즈음에 무슨 갈등이 생길 염려가 있다고 굳게 거절할 뜻을 곧장 진달하지 않고, 단지 '어찌해야 옳겠습니까'라는 한 구절의 말로 대충 우러러 아뢰었단 말입니까?

이 일은 국가의 체통이 달려 있고, 뒷날 폐단이 생길 수 있으므로 있는 힘껏 거절하지 않을 수 없는데, 당시 연석에서 아뢴 것에 미리 작정한 계책이 밖으로 드러난 것이 없었으니 신이 어찌 때맞추어 차자를 올려 아뢰지 않을 수 있단 말입니까?

그 뒤 황지를 보고서 애초부터 조종(操縱)한 것의 태반이 황지에서 나오지 않았음을 비로소 알았는데, 저들이 '고루 유시하라.[均諭]'는 두 글자를 빙자하여 뜻밖에 무리한 거조를 벌였으니, 어찌 몹시 통분한 일이 아니겠습니까?

황지가 한번 나온 뒤에는 그 가운데에 있지 않은 것을 한번 보고도 알 수 있었습니다. 이미 황지 가운데 있는 말이 아니었으므로 종척(宗戚)의 많고 적은 것과 아무개 소생이며 아무개를 취했는지가 중대한지의 여부를 물론하고 어찌 공공연하게 써서 청나라 사신에게 보여줄 이치가 있단 말입니까?

곧장 황지 가운데 없는 일이라고 명백히 말을 만들고, 이치에 의거하여 준엄하게 배척했다면, 청나라 사신이 다시 무슨 말로 괴롭히겠습니까? 그런데 이렇게 하지 않고 허다한 군더더기 말을 써 주었으니, 이 같은 길을 한 번 터놓으면 지금부터 청나라 사신이 이것보다 더욱 무리한 요구를 하더라도 장차 어떻게 반복하여 쟁론하겠습니까? 이것이 하늘을 우러러 탄식하면서도 훗날의 좋은 대책이 무엇인지 알 수 없는 이유입니다. 조정에서는 이것을 근심하지 않고 도리어 신의 말이 사정을 헤아리지 못한다고 의심하니, 신 또한 그 이유를 알지 못하겠습니다."

주상이 다음과 같이 답하였다.

"경의 상소는 대개의 내용이 감탄스럽기 그지없다. 청나라 사람의 말이 비록 진실이 아니라 하더라도 이미 황지를 칭하였으므로 사안이 중대함에 관계되니 헐뜯어 논란할 수 없었다. 영의정과 좌의정의 의도도 이와 같았으므로 끝내 그 적당함을 얻지 못한 것이 바로 이와 같다. 일이 이미 여기에 이르렀으니 반드시 번잡하게 하지 않는 것이 옳을 것 같다.

영의정과 좌의정이 공적으로 믿음이 있고 충성을 다하는 것과 경의 근심하고 개탄하는 정성이 여기에 이르러 지극하니, 경이 과거나 지금 일에 대해서 개의치 않으면 다행이겠다. 승지를 바로 소환하여 편안히 병을 치료하게 할 것이니 경은 안심하고 조용히 몸을 잘 보살피면서, 편히 누워서 도(道)를 논하여[421] 지극한 바람에 부응하라." - 데리러 간 승지 한세량이 전유한 뒤 조정에 들어왔다. -

○ 13일, 영의정이 차자를 올려 말하기를,

"감히 충정을 펴니 속히 퇴출을 허락해서 어진 이를 방해하고 일을 그르친 죄를 밝히십시오."

---

421) 편히 …… 논하여 : 원문은 "臥閤論道"이다. 특별히 애쓰지 않아도 잘 다스려진다는 뜻이다. 한나라 급암(汲黯)이 동해 태수(東海太守)가 되었는데, 병이 들어 합문(閤門) 안에 누워 있으면서 정사를 오랫동안 돌보지 못했는데도 동해가 잘 다스려졌다고 한다. 여기서 와합논도 또는 와치(臥治)라는 말이 유래하였다. 《史記 汲黯列傳》

하니, 주상이 다음과 같이 답하였다.

"전후 비답에서 남김없이 모두 말하였는데, 지금 차자의 글을 보니 마음이 매우 깜짝 놀라 무슨 말을 해야 할지 모르겠다. 우의정의 상소에 대한 비답에서 이미 내 마음속에 있는 말을 유시(諭示)하였는데, 경에 대해서도 또한 한층 더 그리운 마음뿐이다. 경에게는 조금도 혐의될 것이 없으니, 경은 안심하고 사직하지 말고 속히 나와서 도를 논해서 내가 갈증 나게 바라는 뜻에 부응하라."

○ 좌의정이 차자를 올려 말하기를,

"정세가 갈수록 위태로워져서 이렇게 다시 호소하지 않을 수 없으니, 삼가 견책하여 파직하여 주십시오."

하니, 주상이 다음과 같이 답하였다.

"이미 영의정의 비답에서 유시하였는데 다시 어찌 할 말이 많겠는가? 기쁨과 슬픔을 함께 하는 의리에 비추어 혐의스럽게 생각하지 말고, 빨리 나와서 국사를 논하여 내가 허심탄회하게 그대의 말을 듣고 싶은[422] 소망에 부응하라."

○ 충청좌도(忠淸左道)[423] 유생 이몽인(李夢寅) 등이 - 650여인 - 상소하여 다음과 같이 말하였다.

"삼가 운운. 군신의 분의(分義)가 엄하고 모자의 윤상(倫常)이 중한 것은 하늘이 경(經)이 되고 땅이 위(緯)가 되는 것처럼 예로부터 지금까지 변함이 없으니, 이것이 한 번 무너지면, 사람은 사람 구실을 할 수 없고 나라는

---

422) 허심탄회하게 …… 싶은 : 원문은 "虛佇"이다. 임금이 허심탄회하게 어진 신하의 말을 듣는 것을 말한다. 원래 '저(佇)'는 문(門)과 외병(外屛) 사이로 정당(正堂) 앞의 정중(庭中)에 있는데, 천자가 정사(政事)를 들을 때 서는 곳이다. 즉 허저란 이곳을 비워둔다는 뜻으로, 신하의 말을 허심탄회하게 듣는다는 것을 비유한 말이다.
423) 충청좌도(忠淸左道) : 충청도의 동부 지역으로 현재 충청북도를 가리킨다. 태조 때에 충청도를 서부와 동부로 나누어, 동부를 충청좌도라 하였는데, 충주·청풍·단양·괴산·연풍·영춘·제천·음성·청주·천안 등이 이에 속하였다.

나라의 구실을 할 수 없습니다. 전하께서 새로 즉위하신 처음에 저 윤지술이
갑자기 무륜(無倫)·부도(不道)한 말을 발설하리라고 어떻게 생각할 수 있었겠
습니까? 군부(君父)를 업신여기고 이륜을 무너뜨린 것이 어떻게 이 지경에
이른단 말입니까?

전하께서 선왕의 대통(大統)을 빛나게 잇고 천승(千乘)의 지위에 높이 계신
데, 차마 한낱 하찮은 어린아이로 하여금 팔뚝을 내저으며 우리 전하를
탄생하신 사친을 여지없이 모욕하게 하였습니다. 그런데도 오히려 한마디
말을 하거나 한마디 명령을 내려서 흉악하고 방자한 죄를 조금도 징계하지
못하였으니, 분의와 윤상(倫常)은 여기에 이르러 남김없이 다 없어졌습니다.

신들은 차라리 관면(冠冕)[424]을 벗어 찢어버리고 산림으로 도망쳐 들어가서
이런 역적 무리들과 효로 다스려지는 세상에 함께 살고 싶지 않은 심정입니다.

아! 제왕가(帝王家)의 변괴가 전하께서 만난 것과 같은 일이 비록 혹 있지만
선조에 죄를 얻었다 해서 바로 그 천성(天性)의 사친을 끊은 일이 있다는
것은 듣지 못하였습니다. 또한 그 신하된 자가 군부를 향해서 그를 낳아준
사친을 배척하여 억지로 버리게 하기를 윤지술처럼 한 자가 있다는 말도
듣지 못하였습니다.

그의 마음은 반드시 '이 사람은 선왕의 죄인이니 지금도 또한 죄인으로
대우하지 않을 수 없다.'고 여긴 것인데, 이것은 죄인의 아들로서 전하를
보는 것이니, 천하에 어찌 이런 일이 있겠습니까? 그러나 이것이 어찌 윤지술
이 새롭게 창안한 것이겠습니까? 그 나쁜 싹수를 추적해 보면 유래가 있어
점차 확대된 것입니다. 신들이 청컨대 근본과 연원을 미루어 논하려 합니다.

삼가 생각건대 우리 선대왕은 춘추가 한창이실 때 저사가 없다가 늦게야
원량(元良, 세자)을 얻게 되니, 온 나라가 기뻐하고 축하하였습니다. 그런데
저위(儲位)를 책정(策定)한 뒤 일종의 흉악하고 음험한 무리들이 항상 불만스러

---

424) 관면(冠冕) : 갓과 면류관으로, 고관이 쓰는 예관(禮冠)이다. 조정 백관을 상징하기도
한다.

운 생각을 품고 있었지만 오직 우리 선대왕께서는 '자식을 사랑하는 자애로운[425]' 마음으로 엄하게 제방(隄防)을 가하여 보호하는 도리가 지극히 깊고 또 간절하였습니다.

그리하여 기사년(1689, 숙종15)에 승정원에 내린 비답에서 말하기를,

'원자(元子)[426]의 명호(名號)가 이미 정해져서 군신의 분의가 크게 결정된 뒤에 국본(國本)[427]을 일찍 결정했다고 불만의 뜻을 현저히 드러냈으니, 인심과 세도를 미루어 알 수 있다.'[428]

하였습니다. 또 갑술년(1694)에 특별히 비망기를 내려서,

'강신(强臣)과 흉얼(凶孼)로서 국본을 동요시키는 자는 역률(逆律)로써 논죄하겠다.'[429]

라는 하교가 있었기 때문에 요얼(妖孼)들이 그 흉악한 계책을 실현하지 못하였습니다. 그런데 신사년(1701)의 변고[430]를 만나 비로소 떼 지어 일어나

---

425) 자식을 사랑하는 자애로운 : 원문 "止慈"이다. 《대학장구》 전3장에 "《시경》에 이르기를 '깊고 원대하신 문왕이여, 아, 광명하고 공경하여 그치시다.' 하였으니, 문왕께서는 임금이 되어서는 인에 그치고, 신하가 되어서는 공경에 그치고, 자식이 되어서는 효에 그치고, 아버지가 되어서는 인자함에 그치고, 나라 사람들과 사귈 때는 믿음에 그치었다. 【詩云 : '穆穆文王, 於緝熙敬止.' 爲人君止於仁, 爲人臣止於敬, 爲人子止於孝, 爲人父止於慈, 與國人交止於信.】"라고 한 데서 온 말이다.

426) 원자(元子) : 원자는 임금의 맏아들을 가리킨다. 후궁 소생 왕자라 할지라도 일단 원자로서의 명호(名號)가 정해지면 장차 왕비가 대군(大君)을 출산해도 한번 명호가 정해진 왕자의 왕위계승권은 여전히 유효할 수 있었다.

427) 국본(國本) : 나라의 근본이라는 뜻으로, 왕위를 계승할 원자나 세자를 가리키는 용어이다.

428) 원자의 …… 있다 : 원자 책봉을 반대하는 송시열 상소에 대한 숙종의 비답이다. 《肅宗實錄 15年 2月 2日》

429) 강신(强臣)의 …… 논죄하겠다 : 1694년 갑술환국 벽두에 나온 숙종의 하교이다. 《肅宗實錄 20年 4月 1日》

430) 신사년의 변고 : 1701년(숙종27) 인현왕후가 죽자 장희빈의 저주 때문이라고 하면서 사사(賜死)한 일을 가리킨다. 당시 장희빈이 취선당(就善堂) 서쪽에 신당(神堂)을 설치하고 중궁으로 복위하기를 기도한 사실이 발각되어 발생하였다. 이에 소론은 세자를 위하여 장희빈을 용서할 것을 청하였지만 숙종은 사약을 내리고 장희재 등 장씨 일파를 국문하여 죽였다. 아울러 남구만·유상운·최석정 등 소론 대신들을 귀양 또는 파면시켰

날뛰었으니, 임창·박규서·이정익 같은 무리들이 얼굴을 바꾸어 번갈아 나와 교대로 흉악한 상소를 올려 '핍존(逼尊)'하는 말과 '은의(恩義)를 손상시키는' 말이 이르지 않는 곳이 없었습니다.

그렇지만 춘궁(春宮, 동궁)으로 하여금 사친을 끊게 해야 한다는 말은 오히려 거리낌 없이 멋대로 입 밖으로 꺼내지 못하였고, 대신이 복제(服制)를 헌의(獻議)[431]하면서 또한 말하기를, '아들이 어미를 끊는 의리가 없습니다.' 하였으니,[432] 오늘날 전하 앞에서 진언하는 자는 사체와 도리로 헤아려 볼 때 더욱 스스로 이전과 구별해야 마땅합니다.

그런데 한번 윤지술이 부도한 말을 앞장서서 꺼내자 그 무리들이 시끄럽게 화응하며 서로 이어서 구원하려고 하여, 그 몸이 영의정인 자도 또한 성균관 유생이라는 핑계로 근거 없는 말로 구원하며 전혀 거리낌이 없었습니다.[433] 오늘날 조정의 신하들이 만약 조금이라도 전하를 두려워하고 전하를 아끼는 마음이 있다면 어찌 감히 그렇게 할 수 있겠습니까?

더욱 이해할 수 없는 것은 홍문관에서 맨 먼저 차자를 올려 윤지술을 구원한 자가 위에서 언급한 말을 헌의한 대신의 손자였습니다.[434] 그 할아비가 '아들이 어미를 끊는 의리가 없습니다.' 하였는데도, 그 손자가 힘껏 어미를 무시한 역적을 구원하면서 미치지 못할까 두려워하는 듯하니, 이것으로 인심이 타락한 것이 신사년보다 더욱 심하다는 것을 볼 수 있습니다.

근년에 김진상이 상소하여 감히 천묘(遷墓)하는 날에 망곡례(望哭禮)를 저지

다. 이 사건을 계기로 노론이 다시 득세하게 되었다.

431) 헌의(獻議) : 신하들이 정사(政事)에 관한 의견들을 논의하여 그 결과를 임금에게 올리다.

432) 대신이 …… 하였으니 : 1701년 장희빈이 사약을 받고 죽은 뒤에 우의정 신완(申玩)이 한 말이다. 《肅宗實錄 27년 10月 11日》

433) 영의정인 …… 없었습니다 : 영의정은 김창집을 가리킨다. 김창집이 윤지술을 구원한 것은 본서 9월 14일자 기사에 보인다.

434) 맨 …… 손자였습니다 : 신완의 손자 신방(申昉)을 가리킨다. 신방은 홍문관 부교리로 있으면서 윤지술을 유배 보내라고 주장한 조최수의 파직을 청하였다. 본서 10월 6일 기사에 보인다.

하려고 하여 전하로 하여금 사람의 자식으로서 한 번 슬픔을 펼치는 것도
못하게 하려고 하였으니, 이는 실로 인정과 천리를 크게 거스르는 아주
패악한 말이었습니다.[435]

그런데도 전하가 즉위한 이래 사소한 견책도 가하지 않았을 뿐만 아니라
아침에 임명했다가 저녁에 자리를 옮겨서 은점(恩點, 임금의 재가)이 끊이지
않은 것이 마치 곧은 절조를 높이고 장려하는 것 같았습니다. 그리하여
비록 여항(閭巷)의 천신(賤臣)이라도 전하의 조처에 대해서 의심스러워하지
않을 수 없었으니 오늘날 윤지술이 꾸짖고 욕한 것은 전하가 그 길을 터놓았다
고 하지 않을 수 없습니다.

지금 윤지술을 토벌하라고 청하는 논의는 현명하거나 어리석거나 귀하거
나 천하거나를 막론하고 많은 사람이 한목소리로 말하는 것이어서 전국의
유생들이 구름처럼 일어나고 그림자처럼 따르니 인정이 함께 하는 일이어서
가로막아서는 안 되는데, 승지를 맞이하여 가로막는 말이 역적 임창의 종제에
게서 갑자기 나왔습니다.[436]

그는 문을 닫고 죽음을 기다려야 하는 자인데도 거리낌 없이 멋대로 툭
뛰어나와 미치광이처럼 질책하고 어지럽게 큰소리치며 승정원에서 자기와
다른 사람을 모두 몰아내고, 비답을 내리기 전에 천총(天聰)을 단속하려 하였으
니, 그 정상이 지극히 흉악하고 그 행동이 매우 도리에 어긋나서 참으로
이는 악역(惡逆)의 종자입니다.

이 뒤로부터 승지로 재직하는 자가 힘껏 유소(儒疏)를 가로막는 일을 능사로
여겨서 마치 성헌(成憲)을 준수하는 것처럼 하고 있으니, 신들은 알지 못하겠습

---

435) 근년에 …… 말이었습니다 : 김진상은 1719년 장희빈의 묘를 개장할 때 세자가 망곡하는
    것을 반대하는 상소를 올린 일이 있었다. 《承政院日記 肅宗 45年 3月 12日》《退漁堂遺稿
    卷6 辭持平兼論世子不當爲張氏改葬行望哭書 己亥》
436) 승지를 …… 나왔습니다 : 임창의 종제 임형(任泂)이, 윤지술을 비판하여 상소한 김행진
    과 홍흡의 상소를 받아들였다고 승지 임수간을 탄핵한 상소를 가리킨다. 본서 11월
    6일자 기사에 보인다.

니다만 수많은 선비들이 올린 인륜의 상도를 밝히고 흉적을 토벌하라는
상소를 받아들이지 말라는 하교가 일찍이 언제 있었다고 승정원에서 물리치
는 것이 어찌 이토록 거리낌 없이 멋대로란 말입니까?

윤양래의 경우, 위리(衛吏)를 위엄으로 위협하고, 금졸(禁卒)을 지휘하여
관을 쓰고 유복을 입은 자로 하여금 감히 궁궐 대문 아래 접근할 수 없게
하여 양도(兩道)의 유생들이 길에서 방황하다가 곧장 대궐 문을 밀치고 들어가
서 임금에게 하소연하려 했지만 이룰 수 없었습니다. 병조에서 언로를 막는
것을 오늘날 비로소 처음 보았는데, 이것은 사마문(司馬門, 궁궐의 외문)으로
들어가지 못한 일과 불행히도 비슷합니다.[437]

하물며 지금 조위(弔慰, 조문과 위문)와 책봉에 대해 모두 소식도 없고
칙서(勅書)도 없다가 청나라 사신이 하루아침에 나와 여러 가지로 공갈을
쳐서 그 끝을 헤아릴 수 없었습니다. 그런데 김창집이 한 번 청나라 사신과
왕복해서 대화를 나눈 뒤로부터 신들은 의구심을 가지고 놀라서 몸 둘 바를
모르겠는 것이 마치 어떤 화기(禍機)가 아침저녁으로 닥쳐 있는 것과 같습니다.
이것이 어떤 시세이며 이것이 어떤 효상(爻象)[438]입니까?

아! 독대했던 대신 이이명이 한꺼번에 6만 냥의 은화를 가지고 떠나서
승지의 의혹을 불러일으켰고, 국정을 맡은 영의정 김창집이 한 장의 종이를
써서 주어서 우의정 조태구의 놀라움에 찬 우려를 초래하였으니, 오늘날
인심이 어찌 물결처럼 흔들리지 않을 수 있겠습니까?

전하는 외롭게 고립되어 깊은 궁궐에 거처하고 있는데, 이 무리들의 종종
헤아리기 어려운 짓이 하나같이 여기에 이르렀으니 지금 조정에서 나라를

---

437) 사마문(司馬門)으로 …… 비슷합니다 : 진(秦)나라 장감(章邯)이 항우(項羽)와 싸우다가
     군세가 불리해지자 황제 이세(二世)가 장감을 질책했다. 이때 장감은 장사(長史) 사마흔
     (司馬欣)을 보내 이세에게 일을 아뢰게 했는데, 흔이 함양에 도착해 사마문(司馬門)에서
     3일이나 머물렀으나, 당시 권신 조고(趙高)는 그를 만나 보지 않았다. 그 후 진나라는
     곧 망했다. 《史記 卷7 項羽本紀》 그러므로 이것은 나라가 망할 징조라는 의미이다.
438) 효상(爻象) : 《주역(周易)》의 효(爻)에 나타난 징조이다. 좋지 못한 경상(景狀)을 가리킨다.

위해 믿을 수 있는 자가 과연 누가 있겠습니까? 애석하기 그지없는 것은,
우의정은 의지할 수 있는 대신인데 이처럼 위험한 때에 한결같이 물러나
앉아서 헛되이 성권(聖眷, 임금의 은혜)을 입었으니 이것이 어찌 오늘날 저
정승에게 바라는 바이겠습니까? 삼가 취하지 못할 점이 있습니다. 신들이
나라를 걱정하는⁴³⁹⁾ 근심이 있어서 충분(忠憤)에 격동되어 조중우의 복철(覆
轍)⁴⁴⁰⁾을 헤아리지 않고 말을 절제할 줄 몰랐습니다."

○ 14일, 주상의 건강이 나빠져 한 되가량의 누런 물을 토하였다.

○ 16일, 영의정 김창집이 차자를 올려 말하기를,
"삼가 신은 동료 정승이 올린 전후 차자 때문에 이미 두려움을 금할 수
없었는데, 또 시골 유생들이 계속해서 일어나 역시 이 일로 신의 죄를 삼고,
상소 말미에 기록하여 열거한 것은 너무나도 음험하였습니다. 그런데 병조에
서 그들이 즉시 들어오지 못하게 하자, 병기를 지니고 금중(禁中)에 난입하기까
지 하였으니, 그 놀랍고 괴이한 것이 이보다 심한 일이 없습니다. 진실로
그 원인을 따져본다면 신이 머뭇거리며 떠나지 않아서 여러 사람들의 미움을
받을 일에 연루되었기 때문에 그런 것입니다.
신이 대략 그 소식을 들었지만 그 자세한 내용을 알지 못하였기 때문에
경솔하게 먼저 자열(自列)⁴⁴¹⁾하지 않고 사가(私家)의 처소에서 웅크리고 엎드
려서 공손히 조정의 처분을 기다리고 있었습니다. 그런데 어제 엎드려 듣건대

---

439) 나라 걱정하는 : 원문은 '漆室'이다. 분수에 맞지 않게 나라를 걱정했다는 춘추시대
　　노(魯)나라 칠실(漆室) 고을의 처녀를 이른다. 그가 자신이 시집 못 가는 것은 걱정하지
　　않고 나라의 임금이 늙고 태자가 어린 것을 걱정하여 기둥에 기대어 울자, 이웃집
　　부인이 비웃으며 "이는 노나라 대부의 근심거리인데 네가 무슨 상관이냐?" 했다고
　　한다. 《劉向 列女傳》
440) 복철(覆轍) : 길이 험하여 앞에 가던 수레가 뒤집혔는데 뒤에 오던 수레가 또 그대로
　　가면 역시 뒤집힌다는 말이다. 곧 전자(前者)가 실패한 길을 그대로 따라간다는 말이다.
441) 자열(自列) : 자신의 죄상을 스스로 늘어놓는 것이다.

전하의 건강에 편치 않은 증상이 있어서 약방에서 연일 문안을 드린다고 하는데, 신은 임금을 보호하는 직책에 있으면서 홀로 문안하는 예에 참여하지 못하였습니다. 신의 죄가 여기에 이르니 더욱 피할 길이 없습니다. ……"

하니, 주상이 답하기를,

"유생의 상소는 받아들이지 않았으니 괘념할 필요가 없다. 병이 있어 참여하지 못했는데 손상될 것이 뭐가 있겠는가? 경은 모름지기 목마른 것처럼 기다리는 뜻을 체득하여 빨리 겸손하게 사양하는 상소를 중단하라."

하였다.

○ 19일, 참지 황선이 김일경의 상소에 대한 비답으로 인하여 변명하는 상소를 올리자[442] 의례적인 비답을 내렸다.

○ 20일, 승정원에서 아뢰기를,

"이몽인 등의 상소를 봉입하라는 명이 내려온 뒤 승정원 서리를 거듭 보내 찾아오게 하였으나, 형조에서 불태워 버렸다고 핑계대고 끝내 들여보내지 않았습니다. 그래서 달리 가져올 방도가 없었으므로, 형조에 분부하여 가져오게 하겠다는 뜻을 계품(啓稟)하여 윤허 받았습니다.

그런데 지금 이몽인의 상소에 연명한 유학 안중열(安重烈)이 고쳐 썼다고 하면서 다시 올렸는데, 이미 고쳐 썼다고 했으니 비록 당초에 올린 원본은 아니더라도 이 또한 봉입할까요?"

하니, 주상이 전교하기를, "그대로 하라." 하였다.

○ 초복(初覆)[443]할 때 양사에서 목내선·이현일·이봉징·이연·이환·이혁·

---

442) 참지 …… 올리자 : 황선이 승지로 재직할 때 김일경의 상소에 대한 비답을 고치게 한 일이 있었다. 본서 8월 3일자 기사에 보인다.

443) 초복(初覆) : 사형에 해당하는 죄인의 심리(審理)를 신중히 할 목적으로, 초복(初覆)·재복(再覆)·삼복(三覆) 등으로 반복하여 조사해서 임금에게 보고하는 것을 말한다.

이찬(李燦)[444]의 직첩을 돌려주라는 명을 도로 거두어 줄 것을 청하였다. 그러자 대신이 목내선과 이현일의 죄만 끄집어내어 대계(臺啓)를 윤허해 달라고 청하니, 아뢴 대로 하라는 주상의 명이 있었다. 승지 이정신이 2인[445]인지 7인[446]인지를 다시 품달(稟達)하였다. 주상이 다음과 같이 전교하였다.

"단지 두 사람에게만 아뢴대로 하라. 당시 대신에게도 또한 승정원 서리를 불러다 다시 품달하라는 뜻으로 분부하였다. 그런데 정언 김만주(金萬冑)가 아뢰어서 승지가 다시 품달하는 것을 배척하였으므로, 이정신이 상소하여 변론하면서 고쳐 부표할 때의 조사(措辭)를 다시 품달한 것은 사리가 그러한 것이다. ……"

○ 22일, 삼복(三覆)할 때 좌의정 이건명이 아뢴 내용은 다음과 같다.

"며칠 전에 신이 이몽인의 원래 상소를 찾아다 들여서 처분할 일을 우러러 아뢰어 윤허 받았습니다. 그 뒤에 들으니 이몽인이 원본 상소를 이미 불태워 버렸다고 핑계대고 들이지 않았고, 그 상소에 연명한 안중열이라는 자가 고쳐 써 가지고 와서 바쳤다고 하였습니다.

그 상소에 대한 비답이 아직 내려지지 않아서, 비록 그 조어(措語)가 어떠한지 자세히 알지 못합니다만, 당초 병조에 올라온 상소의 개요를 들어보니, 영의정의 이름을 거론하면서 나라를 욕되게 한 죄를 다스리기를 청한 것이라고 합니다.

이는 반드시 이번에 청나라 사신을 접대하였을 때의 일이 틀림없습니다. 그러므로 영의정이 차자에서 동료 정승이 두 차례 차자를 올린 뒤에 시골 유생이 계속해서 일어났다고 말하였던 것입니다. 신도 또한 영의정과 일을 같이 하였으므로 지난번 전하 앞에서 대략 황송한 뜻을 아뢰었습니다.

---

444) 이찬(李燦) : 종실 완계부정(完溪副正)인데, 복평군 이연의 아들이다.
445) 2인 : 목내선과 이현일을 가리킨다.
446) 7인 : 목내선·이현일·이봉징·이연·이환·이혁·이찬을 가리킨다.

지금 듣건대 고쳐 올린 상소에는 원래 나라를 욕되게 하였다는 등의 말은 없고 별도로 다른 일을 논하였다고 하니, 매우 해괴하고 놀랍습니다. 이몽인의 원래 상소는, 그 상소 요지를 베껴서 전파하였을 뿐만 아니라 그 상소 원본을 지방에서도 혹 본 사람이 있다고 합니다.

전하는 말을 비록 믿을 수 없지만 저들이 제출한 것이 최초의 상소가 아닌 것은 확실하여 의심할 여지가 없으니, 이 무리들이 전하의 명령이 내렸는데도 멋대로 변환하여 천총(天聰)을 기만한 정상은 진실로 통렬하게 미워할 만합니다.

전하께서 살펴보신 뒤에 어떻게 처분하실 것인지는 아직 알지 못하겠습니다만 상소를 고친 한 가지 사안은 그대로 둘 수 없습니다. 작도를 지니고 궁궐에 난입한 일은 이미 심문하고 다스려 처벌하라고 명하였으니, 또한 해당 조로 하여금 기만한 실정을 뽑아내어 문목으로 만들어서 끝까지 조사하여 처리하게 한다면 기강이 조금이나마 바로 서서 간궤(奸宄)⁴⁴⁷를 징계할 수 있을 것입니다."

주상이 전교하기를, "그대로 하라." 하였다.

○ 이몽인이 원정(原情)⁴⁴⁸에서 다음과 같이 말하였다.

"지금 이 윤지술이 윤리를 무너뜨린 죄는 신인(神人)이 모두 분노하여 천지 사이에 용납할 수 없는데, 영의정이 구원하여 풀어준 뒤로부터 군신의 분의와 모자의 윤리가 모두 완전히 사라지고 말았으니 통탄을 금할 수 있겠습니까? 어찌 다 주벌(誅伐)할 수 있겠습니까?

저희들이 《춘추》의 토죄(討罪)하는 의리로써 상소하여 대궐에 호소하였는데 끝내 위로 전달되지 못하고, 구속되어 갇히기에 이르렀으니, 한번 죽는

---

447) 간궤(奸宄) : 안팎으로 나라를 어지럽히는 간악한 무리를 가리킨다. 간은 내란, 궤는 외란(外亂)을 의미한다.
448) 원정(原情) : 개인의 원통하고 억울한 사정을 국왕 또는 관부에 호소하는 진술 문서를 이른다.

것을 분수로 여길 뿐이었습니다. 그런데 다행히 받아들이라는 명을 받아, 상소문 원본이 전하께 다다를 수 있었으니, 오늘 비록 주륙을 당하더라도 살아 있는 것보다 죽는 것이 영광일 것입니다.

작도(斫刀)를 지니고 금문(禁門)으로 들어간 일은 다음과 같은 사연이 있습니다. 저희들의 이번 일이 오로지 윤상(倫常)을 밝히고 흉적을 토벌하겠다는 뜻에서 나왔는데, 승정원과 병조는 모두 흉적 윤지술의 혈당(血黨)으로서 안팎에 굳게 자리 잡고 줄곧 막고 가려서 들어가 올릴 수 없게 하였으므로, 저희들은 스스로 생각하기를,

'상소가 위에 이르지 못하여 적신(賊臣)의 죄를 바로잡지 못하였으니, 차라리 스스로 금정(禁庭)에서 도끼 아래 엎드려 진심 어린 정성을 드러내야겠다.'

하였습니다. 과연 그날 작도 한 개를 지닌 채 소하(疏下) 두 사람을 거느리고 상소문을 지고 발을 금문 안으로 들여놓은 것은 진실로 충분(忠憤)에 격발되어 나온 일이었습니다. 그렇지만 지금 영의정의 차자와 좌의정의 아룀에서 번번이 병기를 지니고 칼을 들고 궁궐에 난입했다고 말을 지어내어 그 일을 크게 과장하여 천청을 위협한 말로 겁을 주어 반드시 망측한 죄과에 몰아넣으려 하였습니다.

이른바 칼이라는 것은 또한 병기를 이르는 것이지만, 작도는 병기와 사용하는 용도가 엄연히 구별되는데, 저들이 어찌 이를 알지 못하겠습니까? 죄를 얽어서 죽이는 데에 급급하여 감히 병기라는 등의 말로 속여서 임금에게 고하면서도 무망(誣罔)으로 돌아가는 것을 깨닫지 못하였습니다.

저들이 의도적으로 말을 만든 것이 매우 위태롭고도 두려운데, 만약 이것으로써 죄를 얽어 죽이려 한다면, 청컨대 고사를 인용하여 그것이 잘못임을 입증해 보이겠습니다.

옛날에 동한(東漢)의 양기(梁冀)449)가 이고(李固)450)와 두교(杜喬)451)를 죽이

---

449) 양기(梁冀) : ?~159. 후한(後漢)의 권신으로 동생이 순제(順帝)의 황후가 되자 외척으로서 권세를 휘둘렀다. 순제가 죽자 제위(帝位)를 마음대로 폐립(廢立)하였으며, 질제(質帝)를

려 하자 이고의 제자 조승(趙承) 등 몇 사람이 허리에 형구를 차고서 궁궐에
나아가 직접 만나 호소하니, 태후가 사면해 주었습니다. 또 그 제자 곽량(郭
亮)452)이 왼쪽에는 큰 도끼를 쥐고, 오른쪽에는 형구를 들고 궁궐에 나아가
상서(上書)하였습니다.

비록 양기 같은 흉역도 병기를 들고서 궁궐에 나아간 것으로써 **죄안**을
얽어 만들었다는 말은 듣지 못하였으니, 양기도 차마 하지 않은 일을 지금
상신(相臣)이 차마 한단 말입니까?

우리 동방의 우탁(禹倬)453)은 고려조의 명현(名賢)이었습니다. 충선왕(忠宣
王)454) 때 우탁이 흰옷을 입고 도끼를 지닌 채 거적자리를 메고 대궐에 나아가

독살하기도 했다.
450) 이고(李固) : 94~147. 후한의 대신(大臣)이다. 양기(梁冀)에 의해 종사중랑(從事中郎)에
   임명되었고, 형주 자사(荊州刺史) 등을 거쳐 태위(太尉)를 지냈다. 질제(質帝)가 죽은
   뒤 양기와 환제(桓帝)의 옹립 문제를 놓고 다투다가 양기의 무고로 말미암아 살해당했다.
451) 두교(杜喬) : ?~147. 후한 순제 때 대사농(大司農)을 지냈다. 양기의 자제 다섯 사람과
   중상시(中常侍) 등이 공 없이 모두 봉작(封爵)되자 간쟁하다가 죽었다. 소인배로 인해
   배척되는 군자를 지칭할 때 인용되는 인물이다
452) 곽량(郭亮) : 후한 환제(桓帝) 때 이고(李固)의 제자이다. 이고가 양기에게 무함을 당해
   옥사하자 죽음을 무릅쓰고 스승의 시신을 장사지냈다.
453) 우탁(禹倬) : 1262~1342. 본관 단양(丹陽), 자는 천장(天章)·탁보(卓甫), 호는 백운(白雲)·단
   암(丹巖)이다. '역동선생(易東先生)'이라 불렸다. 문과에 급제, 영해사록(寧海司錄)이 되어
   민심을 현혹한 요신(妖神)의 사당(祠堂)을 철폐하였다. 1308년(충선왕 즉위) 감찰규정(監
   察糾正) 때 충선왕이 숙창원비(淑昌院妃)와 밀통한 것을 알고 이를 극간한 뒤 벼슬을
   내놓았다. 충숙왕이 그 충의를 가상히 여기고 누차 불렀으나, 사퇴하고 학문에 정진하였
   다. 뒤에 성균좨주(成均祭酒)를 지내다가 치사(致仕)하였다. 당시 원나라를 통해 들어온
   정주학(程朱學) 서적을 처음으로 해득, 이를 후진에게 가르쳤으며, 경사(經史)와 역학(易
   學)에 통달하였다.
454) 충선왕(忠宣王) : 1275~1325. 고려 제26대 왕(1298, 1308~1313)이다. 충렬왕과 제국대장공
   주의 아들이다. 1277년 세자로 책봉되고, 1298년 충렬왕의 선위를 받아 즉위하였다가
   원나라로부터 강제 퇴위 당하였다. 1308년 충렬왕이 사망하자 다시 즉위하였는데,
   1313년 둘째 아들 강릉대군 왕도(江陵大君 王燾)에게 전위하였다. 이해 6월 잠시 귀국하여
   아들 충숙왕을 즉위시키고는 이듬해 다시 원나라로 갔다. 1320년 원나라의 인종(仁宗)이
   죽자 고려 출신 환관의 모략으로 토번(吐蕃)에 유배되었다가 1323년 태정제(泰定帝)의
   즉위로 유배에서 풀려났으며, 원나라에 돌아가 2년 후 죽었다.

서 상소를 올려 감히 간하였습니다. 근신(近臣)이 상소문을 펴들고 감히 읽지
못하자 우탁이 소리 높여 말하기를,

'경(卿)은 근신으로서 잘못을 바로잡지 못하고 악을 인도하여 이 지경에
이르렀으니, 경이 그 죄를 아는가?'

하니, 좌우가 벌벌 떨었고 임금은 부끄러운 낯빛을 지었습니다. 알지 못하겠
습니다만 당시 신하들 가운데 또한 칼을 지니고 궁궐에 들어갔다고 그 군주를
공동(恐動)하여, 얽어 죽이려고 계략을 꾸민 자가 있었단 말입니까?

우리 선조(宣祖) 때에도 조헌(趙憲)[455]과 같은 신하가 있어서, 거듭 재신(宰臣)
이 나라를 망친다는 상소를 올리고서 도끼를 지니고 궁궐에 엎드렸지만
아직도 죄안을 얽어 만들었다는 말을 듣지 못하여 지금에 이르도록 미담으로
전해지고 있는데, 저희들의 이번 거사가 옛날이나 지금이나 무엇이 다르단
말입니까? 이것을 가지고 얽어 죽여 반드시 마음대로 한 다음에 그만두려
한다면 참으로 이른바 '죄를 뒤집어씌우려 하면 구실 삼을 말이 없는 것을
어찌 근심하겠느냐?'는 것입니다.

상소문 원본을 고쳐 쓴 일은 이렇습니다. 저희가 상소문을 정서(正書)하고
도성에 들어간 뒤 영의정이 청나라 사신과 왕복하며 이야기를 나누었다는
말을 듣고 더욱 크게 놀라서 충격을 이기지 못하였습니다. 과연 지금 청나라

---

455) 조헌(趙憲) : 1544~1592. 본관은 배천(白川), 자는 여식(汝式), 호는 중봉(重峯)·도원(陶原)·
후율(後栗)이다. 계미년(1583, 선조16) 삼찬(三竄)으로 위축된 동인들은 1584년 1월에
이이가 졸한 이후 서인에 대한 반격을 시작하였으며, 6월 부제학 김우옹의 상소를
필두로 8월에는 양사가 심의겸이 붕당을 만들었다고 비판하기 시작하였다. 그리고
1585년 9월 성혼은 이이와 함께 양사의 탄핵을 받자 심의겸과 연루된 죄를 자핵하였다.
이에 이듬해인 1586년 공주 교수(公州敎授) 조헌이 상소하여 시사를 극론하고, 이이와
성혼을 변론하였다. 또한 조헌은 1587년 정여립의 흉패함을 논박하는 만언소(萬言疏)를
지어 현도상소(縣道上疏)하는 등 5차에 걸쳐 상소문을 올렸는데 모두 받아들여지지
않았으며, 이후 다시 일본 사신을 배척하는 상소와 이산해가 나라를 그르친다고 논박하
는 상소를 대궐 문 앞에 나아가 올려 선조의 진노를 샀다. 결국 이로 인해 조헌은
삼사의 논핵을 받고 길주(吉州)로 유배되었다. 《燃藜室記述 宣祖朝故事本末 東人用事》
《宣祖修正實錄 20년 9월 1일》

사신이 왔는데, 기록해서 보여주었다는 황지를 빙자하여 여러 가지로 공갈을 쳤지만 그 진위를 파악할 수 없었습니다.

심지어 전하의 춘추가 얼마인지, 뒤를 이을 후계자가 있는지 없는지는 원래 황지 안에 있던 내용이 아니었으며, 또 청나라 사신이 캐어 묻지도 않았는데, 김창집이 아무런 이유도 없이 써 주어서 저들이 돌아가 탑전(榻前)에 아뢰게 하였습니다. 청나라 사람들이 오랑캐 말로 썼는데, 이를 번역할 때, '춘추' 두 글자를 지워버리고 '연(年)'자로 고쳐 써 갔다고 합니다. 이것이 무슨 거조이며, 무슨 일이란 말입니까?

삼가 살펴보건대 《예기》〈곡례(曲禮)〉편에서 이르기를,

'국군(國君)의 나이를 물으면, 장성한 경우에는 「종묘와 사직의 일에 종사할 수 있다.」라고 말한다.'

하였으니, 이 말은 감히 직접 그 임금의 나이를 말할 수 없기 때문이었습니다. 또 이르기를, '노마(路馬)456)의 나이를 세면 처벌 받는다.' 하였으니, 임금의 노마 나이를 세어도 오히려 처벌하는데, 하물며 우리 임금의 나이를 세는 것은 어떻겠습니까?

김창집은 바로 오랑캐 앞에서 우리 임금의 나이를 세어 고하는 것을 이처럼 어렵게 여기지 않았으니, 군부(君父)의 욕됨과 조정의 수치가 이보다도 클 수 없었습니다. '종실', 두 글자를 더한 일은 또 저 청나라 사신의 문적(文蹟)에는 없었는데, 영접도감의 초기와 비변사의 계사에 '여러 종반(宗班, 종친의 반열) 은 어좌(御座) 뒤에 열 지어 앉는다.' 등의 말과 '두세 번 품달하는 것은 또한 무슨 의리인가' 등의 말이 있어, 지난번 올린 상소 말미에 삽입하였었는데, 바로 이처럼 위태로운 상황에 처하여 끝내 바칠 수 없었습니다.

그런데 상소문을 넣은 상자를 던져서 깨뜨리고 상소문 원본을 발로 차서 찢어버렸으며, 끝에 가서는 초기(草記)를 무망(誣罔)하고 죄를 얽어서 성토하기 에 이르렀습니다. 그 상소문 원본 가운데 이미 선대왕과 주상 전하라고

---

456) 노마(路馬) : 황제나 제후가 타는 수레인 노(路)를 끄는 말을 가리킨다.

쓴 것이 있으니, 이것이 얼마나 존엄하고 경애해야 할 지위인데, 금졸에 의해 걷어차이고 찢기기에 이르렀습니다. 이와 같이 국가에 모욕을 끼쳤으므로 저희들은 지극히 애통하고 절박하여 자기도 모르게 상소를 끌어안고 통곡하다가 서로 함께 불에 던지고 갇히게 되었습니다.

상소 원본을 읽어낼 때 다시 생각해 보니, 김창집이 나라에 모욕을 끼친 일은 저희들이 서울에 올라온 뒤의 일이므로 일찍이 시골에서 연명한 사람들과 서로 논의하지 못하였는데, 별도의 말을 첨가해 집어넣는 것 또한 온당하지 못한 것 같아서 이 한 구절을 뽑아버렸습니다. 그래서 써서 들이라는 명이 내려진 뒤에는 그것을 뽑아 버린 상소문을 그대로 바쳤던 것입니다. 저희들이 마음속으로 나라를 위해 이 한 몸 죽을 결심을 하였는데 어찌 조금이라도 위엄을 두려워하여 변환(變幻)하고 기만할 계략이 있어서 일부러 뽑아버렸겠습니까? ……"

○ 해당 조에서 다음과 같이 결어(結語)하였다.

"날이 있는 물건을 지니고 갑자기 금문으로 돌입하였으니, 이는 이전에 없던 변고이므로, 저절로 해당하는 형률이 있습니다. 상소 원본을 태워버렸다고 핑계대고 끝내 도로 들이지 않은 실정은 매우 무엄한데, 평문(平問)[457] 해서는 결코 찾아서 바치기 어려울 것이므로 세 사람 모두 형추(刑推)[458] 하여 실정을 파악할 것을 청합니다."

판부(判付)[459] 안에서 이르기를, "형추를 면제하고, 의논하여 조처하라." 하여, 의논하여 형률에 따라 판결하기를, 이몽인은 장(杖) 1백 대에 먼 변방으로 - 삼수부(三水府)[460] - 유배 보내 충군(充軍)[461] 하고, 심득우(沈得佑) - 강릉 - 와 조

---

457) 평문(平問) : 형구를 쓰지 않고 구두(口頭)로 죄인을 신문하는 일이다.
458) 형추(刑推) : 죄인의 정강이를 때리며 캐어 묻는 일이다.
459) 판부(判付) : 상주(上奏)한 형사 사건에 대한 임금의 재가(裁可) 사항이다.
460) 삼수부(三水府) : 함경도 북서쪽에 있는 지역이다. 추운 날씨와 열악한 환경으로 귀양가서 살아남은 자가 적었던 곳이다.

형(趙澄) - 삼척 - 은 1등을 줄여서 각각 장 90대, 도 3년(徒三年)462)에 처했다.

○ 28일, 승정원에서 - 남도규(南道揆)463)와 정형익 - 아뢰어 이진검의 상소에 대한 비답을 내려 줄 것을 청하면서 말하기를,

"홍문관원이 모두 인입(引入)464)하였고, 하물며 친정(親政)에 참여했던 이랑(吏郞)도 모두 홍문관원으로 뽑혀서 나갔습니다. ……"

하니, 상소에 대한 비답을 비로소 내렸다. - 위에 보인다. -

○ 29일, 우의정이 상소하기를,

"영의정이 올린 차자에서는 시골 유생들이 계속해서 일어난 일을 피차 서로 호응한 죄과로 귀결시켰습니다. 좌의정이 이것을 외워서 아뢴 것은 - 22일, 삼복(三覆)을 시행하면서, 이몽인을 엄하게 심문할 것을 청할 때였다. - 또한 무슨 의도에서 나온 것입니까? ……"

하니, 주상이 다음과 같이 답하였다.

"시골 유생이 대신을 침해하고 배척한 일은 내가 실로 개탄스럽게 여기지만, 이것이 어찌 경의 말에서 연유하여 그런 것이겠는가? 더욱 이치에도 맞지 않으니, 마음에 둘 필요가 없다. 동인협공(同寅協共)465)하여 함께 나라 일을 보살피도록 하라."

---

461) 충군(充軍) : 죄인을 강제로 군역(軍役)에 복무시키는 제도이다. 범죄자 신분의 높고 낮음과 죄의 경중에 따라 달랐다.

462) 도 3년(徒三年) : 도는 《대명률(大明律)》 오형(五刑)의 하나로, 곧 도형(徒刑)이다. 비교적 중한 죄를 지은 자를 관가에 구속하여 두고 노역(勞役)에 종사하게 하는 형벌이다.

463) 남도규(南道揆) : 1662~1724. 본관은 의령(宜寧), 자는 상일(尙一), 호는 삼족(三足)·여일(汝一)이다. 1699년(숙종25) 진사시, 1710년 증광문과에 급제하여, 1717년 승지, 1718년 대사간이 되었다. 경종 즉위 후에도 충청도 관찰사·승지·대사간 등을 역임하였다.

464) 인입(引入) : 벼슬아치가 잘못된 일에 대하여 인책(引責)하고 출사하지 않음을 이른다.

465) 동인협공(同寅協恭) : 《서경》 〈고요모(皐陶謨)〉에 "군신이 함께 공경하고 협심하여 화합하소서[同寅協恭, 和衷哉.]"고 한 데서 나온 용어로 군신이 함께 경건하고 공손한 자세로 화합함을 이른다.

○ 교리 김제겸이 다음과 같이 상소하였다.

"이진검이 새로 작성한 홍문록을 깎아내 버리라고 청하면서 운운하였는데, 신록(新錄)을 주관한 신하가 한없이 자기 고집만 내세워 무수히 개석(開釋)[466] 하였지만 오히려 추욕(醜辱)만 더한 것이 되었습니다. 신이 선발된 것은 곧 이 무리들이 크게 원하지 않는 일입니다. 신이 마음속으로 매우 절박하게 여기는 일이 있는데, 그것은 선대(先代) 이래로 정도(正道)를 지키고 악을 미워하다가 거듭 흉당을 거슬렀다는 점입니다.

신의 아비[467]가 성고(聖考)를 위해 무함을 밝게 해명하였더니 나라 사람 중의 절반이 더욱 원수로 여기게 되었습니다. 오직 일찍이 영고(寧考, 선왕)의 보호를 받아 독살스러운 물여우의 중상모독을 면할 수 있었는데, 당시 뜻을 잃고 원망하며 그 원한을 풀려는 자들이 안팎으로 화응하여 반드시 화를 전가하려 했습니다. ……"

주상이 의례적인 비답을 내렸다.

○ 효령전(孝寧殿, 숙종의 혼전(魂殿))에 삭제(朔祭)[468]를 지내고 나서 정조단자(正朝單子)가 이르자, 주상이 전교하였다.

"초헌관(初獻官)[469]을 써서 들이라. 봄·여름·가을·겨울에 지내는 사향 대제(四享大祭)[470]는 직접 거행하고, 삭망전(朔望奠)[471]은 섭행(攝行)할 일을 마련하라."

---

466) 개석(開釋) : 무고하게 죄를 받은 신하의 죄를 풀어주는 것, 또는 품었던 의심을 풀어낸다는 뜻이다.

467) 신의 아비 : 영의정 김창집을 가리킨다. 김창집은 영의정 김수항의 아들로서, 김수항은 기사환국 이후 남인 정권에 의해 사사되었다.

468) 삭제(朔祭) : 왕실에서 매달 음력 초하루마다 조상에게 지내던 제사이다.

469) 초헌관(初獻官) : 종묘나 능에서의 제례에서 삼헌(三獻)을 할 때 처음으로 술잔을 신위(神位)에 올리는 직임으로 대개 정1품의 관원이 이를 맡았다.

470) 사향대제(四享大祭) : 1년에 계절마다 네 차례 종묘에서 올리는 대제이다. 사철의 첫달인 1·4·7·10월 상순(上旬)에 지냈다.

471) 삭망전(朔望奠) : 상중(喪中)에 있는 집에서 매달 초하룻날과 보름날에 지내는 제사이다.

○ 30일, 홍문관에서 올린 차자에서 다음과 같이 말하였다.

"건강이 좋지 못하여 억지로 거행하기 어렵다면 사향대제는 혹 친행(親行)하지 못할 때가 있을 수 있습니다. 그런데 만약 그렇지 않다면 삭망의 은전(殷奠)472)만 유독 섭행하여 제사를 지내지 않은 것 같다는 탄식을 자아낼 필요가 있겠습니까? 이제 다시 이와 같은 정식(定式)을 미리 만든다면, 신은 원근에서 듣고 만족스럽지 못하게 여길까 두렵습니다.

무릇 자식이 친상(親喪)에 애통함을 다하는 것은 마땅히 다른 사람과는 상관이 없어야 합니다. 등(滕)나라 세자가 검은 낯빛으로 슬피 곡하자473) 조문하는 사람들이 크게 기뻐하였고, 위(魏)나라 효문제(孝文帝)474)가 초상에서 슬피 통곡하자 여러 신하들이 역시 곡하였습니다. 이를 통하여 천리와 인정이 같다는 것을 볼 수 있으니, 오늘날 여러 신하들이 군상(君上)에게 바라는 것은 이것뿐입니다.

전하가 평일 강학(講學)한 것이 어찌 등나라 세자처럼 말을 달리고 검술을 익히는데 있겠으며, 우리나라는 성대한 명성과 문물이 있는데, 어찌 원위(元魏)475) 오랑캐의 습속이 있겠습니까? 그렇지만 지금 조정의 신하들이 하나도 그 슬픔을 다하지 않은 사람이 있어서 나라 안에서 혹 마음으로 기뻐하고 진심으로 복종하는 풍습을 볼 수 없다면 어찌 저 두 나라에 비해 부족한 점이 있지 않겠습니까? 그런데도 신하된 자로서 말하지 않는 것은 그 죄가 어찌 묵형(墨刑)476)에 그치겠습니까?"

---

472) 삭망의 은전(殷奠) : 상기(喪期) 중에 초하루와 보름에 지내는 성대한 제사를 말한다.
473) 등나라 …… 곡하자 : 등나라 세자는 등나라 문공(文公)을 가리킨다. 문공이 그 아버지 정공(定公)의 상(喪)을 당해 효자의 예절을 극진히 한 것을 말한다. 《맹자(孟子)》 등문공(滕文公) 상에, "죽을 마시고 얼굴이 매우 검은 빛으로 자리에 나아가 곡(哭)한다." 하였는데, 얼굴이 검다는 것은 슬픔으로 단장을 하지 않기 때문에 그렇게 된 것을 말한다.
474) 효문제(孝文帝) : 467~499. 북위(北魏)의 황제로, 성은 탁발(拓拔)이었다. 태황태후(太皇太后) 풍씨(馮氏)는 효문제의 적조모(嫡祖母)로 효문제의 부친을 독살하였는데, 그가 죽자 효문제는 중화(中華)에서도 미치기 어려울 정도로 집상(執喪)의 예를 극진히 하였다.
475) 원위(元魏) : 북위의 황실 성(姓)은 탁발씨(拓跋氏)이다. 위나라 효문제 때 낙양(洛陽)으로 천도한 뒤에 성을 탁발씨에서 원씨(元氏)로 바꾸었으므로 원위라고 하였다.

주상이 다음과 같이 전교하였다.

"지금 교리 김제겸의 차자 내용을 보니, 친향(親享)하라고 힘껏 아뢰면서 종이 가득 나열하였는데, 그 일의 체통으로 보아 매우 편치 않으니, 체차하라."

○ 승정원에서 다음과 같이 아뢰었다.

"방금 삼가 비망기를 보니, 교리 김제겸을 체차하라는 명이 있는데, 신들이 머리를 모아 놀라고 의혹하여 뭐라 말해야 할지 모르겠습니다. 홍문관의 차자에서 친향을 청한 일은 구구절절 충성과 사랑의 정성에서 나온 것인데, 그 말이 성상의 마음에 와닿지 않아서 편치 않다는 하교가 있으리라고는 생각지도 못했습니다. 그런데 여기에 더하여 사정을 봐주지 않고 특별히 그 직임을 바꾸기까지 하였으니, 이 어찌 신들이 전하에게 바라는 바이겠습니까?

아! 빠르게 흐르는 세월은 붙잡기 어려워서 해가 장차 바뀌려 합니다. 삼가 생각건대 성상의 애모하는 정성은 다른 날보다 배가 되니 친히 제사에 참여하는 것은 정리(情理)와 예의에 당연한 일인데, 이 일을 어찌 많은 신하들의 말을 기다려서 하겠습니까? 어제 궤전(饋奠)[477]을 섭행하라는 하교가 있었는데, 스스로 기력을 헤아려 억지로 참여하기 어렵기 때문임을 추측하여 알 수 있었습니다.

그러니 조정의 신료로서 이 하교를 듣고 나서 누군들 우려하는 정성이 없었겠습니까? 그래서 저 유신(儒臣)이 누누이 차자로 논한 것은 단지 품은 생각이 있으면 반드시 아뢴다는 뜻을 스스로 실천한 것일 뿐이니, 성상께서 청납(聽納)하는 도리로 보아 그 말의 가부에 따라서 옳다고 생각하면 받아들이고, 틀렸다고 생각하면 버려두더라도 불가할 것이 없습니다. 그런데 드러내 놓고 편치 않은 뜻을 보이면서 이렇게 엄히 배척하는 하교를 추가한단 말입니까?

---

476) 묵형(墨刑) : 죄인의 이마나 팔뚝에 먹줄로 죄명을 써 넣던 형벌이다.
477) 궤전(饋奠) : 제물을 갖추어 제사지내는 일이다.

전하께서 왕위를 계승한 이래로 장주(章奏) 사이에 설령 과중한 말이 있더라
도 번번이 너그럽게 용서하여 일찍이 꺾어버린 적이 없었으니, 성상의 넓은
도량을 누군들 우러르지 않겠습니까? 그런데 어찌하여 유독 홍문관 차자에
대한 처분만은 이처럼 너무 지나칩니까? 신들은 삼가 전하를 위해 애석하게
여깁니다. 삼가 원컨대 전하께서는 빨리 잘 헤아리시어 교리 김제겸을 체차하
라는 명을 특별히 거둬주십시오."

주상이 다음과 같이 전교하였다.

"문득 생각해 보니 김제겸이 차자로 아뢴 일은 진실로 충성과 사랑에서
나온 것이므로 내가 실로 부끄럽게 여긴다. 그대들이 말이 더욱 몹시 간절하니,
그 말을 쫓아 따르지 않을 수 있겠는가?"

○ **경종 원년 신축년(1721) 1월 3일**, 정언 김만주가 다음과 같이
상소하였다.

"대상(大喪) 이래로 부정(不靖)한 무리들이 번갈아 나와서 미리 시험해 보는
일이 김행진·이몽인·홍흡 등의 상소에 이르러서 지극하였고, 이진검이 그
틈을 타 괴란(壞亂)하여 온전한 사람이 한 명도 없게 되었습니다.

독대한 일은 선왕이 대신의 죄가 없다고 분명히 유시(諭示)하였으니, 저
푸른 하늘에 비추어 입증할 수 있는데도 지금 헐뜯어 이간질하였습니다.
은화의 일은 원금(元金)을 모두 완납하였으니 비록 죄로 얽으려 해도 과연
말이 되겠습니까?" - 우의정이 효우(孝友)에 힘쓰라고 아뢴 차자478)가 아마도 이 무렵에
있었던 것 같다. -

○ **4일**, 사간원에서 새롭게 다음과 같이 아뢰었다.

"대상이 있고 난 이래로 부정한 무리들이 이때를 틈타 괴란(壞亂)하는

---

478) 우의정 …… 차자 : 우의정 조태구가 새해를 맞아서 긴요한 시무를 아뢴 상소를 가리킨다.
《景宗實錄 1年 1月 3日》

짓이 진실로 이르지 않는 데가 없었습니다. 심지어 그 말이 선왕을 범하여 멋대로 헐뜯고 이간질한 것이 어찌 이진검같이 망령되고 어그러지기 짝이 없는 자가 있었겠습니까?

아! 정유년(1717, 숙종43) 독대 때의 일은 선대왕이 즉시 깨우치고 사륜(絲綸, 임금이 내리는 글)을 내려서 숙종과 경종, 두 분 사이에 자애(慈愛)와 효성이 간격이 없게 되어 온 나라의 백성들이 지금까지도 감격하여 칭송하고 있는데 선왕의 신하가 된 자가 어찌 차마 이 일을 뒤미처 제기할 수 있겠습니까?

저 이진검이라는 자는 뜻을 잃고 노여워서 원망하는 무리로서 선왕의 무덤에 한 줌의 흙이 채 마르지도 않은 날에 상소를 올리는데 급급하였습니다. 심지어 '입진(入診) 때 발단이 되었다.'는 등의 말을 방자하게 글에 썼고, 끝에 다시 '이미 「바로잡아 구원했다.」고 했으니, 반드시 이런 일이 없었다고 말할 수는 없다.' 하였습니다.[479]

대개 그 뜻이 처음에는 대신의 죄를 얽어 만드는 것 같지만 그 귀결처는 오로지 선조의 한때 그릇된 거조를 들추어내 오늘날 일깨워서 반드시 이로 말미암아 기회를 얻어 선조의 크고 작은 처분을 뒤집으려 한 것입니다. 만약 조금이라도 인심이 있다면 그 패란(悖亂)한 것이 어떻게 이와 같을 수 있단 말입니까? 그가 허구를 날조하여 사람을 죄에 빠뜨리려는 계책과 같은 것은 다만 그 작은 일일 뿐입니다.

그 지은 죄를 논한다면 베어 죽여도 용납할 수 없어서, 국법을 가하기도 전에 신인(神人)이 다 같이 분노할 것입니다. 청컨대 승지 이진검을 우선 먼저 관작을 삭탈하고 문외출송 하십시오."

주상이 답하기를, "윤허하지 않는다." 하였다.

○ **8일**, 판부사 이이명이 상소하여 말하기를,

---

479) 심지어 …… 하였습니다 : 이진검이 이이명을 비판한 상소문에 있는 말로서, 앞의 1720년 11월 16일자 기사에 보인다.

"돌아와 국경에 도착하여 듣건대 윤지술이 신의 불충(不忠)을 논하고, 이진검이 독대한 일과 은을 가지고 간 죄를 다스리라고 청하여 신을 망측한 데로 몰아넣었다고 하여 자리를 깔고 죄를 기다립니다. ……"

하니, 주상이 다음과 같이 답하였다.

"사신으로 청나라에 가서 청한 일이 황제의 윤허를 받았다는 보고를 듣고 경이 조정에 나올 날을 손꼽아 기다렸는데, 뜻밖에 사직하는 상소가 갑자기 이르니, 너무 놀라 아무 생각도 할 수 없다. 윤지술의 일과 이진검이 한 말이 사실과 어긋난 것에 대해 내가 매우 아프게 여겨서 참작하여 처리하였다. 경은 국가를 일체로 여기는 정성과 관대한 도량이 있으니 괘념할 필요가 없다. ……"

○ 서장관(書狀官) 박성로(朴聖輅)가 상소하여 다음과 같이 말하였다.

"어디에다 썼는가라는 말은 화(禍)를 일으킬 마음을 가진 것입니다. 6만 냥의 은화는 그 숫자 그대로 도로 반납했습니다. ……"

○ 부사(副使) 이조(李肇)480)가 상소하여 다음과 같이 말하였다.

"국가의 공적인 은화를 청하여 가져가는 것은 이미 규례(規例)가 되었습니다. 신 역시 그 논의에 참여하였으니 비록 상사(上使)가 건의한 일이지만 신이 이미 함께 도모하였으므로 도리상 편안히 있기가 어렵습니다."

주상이 의례적인 비답을 내렸다.

---

480) 이조(李肇) : 1666~1726. 본관은 전주, 자는 자시(子始), 호는 학산(鶴山)이다. 1696년(숙종 22)에 정시문과에 급제하여 1699년 홍문록에 올라 청요직을 두루 지냈다. 경종이 왕위에 오르자 도승지가 되어 왕을 보필하였고, 이후 노론이 연잉군을 앞세워 대리청정(代理聽政)을 요청하면서 정권을 차지하려 하자 경종 보호에 앞장섰다. 1721년 형조판서로서 임인옥사를 다스려 노론 4대신을 축출하는 데 참여하였다. 1725년(영조1)에 관작을 삭탈당하고 문외출송되었다.

○ **15일**, 지사(知事) 심단(沈檀)481)이 다음과 같이 상소하였다.

"지난날 대간의 말은 대부분 당치도 않으니482), '명의(名義)' 두 글자는 무엇을 가리키는지 알지 못하겠습니다. 신사년(1701, 숙종27) 사건에서 사형수가 허망한 말을 한 상황은 여러 신하들이 모두 알고 있었으므로, 신도 또한 언급되었지만 처음부터 잡아다가 심문하기를 청한 일이 없었습니다.483) 비록 대간이 아뢴 것으로 인하여 뒤섞여 처벌받았었지만484) 선대왕이 무함 당한 것을 통촉하여 관례에 따라서 다시 등용되었는데485) 지금은 연루자를 처벌하는 예봉이 전관(銓官)486)에게까지 미치게 되었습니다. ……"

---

481) 심단(沈檀) : 1645~1730. 본관은 청송, 자는 덕여(德輿), 호는 약현(藥峴)·추우당(追尤堂)이다. 아버지는 평시령(平市令) 심광면(沈光沔)이고, 어머니는 예조참의 윤선도(尹善道)의 딸이다. 1662년(현종3) 진사가 되고, 1673년 정시문과에 급제하여 청요직을 두루 거쳤다. 1680년(숙종6) 경신환국으로 10년, 1701년 민언량의 무고로 다시 10년간 유배되었다가 1711년 풀려났다. 1721년(경종1) 이조·예조판서 등을 역임하면서 경종과 세제인 영조에게 우애를 권장하고, 김일경이 중심이 되어 내시 박상검(朴尙儉)을 매수, 세제를 해치려 했던 사건을 비난하였다. 영조 즉위 후에는 판의금부사·판중추부사·도총관 등을 지냈다. 1728년 노론의 탄핵을 받고 다시 유배 갔다가 1729년 영조의 탕평책으로 풀려나와 1730년 봉조하(奉朝賀)가 되었다.

482) 당치도 않으니 : 원문은 "童羖"이다. 동고는 뿔 없는 염소를 가리킨다. 여기서는 있을 수 없는 말을 가리킨다. 《시경》 소아(小雅) 〈빈지초연(賓之初筵)〉에 "취해서 함부로 말하면 동고를 내놓게 한다."[由醉之言, 俾出童羖] 하였고, 그 주석에, "동고는 있을 수 없는 물건인데, 술에 취하는 것을 경계하기 위하여 구할 수 없는 물건을 벌로 내놓게 한 것이다." 하였다.

483) 사형수가 …… 없었습니다 : 사형수는 민언량(閔彦良, 1657~1701)을 가리킨다. 병조판서 민종도(閔宗道)의 아들로서, 1689년 증광문과에 급제하여 1690년 정언이 되었다. 1694년 인현왕후를 모해하였다고 유배되었다가 1699년 풀려났는데, 1701년 인현왕후가 사망한 후 그 저주 사건에 연루되어 사형당했다. 심단은 인현왕후가 죽은 뒤에 오시복과 더불어 장희빈을 중전으로 올려야 한다는 상소를 모의했다는 말이 민언량의 공초에서 나왔지만 수사 대상에서는 제외되었다.

484) 대간이 …… 받았었지만 : 심단이 민언량의 옥사에 연루되어 해남으로 유배된 일을 가리킨다. 당시 그를 탄핵한 것은 정언 유언명(兪彦明)이었다. 《肅宗實錄 27年 12月 3日》

485) 선왕이 …… 등용되었는데 : 심단은 1701년(숙종27)에 유배되었다가 1709년에 풀려나 1711년에 서용되었다. 원문의 "牽復"은 원래 견인하여 정도(正道)를 회복시킴을 이르는 말로, 《주역》 〈소축(小畜)〉의 "구이(九二)는 연결하여 회복함이니, 길(吉)하다.[九二, 牽復, 吉.]"는 구절에서 나왔는데, 여기서는 다시 관직에 복귀한다는 의미로 쓰였다.

○ 16일, 김만주가 이진검에 대한 의율(擬律)[487]이 너무 가볍다는 이유로
인피하였다.

○ 25일, 정언 김고가 다음과 같이 상소하였다.

"신은 단지 지문을 다시 품처할 일을 논하고 상소를 올린 유생을 유배
보내라는 명을 반려하였을 뿐이지[488] 일찍이 윤지술을 장려하여 추켜세운
적이 없었습니다. 그런데 이진검의 상소는 있는 대로 추려 모아 '가상하다.'는
두 글자를 만들어내서 공공연히 무함하였습니다.[489] …… 독대하였을 때의
일까지 추후에 제기하여 왕위를 계승한 초기에 스스로를 과시하려 하였습니
다. ……"

주상의 의례적인 비답을 내렸다.

○ 28일, 좌의정 이건명이 차자를 올려 영의정 김창집을 권하여 나오게
하기를 청하자 주상이 다음과 같이 답하였다.

"영의정의 일은 형조에서 조사하여 조처하기를 기다렸는데,[490] 지금까지
지연되어서 더욱 답답하기만 하다. 한밤중에 잠도 못 자고 국사를 생각하면
어찌할 바를 모르겠다."

---

486) 전관(銓官) : 이조와 병조의 관원을 가리킨다. 문관과 무관의 인사행정을 맡아보던 이조·
   병조를 전조(銓曹)라 한 데서 유래되었다. 특히 이조의 정랑(正郞)·좌랑(佐郞)은 전랑(銓
   郞)이라 하여 내외 관원을 천거·전형(銓衡)하였다. 장관인 판서도 관여하지 못하는
   특유의 권한이 부여된 관직으로, 재상으로 이르는 관로(官路)였다.
487) 의율(擬律) : 죄의 경중에 따라 법을 적용하다.
488) 신은 …… 뿐이지 : 정언 김고가 이것을 논한 것은 앞의 9월 9일자 기사에 보인다.
489) 이진검의 …… 무함하였습니다 : 이진검이 김고를 비판한 상소는 앞의 11월 16일자
   기사에 보인다.
490) 영의정의 …… 기다렸는데 : 당시 영의정 김창집은 청나라 사신에게 국왕의 나이와
   혼처를 써준 일로 우의정 조태구와 유생 이몽인의 탄핵을 받아서 출사하지 못하고
   있었다. 그런데 이 일을 형조에 조사하게 했다는 기록은 보이지 않는다.

○ **2월 5일**, 사간원에서 - 정언 이성룡(李聖龍)[491] - 조최수의 일과 이봉징·이연·이환·이혁 등의 일을 아뢰었다. 또 이진검을 멀리 귀양 보내라고 아뢴 말을 고쳐서 이르기를,

"세도가 타락하고 의리가 어두워져서 불령한 무리들이 떼 지어 일어나 반드시 성총(聖聰)을 현혹하여 국사를 무너뜨리려고 한 것이 음험하고 참혹하기가 이진검의 상소에 이르러 지극합니다. 상소 가운데 나열한 것은 날조하고 모함하지 않은 것이 없었으니, 은화와《대명회전(大明會典)》등의 말로 계략을 꾸민 의도는 차마 똑바로 쳐다볼 수 없으나, 이는 단지 자질구레한 일일 뿐입니다.

독대 한 가지 일은 이것이 어찌 오늘날 신하된 자가 감히 전하 앞에서 발설할 수 있는 일입니까? 그런데 지금 말하기를, '이 같은 사실이 없다고는 말할 수 없다.' 하여 그 일이 있었는지 여부를 오늘에 이르러 뒤쫓아 제기하였으니 그 의도를 실로 헤아릴 수 없습니다.

또 말하기를, '입시(入侍)한 이후의 일은 감히 깊게 죄줄 수 없다.' 하였으니, 그는 이미 이것으로 죄 삼을 수 없다고 한 것인데, 그가 의도적으로 장차 무슨 짓을 하려고 반드시 이런 말을 한단 말입니까? 선왕에 대해서는 무례하고 전하에 대해서는 불경스러우니, 이와 같이 윤리를 어기고 의리를 무시한 사람에게 그 죄를 밝게 바로잡지 않을 수 없습니다. ……"

주상이 답하기를, "번거롭게 하지 말라." 하였다.

○ 지평 어유룡(魚有龍)[492]이 이진검의 상소를 논하여 말하기를,

---

491) 이성룡(李聖龍) : 1672~1748. 본관은 경주, 자는 자우(子雨), 호는 기헌(杞軒)이다. 1714년 (숙종40) 증광문과에 급제하여 경종대 정언·지평 등을 역임하였다. 1740년 대사간으로 있으면서 이미 죽은 유봉휘와 조태구의 삭탈관작과 영의정 이광좌의 파직을 주장하다가 도리어 삭직당하기도 하였다. 이듬해 특별히 가자되어 기로소(耆老所)에 들어갔으며 관직은 공조판서에 이르렀다.

492) 어유룡(魚有龍) : 1678~1764. 본관은 함종(咸從), 자는 경우(景雨)이다. 경종의 장인 어유귀(魚有龜)의 재종제이다. 1710년(숙종36) 사마시, 1713년 증광문과에 급제하여 청요직을

"대신의 충곤(忠悃)493)은 한 마음으로 나라에 몸 바쳐서 어려움을 마다하지 않습니다. ……"

하니, 주상이 답하기를, "대간의 논핵이 이미 제기되었으니 거듭 말할 필요 없다." 하였다.

○ 19일, 승지 김시환(金始煥)494)이 아뢰기를,

"정시(庭試)495)가 멀지 않았는데, 병신년(1716, 숙종42)에 상소했던 유생496)이 6년간 폐고되었으니, 청컨대 관광(觀光)497)하도록 분부해 주십시오."

하니, 그대로 하라고 하였다.

○ 21일, 좌의정이 이몽인의 차자를 논하면서 칼을 지니고 돌입하였다고 운운하자, 주상이 다음과 같이 답하였다.

두루 역임하였다. 경종대 세제 책봉에 반대하는 소론의 처벌을 주장하였고, 또한 세제 대리청정을 반대하는 조태구 등을 탄핵하여 박치원(朴致遠)·이중협(李重協)과 함께 노론의 3대 대간으로 불렸다. 1722년(경종2) 임인옥사 때 유배되었다가 1725년(영조1) 다시 등용되었지만 1727년 정미환국으로 파직되었다. 1730년 복직하여 1748년 한성부좌윤을 거쳐 1754년 지중추부사로 기로소(耆老所)에 들어갔고, 이후 판돈녕부사에 올랐다. 시호는 정헌(靖憲)이다.

493) 충곤(忠悃) : 진심에서 우러나와 참되고 정성스럽다.
494) 김시환(金始煥) : 1673~1739. 본관은 강릉(江陵), 자는 회숙(晦叔), 호는 낙파(駱坡)이다. 1700년(숙종26) 춘당대시에 급제하여 청요직을 두루 거치고, 1721년(경종1) 승지가 되어 김창집을 탄핵했다가 유배되었는데, 조태구의 건의로 풀려나 평안감사가 되었다. 1725년(영조1) 노론이 집권하여 삭출되었다가 1727년 정미환국으로 대사헌이 되었다. 1728년 공조·형조·예조판서 등을 역임하였으며, 그의 아우 김시혁(金始爀)·김시형(金始炯)과 함께 기로소에 들어갔다.
495) 정시(庭試) : 문무 과거로서, 3년마다 정기적으로 시행하는 식년시 외에 임시로 시행하던 여러 별시 중의 한 종류이다.
496) 병신년에 상소했던 유생 : 1716년 윤선거(尹宣擧)의 문집을 헐고 윤증(尹拯)에 대한 예우를 없애버린 이른바 '병신처분(丙申處分)'에 대해 항의한 소론측 유생을 처벌한 일을 말한다.
497) 관광(觀光) : 나라의 빛을 본다는 관국지광(觀國之光)의 준말로, 상국(上國)에 사신(使臣)을 가는 것과 서울에 과거 시험을 보러 가는 것을 가리킨다.

"죄수의 공초 때문에 경이 피혐할 일은 별로 없다. 국가의 형세가 어렵고 염려스러운 날, 인혐하며 면직을 청하는 것이 어찌 이렇게까지 되었단 말인가?"

○ 공조참의 이정익이 다음과 같이 상소하였다.

"신은 선조의 구물(舊物)로서 따라 죽지 못하고 구차하게 목숨을 연명하고 있다가 망극한 사람들의 말로 참혹하게 모함을 받았습니다. 신이 김일경에게 무고를 당한 것은 단지 지난 상소 가운데 '은혜를 팔아서 복을 구했다.[市恩徼福]'는 네 글자 때문입니다. 김일경은 앞서 말하기를,

'은혜는 누구로부터 나오며, 복은 어디로부터 생기는가? 어디에 은혜를 팔아서 언제 복을 구하려는가?'[498)

하며 은연중에 감히 견줄 수 없는 처지에 귀결시켰고, 그 뒤에 이르기를,

「은혜를 팔아서 복을 구했다.」는 말과 「깊은 근심과 지나친 염려[深憂過慮]」라는 네 글자를 위아래로 서로 대응하는 말로 만들었다.'[499)

고 하여 억지로 존엄한 분을 핍박한 죄과에 몰아넣었으니, 이것은 자구를 뽑아내어 문장의 뜻을 뒤집어 바꾼 것이었습니다.

신이 논한 것은 당시 집정자가 흉당을 비호하여 다른 날 복을 구하려 한 일을 직접 배척한 것에 불과하였습니다.[500) 그런데 김일경이 '은혜와 복을 만들어 내는 것은 오로지 군상만이 가능하니, 은혜를 팔아서 복을 구한다는 말은 아래 사람이 감히 할 수 없는 말이다.' 하였습니다.

신은 상소에서 주자가 미생고(微生高)를 논하면서 '은혜를 팔았다.[市恩]'고

---

498) 은혜는 …… 구하려는가 : 1706년 김일경이 이정익을 비판한 상소에 나오는 말이다. 《承政院日記 肅宗 32年 1月 21日》

499) 은혜를 …… 만들었다 : 1720년 김일경이 이정익을 비판하면서 한 말이다. 본서 1720년 8월 3일자 기사에 보인다.

500) 신이 …… 불과하였습니다 : 1705년 이정익이 상소하여 최석정이 장희빈을 비호하였다고 탄핵하였다. 그런데 "市恩徼福"이라는 말이 있는 이정익 상소는 보이지 않고, 이듬해 김일경이 그를 탄핵한 상소문에서만 보인다. 《承政院日記 肅宗 32年 1月 21日》

한 것501)과 이항(李沆)502)도 남의 상소를 논하면서 은혜와 복이라는 말을
사용한 것을 인용하였습니다. 이는 은복(恩福)이라는 두 글자가 위에 있는
임금만 사용하는 것은 아니라는 것을 알 수 있는데, 어떻게 추호라도 핍박하는
단서가 될 수 있단 말입니까?

또한 '근심이 깊고 염려가 지나친 것'은 단지 국면이 거듭 바뀌는 상황을
두려워하여 자신들의 화복(禍福)을 계교(計較)한 것에서 나온 것일 뿐인데,
김일경이 어찌 감히 '단지 한 사람을 위한 것이다.' 등의 말을 멋대로 쓴단
말입니까?503) 시골의 도깨비 같은 무리들이 유생의 상소라고 핑계대고, 이러
한 김일경의 논의에 의지하여 신의 이름을 집어넣고 올린 것이 곧 급서(急書,
고변서)와도 같았습니다. 선대왕이 하교하기를, '비록 백세의 공론이라도
대간의 논의가 틀렸다고 하지 않을 것이다.' 하였고, 또한 김일경이 '핍존'이라
고 한 말에 대해 '매우 옳지 않다.' 하교하셨습니다.

전하가 신이 고 상신 윤지완(尹趾完)504)의 상소에 대해 변명한 상소의 비답에

501) 주자가 …… 것 : 《논어》〈공야장(公冶長)〉에 "누가 미생고를 정직하다 하는가. 어떤
　　사람이 그에게 식초를 얻으려 하였을 때, 자기에게 없으면 없다고 해야 할 것인데,
　　굳이 이웃집에 가서 얻어다 주기까지 하였으니.[子曰 : 孰謂微生高直? 或乞醯焉, 乞諸其隣而
　　與之.]"라는 공자의 말이 나온다. 이에 대해 주자가 "자신의 뜻을 굽히고 다른 사람을
　　따라서 남의 아름다움을 빼앗고 은혜를 팔았다.[曲意徇物, 掠美市恩]"고 논하였다.
502) 이항(李沆) : 947~1004. 북송(北宋) 태종(太宗)·진종(眞宗) 때의 명신(名臣)으로 자는 태초
　　(太初), 시호는 문정(文靖)이다. 태종 태평흥국(太平興國) 5년(980)에 진사시에 갑과로
　　급제하여 진종 때에 재상에 올랐다. 《宋史 卷282 李沆列傳》
503) 또한 …… 말입니까 : 여기의 인용문은 모두 1720년에 나온 김일경 상소문에서 보인다.
　　《承政院日記 景宗 卽位年 8月日》
504) 윤지완(尹趾完) : 1635~1718. 본관은 파평(坡平), 자는 숙린(叔麟), 호는 동산(東山)이다.
　　좌의정 윤지선(尹趾善)의 아우이다. 1694년(숙종20) 갑술환국으로 서인이 다시 집권하여
　　소론이 정국을 주도하게 되자, 좌참찬·우의정 등을 지냈다. 1717년 숙종이 좌의정
　　이이명(李頤命)과 독대(獨對)한 후 세자(景宗)에게 청정(聽政)을 명하자 청정을 반대하고
　　이이명을 배척하였다. 이에 대해 남인계 홍중인(洪重寅)은 《대백록(待百錄)》에서 높이
　　평가하였다. "문장과 경술(經術)은 남구만(南九萬)에 비해 조금 부족한 듯 하지만 덕량(德
　　量)이 크고 두터우며, 수립함이 확고한 것은 남약천 보다 나아서 진정한 동국의 위인이었
　　다." 하였다. 반면 노론계 당론서인 《족징록(足徵錄)》에서는 '약천(藥泉)과 동산(東山)의
　　잘못된 견해[泉山誤見]'라는 편목을 통해 남구만과 윤지완 두 사람을 싸잡아 비판하였다.

서 이르기를,

'대신의 상소 가운데 「임금을 무시하는 마음을 먹었다.」는 등의 말은 위험하기가 마치 급서와 같았지만, 너는 실로 죄가 없다.'

하였으니, 신이 목숨을 부지하고 있는 것은 선대왕과 전하께서 베푸신 생성(生成)505)의 은택이 아닌 것이 없습니다. ……"

주상이 답하기를, "너는 혐의할 것이 없다." 하였다.

○ 대사성 김운택이 상소하여 다음과 같이 말하였다.

"삼가 엊그제 경연 중에 승지 김시환이 아뢴 것으로 인하여 병신년(1716, 숙종42) 상소로 폐고된 유생의 벌을 풀어주라는 명이 있었습니다.506) 신이 바야흐로 성균관(國子)의 직임을 맡고 있으니, 마땅히 이미 내린 명령을 재임에게 전달하여 거행해야 마땅합니다.

그런데 당시 상소한 유생 임상극(林象極)507)과 오명윤이 번갈아 서로 투서(投書)하여 선정신 송시열을 무욕(誣辱)하였는데, 그 의도와 사용한 표현이 지극히 흉패하였으니, 이것이 선조가 변방으로 내쳐 엄중하게 징치한 이유였습니다. 비록 지난해 이후 사면령이 내려져 석방될 수 있었지만 사림이 유벌(儒罰)508)을

동궁보호를 빌미로 장희재의 처벌을 완화하라고 주장한 일이 마침내 조중우(趙重遇)의 장희빈 추숭 상소로 이어졌고, 결국 신축년(1721, 경종1)과 임인년(1722)의 화가 연이어 일어난 결과를 초래하게 되었다고 주장하였다.

505) 생성(生成) : 하늘과 땅이 만물을 낳아서 이루어 주는 은혜를 말한다.
506) 김시환 …… 있었습니다 : 병신년(1716, 숙종42) 상소로 처벌받은 유생이란, 윤선거의 문집을 헐고 윤증에 대한 예우를 없애버린 이른바 '병신처분'에 대해 항의한 소론측 유생을 처벌한 일을 말한다. 이들에 대한 유벌(儒罰)을 풀어달라는 김시환의 주장에 경종이 호응함으로써 병신처분이 뒤집히기 시작하는 출발점이 되었다. 본서의 앞에 1721년 2월 19일 기사에 보인다.
507) 임상극(林象極) : 1687~1728. 본관은 나주(羅州), 자는 성준(聖準)이다. 임상덕(林象德)의 아우이다. 1714년(숙종40) 증광시에 급제하여 생원이 되었다. 1716년 신구(申球)가 윤선거의 문집을 문제삼자 이것을 배척하는 상소에 참여하였다. 1728년(영조4) 무신란이 발생하자 진천 현감(鎭川縣監)으로서 역적의 관문(關文)을 봉행(奉行)하여 군사를 거느리고 적진으로 나아가 반역에 동조하였다고 효시되었다. 《承政院日記 英祖 4年 3月 28日》

시행한 것은 실로 정론(正論)을 부식(扶植)하고 간사한 것을 물리치는 뜻에서 나왔으니, 공의(公議)를 강제로 거슬러서 억지로 중벌(重罰)을 풀어줄 수 없다는 것은 분명합니다.

또 생각건대 기해년(1719)에 조정에서 상소한 유생들에 대한 유벌을 풀어주게 하여, 이에 죄를 받은 40여 인이 즉시 유벌에서 풀려났습니다. 그렇지만 임상극과 오명윤 등처럼 죄가 사문(斯文)에 관계되어 처벌의 명분이 매우 무거운 자들은 뒤섞어서 벌을 풀어줄 수 없다는 뜻을 초기(草記)509)로 아뢰어서 그대로 두었으니, 이것은 진실로 성명(聖明)께서 기억하여 모두 잘 알고 계신 일입니다.

그런데 지금 승지가 이 무리의 죄명을 아주 잊어버리고 방자하게 진달하여 풀어주기를 청하는데 급급하였으니, 신은 적이 놀라고 의혹되게 생각하였습니다. 신은 이미 내린 명령을 빨리 멈추고 이전 그대로 두는 것을 결코 그만둘 수 없다고 생각합니다. 신의 어리석은 견해가 이미 이와 같아서 조정의 명령이 내려졌는데 받들어 거행할 수 없으니, 삼가 청컨대 신의 직책을 빨리 갈아주시어 사사로운 분수에 편안하게 해주십시오."

주상이 답하기를,

"이미 형벌을 풀어주었으니 도로 정지하는 것은 불가하다. 너는 사직하지 말고 속히 직무를 살피라."

하였다

○ 2월 27일, - 결국 3월에 올렸다.510) - 지평 이정소(李廷熽)511)가 상소하여

508) 유벌(儒罰) : 유생이 유가(儒家)의 규범에 어긋나는 행위를 하였을 때, 그 유생에 대하여 자치적으로 제재를 가하는 징벌(懲罰)이다. 묵삭(墨削)·명고영삭(鳴鼓永削)·부황영삭(付黃永削)·영손손도(永損損徒)·영출재(永黜齋) 등이 있었는데, 유벌을 받은 유생은 과거에 나아갈 수 없었고, 영원히 선비로 호칭되지 못하였다. 《新編太學志 5章 儒罰》
509) 초기(草記) : 각 관서에서 국왕에게 올리는 문서이다. 정무상 중대하지 않은 사항을 그 내용만 간단히 적어 올리는 서식이다.
510) 결국 3월에 올렸다 : 이정소의 이 상소는 《경종실록 1년 3월 10일》 기사에 보인다.

다음과 같이 말하였다.

"지난번 이몽인이 칼을 지니고 궁궐에 돌입한 것은 지나간 옛날에는 없던 일인데, 공사(供辭)512)에 나열한 것이 더욱 지극히 흉패하였습니다. 그 계략을 꾸민 의도는 오로지 묘당을 두들겨 흔들어서 국사를 무너뜨리는 데 있었으니, 이는 이미 매우 놀라웠습니다.

그런데 애초 상소 원본을 불태워버렸다고 핑계대고 감추어 버린 것은 진실로 매우 헤아릴 수 없을 정도로 악랄하여, 해당 조(曹)가 법에 의거하여 형벌을 청한 것은 사리에 당연한데, 형벌을 면제하고 의논하여 조처하라는 하교가 의외로 갑자기 나왔으니, 진실로 성상의 도량이 하늘처럼 커서 포용하지 않는 것이 없다는 것을 알겠습니다.

그렇지만 참소를 미워하는 형전은 엄하게 하지 않을 수 없고 간사함을 꺾는 도리는 분명히 하지 않을 수 없으니, 삼가 전하께서는 유사(攸司)로 하여금 이몽인을 엄히 형신하여 형률에 따라 죄를 정하게 하십시오.

이어서 삼가 생각건대 지금 국사를 담당하여 성심(誠心)을 다하고 온몸을 다하여 나랏일에 이바지하다가 죽고서야 그칠 자는 단지 영의정뿐입니다. 그런데 이몽인과 안중열 등이 근거 없는 말을 날조하여 반드시 쫓아내려고 하는 이유는, 영의정이 자리를 떠나면 국사(國事)가 흩어지고 국사가 흩어지면 흉도가 틈을 타 사의(私意)를 이룰 기회가 생길 수 있기 때문입니다.

전하께서는 명철(明哲)하시니 반드시 그 간특한 실정을 굽어 통촉하셨기 때문에 '한밤중에 잠을 이루지 못한다.'는 하교를 내리셨을 것이라고 생각합니다. 또한 원컨대 빨리 처분을 내리고 성의를 다해 나오라고 권하여 함께

---

511) 이정소(李廷熽) : 1674~1736. 본관은 전주(全州), 자는 여장(汝章), 호는 춘파(春坡)이다. 1696년(숙종22) 진사가 되고, 1714년 증광문과에 장원 급제하여 청요직을 두루 거쳤다. 1721년(경종1) 노론 4대신과 함께 연잉군을 세제로 정책할 것을 발의하였다. 이후 김일경 등이 노론 4대신을 4흉(四凶)으로 규정하며 공격하자, 그도 유배되었다. 1725년(영조1) 풀려나온 뒤 병조참판 등을 역임하였다.

512) 공사(供辭) : 범인이 자신의 범죄 사실을 진술하는 말이다.

나랏일을 하시기 바랍니다.

판부사 이이명이 전후로 충성하고 근면한 것은 또한 전하가 일찍부터 장려하고 인정한 것입니다. 만 리 길에서 돌아오는데 갑자기 망극한 참소를 당하였지만 다행스럽게도 성명(聖明)께서 그 굽은 것을 통찰하시고 처음에 이미 도타운 비답을 내리셨고, 이어서 또 거듭 큰 상을 내리셨으니 조정에 있는 신료라면 누군들 전하의 간언(奸言)을 끊고 원로를 우대하는 덕음(德音)을 우러르지 않겠습니까?

다만 공적으로 가지고 간 은화는 도로 바쳐서, 그것을 공격한 일이 허망한 일이 되었는데도 아직도 실정과 반대로 모함한 형률을 시행하지 않고, 헛되이 근시(近侍)를 보내 지켜보게 하는 것만으로 대신이 조정에 나오기를 바라니, 이것이 어찌 들어오려 하는데 문을 닫는 것에 가깝지 않겠습니까?

하물며 자신의 심정을 토로한 상소를 올린 지 이미 오순(五旬)이 지났는데도 또한 비답을 받지 못하여 도성 바깥에서 방황하면서 나가거나 물러설 길이 막혀버렸습니다. 삼가 바라건대 성명께서 즉시 비답을 내려서 참소를 막는 길을 넓혀주십시오.

사명(使命)을 받들고 다른 나라에 가서 처음부터 끝까지 일을 같이한 사람들은 그 거취에 마땅히 다름이 없어야 합니다. 그런데 일찍이 한 마디도 그 일을 변명하는 말이 없어서 대신이 홀로 무함을 받도록 하고도 의기양양하게 근밀(近密)한 지위에 출입하면서 조금도 편치 않은 뜻이 없습니다. 이들이 그 의리에 대처하는 것이 매우 근거가 없으니 이 같은 풍습을 신은 적이 통탄스럽게 여깁니다.

지난번 우의정 조태구는 상소하여 사직하고 나서 아직 비답을 받기 전에 청나라 사신이 왕자와 여러 종친을 만나 볼 것을 청했다고 듣자, 바로 가동(家僮)을 보내어 한 장의 상소를 올리기를, 마치 비상한 변고가 순식간에 닥친 것처럼 하였습니다.[513] 그 거조의 다급함은 보통 사람의 심정으로는 헤아릴

---

513) 지난번 …… 하였습니다 : 우의정 조태구가 노론 측에서 청나라 사신에게 불필요하게

수 없는 점이 있었고, 그가 이른바 '배신(陪臣)을 받아들이는 것은 혐의를
무릅쓰는 일이 된다.'느니 '왕자와 여러 종친이 또한 어찌 감히 이에 편안하랴?'
고 한 말은 더욱 지극히 위험합니다.

청나라 사신이 만나보기를 청한 것은 다만 '고루 유시(諭示)한다.'는 뜻이라
고 하였는데, '혐의를 무릅쓴다.'는 등의 말은 과연 무엇을 가리키는 것입니까?
'어찌 감히 편안하랴[豈敢安]'는 세 글자에 이르러서는 헐뜯고 이간질하는
뜻을 띠고 있으니, 만일 대신에게 조금이라도 지난날을 추념(追念)하는 뜻이
있다면 과연 차마 이렇게 할 수 있겠습니까?

나라 사람들의 말이 떠들썩하고 열 손가락이 모두 가리키게 되자, 또
'효우' 두 글자를 찾아내어 도리어 '다만 한 아우가 있을 뿐이니, 더욱 두텁게
친애(親愛)하라.'는 등의 말로 끊임없이 진달하여 찧고 까불었으니, 손발이
다 드러나 가리기 어렵습니다.514) 이 같은 정태는 진실로 차마 바로 볼
수 없으니, 삼가 원하건대 전하께서는 더욱 깊이 살펴주시기 바랍니다.

또한 최근 대각의 논계를 살펴보면 실로 온나라 공공의 논의를 모은 것인데,
혹은 엄히 징토하여 간특함을 막으려는 뜻에서 나오거나, 혹은 탐관오리를
규찰하고 국가를 위한 계책을 시행하려는 정성에서 나온 것이었습니다.
그런데 오래도록 받아들이지 않아서 천총(天聰)은 더욱 아득해졌으며, 일을
논하는 상소에 대해서까지도 또한 모두 가부(可否)를 표시하지 않고 잘난
체하면서 받아들이기 싫은 기색515)을 드러내놓고 보였습니다.

많은 정보를 전달한 것을 비판하는 상소는 본서 1720년 11월 26일과 12월 1일자 기사에
보인다.

514) 또 …… 어렵습니다 : 이것은 조태구가 1721년 새해를 맞이하여 경종에게 올린 시무
상소에 나오는 말이다. 《景宗實錄 1年 1月 3日》

515) 잘난 …… 기색 : 원문은 "訑訑之色"이다. 《맹자》〈고자 하(告子下)〉에 "잘난 체하는
음성과 낯빛은 사람을 천 리 밖에서 막는다. 그리하여 선비가 천 리 밖에서 발걸음을
멈춘다면 아첨하고 비위나 맞추는 사람들이 올 것이니, 아첨하고 비위나 맞추는 사람들
과 함께 거처한다면 나라가 잘 다스려지기를 바란들 될 수 있겠는가.[訑訑之聲音·顏色,
距人於千里之外. 士止於千里之外, 則讒諂面諛之人至矣. 與讒諂面諛之人居, 國欲治, 可得乎?]"고
한 데서 온 말이다.

어리석고 죽을죄를 지은 신의 생각으로는 만약 이것을 그치지 않는다면 크고 작은 신료 모두가 장차 입을 다물고 말하는 일을 경계할 것이니, 옛사람이 이른바 '언로가 막히면 나라가 망한다.'는 것에 불행히도 가까워질 것입니다. 삼가 원컨대 전하께서 빨리 말을 받아들이는 아량을 넓혀서 낱낱이 윤허하여 따라 주시기 바랍니다. ……"

주상이 답하기를,

"이몽인 등은 이미 처분하였으니 다시 논의할 필요가 없다. 우의정은 성실하여 딴 뜻이 없는데, 그대는 어찌하여 헤아리지 않고 말을 허비하여 침범하고 핍박하는가? 진실로 이상하다."

하였다.

○ **3월 3일**, 사간원에서 아뢰기를

"묵명(墨名)의 벌[516]을 받은 유생으로서 신방(新榜)[517]에 들어 있는 자는 조사하여 뽑아내야 합니다. ……"

하였다.

○ **9일**, 사간 임형(任泂)이 이진검 상소[518]의 말을 변명하는 상소에서 말하기를,

"근년에 신의 종형 임창이 유배되자[519], 신의 아비 고 지사 임홍망(任弘望)이 마침 사직 상소의 끝에 불안한 뜻을 대략 언급하였는데 이르기를,

---

516) 묵명(墨名)의 벌 : 성균관 유생이 학칙(學則)을 위반한 경우 유생 명부에서 그의 성명을 먹칠하여 지워버리는 일이다.

517) 신방(新榜) : 과거에 새로 급제한 사람의 성명을 써서 게시하는 방목을 말한다.

518) 이진검 상소 : 이진검이 임형을 비판한 상소는 본서 1720년 11월 16일자 기사에 보인다.

519) 근년에 …… 되자 : 1702년(숙종28) 아산 유학 임창(任敞)이 상소하여 장희빈이 인현왕후를 죽인 일을 고묘(告廟)해야 한다고 주장하였다가 나주에 유배된 일을 말한다. 《肅宗實錄 28年 3月 17日》

'가질(家姪) 임창이 괴이하고 망령된 상소로써 조정에 죄를 얻어 편배(編配)520) 되었으니, 신은 곧 마원(馬援)521)의 죄인입니다.522) ……'

하였습니다. 신의 아비가 스스로 생각하기를, '능히 자질을 단속하지 못해서 이런 망언을 하는 잘못을 저지르게 하였다.' 하였습니다. 그런데 이진검은 말하기를, '화가 자기에게 미칠까 두려워서 상소하여 사실을 자백한 것이다.' 하고는 은연중에 숙부를 끌어다가 조카의 죄를 입증하려고 하였습니다. 그런데 어떤 일이 '화를 두려워한 것'이며, 어떤 말이 '사실을 자백한 것'인지 알 수가 없습니다. ……"

하니, 주상이 답하기를, "경의 아비가 근신(謹愼)하는 것은 내가 이미 알고 있다. ……" 하였다.

○ 우부승지 김시환(金始煥)이 상소하여 다음과 같이 말하였다.

"삼가 신이 지난번 이 직책에 참여하고 있으면서 마침 입시하였을 때 병신년에 상소를 올린 유생들의 형벌을 풀어달라는 뜻을 대략 아뢰어서 윤허 받은 일이 있었습니다. 그런데 그 뒤 대사성 김운택의 상소를 얻어 보니, 내리신 명령을 가로막고서 행하지 않았을 뿐만 아니라 신을 침해하여 배척한 말의 뜻이 심각하여 신은 매우 놀라움을 이기지 못하였습니다.

병신년에 상소한 유생이 죄를 받은 것은 무슨 일 때문이었습니까? 천하의

---

520) 편배(編配) : 도형(徒刑)이나 유형(流刑)에 처한 죄인의 이름을 도류안(徒流案)에 기록하여 넣는 것을 말한다.

521) 마원(馬援) : B.C. 14~49. 후한(後漢) 광무제(光武帝) 때의 명장(名將) 복파장군(伏波將軍)이다. 용백고(龍伯高)는 사람됨이 중후하고 빈틈이 없고, 두계량(杜季良)은 호협한 의기 남아였는데, 마원이 자기 조카 엄(嚴)과 돈(敦)을 경계하는 글에서, 용백고(龍伯高)를 배우다가 제대로 안 되더라도 이는 고니를 새기다가 제대로 안 되면 그래도 집오리 정도는 될 수 있는 격이어서 괜찮지만, 두계량(杜季良)을 배우려다 제대로 안 되는 날이면 이는 범을 그리려다가 되레 개를 그리는 꼴이 되어 안 된다고 하였다. 《後漢書 馬援傳》

522) 가질(家姪) …… 죄인입니다 : 임홍망의 이 상소는 《숙종실록보궐정오 28년 6월 8일》 기사에 보인다.

악은 다른 사람을 무함하는 것보다 큰 것이 없고, 천하의 억울함은 무함을
받는 것보다 심한 것이 없습니다. 하물며 백대(百代)에 걸쳐서 산처럼 우러러
볼 유종(儒宗)이 마구잡이로 천고(千古)에 없는 악명을 입었으니, 사문(斯文)이
손상되고 세도(世道)가 무너져서 더이상 남은 것이 없었습니다.

처음에는 간사한 유상기523)가 일을 꾸미더니, 중간에 적신(賊臣) 신구(申球)
가 불쑥 튀어나와서 반드시 자신들이 원하는 대로 하고 난 뒤에야 그치려
한 상황을 이루 다 기록할 수 없습니다. 끝에 가서는 또 상신(相臣)이 그것을
조술(祖述)하고서 성조(聖祖)를 위해 변무(辨誣)524)한다고 핑계대고는 스스로
자신으로 공으로 삼았습니다.

저들이 머리와 꼬리를 배치하여 앞뒤로 화응하면서 다른 사람을 악역의
죄목에 빠뜨린 것은 모두 문자를 꼬집어내어 죄안을 얽어 만든 것에 지나지
않았으니, 그 의도가 음흉하고 간특하며 계책이 흉악하고 참혹한 것은 바로
유자광(柳子光)525)의 옛일과 같은 수법이었습니다.

비록 당시 저들의 기세가 왕성하여 저들의 논의가 이루어졌지만 그때
성비(聖批)가 해와 별처럼 밝아서,

'본문 가운데 위아래의 문리(文理)가 전개된 것이 상세하여 유생의 상소문과
비슷한 것을 볼 수가 없는데, 어떻게 효종을 무훼(誣毁)했다고 지목하여 곧장
망측한 곳으로 몰아넣는가?'

등의 하교가 있기까지 하였으니, 이는 밝게 살피는 성상의 명철함으로

523) 간사한 유상기 : 유상기(兪相基, 1651~1718)의 본관은 기계(杞溪), 자는 공좌(公佐), 호는
　　기초재(祈招齋)이다. 송시열의 문인이다. 유계(兪棨)의 손자로서 《가례원류(家禮源流)》에
　　권상하(權尙夏)의 서문과 정호(鄭澔)의 발문을 붙여 간행하였다. 발문에서 윤증을 공격한
　　대목이 있어, 소론의 배척을 받고 유배되었다가 풀려났다.
524) 변무(辨誣) : 사리를 따져서 옳고 그름을 가리고 억울함을 밝히는 것이다.
525) 유자광(柳子光) : 1439~1512. 본관은 영광(靈光), 자는 우후(于後)이다. 부윤 유규(柳規)의
　　아들인데, 서얼 출신으로서 기사(騎射)와 서사(書史)에 능하였다. 1498년(연산군4) 무오사
　　화(戊午史禍)를 일으켜 김종직 등 사림파를 핍박하였다. 중종반정 때 정국공신 1등에
　　책록, 무령부원군(武寧府院君)에 봉해졌다가 삼사의 탄핵을 받고 유배 가서, 유배지에서
　　사망하였다.

그 귀역(鬼蜮)처럼 다른 사람을 해치려는 자의 정태를 이미 환히 꿰뚫어 보신 것이었습니다. 밝고 밝은 효종께서 애초에 어찌 일찍이 무고를 당하거나 무고를 분변할 일이 있었던 적이 있습니까?

그런데도 어진 이를 해치기에 급급하여 감히 말할 수 없는 지위에까지 언급하면서 다른 사람을 제압하는 수단으로 삼았습니다. 만약 조금이라도 공경하고 두려워하는 마음이 있었다면 방자하고 무엄한 것이 어찌 이처럼 심한 지경에 이를 수 있었겠습니까?

더욱 절통(絶痛)한 점이 있습니다. 이 사화(士禍)를 만들어 낸 뒤에도 오직 흉계가 탄로날까 두려워, 중앙과 지방의 선비로서 궁궐을 지키면서 변론하여 아뢰는 자가 날마다 서로 뒤이었지만 안팎이 한통속이 되어 공거(公車)의 아래를 일체 막고 가리어서 문득 언로를 금지하게 되었으니, 이는 역적 유자광도 일찍이 한 적이 없는 일이었습니다. 고금 천하에 어찌 이와 같은 변괴가 있을 수 있겠습니까?

아! 자기들과 다른 세력을 제거하려 하여 재앙의 기색이 하늘을 삼켜서, 말하는 자는 금고(禁錮)되고 거슬리는 자는 분쇄되어, 한때의 선류(善流)가 일망타진되어 거의 사라지니 사림의 기개(氣槪)가 삭막해졌습니다. 그리하여 오명윤과 임상극 등이 분연히 몸을 돌보지 않고, 앞장서서 동지를 이끌고 구름을 헤치고 임금께 부르짖고자 한 것은, 혹은 어진 이를 높이고 도(道)를 보위(保衛)하려는 정성에서 나오기도 하고, 혹은 바른 것을 부지(扶持)하고 참소하는 자를 물리치려는 의리에서 나오기도 하였습니다.

그 늠름하고 정직한 풍절(風節)은 또한 족히 세상의 타락한 풍속을 진작시킬 만하였습니다. 설령 말이 공손하지 않고 과격한 말이 많다고 하더라도, 이는 진실로 장려할지언정 죄줄 수 없는 일인데, 알지 못하겠습니다만 지은 죄가 무슨 일입니까?

산림(山林)에서 이미 백골이 된 사람526)이니 본래 세상일과는 관계가 없는데

---

526) 산림에서 …… 사람 : 윤선거·윤증 부자를 가리킨다.

도 이 소인배들이 독을 뿜어내어 무덤 속에 있는 사람이 참혹하게 무욕(誣辱)을 받았으므로 온 나라의 여론이 끓어올라 팔을 걷어붙이고 분개하지 않는 사람이 없었으니, 옳고 그름을 확연히 가려서 억울한 누명을 깨끗이 씻어내는 것은 진실로 선비로서 논의하는 것을 그만둘 수 없는 일이었습니다.

진실로 떳떳한 양심을 지닌 자라면 어찌 당연한 사리의 옳고 그름을 알지 못하겠습니까? 그런데 당습(黨習)이 이미 고질병이 되어 조금도 괴이쩍게 생각지 않아서, 한편에서는 대간의 논계(論啓)가 어지럽게 나오고 한편에서는 유벌(儒罰)이 낭자하였습니다. 그리하여 오로지 사사로운 분노를 시원하게 풀고 공의를 힘껏 저지하는 것을 일삼았으니, 이와 같은 거조는 일찍이 없었습니다.

비록 아침에 10인이 유배되고, 저녁에 1천인이 처벌을 받는데도 어찌 입을 막고 기운을 꺾어서 도리어 상소한 유생들을 위엄으로 제압하려 하여 국맥이 손상되는 것을 생각하지 않을 수 있단 말입니까?

만일 선왕의 북돋아 기르고 사랑하고 보호하신 성덕(盛德)이 아니었다면 상소문에 이름을 올린 허다한 선비가 장차 몇 사람이나 영해(嶺海, 고개 너머 바닷가 궁벽한 지방)에서 죽게 될지 알 수 없었습니다. 비단 큰 은혜를 온전히 보전하였을 뿐만 아니라 죄인을 사면하는 은택을 문득 내려서 어전정거(御前停擧)527) 이하의 벌을 모두 풀어주게 하였으니, 누군들 성상(聖上)이 둔 뜻을 우러러 공경하지 않겠습니까? 그런데 지금까지 그대로 두어서 끝내 군주의 명령을 폐지시키는 결과가 되었으니, 사체가 편치 않음이 무엇이 이보다도 심하겠습니까?

무술년(1718, 숙종44) 가을 경과(慶科)528)를 치를 때 예조판서 민진원이

---

527) 어전정거(御前停擧) : 어전에서 정거하도록 결정되었다는 뜻으로, 다른 곳에서 정거하도록 결정된 '본관 정거(本館停擧)'나 '사관 정거(四館停擧)'에 비하여 더 무겁게 다루었다. '어전 정거'에 대한 명을 받은 성균관이 해당 유생에 대해 정거를 실행하면서 유생 명단에 '어전 정거'라고 기록하였다.
528) 경과(慶科) : 증광경과(增廣慶科)이다. 나라에 경사가 있을 때 기념으로 보이던 과거시험

초기를 올려 어전 정거와 성균관의 처벌을 풀어주기를 청하니, 영남에서
시장(試場)을 어지럽힌 유생과 과천 유생 약간 인을 제외하고는 하나같이
모두 정거(停擧)529)를 풀어주라는 명을 내리셨습니다.

그리하여 을미·병신년(1716, 숙종42) 이후 상소한 많은 유생들을 모두
마땅히 풀어주었어야 했지만 그 뒤로는 거행하지 않았고, 또한 거행하지
않으려는 뜻으로 복주(覆奏)하지도 않았습니다. 그래서 기해년(1719, 숙종45)
경과530)를 볼 때 단지 영남과 과천 유생을 풀어주라고만 명하였던 것입니다.

을미·병신년 이후 상소한 유생들은 선조(先朝)가 이미 풀어주었다고 알고
있었기 때문에 거론하지 않았는데, 김운택이 상소에서 이른바

'기해년에 조정에서 유벌을 풀어주라고 명하였는데, 임상극과 오명윤 등은
본관에서 초기하여 벌을 풀어주지 않았습니다.'

말하였는데, 신은 그것이 무엇에 근거한 것인지 모르겠습니다. 전후로
유생으로서 벌을 받고도 풀리지 못한 자가 적지 않았는데, 혹 그 자신이
죽었는데 아직도 처벌자 명단에 있는 자가 있었으므로 마침 경사를 기념하여
과거를 베푸는 날에 감히 진달한 일이 있었습니다. 신이 논한 것은 단지
임상극과 오명윤에게만 해당되는 것이 아니었는데, 지금 김운택이 단지
이 두 사람만을 거론하여 마치 벌을 받아 과거를 폐한 자가 이 사람들뿐인
것처럼 하였으니, 그 또한 기망(欺罔)한 것이 심합니다.

신이 경연에서 아뢸 때 말이 지루하고 산만해질 것을 두려워하여 그 본래
사안의 본말을 모두 제기하여 거론하지 못하였으므로 신을 논하는 자들이
대충대충 진달했다고 배척한다면 혹 받아들일 수도 있겠습니다. 그런데

___

이다. 태종(太宗) 원년(1401)에 처음으로 실시되어, 본래 임금의 등극을 축하하는 의미로
즉위년 또는 그 이듬해에 설치하였으나, 선조(宣祖) 때부터 이것이 확대되어 국가에
경사가 있을 때마다 시행되었다. 1718년에는 중전의 병이 나은 것을 기념하여 정시(庭試)
를 개최하였다.

529) 정거(停擧) : 성균관의 거재 유생(居齋儒生)이 학령(學令)을 위반하였을 때 부과하는 유벌
(儒罰)의 하나로, 과거 응시를 일정 기간 제한하는 것을 이른다.

530) 기해년(1719, 숙종45) 경과 : 숙종이 기로소에 들어가는 것을 기념하여 시행한 과거이다.

신은 감히 알지 못하겠지만 '방자하게' 한 것이 무슨 말이고, '급급'한 것은
무슨 일이기에 기세등등하게 능욕하는 것이 이와 같이 어지럽고 천박하단
말입니까? '죄명을 아주 잊었다.'는 말은 더욱 가소롭습니다. 비록 저들에게
극구 폭로하게 하더라도 '사문의 변고'에 불과한데, 이것은 간특한 유상기가
앞장서서 흑백을 도치시켰고, 사림의 화는 역적 신구가 지어내어 의리가
막히게 되었습니다.

영의정의 차자와 척신의 상소가 아울러 힘껏 양성하여, 목판을 훼손하고
관작을 삭탈하는 등 이르지 않는 곳이 없었습니다.[531] 그래서 수백의 많은
선비들이 서로 이끌고 억울함을 호소하였지만 시세에 눌려서 끝내 벌을
받는데 이르렀을 뿐이었습니다. 이와 같이 아뢴 뒤에야 바야흐로 죄를 지은
실상을 잊지 않았다고 할 것이며 또한 그 마음이 크게 통쾌해지겠습니까?

신이 놀랍고도 의혹스러운 점은 거조가 이미 내려져 명령을 장차 시행하려
하는데 급급히 상소하여 근거 없는 말로 시험해 보려 한 것입니다. 과거
기일이 하룻밤을 사이에 두어 사세가 이미 급박해지자 비로소 재임이 나오지
않았다고 핑계대고 한 장의 초기(草記)로써 색책(塞責)[532]하고 미봉하여 마침
내 가로막고 희롱하는데 이르렀습니다. 이것은 일을 담당한 신하가 자기
하고 싶은 대로 했다고 할만하니, '방자하다'고 배척받아야 할 사람은 아마도
혹 저들에게 있지 여기에 있지 않은 듯합니다.

새롭게 왕위를 계승한 처음이 되어 팔방에서 함께 축하하고 초목과 생령들
이 모두 밝게 소생하고 있습니다. 그런데 오직 저 어진 사람을 위해 억울함을
송변(訟辨)한 유생이 무슨 큰 죄를 지었다고 남쪽으로 내치고 북쪽으로 유배
보내 이미 끝없는 고초를 겪게 하고도, 유적(儒籍)[533]에서 삭제하고 정거(停擧)

---

531) 영의정의 …… 없었습니다 : 영의정은 김창집을, 척신은 김보택을 가리킨다. 1716년
   김창집이 윤선거 문집을 헐어버리라고 청하였고, 이듬해 김보택은 윤선거·윤증의 관작
   을 삭탈하라고 주장하여 숙종이 모두 따랐다. 《肅宗實錄 42年 8月 24日, 43年 5月 29日》
532) 색책(塞責) : 책임을 면하기 위하여 임시로 꾸며대는 일이다.
533) 유적(儒籍) : 성균관·향교·서원 등에 비치한 유생의 명부를 말한다.

하여 또 오랫동안 폐고시켰습니다.

그리하여 마치 이들이 중대한 죄에 관련되어 물간사전(勿揀赦典)534)의 부류라도 되는 것처럼 하여, 양조(兩朝)의 명령이 모두 아래에서 폐기되고 막힘을 면치 못하였으니, 3백 년 이래 사기(士氣)를 배양하고 키운 뜻이 여기에 이르러 씻은 듯이 없어지고 말았습니다. 그러니 어찌 우리 전하께서 선비를 길러 새로운 교화를 펼치려는데 흠이 되지 않겠습니까? ……"

주상이 다음과 같이 답하였다.

"이미 대사성의 상소에 대한 비답에 유시(諭示)하였으니, 반드시 너희들만 옳다고 고집하지 말아야 한다. 그대는 사직하지 말고 속히 직임을 살피라."

○ 10일, 전 부솔(副率) 박필모(朴弼謨)535)가 다음과 같이 상소하였다.

"목천임(睦天任)536)이 격고(擊鼓)537)하여 올린 공사(供辭)가 그릇되고 패려합니다. 신의 아비 고 응교 박태보(朴泰輔)538)가 기사년(1689, 숙종15) 죄를

---

534) 물간사전(勿揀赦典) : 특별 사면령이 내리더라도 매우 무거운 죄를 지은 사람에 한해서 사면령을 적용하지 않는 것을 말한다.

535) 박필모(朴弼謨) : 1683~1751. 본관은 반남(潘南), 자는 명숙(明叔)이다. 박세당의 손자이고, 박태유(朴泰維)의 아들인데, 박태보에게 입양되었다. 정릉참봉(靖陵參奉), 익위사부솔(翊衛司副率), 온양군수(溫陽郡守), 밀양부사(密陽府使) 등을 역임하였다.

536) 목천임(睦天任) : 1673~1730. 본관은 사천(泗川), 자는 대숙(大叔), 호는 묵암(默菴)이다. 좌의정 목내선(睦來善)의 손자, 대사헌 목임일(睦林一)의 아들이다. 경종대 직장을 역임하였다. 1725년(영조1) 김일경·목호룡의 옥사에 연루되어 유배되었다가 이듬해 정미환국으로 석방되었다. 그러나 곧이어 무신난(戊申亂)이 일어나자 모의 가담자로 연루되어 1730년에 붙잡혔고, 국옥에서 가노(家奴)들의 불리한 진술로 매를 맞아 죽었다.

537) 격고(擊鼓) : 억울한 일이 있을 때 임금이 있는 곳의 근처에서 북을 쳐 호소하는 일을 말한다. 본래는 신문고(申聞鼓)를 치는 것을 의미하지만, 신문고 제도가 폐지된 이후에, 궁궐 근처에서 북을 치는 것이나 임금이 행차할 때에 격쟁(擊錚)하는 것 등을 통칭하는 말로도 사용되었다.

538) 박태보(朴泰輔) : 1654~1689. 본관은 반남(潘南), 자는 사원(士元), 호는 정재(定齋)이다. 박세당(朴世堂)의 아들이자, 윤황의 외증손이다. 1677년(숙종3) 알성문과에 장원해 예조 좌랑에 임명되었는데, 바로 그해 일어난 증광시 시제(試製) 사건으로 말미암아 선천(宣川)에 유배되었다가 이듬해 풀려났다. 1689년 인현왕후의 폐위를 강력히 반대하다가 고문을 받고 죽었다.

받을 때 성조(聖朝)께서 참작하여 처벌하고 반드시 죽이려 하지 않았는데, 국청(鞠廳)을 감독하던 목내선이 제멋대로 참혹한 짓을 하여 부인이나 어린아이, 천한 사람들까지도 신의 집안을 위해서 목내선에 대해 이를 갈고 있으니, 신의 집안은 목내선과 함께 같은 하늘 아래서 살 수 없습니다.

목천임은 그 할아비가 법 밖의 형벌이니 차마 할 수 없는 점이 있다고 하면서 거듭 아뢰었다고 하지만 그때 일기에서 조금도 볼 수 없습니다. 이른바 올린 차자는 차마 똑바로 볼 수 없었으니, 그가 이미 반드시 죽음에 이르는 것을 달갑게 여기는 마음으로 마침내 급하게 차자 하나를 올려서 다른 사람의 귀와 눈을 막으려 하였는데, 덮으려 해도 더욱 드러났습니다. 목천임이 감춰야 마땅한 일을 도리어 드러냈으니, 매우 생각이 없습니다."

○ 헌납 조성복이 다음과 같이 상소하였다.

"김시환은 선어(仙馭)539)가 빈천(賓天)540)한 뒤에 흑백을 변란(變亂)하고 성총(聖聰)을 현혹시켰습니다. 앞뒤의 성교(聖敎)를 완전히 무시하고 단지 최초의 처분이 아직 정해지기 전에 나온 비답을 빙자하여 엄경수(嚴慶遂)541) 무리가 하던 논의를 주워 모아 첫째는 '유자광'의 일을 말하고, 둘째로는 '사화'라고 하였습니다. 진실로 선조를 공경하고 두려워하는 마음이 있다면 어떻게 차마 이런 일을 하겠습니까?"

---

539) 선어(仙馭) : 신선이 타는 학으로, 사람이 죽으면 학을 타고 간다고 해서 죽음을 의미한다. 여기서는 임금의 상여(喪輿)를 가리킨다.
540) 빈천(賓天) : 하늘에 손님이 되었다는 뜻으로 존귀(尊貴)한 사람의 죽음을 이르는 말인데, 임금의 승하를 가리킨다.
541) 엄경수(嚴慶遂) : 1672~1718. 본관은 영월(寧越), 자는 성중(成仲), 호는 부재(孚齋)이다. 예조판서 엄집(嚴緝)의 아들이다. 1705년(숙종31) 사마시에 합격하여 진사가 되었고, 그해 증광문과에서 병과로 급제하였다. 1716년 홍문록과 도당록에 올랐다. 이해 수찬 재직시 신구(申球)가 상소하여 윤선거 문집에 있는 말이 효종을 핍박하였다고 비판하자, 이를 〈조의제문(弔義帝文)〉을 주석한 유자광(柳子光)의 음모와 같다고 통박하였다. 윤증을 두둔하고 신구를 처벌하라고 주장하였다가 탄핵을 받고 삭출당하였다.

○ **11일**, 이정소가 피혐하며 말하기를,

"청나라 사신의 요청은 묘당에서 본래 허락한 일이 없는데, 대신이 급급하게 차자를 올려 천청을 공동(恐動)[542]하였습니다. 마지막 상소 하나는 억지로 '친애(親愛)'라는 말을 찾아내서 나라 사람의 눈을 가리려 하였는데,[543] 심사(心事)가 기구(崎嶇)하여 미봉하기 어려웠습니다. ……"

하니, 주상이 의례적인 비답을 내렸다.

○ 대사성 김운택이 김시환의 상소에 대하여 말하기를,

"흑백을 변환(變幻)하고, 시비를 도치시켜 선조의 처분을 오늘날 곧바로 변개(變改)하려 하였습니다."

하니, 주상이 답하기를, "승지의 말은 깊이 혐의할 필요 없다." 하였다.

○ **12일**, 영의정 김창집이 다음과 같이 상소하였다.

"이몽인이 상소에서 나열한 것이 지극한 죄가 아닌 것이 없는데, 근거 없이 끌어다 붙여서 억지로 함정에 빠트려 해치려 하였습니다. 김시환의 상소는 더욱 음흉하고 교활합니다. 윤선거는 남이 자기를 비평하는 것을 싫어하여 그 허물을 가리고자 감히 효종(寧考)[544]을 끌어다 그 자신에 비유하고,

---

542) 공동(恐動) : 위험한 말을 하여 두려워하게 하다.

543) 마지막 …… 하였는데 : 조태구가 신년에 경종에게 7가지 정치 요점을 제시한 상소문을 가리킨다. 여기서 "친애(親愛)"는 연잉군과의 원만한 관계를 요구한 것이었다. 《景宗實錄 1年 1月 3日》

544) 효종(寧考) : 1619~1659. 조선 제17대 왕(1649~1659)이다. 휘(諱)는 호(淏), 자는 정연(靜淵), 호는 죽오(竹梧), 시호는 명의(明義)이다. 인조(仁祖)의 둘째아들이고, 어머니는 인열왕후(仁烈王后) 한씨(韓氏)이며, 비는 우의정 장유(張維)의 딸 인선왕후(仁宣王后)이다. 1626년(인조4) 봉림대군(鳳林大君)에 봉해지고, 1636년의 병자호란으로 이듬해 소현세자(昭顯世子)와 함께 청나라에 볼모로 잡혀가 8년간 있었다. 소현세자가 청나라에서 돌아와 1645년 갑자기 사망하자 세자에 책봉되어 1649년 인조가 죽자 왕위에 올랐다. 북벌 정책을 추진하다가 1659년 갑자기 서거하였다. 능은 경기도 여주시 세종대왕면에 위치한 영릉(寧陵)이다.

몰래 역적 윤휴(尹鑴)545)와 함께 낭자하게 주고받은 일은 문자가 모두 남아
있으니, 어찌 속일 수 있겠습니까?

윤휴와 윤선거가 이미 핍존(逼尊)의 죄를 지었는데, 다만 은밀한 말로 드러내
지 않고 수작을 부렸기 때문에546) 선왕께서 문득 보고서 미처 깨달아 살피지
못하였으나, 정상을 간파하고 나서는 비로소 절통해 하면서 여러 차례 엄중한
교지를 내리시어 처분을 밝게 바로잡았습니다.

그런데 김시환은 선왕께서 아직 처분을 결정하기 전에 내린 최초의 하교를
빌어 증거로 삼아서 신이 받든 비답은 알지 못하고 있습니다. 그 비답에서
이르기를, '조정의 처분이 이미 정해졌다.' 하고, 또 「사화의 조짐이 있다.」는
말은 특히 매우 편치 않다.' 하였습니다.

또 이르기를, '지금 훼판하라는 명은 처분이 어찌 정당하지 않겠는가?'
하고, 또 이르기를, '오늘의 일에 대한 시비는 흑백이 쉽게 구별될 뿐만이
아니다.' 하였습니다.

또 '어찌 조금이라도 사화와 비슷한 점이 있겠는가?' 하고, 또
'좋아하고 미워하는 것을 밝게 보여 처분이 엄정하니, 이와 같이 흉악한

---

545) 윤휴(尹鑴) : 1617~1680. 본관은 남원(南原), 자는 희중(希仲), 호는 백호(白湖)이다. 현종·
   숙종 연간에 북인계(北人系) 남인으로 활동하면서 현종대 예송(禮訟) 이래 주요 현안을
   둘러싸고 서인과 대립·갈등하였다. 그는 예송에서, 제후는 일국의 종자(宗子)이므로
   효종에 대해 왕실의 종통을 계승한 적자(嫡子)로 인정해야 할 뿐만 아니라 '무왕의
   어머니[文母]는 무왕에게 신하가 된다는 설'에 따라 대비는 신하가 임금이 상을 당했을
   때 입는 삼년복을 입어야 한다고 주장하였다. 더불어 효종을 체이부정(體而不正)에
   해당한다고 보아 기년복을 주장한 송시열에 대해 '군주를 낮추고 종통을 둘로 만들었다
   [卑主貳宗]'고 비판하였다. 그는 또한 학문적으로 주자의 경전 해석을 비판하고, 《논어》
   《맹자》《중용》《대학》《효경》 등에 대해 독자적인 해석을 내놓아 주자의 장구(章句)와
   주(註)를 수정하였는데, 이 때문에 송시열에 의해 사문난적(斯文亂賊)으로 몰렸다. 1680년
   (숙종6) 경신환국으로 서인이 집권하자 숙종의 모후인 명성대비를 배척하고 숙종의
   정비인 인경왕후를 동요시켜 광성부원군 김만기(金萬基)를 제거하려 한 역모의 모주로
   몰려 사사되었다.
546) 윤휴와 …… 때문에 : 여기서 '핍존(逼尊)'이란 병자호란 당시 효종의 행적을 비판한
   것을 가리킨다. 그 구체적인 내용은 신구(申球)의 상소에 자세하다. 《肅宗實錄 42年
   7月 25日》

말은 끝내 감히 나의 총명함을 현혹시킬 수 없다.'

하였습니다. 또 말하기를,

'지난번에 엄경수가 한 말이 실행되었다면 그 해로움이 점차 확대되어 진짜 사화가 일어났을 것이다.'

하고, 또 말하기를,

'이 일은 관계되는 일이 지극히 중대하니 성조(聖祖, 효종)를 위해 변무(辨誣)한다.'

하였습니다.

이러한 모든 성교(聖敎)는 해와 별처럼 밝아서 백세가 지나도 없어지지 않을 것입니다. 하물며 성상께서 동궁에 계실 때 내린 비답이 명백하고 준엄하여 이루다 외울 수 없는데, 승하하신 지 이미 오래되어서 속일 수 있다고 생각하는 것이라면, 성명(聖明)이 성대하게 빛나서 밝게 내려다보고 있는 것을 두려워하지 않는단 말입니까?

저와 원수된 자들이 나라에 가득 차서 거짓으로 꾸며 참소하는 말이 수도 없이 나오니, 삼가 고향으로 돌아가는 것을 허락하여 온전히 목숨을 보존하게 해주십시오. ……"

주상이 답하기를,

"김시환이 말한 일에 대해서는 선조 때 국시(國是)가 이미 정해졌으니 지금 또 뒤쫓아 거론하는 일은 나 또한 그르다고 여긴다. 경에게는 단연코 깊이 혐의될 것이 없다."

하였다.

○ 13일, 김시환이 다음과 같이 상소하였다.

"상신(相臣)이 신에게 화를 내고 신을 욕하는 것이 이르지 않는 곳이 없습니다. 또 지난날 유현(儒賢)을 무함하던 수단을 답습하고 있으니, 성명의 시대에 이렇게 흉악하고 교활하고 거대한 악인이 있을 줄은 헤아리지 못하였습니다.

그가 임금을 잊고 어버이를 저버리며 나라를 해친 정상은 한두 마디 말로 다 말할 수 없습니다.

주상에게서 권력을 옮겼으니 죄가 종사에 관계되어 전후로 죄를 저지른 것에 대해 나라 사람들이 이를 갈고 있는데도 아직도 서울 안에 편안히 쉬고 있으니, 왕법이 너무 너그럽다고 말할 수 있겠습니다. 어떻게 사람들 사이에 끼워 넣어 사론(士論)의 옳고 그름에 대해 함께 의논할 수 있겠습니까?

다만 전하가 너무 지나치게 위로하고 도우신 까닭에 방자하고 탐욕스러우며 교활한 것이 가면 갈수록 더하여 전하를 우롱하는 것이 서로 맞서는 것과 같으니, 신처럼 가루같이 미천한 사람이 무슨 논의할 가치가 있겠습니까?

하늘에 계신 밝고 밝은 영혼이 조정 신하들이 논쟁하는 것과 무슨 관계가 있겠습니까? 그런데 다른 사람을 억누르는데 급하여 번번이 반드시 감히 언급해서는 안 되는 지위에 계신 분을 빙자하여 위아래를 위협하고 제압하는 계책으로 삼고 있으니, 이런 정태를 신은 몹시 절통하게 여깁니다."

주상이 답하기를,

"상신을 침범하고 핍박한 것이 어찌 이와 같이 극도에 이른단 말인가? 나는 실로 개탄스럽게 여긴다."

하였다.

○ 15일, 정언 이성룡(李聖龍)이 다음과 같이 아뢰었다.

"사문(斯文)의 대론(大論)은 시비가 이미 정해졌고 선왕의 처분이 해와 별처럼 밝아서 전하가 받들어 계승한 것이 금석(金石)처럼 굳건합니다. 그리하여 근래 흉악한 상소가 손가락을 꼽을 수 없을 정도로 많지만 감히 이 일을 제기하지 못하는 것은 선왕을 두려워하고 공의를 두려워하기 때문이었습니다.

그런데 김시환이 평상시에 노여워하고 원망하는 뜻을 쌓아오다가 음흉한 무리들이 날뛰는547) 기미를 틈타서 처음에는 유벌(儒罰)을 풀어주기를 청하여

---

547) 날뛰는 : 원문은 "蹢躅"이다. 발을 굴러 팔짝팔짝 뛴다는 뜻으로, 척촉(蹢躅)이라고도

성의(聖意)를 시험해 보더니 마침내 본래의 일에 대해 천청을 의혹하려
했습니다.

그리하여 그가 말하기를, '을미·병신년 이후 상소한 유생들은 선조가 이미
풀어주었다고 알고 있었다.' 한 것은 그가 선왕의 뜻을 거짓으로 꾸며서
공의에 죄를 얻은 말인데도, 대신을 얽어 무함한 것이 끝이 없었습니다.
청컨대 멀리 귀양 보내소서." - 처음에는 파직하라 명하였다가 뒤에 태인(泰仁)으로
정배하였다. -

○ 수찬 홍현보(洪鉉輔)가 상소하여 영의정을 구원하고 김시환을 배척하여
다음과 같이 말하였다.

"신이 비록 진강(進講)하는 직임을 맡고 있지만[548] 그 입으로 또한 능히
말할 수 있습니다. …… 유별을 핑계 대고 감히 선조가 이미 정한 처분을
변란시키려고 하였으며, 심지어 거짓을 얽어서 대신을 욕하기까지 하였으니,
그가 선왕을 무시하는 것은 다만 작은 일일 뿐입니다. 천고의 망측한 패설(悖說)
을 날조해 모아 제멋대로 얽어 무함하였는데, 특히 '그 죄가 종사에 관계된다.
[罪關宗社]'는 네 글자는 곧 고변서 가운데서도 가장 위험하고 두려운 말입니다.
마치 장사꾼이나 길거리 어린아이들이 눈을 부릅뜨고 팔뚝을 치켜 올리면
서 제멋대로 사악한 주둥아리를 놀리는 것과 같아서 만약 통렬하게 징치하지
않는다면 여우나 쥐 같은 무리들이 반드시 장차 뒤를 이어 날뛰어 마침내
남의 집과 나라를 망친 뒤에야 그만둘 것입니다."

주상이 답하기를,

"그대가 말한 병은 내가 이미 알고 있다.[549] 일하는 데 민첩하고 말하는데

한다. 《주역》 〈구괘 초육(初六)〉에 "아무리 파리한 돼지라도 언제든 날뛰려는 심보를
갖고 있다.[羸豕孚蹢躅]"고 하였다.

548) 신이 …… 있지만 : 홍현보가 홍문관에 재직하고 있기 때문에 한 말이다. 경연에 참여하는
것은 홍문관에 고유한 직임이었다.

549) 그대가 …… 있다 : 홍현보는 말을 더듬는 병이 있어서 이 상소문 앞에 밝히고 사직을

더듬거리는 것은 부자(夫子, 공자)도 또한 칭찬하셨다. 김시환의 일에 대해서
는 대간의 논계가 이미 나왔으니, 반복해서 말할 필요는 없다."
하였다.

○ 우의정 조태구가 이정소의 상소에 대해 변론하여 올린 상소에서 다음과
같이 말하였다.

"저번에 청나라 사신이 통보한 문자 가운데 황지를 가탁한 말은 매우
괴이하고 놀라웠습니다. 아우와 자질을 보기를 청한 것은 실로 그와 같은
사리(事理)가 없는데, 경연에서 아뢴 말은 원래 이것을 물리치려는 정해진
계책이 없어서 하나라도 차질이 생기면 막중한 문제가 일어날 수 있었습니다.

신의 이런 말은 오로지 갑자기 듣고 놀란 데에서 나온 것으로 국가를
위해서 지나치게 우려한 결과이니, 성실하고 한결같은 이 마음은 하늘의
태양이 내려다보고 있습니다. 그러니 그것을 말하는 사람이 미리 우려할
것이 무엇이며, 왕자와 여러 종친 또한 어찌 말하는 사람을 싫어하겠습니까?

그 일은 뜬구름이 허공을 지나듯 지나갔는데, 해를 넘긴 뒤에 갑자기
끌어들여서 '헐뜯어 이간질한다.'고 차마 들을 수 없는 말을 제멋대로 발설하
였습니다. 비록 거짓을 얽어서 무함하기에 급급할지라도 진실로 인심을
가진 사람이라면 어찌 차마 이 두 글자를 혀에 올릴 수 있겠습니까?

또 요·순(堯舜)의 도(道)는 효제(孝悌)일 따름이니, 새해의 첫머리에 아뢰는
말에 이것을 버리고 무엇을 먼저 하겠습니까? 신의 이전 차자는 그 대체를
말한 것에 불과하였으니, 요점은 묘당으로 하여금 이치에 근거하여 청나라
사신의 말을 막아서 국가의 체통을 훼손하는 일이 없게 하려는 것일 뿐이었습
니다. 뒤의 차자에서 논한 것은 요·순의 일이 아니면 진달하지 않아서 성상께
서 제왕이 수행해야 할 수신제가(修身齊家)의 교화를 다하게 하여 즉위 초의
정치에 더욱 힘쓰도록 권장하려고 한 것에 불과합니다.

청하였기 때문에 나온 말이다. 《景宗實錄 1年 3月 15日》

먼저와 나중에 말한 것이 각각 의의(義意)가 있으므로 원래 조금도 상관이 없었는데 그가 날조해 모아 말을 만들어 장차 처비패금(萋菲貝錦)550)의 계책을 이루려고 하여, 그 속이 드러나 보인 것을 스스로 깨닫지 못하였습니다. 그가 진실로 '효우(孝友)', 두 글자를 임금 앞에서는 진달할 수 없다고 여기고, 정말로 이것을 '찾아낸' 물건이라고 생각하는 것입니까551)?"

주상이 답하기를,

"경은 나라를 다스리는 정성과 관대한 도량이 있으니, 허술한 논의나 뜻밖의 배척은 마음에 둘 가치가 없다."

하였다.

○ 16일, 이정소가 또 인피하면서 말하였다.

"대신의 상소는 신이 심술을 간파한 것을 노여워하여 대단한 기세로 장황하게 늘어놓으며 지극히 어지럽고 천박하게 말하니, 신은 해괴함을 이길 수 없습니다. 첫째는 '혐의를 무릅썼다.'하고 두 번째는 '어찌 감히 편안하랴' 하면서, 가면 갈수록 한층 더 심각해져서 가리키는 뜻이 비상(非常)하니 만약 인심이 있다면, 어떻게 차마 이런 글자들을 혀에 올릴 수 있겠습니까?

그때 묘당에서 청나라 사신의 청을 허락하지 않아서 여러 종친들도 또한 나와서 본 일이 없었습니다. 그런데도 급하게 상소하여 그 말이 지극히 위험하였는데, 은연중에 현혹시키고 어지럽혀 화를 남에게 덮어씌울 계책이 들어 있었으니, '처비패금'이란 바로 스스로를 말한 것입니다.

마지막 한 통의 상소는 오로지 두루 가리고 미봉하려는 데서 나왔는데도,

---

550) 처비패금(萋菲貝錦) : 《시경(詩經)》 〈소아(小雅) 항백(巷伯)〉에서 "알록달록 뒤섞어 조개 무늬의 비단을 이루네. 저 남을 참소하는 자여, 또한 너무 심하도다.[萋兮斐兮, 成是貝錦. 彼讒人者, 亦已太甚.]"에서 나왔다. 처비는 조그마한 무늬요, 패금은 찬란한 무늬로서, 곧 작은 일이 참소를 입으면 크게 된다는 뜻이다.

551) 그가 …… 것입니까 : 이정소가 상소하여 조태구를 비난하면서 "'효우(孝友)' 두 글자를 찾아냈다.[覓出孝友二字.]"고 하였다. 본서 앞의 1721년 2월 27일자 기사에 보인다.

지금 말하기를, '새해에 아뢴 말'로서, '즉위 초의 정치에 더욱 힘쓰도록 권장한 것이다.' 한 것은 더욱 한 번 웃을 거리도 되지 않습니다.

　새로 즉위한 처음에는 어찌하여 일언반구도 효우에 대해 언급하지 않다가 나라 안의 말이 시끄럽게 들끓은 뒤에야 비로소 '친애' 두 글자를 찾아낸단 말입니까? 말이 구차하고 뜻이 험악한 것이 가리려고 해도 더욱 드러나게 되었으니, 이것이 이른바 '속이 드러나 보인다.'는 것입니다. ……"

　주상이 의례적인 비답을 내렸다.

　○ 동부승지 이세근(李世瑾)[552]이 다음과 같이 상소하였다.

　"사간원에서 승지를 논한 계청(啓請)에 대하여 갑자기 파직의 명을 내리셨으니,[553] 진실로 성의(聖意)가 대신을 위안하는 데서 나온 줄 알겠습니다. 그런데 이어서 삼가 우의정에 대한 비지를 보니 대간의 논의를 허술하다고 하셨습니다. 비록 대신(臺臣)을 편드는 자일지라도 또한 그르다고 말하고 있는데도 유독 성명께서는 드러내 놓고 배척하지 않으십니다. ……"

　주상이 답하기를,

　"너의 말이 비록 나라를 근심하고 임금을 사랑하는 데서 나왔으나 대간의 말은 뚜렷하게 배척할 필요가 없으니, 마땅히 의아스럽게 여기지 말아야 한다."

　하였다.

---

552) 이세근(李世瑾) : 1664~1735. 본관은 벽진(碧珍), 자는 성진(聖珍)이다. 1697년(숙종23) 정시문과에 급제하여 청요직을 두루 지내고, 1706년(숙종32) 홍문록에 올랐다. 1722년(경종2) 충청감사로서 이이명을 사사(賜死)하라는 전지(傳旨)와 관문(關文)이 이르자 이이명의 사위 김시발(金時發)이 이를 절취하였는데, 이를 빨리 처리하지 않았다 하여 체포되어 심문을 받았다. 영조 즉위 뒤 경상도관찰사·대사헌을 거쳐 1731년(영조7)에 동지의금부사(同知義禁府事)가 되었다가 70세가 되어 치사(致仕)한 뒤 봉조하(奉朝賀)가 되었다.

553) 사간원에서 …… 내리셨으니 : 앞서 3월 15일자 기사에서 정언 이성룡의 논계에 의해 김시환을 파직한 일을 가리킨다.

○ 교리 김제겸이 김시환의 상소에 대해 변명하여 상소하자, 주상이 답하기를, "승지의 말은 혐의할 것도 못된다." 하였다.

○ 17일, 영의정 김창집이 상소하여 대략 다음과 같이 말하였다.

"저 더럽고 참람하게 아첨하는 사람을 백세의 유종(儒宗)이라 하니, 신이 어찌 망측한 죄과를 면할 수 있겠습니까? 신은 스스로 성조(聖祖)를 위해 변무(辨誣)하였다고 생각하였고, 밝고 밝은 성고(聖考)가 또한 일찍이 이것을 허여하셨는데, 뜻하지 않게 김시환이 그것을 종사에 죄를 지은 것이라고 하였습니다.

만약 신에게 죄가 있다면 몸소 양성(兩聖)의 신임을 받고도 일찍이 백관의 진퇴(進退)를 잘하지 못하여 어진 자와 사특한 자가 뒤섞여 진출하게 만들어서 선왕의 뜻을 해와 별이 환하게 걸린 것처럼 천명하지 못하고, 가만히 앉아서 조정의 기강이 땅에 떨어져 온갖 괴물이 모두 일어나게 하였다는 것입니다. ……"

주상이 답하기를, "국가를 일체로 여기는 성의와 관대한 도량으로 괘념하지 말라. ……" 하였다.

○ 우부승지 이정주(李挺周)554)와 장령 채응복 등이 김시환의 상소를 논하였고, 장령 이완이 말하기를,

"승지의 상소에서 '갑자기 내렸다.[遽下]' 두 글자555)는 당파의 사사로움을 은밀히 비호한 것입니다. ……."

554) 이정주(李挺周) : 1673~1732. 본관은 벽진(碧珍), 자는 석보(碩輔)이다. 1708년(숙종34) 식년문과에 장원 급제하여 청요직을 두루 거쳤다. 1722년(경종2) 의주부윤 재직시 재물을 모았다는 이유로 탄핵받았다. 영조가 등극한 뒤 승지로 재직하였으나 1727년 정미환국에 반대하는 정청(庭廳)에 참여하였다는 이유로 파면되었다가 1732년 진주목사가 되었다.
555) 승지의 …… 글자 : 앞서 3월 16일자 기사에 있는 이세근의 상소에서 김시환을 파직하라는 명이 갑자기 내려졌다고 비판한 것을 가리킨다.

하니, 주상이 답하기를, "은밀히 비호했다는 등의 말은 그것이 온당한지
모르겠다." 하였다. - 김시환에 대한 상소와 논계는 모두 다 기록하지 않는다. -

○ 18일, 우의정 조태구가 다음과 같이 상소하였다.

"대간이 아뢰어서 꾸짖고 욕하였는데, 명색이 대신이란 자가 이런 일을
당한 것은 고금 이래로 없던 일입니다. 그가 고집하여 기화(奇貨)로 삼는
것은 '혐의를 무릅쓴다.'거나, '편치 않다.'는 등의 말에 불과한데, 전하께서
생각해 보시면 이것이 사리와 동떨어져 있으니, 어찌 말하지 못할 이치가
있겠습니까? 만약 조정이 하나같이 청나라 사신의 말을 따르게 하였다면
군신 상하가 뒤섞여서 구별이 없게 될 것이니, 분수를 범하고 예절을 잃어서
국가의 체통이 모두 무너져 내렸을 것입니다. 신이 대신의 지위에 있으면서
어찌 감히 남의 일을 보듯 하겠습니까?

요컨대 묘당으로 하여금 장차 이와 같은 의리를 예(禮)에 근거하여 분명하게
말해서 청나라 사신의 말을 막게 하였다면 왕자와 여러 종실들에게 조금도
거리낄 것이 없었을 것입니다. 그런데 지금 '헐뜯어 이간질 한다.'느니, '화를
전가한다.'는 등의 말을 공공연히 입에 올리니 이것이 어찌할 수 있는 일이겠습
니까?

일에 앞서 미리 진달한 것은 본래 바른 예(禮)를 얻어서 불안한 일이 없게
하려는 것인데, 말하는 자가 고려해야 할 것이 무엇이며, 듣는 자는 조금도
혐의할 것이 없는데, 이른바 '두루 가리고 미봉하였다.'는 것은 과연 무슨
일입니까? 세도가 많이 무너지고, 인심이 타락하여 군신의 분수와 예의의
방도가 어떤 것인지를 전혀 모르니, 오로지 당동벌이에만 힘써서 사리와
시비는 돌아보지 않습니다. ……"

주상이 비답에서 다음과 같이 말하였다.

"앞서 올린 상소 내용은 진실로 국가의 체통을 얻어서 딴 뜻이 없으니,
의외의 침해하여 욕하는 말은 참으로 한 번 웃을 것도 못된다. 경은 국가를

일체로 여기는 성의로 괘념하지 말라. ……"

○ 이정소가 대항하는 상소에서 말하기를,

"상신의 마음에 다른 뜻이 없다면 단지 만나보기를 청한 것을 허락하지
않으면 될 뿐인데, 어찌하여 골육 사이에 '혐의를 무릅쓴다.'거나 '편안하지
않다.'는 말을 더할 필요가 있습니까?"

하였다.

○ **25일**, 비변사 당상을 인견하였을 때, 영의정 김창집과 호조판서 민진원
이 주강(晝講)556)을 폐한 지 오래되었다고 말하였다.

호조판서가 누누이 다음과 같이 말하였다.

"신이 약방(藥房)에 있을 때 전하에게 습담(濕痰)557), 객화(客火)558), 소변을
자주 누는 증상이 있었는데, 선왕이 매번 입진(入診)하게 한 것은 오직 질병만을
근심한 것이 아니라 진실로 자손을 구하는 방도를 유념하지 않을 수 없었기
때문입니다. 그런데 지금 자손을 구하는 한 가지 사안이 얼마나 급한 일인데
입진하게 하지 않으십니까? ……"

○ 판부사 이이명이 대략 다음과 같이 상소하였다.

"신이 선왕에게서 받은 큰 은혜는 하해(河海)와 같이 헤아릴 수 없는데,
사람들이 해와 달 같은 그 모습을 그리는 일에 정성을 다하지 않는다고
하니 신은 원통해서 죽고 싶습니다. 의리는 지극히 은미하지만 오히려 백세를
기다릴 수 있습니다.

---

556) 주강(晝講) : 낮시간에 임금이나 세자 등이 경학(經學)에 밝은 신하들과 함께 경전을
　　읽고 토론하여 수학하는 자리를 말한다. 경연을 시행하는 시간에 따라 조강(朝講)·주강·
　　석강(夕講)으로 구별하였다.
557) 습담(濕痰) : 습기로 인해 생기는 담이다.
558) 객화(客火) : 병중에 생기는 울화를 이르는 말이다.

사명(使命)을 받들었을 때의 일은 모든 사람이 목격하였는데 어찌 숨길 수 있겠습니까? 그런데 그 말은 헤아릴 수 없고 그 흘겨보고 의심하는 것이 이르지 않는 곳이 없어서 선동하고 저주하여 한 시대를 혼란하게 만드니, 이는 천고에 듣지 못한 일입니다. 천 명의 사람으로 하여금 그 죄를 나누게 하여 구족(九族)을 멸해도 오히려 가벼운데, 한 몸에 이런 오명을 뒤집어썼으니 어찌 감히 하늘과 땅 사이에 스스로를 용납할 수 있겠습니까? ……"

주상이 다음과 같이 답하였다.

"가슴속 말은 이미 이전 상소의 비답에서 유시하였는데, 끌어다가 혐의로 삼는 것이 너무 지나쳐서 마음이 몹시 부끄럽다. 시간을 끈 지 오래되어 지금 4개월이나 지났으니, 더욱 매우 낯이 뜨겁다. 경은 나라와 한 몸이 되는 성의로 선대왕이 특별히 대우한 은혜를 생각하지 않고 나를 버려 이와 같이 돌아보지 않는단 말인가? 이 또한 내가 덕이 부족하고 영민하지 못하기 때문이다. ……"

○ 30일, 집의 임형이 상소하여 친향(親享)을 청하면서 논하기를, "상소의 비답에 유의한다고 하였으나, 그 실효를 보지 못하였습니다." 하였다.

또 말하기를,

"예조 당상관이 한때의 실언을 그대로 봉행하여 다시 아뢰어서 결정하지 않고서 바로 초헌관을 마련하였으니, 경책(警責)이 없을 수 없습니다.559) 민간의 여항에서 모두 말하기를, '지금 이후로 국가를 믿고 살 수 없다.' 하니, 이 한마디 말은 이미 지극히 한심합니다."

하였다. 또 말하기를,

"근래 대간이 아뢴 것은 중요한 일이므로 따르지 않을 수 없습니다. 그런데

---

559) 예조 …… 없습니다 : 경종이 숙종의 혼전에서 지내는 삭망전(朔望奠)을 섭행하라고 명한 일에 대한 노론 측의 반발이다. 이에 대해서는 교리 김제겸이 앞서 이미 차자로 비판한 일이 있었다. 본서 앞의 1720년 12월 29일, 30일 기사에 모두 보인다.

도 전하께서 오직 '윤허하지 않는다.'거나 '번거롭게 하지 말라.'는 의례적인
비답만을 내리고 바꾸지 않으니, 흉당이 기세를 떨치고 대간은 체통을 잃고
말았습니다."

하였다. 또 말하기를,

"이삼(李森)560)은 단지 아첨을 잘하는 무부(武夫)일 뿐인데, 대간이 그가
갑자기 기진(畿鎭)에 승진된 일을 논하자 발탁하여 포도대장으로 삼았고,561)
또 그것이 합당하지 않다고 논하자 뽑아서 훈련도감의 중군(中軍)으로 삼았습
니다. ……"

하였다. 주상이 다음과 같이 답하였다.

"말이 매우 절실하고 지극하니, 기꺼이 깊이 받아들이겠다. 이삼이 본래
담략(膽略)이 있어 가는 곳마다 치적(治積)이 있는데, 말을 허비하여 욕하고
헐뜯는 것이 온당한 줄 알지 못하겠다."

○ 5월 6일, 교리 조문명(趙文命)이 상소하여 다음과 같이 말하였다.

"병을 잘 치료하는 사람은 먼저 그 상해를 입은 근본을 다스리고, 국가를
잘 치료하는 사람은 먼저 병을 얻게 된 근원을 다스립니다. 만약 오늘날
국가가 병을 얻게 된 근원을 찾아본다면 오직 붕당, 바로 그것일 뿐입니다.
예로부터 나라를 망하게 하는 일은 한 가지가 아니었습니다만, 붕당의 화보다
심한 것은 없었습니다. 한나라에 화를 끼치고, 송나라에 화를 끼치더니,
우리 명나라에 이르러서 끝내 생민이 도탄에 빠지고 사직이 폐허가 되고야
말았으니, 어찌 나라를 다스리는 자에게 귀감이 되지 않겠습니까?

---

560) 이삼(李森) : 1677~1735. 본관은 함평(咸平), 자는 원백(遠伯)이다. 윤증의 문하에서 공부하
였다. 1705년(숙종31) 무과에 급제하여 평안도병마절도사 등을 지내고, 경종의 신임을
받아 총융사·어영대장 등을 역임하였다. 1727년(영조3) 훈련대장이 되어 이인좌의 난에
서 공을 세워 함은군(咸恩君)에 봉해지고, 1729년 병조판서에 올랐다.

561) 대간이 …… 삼았고 : 이삼은 1720년 9월에 수원부사(水原府使)가 되었는데, 11월 장령
임형이 탄핵하니, 경종은 1721년 1월에 우포도대장으로 삼은 일을 가리킨다. 《景宗實錄
卽位年 9月 26日, 11月 1日, 1年 1月 15日》

전하의 국가는 매우 심하게 병들어, 사람에 비유하자면 심장과 배를 포함한 오장육부에 아프지 않은 곳이 하나도 없고, 혈맥과 지체(支體)에 다치지 않은 곳이 없어서 사망에 이를 것이 눈앞에 분명하니 이러한 병에 대해 약을 구해서 기사회생할 방법은 붕당을 타파하는 일보다 나은 것은 없습니다.

붕당이 해로운 점은 하나가 아닌데, 그중에서도 큰 것이 다섯 가지가 있으니, '시비가 참되지 않은 것, 용인(用人)이 넓지 않은 것, 기강이 확립되지 않은 것, 언로(言路)가 열리지 않은 것, 염치가 모두 없어진 것'입니다. 이것은 모두 죽을 증상인데, 이 가운데 한 가지라도 있으면 족히 나라가 망할 수 있으니, 나라를 구하는 방도는 '임금이 나라 다스리는 법칙을 세우는 것[皇建其有極]'562)에 지나지 않습니다.

시비가 참되지 않다는 것은 무엇을 말합니까? 당론(黨論)이 생긴 이래로 갑이 옳다고 하는 것은 을이 그르다 하고, 을이 옳다고 하는 것은 갑이 그르다 하였습니다. 그 옳다고 한 것은 한 가지 선(善)으로써 백 가지 허물을 가리고, 그 그르다고 한 것은 하잘 것 없는 허물로 큰 덕을 버려서, 도리는 묻지 않고 오로지 승부를 겨루는 데만 힘쓸 뿐입니다.

용인이 넓지 않다고 하는 것은 무엇을 말합니까? 당론이 생긴 이래로 문호(門戶)를 나누고 갈라서 진퇴와 출입, 취사(取捨)를 전형(銓衡)할 때 그

---

562) 임금이 …… 세우는 것 : 이것은 《서경(書經)》 〈홍범(洪範)〉편에 보이는 홍범구주(洪範九疇) 가운데 하나인 '황극(皇極)'을 설명하는 첫 번째 구절이다. 주(周)나라 무왕(武王)이 은(殷)나라를 정벌한 뒤 기자(箕子)를 방문하여 나라를 다스리는 도리에 대해 물었을 때 기자가 대답한 것이 바로 홍범구주이다. 그 아홉 가지 가운데 다섯 번째에 황극이 있는데, "다섯 번째 황극은 임금이 나라 다스리는 법칙을 세우는 것이니 이 다섯 가지 복을 거두어들여 백성들에게 베풀어 주면 백성들 역시 그 표준을 준수하여 황극을 지켜줄 것이다.[五皇極, 皇建其有極, 斂時五福, 用敷錫厥庶民, 惟時厥庶民, 于汝極, 錫汝保極.]" 하였다. 이 구절을 그 아래 보이는 "편벽됨이 없고 편당함이 없으면 왕의 도가 탕탕(蕩蕩) 하고, 편당함이 없고 편벽됨이 없으면 왕의 도가 평평(平平)하며, 상도(常道)에 위배됨이 없고 기울어짐이 없으면 왕의 도가 정직할 것이니, 그 극(極)에 모이고 그 극으로 돌아올 것이다.[無偏無黨, 王道蕩蕩 ; 無黨無偏, 王道平平 ; 無反無側, 王道正直, 會其有極, 歸其有極.]" 구절과 결합하여 황극탕평론(皇極蕩平論)을 처음으로 제창한 것은 숙종대 박세채(朴世采)였다.

사람이 선(善)한지 여부는 묻지 않고, 단지 언의(言議)가 다른지 같은지만을 헤아릴 뿐입니다.

기강이 서지 않았다는 것은 무엇을 말합니까? 당론이 생긴 이래로 애증이 치우쳐 사욕이 이기게 되고 요행의 문이 열려 공도(公道)가 끊어지니, 상벌이 밝지 못하고 좋아하고 싫어하는 것이 정도(正道)를 잃어서 모든 관원이 게을러지니 국가의 체통이 존중받지 못하였습니다.

언로가 열리지 않았다는 것은 무엇을 말합니까? 당론이 생긴 이래로, 국정을 맡은 사람들은 자기 생각대로 하기563)를 좋아하고 사람들에게 두루 묻기를 꺼리며, 남이 자신에게 아첨하는 것은 좋아하지만 남이 자신에 대해 논의하는 것을 싫어하여, 위에서 제멋대로 호령하여 다른 사람으로 하여금 감히 그 장점과 단점을 말하지 못하게 합니다.

염치가 모두 없어졌다는 것은 무엇을 말합니까? 당론이 생긴 이래로 예양(禮讓)은 점점 무너지고 서로 다투어 빼앗는 것이 풍습을 이루어 진퇴에 관계되거나 득실이 있는 곳에서는 강제로 빼앗지 않는 일이 드뭅니다.

시비를 억지로 정하니 어진 이를 등용하는 길이 막혔으며, 용인이 넓지 않아서 뛰어난 인물이 버려지고, 기강이 서지 않자 군주의 위엄이 능히 아래에서 펴지지 않고, 언로가 열리지 않아서 아랫사람의 뜻이 능히 위로 통하지 못하며, 염치가 모두 없어지자 온 세상의 풍속과 교화가 크게 무너졌습니다.

붕당의 화가 옛날엔들 어찌 없었겠습니까? 어진 이와 사악한 사람이 분명하게 나뉘었는데, 예를 들면 한나라의 남부(南部)·북부(北部)564)와 송나라의

---

563) 자기 생각대로 하기 : 원문은 "自用"이다. 남의 말을 듣지 않고 자기 생각대로 하는 것을 가리킨다.

564) 남부(南部)·북부(北部) : 후한(後漢) 환제(桓帝, 132~167) 때 당파이다. 남부는 이응(李膺)·범방(范房) 등 명사(名士)들의 붕당이고, 북부는 조절(曹節)·왕보(王甫) 등 환관(宦官)을 가리킨다. 양측 간의 갈등은 결국 당고(黨錮)의 화(禍)를 초래하였다. 환제와 영제(靈帝, 156~189) 때 두 차례에 걸쳐 태학생과 사인들이 체포·하옥되어 종신토록 관리가 될 수 없는 화란이 일어났다. 제1차는 166년 이응이 낙양의 치안을 맡았을 때 환관과

원우(元祐)565)·희(熙)·풍(豊)566)이 바로 그것이었습니다. 위에 있는 자가 마치
환제(桓帝)567)·영제(靈帝)568)·휘종(徽宗)569)·흠종(欽宗)570)이 아니라면 변별하

장성(張成)의 아들을 살인죄로 사형시키면서 촉발되었다. 장성은 환관들과 결탁하여
이응이 태학생들과 왕래하며 조정을 비판하고 있다고 무고하였다. 이에 이응과 그
일파 200여 명이 체포되었고, 죽음은 면하였지만 종신토록 금고에 처하여 관리가 될
수 없었다. 제2차는 168년 장검(張儉)이 환관 후람(侯覽)의 모친을 체포하여 죽였는데,
환관들이 이를 빌미로 주병(朱竝)에게 장검이 사당을 결성하고 국가를 전복시키려
한다고 무고하였다. 이로 인해 이응과 두밀(杜密) 등 100여 명이 체포되어 옥중에서
죽었으며, 태학생도 1천여 명이나 체포되었다. 두 차례에 걸친 정쟁의 결과, 환관들이
주요 관직을 장악하게 되었고, 마침내 황건적의 난이 일어나 국운이 쇠퇴하게 되었다.
565) 원우(元祐) : 송나라 제7대 황제 철종(哲宗, 1077~1100) 때 사용한 첫 번째 연호(1086~1094)
이다. 아버지 신종(神宗)의 뒤를 이어 9세의 어린 나이에 왕위에 올랐다. 1093년까지는
조모 선인태후(宣仁太后) 고씨(高氏)가 태황태후(太皇太后)로서 섭정하였다. 왕안석(王安
石)의 신법(新法)에 반대했던 고태후는 구법파(舊法派)의 영수인 사마광(司馬光)을 재상으
로 등용하여 신법들을 잇달아 폐지했다. 이러한 조치는 큰 사회적 혼란과 불만을
낳았을 뿐 아니라, 신법파와 구법파의 당쟁을 더욱 격화시키는 계기가 되었다. 1093년
음력 9월에 고태후가 죽자 철종이 친정하면서 사마광(司馬光)·소동파(蘇東坡) 등 구법파
관료들을 유배 보내고, 장돈(章惇) 등 신법파를 등용해 보갑법(保甲法) 등을 부활시켰다.
566) 희(熙)·풍(豊) : 송나라 제6대 황제 신종(神宗, 1048~1085) 때 연호인 희녕(熙寧, 1068~1077)·
원풍(元豊, 1078~1085)을 가리킨다. 즉위 초반 북방민족의 침탈에 맞서 왕안석으로 대변되
는 신법당(新法黨)을 등용하여 부국강병을 추진하였다. 하지만 대지주·대상인 등의
큰 반발을 샀고, 사마광 등이 주도하는 구법당이 결성되어 양당 간의 치열한 갈등이
벌어졌다. 1085년 신종이 죽자 어린 철종이 즉위하면서 신종의 모후 선인태후 고씨와
사마광에 의해 신법은 완전 폐기되었다.
567) 환제(桓帝) : 132~167. 후한(後漢) 제11대 황제이다. 질제(質帝)를 독살한 대장군 양기(梁冀)
·양태후(梁太后) 남매에 의해 옹립되어 황제가 되었다. 환관 선초(單超) 등과 모의하여
외척으로 횡포를 부리던 양씨가를 멸문시켰으나 이로써 환관의 횡포를 허용하는 결과가
되어, 167년 당고(黨錮)의 금(禁)이 발생하였다.
568) 영제(靈帝) : 156~189. 후한 제12대 황제이다. 당숙인 환제가 후사(後嗣) 없이 죽자 그
뒤를 이어 13세에 제위에 올랐다. 환관 십상시(十常侍)들이 국정을 농단하다가 184년
황건적(黃巾賊)의 난이 발생하였다. 영제가 중병에 걸리자 후계 자리를 놓고 어머니
동태후와 부인 하황후(何皇后) 사이에 갈등을 벌이는 와중에 사망하였다. 그 뒤 군웅(群雄)
이 할거(割據)하게 되었고, 곧바로 삼국시대로 이어졌다.
569) 휘종(徽宗) : 1082~1135. 북송(北宋) 제8대 황제이다. 형 철종이 사망하자 신종왕후의
지지로 즉위하였다. 재위 초반 신종이 단행하였던 신법을 채용하였으나, 채경(蔡京)
등 총신(寵臣)들에게 정권을 맡기고 본인은 사치스러운 생활을 하였다. 1125년 금나라가
침공하자 황태자흠종(欽宗)에게 제위를 물려주었다가 재침입 당시 흠종과 함께 포로가
되어 사로잡혀 억류생활 중 죽었다.

는 일은 지극히 쉬워서, 진퇴가 어렵지 않았을 것입니다.

그렇지만 오늘날의 당은 선악과 우열이 크게 다르지 않고, 음양과 흑백이 크게 분별되지 않습니다. 지금 전하가 반드시 크게 공정하고 지극히 선한 마음으로 위에서 표준을 세워서 피차를 논하지 않고, 오직 어진 자만을 얻어서 상하의 신서(臣庶)들로 하여금 성상의 뜻이 있는 곳을 훤히 알게 한다면, 장차 얼마 안 되어 악인이 변하여 착한 사람이 되는 경사가 있을 것입니다." - 기강(紀綱) 조항의 끝부분에 다음과 같은 내용이 있다. "세상에서 일컫는 유상(儒相)을 일개 무부(武夫)가 어린애처럼 부르고,571) 나라의 대신(大臣)을 합계(合啓)도 하지 않고 노예처럼 꾸짖습니다.572)" -

○ 8일, 소결(疏決)573)할 때 판의금 최석항이 말하기를,

"김시환이 숨김없이 직언하다가 말 때문에 죄를 얻었으니, 그를 풀어주지 않는다면 가뭄을 걱정하여 소결하는 뜻이 어디에 있겠습니까?"

하였다. 좌의정 이건명이 말하기를,

---

570) 흠종(欽宗) : 1100~1161. 북송 제9대 황제이다. 휘종의 맏아들로서, 1115년 황태자로 책봉되었고, 1125년 금나라의 공격 직전 제위에 올랐다. 금나라와 화의(和議)를 맺어 잠시 안정을 되찾았지만 조정은 크게 주전(主戰)과 주화(主和)로 나뉘어 갈등을 벌였고, 이듬해 재차 금나라의 침탈을 받았다. 1127년 아버지 휘종과 함께 포로로 잡혀갔다. 이것을 일러 '정강(靖康)의 변(變)'이라고 하였다. 1142년 화의가 성립되었지만 귀국하지 못한 채 유배지에서 죽었다.

571) 세상에서 …… 부르고 : '유상(儒相)'이란 유학자로 추앙받는 정승을 말하는데, 여기서는 특히 윤증(尹拯)을 지칭한다. 윤증은 갑술환국 이후 소론의 추대를 받아서 숙종을 만난 적도 없는데, 정승에까지 올라 '백의정승(白衣政丞)'이라는 칭호를 얻었다. 이에 노론은 윤증과 그 아비 윤선거(尹宣擧)를 끈질기게 공격하여 1716년 병신처분(丙申處分)으로 두 사람의 관작을 삭탈하고 문집 판본을 헐어버리게 하는데 성공하였다.

572) 나라의 …… 꾸짖습니다 : 정승을 탄핵할 때는 사헌부와 사간원에 홍문관까지 가담하여 삼사(三司)가 합계하거나 최소한 사헌부와 사간원 양사(兩司)의 합계를 거치는 것이 관례였다. 그런데 갑술환국 이후 노론이 남구만, 최석정 등 소론 정승을 탄핵할 때는 이러한 관례마저 무시한 것을 비판한 것이다.

573) 소결(疏決) : 국가에서 특별한 경우에 전국의 죄수를 다시 심리(審理)하여 너그럽게 처결하는 것을 이른다.

"판의금부사가 아뢴 내용은 잘못입니다. 임금에게 고하는 것이 직절(直截) 한 것을 일러 숨김이 없다고 하는 것인데, 김시환은 주장이 점점 더 격렬해졌으니, 2월에 귀양간 것을 갑자기 풀어줄 수 없습니다."

하고, 장령 송도함(宋道涵)574)이 최석항을 엄하게 추고할 것을 청하니, 주상이 말하기를, "아뢴대로 하라." 하였다.

영의정 김창집이 다음과 같이 말하였다.

"조문명의 상소는 대체는 좋으나 그 폐단을 말하기는 쉽지만 폐단을 바로잡기는 어렵습니다. 그는 단지 '건극'만을 말하였을 뿐 '어떻게 해서 건극을 이룰지'는 말하지 않았습니다. 나라를 다스리는 방도로는 사특함과 바름을 분변하고 시비를 밝히지 않을 수 없는 것이니, 묘당에 품처하라고 한 명은 특별히 복주할 만한 것이 없습니다."

○ 27일, 대사헌 이재(李縡)575)가 상소하여 다음과 같이 말하였다.

"전하가 즉위한 이래로 모든 시조(施措)가 활기가 없고 게을러서 마침내 한마디 말과 일도 천심(天心)에 보답하고 백성의 기대를 위로할 만한 것이

---

574) 송도함(宋道涵) : 1657~1724. 본관은 진천(鎭川), 자는 형보(亨甫)이다. 1682년 증광시에 급제하여 생원이 되었고, 1686년 별시문과에 급제하였는데, 1689년 병조좌랑으로서 인현왕후 폐위 당시 교문(敎文) 작성을 거부하고 낙향하였다. 경종대 사헌부 장령을 지냈다.

575) 이재(李縡) : 1680~1746. 본관은 우봉(牛峰), 자는 희경(熙卿), 호는 도암(陶菴)·한천(寒泉)이다. 이유겸(李有謙)의 증손이고, 김창협 문인이다. 1702년(숙종28) 알성문과, 1707년 문과 중시에 급제하여 이조참판·대제학 등을 역임하였다. 1716년 부제학 재직시《가례원류》편찬자를 둘러싸고 시비가 일자, 노론의 입장에서 소론을 공격하였다. 1721년(경종1) 도승지가 되었으나 삭직되었고, 이듬해 임인옥사 때 중부 이만성(李晩成)이 옥사하자 은거하며 성리학 연구에 전념하였다. 영조대 다시 등용되어 대제학 등을 지내다가 1727년(영조3) 정미환국으로 소론 중심의 정국이 되자 용인 한천(寒泉)에 거주하면서 제자 교육에 힘썼다. 준론(峻論)을 표방하며 의리론(義理論)을 들어 영조의 탕평책을 부정하였다. 당대 호락논쟁(湖洛論爭)에서는 이간(李柬)의 학설을 계승해 한원진(韓元震) 등의 심성설(心性)을 반박하는 낙론의 입장에 섰다. 영조대 노론의 의리론에 입각하여 탕평정치에 반대하였다. 호락논쟁(湖洛論爭)에서는 한원진의 호론(湖論)에 맞서 낙론(洛論)을 주장하였다.

없습니다. 친히 제사 지내시는 일에 대해 간쟁하는 자들이 많았지만 천청(天聽)을 감동시켜 돌리지 못하였는데, 어제 내리신 비망기는 조금이나마 뭇 신하들의 의혹을 풀어줄 수 있었습니다.

만약 이 마음을 채워서 착한 단서를 발현하시면 왕성한 형세가 불길이 활활 타오르고 샘물이 콸콸 솟아나는 기세와 같을 것입니다. 세월은 덧없이 흘러도 효도하려는 마음은 끝이 없어서, 지나간 것은 붙잡을 수 없지만 오는 것은 오히려 뒤쫓을 수 있습니다. 전하가 이번에 슬픔을 펴지 않는다면 다시 어느 때를 기다리겠습니까?

지난번에 마련한 사향(四享)의 정식(定式)은 이미 사체(事體)와 예전(禮典)에 크게 어긋났는데, 전하가 또 그 말씀을 한 번도 실천하지 않았으니, 이제라도 개도(改圖)한다면 더욱 해와 달처럼 다시 빛날 것입니다. 지금 이후 향사(享祀)는 또한 반드시 근력을 헤아려 거행해야겠지만, 요는 스스로 성상의 마음을 다한다면, 중앙과 지방의 마음을 크게 위로하고 신인(神人)의 희망을 영구히 매어 둘 수 있을 것입니다.

만일 혹시 그렇게 하지 않고, 다만 말하기를, ‘전날 비망기로 사람들이 분명히 알게 하였다.’ 하여 매번 섭행하게 하고, 여러 신하들이 또 따라서 감히 말하지 못하게 된다면, 이는 위에서는 사람들의 간하는 것을 막아버리고 아래에서는 군주의 허물을 이루어 주는 일이 될 것이니, 신은 이 때문에 감히 함부로 일이 일어나기 전에 경계를 진달하지 않을 수 없습니다.

인주는 깊은 구중궁궐 속에 거처하므로 그 본원의 은미한 일을 쉽사리 엿보아 헤아리지 못할 것 같지만 안에 있는 것이 밖으로 나타나는 것을 가릴 수는 없습니다. 전하가 조정에 나와 정사를 보실 적에 오로지 침묵을 지키기만 할 뿐, 시비와 흑백을 분별해야 하는 모든 일에서 거의 옳은 것도 없고 옳지 않은 것도 없는 것과 같아서 크고 작은 정령을 일체 유유범범(悠悠泛泛)한 지경에 방치하여 마치 자신 한 사람의 마음과는 서로 관계가 없는 것처럼 하십니다.

이 때문에 아래에서 명을 받드는 자들이 근본적인 해결책은 강구하지 않고 안일함에 젖어서 재물이나 탐내면서 구차하게 시일만 보내는 것이 마치 깊은 샘물 가운데에 떨어진 것과 같으니, 이와 같이 하고도 나라를 잘 다스릴 수 있었던 적은 없었습니다.

전하께서 시험 삼아 전사(前史)를 보신다면 어찌 일찍이 재위한 초기에 한해가 다 지나도록 한 번도 경연을 열지 않은 경우가 있었습니까? 승지가 입대(入對)하는 규정은 마침내 폐지되어 진현(進見)은 더욱 뜸해졌고, 전강(殿講)576)과 친정(親政)하는 일이 간혹 있었지만 완급(緩急)이 뒤바뀌었습니다.

빈청(賓廳)의 차대(次對)577)는 나라의 중대한 일인데도 하전(廈氈)578)에서 우불(吁咈)579)하는 것은 하나의 '유(唯)' 자(字)에 지나지 않았습니다. 진실로 이같이 하고서 그만둔다면 비록 하루에 세 번을 부지런하게 만나도 또한 무슨 이익이 있겠습니까?

전하가 구중궁궐에서 팔짱을 끼고 계시면서 보필하는 신하들을 드물게 접견하시니, 감히 알지 못하겠습니다만, 친근한 사람은 누구이며, 하시려고 하는 일은 어떤 일입니까? 그 마음을 좀먹고 덕을 잃게 하는 것은 단지 성색(聲色, 음악과 여색)과 치빙(馳騁, 말타고 달림)만 그런 것이 아니라 한 가지 상념이라도 극복하지 못하면 나라를 잃는 뿌리가 되기에 충분하니,

---

576) 전강(殿講) : 성균관 유생(儒生)과 문신에게 경학(經學)을 권장하기 위하여, 수시로 3~4명씩 선발하여 정전(正殿)에 불러들여 임금 임석(臨席) 하에 행하던 강경시험(講經試驗)이다. 사서(四書)·오경(五經) 중에서 한 대목을 추첨하여 시험하고, 성적은 통(通)·약(略)·조(粗)로 매겨, 유생은 과거시험 성적에 합산하고 문신은 승진에 반영하였다.
577) 차대(次對) : 매달 여섯 차례씩 의정(議政), 대간(臺諫), 옥당(玉堂) 들이 임금 앞에 나아가 정무를 보고하던 일이다.
578) 하전(廈氈) : 하는 큰 집이고 전은 가는 털방석으로, 원래 임금이 거처하는 대궐 또는 왕좌를 일컫는다, 여기서는 경연의 강석을 일컫는 말로 쓰였다.
579) 우불(吁咈) : 도유우불(都兪吁咈)의 준말로, 도는 찬성하는 말이고, 유는 동의하는 말이며, 우는 동의하지 않는 말이고, 불은 반대하는 말이다. 본래 요·순·우 등이 조정에서 정사할 때 쓰던 말인데, 후대에는 군신간에 정사를 격의 없이 논하는 것을 뜻하는 말로 쓰였다.

매우 두려운 일입니다.

천재(天災)는 날마다 이르는데 인심은 날마다 떠나가서 사의(私意)가 날마다 방자해지니, 의리는 날로 문란해지고, 기강은 날로 무너지고 있습니다. 그런데도 오히려 갑자기 망하는 데 이르지 않는 것은 다만 선왕의 덕택(德澤)이 사람들에게 남아 있기 때문입니다. 전하가 어찌 스스로 이것을 믿고 스스로 편안할 수 있겠습니까?

지금 신이 진달하는 말은 삼가 먼저 임금의 마음을 바로잡는 의리에 따른 것인데, 전하께서 또 '유의하겠다.'고만 할 뿐이라면 신은 다시 무엇을 바라겠습니까?"

주상이 다음과 같이 답하였다.

"세월이 덧없이 흘러 초기[初朞, 소상(小祥)]가 어느덧 임박하였다. 애통한 가운데 경이 상소하여 진달한 것을 보니, 경계하여 가르친 말이 지극히 절실하고 지극히 정성스러우니 내가 기꺼이 받아들이겠다. 경의 말이 이와 같으니 본직(本職)은 지금 우선 체직을 허락한다. 경은 사직하지 말고 들어와서 직무를 살피라."

○ 5월 8일, 비망기에서 다음과 같이 말하였다.

"효령전의 은전(殷奠, 성대한 제사)을 대신 행하게 한 일은 실로 다리의 통증 때문이니, 친히 행하지 못함을 항상 슬프고 한스럽게 여겼다. 그런데 어제 경연 중에 부수찬(副修撰) 이중협이 홍문관의 승후(承候, 임금의 기거와 안부를 물음)하는 신하로서 나의 병의 증상을 알지 못하고 누누이 번거롭게 진달하였는데, 말이 몹시 지극하고 간절하여 마음에 몹시 부끄러웠다. 그렇지만 비록 억지로 하려고 해도 그 형편이 어쩔 수 없으니, 이와 같은 나의 허물을 중앙과 지방의 여러 신하들은 모두 알아야 할 것이다."

○ 15일, 이조판서 송상기는 비변사의 초기(草記)에 의해 체차를 허락하고

그 대신 이의현을 낙점하였다.

○ 16일, 암행어사 조문명·권익관·이성룡·서종섭·어유룡·조영세(趙榮世)580) 등 여섯 명을 삼남(三南, 충청·전라·경상도) 지방으로 나누어 보냈다.

---

580) 조영세(趙榮世) : 1679~1728. 본관은 함안(咸安), 자는 효선(孝先), 호는 하일(下一)이다. 1702년(숙종28) 식년시 생원, 1714년 증광문과에 급제하여 청요직을 두루 거치고 1720년 (경종 즉위)에 서장관으로 청나라에 다녀왔다. 경종대 헌납을 거쳐서 1725년(영조1) 승지에 발탁되었다.

《연려술속》 권2

○ **경종 원년 신축년 6월 4일**, 판부사 이이명이 해래 사관(偕來史官)[1] -
이보욱(李普昱)[2] - 편에 올린 서계(書啓)[3]에서 다음과 같이 말하였다.

"신이 이번에 온 것은 - 지평(砥平, 경기도 양평군 소재)으로부터 광진(廣津, 서울
광진구 소재)에 이르렀다. - 단지 국상(國祥, 임금이나 왕비의 기일에 지내는 제사)
을 맞이하여 능 밑에 달려 나아가 한번 지극한 슬픔을 펴기 위함입니다.
만번 바라건대 사관을 소환하여 신이 능으로 가는 길을 막지 말아 주십시오."

○ 주상이 다음과 같이 전교하였다.

"지금 장계(狀啓)를 보니 놀랍고 부끄러워 뭐라 할 말이 없다. 함께 도와야
하는 의리를 생각하지 않고 속절없이 자리를 비우고 기다리는 바람을 저버렸
으니, 장차 답답한 것이 병이 되는 것을 면하지 못하겠다.

---

1) 해래 사관(偕來史官) : 임금이 신하를 부를 때, 꼭 함께 올라와야 한다고 당부하며 보낸
   사관을 말한다.
2) 이보욱(李普昱) : 1688~? 본관은 용인(龍仁), 자는 휘백(輝伯)이다. 숙종대 승지·의주부윤
   등을 역임하였다. 1719년(숙종45) 증광문과에 급제하여 청요직을 두루 거쳤다. 1723년(경
   종3) 이만성 등이 노론 4대신의 흉역에 참여하였다 하여 국문하기를 청하였다. 또
   임인옥을 고변한 목호룡만 녹훈(錄勳)되자, 옥사를 다스린 여러 신하들이 함께 녹훈되어
   야 한다고 주장하였다. 이때 옥사를 담당한 대신들이 모두 소론이었던 만큼, 영조
   즉위로 노론이 득세하자 김일경·목호룡의 여당으로 몰려 탄핵을 받고 유배되었다.
   1727년(영조3) 정미환국으로 다시 삼사에 진출하여 1743년과 1750년 승지가 되었다.
   사후 1755년 을해옥사 당시 관작을 삭탈 당하였다.
3) 서계(書啓) : 암행어사와 같은 봉명관(奉命官)이 복명할 때 올리는 문서이다.

세월이 쏜살같이 흘러 연기(練期)⁴⁾가 임박하였다. 대신은 여러 신료와
다른데 어찌 반열을 뛰어넘어 슬픔을 펴는 이치가 있겠는가? 빨리 멀어진
마음을 돌려서 나의 지극한 바람에 부응하라."

○ 25일, 집의 김고(金槹)가 상소하여 기우제(祈雨祭)를 친히 지내기를
청하고, 또 이만성(李晚成)이 충성스럽고 근면하니 조정으로 돌아오도록 문책
하는 글을 내리라고 아뢰며 운운하였다. 주상이 다음과 같이 답하였다.
"불결한 증상을 앓고 있어 재명(齋明, 제사를 위해 심신을 깨끗이 함)에
흠이 있으므로 머뭇거리며 세월만 흘려보내고 있었다. 너의 상소가 바로
내 뜻과 부합되니, 해당 조로 하여금 날을 가리지 말고 거행하게 하라. 이만성
은 누누이 간절하게 유시하였지만 아직도 조정에 돌아오지 않으니, 내가
매우 부끄럽게 여긴다."

○ 윤 6월 10일, 인견하였을 때, 김창집이 다음과 같이 아뢰었다.
"전하께서 일찍부터 국사에 마음을 두지 않으시니 여러 신하들이 오직
제 몸 받들 생각만 하고 물러나 있습니다.⁵⁾ 최규서(崔奎瑞)는 선조때부터
이미 시골로 물러난 지 오래되었으며, 정호(鄭澔)·권성(權慴)⁶⁾·이만성(李晚成)·

---

4) 연기(練期) : 소상(小祥)을 지내는 시기, 즉 3년상이면 13개월, 기년상이면 11개월 만에
   지내는 제사인 연제가 되었음을 말한다. 성복(成服)한 날로 계산하면 기일(忌日)을 지나
   한 달 뒤이다.
5) 제 …… 있습니다 : 원문은 "奉身而退"이다. 몸을 받들고 물러난다는 뜻이다. 《춘추좌씨
   전》 양공(襄公) 26년 조에 "신하의 녹봉은 임금이 실로 소유하는 것이다. 의로운 일에는
   나아가 녹을 받고, 그렇지 않을 경우에는 몸을 받들고 물러나야 한다.[臣之祿, 君實有之,
   義則進, 否則奉身而退.]"라는 말이 나온다.
6) 권성(權慴) : 1653~1730. 본관은 안동, 자는 경중(敬仲), 호는 제월재(霽月齋)이다. 1683년
   (숙종9) 진사가 되고, 1687년 문과에 장원급제하여 청요직을 두루 지냈다. 1721년(경종1)
   한성부판윤 재직시 신축환국으로 삭직되었다가, 1725년(영조1) 노론이 집권하자 부총관
   ·판윤·공조판서 등을 역임하였다. 정미환국(1727)으로 다시 물러났다가 형조판서 등에
   여러 차례 기용되었으나, 사퇴하고 여생을 마쳤다.

김흥경(金興慶)7)·이광좌(李光佐) 등 여러 사람들은 조정에 나올 뜻이 없습니다. 홍치중(洪致中)은 성묘하고 나서 돌아오지 않고 있으며, 이재(李縡)는 옛집으로 돌아갔습니다. 이외에 도성 바깥에 거처하면서 출사를 즐겁게 여기지 않는 사람이 또한 많습니다. 원컨대 특별히 비망기를 내려서 스스로에게 허물을 돌리고 자책하시면 여러 신하들 또한 어찌 감격하지 않겠습니까?"

○ 7월 12일, 이조판서 이의현(李宜顯)이 상소하여 체직되었다. 이전에 의망(擬望)했던 최석항(崔錫恒)이 병조판서였는데 이조판서로 옮겨 제수하였다.

○ 15일, 박치원(朴致遠)8)이 상소하여 이조판서 최석항을 논하자, 주상이 다음과 같이 답하였다.

"이조판서를 시기하여 헐뜯은 것이 이르지 않는 곳이 없으니, 내가 매우 개탄스럽고 애석하게 여긴다. 교체하라는 청에 이르러서는 더욱 이상하다고 할 만하다."

○ 장령 박치원이 피혐하면서 상소하여 아뢰기를,
"이조판서 최석항은 선왕께서 대정일(大政日)9)에 깊이 미워하여 통렬히

---

7) 김흥경(金興慶) : 1677~1750. 본관은 경주(慶州), 자는 자유(子有)·숙기(叔起), 호는 급류정 (急流亭)이다. 1699년(숙종25) 정시문과에 급제하여 대사간 등을 거쳐, 경종대 한성부 우윤이 되었다가 신임옥사로 파직되었다. 1724년 영조 즉위로 도승지가 되었고, 이조판 서를 거쳐 우의정·영의정을 역임하였다.

8) 박치원(朴致遠) : 1680~1767. 본관은 밀양(密陽), 자는 사이(士邇), 호는 읍건재(泣愆齋)·설 계(雪溪)·손재(巽齋)이다. 1708년(숙종34)에 식년문과에 급제하여 장령(掌令) 등을 역임하 였다. 1721년(경종1) 어유룡(魚有龍)·이중협(李重協) 등과 함께 연잉군의 대리청정(代理聽 政)을 주장하다가 소론의 반대로 실패하고, 신임옥사(辛壬獄事)로 유배되었다. 영조가 즉위하자 종부시 정(宗簿寺正)에 기용되어 소론에 대한 처벌을 주장하다가 1728년에 다시 유배되었다. 1754년(영조30) 풀려나 판돈녕부사 등을 역임하였다. 저서로《설계수 록(雪溪隨錄)》이 있다.

9) 대정일(大政日) : 해마다 12월에 시행되는 도목정사(都目政事) 날을 가리킨다. 도목정사 는 1년에 6월과 12월에 두 차례 거행되었는데, 12월의 것이 규모가 커서 대정이라

배척하면서, '매우 근거가 없다.' 하교하고, 파직한 지 5, 6년이 지났지만 끝내 다시 전형(銓衡)의 직책을 제수하지 않았으니 성의(聖意)를 볼 수 있었습니다. 오늘날 이를 따라야 하니, 백관을 나아가고 물러나게 하는 권한을 가진 직책에 이미 시험하여 배척받은 사람을 다시 제수하여 뭇 소인들이 야심을 품고 기회를 노리는 문을 열어주어서는 안 될 것입니다. ……"

하니, 주상이 답하기를, "사직하지 말고 물러가 기다리라." 하였다.

○ 홍문관에서 이중협(李重協)이 처치하여 박치원을 체직하라고 청하면서 말하였다.

"전후로 올린 상소와 계사에 진실로 취할 만한 점이 많지만, 이조판서를 지레 논하여 그침이 없는 것이 지나치게 과격합니다."

○ 정언 이정소(李廷熽)가 상소하여 박치원을 구원하고 이중협이 처치한 것이 물정(物情)에 크게 어긋났다고 배척하였다.

○ 21일, 호조판서 민진원(閔鎭遠)이 다음과 같이 아뢰었다.

"전하가 상중(喪中)에 근심하는 안색으로 소리내어 슬피 우는데도 뭇 신하들을 감동시키지 못하였고, 크고 작은 제향(祭享)을 친히 행한 적이 없으며, 강연(講筵)도 아직 한 번도 열지 않았습니다. 근본이 되는 바탕이 이와 같으니 신민들에게 무엇을 보이며 정치를 하겠습니까?

이로 인해 뭇 신하들이 해체되어 공직을 맡아서 근심하는 뜻이 없으니, 조종(祖宗)의 3백 년 기업(基業)과 선왕의 50년 지사(志事)가 전하의 몸에 이르러 끝내 추락하여 끊어지는 것을 면치 못하였습니다. 삼가 원컨대 즉시 해당 조에 명하여 크고 작은 제향을 친히 거행할 일을 마련하게 하고, 내일부터 경연을 시작하겠다는 일 등을 명백하게 하교하시면 종사에 다행이겠습니다."

하였다.

주상이 말하기를, "마땅히 유의하겠다." 하니, 민진원이 말하기를

"'유의한다.[留意]'는 두 글자는 끝내 채택하여 시행한 일이 없었으니, 청컨대 즉시 명하여 시행하십시오."

하고, 또 말하기를,

"내일 주강(晝講)을 열겠다고 즉시 명령을 내리신다면 실로 성덕(聖德)이 빛날 것입니다."

하니, 주상이 말하기를, "주강을 시행하겠다." 하였다.

○ 헌납 서명균(徐命均)10)이 상소하여 이조판서를 구원하면서 다음과 같이 말하였다.

"붕당의 호오(好惡)에 대해서는 진실로 저쪽과 이쪽을 논할 것이 없겠지만, 방자하고 거리낌이 없는 것이 지금처럼 심한 적은 없었습니다. 진퇴와 취사를 결정할 때 오직 취향이 같은지 다른지만을 보고, 심지어 삼사(三司)에 의망(擬望)한 사람들은 애써 어렵게 힘을 들여서 투합한 무리들이 많으니, 논의가 어그러지고, 거조가 해괴한 것은 진실로 질책할 가치도 없게 되었습니다.

박치원이 이조판서를 논한 것에서 그 일단을 알 수 있습니다. 제수(除授)의 교지가 막 내려지자마자 서둘러 상소하여, 없는 사실을 날조하여 죄를 꾸며서 그 출사를 막았습니다. 선조(先朝)에서 비록 한때 파직당한 일이 있었지만 다시 병조에 제수되었고, 또한 이미 왕명을 따랐습니다. 그런데 근거 없는 일을 꾸며서 감히 선조의 처분을 빙자하려고 하였으니, 매우 무엄합니다."

또 말하기를,

---

10) 서명균(徐命均) : 1680~1745. 본관은 달성(達城), 자는 평보(平甫), 호는 소고(嘯皐)·재간(在澗)·보졸재(保拙齋)·송현(松峴)이다. 영의정 서종태(徐宗泰)의 아들이다. 1705년(숙종31) 진사가 되고, 1710년 증광문과에 급제하여 청요직을 두루 지냈다. 1721년(경종1) 이조참의 재직시 장희빈을 공격한 윤지술을 구원하였다가 김일경 등 소론 강경파의 탄핵을 받고 안악군수로 좌천되었다. 1725년(영조1) 탕평책을 주장하여 영조 연간 탕평파의 핵심이 되었다. 1729년 호조판서, 1732년 우의정을 거쳐 좌의정에 올랐다. 아버지로부터 아들 서지수(徐志修)까지 삼대가 정승을 지냈다. 시호는 문익(文翼)이다.

"홍문관에서 처치할 때 어쩔 줄 모른 채 바삐 서두르면서 눈치를 보는 정태는 '앞질러 논하였다.[徑論]'는 두 글자에서 모두 드러났습니다. ……" 하였다.

○ 집의 조성복(趙聖復)[11]이 다음과 같이 상소하였다.

"오로지 한쪽 편 사람들만을 임명한다면 진실로 용인(用人)이 넓지 못한 것을 면치 못하겠지만, 사정(邪正)을 분변하지 않고 모두 수용하고 두루 등용한다면 조정을 무너뜨려 혼란에 빠트릴 수 있습니다. 선조가 이미 정한 대시비(大是非)와 대처분(大處分)을 굳게 지키고 흔들리지 마십시오. ……

박치원이 이조판서를 논하여 배척한 것은 신 또한 공정하지 않다고 생각하지만, 이 한 사람으로 인해 여러 대신(臺臣)을 헐뜯어 욕하다가 또한 스스로 다른 사람을 추대하여 돕는 죄과에 빠지게 되었으니, 삼가 사간원의 신해서명균)를 위해 애석하게 여깁니다."

주상이 답하기를, "박치원의 일은 내가 매우 싫어한다." 하였다.

○ 조문명이 상소하여 다음과 같이 말하였다.

"신이 앞서 붕당을 제거하라는 상소를 올리고, 넉 달 동안 밖에 있다가 돌아와 조정의 형상을 보니 그다지 괄목(刮目)할 만한 것은 없고, 다만 박치원이 이조판서를 치받아 공격하는 상소만이 나왔습니다. 저 중신(重臣) 최석항은 늙었어도 마음은 쇠퇴하지 않아서,[12] 근실하고 충순(忠順)하여 여러 사람들이

---

11) 조성복(趙聖復) : 1681~1723. 본관은 풍양(豊壤), 자는 사극(士克), 호는 퇴수재(退修齋)이다. 1721년(경종1) 집의 재직 시 세제 대리청정을 요구하는 상소를 올려 경종의 재가를 받았으나, 무군부도(無君不道)하다는 소론의 반격으로 유배되었다. 1723년 다시 잡혀 올라와 국문을 받던 중 옥중에서 자살하였다. 신임옥사 때 삼학사(三學士) 중 한 사람으로 일컬어진다. 영조 즉위 후 이조판서에 추증되고, 충간(忠簡)이란 시호가 내렸다.

12) 늙었어도 …… 않아서 : 원문은 "髮短心長"이다. 머리는 짧고 마음은 길다는 뜻으로서, 늙어서 머리털이 빠져 짧아졌지만 마음으로는 심원한 계책을 세운 노포별(盧蒲嫳)을 평한 말이다. 《춘추좌씨전(春秋左氏傳)》 소공(昭公) 3년에 "제후(齊侯)가 거(莒)에서 사냥

떠들어대며 욕하는 가운데에도 흔들림이 없이 듬직하게 우뚝 서 있습니다.
이 사람이 공사(公事)를 먼저하고 사사(私事)를 뒤로 하면서 나라를 근심하여
몸이 여위도록 마음과 힘을 다하는 정성을 그가 어찌 모를 리가 있겠습니까?
그렇지만 이 한 사람만 이 자리에서 쫓아버리면 영구히 무사함을 보장할
수 있을 것이라고 여겨 차마 이러한 아주 부끄러운 짓을 한 것인데, 어찌
방관자가 한 번 손뼉 친 일이 없었을 리가 있겠습니까? 만약 오로지 박치원
한 사람에게서 나왔다고 하면 질책할 것도 없겠습니다마는, 그렇지 않다면
이러한 계책을 꾸민 자는 또한 터무니없이 겁을 낸 것이니, 신은 실로 불쌍하게
여깁니다."

주상이 답하기를, "사직하지 말라." 하였다.

○ 이조판서 최석항이 상소하여 다음과 같이 말하였다.

"신이 병조판서로 재직할 때 사람을 사사롭게 제배(除拜)하고 오랫동안
근무한 사람을 쓰지 않았다면 어찌하여 그 즉시 공격하지 않다가 이조판서로
이배(移拜)한 뒤에 추론(追論)한단 말입니까?

병신년(1716, 숙종42)의 일은, 도목정사가 끝난 뒤에 약원(藥院)의 일로
엄중한 교지가 갑자기 내려지고, 그 이튿날 정사(政事)에서 주의(注擬)한 일
때문에 특명으로 죄를 받아 파직되었습니다.[13] 그렇지만 얼마 후에 대신의

하였는데, 노포별이 뵈었다. 눈물을 흘리며 청하여 말하기를, '저는 머리털이 이처럼
짧으니 제가 무엇을 할 수 있겠습니까?' 하였다. 공이 말하기를, '좋다. 내 두 사람에게
말해 보겠다.' 하고 돌아가 그들에게 말하였다. 자미(子尾)가 그를 복직시켜 주려 하자
자아(子雅)가 안 된다고 하면서 말하기를, '저 사람은 머리카락은 짧아졌지만 복수의
마음이 깊어졌으니 아마도 우리를 깔고 잘 것입니다.' 하였다.[齊侯田於莒, 盧浦嫳見,
泣且請曰 : '余髮如此種種, 余奚能爲.' 公曰 : '諾, 吾告二子.' 歸而告之. 子尾欲復之, 子雅不可,
曰 : '彼其髮短, 而心甚長, 其或寢處我矣.']" 노년에 이르러서도 마음이 쇠약하지 않음을
비유한다.
13) 병신년의 …… 파직되었습니다 : 최석항은 당시 이조판서와 약원 제조를 겸하고 있었는
데, 7월 5일에 약원 제조로서 승정원에서 소차를 봉입하는 것을 막지 못하였다는 하교를
받고 대죄하였다. 그 이튿날인 7월 6일에 이조참판을 잘못 의망한 일로 파직되었다.

말을 받아들여 다시 강화유수(江華留守)에 임명되었고,14) 약원의 하교에 대해서는 뉘우치는 뜻을 시원스레 보이고, 겨우 1년 만에 또 병조판서를 제수하였습니다.15)

　그때 곡절은 대략 이와 같은데, 스스로 처신하기를 기다리지 않고 지레 논척하였으니, 만약 일찍 물러나지 않았다면 해기(駭機)16)가 어느 지경에 이를지 알지 못하였을 것입니다.”

　주상이 다음과 같이 답하였다.

　“근래의 이러한 습성을 나는 참으로 안타깝게 여기고 있다. 결코 이 일로 인입(引入)하여 쫓아 내버리려는 계책에 빠져서는 안 될 것이다. 경은 관대한 도량이 있으니, 의외로 침해하여 욕하는 것은 깊이 혐의할 필요가 없다.”

　○ 8월 3일, 헌납 서명균이 조성복에 대항하여 상소하여 다음과 같이 말하였다.

　“사헌부 신해[조성복]가 박치원을 아끼고 보호하면서도 오히려 그 논의가 감히 공정하다고 하지 않았으니, 일단의 수오지심(羞惡之心)17)을 볼 수 있었는데, 바로 ‘추대하여 돕는다.’고 다시 신을 비판하였습니다. 공(公)을 비난하는 것이 사(私)이고, 정(正)을 비난하는 것이 사(邪)인데, 사론(私論)과 사론(邪論)을 부식(扶植)하는 것이 추대하여 돕는 것입니까? 아니면 그것을 공격하여 배척하는 것이 추대하여 돕는 것입니까?

《肅宗實錄 42年 7月 5日·6日》
14) 얼마 …… 임명되었고 : 1716년 당시 최석항을 강화유수에 추천한 것은 좌의정 김창집이었다.《承政院日記 肅宗 42年 8月 9日》
15) 그렇지만 …… 제수하였습니다 : 최석항은 1716년 8월에 강화유수가 되었고, 1717년 10월에 병조판서가 되었다.《承政院日記 肅宗 42年 8月 6日, 43年 10月 23日》
16) 해기(駭機) : 피할 수 있는 틈을 주지 않고 갑자기 쇠뇌를 쏘아 사람을 놀라게 하는 것이다. 곧 불시에 사람을 공격함을 뜻한다.
17) 수오지심(羞惡之心) : 맹자의 이른바 사단(四端) 중의 하나로, 의롭지 못함을 부끄러워하고 착하지 못함을 미워하는 마음을 이른다.

진퇴(進退)의 권한이 오로지 인사 담당 기관에 있기 때문에 혹 자기와 다른 사람이 섞여 있을까 두려워하여, 박치원을 꾀어서 이같이 해괴하고 패악한 짓을 저질렀습니다. 저들 가운데 자호자(自好者)[18]가 시끄럽게 떠들며 공격해 마지않으니 처치한 유신(儒臣)을 억지로 낙과(落科)[19]에 두어 겉으로 공의(公議)를 과시하였습니다.

그렇지만 '앞질러 논하였다.' 말한 것은, 서서히 탄핵하여 제거해도 되는데, 갑자기 논열(論列)하여 경솔하게 앞지르는 것을 면치 못하였다는 것을 이른 것이었습니다. 전하께서는 말없이 침묵을 지키는 것이 너무 지나쳐서 굳세고 과감한 것이 부족합니다. 그리하여 당론을 일삼는 것을 징계하여 두렵게 하지 못하니, 경영하여 사람을 배치할 때 오로지 턱짓으로 가리키고 기세로 부려먹을 수 있는 무리만을 취합니다.

박치원은 조정을 욕되게 하고 대각을 부끄럽게 하였으니 물리쳐 멀리하는 조치를 취하지 않을 수 없습니다. 그래야만 뭇 신하들을 경계하고 면려하여 더욱 탕평(蕩平)의 지경에 이를 수 있을 것입니다. ……"

○ 4일, 사간원에서 이정소가 상소하여, 서명균의 상소가 인사 담당 기관을 뒤흔들고, 삼사(三司)를 뒤섞어 배척하였으며, 박치원을 침해하고 배척하여, 간사한 계책으로 남을 모함하여 편치 못하게 만들었으니, 파직하라고 청하였다. 주상이 답하기를 "윤허하지 않는다." 하였다.

○ 5일, 교리 조문명이 이정소를 배척하고 서명균의 상소를 지원하였다.

---

18) 자호자(自好者) : 군자(君子)가 될 만한 현명한 덕은 없지만 자신의 몸가짐을 깨끗이 지닐 줄 아는 사람이다. 《맹자》〈만장 상(萬章上)〉에 "자신의 지조를 팔아 가며 그 임금을 훌륭하게 성취시키는 짓은 향당(鄕黨)의 자호자도 하지 않는다.[自鬻以成其君, 鄕黨自好者不爲.]" 하였다. 여기서는 이중협을 비판한 이정소를 가리킨다.

19) 낙과(落科) : 삼사(三司)에서 피혐한 관리를 처치할 때 체차하라고 청하는 것을 가리킨다. 여기서는 이중협이 박치원을 체직하라고 청한 일을 가리킨다.

주상이 답하기를,

"간관 서명균의 말은 불가할 것이 없는데 대간 이정소의 말은 내가 실로 괴롭게 여긴다."

하였다.

○ 16일, 사옹원 - 감선 제조(監膳提調) 민진원 - 에서 아뢰기를,

"오늘 대전에 올리는 생선을 신과 낭청(郎廳) 및 설리(薛里)²⁰⁾가 같이 앉아서 간품(看品)²¹⁾한 뒤에 봉진(奉進)²²⁾하였습니다. 그런데 설리가 진상한 뒤 점퇴(點退)²³⁾하였으므로 해당 설리 김세관(金世寬)의 죄상을 지금 사옹원에서 품처(稟處)하였습니다. 지금 이후로는 본원에서 봉진한 뒤에 임의로 점퇴할 수 없다는 것을 승전(承傳)을 받아서 정식으로 삼고자 합니다. ……"

주상이 다음과 같이 답하였다.

"설리가 점퇴하는 일은 오늘날 처음 만든 것이 아니라 어공(御供)²⁴⁾을 존중하는 옛 규례이지, 나만 그런 것이 아니다. 혼전(魂殿)²⁵⁾에 제향(祭享)하는 물건과 자전(慈殿)²⁶⁾에 진상하는 것이 만약 합당하지 않다면 점퇴하지 않을

───────────────

20) 설리(薛里) : 내시부에서 임금에게 올리는 음식에 관한 일을 맡아보던 벼슬이다.
21) 간품(看品) : 물건의 품질의 좋고 나쁨을 자세히 보다.
22) 봉진(封進) : 임금에게 진상(進上)하는 물건을 봉하여 올리다.
23) 점퇴(點退) : 일일이 점고(點考)하여 물리치다. 곧 공물을 수납할 때에 품질이 나쁘다 하여 받아들이지 않고 물리치는 것이다.
24) 어공(御供) : 임금에게 음식과 물품을 지공(支供)하는 것이다.
25) 혼전(魂殿) : 임금이나 왕비의 국상 중 장사를 마치고 종묘에 입향할 때까지 신위를 모시는 곳이다.
26) 자전(慈殿) : 숙종의 계비 인원왕후(仁元王后, 1687~1757)를 가리킨다. 경은부원군(慶恩府院君) 김주신(金柱臣)의 딸이다. 1701년(숙종27) 인현왕후가 죽자, 간택되어 이듬해 왕비에 책봉되었다. 경종대 연잉군의 대리청정을 위해 노론 4대신이 후계자를 세우는 일은 종사(宗社)의 대계(大計)를 위한 것이라고 거듭 주장하면서 결단을 내리기를 종용하여 마침내 경종의 마음을 돌려 윤허를 받았다. 그다음 인원왕후에게 가서 뜻을 물어 수필(手筆)을 받아오도록 경종에게 요구하였다. 이에 자전의 언문수교를 보인 후 연잉군을 후계자로 삼는다는 전지를 써서 내도록 하였다.

수 없으니, 정식으로 삼는다는 말이 타당한지 모르겠다."

○ **19일**, 정언 이정소가 상소하여 대략 다음과 같이 말하였다.

"삼가 미리 저위(儲位)를 세워 두는 것은 국가의 대본(大本)이고 종사의 지극한 계책이므로, 옛날부터 슬기롭고 현명한 임금은 저위를 세우는 일을 급선무로 삼지 않은 사람이 없었습니다. 그것은 저사(儲嗣, 세자)의 자리를 만약 미리 세우지 않는다면 종사가 의탁할 곳이 없고, 백성의 마음을 매어 둘 곳이 없기 때문입니다.

지금 우리 주상전하가 하늘로부터 무거운 직책을 부여받고 선왕의 어렵고 큰 부탁을 이어받았는데, 전하의 춘추가 한창인데도 아직 뒤 이을 후사가 없으니, 중앙과 지방의 신민들이 가엾게도 남모르게 걱정하고 근심하며 길이 탄식할 뿐만이 아닙니다.

삼가 생각건대 우리 자성(慈聖, 인원왕후)이 크게 슬퍼하고 괴로워하는 상중에 있으면서도 이것을 근심하여 더욱 염려하고, 하늘에 계신 우리 선왕의 영령도 또한 필시 돌아보고 안타깝게 여기시며 답답해하실 것입니다. 하물며 조종(祖宗)이 이미 시행한 영전(令典, 명령과 법전)이 있으니, 어찌 오늘날 마땅히 준행하여 받들어야 할 일이 아니겠습니까?

바야흐로 지금 국세는 위태롭고 인심은 흩어져 있으니, 더욱 마땅히 국가의 대본(大本)과 종사의 지극한 계책을 염두에 두어야 할 것인데도 대신의 반열에 있는 자들은 아직껏 저사를 세우라고 청하는 일이 없으니, 신은 삼가 개탄스럽게 여깁니다. 삼가 원컨대 전하께서는 이 일을 위로 자전께 아뢰고 아래로 대신들과 의논하여 즉시 사직의 대책(大策)을 결정하여 수많은 신민의 큰 소망을 붙잡아 두십시오. 그러면 국가 억만년의 무궁한 경사가 실로 여기에 기반을 둘 것입니다. ……"

주상이 답하기를,

"상소를 살펴보고 소상히 알았다. 상소 내용은 대신과 의논하여 품처하라."

하였다.

○ **20일**, 빈청(賓廳)에서 아뢰기를,

"정언 이정소의 상소에 대해 그 내용을 대신과 의논하여 품처하라는 명이 있었습니다. 신들이 빈청에 나왔습니다만, 이 일은 지극히 중요하고 큰일이므로 신들만으로 결정할 수 없습니다. 원임대신, 육경, 의정부 동·서벽(東西壁)[27], 판윤, 삼사 장관을 아울러 즉시 패초(牌招)[28]하여 와서 모여서, 입대(入對)하여 품처하게 하는 것이 어떻습니까?"

하니, 주상이 아뢴 대로 하라고 하였다.

○ 영의정 이하가 청대하여 입시하였다. 영의정 김창집(金昌集), 우의정 이건명(李健命), 원임대신 조태채(趙泰采), 호조판서 민진원, 판윤 이홍술(李弘述)[29], 병조판서 이만성, 대제학·공조판서 이관명(李觀命), 참찬 임방(任埅)[30],

---

27) 동·서벽(東西壁) : 동벽은 조정 회의에서 좌석의 동쪽에 앉는 벼슬을 가리킨다. 의정부의 좌참찬, 홍문관의 응교와 부응교 등이 이에 해당한다. 서벽은 의정부의 우참찬, 홍문관의 교리와 수찬 등이다.

28) 패초(牌招) : 승지를 시켜 왕명으로 신하를 부르는 일이다.

29) 이홍술(李弘述) : 1647~1722. 본관은 전주, 자는 사선(士善)이다. 덕흥대원군(德興大院君, 중종의 7자)의 후손이다. 1674년(현종15) 무과에 급제하여 숙종대 포도대장 등을 역임하였다. 경종이 즉위하자 김창집 등과 함께 세제 책봉을 청하였다. 1722년 목호룡 고변으로 하옥되어 혹독한 심문을 받다가 죽었다. 임인옥사 당시 조흡(趙洽)의 공초에서 김창집이 궁성을 호위하고 대리청정의 명을 받아내려고 훈련대장 이홍술을 시켜 중군(中軍)에 임명하여 계획을 세웠다고 자백하였다. 소론은 조흡의 진술을 바탕으로, 노론이 군사를 일으켜 경종을 폐출하려 했다고 주장하였다. 《진감(震鑑)》에서는 이홍술을 포함하여 이우항(李宇恒)·윤각(尹慤)·백시구(白時耉)·김시태(金時泰)·심진(沈搢)·유취장(柳就章)·이상집(李尙馦) 등을 '8명의 절도사(節度使)'로 추숭하였다. 1741년(영조17) 관작이 복구되고 찬성에 추증되었다.

30) 임방(任埅) : 1640~1724. 본관은 풍천(豊川), 자는 대중(大仲), 호는 수촌(水村)·우졸옹(愚拙翁)이다. 송시열과 송준길의 문인이다. 1663년(현종4) 사마시, 1701년(숙종27) 알성문과에 급제하고 청요직을 두루 거쳐 1705년 승지, 1719년 공조판서가 되었다. 1721년(경종1) 연잉군의 세제 책봉을 주장하였다가 신임옥사로 귀양 가서 죽었다.

형조판서 이의현, 대사헌 홍계적(洪啓迪), 대사간 홍석보(洪錫輔)31), 사관 신사철(申思喆)32), 승지 조영복(趙榮福)33), 교리 신방(申昉)34). - 판부사 김우항(金宇杭), 이조판서 최석항, 예조판서 송상기(宋相琦)는 패초하였지만 나오지 않았다. -

○ 때는 밤 2경(二更, 오후 10시 전후한 시점)이었다. 영의정 김창집이 다음과 같이 말하였다.

"대신(臺臣)의 말은 곧 종사의 큰 계책입니다. 지금 국세가 위태롭고 인심이 동요하고 있는데, 성상의 춘추가 한창이지만 아직도 저사가 없어서 종사의 근심이 이보다 더 큰 것이 없으니, 무릇 혈기가 있는 자라면 누군들 이러한 근심이 없겠습니까?

신은 부끄럽게도 대신의 반열에 있으니 밤낮으로 우려하는 것을 어찌

---

31) 홍석보(洪錫輔) : 1672~1729. 본관은 풍산(豊山), 자는 양신(良臣), 호는 수은(睡隱)이다. 김창협의 문하에서 수학하였다. 1696년(숙종22) 사마시를 거쳐, 1699년 증광문과에 급제했으나 삭방(削榜)되었는데, 1706년 정시문과에 다시 급제하였다. 1716년 수찬 재직 시 《가례원류》 사건으로 조정이 시비에 휘말렸을 때, 윤증을 강력히 비난하였다. 1721년 동부승지 재직 시 노론 4대신과 함께 세제 책봉을 주장했다가 유배되었다. 영조대 도승지·평안도관찰사 등을 역임하였다.

32) 신사철(申思喆) : 1671~1759. 본관은 평산(平山), 자는 명서(明敍)이다. 장령 신상(申恦)의 아들이다. 1709년(숙종35)에 알성문과에 급제하여, 1713년 홍문록에 올랐다. 경종 즉위 후 대사헌 등을 역임하다가 신축환국 당시 파직되었다. 영조 즉위 후 노론이 집권하자 대사헌과 호조판서가 되었다. 1727년(영조3) 정미환국으로 다시 노론이 추방되자 파직되었다가 이듬해 등용되어 예조판서·평안도관찰사를 거쳐 1745년 판중추부사로 기로소에 들어갔다.

33) 조영복(趙榮福) : 1672~1728. 본관은 함안(咸安), 자는 석오(錫五), 호는 이지당(二知堂)이다. 김창협(金昌協) 문인이다. 1705년(숙종31) 사마시, 1714년 증광문과에 급제하여 청요직을 두루 지냈다. 1716년 윤선거(尹宣擧)의 선정(先正) 칭호를 금할 것을 청하였으며, 경종대 신임옥사로 파직되어 유배되었다. 1725년 노론의 집권으로 풀려나 도승지 등을 역임하였다.

34) 신방(申昉) : 1686~1736. 본관은 평산(平山), 자는 명원(明遠), 호는 둔암(屯菴)이다. 영의정 신완(申琓)의 손자이고, 아버지는 신성하(申聖夏), 어머니는 박세채의 딸이다. 1717년(숙종43) 사마시, 1719년 별시문과에 급제하여, 경종대 헌납 등을 거쳐 영조대 이조참판 등을 역임하였다.

감히 조금이라도 느슨하게 할 수가 있겠습니까? 그러나 감히 우러러 청하지
못한 것은 단지 사체가 지극히 중대하기 때문에 지금까지 망설이며 입을
떼지 못하였던 것입니다.

대신(臺臣)이 대신이 말하지 않은 것을 허물하였는데, 신은 진실로 직책을
다하지 못한 책임을 면하기 어렵습니다. 대간의 말이 지극히 타당하니 누가
감히 다른 의견이 있겠습니까? 여러 신하들이 지금 모두 입시하였으니,
물어서 결정하는 것이 어떻겠습니까?”

판부사 조태채가 다음과 같이 말하였다.

“종사의 대계는 저위를 세우는 일보다 중요한 것이 없으므로 예로부터 인군(人
君)에게 만약 자손이 번창하는 경사35)가 없으면 아래에서 건저하기를 청하는
경우가 있었습니다. 송나라 인종(仁宗)36)은 두 황자(皇子)가 비록 어리고 춘추
가 많지 않았지만 간신(諫臣) 범진(范鎭)37)이 거듭 상소하여 청하고, 그 당시

---

35) 자손이 번창하는 경사 : 원문은 “螽斯之慶”이다. 《시경》〈주남(周南) 종사(螽斯)〉에 “수많
은 베짱이가 화목하게 모여들 듯, 그대의 자손 또한 번성하리라.[螽斯羽, 詵詵兮, 宜爾子孫振
振兮.]”하였다. 베짱이는 한 번에 99개의 알을 낳는다고 한다.

36) 인종(仁宗) : 1010-1063. 송나라 제4대 황제이다. 1022년 진종(眞宗)이 죽자 제위에 올랐지
만 장헌태후(章獻太后)가 수렴청정 했다. 명도(明道) 2년(1033) 친정(親政)을 시작했다.
중앙집권적 지배체제도 안정되고, 과거제도도 정비되어 한기(韓琦)·범중엄(范仲淹)·구
양수(歐陽修)·사마광(司馬光) 등의 명신(名臣)이 정치를 맡았고, 주돈이(周敦頤)·이정자
(二程子) 등의 유학자도 나와서 ‘경력(慶曆)의 치(治)’라는 북송의 최전성기를 맞았다.
그러나 곽(郭) 황후의 폐립을 둘러싸고 명신들 사이에 ‘경력의 당의(黨議)’가 발생하였고
관리와 군인의 부패, 기근 등으로 어려움이 있었으며, 대외적으로는 서하(西夏)의 침입과
요(遼)나라의 침공으로 굴욕적인 강화를 맺고, 요에 대한 세폐(歲幣)의 증액, 국방병력의
증대 등으로 말년에는 재정 곤란에 빠졌다.

37) 범진(范鎭) : 1008-1089. 송나라 정치인으로, 자는 경인(景仁), 시호 충문(忠文)이다. 범백
록(范百祿)의 숙부이자 범조우(范祖禹)의 종조부(從祖父)이다. 인종(仁宗) 보원(寶元) 원년
(1038) 진사제일(進士第一)로 급제하고, 지간원(知諫院)에 올랐다. 일찍이 인종에게 글을
올려 후사를 세울 것을 권했다가 간직(諫職)에서 파직되고, 집현전수찬(集賢殿修撰)으로
옮겼다. 영종(英宗)이 즉위하자 한림학사(翰林學士)에 오르고, 얼마 뒤 진주지주(陳州知州)
로 나갔다. 신종(神宗)이 서자 다시 한림학사가 되었다. 왕안석(王安石) 신법(新法)을
극력 반대하다가 치사(致仕)하였다. 학문은 육경을 근본으로 하여 노장과 불교를 배척하
였으며, 고악(古樂)을 정밀히 연구하였다. 저서에 《정언(正言)》《국조운대(國朝韻對)》

대신 문언박(文彦博)38) 등도 역시 힘써 정책(定策)39)하라고 청하였습니다.

성상의 춘추가 왕성한데 아직도 대를 이을 후사가 없으니 희망을 잃은 여러 사람들의 심정이 어떠하겠습니까? 대신(臺臣)의 말이 이미 나온 뒤이므로 한 시라도 지연시켜서는 안 됩니다. 국가의 대계를 깊게 생각하시어 빨리 처분을 내리신다면 어찌 국가 억만년의 무궁한 경사가 아니겠습니까?"

좌의정 이건명이 다음과 같이 말하였다.

"성상의 춘추가 한창이신데도 아직 자손이 번창하는 경사가 없어서 여러 신하들의 근심을 이루 다 말할 수 없고, 조종의 혼령이 또한 반드시 돌아보고 답답하게 여기실 것입니다.

자성께서 하교하기를, '날마다 국사를 염려하여 억지로 미음(米飮)을 든다.' 하셨으니, 비록 상중이라도 종사를 위해 깊이 염려하고 계신 것입니다. 대신(臺臣)의 말이 국가 대계를 위해 나왔는데, 심지어 대신이 아직도 저사를 세우는 것을 청하지 않았다고까지 말하였으니, 지극히 부끄럽고 두렵습니다. 어떻게 국록(國祿)만 축낸다40)는 책망을 면할 수 있겠습니까? 그 말이 나온 뒤에는 일각이라도 늦춰서는 안 되므로 주상께서 깊이 생각을 더해 빨리 대계를 정하십시오. ……"

여러 신하들이 모두 속히 저위를 정하라고 청하였으나 주상은 모두 답하지 않았다. 승지 조영복이 말하기를,

《범촉공집(范蜀公集)》 등이 있다.

38) 문언박(文彦博) : 1006~1097. 송나라 정치가로, 자는 관부(寬夫)이다. 인종대 참지정사(參知政事) 등을 거쳐 재상의 지위에 올랐다. 부필(富弼) 등과 함께 영종(英宗)의 옹립에 공을 세웠고, 신종(神宗) 때 왕안석의 신법에 반대했다가 쫓겨나기도 했다. 네 명의 황제를 섬기고 장상(將相)으로만 50년을 재임하면서 정계 원로로 활동하였다.

39) 정책(定策) : 정책(定冊)이라고도 한다. 옛날에 천자를 세운 다음, 사실을 간책(簡策)에 써서 종묘(宗廟)에 고하였는데, 이로 인해 대신들이 모의하여 천자를 세우는 것을 정책으로 일컫게 되었다. 《한서(漢書)》〈한왕신전(韓王信傳)〉에 "한증(韓增)이 대장군 곽광(霍光)과 함께 정책하여 선제(宣帝)를 천자로 세웠으므로 천호(千戶)를 더 봉해 주었다." 하였다.

40) 국록(國祿)만 축낸다 : 원문은 "尸素"이다. "시위소찬(尸位素餐)"의 준말로, 자격도 없이 벼슬자리를 차지하고서 국록만 축낸다는 뜻의 겸사이다.

"대신과 여러 신하들이 국가를 위한 대계를 거듭 진달하는데도 오랫동안 따르지 않으시니, 아래 사람들의 심정이 매우 답답해합니다. 이는 종사와 신민이 의지하는 일이니 빨리 따르겠다고 윤허하는 것이 어떻겠습니까?"

하니, 주상이 "의견을 따르겠다." 하였다. 대신과 여러 신하들이 모두 말하기를, "이는 실로 종사와 신민의 복입니다." 하였다.

영의정 김창집이 말하기를,

"대신의 상소 가운데 이른바 '조종조에 이미 행하신 영전이 있으니, 어찌 오늘날 마땅히 받들어 준행할 일이 아니겠습니까?' 한 것은 공정대왕(恭靖大王)41) 때의 일을 가리키는 것 같습니다. 성상께서는 위로 자성을 받들고 계시니, 자성의 뜻을 우러러 묻지 않을 수 없으며, 이 같은 대처분은 반드시 수필(手筆)을 받아서 보인 뒤에야 봉행할 수 있습니다. 신들은 마땅히 합문(閤門) 밖으로 물러나 삼가 처분을 기다리겠습니다."

하였다. 좌의정 이건명이 말하기를,

"이는 곧 매우 중요하고 큰일인데 어찌 자성에게 아뢰지 않을 수 있겠습니까? 비록 밤이 깊더라도 반드시 자성의 필적을 받은 뒤에 신들을 불러 내리신다면 이는 실로 국가의 끝없는 경사일 것입니다. 신들은 마땅히 물러나 기다리겠습니다."

하였다. 주상이 말하기를, "마땅히 아뢴 대로 하겠다." 하였다.

---

41) 공정대왕(恭靖大王) : 정종(定宗, 1398~1400)의 시호이다. 이름은 경(曔)이고, 초명은 방과(芳果), 자는 광원(光遠)이다. 태조의 둘째 아들이며, 어머니는 신의왕후 한씨(神懿王后韓氏)이다. 1398년 8월 정안군(靖安君) 방원(芳遠)이 주도한 제1차 왕자의 난이 성공하면서 세자 책봉문제가 제기되었다. 방과는 "당초부터 대의를 주창하고 개국해 오늘에 이르기까지의 업적은 모두 정안군의 공로인데 내가 어찌 세자가 될 수 있느냐?"고 하면서 완강하게 거절했으나 정안군이 양보해 세자가 되었다. 1개월 뒤 태조의 양위를 받아 왕위에 올랐다가 스스로 정안군을 세자로 책봉하고 그에게 양위한 뒤 상왕이 되어 천수를 누리다가 죽었다. 따라서 이것은 현직 국왕이 아우를 세자로 책봉한 선례가 되었다.

○ 여러 신하들이 물러나 합문 바깥에서 대기하였다. 새벽이 되자 민진원이 말하기를, "승전색(承傳色)⁴²)에게 청하여 다시 청대하는 것이 어떻습니까?" 하니 조태채가 말하기를, "독촉하는 듯하니 사체로 보아 감히 할 수 없습니다." 하였다. 민진원이 말하기를,

"이것이 얼마나 중대한 일인데, 어찌 평상시의 규례에 구애받을 수 있겠습니까?"

하니, 조영복이 말하기를, "이 말이 맞습니다." 하고, 여러 대신들이 모두 "그렇다." 하였다. 그리하여 구전(口傳)으로 아뢰기를,

"지금 이 처분은 질질 끌어서는 안 될 것 같은데, 밤이 이미 깊었으니, 삼가 자성께 우러러 아뢰셨을 것으로 생각됩니다. 또한 성후(聖候)가 편치 않으신 가운데 오랫동안 취침하지 못하면 일이 매우 편치 않을 것이니 속히 입대를 허락해 주십시오."

하였다.

○ 5경(五更, 오전 5시 전후한 시점)에 낙선당(樂善堂, 창경궁 소재)으로 입시(入侍)하라고 명하였다. 김창집이 말하기를, "자성께 아뢰었습니까?" 하니, 주상이 말하기를, "그렇다." 하였다.

이건명이 말하기를, "반드시 자전의 수찰을 받들어 본 뒤에야 받들어 거행할 수 있습니다." 하니, 주상이 책상 위에 있는 봉지(封紙)를 가리키면서 말하기를, "여기 있다." 하여, 김창집이 받아서 열어 보니 "연잉군(延礽君)⁴³)"이

---

42) 승전색(承傳色) : 내시부(內侍府)에 소속된 관직이다. 국왕의 전교(傳敎) 가운데에서 정사(政事)와 관련된 중요한 일들은 승정원에서 담당하고, 사사로운 일들은 이들 승전색이 맡았는데, 왕비의 전교는 전적으로 승전색이 수행하였다. 또한 왕의 전명(傳命)은 액정서(掖庭署)의 사알(司謁) 등이 맡기도 하였으나 왕비의 경우에는 금지하였다.

43) 연잉군(延礽君) : 1694~1776. 21대 국왕 영조(英祖, 1724~1776)를 가리킨다. 숙종의 생존한 세 아들[경종·영조·연령군(延齡君)] 중 둘째로, 어머니는 화경숙빈(和敬淑嬪) 최씨이다. 1699년(숙종25) 연잉군에 봉해졌다. 1721년 경종이 즉위하였지만 후사가 없자 김창집·이건명·이이명·조태채 등 노론 4대신이 세제 책봉을 촉구하니, 숙종 계비(繼妃) 인원왕후(仁

란 세 글자 및 언문하교가 있었다.

이건명이 읽은 언문하 교에서 말하기를,

"효종대왕의 혈맥과 선대왕의 골육은 다만 주상과 연잉군이 있을 뿐이다.[44] 어찌 다른 의론이 있겠는가? 내 뜻은 이와 같으니, 대신들에게 하교하는 것이 마땅하다."

하였다. 김창집이 말하기를, "종사에 무강한 복입니다." 하였다. 승지가 들어가 주상 앞에서 써서 전하기를, "연잉군 - 아무개 - 을 삼는다."고 미처 다 쓰지 못하였는데, 이건명이 말하기를,

"공정대왕이 등극하고 나서 태종(太宗) 대왕을 세자라고 칭하였는데, 고사(古事)에는 모두 '세제(世弟)'라고 칭하였습니다. 신들이 마땅히 두루 참고하여 아뢰어야 하니, 우선 먼저 '저사(儲嗣)'라고 쓰는 것이 마땅합니다."

하니 주상이 "알았다." 하였다.

승지가 말하기를,

"저사가 이미 정해졌으니, 거행해야 할 모든 의식의 절목에 대해서는 예조 당상을 패초하여 거행토록 하는 것이 어떻습니까?"

하니 주상이 "알았다." 하였다.

○ 21일, 빈청에서 아뢰기를,

"연잉군이 이미 저사로 정해졌으니 그대로 사실(私室)에 거처하는 것은

元王后)가 삼종혈맥(三宗血脈)을 내세워 마침내 책봉을 관철시켰다. 노론은 여기서 더 나아가 경종의 지병을 핑계로 세제의 대리청정을 요구하였다. 이에 유봉휘 등 소론이 임금에 대한 불충이라 하며 강하게 반발하였고, 결국 대리청정을 취소시켰다. 뒤이어서 김일경 등이 목호룡의 고변을 빌미로 임인년에 옥사를 일으켜 노론 4대신을 위시한 170여 명의 인사들을 처벌하였다. 이 사건에 연잉군의 처남 서덕수(徐德壽) 등이 연루되었고, 연잉군 자신도 공초(供招)에 오르내리며 혐의를 받았다. 그렇지만 김동필(金東弼)·조현명(趙顯命)·송인명(宋寅明)·박문수(朴文秀) 등의 보호를 받아 세제 지위를 유지할 수 있었고, 마침내 1724년 즉위하였다.

44) 효종대왕의 …… 뿐이다 : 삼종(三宗)의 혈맥을 가리킨다. 삼종은 효종·현종·숙종으로, 소현세자의 계통이 아닌 효종의 계통으로 이어지는 왕통을 말한다.

미안합니다. 빨리 대궐 안에 들어와 거처하라고 명하는 것이 어떻습니까?"

하니, 주상이 전교하기를, "윤허한다." 하였다.

○ 예조가 아뢰기를,

"연잉군이 이미 저사로 정해졌으니, 책례도감(冊禮都監)[45] 관원들을 해당 조에 차출하라고 명하여 즉시 전례를 상고하여 거행하게 하는 것이 어떻습니까?"

하니 주상이 전교하기를, "윤허한다." 하였다. 또 아뢰기를,

"입궐(入闕) 날짜를 가리게 하였는데, 오늘 일관(日官)이 가려 뽑기를 8월 24일과 9월 6일이 길(吉)하다고 합니다. 어느 날로 정해서 거행할까요?"

하니, 주상이 전교하기를, "9월 6일로 정하여 거행하라." 하였다.

○ 연잉군이 다음과 같이 상소하였다.

"삼가 신은 어리석고 불초하여 지금의 작위(爵位)만으로도 이미 분수에 넘쳐서 늘 부끄럽고 두려운 것이 못이나 골짜기에 떨어진 것 같았습니다. 그런데 천만뜻밖에도 갑자기 감히 받들어 감당할 수 없는 명령을 내리시니, 신은 이 명을 듣고 심담(心膽)이 모두 떨어져서 놀랍고 두려워 울면서 몸 둘 바를 모르겠습니다.

아! 비록 미관말직일지라도 그 재능과 분수를 헤아려서 감당하지 못할 것이 있으면 오히려 일을 망치고 죄를 지을까 두려워하는데, 신은 어떤 사람이고 이것은 어떤 지위입니까? 해마다 흉년이 들어 근심과 걱정이 눈에 가득하니 더욱 신이 받들어 감당할 수 없습니다.

신의 성정(性情)은 본래부터 허술하고 어설퍼서 오직 자신의 분수를 지키면서 성명(聖明)의 세상에서 편안하게 살기로 일찍이 마음속으로 다짐하였습니다. 이러한 신의 진실된 마음은 비단 천지 귀신에게도 입증할 수 있을 뿐만

---

45) 책례도감(冊禮都監) : 왕비·왕세자·왕세자빈·왕세제·왕세제빈·왕세손·왕세손빈 등 왕 실 사람들의 책봉 의례를 주관한 임시 관청이다.

아니라, 선대왕의 오르내리시는 혼령도 또한 밝게 아시고, 성명이 위에 계신데 어떻게 속일 수 있겠습니까?

신은 명을 들은 이래로 두렵고 답답한 심정에 거적을 깔고 엎드려 울면서 오직 주상께서 뉘우치고 깨닫기만을 바라고 있습니다. 삼가 원컨대 성명께서 자성께 우러러 아뢰어 빨리 성명(成命)46)을 거두어서 불초한 저로 하여금 거듭 큰 죄에 빠지지 않게 해주십시오. ……"

주상이 답하기를,

"상소를 살펴보고 소상히 알았다. 미리 저사를 세우는 것은 종사를 중히 여기기 때문이다. 아! 내가 변변치 못하여 이미 30세가 지났는데도 아직껏 대를 이을 후사가 없으며, 또 기이한 질병마저 생겼으니 국사를 근심하여 염려하면서도 무엇을 어찌해야 할지 모르겠다.

그래서 자성께 우러러 아뢰고 아래로 뭇 신하들의 심정을 따라서 저이(儲貳)의 막중한 자리를 맡기니 조심하고 공경하며47) 부지런히 힘써서 백성들의 큰 희망에 부응토록 하라."

하였다. 이어서 전교하기를, "승지를 보내어 내 말을 전하라." 하였다.

○ **22일**, 예조에서 다음과 같이 아뢰었다.

"윤서(倫序)로 말한다면 연잉군은 비록 아우이지만 지위로 말한다면 저사입니다. 조종조의 고사(故事)를 살펴보면 정종 대왕이 선위 받은 지 3년만에 태종 대왕48)을 책봉하여 세자로 삼았는데, 태종 또한 정종의 동생이었지만

---

46) 성명(成命) : 임금이 어떤 일을 결정하여 내리는 명령이다.
47) 조심하고 공경하며 : 원문은 "小心翼翼"이다. 《시경》〈대아(大雅) 대명(大明)〉에서 문왕의 덕을 칭송한 말이다.
48) 태종 대왕 : 1367~1422. 제3대 왕(1400~1418)이다. 이름은 방원(芳遠)이고, 자는 유덕(遺德)이다. 태조의 다섯째 아들로, 어머니는 신의왕후 한씨(神懿王后韓氏)이고, 비는 민제(閔霽)의 딸 원경왕후(元敬王后)이다. 1383년(우왕9) 문과에 급제하여, 조선이 개국되자 1392년(태조1) 8월에 정안군(靖安君)으로 책봉되었다. 1398년 제1차 왕자의 난을 일으켜 정도전과 세자 방석(芳碩) 등을 제거한 뒤 정치적 실권을 장악하였다. 1400년(정종2) 제2차

세자라고 칭하였습니다. 어쩌면 제왕가(帝王家)에서는 계서(繼序)를 중히 여기고 윤서는 도리어 가볍게 여겨 그렇게 한 것이겠습니까? 아니면 당시 태조가 바야흐로 상왕의 지위에 계셨으니 지존(至尊)에게 눌려서 그렇게 한 것이겠습니까?

옛날부터 역대 군주가 아우를 세워서 후사를 삼았을 때에는 모두 태제(太弟)로 봉한 일이 역사책에 실려 있으니 분명히 살펴볼 수 있습니다. 지금 이분의 명호(名號)도 세제로 정하면 명의(名義)나 예절에 모두 합당할 듯한데, 사체가 중대하니, 신의 조에서는 감히 멋대로 정할 수 없으므로 대신에게 의논하여 품처하게 하는 것이 어떻겠습니까?"

주상이 전교하기를, "윤허한다." 하였다.

영의정과 좌의정이 논의하여 다음과 같이 말하였다.

"역대 제왕이 후사가 없으면 친동생을 저위로 세우고 늘 태제로 책봉했던 것은 분명히 살펴볼 수 있습니다. 우리나라에서는 정종이 등극하신 뒤에 태종을 세자로 책봉하였으니, 삼가 생각건대 태종 대왕이 정도전(鄭道傳)[49]의 역란(逆亂)을 평정한 뒤에 태조가 책봉하여 세자로 삼았는데, 태종이 겸양의 덕으로 정종께 지위를 미루었습니다. 그러므로 정종이 비록 보위에 등극하였지만, 태종에 대한 세자 호칭은 그대로 두고 바꾸지 않았습니다.

게다가 태조가 당시 상왕(上王)의 지위에 계셨으니, 세자라는 호칭이 조금도 방해가 되지 않았지만, 오늘날의 사세는 정종 때와는 차이가 있습니다. 선정신(先正臣) 이언적(李彦迪)[50]은 인종(仁宗)[51]에게 병환이 생겼을 때 명종(明宗)[52]이

왕자의 난을 진압한 뒤 세자로 책봉되어 그해 11월 정종의 양위를 받아 등극하였다. 정종의 뒤를 이어 중앙집권체제를 확립하고 문물제도를 정비하여 세종대 발전의 토대를 닦았다. 1418년에 세종에게 양위하고 상왕이 되었다가 1422년 서거하였다. 묘호(廟號)는 태종이고, 능호는 헌릉(獻陵)으로 서울특별시 서초구 내곡동에 있다.

49) 정도전(鄭道傳) : 1342~1398. 본관은 봉화(奉化), 자는 종지(宗之), 호는 삼봉(三峰)이다. 이성계와 함께 정몽주 등을 제거하고 조선 왕조 개창에 성공하여 1등 공신이 되었다. 그런데 요동 정벌 문제 등으로 이방원 등과 갈등하다가 숙청되었다.

50) 이언적(李彦迪) : 1491~1553. 본관은 여주(驪州), 자는 복고(復古), 호는 회재(晦齋)·자계옹

대군이 되었는데, 세제로 책봉하여 국본(國本)을 정하자고 의논한 적이 있었습
니다. 선현의 정론(定論)이 이미 이와 같으니, 지금 연잉군의 위호는 세제로
정하는 것이 합당할 듯합니다."

주상이 전교하기를, "의논한 대로 시행하라." 하였다.

○ 부사직 유봉휘(柳鳳輝)53)가 다음과 같이 상소하였다. - 21일에 올렸다. -

"삼가 신이 듣건대 정언 이정소가 상소하여 저사를 세우라고 청하자 성상이

(紫溪翁)이다. 1545년 명종이 즉위하여 을사사화(乙巳士禍)가 일어났을 때 선비들을
심문하는 추관(推官)에 임명되었으나 스스로 관직에서 물러났다. 1547년(명종2) 양재역
벽서사건(良才驛壁書事件)에 연루되어 강계로 유배되었고, 그곳에서 많은 저술을 남긴
후 세상을 떠났다. 조선성리학의 정립에 선구적 역할을 하였으며, 주자(朱子)의 주리론(主
理論)을 정통으로 확립하여 이황(李滉)에게 전해주었다.

51) 인종(仁宗) : 1515~1545. 조선 제12대 왕(1544~1545)이다. 본관은 전주(全州), 이름은 호(岵),
자는 천윤(天胤)이다. 중종의 맏아들로 어머니는 영돈녕부사 윤여필(尹汝弼)의 딸 장경왕
후(章敬王后)이다. 1520년(중종15) 세자로 책봉되어 25년 간 세자의 자리에 있다가 1544년
즉위하였다. 1545년(인종1) 병환이 위독해지자 경원대군(慶源大君, 명종)에게 왕위를
물려주었다. 능호는 효릉(孝陵)으로 경기도 고양시 덕양구 원당동에 있다.

52) 명종(明宗) : 1534~1567. 조선 제13대 왕(1545~1567)이다. 이름은 이환(李峘), 자는 대양(對
陽)이다. 중종의 둘째 아들로 인종의 아우이고, 어머니는 영돈녕부사 윤지임(尹之任)의
딸 문정왕후(文定王后)이다. 비는 인순왕후(仁順王后)로 청릉부원군(靑陵府院君) 심강(沈
鋼)의 딸이다. 중종은 제1계비 장경왕후 윤씨에서 인종을 낳고, 제2계비인 문정왕후
윤씨에서 명종을 낳았다. 중종이 죽고 인종이 즉위했으나 재위 8개월 만에 죽자, 당시에
12세였던 명종이 즉위하였다. 어린 나이로 임금이 되었으므로 어머니인 문정왕후가
수렴청정하였다. 이에 문정왕후의 동생인 윤원형(尹元衡)이 득세하여 1545년(명종 즉위)
을사사화를 일으켰다. 이어서 1547년에는 또다시 양재역 벽서사건(良才驛壁書事件)을
계기로 사림파를 모두 숙청하였다. 34세의 젊은 나이로 후사 없이 죽었다. 능호는
강릉(康陵)으로 서울 노원구 공릉동에 있다.

53) 유봉휘(柳鳳輝) : 1659~1727. 본관은 문화(文化), 자는 계창(季昌), 호는 만암(晩菴)이다.
영의정 유상운(柳尙運)의 아들이다. 1684년(숙종10) 진사가 되고, 1699년 식년문과에
급제하여 청요직을 두루 지냈다. 1721년(경종1) 노론이 세제(世弟, 영조) 책봉을 주장하자
이를 반대하였다. 이어 세제의 대리청정이 실현되자 소론의 대표로서 대리청정의
부당함을 간언하여 이를 철회시키고 노론을 실각시켰다. 영조가 즉위한 뒤인 1725년
탕평책으로 노론·소론의 연립정권이 수립될 때 우의정에 올랐다. 이어 소론 4대신의
한 사람으로 좌의정에 제수되었으나 신임옥사(辛壬換局)를 일으킨 주동자라는 노론의
탄핵으로 함경북도 경흥(慶興)에 유배되어 그곳에서 세상을 떠났다.

대신과 의논하여 품처(稟處)하라는 비답을 내렸다고 합니다. 신은 이를 듣고
놀람과 두려움, 우려와 의혹을 이미 이루 다 말할 수 없었습니다.

　이튿날 아침, 처음에는 듣기를, 대신이 여러 재신(宰臣)과 함께 입대하여
빨리 대간의 말을 따르라고 청하였고, 이어서 자성의 수필 하교를 얻기를
청하고서, 물러나 합문 밖에 머물렀다가 밤이 깊은 뒤 또 이 일이 지연되는
것을 용납할 수 없다고 하면서 빨리 다시 부르라고 승지를 통해서 우러러
아뢰고, 다시 대면하게 되자 처분이 결정되기에 이르렀다고 하였습니다.

　나라를 위해 저사를 세우는 일이 얼마나 중대한 일입니까? 그런데 시임(時
任) 대신으로서 멀지 않은 강교(江郊)에 있던 조태구는 전혀 알지 못하였고,
원임 경재(原任卿宰) 가운데 처음 불러서 나가지 않은 사람도 또한 다시 부르지
도 않고서, 갑자기 급하게 서둘러서 조금도 국가의 체통을 생각하는 마음이
없으니, 신은 이것이 무슨 거조인지 알지 못하겠습니다.

　신은 대대로 국가의 은혜를 받아서 지위가 재상의 반열에 이르기까지
수십 년 동안 근밀(近密)의 자리에 출입하였습니다. 그런데 이러한 때를 당하여
어찌 감히 부월(鈇鉞)의 베임[54]을 두려워하여 입을 다물고 한마디도 말하지
않아서 우리 선왕과 전하를 저버릴 수 있겠습니까?

　전하가 중전을 재차 맞이한 지 지금 겨우 몇 년이 되었는데,[55] 일찍이
근심이 되는 증세를 치료한 적이 있었지만, 계속 상중에 계셨으므로 후사의
있고 없음은 아직 논할 수 없습니다. 그리고 전하의 나이가 지금 한창 젊으시고
중전의 나이도 이제 겨우 계년(笄年)[56]을 넘으셨으니 뒷날 자손이 번창할

---

54) 부월(鈇鉞)의 베임 : 부는 도끼, 월은 큰 도끼이다. 임금이 한 방면을 맡기는 사신·장군에
　　게 생살(生殺)의 권한을 맡기는 뜻으로 주는 것으로, 여기서는 부월로 주살(誅殺) 당함을
　　뜻한다.
55) 중전을 …… 되었는데 : 중전은 선의왕후(宣懿王后, 1705~1730) 어씨를 가리킨다. 본관은
　　함종(咸從)이고, 영돈녕부사 어유귀(魚有龜)의 딸이다. 1718년(숙종 44) 첫번째 세자빈(世
　　子嬪)인 단의왕후(端懿王后) 심씨(沈氏)가 죽자 그 해에 14세의 나이로 세자빈으로 책봉되
　　어 가례(嘉禮)를 올렸고, 1720년 경종이 즉위하자 왕비가 되었다.
56) 계년(笄年) : 여자가 처음 비녀를 꽂던 나이로서 보통 15세였다.

경사는 진실로 온 나라 신민들이 크게 바라고 있는 것입니다.

혹 어떤 자는 양궁(兩宮)에게 질환이 있어 아이를 낳아 기르는데 방해가 된다고 하는데, 그렇다면 보호하는 자리에 있는 자들이 마땅히 정성을 다해 치료 방법을 논의하는 일에 최선을 다하지 않을 수 없는데도 이에 대해 유념하는 자가 있다는 말을 듣지 못하였습니다. 그런데 바로 즉위하신 원년에 갑자기 이러한 거조가 있게 되었으니 이것이 어찌 된 까닭입니까?

전하가 즉위하고 나서 이제 겨우 일 년이 지나서 신민이 지금 바야흐로 눈을 씻고 바라보면서 새로운 교화를 기대하고 있는 이때, 대간의 상소에서 이른바 '국세가 위태롭고 인심은 흩어졌다.' 한 것은 무슨 근거로 이런 말을 하였는지 알지 못하겠습니다.

설령 그러한 말과 같은 일이 있었더라도 국정을 담당한 대신들이 마땅히 조정의 의사를 널리 물어서 조용하게 아뢰어 중앙과 지방으로 하여금 무슨 사연이 있고 무슨 이유 때문인지 분명히 알게 하여야 할 것입니다.

그런데 지금은 그렇게 하지 않고 처음에 이정소 같은 어리석고 무식한 자로 하여금 대충대충 상소로 청하게 하여 마치 시험해 보는57) 것처럼 하였습니다. 그런데 도리어 '품처하라.[稟處]'는 두 글자의 전교를 얻자 이에 경고(更鼓)58)가 밤이 이미 깊어진 것을 알린 뒤에 등대(登對)59)하여 힘껏 청하여 반드시 따르게 하고서야 그만두었으니, 이정소와 화응한 모습이 분명하여 숨길 수가 없게 되었습니다.

만약 이 일을 자성께 우러러 아뢰지 않을 수 없었다면 또한 마땅히 품정(稟定) 하겠다는 뜻을 전하에게 우러러 여쭙고 물러나 하교를 기다리는 것이 사체에 맞았을 것입니다. 그런데 이미 들어가 아뢸 것을 청하고 갑자기 승지를

---

57) 시험해 보는 : 원문은 "嘗試"이다. 짐짓 다른 일을 빌어서 이야기하여 상대방의 속마음을 떠보는 언설(言說)을 가리킨다.

58) 경고(更鼓) : 밤중에 시각을 알리기 위해 치는 북소리를 말한다.

59) 등대(登對) : 어전(御前)에서 임금을 직접 면대하여 아뢰다.

내보내라고 청하고서는 다시 청한 계사에서는 '지연시킬 수 없다.'고까지
말하여 마치 명령을 내려서 독촉하는 것과 같았으니, 이는 진실로 신하의
예의가 없다고 할 만합니다.

일찍이 전하가 탄생하셨을 때 인현왕후(仁顯王后)⁶⁰⁾는 오래도록 뒤를 이을
후사가 없었습니다. 그때에도 후사를 세우는 일이 급하지 않은 것은 아니었지
만 바로 앞자리에서 하순(下詢)하셨을 때 여러 신하들이 말하기를,

'우선 몇 년 기다려 보아 정궁(正宮)⁶¹⁾에게서 아들을 얻는 경사가 없는데
왕자의 나이가 장성하였다면 유사(有司)가 마땅히 후사를 세워야 한다고
청하기에 다른 겨를이 없을 것입니다.'

하였습니다. 당시의 신하로서 어찌 다른 뜻이 있었겠습니까? 대개 국본을
소중히 여기고 국체를 존중하였기 때문입니다.

신하가 군주를 섬기는 도리는 마땅히 이와 같아야 할 것인데도 지금은
너무 급하게 서둘러 마치 한 시각도 넘겨서는 안 되는 것처럼 하면서 한밤중에
엄려(嚴廬)⁶²⁾에서 한 번 청하고 두 번 청하여 막중하고 막대한 일을 끝내
하찮은 일로 만들어 버렸습니다. 이에 국체가 크게 가벼워져서 거의 모양을
갖추지 못하였고, 인심이 의심하고 수상히 여겨 오래 지나도 안정되지 않으니,
신은 참으로 어쩌다가 일이 이 지경에 이르렀는지를 알지 못하겠습니다.

신이 해를 넘겨 죽을병에 걸려서 비록 목숨이 붙어있다 할지라도 두 다리의
근육이 오그라들어 전혀 움직일 수가 없는데, 갑자기 조정의 비상한 거사를
듣게 되었습니다. 비록 이미 명령이 내려져서 다시 논의할 수 없지만 대신과
입대한 여러 신하들의 우롱하고 협박한 죄는 밝게 바로잡지 않을 수 없습니다.

---

60) 인현왕후(仁顯王后) : 1667~1701. 본관은 여흥(驪興), 아버지는 여양부원군(驪陽府院君)
   민유중(閔維重)이며, 어머니는 은진 송씨(恩津宋氏)로 송준길(宋浚吉)의 딸이다. 1681년
   (숙종7) 계비가 되었고 1689년 폐위되었다가 1694년 갑술환국으로 다시 복위되었다.
61) 정궁(正宮) : 황후나 왕비를 후궁에 상대하여 이르는 말이다. 왕비 혹은 정비의 위치에
   있는 사람을 뜻한다. 혹은 임금이 거처하는 건물을 뜻하기도 한다.
62) 엄려(嚴廬) : 상주(喪主)가 거처하는 여막이다.

그런데 전하의 조정에서 한 사람도 이것을 말하는 사람이 없으니, 이에 감히 월권(越權)의 혐의를 피하지 않고 죽음을 무릅쓰고 아뢰옵니다.

삼가 원컨대 성상께서는 명확히 판단을 내려 이제부터라도 모든 일을 반드시 전하의 의사대로 결단하고 거행해서 위복(威福)⁶³⁾의 권한을 아랫사람에게 넘겨주는 일이 없도록 하십시오. 그리고 대신 이하가 지은 죄를 바로잡아 온 나라 사람에게 사죄하고 조정을 엄숙하게 하신다면 이보다 다행한 일이 없을 것입니다."

○ 23일, 우승지 한중희(韓重熙)⁶⁴⁾가 청대하여 입시했을 때 시임·원임 대신과 여러 신하들을 패초하여 불러들일 일을 탑전(榻前)에서 하교하니, 대신들과 삼사의 관원들이 합문(閤門) 밖으로 왔다.

주상이 다음과 같이 전교하였다.

"아! 선대왕은 해와 달 같은 밝으심으로 나의 후사가 없음을 매우 염려하셨다. 오늘에 이르러서는 나의 병이 점점 더하여 아들을 얻을 희망이 없으니 삼가 무거운 부탁을 받들고 밤낮으로 근심하고 두려워하며 편안할 겨를 없이 온갖 생각을 다 하고 있었다.

며칠 전 대간의 상소는 종사를 위하여 국본을 정하려 한 것이니, 선대왕의 염려와 내가 근심하고 한탄하는 뜻에 바로 합치되었으므로 우러러 자전께 여쭈었더니, 이르시기를 '효종대왕의 혈맥과 선대왕의 골육은 단지 주상과 연잉군이 있을 뿐이다.' 하여, 여기서 벗어나지 않았다. 자성의 하교가 지극히

---

63) 위복(威福) : 벌(罰)과 상(賞)을 뜻한다. 원래는 군주만이 상벌을 행할 수 있는데, 후대에는 집권자가 마음대로 권력을 휘둘러 내치기도 하고 벼슬을 주기도 하는 것을 이른다. 《서경》〈홍범(洪範)〉에 "오직 군주만이 복을 짓고 오직 군주만이 위엄을 지을 수 있다.[惟辟作福, 惟辟作威.]"하였다.

64) 한중희(韓重熙) : 1661~1723. 본관은 청주(淸州), 자는 회지(晦之)이다. 1691년(숙종17) 사마시, 1702년(숙종27) 식년문과에 급제하여 강원감사 등을 역임하였다. 1722년(경종2) 김동필(金東弼)의 탄핵을 받고, 이후 신임옥사에 연루되어 파직을 당한 뒤 고향에 돌아가 죽었다.

간절하여 나도 모르게 눈물을 흘렸다.

아! 나에게 조금이라도 후사를 이을 가망이 있었다면 어찌 이러한 하교를 내렸겠는가? 이미 저사를 정하였으니 실로 종묘사직의 무궁한 복이고 또한 나의 큰 소망이었다. 그런데 유봉휘의 상소가 전혀 뜻밖에 나와 말이 미치광이 같고 망령되니, 이 자가 어떠한 사람이기에 어떻게 이러한 짓을 하는 것인가? 내버려 두어서는 안 되니, 경들은 논의하여 아뢰라."

○ 대신 - 영의정과 좌의정 - 과 삼사 - 대사헌 홍계적, 대사간 유숭(兪崇), 사간 신석(申晳), 장령 송도함(宋道涵), 정언 이성룡(李聖龍), 교리 신방 - 합사(合辭)65)하여 다음과 같이 아뢰었다.

"신들이 삼가 유봉휘의 상소를 보니, 감히 국가의 큰 계책을 하찮은 데로 귀결시키고 신들에 대해 거짓을 날조하여 망측한 곳으로 내몰았습니다. 신들은 놀랍고 두려워서 단지 머리를 숙이고 처벌을 기다리는데 겨를이 없을 뿐입니다. 그런데 지금 특별히 부르시니 구구하게 사사로운 의리는 돌아보기에 부족하므로 감히 서로를 이끌고 들어와서 처분을 기다렸습니다.

엎드려 성교를 받으니, 열 줄 윤음(綸音)이 나라의 근본을 염려하고 종사를 위하는 지극한 뜻에서 나오지 않은 것이 없습니다. 간절하고 절박한 것이 귀신을 울리기에 충분하여 신들이 머리를 모아 엄숙하게 칭송하니 자신도 모르게 눈물이 줄줄 흐릅니다.

아! 전하께서 후사(後嗣)를 근심하고 계신데, 이것은 단지 전하만 근심하는 일이 아닙니다. 지금 성지(聖旨)를 받아 보니, 선왕께서 깊이 염려하셨고, 자성도 하교하셨으므로, 오늘날 대간이 저사를 세우라고 청한 것이나 여러 신하들이 힘껏 협찬한 일도 또한 늦었다고 하겠습니다. 무슨 성급하게 서두른 잘못이 있다고 유봉휘의 말이 여기에 이른단 말입니까?

---

65) 합사(合辭) : 여러 관사(官司)나 또는 여러 관원이 합동하여 임금에게 상소할 때 사연을 합하여 하나의 상소로 하던 일이다.

더구나 그 '우롱하고 협박했다.'는 등의 말은 그 의도가 대체로 여러 신하들의 죄를 성토하여 일망타진하려는 계략에서 나온 것입니다. 진실로 이 말과 같다면 신들의 죄는 진실로 베어 죽이고도 남을 것이니, 존엄한 군주가 신하들에게 우롱당하고 협박받았다면 과연 어떠하겠습니까? 명위가 이미 정해져 신인이 의탁하게 되었는데, 만약 '우롱하고 협박하여 이 대계를 이루었다.' 한다면, 우리 춘궁(春宮) 저하의 마음이 장차 편안하겠습니까?

아! 성명(成命)이 한 번 내려지자 만백성이 목을 길게 빼며 바라보고, 온 나라의 생명을 지닌 무리들이 모두 기뻐서 경하하고 손뼉 치면서, 보력(寶曆)[66]이 무궁하게 이어지는 아름다움을 고대하였습니다. 그런데 저 유봉휘만은 대체 무슨 심정으로 유독 혼자만 놀라고 당황하고 근심하고 의심하면서 마음속에 불만을 품고 국본을 흔들어 보려는 뜻을 드러냈으니, 그의 무장부도(無將不道)[67]의 죄가 남김없이 탄로 났습니다.

만약 엄중하게 징토하지 않는다면 난신적자(亂臣賊子)가 반드시 꼬리를 물고 일어날 것이니, 청컨대 국청(鞫廳)을 설치하고 유봉휘를 엄중히 신문(訊問)하여 왕법을 바로잡으십시오."

주상이 답하기를, "아뢴 대로 하라." 하였다. 승정원에서 국청을 설치할 곳을 청하자, 주상이 전교하기를, "의금부에 설치하라." 하였다.

○ 대사간 유숭이 조최수를 삭출하고 서명균을 파직할 일에 대해 아뢰자 주상이 아뢴 대로 하라고 하였다. 이진검(李眞儉)을 멀리 귀양 보낼 것을 청하였으나, 윤허하지 않았다.

---

66) 보력(寶曆) : 천자가 반포하는 책력(冊曆)으로서, 전하여 임금의 지위를 뜻한다.

67) 무장부도(無將不道) : 임금이나 부모를 시해하려는 부도한 마음을 먹는 것을 말한다. 춘추시대 노나라 장공(莊公)의 아우인 숙아(叔牙)가 장공을 시해할 생각을 굳히자, 숙아의 아우인 계우(季友)가 숙아에게 독약을 먹고 자살하게 하였다. 이때 "임금과 어버이에게는 시역하려는 마음을 먹어서는 안 된다. 시역하려는 마음만 먹어도 복주한다.[君親無將, 將而誅焉.]"하였다. 《春秋公羊傳 莊公 32年》

○ **24일**, 사헌부가 다음과 같이 아뢰었다.

"일전에 성상의 하교에 따라 대신과 경재(卿宰)가 일제히 빈청에 모였다가 곧이어 입시하였습니다. 이는 실로 국가의 막대한 거조였으므로 직책이 재상의 반열에 있는 사람이 거만하게 집에 있어서는 안 되었는데 이조판서 최석항과 예조판서 송상기가 모두 패초를 어기고 나오지 않았습니다. 그 정세와 질병으로 인해 비록 억지로 나오기 어려웠다 하더라도 그 사체와 도리에 비추어 보건대 지극히 미안하므로 끝내 거론하지 않을 수 없으니, 청컨대 파직하십시오."

주상이 답하기를, "윤허하지 않는다." 하였다.

○ 비망기에 다음과 같이 말하였다.

"반복해서 생각해 보아도 국본이 이미 정한 뒤인데, 유봉휘가 망령되이 소장(疏章)을 올린 것은 매우 그릇된 일이므로 엄벌에 처해야 마땅하지만 국문은 정도에 지나치다. 참작하여 아주 먼 변방에 귀양 보내라."

○ 대신과 삼사가 청대하여 입시해서 다음과 같이 아뢰었다. - 집의 홍용조(洪龍祚), 장령 이완(李浣)[68]이 또한 참석하였다. 그 나머지는 위에 보인다. -

"신들이 삼가 비망기를 보니, 죄인 유봉휘를 아주 먼 변방에 귀양보내라는 명이 있었는데, 신들은 매우 놀라 의혹을 이길 수가 없었습니다. 어제 합계의 내용에 따라서 국청을 설치하자는 청을 즉시 윤허했으므로 신인의 분노를 조금이나마 풀 수 있게 되었으니, 그 올바른 처분을 누군들 공경하여 우러러 보지 않겠습니까?

그런데 국청이 열리기도 전에 갑자기 죄의 경중에 따라 처단하라고 명하셨

---

68) 이완(李浣) : 1668~? 본관은 한산(韓山), 자는 이승(而承)이다. 1693년(숙종19) 진사가 되고, 1702년 식년문과에 급제하여 1716년(숙종42) 지평, 1721년(경종1)과 1725년(영조1) 장령이 되었다.

는데, 삼가 생각건대 주상께서 그 간사한 정상과 간특한 작태를 충분히
살피지 못하였기 때문에 이와 같은 조처가 나온 것 같습니다. 신들은 청컨대
그 상소 가운에 흉언을 조목별로 아뢰어 보고자 합니다.

그 상소에 말하기를, '시험해 본다.' 하였는데, 이 말은 곧 사안에 의심스러운
점이 있어 굽어보고 우러러 봄을 이르는 말입니다. 지금 우리 전하께서는
형제간에 돈독히 사랑하는 정이 있는데, 어찌 의심하여 그 사이를 시험해
볼 일이 있다고 차마 이같이 부도한 말을 한단 말입니까?

또 말하기를, '너무 급하게 서둘러 막중한 거조를 끝내 하찮은 일로 만들었
다.' 하고, 또 말하기를, '국체가 크게 가벼워져서 거의 모양을 갖추지 못하였
다.' 하여, 반드시 자전의 간곡하고 간절한 뜻과 성상의 광명정대한 거조를
급히 서둘러서 하찮고 체통과 모양을 이루지 못한 결과로 몰아가려 하였습니
다. 이것은 국가의 성대한 덕을 드러내 보인 일에 대해서 감히 멋대로 무함하고
헐뜯는 말을 하여 종사의 막대한 경사에 아름답지 못한 이름을 더하고자
한 것이니, 인신이 되어서 어떻게 차마 이 같은 짓을 한단 말입니까?

그 상소에서 또 말하기를, '우롱하고 협박했다.' 하였는데, 이른바 '협박했
다.'는 말은 곧 행하려고 하지 않는 것을 강제로 시켰다는 말입니다. 그날
성상께서 자전께 아뢰어 받은 하교와 어제 비망기에서 깨달아 알도록 타이른
윤음에서 이미 우러러 성상의 대공지정(大公至正)한 뜻을 볼 수 있었습니다.
일찍부터 이미 종사를 위하고 국본을 근심하는 계책이 마련되어 있었는데,
지금 이 두 글자의 명목을 얽어내었으니 또 얼마나 흉악하고 참혹함이
심합니까?

이른바 '인심이 의심하고 수상히 여겨 오래되어도 안정이 되지 않았다.'
등과 같은 말은 더욱 헤아리기 어렵습니다. 지금 이제 국본이 일찍 정해지니,
왕업의 기틀이 영원히 굳건해져 온 나라의 생명을 지닌 무리들이 목을 길게
늘이고 기뻐하지 않는 사람이 없는데, 이른바 '의심하는 자'는 어떤 사람이고,
'수상히 여기는 자'는 어떤 사람입니까?

굳건하게 결속된 여러 사람들의 마음을 억지로 '의심하고 수상히 여긴다.' 하고, 크게 정해진 인심을 억지로 '안정되지 않았다.' 하였습니다. 만약 속으로 남몰래 화심(禍心)을 품고 국본을 동요시킬 계략이 아니라면 어떻게 이 같은 흉언을 말할 수 있단 말입니까?

저 유봉휘는 스스로 뜻을 잃고 나라를 원망하는 무리로서, 항상 화를 전가하여 죄를 얽으려는 뜻을 품고 있었으므로, 이처럼 나라에 커다란 경사가 있는 날에 홀로 남몰래 불만스러운 마음을 품고서 멋대로 패역(悖逆)한 말을 하여 왕장(王章)이 지극히 엄하다는 것을 유념하지 않았습니다.

그 정절을 논한다면 저절로 상헌(常憲)이 있는데, 귀양을 보낸 처벌은 지극히 잘못된 형벌이었으니, 국문하여 정법(正法)하는 것을 결단코 그만둘 수 없습니다. 청컨대 멀리 유배 보내라는 명을 거두시고, 앞선 하교에 의거하여 국청을 설치하고 국법을 바로잡으십시오."

주상이 아뢴 대로 하라고 하였다.

○ 우의정 조태구가 차자를 올려 대략 다음 같이 말하였다.

"삼가 신이 병들어 죽어가고 있는 와중에 삼가 사직 유봉휘의 상소로 인하여 국청이 설치되는 일이 일어난 것을 보았는데, 어떻게 이 같은 지경에 이르렀단 말입니까? 나라에 큰 경사가 있고 처분이 이미 정해진 뒤에 이러한 말을 올렸으니, 진실로 그릇되고 망령되다고 할 수 있으나 그 마음은 나라를 위하는 충정에서 나와서 결코 다른 속내는 없습니다.

고 상신(相臣) 이경여(李敬輿)[69]는 효종이 저사에 오르던 날 상경(常經)을

---

69) 이경여(李敬輿) : 1585~1657. 본관은 전주(全州), 자는 직부(直夫), 호는 백강(白江)·봉암(鳳巖)이다. 광해군대 검열을 거쳐 인조반정(1623) 직후 수찬에 올랐다. 이후 좌승지·전라도 관찰사 등을 거쳐 형조판서에 올랐다. 1642년 이계(李烓)의 밀고로 심양(瀋陽)에 억류되었다가 이듬해 세자와 함께 귀국해 우의정이 되었다. 1646년 소현세자 빈(昭顯世子嬪) 강씨를 사사(賜死)하는 것에 반대하다가 유배되었다. 효종이 즉위하자 풀려나와 영의정에 올랐다.

지켜야 한다는 논의를 힘써 주장하다가[70] 당시 비록 찬축(竄逐)[71]되었지만 효종이 즉위하시자 맨 먼저 등용하여 마침내 명상(名相)이 되었습니다. 무진년 (1688, 숙종14) 여러 신하들은 국가와 한 몸이 되어 충성을 다하지 않는 사람이 없었으니,[72] 어찌 한때 쟁론하였다 하여 국문을 당한 일이 일찍이 있었겠습니까? 오늘날 전하께 충성하는 자는 뒷날에도 반드시 저궁(儲宮)에게 충성을 다할 것입니다.

설령 그 말이 비록 심하게 망령될지라도 나라를 위해 충성을 다한 것인데, 갑자기 국문하여 다스리라고 명하면 어찌 성상께서 간언(諫言)을 용납하는 도리에 크게 손상됨이 있지 않겠습니까? 군주를 인도하여 진언한 사람을 박살(撲殺)하는 것은 아마도 성세(聖世)의 아름다운 일이 아닐 것입니다. 원컨 대 성명께서는 특별히 거듭 잘 생각하십시오.[73] ⋯⋯"

주상이 다음과 같이 답하였다.

"상소를 살펴보고 경의 간절함을 소상히 알았다. 지금 경의 차자를 살펴보니, 과연 국청을 설치하는 것이 지나친 일임을 알았다. 이러한 고례(古例)에 의거하여 대신에게 의논하여 품처하게 할 터이니, 경은 안심하고 염려하지 말라. 빨리 이선 분부에 따라 속히 올라와서 하례(賀禮)하는 반열에 참여하라."

– 승정원에서 녹사(錄事)[74]가 직접 바치면서 차자의 머리에 직명과 성명을 기록하지 않아서

---

70) 상경(常經)을 ⋯⋯ 주장하다가 : 이경여가 효종을 세자로 삼는 것에 반대하면서 내세운 논리는 원칙대로 경(經)을 지켜서 소현세자의 아들이 보위를 이어야 한다는 것이었는데, 인조는 '나라에는 장성한 임금이 있어야 한다.[國有長君論]'는 권도론(權道論)을 내세워서 차남인 효종을 후계자로 지명하였다.

71) 찬축(竄逐) : 죄인을 유배하는 형벌에 처하다.

72) 무진년 ⋯⋯ 없었으니 : 무진년은 소의(昭儀) 장씨가 경종을 낳은 해이다. 당시는 아직 기사환국이 일어나기 직전이었으므로 이때의 '여러 신하들'은 영의정 김수흥 이하 서인들을 지칭한다.

73) 거듭 잘 생각하십시오 : 원문은 "三思"이다. 《논어》〈공야장(公冶長)〉에 "계문자가 세 번 생각하고 행하였다. 공자께서 이를 들으시고 '두 번이면 된다.' 하였다.[季文子三思而後 行, 子聞之, 曰'再斯可矣'.]" 하였다.

74) 녹사(錄事) : 중앙·지방 관서의 행정실무를 맡은 서리와 경아전에 속한 상급 서리이다.

상규를 어겼다는 뜻을 입계(入啓)75)하였다. -

○ 왕세제가 네 번째 상소에서 다음과 같이 말하였다.

"삼가 신이 염치를 무릅쓰고 있기 어려운 정상을 남김없이 다 말씀드렸으니 성상의 인자함으로 반드시 측은하게 여겨 기꺼이 윤허하시리라 여겼습니다. 그런데 삼가 비답을 받아 보니 말뜻이 성대하여 또 신은 어쩔 줄 모르고 더욱 지극히 답답하고 민망한 것을 이기지 못하겠습니다.

신이 재주도 없으면서 외람되이 이 자리를 함부로 차지했으니 조만간 낭패를 당하리라는 것은 이미 스스로 헤아릴 수 있습니다. 그런데 지난번 유봉휘의 상소를 보니, 말이 지극히 위험하여 신은 모골이 송연하고 심담(心膽)이 떨어지는 듯하였는데, 이 또한 신이 무릅쓰고 있기 어려운 한 가지 단서입니다.

아! 비록 미관말직이더라도 이미 사람들의 말이 있으면 자신을 편안히 다스리는 도리로 보아 결코 그대로 버텨서는 안 됩니다. 하물며 저사의 지위는 참으로 나라의 중대한 근본이니, 언의(言議)가 준엄하게 일어난 것을 돌아보지 않고 엄중한 왕명을 두려워하여 염치없이 받들어 담당한다면, 신 한 몸의 수치는 참으로 애석할 것이 없지만 국가에는 어찌 되겠습니까?

천 번을 생각하고 만 번을 헤아려도 단연코 왕명을 받들 형세가 아니므로 위태롭고 괴로운 정상을 진달하지 않을 수 없습니다만, 닷새 동안 네 번이나 글을 올려 성상을 번거롭게 하였으니 신의 죄는 만 번 죽어도 오히려 가볍습니다.

삼가 바라건대 성명께서는 위로 종사의 중대함을 생각하고 아래로는 신의 위태로운 실정을 살펴 호위하는 자들을 속히 혁파하여 돌려보내라 명하고 이어서 내리신 명을 거두어주십시오. ……"

주상이 다음과 같이 답하였다.

---

75) 입계(入啓) : 임금에게 상주(上奏)하는 글을 올리거나 또는 직접 아뢰는 일이다.

"국가의 막중한 큰일이 이미 완전히 정해졌고, 유봉휘의 죄상이 밝혀졌으니, 미치고 망령된 말을 마음에 둘 것이 뭐가 있겠는가? 이 같은 시대에 이러한 사람이 어느 시대엔들 없었겠는가? 조금도 불안해할 단서가 없다. 위로 종사를 염두에 두고, 아래로 나라 사람들의 소망에 부응하여 다시는 사양하지 말고 속히 상소를 그쳐 내 마음을 편안하게 하라. 호위하는 자들 또한 의례대로 하라."

○ 좌의정 이건명이 차자를 올려 다음과 같이 말하였다.

"삼가 우의정 조태구의 차자를 보았는데, 유봉휘의 상소는 충적(忠赤)에서 나왔다고 장려하고 인정하면서 신들은 말하는 사람을 박살내려는 자로 몰아붙이니 이미 위태롭고 두려움을 견딜 수가 없습니다. 게다가 그가 신의 선조 고사(故事)를 인용하였으니 더욱 마음이 아픕니다. 이에 감히 규례에 따라 헌의(獻議)하지 못하고 대략이나마 절박한 사사로운 정성을 아뢰어 성명께서 헤아려 살펴 주시기를 바랍니다.

신의 조부 문정공(文貞公) 신 이경여가 을유년(1645, 인조23) 세자를 세우는 때를 당하여 인조(仁祖)가 대신(大臣)과 재신(宰臣)들을 불러 하교하시기를

'세자가 죽고 원손(元孫)은 어리니, 내가 장차 장성한 사람을 가려 세우고자 한다. 그대들의 뜻은 어떠한가?'

하였습니다. 이는 당시 원손이 어리고, 효종(孝宗)은 차적(次嫡)으로서 대군(大君)의 신분이었기 때문입니다. 신의 조부는 바로 원칙을 지켜야 한다는 설(說)을 아뢰었다가 천의(天意)를 거슬러, 이듬해 병술년(1646, 인조24)에 멀리 유배되는 죄를 받기에 이르렀습니다. 효종이 등극한 뒤에 가장 먼저 등용된 것은 인조의 유교(遺敎)를 따른 것이었으니, 그때 일의 전말은 국사(國史)에 실려 있어 사람들이 환하게 보고 들을 수 있습니다.

지금 전하께서 오래도록 후사가 없어서 선대왕께서 지극히 염려하셨고, 우리 자성이 손수 간곡하게 쓰신 것은 진실로 신인의 바람에 부합한 것입니다.

그런데 유봉휘 또한 한 신하인데, 유독 어떤 마음이길래 마침내 성명(成命)이 이미 내려져 명위(名位)가 크게 정해진 뒤에 멋대로 '거조를 너무 급하게 했다.'거나 '인심이 의혹한다.' 하는 말을 함부로 상소문에 써서 온 세상을 미혹시키고 국본을 동요시키는 계책으로 삼는단 말입니까?

이는 실로 고금 천하에 듣지 못했던 일이니, 을유년에 하문하셨을 때의 일과 어찌 털끝만큼이라도 비슷한 점이 있겠습니까? 그런데도 대신이 이에 근거하여 비유하였으니, 이는 그를 구원하고 보호하는 데 급급하여 그 사실을 상고할 겨를이 없어서 그런 것이 아니겠습니까?

아! 대신이 인용한 '원칙을 지켜야 한다.'는 말은 또 어쩌면 그리도 어그러짐이 심합니까? 당시에는 이미 원손이 있었으니 당초 쟁집(爭執)한 일이 바로 원칙을 지키는 것이 됩니다. 그렇지만 지금은 오직 이 처분밖에는 달리 권(權)과 경(經)을 논할 만한 점이 없습니다. 임금에게 아뢰는 말은 결코 이와 같이 기만해서는 안 되니 신은 매우 애통하게 여깁니다.

국가의 대사는 지극히 엄중합니다. 저위(儲位)가 정해지기 전에 신하들이 각자 소회를 아뢰는 것은 의리상 마땅하지만 이미 정해진 뒤에는 명분이 분명하니, 만약 몰래 두 마음을 품은 자가 아니라면 어찌 감히 그 사이에 다른 논의를 용납할 수 있겠습니까? 그런데 지금 대신은 그것을 충적이라고 하니 이것이 어찌 보통 사람의 정서로 할 수 있는 말이겠습니까? ……"

주상이 다음과 같이 답하였다.

"우의정이 끌어다 댄 고사는 비록 착각한 점이 있지만 실로 속인 것은 아니니 깊이 혐의할 필요는 없다. 경은 안심하고 사정을 헤아려 양해하라."

○ 25일, 삼사가 합계하여 다음과 같이 말하였다.

"나라의 근본이 크게 정해져서 신인이 다들 기뻐하니, 스스로 유봉휘와 동일하게 역적의 간담을 지닌 자가 아니라면 누가 감히 이미 확정된 대책(大策)에 다른 의견을 내겠으며, 누가 차마 막대한 나라의 경사에 다른 뜻을 품겠습니까?

그런데 우의정 조태구는 목욕청토(沐浴請討)[76]의 의리는 생각하지 않고, 감히 사당(私黨)을 비호할 계책을 품어, 한 장의 차자를 올렸는데 그 의도를 헤아릴 수 없었습니다. 그는 을유년(1645, 인조23)과 무진년(1688, 숙종14)의 일[77]을 속여서 인용하여 성상의 총명을 기망하고 흉악한 역적을 두둔하였습니다. 아! 통분함을 이길 수 있겠습니까?

을유년의 일은 성조(聖祖)가 하문하신 일이 실로 저위를 세우기 전에 있었고, 대신이 진달한 일 또한 명호가 정해지기 전에 있었으니, 이번에 여기에 끌어댄 것은 단지 당시의 대신을 무함하는 것일 뿐 아니라 또한 성조를 무함하는 일입니다. 무진년의 일 또한 오늘날의 일과 서로 전혀 가깝지 않은데 당시의 일을 반드시 일부러 오늘에 제기하여 말한 것은 그 마음을 둔 곳을 더욱 차마 똑바로 볼 수 없습니다. 아! 통분을 이길 수 있겠습니까?

대개 그가 끌어들여 비유한 크고 작은 일들은 오로지 현혹하고 어지럽힐 계교에서 나왔습니다. 심지어 '나라를 위한 정성'이니, '나라를 위해 충성을 다했다.'라고 말한 것은 흉적을 부추겨 칭찬하기를, 마치 충성스러운 말과 강직한 의론을 낸 자인 것처럼 하였으니, 이는 역적을 비호하는 짓일 뿐만이 아닙니다. 인심이 타락하고 의리가 어두워져 막힌 것이 어찌 이토록 극도에 이르렀단 말입니까?

오늘날 국가의 막대한 거조에 무엇이 저사를 세우는 일보다 급한 것이 있겠습니까? 그런데 국본을 흔드는 역적을 두고 도리어 전하께 충성을 하는 자라고 하였으니, 어찌 국본을 흔들면서 유독 전하께 충성하는 자가 있겠습니

76) 목욕청토(沐浴請討) : 춘추시대 제(齊)나라 진항(陳恒)이 그 임금인 간공(簡公)을 시해(弒害)하니, 공자(孔子)가 목욕하고 노나라 애공(哀公)에게 조회하여 진항을 토주(討誅)할 것을 청하였다. 곧 악을 고발하여 시비를 가리는 정신을 견주어 말한 것이다. 《論語 憲問》
77) 을유년(1645, 인조23)과 무진년(1688, 숙종14)의 일 : 을유년은 인조가 효종을 세자로 삼은 해이고, 무진년은 경종이 태어난 해이다.

까? 대개 조태구가 지난번에 말한 '혐의를 무릅쓴다[冒嫌].'는 두 글자는 이미
지극히 비상(非常)하였는데,[78] 지금 또 흉악한 역적을 구해 주려고 하면서
스스로 그 간담이 다 드러난 것을 깨닫지 못하였습니다.

지금처럼 민심이 위태롭고 의심하여 징토가 한창 엄중한 날에 무릇 앞장서
서 난적을 비호해 주는 자는 그 죄를 분명히 밝혀 처벌하지 않을 수 없습니다.
청컨대 우의정 조태구를 우선 관작을 삭탈하고 문외출송(門外出送)[79]하십시
오." - 사간 신석이 혐의가 있어서 합계에 참여하지 않고 피혐하여 체직되었다. 조태구는
신석의 고모부였기 때문이다. -

○ 양사에서 합계하여 다음과 같이 말하였다.

"지난번 빈청에서 모두 모인 것은 곧 국가의 막대한 일 때문이었습니다.
그런데 판부사 김우항이 몸에 병이 있다고 하면서 끝내 소명(召命)에 응하지
않은 것은 일의 체모로 따져볼 때 이미 매우 옳지 않았습니다. 또한 그
상소의 말이 나라에 큰 경사가 있는 뒤에 있었는데, 간절히 기뻐하며 송축하는
뜻이 문자에서 드러난 것이 전혀 없었으니, 분의(分義)와 도리로 보아 어찌
이와 같은 것을 용납할 수 있겠습니까? 청컨대 김우항을 파직하십시오."

주상이 답하기를, "윤허하지 않는다." 하였다. - 연이어 아뢰었지만 윤허하지
않았으므로, 9월 6일에 이르러 정계(停啓)[80]하였다. -

○ 사헌부가 아뢰어 이조판서 최석항과 예조판서 송상기를 파직하라고
청하였다. - 패초를 어겼기 때문이었다. 29일에 그쳤다. -

---

78) 조태구가 …… 비상(非常)하였는데 : 1720년 숙종 상사(喪事)에 조문(弔問)온 청나라 사신
　　이 세자의 아우 및 조카들까지 만나볼 것을 요구한 것은 실례(失禮)이며, 종실이 이에
　　응하면 군주가 되려 한다는 '혐의를 무릅쓴다.'는 일이라고 조태구가 상소하여 비판한
　　일을 가리킨다. 본서 앞의 권1에 보인다.
79) 문외출송(門外出送) : 죄인의 벼슬과 품계를 빼앗고, 한양 밖으로 추방하던 형벌이다.
80) 정계(停啓) : 대간(臺諫)이 한동안 계속하여 오던 논계(論啓)를 그만두는 것이다.

○ 26일, 의금부에서 다음과 같이 아뢰었다.

"조태구 차자로 인하여 대신에게 논의하게 하였는데, 영의정 김창집이 말하기를,

'유봉휘가 국본을 동요시킨 것은 그 죄가 악역에 관계되니 징토하는 형전을 엄하게 적용하지 않을 수 없는 정상은 이미 합문의 논계(論啓)81)에서 다 말하였고, 경연 석상에서 아뢰어 청하였으므로, 우리 성명께서 신들이 목욕청토 하려는 의리를 굽어 통촉해주시기를 바랐습니다. 그런데 지금 우의정의 차자로 인하여 대신에게 논의하여 품처하라는 명이 나오니, 신은 이에 대해 참으로 몹시 놀랍고 의아스러움을 이길 수 없습니다. 차자 중에 혹 이르기를,

「그 마음은 나라를 위하는 충정에서 나와서 결코 다른 속내는 없습니다.」

하고, 혹 이르기를,

「나라를 위해 충성을 다한 것인데 갑자기 국문하여 다스리라고 명한 것은 간언(諫言)을 용납하는 도리에 손상이 있습니다.」

하고, 혹 이르기를,

「군주를 인도하여 진언(進言)한 사람을 박살(撲殺)하는 것이 어찌 성조의 아름다운 일이겠습니까?」

하였습니다. 신은 알지 못하겠습니다만, 나라를 위한다는 것이 무슨 말입니까? 전하의 저위(儲位)를 뒤흔든 자를 충성한다고 할 수 있겠습니까? 신들은 유봉휘를 흉역으로 지목하여 반드시 그 부도함을 징토하려고 하는데, 대신은 유봉휘더러 충정이라 하고 딴 마음이 없다고 칭찬하여 치켜세웠습니다. 피차의 의견이 같지 않은 것이 하늘과 땅처럼 차이가 날 뿐만이 아닌데, 대신의 이런 말들은 실로 상정(常情)을 벗어난 것입니다.

또 그가 을유년과 무진년의 일을 인용하여 억지로 오늘의 일에 대해 날조하여 말하고자 하였지만, 이 또한 함께 비교할 수 없는 점이 있습니다. 당시 여러 신하들이 아뢴 것은 모두 순문(詢問)하실 때에 있었는데, 국본이 아직

81) 논계(論啓) : 대간에서 신하가 임금에게 신하들의 잘못을 논박하여 보고하다.

정해지기 전의 일이었습니다.

지금은 명호가 크게 정해져 귀신과 사람이 의지하고 있는데, 진실로 떳떳한 본연의 마음이 있다면 누가 감히 그 사이에 화란의 싹을 트게 할 수 있겠습니까? 그런데도 저 유봉휘라는 자가 감히 흉패한 말로 저지하여 망치려는 계략을 부리니 그 마음 씀씀이가 매우 절통합니다.

국청을 설치하여 엄히 국문하는 것은 바로 흉역을 다스리려는 것인데, 이 또한 진언한 자를 박살한다는 죄과에 몰아넣으려고 하니 그것이 사체와 의리에 비추어 볼 때 과연 어떠합니까? 신들은 단지 역적을 징토하는 의리만을 알뿐입니다. ……'

하였습니다."

- 우의정 이건명은 차자를 올려 변무(辨誣)82)하였으므로 수의(收議)83)할 수 없었다. 판부사 김우항과 조태채는 병 때문에 수의하지 않았고, 판부사 이이명과 권상하(權尙夏)는 바깥에 있어서 수의할 수 없었다. -

주상이 다음과 같이 하교하였다.

"유봉휘의 말은 다만 미치광이처럼 망령될 뿐이다. 국문하지 않은 이유는 국문하다가 갑자기 죽으면 그 죄를 줄 수 없기 때문이다. 또한 동궁에게도 불안한 이유가 되니 먼 곳으로 귀양 보내어 인심을 안정시키는 것이 마땅하다. 이전 비망기에 의거하여 유봉휘를 멀리 유배 보내라."

- 승정원에서, 대신과 삼사가 엄하게 국문하여 처단하라고 합사(合辭)하여 한창 아뢰어 청하고 있으므로, 판부(判付)84)를 글로 써서 들일 수 없다는 뜻을 입계하였다. -

○ 예조에서 왕세제 책례(冊禮)85)를 거행할 길일(吉日)을 9월 26일 진시(辰時,

---

82) 변무(辨誣) : 사리를 따져서 옳고 그름을 가리고 억울함을 밝히는 것이다. 좌의정 이건명이 변무한 차자는 앞의 8월 24일자 기사에 보인다.
83) 수의(收議) : 국가에 중대한 일이 있을 때, 임금이 대신(大臣)이나 유신(儒臣)의 의견을 물어서 모으는 일이다.
84) 판부(判付) : 상주(上奏)한 형사 사건에 대한 임금의 재가 사항을 가리킨다.

오전 8시 전후한 시점)로, 세자빈 책례는 같은 날 미시(未時, 오후 2시 전후한
시점)로 정하였다.

○ 합문 바깥에서 삼사가 다음과 같이 합계하였다.

"어제 삼가 빈청 합사에 대한 비답을 보니, '유봉휘를 논한 것이 지나치니
이전 비망기에 의거하여 거행하라.' 하교하여, 윗사람을 침범한 부도한 역적이
장차 이로부터 하늘과 땅 사이에서 살아갈 수 있게 되었습니다. 이로 인해
삼강은 사라지고 오륜은 땅에 떨어져서 장차 사람이 사람답지 못하고, 나라가
나라다울 수 없게 되었습니다. 신들의 정성이 천박하여 위태롭고 의심스러운
때에 천청을 되돌리기에 부족하고, 말은 미미하여 동요하는 와중에서 춘궁을
보호하기에 부족하니, 생각할수록 마음이 아파서 더 무슨 말을 하겠습니까?

지금 유봉휘의 상소 가운데 말이 춘궁을 핍박하고 그 죄가 왕법과 관련된
정황에 대해 바로 신인이 함께 분노하고 있는데도 전하께서는 '미치광이처럼
망령되다.'느니, '그릇되었다.'고만 하교하셨습니다. 이것으로 보아 정승 조태
구가 차자 가운데에 '그릇되었다.'고 한 것이나 '충성하는 마음'이라고 장려한
것은 또한 이것을 미리 헤아려서 감히 용납하고 보호하려는 계책에서 나온
것이었습니다.

저 임금을 배반하고 나라를 저버린 상신(相臣)은 굳이 말할 가치도 없지만
안타깝게도 전하께서는 사사롭게 구제하려는 그의 말에 속아 넘어가는 것을
면치 못하여 대신과 여러 신하들의 청에 대해서 이미 윤허한 일을 하루아침에
번복하였습니다.

아! 고금에 존재하지 않았던 흉역이 홀연히 경재의 반열에서 나타나 우리
춘궁께서 불안한 마음을 품게 하여 '모골이 모두 송연하고, 심담이 떨어지는
듯하다.'는 등의 말이 나오게까지 만들었으니, 전하께서 우리 춘궁을 사랑하는
마음이 있는데 어찌하여 이처럼 위축되고 불안한 심경을 살피지 못하여,

---

85) 책례(冊禮) : 세자나 세자빈을 책봉(冊封)하는 예식(禮式)이다.

위로하고 보호하는 방도를 생각하지 않는단 말입니까?

이 역적을 베어 죽이지 않으면 저위(儲位)는 편안할 수 없으므로, 저위가 편안해지려면 이 역적을 베어 죽이지 않을 수 없습니다. 청컨대 죄인 유봉휘를 빨리 국청을 설치하여 엄하게 국문하라고 명하여 왕법을 바로잡으십시오. 또 청컨대 조태구를 삭탈관작하고 문외출송 하십시오."

주상이 아울러 답하기를, "빨리 멈추고 번거롭게 하지 말라." 하였다. - 26일, 조태채의 계사와 김창집의 계사가 양사 합계와 같았다. -

○ 빈청에서 다음과 같이 아뢰었다.

"왕세제께서 흉언에 놀라고 두려워 저위를 사양하고 거절하는 상소를 올렸는데, 신들이 이 말을 들은 이래로 지극히 걱정되고 애통하기 그지없었습니다. 이에 여러 신료들을 불러 모아 거느리고 감히 역적을 토벌하라고 청하였지만 전하께서 한결같이 굳게 거절하고 깨끗이 반성하지 않으시니 신들은 우울하고 답답하여 성상의 뜻이 어디에 있는지 모르겠습니다.

아! 저위를 세우는 날 군신의 의리가 이미 정해졌는데도 신하가 되어서 감히 정호(定號)를 잘못이라고 하였습니다. 이것은 암암리에 마음속으로 동요시킬 계략을 품은 것이니, 천고 이래로 들어보지 못한 흉역입니다. 더욱이 저궁(儲宮)의 상소 가운데 심지어 '모골이 송연하고 심담이 떨어지는 듯하다.'는 말이 있었습니다. 우리 저궁으로 하여금 지위를 불안하게 만든 것이 이 지경에 이르렀는데도 유봉휘를 어찌 감히 조금이라도 하늘과 땅 사이에 살도록 용납하겠습니까? 신들 또한 어찌 차마 이 역적과 함께 같은 하늘 아래 살 수 있단 말입니까?

유봉휘로 하여금 목숨을 보존케 한다면 수많은 유봉휘가 반드시 장차 꼬리를 물고 일어날 것입니다. …… 이에 감히 서로를 이끌고 합사하여 역적을 징토하는 의리를 다시 아룁니다. 이는 실로 존망과 관계되니 청을 들어주지 않으시면 감히 물러가지 않겠습니다. ……"

주상이 답하기를, "빨리 멈추고 번거롭게 하지 말라." 하였다.

－ 빈청 회의 좌목(座目)은 다음과 같다. 김창집, 이건명, 민진원, 이홍술, 이만성, 이의현, 권상유(權尙游)86), 유집일(兪集一), 황일하(黃一夏)87), 허윤(許玧)88), 신익하(申翊夏)89), 이삼(李森)90), 윤각(尹慤)91), 이집(李㙫)92), 이병상(李秉常)93), 김재로(金在魯)94)이다. 27일 이집이

---

86) 권상유(權尙游) : 1656~1724. 본관은 안동, 자는 계문(季文)·유도(有道), 호는 구계(癯溪)이다. 권상하의 동생으로 송시열의 문하에서 수학하였다. 1694년(숙종20) 알성문과에 급제하여 청현직을 두루 거쳤다. 1703년(숙종29) 박세당의 《사변록(思辨錄)》을 비판하는 글을 지어 김창협의 칭찬을 받았다. 1709년 대사성을 거쳐 도승지가 되었다. 대사헌 정호가 윤증을 논핵한 일에 관련되어 면직되기도 했다. 그 뒤 이조판서 등을 역임하였는데, 1721년(경종1) 신축환국으로 탄핵을 받아 문외출송 되었다가 이듬해 풀려났다. 시호는 정헌(正獻)이다.

87) 황일하(黃一夏) : 1644~1726. 본관은 창원, 자는 자우(子羽)이다. 1696년(숙종22) 정시문과에 급제하여 청요직을 두루 거쳐 1717년 도승지가 되었고, 1722년(경종2) 한성좌윤을 거쳐 1725년(영조1) 공조판서·좌참찬 등을 역임하였다.

88) 허윤(許玧) : 1645~1729. 본관은 양천(陽川), 자는 윤옥(允玉), 호는 계주(桂洲)이다. 좌의정 허침(許琛)의 후손이다. 1672년(현종13) 생원과 진사 양시에 합격했으며, 1683년(숙종9) 증광문과에 장원으로 급제하여, 병조참판 등을 역임하였다. 경종 즉위 후 신임옥사로 쫓겨났다가 1725년(영조1) 예조판서가 되고, 지중추부사로 승진하였다. 시호는 양경(良景)이다.

89) 신익하(申翊夏) : 1677~1723. 본관은 평산(平山), 자는 숙보(叔輔)이다. 1712년(숙종38) 무과에 급제하여 황해도병마사를 거쳐 경종대 통제사 등을 역임하였다. 신임옥사 당시 공을 세워 부사공신(扶社功臣) 2등으로 훈록(勳錄)되었다.

90) 이삼(李森) : 1677~1735. 본관은 함평(咸平), 자는 원백(遠伯)이다. 윤증의 문하에서 공부하였다. 1705년(숙종31) 무과에 급제하여 평안도병마절도사 등을 지내고, 경종의 신임을 받아 총융사·어영대장 등을 역임하였다. 1727년(영조3) 훈련대장이 되어 이인좌의 난에서 공을 세워 함은군(咸恩君)에 봉해지고, 1729년 병조판서에 올랐다. 저서로 《관서절요(關西節要)》가 있다.

91) 윤각(尹慤) : 1665~1724. 본관은 함안(咸安), 자는 여성(汝誠)이다. 1699년(숙종25) 무과에 급제하여 선전관이 되고, 1711년 이이명의 천거로 금위중군(禁衛中軍)이 되어 공을 세웠다. 1720년(경종 즉위)에 병조참판에 전임되고, 이어 삼도수군통제사에 올랐다. 1721년 총융사 재직시 신축환국에 관련되어 유배되었다가 1724년 장살(杖殺)되었다.

92) 이집(李㙫) : 1664~1733. 본관은 덕수(德水), 자는 노천(老泉), 호는 취촌(醉村)이다. 이안눌(李安訥)의 증손, 한성판윤 이광하(李光夏)의 아들이며, 어머니는 영의정 심지원(沈之源)의 딸이다. 1684년(숙종10) 생원·진사시, 1697년 정시문과, 1707년 문과 중시에 모두 합격하여 청요직을 두루 거쳤다. 1710년 대사간으로서 최석정을 구원하였으며, 1721년(경종1) 예조참판으로서 조성복의 일을 비판하였지만, 1724년에는 이건명의 혈당이고

추가로 참석하였다. -

○ 빈청 대신 이하 정2품 이상이 청대하자 주상이 전교하기를, "청대하지 말고, 소회(所懷)를 써서 들이라." 하여, 아뢰기를,

"전하께서 매번 '지나치다.'며 신들의 논의를 배척하고, 신들의 청을 '번거롭게 하지 말라.'며 거절하셨습니다. 그런데 지금 또 대면하여 아뢰는 조금의 여지조차 허락하지 않으시는데, 전하는 과연 유봉휘를 조금이라도 용서할 수 있다고 생각하고 신들의 말이 조금이라고 지나친 점이 있다고 여기시는 것입니까? ……"

하니, 주상이 답하기를,

"유봉휘가 미치광이 같은 망령된 말을 하였으니 멀리 귀양 보내면 되지만, 국청을 설치하는 것은 지나친 일인데, 이와 같이 지연시킨다면 동궁의 마음이 편치 않을뿐더러 큰 경사가 있는 날을 맞이하는 것에 또한 방해가 되니,

---

민진원의 인척으로서 노론에 빌붙었다고 이광보(李匡輔)의 탄핵을 받았다. 1727년(영조 3) 예조판서가 되고, 1729년 우의정, 1730년 좌의정에 올라 영조 탕평책을 적극 협찬하였다. 시호는 충헌(忠憲)이다.

93) 이병상(李秉常) : 1676~1748. 본관은 한산(韓山), 자는 여오(汝五), 호는 삼산(三山)이다. 1705년(숙종31) 생원시에 합격하고, 1710년 춘당대문과에 급제하여 청요직을 두루 거쳤다. 1721년(경종1) 이조참판 등을 지냈으며 신축환국으로 파직되기도 하였다. 1725년(영조1) 대제학을 거쳐 지의금부사를 지냈으나 정미환국(1727)으로 파직되었다가 이듬해 한성부판윤으로 기용되었다. 1742년 공조판서·판돈녕부사에 이르러 기로소에 들어가 치사하고 봉조하(奉朝賀)를 받았다. 시호는 문청(文淸)이다.

94) 김재로(金在魯) : 1682~1759. 본관은 청풍, 자는 중례(仲禮), 호는 청사(淸沙)·허주자(虛舟子)이다. 우의정 김구(金構)의 아들이다. 1702년(숙종28) 진사시에 합격하고, 1710년 춘당대문과(春塘臺文科)에 급제하여 청요직을 두루 지냈다. 1716년 부수찬 재직시 유봉휘·정식(鄭栻)을 탄핵해 물러나게 하였다. 1720년 경종이 즉위하자 이조참의 등을 거쳐 개성유수를 지내다가 1722년 신임옥사로 파직되었다. 1724년 영조가 즉위하자 풀려나 이듬해 대사간에 기용되었다. 부제학 재직시 유봉휘·이광좌 등 5인을 죄주도록 청하고, 김일경의 무고 사실을 상소해 사형에 처하게 하였다. 신임옥사로 죽은 노론 4대신의 복관(復官)을 상소해 이를 달성시켰다. 그 뒤 우의정을 거쳐 1740년(영조16) 영의정에 올라 1758년 관직을 떠나기까지 네 차례에 걸쳐 10여 년간 영의정을 지냈다. 저서로는 《천의소감 언해(闡義昭鑑諺解)》와 《난여(爛餘)》가 있고, 시호는 충정(忠靖)이다.

실로 아름다운 일이 아니다. 경들의 청은 내가 실로 이해할 수 없으니, 빨리 멈추고 번거롭게 하지 말아서 저이(儲貳)의 마음을 편안하게 하라."
하였다.

○ 삼사가 합문 바깥에 나아가 청대하자, 주상이 전교하기를, "소회를 써서 들이라." 하여 소회를 다음과 같이 아뢰었다.

"신들은 천토가 행해지지 않고 흉적이 주벌(誅罰)을 면하는 것을 보고 감히 역적을 토벌하는 의리로써 우러러 토죄할 것을 아뢰어 청하였습니다. - 9월 10일, 내용을 다음과 같이 고쳐 말하였다. "청한 것이 오늘 벌써 며칠이나 지났는데 매번 의례적인 비답만 내리고, 천청(天聽)은 점점 아득해져서, 역적의 수괴가 하늘과 땅 사이에 살아 있게 하였으니, 삼강은 사라지고, 오륜은 추락하고 말았습니다. 이로 인해 장차 사람은 사람답지 못하고, 나라는 나라답지 못할 것이니, 아! 이 무슨 거조란 말입니까?" -

비지(批旨)를 받으니, '빨리 멈추고 번거롭게 하지 말라.'고까지 하교하셨으므로, 신들은 이에 지극히 답답하고 근심되고 탄식이 나오는 것을 이길 수 없어서 서로 이끌고 청대하였다가 소회를 써서 들이라는 명을 받기에 이르렀습니다. 이것은 거만한 음성과 얼굴빛으로 천리 밖에서 사람을 거부하는 것에 가깝지 않습니까? 지척에 천폐(天陛)를 두고도 억지로 들어갈 방법이 없으니 서로 돌아보며 근심하고 답답해하면서, 곧장 전문(殿門) 바깥에서 머리를 부수고 싶을 뿐입니다.

아! 춘저(春邸)의 역신(逆臣)은 곧 전하의 역신입니다. 알지 못하겠지만 전하께서는 어찌하여 한 사람의 역신을 돌아보며 애석하게 여기시는 것입니까? 춘저께서 이 때문에 인혐하면서 그 지위를 불안하게 여기기까지 하여 대신과 여러 신하들이 피를 토하듯이 징토하라고 청한 것이 또한 몇 차례나 되었는데, 국청을 설치하라는 명이 이미 내려졌다가 곧 중지되어 흉역 유봉휘가 아직도 하늘과 땅 사이에서 목숨을 부지하게 되었으니, - 이상은 모두 산삭되었다. 9월 10일에 내용을 고쳤다. - 이것이 무슨 거조란 말입니까?

이 일은 여러 말이 필요 없이 오직 유봉휘가 반역을 했는지 안 했는지에
있을 뿐입니다. 전하께서 시험 삼아 유봉휘의 마음먹은 것을 보시면 역(逆)입
니까? 역이 아닙니까? 국가의 매우 중요한 일에 대해 '국체가 너무 가벼워졌다.'
고 말하는 자가 역적이 아니면 무엇이겠습니까?

종사의 막대한 경사를 '급하게 서둘러서 경솔했다.'고 말하는 자가 역적이
아니면 무엇이겠습니까? 지금 나라에 큰 경사를 맞이하여 신민들이 기뻐하는
날에 홀로 '놀라고 두려워하고 우려하고 의혹한다.'고 한 자가 역적이 아니면
무엇이겠습니까?

그날 여러 신하들이 등대(登對)했을 때 만약 심장이 있는 사람이라면 오직
아뢰어 청하는데 힘이 부족할까 두려워하였을 것인데, 지금 '반드시 따르게
하고서야 그만두었다.'고 배척한 자가 역적이 아니면 무엇이겠습니까? 뭇
신하들이 우러러 처분을 청하자 성상이 들어가 아뢰어 자전의 하교를 받은
일은 사안이 중대하기 때문에 마땅히 지체할 수 없는 일이었는데, 지금
불미스러운 명목을 감히 말할 수 없는 지위에 계신 분에게 가한 사람이
역적이 아니면 무엇이겠습니까?

국본이 크게 정해져서 신인이 서로 기뻐하는데, 지금 '인심이 의혹되어
오랫동안 진정되지 않는다.'는 등의 말로 천청을 동요시키는 자가 역적이
아니면 무엇이겠습니까? 예전 역사를 두루 거론해 봐도 오늘날처럼 건저(建儲)
가 광명정대한 적이 없었는데 지금 '협박하였다.'고 지목한 자가 역적이
아니면 무엇이겠습니까?

신하된 자로서 여기에 하나라도 해당되면 하늘과 땅 사이에 용납될 수
없고 왕법으로 반드시 토벌해야 한다는 것은 명백합니다. 하물며 유봉휘의
배 속에 가득 차 있는95) 것은 역적의 마음이 아닌 것이 없고, 표현한 말과

95) 배 …… 있는 : 원문은 "撑腸拄腹"이다. 소식(蘇軾)의 시에 "문자 오천 권 집어삼켜 배
   속을 잔뜩 채울 필요 없이, 다만 대낮에 한잠 푹 자고 차 한 사발 늘 마시기만 바라노라[不用
   撑腸拄腹文字五千卷, 但願一甌常及睡足日高時.]"에서 인용한 것이다. 《蘇東坡詩集 卷8 試院煎
   茶》

의도가 모두 흉언에 해당됩니다. 속으로 불만을 품고서 국본을 동요시키려는 계략이라는 것이 깊이 살피지 않고도 밝게 드러나서 남은 것이 없습니다. 이와 같은데도 만약 엄히 징토하지 않는다면 사람이 어떻게 사람답게 될 수 있으며, 나라가 어떻게 나라답게 될 수 있겠습니까? ……"

주상이 답하기를,

"이미 빈청에 내린 비답에서 하유(下諭)하였으니, 빨리 멈추고 번거롭게 하지 말라."

하였다.

○ 빈청 대신과 2품 이상, 삼사가 합계하여 대략 말하기를,

"왕법이 오랫동안 지연되어 여론이 분하고 답답해하는 것이 날로 더욱 심해지고 있습니다. 전하께서 조종(祖宗)의 대를 잇는 일의 엄중함을 생각하고 자성(慈聖)께서 부탁하신 간곡한 뜻을 깊이 생각하신다면 비록 살리기를 좋아하는 덕을 베풀고 싶어도 할 수 없을 것입니다. ……"

하니, 주상이 답하기를,

"유봉휘의 일은 이미 앞뒤 비답에서 자세히 말하였으니, 번거롭게 유시할 필요가 없을 것이다. 국본이 이미 정해진 뒤 경 등이 논한 것은 매우 정도에 지나치니, 예전 비망기에 의거하여 거행토록 하라."

하였다.

○ 어제 청대했을 때 영의정이 다음과 같이 아뢰었다.

"문사낭청(問事郎廳)96)은 때맞춰 급하게 맡긴 직임이므로 비록 병에 걸렸다

---

96) 문사낭청(問事郎廳) : 중죄인을 임금이 직접 심문할 때에 기록과 낭독을 맡은 임시 벼슬이다. 문랑(問郎), 문사랑(問事郎), 문사관(問事官)이라고도 한다. 의금부가 설치된 1414년(태종14) 이후에 있었던 관직으로 정6품에서 종9품 가운데서 죄인을 취조할 때 임시로 임명하였다. 당시에는 형조, 한성부, 의금부 등에서 재판을 관장하였으나 긴급한 주요 사건은 나라의 큰 죄인을 신문하기 위해 왕명으로 설치한 임시 관청인 국청(鞫廳)을

고 하더라도 감히 사직한다고 해서 교체해서는 안 됩니다. 그런데 어제
윤순(尹淳)97)과 정석오(鄭錫五)98)가 병을 칭하고 굳게 사직하여 부득이 교체하
였는데, 청컨대 아울러 잡아다가 문초하여 죄를 정하십시오."
　주상이 그대로 윤허하였다.

　○ 생원 이혼(李混) 등이 상소하여 다음과 같이 말하였다.
　"삼가 군신의 인륜은 천지가 다하고 만고에 이를지라도 무너뜨려서는
안 되므로, 천하에서 국가를 다스리려는 자가 이에 대해 엄하게 제방을
마련해두지 않는다면 난신적자의 무리가 반드시 싹터 떼 지어 일어나서
금지해도 끊어 버릴 수 없을 것입니다. 그리하여 옛날 밝은 선왕들이 비록
사랑으로 기르는 인자함과 살리기 좋아하는 덕이 있더라도, 한 번이라도
분의와 기강을 범하는 자가 있다면 용서하지 않고 반드시 죽인 것은 어쩔
수 없었기 때문입니다.

　비롯해 정국(庭鞫)·성국(省鞫) 등에서 담당하였다. 문사낭청은 국청·정국·성국·의금부
　추국 등에 차출되어 위관(委官)과 의금부 당상, 형방승지의 지휘에 따라 죄인의 국문에
　참여해 문서를 작성하였다.
97) 윤순(尹淳) : 1680~1741. 본관은 해평(海平), 자는 중화(仲和), 호는 백하(白下)·학음(鶴陰)
　이다. 윤두수(尹斗壽)의 5대손이고, 지평 윤세희(尹世喜)의 아들이며, 윤유(尹游)의 아우이
　다. 정제두(鄭齊斗) 문인이며, 정제두의 아우 제태(齊泰)의 사위이다. 1712년(숙종38)
　진사시에 장원급제하고, 이듬해 증광문과에 합격하여 청요직에 진출하였다. 1723년(경
　종3) 응교로 사은사 서장관(書狀官)이 되어 청나라에 다녀왔다. 1727년(영조3) 이조참판으
　로 대제학을 겸임하고 이듬해 이인좌(李麟佐)의 난 때 감호제군사(監護諸軍使)가 되었으
　며, 1729년 공조판서가 되고 예조판서를 역임하였다. 1739년 경기도관찰사를 지냈으며,
　그 뒤 평안도관찰사로 관내를 순찰하던 중 벽동(碧潼)에서 순직(殉職)하였다.
98) 정석오(鄭錫五) : 1691~1748. 본관은 동래(東萊), 자는 유호(攸好)이다. 영의정 정태화(鄭太
　和)의 증손으로, 정재대(鄭載岱)의 손자이다. 1715년(숙종41) 식년문과에 급제하여 청요
　직을 두루 거쳤다. 1721년(경종1) 지평 재직시 김일경 등과 김창집 등 노론 4대신
　탄핵을 주도하였다. 영조가 즉위하자 삭출 당하였다가 정미환국(1727)으로 세자시강원
　사서로 기용되었다. 이후 대사헌 등을 거쳐 1746년 우의정을 거쳐 좌의정에 올랐다.
　1748년 영돈녕부사로서 동지 겸 사은사(冬至兼謝恩使)가 되어 효현황후(孝賢皇后) 시호
　올린 것을 진하하고 연공(年貢)을 진헌하기 위하여 청나라에 가던 중 병사하였다.
　시호는 정간(貞簡)이다.

무릇 저위(儲位)는 임금의 버금가는 자리요 국가의 근본이므로 신하들이 우러러 받드는 것이 임금과 다름이 없어야 합니다. 그러므로 만약 이에 대해 다른 마음을 품는다면 또한 용서하지 말고 반드시 죽여야 하는 이유는 바로 종사를 중히 여기고 계통을 이어받은 사람을 존중해야 하기 때문입니다.

아! 과거의 기록을 두루 살펴보면 난신적자가 어느 때인들 없었겠습니까? 군사를 일으켜 궁궐을 침범한 자도 있었고, 은밀히 모의하여 해를 끼치는 자도 있었습니다. 그렇지만 명호가 이미 정해져서 만백성이 잘되기를 바라고 기대하는 날, 마음속으로 악독함을 품고 상소문을 올려 현저하게 헐뜯기를 유봉휘처럼 한 자는 없었습니다. 신이 청컨대 그 상소에 대해서 조목조목 아뢰어 보겠습니다.

오늘날 이번 건저(建儲)는 실로 온 나라의 공공(共公)의 논의를 따른 것인데, 유봉휘만 유독 '놀람과 두려움, 우려와 의혹을 이미 이루다 말할 수 없었다.' 하였습니다. 신들은 알지 못합니다만, '놀라고 두려운' 것은 무슨 일이며, '우려하고 의혹'한 일은 무슨 일입니까? 이것은 이미 상정(常情)으로는 알 수 있는 일이 아닙니다. 처분이 크게 정해져서 억조창생이 기뻐하는데 유봉휘만 유독 '인심은 의혹되어 오래 지나도 안정되지 않는다.' 하였습니다. 신은 알지 못합니다만, 그 '의혹된' 것은 무슨 이유 때문이고, '안정되지 않은' 것은 어떤 사람입니까?

신들이 삼가 듣건대 그날 성상께서 손수 자전의 하교를 전하고 대신이 직접 받아서 펼쳐 읽었는데, 그 저위에 세워 저사로 삼은 분은 곧 효종의 증손이자 선왕의 아들이며, 성상의 아우이니, 예로부터 건저가 이와 같이 광명정대한 적은 없었습니다. 그런데 저 유봉휘는 도리어 '갑자기 급하게 서둘러서 모양을 이루지 못하였다.' 한 것은 또 무슨 일입니까?

예전에 한나라 문제(文帝)[99] 원년에 유사(有司)가 미리 태자를 세울 것을

---

99) 문제(文帝) : B.C.202~B.C.157. 전한(前漢)의 제5대 황제(B.C.180~B.C.157)이다. 이름 항(恒), 묘호는 태종(太宗)으로, 고조의 넷째아들이다. 민생안정과 국력배양에 힘을 기울였

청하였고, 우리나라에서는 인종(仁宗) 초에 선정신 이언적(李彦迪)이 가장
먼저 세제(世弟)를 세우자는 의론을 제기하였으니, 예로부터 국가의 건저는
조금도 늦출 수 없는 것이 이와 같았습니다.

그런데 유봉휘가 곧 말하기를, '즉위 원년에 갑자기 이러한 거조가 있게
되었으니 그 까닭이 무엇입니까?' 하였습니다. 범진(范鎭)이 열아홉 차례
상소를 올리느라 수염이 허옇게 되었고,100) 범종윤(范宗尹)101)이 조슬(造膝)102)
하여 힘껏 청해서 서둘러 큰 계책을 정하였습니다. 옛사람들이 건저에 대해
마음을 다하고 정성을 다한 것이 반드시 이와 같았습니다.

그런데 유봉휘는 곧 '등대(登對)하여 힘껏 청하여 반드시 따르게 하고서야
그만두었다.'는 것으로 여러 신하들의 죄안을 삼았는데, 이는 모두 마음속에
불만을 품고 있으면서도 감히 직접 배척하지 못하고, 자기주장대로 하려고
하였지만 할 수 없었기 때문입니다.

'비록 이미 명령이 내려져서 다시 논의할 수 없지만'이라고까지 말한 열

다. 문제가 죽고 그의 아들 경제(景帝)가 즉위하여 선왕의 정책을 잘 이어 나갔다.
　중국 역사에서 문제와 경제의 치세를 '문경의 치(文景之治)'라고 부르며 풍요로운 시대를
　상징하는 칭호로 사용하였다.
100) 범진(范鎭)이 …… 되었고 : 범진이 인종(仁宗) 때 간관으로서 태자를 세우자는 의견을
　개진하여 무려 19차례나 상소를 올렸고 100여 일 동안 하회를 기다렸는데 머리털과
　수염이 다 하얗게 세었다고 한다. 《宋史 卷337 范鎭列傳》
101) 범종윤(范宗尹) : 1100~1136. 북송의 정치가이다. 휘종(徽宗) 때 우간의대부(右諫議大夫)를
　거쳐 흠종(欽宗)·고종(高宗) 연간 참지정사(參知政事), 상서우복야(尙書右僕射), 동중서문
　하평장사(同中書門下平章事) 등을 역임하였다.
102) 범종윤(范宗尹)이 조슬(造膝) : 조슬은 두 사람이 무릎을 맞대고 이야기하는 것을 말한다.
　《송사(宋史)》〈효종본기(孝宗本紀)〉에, "원의태자(元懿太子)가 죽은 뒤로 고종(高宗)이
　후사가 없었다. 소자성헌황후(昭慈聖獻皇后)가 일찍이 이상한 꿈을 꾸고 나서 은밀히
　고종에게 말해 주니, 고종이 크게 깨달았다. 그때 마침 우복야(右僕射) 범종윤(范宗尹)도
　무릎을 바짝 맞대고 태자를 세울 것을 청하니, 고종이 말하기를, '태조(太祖)께서 신무(神
　武)로 천하를 평정하였으나, 그 자손이 복록을 누리지 못하고 어려움이 많은 때를
　만나 쇠락해졌으니, 민망하다. 짐이 만약 인종(仁宗)을 본받지 않는다면 어떻게 하늘에
　계신 태조의 영령을 위로할 수 있겠는가?'라고 하고, 조서를 내려서 태조의 후손 중에서
　태자를 선발하도록 하였다." 하였다.

글자는 유봉휘가 가슴속에 감춰둔 속마음을 남김없이 드러냈습니다. 만약 성명(成命)을 내리지 않았다면 그 사이에서 장차 다른 의논을 하겠다는 것입니까? 신하가 부도하고 임금을 무시하는 것이 어떻게 이 지경에 이르렀단 말입니까?

이번 달 21일, 성상께서 왕세제의 처음 상소에 답한 비답을 보면 우리 성상께서 아들을 얻는 경사를 바랄 수 없다고 하였는데, 유봉휘도 또한 이미 이것을 알고 있었습니다. 그런데 그 이튿날 이 상소를 올려서 심지어 말하기를,

'전하의 나이가 한창 젊으시고 중전의 나이도 이제 겨우 계년(笄年, 15세)을 넘으셨다.'

하였습니다. 사마광(司馬光)이 이른바

'소인은 「폐하의 춘추가 한창인데 무엇 때문에 서둘러 이런 상서롭지 못한 일을 하려고 합니까?」 할 것입니다.'

하였는데, 이것이야말로 유봉휘 같은 자를 말한 것입니다. 유봉휘는 이미 전하께 아들을 얻는 경사를 바랄 수 없음을 알고 있으면서도 또 감히 드러내놓고 오늘의 거조를 배척하여 반드시 동요시키고 나서야 그만두려고 하였습니다. 아! 저 유봉휘라는 자는 유독 선왕의 신하가 아니란 말입니까?

지금 우리 세제 저하가 이로 인하여 편치 않아서 상소를 올려 사양하고 피하면서 위속(衛屬)들도 거둬줄 것을 청하였습니다. 그래서 이제 유봉휘는 사람마다 모두 베어 죽일 수 있게 되었는데, 비록 혹여 다행히 시장에서 죽는 것을 피할 수 있다 할지라도 그가 어떻게 감히 하늘과 땅 사이에 편히 누워 지낼 수 있겠습니까? 지금 이제 여러 신하들이 합사하여 힘껏 청하여 반드시 사형에 처하고자 하는 이유는 바로 종묘를 중히 여기고 국가의 체통을 위한 것입니다.

그런데 전하께서 처음에는 윤허하였다가 결국 처벌을 아껴서 아직도 여러 사람들의 심정을 거부하고 계십니다. 이것이 비록 천지에 살리고자 하는

덕에서 나왔다 할지라도 신들은 삼가 군신의 윤리가 이로 인해 추락하여
난신적자가 꼬리를 물고 일어나 그 형세가 반드시 크게 부월(鈇鉞)103)의
위엄을 사용하는데 이른 뒤에야 그칠까 두렵습니다. 이것이 이른바, '작은
일을 참지 못하면 큰 계책을 어지럽게 한다.'104)는 것입니다.

《주역(周易)》〈곤괘(坤卦) 초육(初六)〉에 '서리를 밟게 되면 두꺼운 얼음이
곧 얼게 된다.'는 말이 있는데, 공자가 해석하기를,

'신하가 임금을 시해하고 자식이 아비를 시해하는 일은 일조일석에 생긴
사고가 아니다.'

하였습니다. 지금 이 유봉휘의 상소에도 근원이 있으니, 신들이 거슬러
올라가 논해 보겠습니다.

이 무리들은 선조 말년에 유감이 뼈에 사무쳐서 한번 그 독성을 부리려
한지 오래되었습니다. 전하가 즉위한 뒤에 이진검이 앞에서 부르짖었고,
청나라 사신이 오자 조태구가 뒤에서 화응하더니, 유봉휘에 이르러 비로소
그 일을 마무리하였으므로 조태구가 지금 다시 앞장서서 차자를 올려 구원하
였습니다. 이와 같이 그 주고받은 것이 명백하고, 핵심이 되는 의도105)가
동일하므로, 한 사람이 한때 한 일이 아닙니다.

갑자기 독대(獨對)를 거론하여 이간시키려는 음모를 부렸으며, 봉전(封典)의
일을 크게 무고하여106) 위란(危亂)을 날조하려고 교묘하게 참소한 자는 이진검
입니다. '혐의를 무릅쓴다.[冒嫌]'는 두 글자로, 드러내 놓고 화기를 북돋아서

103) 부월(鈇鉞) : 형구로서 작은 도끼와 큰 도끼이다. 옛날 임금이 대장이나 제후(諸侯)에게
　　생살권(生殺權)의 상징으로 주었다.
104) 작은 …… 한다 :《논어》〈위령공(衛靈公)〉에 "공교로운 말은 덕을 어지럽히고, 작은
　　일을 참지 못하면 큰 계책을 어지럽힌다.[巧言亂德, 小不忍則亂大謀.]"라고 하였다.
105) 핵심이 되는 의도 : 원문은 "關捩"이다. 문의 빗장과 같이 핵심을 이루는 중요한 부분을
　　가리킨다.
106) 봉전(封典)의 …… 무고하여 : 봉전이란 청나라로부터 세자 책봉을 승인받는 일을 말한
　　다. 경종 즉위년 11월 16일에 이진검이 상소하여 조중우·윤지술 등을 탄핵하는 것과
　　함께 이이명 등이 경종의 왕위계승을 승인받기 위해 청나라에 사신으로 가면서 6만여
　　은화를 가지고 갔던 사실을 질책하였다. 이진검의 이 상소는 본서의 권1에 보인다.

그 말을 장황하게 늘어놓아 골육간에 난리를 일으키려 한 자는 조태구입니다.

　오직 그 계략을 부리지 못하고 참언이 실행되지 못한 것은 실로 우리 전하의 성스러운 효성이 하늘에서 나오고 마음으로 우애한 것 때문이었습니다. 그리하여 하늘이 우리나라를 도와서 신인이 의지하고 있으니 종전의 참소와 독살스러운 계략이 시행될 곳이 없게 되었습니다. 이에 물여우[107]가 손수 활을 쏘고, 낭사(囊沙)[108]의 물을 막았다가 끝내 터뜨린 것처럼 분노에서 나온 독이 마음속에 가득 차서 배반할 마음이 떨쳐 일어나 그것이 결국 악역(惡逆)이 된다는 것을 깨닫지 못한 자가 유봉휘입니다.

　이진검이 초안을 짓고, 조태구가 윤색하였으니 이진검을 죄주지 않았기 때문에 조태구가 일어났고, 조태구를 죄주지 않았기 때문에 유봉휘가 이어서 나왔습니다. 신들은 이진검과 조태구의 죄는 또한 베어 죽이지 않을 수 없다고 하였는데, 지금 또 유봉휘를 베어 죽이지 않으면 이것을 이어서 일어나는 일이 또 장차 어떤 지경에 이르겠습니까? ……"

　주상이 다음과 같이 답하였다.

　"상소를 살펴보고 소상히 알았다. 유봉휘의 죄상이 이미 밝혀진 뒤에 대신과 여러 신하들이 연일 국문을 청한 것은 특히 매우 부당하며, 동궁의 마음 또한 이 때문에 편치 못하다. 우의정의 차자 내용은 단연코 다른 뜻이 없다는 것을 정승과 삼사에 대한 비답에서 아울러 유시하였으니, 너희들은 번거롭게 하소연하지 말라."

---

107) 물여우 : 원문은 "蜮弩"로서, 물여우가 사람에게 모래를 쏘아 해를 입히는 쇠뇌라는 뜻이다. 역(蜮)은 단호(短狐)라고도 하는데, 자라와 비슷하고 세 발이 달렸으며, 입속에 쇠뇌[弩]처럼 생긴 물건을 지녀서 기(氣)를 화살로 삼아 물속에서 사람을 쏘아 해친다고 한다. 또 일설에는 입에 모래를 물고 있다가 사람이나 그림자를 쏘아 맞혀 병을 앓게 만든다고 한다. 간사한 자들이 참소하고 비방하여 음해하는 것을 비유한 말이다. 《爾雅翼 卷13》
108) 낭사(囊沙) : 한나라 한신(韓信)이 초나라 용저(龍且)와 강물을 사이에 두고 전쟁할 때 밤중에 몰래 일만여 개의 모래 자루를 만들어 상류를 막은 다음, 용저의 군사를 강으로 유인하여 막았던 둑을 한꺼번에 터서 승리하였던 고사(故事)에서 인용한 것이다. 《史記 卷92 淮陰侯列傳》

○ 관학 유생 김성택(金聖澤)[109] 등, 김시정(金始鼎) 등, 김철근(金鐵根) 등이 또한 상소하였으나, 모두 윤허하지 않았다.

○ **27일**, 빈청에서 대략 다음과 같이 아뢰었다. - 예조참판 이집도 역시 참석하였다. -

"성상의 비답에서 이르기를,

'유봉휘가 미치광이처럼 망령된 말을 하였으니 멀리 귀양 보내면 되지만 국청을 설치하는 것은 지나치다.'

하셨습니다. 아! 올곧음이 지나친 것을 '광(狂)'이라고 하고 곧은 말이 지나친 것을 '망(妄)'이라고 합니다. 지금 저위가 이미 정해져서 명호가 백성들을 묶어주고 있는데, 감히 함부로 이것을 헐뜯어 논의하면서 조금도 돌아보거나 거리낌이 없으니 그 흉악무도한 행태는 실로 유사 이래로 보지 못했습니다. 그러니 '광망'이라는 두 글자가 과연 조금이라도 이와 비슷한 점이 있어서 오히려 다만 유배에 처하는 형벌을 시행하는 데에 그칠 수 있겠습니까?

성상의 비답에 또 이르기를, '춘궁의 마음이 편안하지 못하면 큰 경사가 있는 날에 방해가 된다.' 하였는데, 이 또한 그렇지 않은 점이 있습니다. 동궁이 유봉휘가 지목하여 배척하였기 때문에 '모골이 송연하고 심담이 떨어지는 듯하다.'고 말하기까지 하였으니 그 근심하고 위태로워하며 두려워하고 절박해 하는 심정을 더욱 우러러 헤아릴 수가 있습니다.

속히 흉역의 죄를 바로잡는 것이 바로 동궁의 마음을 편안하게 하는 일인데, 어찌 동궁이 이 때문에 마음이 편안하지 못할 리가 있겠습니까? 유봉휘를 베어 죽이지 않으면 춘궁의 마음은 더욱 불안해질 것이고, 국본을 동요시키려는 역적들이 반드시 장차 꼬리를 물고 일어날 것입니다.

---

109) 김성택(金聖澤) : 1691~1741. 본관은 광산, 자는 시백(時伯)이다. 김장생의 후손으로서, 1713년(숙종39) 생원시에 합격하여 성균관에 들어가 유생들을 이끌고 1721년(경종1) 유봉휘를 탄핵하는 상소를 주도하였다. 영조대 장릉참봉, 예산 현감 등을 지냈다.

나라에 큰 경사가 있어 생명이 있는 부류가 모두 기뻐하는데 유봉휘 같은
자는 마침내 감히 배반할 마음을 몰래 품고서 이와 같이 경사스러운 예(禮)를
방해하고 희롱하였습니다. 이렇게 인심이 타락하고 변고가 첩첩으로 생겨나
는 날에 속히 이를 징계하여 토벌하지 않는다면 국법은 엄중해지지 못하고,
흉적은 기세를 더하여 앞으로 다가올 근심이 장차 이르지 않는 곳이 없을
것입니다.

신들이 반드시 국가의 형벌을 속히 바로잡고자 하는 것은 바로 큰 경사를
순조롭게 이루고자 해서입니다. 더구나 떳떳한 법이 오랫동안 굽혀져서
사람들의 울분이 씻기지 못하여 기뻐하며 손뼉을 치던 자들이 변하여 근심하
고 답답해하게 된다면 어찌 경사스러운 예에 방해가 되지 않겠습니까? ……"

주상이 답하기를,

"빈청과 삼사에 이미 처분을 내렸으니 이전의 하교를 따르고 다시 번거롭게
하지 말라."

하였다.

○ 삼사에서 죄인 유봉휘에 대해 국청을 설치하고 정법(正法)하는 일을
합계하였는데, 빈청에 대해서와 같이 비답하였다.

○ 양사에서 전 우의정 조태구를 삭탈하고 문외출송할 일과 판부사 김우항
을 파직할 일을 합계하였으나 주상이 모두 번거롭게 하지 말라고 하였다.

○ 28일, 우의정이 있는 곳에 보낸 전유(傳諭)[110] 사관 - 윤광익(尹光益)[111] - 이

---

110) 전유(傳諭) : 임금의 명령을 의정(議政) 또는 유현(儒賢)에게 전하던 일이다.

111) 윤광익(尹光益) : 1686~1746. 본관은 파평(坡平), 자는 형중(亨仲)이다. 윤집(尹鏶)의 증손
    이다. 1718년(숙종44) 문과에 급제하여 사관에 발탁되었다. 1723년(경종3) 홍문록에
    오르고 이어 교리·수찬 등을 지냈다. 1729년(영조5) 사간으로서 이광덕(李匡德)을 구원하
    였다.

다음과 같이 서계하였다.

"신이 우의정 조태구가 명령을 기다리는 곳에 명소(命召)를 전유(傳諭)하니, 이르기를,

'감히 죄수가 바친 공초의 사례를 끌어다가 감히 이렇게 아룁니다. 유봉휘의 상소는 명호가 이미 정해진 뒤에 나왔으므로 진실로 미치광이처럼 망령되다고 하지 않을 수 없습니다만, 이미 한마디도 저궁을 막고 핍박한 말이 없었으며, 거론한 내용도 단지 묘당의 거조가 급하게 서둘렀다는 것일 뿐이었습니다.

효종과 현종, 양묘(兩廟)와 선대왕의 자손은 단지 전하와 저궁만 남아 있으므로, 만약 조용히 건의했다면 이는 실로 온 나라가 같은 심정일 것입니다. 오늘날 조정의 신하 그 누가 감히 그 사이에 다른 의견이 있겠습니까? 유봉휘의 마음 또한 어찌 이와 다르겠습니까?

다만 거조를 급하게 서둘렀다고 말하여 그날 인대(引對)했던 여러 신하들을 꾸짖은 것이 끝이 없었을 뿐입니다. 이것으로써 '흉역'이라고 한다면 이미 그 본래의 실정이 아닌데, 신의 말을 호역(護逆)의 죄과로 귀결시켰으니, 지극히 원통한 것을 다 말할 수 없는 점이 있습니다.

하물며 이 합계의 표현이 바로 '동일하게 역적의 간담을 지녔다.'는 것을 머리말로 삼고, 끝에 또 이어서 '호역일 뿐만이 아닙니다.' 하였으니, 신하된 자가 이러한 죄명을 뒤집어쓰고 장차 어디로 돌아간단 말입니까?

하늘과 땅 사이에서 두렵고 불안하여[112] 몸 둘 곳이 없는데, 병 때문에 즉시 감옥에서 명을 기다리지 못하고 단지 스스로 석고(席藁)[113]에서 머리를 조아리고 왕장(王章)이 더해지기를 기다릴 뿐입니다.

---

112) 하늘과 …… 불안하여 : 원문은 "跼天蹐地"이다. 즉 머리가 하늘에 부딪칠 것을 두려워하여 허리를 굽혀 걷고 땅이 꺼질 것을 두려워하여 발로 긴다는 말로, 두렵고 불안하다는 뜻이다. 《시경》〈정월(正月)〉에 "하늘이 높다고 하나 감히 몸을 굽히지 않을 수 없으며, 땅이 두텁다고 하나 발자국을 작게 떼지 않을 수 없노라.[謂天蓋高, 不敢不局 ; 謂地蓋厚, 不敢不蹐.]" 하였다.
113) 석고(席藁) : 거적을 깔고 엎드려서 자신의 주장을 펴다. 대개 대궐이나 의금부의 문밖에서 처벌을 각오하며 자신의 결백을 주장하다. 여기서는 거적 그 자체를 말한다.

그렇지만 본래의 심정을 생각하고 다른 사람의 말을 돌아보면 가슴 속이 답답하지만 원통함을 아뢸 길이 없어서 밤새도록 슬피 울며 눈물을 흘리다가 장차 병들어 다리가 부어오를 지경입니다. 명소는 바로 대신에게 명하기 위한 것이니 어찌 감히 이러한 때에 편안하게 무릅쓰고 받을 수 있겠습니까? 삼가 녹사를 통해서 다시 이것을 반납합니다. ……'

하였습니다."

○ 대신과 2품 이상 신하들이 빈청에서 청대하니, 주상이 전교하기를, "근일 건강이 좋지 못하니 청대하지 말고, 소회를 써서 들이라." 하니, 승정원에서 답하기를,

"주상의 건강이 편치 않으니 2품 이상은 함께 들어오지 않고, 영의정과 좌의정만 청대하고자 합니다."

하니, 주상이 "이미 써서 내렸으니 청대하지 말라." 하였다.

영의정과 좌의정이 다음과 같이 소회를 말하였다.

"신들은 흉얼이 목숨을 부지해서 저궁이 불안해하는 것을 보고, 감히 장차 온 나라 신민의 당황하고 절박한 심정을 호소하려고 온종일 외쳤지만 전하의 목소리는 더욱 아득하기만 합니다. 오늘 재차 입대를 청하여 반드시 얼굴을 맞대고 아뢰고자 하였는데, 번번이 소회를 써서 들이라고 하교하시니 더욱 지극히 억울하고 안타까움을 이기지 못하겠습니다.

유봉휘의 하늘에 사무치는 죄악은 전후로 신들과 삼사가 모두 남김없이 말하였습니다. 성명(聖明)께서 시험 삼아 그 상소를 다시 가져다 보십시오. 이 역적의 실정에 과연 한 터럭이라도 용서할 만한 것이 있으며, 신들의 말이 과연 한 터럭이라도 지나친 것이 있습니까?

온 나라가 모두 마음을 같이 한 날에 혼자만 기쁘지 않은 마음을 품고서 명호가 크게 정해진 뒤에 현저하게 비난하는 논의를 더하여, 감히 광명정대한 거조를 도리어 우롱하고 협박하여 이룬 결과로 만들었으니, 이미 매우 지극히

형편없었습니다.

하물며 또한 '성명이 이미 내려져서 다시 논의할 수 없다.'는 한 구절은
은연중에 뒤쫓아서 후회와 한탄을 그칠 수 없다는 뜻이 깔려 있으니, 그가
암암리에 사특한 마음을 품은 것이 여기에 이르러서 남김없이 탄로났습니다.
유봉휘 또한 심장을 가지고 있는데, 진실로 그 말이 이와 같으니, 저궁께서
어떻게 스스로 편안할 수 있겠습니까? ……"

주상이 답하기를, "윤허하지 않는다." 하였다.

○ 임창군(臨昌君) 이혼(李焜)[114] 등이 시급히 조정 신하들의 청을 따라서
왕법을 펴라고 상소하였다. 주상이 답하기를, "이미 상신과 삼사의 비답에
유시하였으니, 번거롭게 하지 말라." 하였다.

○ 사헌부에서 - 이것은 지평 유복명(柳復明)[115]이 담당한 것 같은데, 더 고찰해봐야
한다. - 다음과 같이 아뢰었다.

"대신과 여러 재상들이 함께 모여서 애통한 심정으로 호소한 것은 실로
신하로서 목욕하고 역적을 토벌하는 의리에서 나온 것이므로, 마땅히 참가해
야 하는 직책에 있는 자는 뒤에 머물러 있으면 안 됩니다. 그런데 그 몸이

---

114) 임창군(臨昌君) 이혼(李焜) : 1644~1727. 본관은 전주(全州)이다. 소현세자의 셋째 아들인
    경안군의 아들이다. 1679년(숙종5) 고변서에서 추대 대상으로 거론되었다. 1695년 사은사
    로 연경(燕京)에 다녀왔으며, 1698년 청나라의 강희제(康熙帝)가 심양(瀋陽)에 오자 다시
    문안사로 파견되었다. 음주와 관련된 잦은 기행으로 지속적으로 탄핵되어 정배되기도
    했다. 사신(史臣)에 의하여 종신(宗臣) 가운데에서는 매우 현명한 인물이라는 평가를
    받았다.
115) 유복명(柳復明) : 1685~1760. 본관은 전주, 자는 양휘(陽輝), 호는 만촌(晩村)이다. 1711년
    (숙종37) 생원시에 합격하고, 1717년 식년문과에 장원 급제하여 청요직을 두루 지냈다.
    1721년(경종1) 지평 재직 시 연잉군의 세제 책봉을 반대하는 조태구·유봉휘 등을 탄핵하
    였다. 이듬해 임인옥사가 일어나 노론이 실각하면서, 탄핵을 받아 파직되었다. 영조가
    즉위하자 김일경의 처형을 주장하였고, 1725년 지평에 복직하였다. 1727년(영조3) 정미환
    국으로 파직되었다가 이듬해 복직되었다. 1732년 대사간, 1743년 형조참의를 거쳐 1754년
    자헌대부(資憲大夫)로 70세가 되어 기로소(耆老所)에 들어갔다. 시호는 정간(貞簡)이다.

재상의 반열에 있으면서 끝내 참석하지 않은 자의 숫자가 매우 많으니, 분수와 의리에 비추어 논한다면 지극히 놀랄만합니다. 늙고 병든 자와 외방에 있는 사람 이외 경재(卿宰) 가운데 참석하지 않은 자는 청컨대 파직하고 등용하지 마십시오."

주상이 답하기를, "번거롭게 하지 말라." 하였다.

이전에 논계했던 최석항과 송상기의 일은 정계(停啓)하였다. - 9월 4일 정계하였는데, 이 역시 유복명이었다. -

○ 보덕 박사익(朴師益)[116], 필선 이중협, 겸필선 신석, 문학 신방, 설서 황재(黃梓)[117] 등, 승지 이기익(李箕翊)[118]·조영복·한중희·남도규(南道揆)[119], 헌납 이기진(李箕鎭)[120]이 유봉휘를 토죄(討罪)하라고 청하였으나, 모두 윤허

116) 박사익(朴師益) : 1675~1736. 본관은 반남(潘南), 자는 겸지(兼之), 호는 노주(鷺洲)이다. 금계군(錦溪君) 박동량(朴東亮)의 후손이다. 1710년(숙종36) 생원이 되고, 1712년 정시문과에 급제하여 정언 등을 거쳐 이조좌랑에 올랐다. 경종이 즉위하자 유봉휘와 조태구를 처벌하라고 강력하게 주장하였다. 1723년(경종3) 유배되었다가 영조가 즉위하자 풀려나 강화유수에 올랐다. 이후 대사헌을 거쳐 공조·예조판서 등을 지냈다. 시호는 장익(章翼)이다.

117) 황재(黃梓) : 1689~1756. 본관은 창원(昌原), 자는 자직(子直)이다. 1718년(숙종44) 정시문과에 급제하여 청요직에 진출하였다. 1721년(경종1) 소론의 탄핵을 받아 유배되었다가 1725년(영조1) 민진원(閔鎭遠) 등의 주청으로 다시 서용되어 1748년 대사헌에 올랐다. 1750년 동지부사로 청나라에 다녀와 호조참판이 되었다. 저서로 문집인《필의재유고(畢依齋遺稿)》가 있는데, 이 안에 두 차례에 걸쳐 청나라에 다녀온 견문을 기록한 기행문집《갑인연행록(甲寅燕行錄)》과《경오연행록(庚午燕行錄)》이 들어 있다.

118) 이기익(李箕翊) : 1654~1739. 본관은 전주, 자는 국필(國弼), 호는 시은(市隱)이다. 1687년(숙종13) 진사가 되어 1694년 성균관 유생을 이끌고 송시열의 신원(伸寃)을 위한 상소를 올려 윤허 받았다. 1713년 60세의 나이로 증광문과에 합격하여 청요직을 두루 거쳐, 1725년(영조1) 병조참판이 되고, 1733년 80세로 가의대부(嘉義大夫)에 올랐으며, 1736년에는 공조판서가 되었다. 시호는 양정(良靖)이다.

119) 남도규(南道揆) : 1662~1724. 본관은 의령(宜寧), 자는 상일(尙一), 호는 삼족(三足)·여일(汝一)이다. 1699년(숙종25) 진사시, 1710년 증광문과에 급제하여 청요직을 두루 거치고, 경종 즉위 후 충청도 관찰사와 대사간 등을 역임하였다.

120) 이기진(李箕鎭) : 1687~1755. 본관은 덕수(德水), 자는 군범(君範), 호는 목곡(牧谷)이다. 이식(李植)의 증손이고, 권상하(權尙夏) 문인이다. 1717년(숙종43)에 진사가 되고, 같은

하지 않았다.

○ 29일, 약방에서, 빈청(賓廳)에 내린 비지(批旨) 가운데 건강이 편안치 않다는 하교가 있었기 때문에 입진(入診)하여 약을 의논할 것을 청하였다.

주상이 답하기를, "근래 기침 증세가 있지만 대단하지 않으니, 입진하지 말라." 하였다.

○ 세제 책봉 주청사에 김창집, 조태억(趙泰億)121), 유척기(兪拓基)122)를 임명하였다. 좌의정이 차자를 올려 말하기를,

"국가에 일이 많은 이때 영의정이 잠시라도 떠나 있으면 안 됩니다. 사행의 노고123)를 제가 대신할 것을 청합니다."

해 정시문과에 급제하여 청요직에 진출하였다. 1721년(경종1) 헌납 재직시 세제(世弟) 연잉군을 비난한 유봉휘의 처벌을 주장하다가 신임옥사 때 파직되었다. 영조 즉위로 교리에 등용되어 소론에 대한 논죄를 주장하다가 영조의 노여움을 사기도 하였다. 이후 1727년(영조3) 부제학, 1728년 대사성, 1741년 이조판서 등을 거쳐 1751년 판돈녕부사에 이르렀다. 시호는 문헌(文憲)이고, 저서로 《목곡집》이 있다.

121) 조태억(趙泰億) : 1675~1728. 본관은 양주(楊州), 자는 대년(大年), 호는 겸재(謙齋)·태록당(胎祿堂)이다. 조태구·태채의 종제이며, 최석정의 문인이다. 1693년(숙종19) 진사가 되고, 1702년 식년문과에 급제하여 청요직을 두루 지냈다. 1721년 조태구·최석항·이광좌 등과 함께 대리청정을 반대하여 철회시켰다. 영조 즉위 후 우의정, 1727년(영조3) 정미환국 이후 좌의정에 올랐다. 1755년 나주괘서사건(羅州掛書事件)으로 관작이 추탈되었다가 1908년(순종2)에 복관되었다. 저서로 문집인 《겸재집》이 있고, 시호는 문충(文忠)이다.

122) 유척기(兪拓基) : 1691~1767. 본관은 기계(杞溪), 자는 전보(展甫), 호는 지수재(知守齋)이다. 김창집 문인이다. 1714년(숙종40) 증광문과에 급제하여, 청요직을 두루 역임하다가 1722년 신임옥사 당시 탄핵을 받고 유배되었다. 1725년(영조1) 노론이 집권하면서 경상도 관찰사·호조판서 등을 거쳐 1739년 우의정에 올라, 임인옥사 당시 사사된 김창집·이이명의 복관(復官)을 건의해 신원(伸寃)시켰다. 만년에 김상로(金尙魯)·홍계희(洪啓禧) 등이 영조와 사도세자 사이를 이간시키자 이를 깊이 우려했고, 이천보(李天輔)의 뒤를 이어 1758년(영조34) 영의정에 올랐다. 1760년 영중추부사(領中樞府事)가 되었고, 이어서 봉조하(奉朝賀)를 받고 기로소(耆老所)에 들어갔다. 저서로 《지수재집》이 있고, 시호는 문익(文翼)이다.

123) 사행의 노고 : 원문은 "原隰之勞"이다. 사신의 임무를 수행하는 어려움을 말한다. 《시경(詩經)》 〈소아(小雅) 황황자화(皇皇者華)〉에 "찬란하게 핀 꽃들, 저 언덕과 습지에 있도다.

하니, 주상이 답하기를, "차자의 말이 마땅하니, 그대로 시행하라." 하였다.

뒤에 현직 정승으로서 아무 탈 없이 공무를 집행하는 사람은 영의정과 좌의정뿐이니, 원임(原任)과 종반 중에 비의(備擬)[124]하라고 명하여, 여산군(礪山君) 이방(李枋)[125]을 정사로 삼았다. 그 뒤에 장령 이완(李浣)이 상소하여 정축년(1697, 숙종23) 사례[126]에 의거하여 현직 대신을 사신으로 보낼 것을 청하자 영의정과 좌의정이 청대하여 좌의정을 단부(單付)[127]하였다.

○ **30일**, 왕세제가 다섯 번째 상소를 올려 다음과 같이 말하였다.

"삼가 신이 이전 상소 가운데에서 유봉휘의 상소에 관하여 우러러 아뢴 일이 있었습니다. 그 상소는 신이 황공하고 가슴이 답답한 처지에서 갑자기 나왔기 때문에 끝내 받들기 어렵다는 뜻으로 인자함으로 감싸 주시는 하늘에 호소하지 않을 수 없었는데, '위험'이란 두 글자는 아뢰어 말하다 보니 나온 말에 불과할 뿐입니다.

그런데 신의 한마디 말이 유봉휘 죄안에 첨가되어 진신(縉紳)과 유생들이 잇따라 힘껏 다투기를 하루종일 하고도 그치지 않으니, 신의 불안한 단서가 더욱 더해 갑니다. 삼가 원하건대 성명(聖明)께서 굽어 살펴서 끝내 유봉휘로 하여금 큰 죄과에 이르지 않게 하여 주신다면, 어찌 다만 신의 마음만 조금 평안할 뿐이겠습니까? 또한 역시 성명의 관대한 은전(恩典)도 될 것이니,

---

무리지어 질주하는 사신 일행이여, 해내지 못할까 걱정이 태산 같네.[皇皇者華, 于彼原隰. 駪駪征夫, 每懷靡乃.]"라고 한 데서 왔다.

124) 비의(備擬) : 3품 이상의 당상관(堂上官)을 임명할 때 이조와 병조에서 세 사람의 후보자三 望)를 추천하던 일이다.

125) 이방(李枋) : 1662~1725. 본관은 전주, 자는 직경(直卿)이다. 선조(宣祖)의 4대손이다. 1676 년(숙종2) 여산수(礪山守), 1686년 여산군(礪山君)에 봉해졌다. 1711년, 1716년에 사신으로 청나라에 다녀왔다. 1721년 세제책봉 사신으로 임명되었으나, 상소하여 교체되었다. 1723년 청나라 사신으로 다시 한번 다녀온 뒤 1725년 사망하였다.

126) 정축년(1697, 숙종23) 사례 : 1697년 왕세자 책봉 주청사로 현직 정승인 우의정 최석정을 차출하여 보낸 일을 가리킨다. 《肅宗實錄 23年 閏3月 4日》

127) 단부(單付) : 단망(單望)으로 관원을 골라 정하던 일이다.

신은 더없이 황공한 심정을 금할 수 없습니다."

주상이 다음과 같이 답하였다.

"상소를 살펴보고 소상히 알았다. 이전 상소 가운데 '위험' 두 글자는 반드시 유봉휘를 매우 미워하여 한 일이 아니라는 것은 내가 이미 알고 있었으므로 빈청이나 삼사의 청을 끝내 따르지 않았던 것이다. 지금 상소 내용을 살펴보니 그 마음에 결코 다른 의도가 없는 것이 나의 뜻과 꼭 맞는다. 또한 살리기를 좋아하는 도리에서 나온 것이니 유의하여 너의 마음을 편안케 하지 않을 수 있겠는가?"

이어서 전교하기를, "승지는 하교를 전하라." 하였다.

○ **9월 2일**, 판부사 권상하의 죽음을 애도하는 전교를 내렸다.

○ **4일**, 사헌부에서, 빈청에서 호소할 때 참여하지 않은 사람을 파직하고 등용하지 말라는 일에 대해 앞서 아뢴 것을 정계하였다.

○ **6일**, 지평 유복명이 결역(結役)을 강구(講究)하여 행하려는 영(令)[128]을 빨리 멈추어서 민심을 안정시키라고 아뢰자, 주상이 아뢴 대로 하라고 하였다.[129]

○ **10일**, 사헌부에서 다음과 같이 아뢰었다.

"지난번 빈청에서 아뢴 것은 목욕하고 역적을 토벌하려는 의리에서 나왔는

---

128) 결역(結役)을 …… 영(令) : 결역은 양역변통(良役變通)의 한 방안으로서 나온 것이다. 당시까지 장정에게 군포를 부과하던 것을 토지 면적 1결(結) 당 1필로 바꾸어 토지소유자에게 양역을 부담하게 하려는 것이다. 이것은 양역변통 방안으로서 논의되던 호포(戶布)·유포(遊布)·구전(口錢) 등에 대한 대안으로서 논의되었다. 《景宗實錄 1年 9月 6日》

129) 주상이 …… 하였다 : 《경종실록 1년 9월 6일》 기사에는 경종이 따르지 않은 것으로 되어 있다. 그런데 저본에서 이렇게 기록한 것은 9월 12일 영의정 김창집의 논계에 의해 최종적으로 중지되었기 때문이다. 《承政院日記 景宗 1年 9月 12日》

데, 부총관 신익하는 몸소 경재(卿宰)의 모임에 참여하였고 토역(討逆)을 청하
는 상소문에도 연명(聯名)하였습니다. 그런데 유봉휘가 비답을 받고 파출(罷黜)
되자130) 갑자기 그가 명령을 기다리는 곳에 나아가 만났으니, 청컨대 관작을
삭탈하십시오."

주상이 윤허하지 않았다.

○ 12일, 대신이 연석(筵席)에서 아뢴 것으로 인하여 이조판서[최석항]에게
체직을 허락하고, 권상유를 대신 임명하였다.

○ 19일, 비망기에서 다음과 같이 말하였다.

"세제와 빈을 책봉한 뒤 삼전(三殿)131)에 조알(朝謁)132)하였으나, 효령전(孝寧
殿, 숙종의 혼전(魂殿))에 전알(展謁)133)하는 절목이 없으니, 정리(情理)와 예의
(禮義)에 미안한 일이다. 길복(吉服)134)을 입고 먼저 효령전에 전알하고 대궐
안으로 들어와 대비와 내전에 조알(朝謁)하는 것이 마땅할 것 같다. 대신에게
의논케 하니 대신이 말하기를, '혼전부터 전알하는 것이 정리와 예의에 합당할
것 같다.' 하니 논의에 따라 시행토록 하라."

○ 24일, 사헌부에서 - 장령 이완 - 다음과 같이 아뢰었다.

"저위가 크게 정해지니 신민이 기뻐하고 있습니다. 그런데 강원감사 김연
(金演)135)은 빈청에서 모임이 있는 날 거만하게 집에 있으면서 여기에 따라서

---

130) 유봉휘가 …… 파출되자 : 유봉휘는 8월 22일 상소하였는데, 경종이 8월 24일 극변원찬(極
　　邊遠竄)을 명하였다. 모두 본서의 앞 권2의 같은 날짜 기사에 보인다.
131) 삼전(三殿) : 대비전(大妃殿)·대전(大殿)·중궁전(中宮殿)을 가리킨다.
132) 조알(朝謁) : 조정에서 임금을 알현하는 것 또는 아침 문안을 드리는 일을 가리킨다.
133) 전알(展謁) : 궁궐·종묘·문묘·능침 등에 참배하는 일이다.
134) 길복(吉服) : 삼년상을 마친 뒤에 입는 보통옷이다.
135) 김연(金演) : 1655~1725. 본관 상산(商山), 자는 사익(士益), 호는 퇴수당(退修堂)이다. 1675
　　년(숙종1) 진사가 되고, 1684년 정시문과에 급제하여 청요직을 두루 거쳤다. 1721년(경종

참여할 뜻이 없었습니다. 그런데 물의(物議)가 떠들썩하게 일어나자 남몰래 양천(陽川)으로 가서 현도 봉장(縣道封章)136)한 것은 그 실정과 흔적이 어리석으니, 청컨대 파직하고 등용하지 마십시오.

충청감사 이세근(李世瑾)137)은 사람됨이 괴팍하고 표독스러우며 심술은 간사하고 편벽되어, 얼굴빛을 꾸미고 교묘한 말을 하는 것은 본래 수법이니, 파직하고 등용하지 마십시오.

순천부사 이하원(李夏源)138)은 경솔하고 아첨을 많이 하여 시류를 따라 왔다갔다 하였습니다. 임진년(1712, 숙종38) 겨울 상소 하나를 올렸는데,139) 그 안에 있는 '한 식구[一家人]' 세 글자는 지금까지 전해져 웃음거리가 되어 공의(公議)에 버림받았으니, 개차하십시오. 통어사(統禦使) 신광하(申光夏)140)

---

1) 호조판서로서 김일경 등과 함께 세제의 대리청정을 반대하여 취소하게 하였다. 1723년 형조판서가 되었으나, 이듬해 영조가 즉위하자 노론의 탄핵을 받아 유배되었다.

136) 현도 봉장(縣道封章) : 향리에 물러가 있는 재신(宰臣)이 고을이나 도를 통하여 상소하는 것이다.

137) 이세근(李世瑾) : 1664~1735. 본관은 벽진(碧珍), 자는 성진(聖珍)이다. 1697년(숙종23) 정시문과에 급제하여 청요직을 두루 지냈는데, 1699년 이조판서 신완(申玩)을 탄핵하였다가 오랫동안 벼슬에 나가지 못하였다. 1706년 홍문록에 오르고 청요직에 다시 진출하였다. 1722년(경종2) 충청감사로서 이이명을 사사(賜死)하라는 전지(傳旨)와 관문(關文)이 이르자 이이명의 사위 김시발(金時發)이 이를 절취하였는데, 이를 빨리 처리하지 않았다 하여 체포되어 심문을 받았다. 영조 즉위 뒤 경상도관찰사·대사헌을 거쳐 1731년(영조 7)에 동지의금부사(同知義禁府事)가 되었다가 70세가 되어 치사(致仕)한 뒤 봉조하(奉朝賀)가 되었다. 저서로 《성조갱장록(聖朝羹墻錄)》이 있다.

138) 이하원(李夏源) : 1664~1747. 본관은 광주(廣州), 자는 원례(元禮), 호는 예남(藥南)·정졸재(貞拙齋)이다. 도승지 이시만(李蓍晚)의 아들이다. 1696년(숙종22) 문과에 급제하여 청요직을 두루 지내고 순흥부사(順興府使)로 나갔다. 1721년(경종1) 다시 순천부사를 거쳐서 대사간·경상도관찰사 등을 역임하고, 영조대 공조판서에까지 올랐다.

139) 임진년(壬辰年, 1712) …… 올렸는데 : 당시 홍문관 교리로 재직하고 있던 이하원은 임진년 과옥(科獄)에 대해 상소하여 소론으로서 과거시험을 주관했던 이돈(李墩)을 구원하였다. 당시 과거 응시자들이 돈화문을 들락거리면서 부정행위를 했다고 노론측에서 문제 삼았는데, 이하원은 그런 일이 없었다고 자신의 '일가의 지친 여러 사람들[一家至親數人]'의 증언을 인용하여 상소문에 명시하였다. 따라서 이완이 여기서 언급한 '일가인(一家人)' 세 글자는 부정확한 인용에 해당되므로, 아래에서 지평 이유(李瑜)의 반박이 나왔다. 《肅宗實錄 38年 10月 14日》

는 파직하고 등용하지 마십시오.”

주상이 윤허하지 않았다. - 26일에 모두 정계하였다. -

○ 26일, 왕세제가 인정전(仁政殿, 창덕궁 정전(正殿))에서 책보(冊寶)[141]를
받았다. 주연(胄筵)[142]을 열고 《소학(小學)》과 《강목(綱目)》을 강독하였는데,
주상이 이때 동궁으로 직접 와서 말하기를, “내가 내 동생이 책을 읽는
소리를 듣고 싶다.” 하였다.

○ 세제의 책례(冊禮)[143]를 거행하였다.

○ 지평 이유(李瑜)[144]가 다음과 같이 아뢰었다.

“앞서 아뢴 4건의 사안[145]은 정계한 뒤 나온 새로운 논계입니다. 대각(臺閣)
에서 사람을 논할 때 비록 풍문에 의거하는 것을 허락하고 있으나, 탄핵할

---

140) 신광하(申光夏) : 1688~1736. 본관은 평산(平山), 자는 사회(士晦)이다. 판중추부사 신여철
    (申汝哲)의 손자이다. 1712년(숙종38)에 정시 무과(庭試武科)에 급제하여 경기도 수군절도
    사 겸 삼도통제사 등을 역임하고, 1722년(경종2) 금군별장(禁軍別將)이 되었다. 1727년(영
    조3) 어영대장이 되었다가 정미환국 이후 소론의 공격을 받고 물러났다. 1733년 포도대장
    을 거쳐 1736년 공조참판이 되었으나 곧 사망하였다.
141) 책보(冊寶) : 옥책(玉冊)과 금보(金寶)이다. 옥책은 왕실에서 책봉, 존호·시호·휘호를
    올리거나 죽음을 애도하기 위해 옥간(玉簡)에 글을 새겨 엮은 문서이고, 금보는 금으로
    제작한 인장을 가리킨다.
142) 주연(胄筵) : 세자가 경사(經史)를 강론하고 도의(道義)를 연마하는 자리이다. 이연(离筵)
    또는 서연(書筵)이라고도 한다.
143) 책례(冊禮) : 왕비·왕세자·왕세손·왕세제와 세자빈 등을 책봉한 의식이다.
144) 이유(李瑜) : 1691~1736. 본관은 연안(延安), 자는 유옥(幼玉)이다. 1719년(숙종45) 증광시
    (增廣試)에 합격하여 생원이 되고, 같은 해 증광문과에 급제하여 청요직을 두루 지냈다.
    1721년(경종1) 박태항을 소두로 한 28인이 연명 상소하여 세제의 참정(參政)을 청한
    집의 조성복의 처벌, 그리고 이를 묵인하고 방관한 대신 김창집, 이건명 등의 처벌을
    청하는 상소를 하였는데, 당시 지평이었던 이유는 박태항의 상소를 강력히 탄핵하였고,
    이로 인해 신임옥사 때 해도(海島)로 유배되었다. 영조 즉위 후 복권되어 1734년(영조10)
    도승지, 1736년 이조·형조·병조판서 등을 역임하였다.
145) 앞서 …… 사안 : 사헌부 장령 이완이 김연·이세근·이하원·신광하를 탄핵한 일이다.

때는 마땅히 더욱 상세히 살펴야지 제멋대로 시원하게만 해서는 안 된다는
것은 명백합니다.

그런데 장령 이완이 김연·이세근·이하원·신광하 등의 일을 논열(論列)한
것은 진실로 없는 허물을 억지로 찾아낸 것이 아니면 모두 터무니없는 말을
지어내면서 전혀 말을 가리지 않아서, 그 의도가 협잡에 있었으니, 그것을
들은 모든 사람들이 놀라지 않는 사람이 없습니다. 그에 대해 공의(公議)가
있으므로 경계하지 않을 수 없으니, 청컨대 파직하십시오."

주상이 아뢴 대로 하라고 하였다.

○ 27일, 인정전에서 세제 책봉을 축하하였는데, 반교문(頒敎文)은 대제학
이관명이 지었다.

○ 28일, 대사헌 이희조(李喜朝)[146]가 상소하여 경계하는 말을 아뢰었는데,
후하게 비답하였지만 상소는 유중(留中)[147]하였다.

○ 29일, 승정원에서 이봉징 등에게 직첩을 돌려주라고 한 명을 복역(覆
逆)[148]하여 아뢰니, 주상이 답하기를, "그렇다면 죽을죄를 아울러 용서하는
의리는 과연 어디에 있단 말인가?" 하였다.

---

146) 이희조(李喜朝) : 1655~1724. 본관은 연안(延安), 호는 지촌(芝村), 자는 동보(同甫)이다.
　　이단상(李端相)의 아들이며, 송시열 문인이다. 1680년(숙종6) 경신환국 뒤 유일(遺逸)로
　　천거되어 건원릉참봉(健元陵參奉) 등을 역임하다가 1717년 대사헌에 올랐다. 1721년
　　김창집 등 노론 4대신이 유배 갈 때 유배 가서 죽었다. 1725년(영조1) 신원되어 좌찬성에
　　추증되었다. 저서로 《지촌집(芝村集)》이 있고, 시호는 문간(文簡)이다.
147) 유중(留中) : 신하가 올린 주장(奏章)을 하달하여 처리하도록 하지 않고 궁중에 놔두는
　　것을 말한다.
148) 복역(覆逆) : 임금이 내린 명령이 잘못되었다고 여기면 승정원에서 임금의 뜻을 거스르면
　　서 다시 아뢰는 것을 말한다.

○ 10월 3일, 관학 유생 정형복(鄭亨復)149) 등이 상소하여 선정신(先正臣)
양송(兩宋)의 종향(從享)150)을 복주(覆奏)를 기다리지 말고 거행할 것을 청하였
다. 주상이 답하기를,

"선왕이 허락하지 않은 것은 실로 신중한 도리에서 나온 것이니, 지금에
이르러 경솔히 허락할 수 없다."

하였다.

○ 다음의 비망기를 내렸다.

"책례를 거행할 때의 예방 승지(禮房承旨) 이기익, 보덕(輔德) 박사익, 상례(相
禮)151) 양성규(梁聖揆), 도청(都廳)152) 김제겸(金濟謙)153)과 박사익을 모두 가자

---

149) 정형복(鄭亨復) : 1686~1769. 본관은 동래(東萊), 자는 양래(陽來), 호는 정헌(靖軒)이다.
    좌의정 정지화(鄭知和)의 증손이다. 1725년(영조1) 문과에 급제하여 청요직을 두루 거쳐
    1755년 형조판서, 1759년 호조판서가 되었다.
150) 양송(兩宋)의 종향(從享) : 양송은 송시열과 송준길을 가리킨다. 종향은 종묘·문묘(文廟)
    등에 공신(功臣) 또는 학행(學行)이 탁월한 사람의 신위(神位)를 동서 양편에 모셔두고
    같이 제사지내는 것이다. 양송에 대한 문묘 배향은 1717년(숙종43) 전라도 유생 정민하(鄭
    敏河) 등이 청한 이래 1725년(영조1)을 전후한 시기와 1735년을 선후한 시기 지속적으로
    제기되다가 1754년에 급증하여 마침내 1756년 송시열과 송준길의 종사가 실현되었다.
    숙종대 양송의 문묘 종사 논의는 노론의 정치적 학문적 우위 속에서 그 정당성을
    입증하기 위해 제기되었다. 하지만 특정 당파의 일방적 우위를 용인하지 않으려는
    숙종의 의지로 인해 문묘종사가 결정되지 않았다. 영조가 즉위하면서 다시 문묘종사
    논의가 제기되었다가 1735년 홍봉한 등의 상소를 계기로 문묘종사를 요청하는 상소들이
    다시 제출되었다. 이후 1744년 7건, 1745년 6건, 1746년 6건, 1748년 7건에 이어서 1754년
    24건으로 점차 문묘종사 요청이 고조되어 마침내 1756년 40여 년간의 논란을 마치고
    양송의 문묘종사가 결정되었다.
151) 상례(相禮) : 통례원(通禮院)의 종3품 관직이다. 통례원은 조회(朝會)·의례(儀禮)를 관장
    하던 관청이었으므로 예관(禮官)에 들어 있었다.
152) 도청(都廳) : 각종 임시적 사안을 관장하기 위하여 국가에서 설치한 임시 관서의 관직인
    데, 여기서는 책례도감(冊禮都監) 도청을 가리킨다. 도제조(都提調), 제조(提調)와 함께
    도감의 상층 관직자이며, 제조와 도청을 도청부(都廳部)라고 하였다. 도청은 청요직으로
    3사의 전현직 관료가 임용되는 경우가 많았다. 당상을 보좌하여 실무를 담당하며,
    제조의 명을 받아 각방의 낭청을 통솔하고, 업무를 종합하는 역할을 하였다.
153) 김제겸(金濟謙) : 1680~1722. 본관은 안동, 자는 필형(必亨), 호는 죽취(竹醉)이다. 영의정

(加資, 관리의 자급을 올려줌)하라."

○ 지평 유복명이 세제를 보호하라고 경계하는 상소를 올리니, 후하게
비답하였다.

○ 5일, 효령전에서 동향 대제(冬享大祭)[154]를 친히 거행하였다.

○ 6일, 집의 조성복이 다음과 같이 상소하였다.
"신은 삼가 나라 일을 걱정하고 임금을 사랑하는 충심으로 상소 말미에
대략 아뢰어서 전하께서 밝게 살피는데 대비하고자 합니다.
생각건대 우리 주상 전하가 종사의 큰 계책을 유념하시고 인심(因心)[155]의
지극한 사랑을 미루어, 위로는 선왕(先王)의 뜻을 체득하고 안으로는 자전의
하교를 받아서, 국본을 빨리 바로잡아서 원량(元良)[156]에게 잘 맡기셨습니다.
이로써 국가가 반석과 태산같이 편안해져서 만백성이 목을 길게 빼고 바라는
것을 이루었으니 전하의 이러한 거조는 진실로 백왕(百王)보다 탁월하여,
지난 역사책에서도 보기 드문 일이었습니다.
다만 삼가 생각건대 서연(書筵)을 통해서 강연(講筵)을 권장하는 것은 진실로
오늘날 급선무인데, 적이 듣건대 책례가 이미 거행된 뒤 아직 한 번도 강연을

김창집의 아들이자 김원행(金元行)의 아버지이다. 1705년(숙종31) 진사가 되고, 1719년
증광문과에 급제하여 청요직을 두루 지냈다. 신임옥사에 연루되어 1722년(경종2) 4월에
사사되었다. 뒤에 이조참판으로 추증되었으며, 노론 측에서는 조성복·김민택(金民澤)과
함께 신임옥사 때 죽은 삼학사(三學士)의 한 사람으로 꼽았다. 저서로 《죽취고(竹醉藁》,
편서로 《증보삼운통고(增補三韻通考)》가 있고, 시호는 충민(忠愍)이다.

154) 동향대제(冬享大祭) : 겨울에 지내는 대제이다. 대제는 종묘(宗廟)·영녕전(永寧殿)·사직
(社稷)에 지내는 나라의 제사를 말한다. 종묘에는 1·4·7·10월에, 영녕전에는 1·7월에,
사직에는 2·8월에 지냈으며, 이 가운데 겨울에 지내는 대제를 동향대제라고 하였다.

155) 인심(因心) : 친애하고 공경하는 마음으로, 주로 형제간의 우애를 이른다.

156) 원량(元良) : 큰 선덕(善德)을 가진, 아주 선량한 사람이라는 뜻으로서, 황태자(皇太子)나
왕세자(王世子)를 가리키는 의미로 사용한다.

열고 궁료들을 불러들여 만나지 않았다고 하는데, 이는 혹 연달아 제사를 지내느라 강연을 개최할 겨를이 없었기 때문입니까?

춘궁이 강학(講學)하는 방도는 이 한 가지에 전념하는 것이 가장 필요하므로 하루라도 중단하는 것을 용납할 수 없습니다. 그래서 재계(齋戒)에 구애받지 않고 번번이 소대(召對)의 명령을 내린 것은 실로 조종(祖宗) 이래로 교양의 좋은 규범입니다.

하물며 우리 왕세제 저하의 나이가 이미 왕성하여 어린 나이에 비견할 수 없는데, 10년 동안 상약(嘗藥)157)하느라 학문에 전념할 수 없었으니, 지금 힘써 학업을 권장하는 일을 더욱 조금도 늦춰서는 안 됩니다.

신은 마땅히 지금 춘궁을 면려(勉勵)하여 서연을 열어서 법강(法講)하는 일을 잠시라도 이유 없이 정지하지 말아야 한다고 생각합니다. 비록 재계(齋戒)하는 날을 당할지라도 늘 소속 궁료들을 불러 서사(書史)를 강론하여 일취월장(日就月將)하도록 격려하여 십한일폭(十寒一曝)158)의 근심이 없게 해야 할 것입니다.

또한 삼가 생각건대 왕세제 저하는 깊은 궁궐에서 나고 자라나 오랫동안 외합(外閤)159)에 거처하였으므로 이미 바깥사람과 서로 접한 일이 없었으니, 일찍이 당대의 업무에 뜻을 둔 적이 없었습니다. 어리석고 죽을죄를 지은 신이 삼가 생각건대 국가의 크고 작은 일에 대해서 혹은 사려(思慮)가 원만하지 못하거나, 필요한 대책을 적절하게 강구하는데 숙련이 부족한 점이 없지

---

157) 상약(嘗藥) : 높은 사람이나 또는 남에게 약을 권하기 전에 먼저 맛을 보는 일이다. 연잉군이 숙종의 약 시중을 든 일을 말하는 것으로 보인다.

158) 십한일폭(十寒一曝) : 《맹자(孟子)》〈고자 상(告子上)〉에, "천하에 잘 생장하는 물건이 있다 하더라도 하루 동안 햇볕을 쪼이고 열흘 춥게 하면 생장할 수 있는 것이 없다."고 한 데서 유래한 말로서, 생물이 열흘은 춥고 하루는 따뜻하면 자랄 수 없는 것처럼 공부도 중간에 끊어지면 성취할 수 없다는 말이다.

159) 외합(外閤) : 합문(閤門)은 금중(禁中)으로 통하는 문이고, 외합은 바깥에 있는 합문을 말한다. 상주는 중문(中門) 밖에 있는 담에 나무를 걸치고 풀을 이어 만든 의려(倚廬)에서 상기(喪期)를 지내는 것이 예(禮)이다. 외합에 거처한다는 말은 금중으로 통하는 중문 밖에 설치한 의려에서 거처한다는 뜻이다.

않을 것입니다.

신이 이전에 《승정원일기》를 살펴보니, 일찍이 정축년(1697, 숙종23) 무렵에 조정 신하 가운데, 신하들을 인대(引對)할 때에 전하로 하여금 곁에서 모시고 참여해 듣게 하여 나랏일을 가르치고 익히게 하자고 글을 올려 요청한 자가 있었는데, 곧바로 가납(嘉納)한다는 비답을 받았습니다.

신은 삼가 이 말을 한 자는 진실로 저군(儲君)을 가르치고 인도하는 아름다운 법도를 얻었다고 생각합니다. 그때 전하의 나이가 아직 어렸지만 오히려 이렇게 말하였는데, 오늘날 동궁은 장성한 나이가 전하의 당년 보다 갑절이 될 뿐만이 아니니, 서정(庶政)을 밝게 익히는 것이 더욱 마땅히 힘써야 할 급한 일이 아니겠습니까?

전하께서 만약 신료를 인접(引接)하실 때나 정령을 재결(裁決)할 때 늘 세제를 불러 전하를 모시고 정사에 참여하게 하여, 한편으로는 가부(可否)를 강론해 확정하는 방도로 삼으시고, 다른 한편으로는 일에 따라 가르치고 숙련하는 방법으로 삼으신다면, 반드시 여러 정사에 밝게 익숙해져서 나랏일에 보탬이 될 것입니다. 삼가 원하건대 전하께서는 깊이 유념하여 우러러 자성께 여쭈어 처리해 주십시오."

주상이 답하기를, "진달한 바가 좋으니, 유념하지 아니할 수 있겠는가?" 하였다. - 10일 비로소 내렸다. -

○ 10일, 주상이 다음의 전교를 내렸다.

"내가 기이한 병이 있어 10여 년 이래로 조금도 회복될 기약이 없어서 이에 선조(先朝)께서 근심하셨는데, 만기(萬機)를 수응(酬應)하기가 진실로 어렵다. 지난 정유년(1717, 숙종43)에 청정(聽政)의 명이 있었던 것은 조용히 조섭(調攝)하는 중에 그 조섭을 편하게 하기 위한 것이어서, 내 몸에 대해서는 다른 것을 돌아볼 겨를이 없었다.

그러나 등극한 이래 밤낮으로 근심하고 두려워하다 보니 요즘은 증세가

더욱 나빠져 수응하는 일 또한 어려워서 정사가 정체됨이 많으니, 국사를
생각하면 걱정이 더욱 깊어진다. 이제 세제는 젊고 영민하므로 만약 청정하게
하면 국사(國事)를 의지할 곳이 생겨서 내가 마음 편히 몸조리 할 수 있을
것이니, 크고 작은 국사를 모두 세제로 하여금 결정하게 하라."

○ 좌승지 이기익, 동부승지 남도규, 응교 신석, 교리 이중협이 청대, 입시하
여 비망기를 거두어 달라고 청하자, - 경연의 설은 《난여(爛餘)》160)에 보인다. - 주상
이 말하기를, "번거롭게 하지 말라." 하였다.

신석이 다음과 같이 아뢰었다.

"신들이 삼가 조성복의 상소를 보건대, 아랫부분에서 아뢴 것은 몹시
놀랍고 당혹스러웠으며, 이어서 원통하고 원망스러웠습니다. 지금 저위가
비로소 정해져 종사를 의탁할 수 있으니, 신료들이 동궁에게 바라는 것은
단지 효우(孝友)를 돈독하게 하고 강학을 부지런히 하는 데 있을 뿐입니다.
정사에 참여하여 듣고 정무를 헤아려 처리하는 일은 실로 오늘날 마땅히
말할 일이 아닙니다.

그 상소 가운데 정축년의 일을 근거로 끌어들였는데, 이는 그렇지 않은
점이 있습니다. 그때 전하께서 어린 나이로 선왕의 슬하에 있었으므로 곁에
참여해 들은 것은 진실로 '일을 만날 때마다 가르친다.'161)는 뜻에서 나온
것입니다. 지금 이 '가부를 강론하여 확정한다.'는 말은 무식하여 그릇되고
망령됨이 심하니, 청컨대 조성복을 파직하십시오."

---

160) 난여(爛餘) : 숙종이 승하한 1720년 6월부터 1723년 12월까지 노론과 소론이 갈등한
    내용을 편년체로 엮은 기록으로서, 김재로(金在魯)가 편찬하였다. 경종대를 다룬 대표적
    당론서인 노론 측의 《신임기년제요(辛壬紀年提要)》와 소론 측의 본서보다 더 원사료에
    충실한 자료이다.
161) 일을 …… 가르친다 : 당 태종(唐太宗)이 "짐은 태자를 세운 뒤로 일을 만날 때마다
    가르친다. 태자가 밥을 먹는 것을 보면 '네가 농사의 어려움을 안다면 항상 이 밥을
    먹을 수 있다.' 하였다.[朕自立太子, 遇物則誨之, 見其飯. 則曰 : '汝知稼穡之艱難, 則常有斯飯
    矣.']"고 한 데서 나온 말이다. 《資治通鑑 唐紀 貞觀17年》

주상이 말하기를, "파직은 너무 지나치다." 하니, 신석이 말하기를, "파직하는 벌이 어찌 너무 지나치다고 하십니까?" 하였다. 이기익이 말하기를,

"승정원에서 죄를 청하지 않은 것은 대각의 규정 때문에 감히 먼저 우러러 진달할 수 없어서 그랬던 것이니, 홍문관원 신석이 진달한 것은 원래 너무 지나친 일이 아닙니다."

하였다. 신석이 말하기를,

"신들이 막 조성복의 죄를 청할 일로써 차자를 올리려 하였는데, 미처 입계(入啓)하기도 전에 갑자기 비망기를 내리시니, 놀라고 당황하여 무슨 말을 아뢰어야 할지 모르겠습니다. 정축년의 일을 어떻게 끌어다가 인용하여 오늘에 비길 수 있단 말입니까?"

하였다. 남도규가 말하기를,

"홍문관원이 아뢴 말은 진실로 옳으니, 특별히 윤허하시는 것이 어떻겠습니까?"

하였다. 이중협이 말하기를,

"신들은 조성복의 상소에 대한 비답이 갑자기 내려온 뒤에 비로소 그 상소를 보고 지극히 놀라고 통탄하였는데, 미처 차자를 올려 죄를 청하기도 전에 갑자기 비망기를 내리셨습니다. 조성복의 죄는 파직도 오히려 가벼운데, 어찌 조금이라도 과중할 이치가 있겠습니까?"

하니, 주상이 말하기를, "아뢴 대로 파직하는 것이 좋겠다." 하였다.

○ 우참찬 최석항이 대궐 밖에 와서 기다리다가 청대하자 주상이 "윤허한다."고 전교하고서 유문(留門)[162]하고 입시하도록 하였다. 최석항이 청대하였을 때 승정원과 홍문관이 다시 입시하였다.

최석항이 다음과 같이 아뢰었다.

---

162) 유문(留門) : 궁궐 문을 여닫는 것은 정해진 시간이 있으나, 특별한 사정이 있을 때 그 여닫는 일을 유보하는 것을 말한다.

"지금 막 비망기를 보고 놀랍고 두렵기 그지없어서 비록 밤이 깊었지만 감히 이와 같이 청대하였습니다. 옛날 제왕의 집안에 혹 이러한 처분이 있었으나, 모두 춘추가 아주 많은 데에서 비롯되었는데, 혹은 재위한 지 이미 오래되어 피로가 병이 되었거나 혹은 몸에 독질이 있어서 오랫동안 고질병을 앓는 경우에 만부득이 해서 그런 것이었습니다.

지금 우리 전하의 춘추가 이제 겨우 30을 넘었고, 정당하고 분명하게 국사를 익혀서 지치(至治)를 기대할 수 있게 되었는데, 재위한 지 1년이 못 되었습니다. 질병에 대해서는, 신이 약원에서 근무한 지 지금 이미 1년이 지났으니 성후(聖候)의 경중에 대해서 어찌 자세히 알지 못하겠습니까?

문안할 때마다 비답에서 매번 질병이 없다고 하교하시어, 혹은 입진을 청하더라도 혹 특별히 대단한 질환은 없다고 하거나 혹 겉으로 드러난 병증이 없다고 하시며 입진을 허락하지 않았습니다. 이른바 편찮으신 증세라는 것은 담화 인음(痰火引飮)[163]으로 인해 소변이 잦은 것에 불과할 뿐인데, 이것이 어찌 오래도록 낫지 않는 심각한 병이겠습니까?

전하께서 매번 기이한 질병이라고 하교하시는데, 신은 진실로 그 이유를 알지 못하겠습니다. 이 세 가지의 일이 없는데도 즉위 원년에 갑자기 이런 하교를 내리신 것은 무엇 때문입니까?"

이기익이 말하기를,

"삼가 듣건대 비망기가 내려진 뒤에 왕세제가 궁료를 인접하고 눈물을 흘리면서 하교했다고 합니다. 이에 중앙과 지방의 인심이 크게 놀라고 당황하는 것은 진실로 논할 수 없더라도 동궁의 심사를 전하는 어찌 유념하지 않으십니까?"

하니, 남도규, 신석, 이중협의 말도 대체로 같았다. 최석항이 말하기를,

"선대왕이 무궁한 왕업을 전하에게 맡긴 것은 온 정신을 기울여 정치에 힘쓰고 밤낮으로 게을리하지 않아서 우리 조종 3백 년의 기업(基業)이 추락하

---

163) 담화 인음(痰火引飮) : 담으로 말미암아 나는 열로 인해 자꾸 물을 마시는 병이다.

지 않도록 하기 위해서였습니다. 그런데 즉위하신 초기에 갑자기 물러날 생각을 한다면 선대왕이 부탁한 뜻이 어디에 있단 말입니까? 하물며 우리 춘궁 저하가 궁료를 인접하고 눈물을 흘리기까지 하였다고 하니 인정과 도리가 절박하다는 것을 이를 근거로 알 수 있는데, 전하께서는 어찌 이러한 점을 고려하지 않으십니까?

이 하교를 듣고서 크고 작은 신료들이 놀라고 당황하지 않은 사람이 없다는 것은 승정원과 홍문관에서 즉시 이미 청대하여 진달하였고, 뭇 사람들이 허둥지둥할 것은 말하지 않아도 상상할 수 있습니다. 중앙과 지방의 인심이 만약 이 소식을 들으면 반드시 장차 크게 놀라서 진정되지 않을 것인데, 이 지경에 이르면 장차 어떻게 대처하시겠습니까? 삼가 바라건대 즉시 이미 내린 명령을 거두어 인심을 안정시키기 바랍니다."

하고, 이기익도 운운하며 말하였다. 최석항이 말하기를,

"전하의 이번 거조는 요컨대 편의에 따라서 사사로운 뜻을 펼친 것에 불과하여 만고의 공심(公心)을 지탱하는 일과는 어긋나 있으니, 한 몸의 사사로움으로써 만세의 공(公)을 폐기한다면 성덕(聖德)에게 누를 끼치는 것이 어떠하겠습니까?

전하가 만약 위로는 선왕의 밝은 명을 체득하고, 아래로는 춘궁의 정리를 고려하며, 대소 신료들과 중앙과 지방의 사서(士庶)의 여론을 굽어 살핀다면 반드시 장차 두려워하며 깨닫게 될 것입니다. 신의 청이 받아들여지지 않는다면 비록 날이 밝더라도 감히 물러날 수 없으니 빨리 밝게 하교하시어 성명을 다시 거두시기 바랍니다."

하니, 주상이 말하기를, "내가 마땅히 생각해 보겠다." 하였다.

최석항이 말하기를,

"삼가 이번 하교를 받드니 천의(天意)를 돌린 것을 볼 수 있을 것 같아서 감격하고 다행함을 이길 수 없습니다."

하니, 여러 신하들이 운운하였다. 최석항이 말하기를,

"모든 일을 당하면 세 번 생각하는데, 혹 한 번 생각하여 정한 것이 있고, 혹 두 번 생각하여 정한 것이 있으며, 혹 세 번 생각한 뒤에 정한 것이 있습니다. 이번 일은 한 번만 생각해도 단정할 수 있는데, 어찌 세 번 생각하기를 기다리겠습니까?"

하니, 주상이 말하기를, "다시 번거롭게 하지 말라." 하였다. 최석항이 다음과 같이 말하였다.

"전하께서 이제 막 '마땅히 생각해 보겠다.'는 뜻으로 하교하였다가 지금 또 '번거롭게 하지 말라.'고 하교하시니, 신의 오장(五臟)이 불타는 듯하고 성의(聖意)의 소재를 알지 못하겠습니다. 이미 마음을 돌리겠다는 뜻을 보였다가 또 간언을 거부하는 기색을 보이니 이것이 어찌 평일 성명께 바란 것이겠습니까?

소신은 선조의 망극한 은혜를 입어 지위가 여기에 이르렀는데, 물방울과 티끌만큼도 보답하지 못하고 갑자기 반염(攀髥)164)의 아픔을 안게 되었습니다. 선제(先帝)를 추모하여 폐하께 보답하는 의리는 오직 전하에게 있는데, 늙어서 죽지 못하고 다시 이런 일을 보게 되니 다만 아직도 한 번 죽음을 늦추어 따라 죽지165) 못한 것이 한스럽습니다."

이기익이 다음과 같이 말하였다.

"3백 년 종사와 억만 백성이 우러러 바라보는 것이 모두 전하의 한 몸에 있는데, 전하가 비록 하루아침에 세제에게 떠맡기려고 하지만 전하의 마음이

---

164) 반염(攀髥) : 수염을 붙잡는다는 뜻으로, 임금의 죽음을 뜻하는 말이다. 황제(黃帝)가 형산(荊山) 아래에서 솥을 주조하고 나서 용을 타고 승천할 적에 신하와 후궁 70여 인을 함께 데리고 갔는데, 여기에 참여하지 못한 소신(小臣)들이 용의 수염을 붙잡고 있다가 용의 수염이 빠지는 바람에 모두 땅에 떨어지고 말았다는 전설에서 유래한 것이다.

165) 따라 죽지 : 원문은 "褥蟻"이다. 잠자리를 깔고 개미를 쫓는다는 말로, 임금을 따라 죽어 황천에서 봉사한다는 말이다. 전국시대 안릉군(安陵君)이 초(楚)나라 공왕(共王)에게 "대왕께서 승하하신 뒤에 이 몸이 황천에 따라가서 개미를 막는 잠자리가 되기를 바랍니다." 하였다는 데서 나온 말이다. 《戰國策 楚策1》

또한 어찌 편안하겠습니까? 이제 겨우 책례를 거행하였는데 곧 비망기를
내려서 뭇 사람들이 허둥지둥하면서 어쩔 줄을 모르는데, 전하의 마음이
또한 편안하시겠습니까? 이는 의심할 일이 아닌데도 이와 같이 의심하시니,
이것이 바로 신들이 입이 닳도록 힘써 다투어서 반드시 거두어들이게 하려는
이유입니다."

이중협이 다음과 같이 말하였다.

"정유년(1717, 숙종43)의 일은 오늘과 다릅니다. 선대왕이 10년 동안 몸이
편찮으셔서 수작(酬酢)할 때 눈이 잘 보이지 않았으므로 마침내 대리청정
하라고 하교하였습니다. 당시 신료들 역시 정사를 물리치고 조용히 조섭하는
것이 병환에 유익하다는 것을 알았기 때문에 억지로 떠들며 버티지 않았으니,
오늘의 일은 그 당시와는 전혀 다르므로 조속히 거둬주신다면 매우 다행이겠
습니다."

최석항이 다음과 같이 말하였다.

"조성복의 상소 원본을 이제 겨우 얻어 보았는데, 처음에는 춘궁의 강학을
권면하는 말로 시작하였으니 이는 진실로 옳습니다. 또 곁에 앉아서 정치에
참여하라고 말하였는데, 군주가 법전(法殿)166)에 나아가 앉아 신료를 인대(引
對)하는 것은 사체가 지극히 엄하고 중대한 일입니다. 춘궁이 전하와 나란히
앉아 있는 일도 이미 부당한데, 만약 곁에 앉는다면 사체에 문제가 생겨서
좌차(坐次)가 편치 않을 것입니다.

아래에 또한 '가부를 강론한다.' 말하였는데, 그가 한 명의 보잘것없는
대관(臺官)으로서 어찌 감히 이와 같은 말을 할 수 있단 말입니까? 이에
홍문관의 말로 인하여 먼저 파직하라고 하였지만 이 같은 중죄는 결코 파직에
만 그칠 수 없으니 특별히 먼 지방으로 귀양 보내는 형전을 베풀어서 징계하는
방도로 삼아야 합니다."

주상이 말하기를, "이는 너무 지나치다." 하였다.

---

166) 법전(法殿) : 임금이 여러 신하들의 조회(朝會)나 조하(朝賀)를 받는 정전(正殿)이다.

최석항이 다음과 같이 말하였다.

"신은 오히려 지나치게 가볍다고 생각하는데, 어찌 지나치게 무거울 이치가 있겠습니까? 신은 경연에 참가하는 직책을 맡고 있어서 조성복을 처벌하라는 내용으로 대략 상소 하나를 올려 승정원에 보냈는데, 궐문이 이미 닫혀 입계(入啓)하지 못하였으므로 오늘에야 입시하여 감히 그 죄를 청합니다.

또한 예로부터 성왕(聖王)이 큰 처분을 할 때에는 반드시 신중하여, 《서경》〈홍범(洪範)〉에 이르기를,

'자기 마음에 물어보고 시귀(蓍龜)[167]에 물어보고, 경사(卿士)에 물어보고 서인(庶人)에게 물어보아야 한다.'[168]

하였습니다. 그 신중하게 처리하는 방도가 이와 같아야 하는데, 조성복 상소에 대한 비답이 막 내리고 나서 이러한 비망기가 나왔습니다. 이와 같이 막중하고도 막대한 일을 하찮은 한 사람의 말로 인하여 가볍게 거행하고 어렵게 여기지 않으니 국사가 다시 믿을 곳이 없게 되었습니다.

일찍이 을유년(1705) 겨울에 전선(傳禪)[169]의 하교가 있었는데, 당시 삼공과 경재(卿宰), 삼사(三司)와 백관이 모두 조정에 나아가 복합하여 애써 다투었습니다. 삼사가 청대하게 되자 신이 대사간으로서 입시하여 합사(合辭)해서 쟁집(爭執)함으로써 마침내 천의를 돌이키기에 이르렀으니, 전하도 또한 역시 반드시 기억하실 것입니다.

선왕의 청납(聽納)[170]하는 덕은 사람들이 지금까지 칭송하여 그치지 않고

---

167) 시귀(蓍龜) : 국가의 운명을 점칠 때 쓰이는 시초(蓍草)와 거북이 등껍질인 귀갑(龜甲)을 말한다. 그 점괘가 국가의 운명을 좌우하기 때문에 매우 중요하였는데, 바로 이러한 구실을 하는 국가의 원로 대신(元老大臣)을 비유하기도 하였다.

168) 자기 …… 한다 : 《서경》〈홍범(洪範)〉에 "크게 의심나는 점이 있거든, 자기 마음에 물어보고, 관원들에게 물어보고, 일반 대중에게 물어보고, 거북과 시초 점을 쳐서 물어보아야 한다.[有大疑, 謀及乃心, 謀及卿士, 謀及庶人, 謀及卜筮.]"라고 되어 있어 본문과 약간 차이가 있다.

169) 전선(傳禪) : 임금이 살아 있으면서 세자나 후계자에게 왕위를 물려주고 물러나는 것을 말한다.

170) 청납(聽納) : 윗사람이 아랫사람이 아뢴 내용을 들어서 받아들이다. 또는 남의 의견이나

있는데, 청정과 전선이 비록 차이가 있다고 하지만 이것이 어찌 오늘날
전하께서 마땅히 본받아야 할 일이 아니겠습니까? 지금 만약 흔쾌히 내린
명령을 거두어들인다면 위로는 하늘에 계신 선왕의 혼령을 위로하고, 중간에
는 춘궁의 절박한 심정을 편안히 하며, 아래로는 신민의 억울한 마음을
풀어줄 수 있을 것입니다.

《주역》에서 말하기를, '멀지 않아 돌아올 것이다.'[171] 하였습니다. 만약
오늘 밤이 지나면 조정의 신료들이 반드시 장차 궁궐 아래 무더기로 몰려들어
목소리를 맞추어 호소하며 반드시 청을 윤허해 주기를 기대할 것입니다.
이에 즉시 거두어 되돌린다면 비단 '멀지 않아 되돌아온다.'는 뜻에 부합될
뿐만 아니라 성덕에 광채를 더한 것을 이루 다 말할 수 있겠습니까?"

주상이 말하기를, "중신의 말이 거듭 이와 같으니 아뢴 대로 하라." 하였다.
최석항이 말하기를,

"이 하교를 받드니 저도 모르게 감동되어 눈물이 나옵니다. 죽어도 여한이
없습니다. ……"

하였다. 마침내 비망기를 거둬들이라고 명하니, 이기익이 드디어 무릎을
꿇고 올리고 물러났다. 당시 이미 5경(更) 3점(點)[172]이었다.

○ 춘방(春坊)[173]에서 비망기를 써서 들였다. 동궁이 상하번(上下番)을 인접
(引接)하니, 필선 김고와 겸설서 조현명(趙顯命)이 눈물을 흘렸다. 이에 세제가
하교하기를,

권고 등을 잘 들어 주다.

171) 멀지 …… 것이다 : 잘못을 깨닫고 금세 바른길로 들어서는 것을 말한다. 《주역》〈복괘(復
卦) 초구(初九)〉에 "멀지 않아서 되돌아오니, 후회하는 일이 없을 것이요, 크게 좋을
것이다.[不遠復, 无祗悔, 元吉.]"는 말이 나온다.

172) 5경(更) 3점(點) : 오전 4시를 전후한 시점이다. 이때 큰 쇠북을 33번 쳤는데, 이로써
서울 도성 안에 야간 통행금지가 풀렸다.

173) 춘방(春坊) : 세자시강원(世子侍講院)을 가리킨다. 세자를 모시고 경사(經史)를 강독하며
도의(道義)를 바르게 계도(啓導)하는 일을 관장하였다.

"지금 이 하교는 전혀 꿈에도 생각지 못한 데서 나와 놀랍고 황공하여 어쩔 줄을 모르겠다. 조금 전 자전에게 아뢰었고, 입이 닳도록 간절히 대전께 아뢰었으나, 결단코 반한(反汗)174)할 뜻이 없었다. 그래서 오늘밤 소장을 올리고 싶지만 임금이 잠자리에 드는 것175)을 방해할까 두려워 아침이 밝기를 기다리려고 하는데 여러 신료들의 뜻은 어떠한가?"

하니, 상하번이 운운하였는데, 놀랍고 황공하다고 운운하고, 날이 밝은 다음에 소장을 올리는 것이 지당하다고 운운하였다.

○ 영의정 김창집이 차자를 올렸는데, 그 대개는 빨리 물러나는 것을 허락해달라고 청하는 내용이었다. 입계(入啓)하니, - 11일 - 주상이 다음과 같이 답하였다.

"차자를 살펴보고 잘 알았다. 《예경(禮經)》에 치사(致仕)에 대한 가르침176)이 있고, 국전(國典)에서 봉조하(奉朝賀)177)를 설치한 것을 내가 어찌 모르겠는가? 경은 나라를 몸처럼 여기는 정성이 있는데, 근력이 아직 강하고 또한 대단한 질병이 없으니 의지하여 신뢰하는 마음이 줄어들지 않았다. 그런데 물러나 쉬겠다는 청을 재차 올리니 마음속으로 매우 놀랍지만 부득이 시행할 것을 허락한다. 조용히 조리하고 방에 편안히 누워서178) 도리를 논하라."

---

174) 반한(反汗) : 임금이 이미 발표한 명령을 취소하거나 고치는 일을 말한다. 본래 나온 땀을 다시 들어가게 한다는 뜻이다.

175) 임금이 잠자리에 드는 : 원문은 "丙枕"이다. 하룻밤을 갑·을·병·정·무의 다섯으로 나눈 셋째 시각, 즉 밤 12시로, 임금이 잠자리에 들어있는 시간이다.

176) 치사(致仕)에 대한 가르침 : 《예기(禮記)》〈곡례 상(曲禮上)〉에 "대부는 나이가 칠십이 되면 일을 그만둔다.[大夫七十而致事]"는 구절이 있다.

177) 봉조하(奉朝賀) : 종2품 이상 관원이 치사(致仕)하면 특례(特例)로 내리던 벼슬로, 종신토록 녹봉을 받고 조하(朝賀) 등의 의식이 있을 때만 입궐(入闕)하였다.

178) 방에 편안히 누워서 : 원문은 "臥閣"이다. 문을 닫고 누워서 지낸다는 뜻으로, 한나라의 급암(汲黯)이 동해 태수(東海太守)가 되었을 적에 문을 닫고 방 안에 누워서 백성을 다스리니, 1년 남짓한 사이에 동해군이 매우 잘 다스려졌다고 한 고사에서 나왔다. 《史記 卷120 汲鄭列傳》

○ 11일, 좌의정 이건명이 차자를 올려 다음과 같이 말하였다.

"어제저녁 삼가 듣건대 비망기에 세제에게 대리청정하라는 명이 있었는데, 승정원과 홍문관에서 면대하여 호소하였지만 청을 받아주지 않았다고 하였습니다. 이에 마음속으로 놀라움을 이기지 못하여 궁궐 바깥에 나아가 먼저 도착한 여러 재신들과 함께 청대하여 힘껏 아뢰고자 하였습니다. 그런데 얼마 있다가 '중신이 아뢰어서 전지(傳旨)를 거두어 들였다.' 하니, 신의 근심이 기쁨으로 바뀌어 다만 간절히 송축(頌祝)할 뿐이었습니다.

우러러 생각하건대 전하는 춘추가 한창이고 새로 천자의 명령을 받았으니 이제 온 정신을 가다듬어 정치에 힘쓰기에 겨를이 없어야 합니다. 그런데 갑자기 몸조리할 뜻을 품고 전혀 뜻밖의 하교를 내렸으니 비록 다행히 머지않아 되돌렸지만 거조가 전도되고 듣는 이들이 의혹을 품은 것이 과연 어떻겠습니까? 신이 일이 지난 뒤에 다시 번거롭게 말을 많이 아뢰는 것은 마땅치 않지만 성명(聖明)을 위해 크게 걱정이 됩니다.

삼가 바라건대 지금부터 전하께서는 더욱 존양성찰(存養省察)[179]의 공부를 더 하여 모든 정령을 시행할 때 사리에 합당한 지 여부를 깊이 살피고 반드시 신중에 신중을 기하여 후회하는 일이 없게 하십시오.

또한 조정의 체모는 매우 중하고 엄하므로, 비록 아무리 급한 일이 있다고 하더라도 중신 한 명이 깊은 밤에 청대한 것은 통상적인 규례를 어긴 것이었는데, 승정원에서 갑자기 계품(啓稟)[180]한 것은 경솔함을 면하지 못하였습니다. 지금 그가 한 말이 잘못을 바로잡으려는 데서 나와서 결국 처분이 지당한

---

179) 존양성찰(存養省察) : 존양은 마음을 보존하여 성(性)을 기르는 것을 이르며, 성찰은 자신의 사욕을 살펴 이를 막는 것을 이른다. 《중용장구》 제1장에 "군자는 보지 못하는 데에서도 삼가며, 듣지 못하는 데에서도 두려워한다.[君子戒愼乎其所不睹, 恐懼乎其所不聞.]"고 하였는데, 이것은 정(靜)할 때의 존양 공부를 말한 것이며, 이어 "숨기는 것보다 드러나는 것이 없으며 미미한 것보다 나타나는 것이 없다. 그러므로 군자는 혼자 있을 때부터 삼가는 것이다.[莫見乎隱, 莫顯乎微, 故君子愼其獨也.]"고 하였는데, 이것은 동(動)할 때의 성찰 공부를 말한 것이다.
180) 계품(啓稟) : 신하가 글로 임금에게 아뢰던 일이다.

곳으로 돌아갔지만, 뒷날의 폐단에 관계되니 그대로 둘 수 없습니다. 마땅히
해당 승지를 경책(警責)하여 일의 체모를 보존해야 합니다. ……"

주상이 답하기를,

"차자의 말이 지극히 절실하니 깊이 유념하지 않을 수 있겠는가? 아래
조항의 일을 그대로 시행하라."

하였다.

○ 호조참판 조태억이 청대하여 입시했을 때 - 승지 이기익과 남도규는 좌의정이
공격하여 배척한 것으로 인하여 궁궐에 도착한 뒤에 나가고, 오직 도승지 홍계적만 함께
들어왔다. 사관은 박준(朴㻐)·김극겸(金克謙)·김한운(金翰運)이다. - 삼사와 대신이 바로
잡지 못한 것을 비난하여 배척하면서 다음과 같이 아뢰었다.

"하늘이 동방을 도와 저위를 처음으로 정하고, 책례를 이미 거행하였으니
온 나라의 백성들이 누구인들 기뻐하지 않겠습니까? 날마다 서연(書筵)을
열고 부지런하게 강학하시니, 뭇 아랫사람들이 마음속으로 경하고 기뻐하
는 것이 간절하였는데 전혀 뜻밖에 갑자기 이 같은 명이 있으니, 신들은
주상의 뜻이 어디에 있는지 알지 못하겠습니다.

일찍이 을유년(1705, 숙종31)에 선대왕이 재위한 지 30여 년이 되어 계속해
서 질환이 있었기 때문에 전선(傳禪)의 명이 있기까지 하였습니다. 당시 신민이
라면 누군들 전하를 위하여 목숨을 내놓을 마음이 없었겠습니까? 그렇지만
사안이 중대하였으므로 삼사의 여러 신하들과 백료들, 오부 방민(五部坊民)181)
이 누누이 아뢰어 청하여 끝내 반한하기에 이르렀습니다.

당시 신은 북평사(北評事)182)로서 마침 서울에 왔다가 정청(庭請)183)에 따라

---

181) 오부 방민(五部坊民) : 서울을 구분하여 중부(中部)·동부·서부·남부·북부로 나누고 그
밑에 다시 방(坊)을 두었는데, 중부에 8방, 동부에 12방, 서부에 8방, 남부에 11방, 북부에
10방, 도합 49방의 백성을 말한다. 방은 지금의 동(洞)과 같다.
182) 북평사(北評事) : 정6품의 외직 문관이다. 외관직(外官職)으로서, 영안도(永安道, 함경도)
와 평안도에 각 1명씩 총 2명을 파견하였고 병마절도사(兵馬節度使) 밑에 있었다. 원이름

참여하여, 전하께서 간절히 사양하였는데 숙종의 허락을 받지 못하였다는 말을 듣고 눈 내리는 밤에 지붕도 없는 궁궐 뜰에 앉아서 눈물 흘리며 빌기까지 하였습니다.

정유년(1717) 진신의 상소 가운데 또한 이 일을 언급하였는데, 전하께서 을유년에 품은 심사(心事)가 바로 오늘날 동궁이 처한 상황이니, 전하께서는 이러한 점을 염두에 두고 마땅히 세제가 이 같은 지경에 처하지 않게 해야 할 것입니다. 삼가 듣건대 지난 밤 동궁이 궁료를 인접하고 눈물을 흘리시면서 흐느꼈다고 하는데, 전하께서는 어찌 이것을 유념하지 않으십니까?

전하께서 만약 정말 질환이 있어서 만기(萬機)를 처리하는데 방해가 된다면, 신료 그 누구인들 국사를 근심하지 않겠습니까? 그런데 약원의 비답에서 매번 드러나는 증세가 없다고 답하셨습니다. 신 또한 여러 해 동안 병폐(屛廢)되어184) 오랫동안 우러러보지 못하였다가 엊그제 책례가 있어서 입참(入參)하여 시위(侍衛)할 때 비로소 감히 멀리서 우러러보았는데 지난 10년에 비해 별다른 손상이 없었으므로 신은 사사로운 마음에 기쁘고 행복하여 나와서 사람들에게 말하였습니다. 그런데 어제의 하교는 무엇 때문에 나온 것입니까?

신이 청대하여 들어올 때 도로의 백성들이 모두 말하기를, '우리 임금이 장차 국사를 저버리려 한다.' 하면서 서로 돌아보고 탄식하지 않는 사람이 없었습니다. 인심이 이와 같이 끓어오르는 것을 전하께서 어떻게 알겠습니까? 이 뒤로는 성의(聖意)를 굳게 지켜 다시는 이와 같은 경솔한 일을 하지 마십시오. 곁에서 모시고 정치에 참여하는 것은 비록 바로 청정을 청한 것은 아니지만

은 병마평사(兵馬評事)인데 약칭으로 북평사라고 하였다. 북평사는 우후와 더불어 각 도의 주장인 절도사의 막료로서 주장을 보필하였다. 즉 병마절도사 밑에서 문부(文簿)를 관장하고 군자(軍資)와 고과(考課) 및 개시(開市) 등에 관한 사무를 담당하였다.
183) 정청(庭請) : 국가에 중대사가 있을 때 세자 또는 의정(議政)이 백관을 거느리고 궁궐에 이르러서 계(啓)를 올리고 전교(傳敎)를 기다리는 일을 이른다.
184) 여러 …… 병폐(屛廢)되어 : 조태억은 1716년 병신처분 이후 출사를 꺼리다가 1717년 신구(申球)를 배척하여 상소하고 세자 대리청정을 반대하는 상소에 연명하였다가 좌천되어 여주목사, 이천부사 등 외직을 전전하였다. 《西堂私載 卷12 議政府左議政趙公行狀》

신하된 자가 어찌 이 같은 말을 할 수 있단 말입니까?

비망기 가운데, '크고 작은 국사를 모두 결정하게 하라.' 한 것은 또 단지 정치에 참여할 뿐만이 아니므로, 승정원에서 마땅히 반려해야 하는데도 대충대충 청대하여 책임을 때우려는 것처럼 하였습니다. 또한 전하의 이번 일이 얼마나 중대한 일입니까? 이것은 을유년처럼 시임 대신(時任大臣)이 마땅히 백관을 거느리고 청대하여 환수를 기약해야 했습니다.

그런데 태연히 물러나 앉아서 수수방관하다가 성명(成命)을 환수한 뒤에야 좌의정과 병조참판 김재로가 비로소 대궐 밖에 이르렀다가 이미 환수하였다는 말을 듣고서 곧 물러갔으니, 이것이 무슨 도리입니까? 형조참의 이조(李肇)185)는 중신 최석항이 들어온 뒤 뒤미처 궁궐 아래에 도착하였으나 승정원이 가로막고 아뢰지 않았습니다.

또한 조성복은 홍문관의 청으로 인하여 파직으로 그쳤는데, 그 죄가 어찌 파직에만 그치겠습니까? 이처럼 국가에 큰일이 있는 날에 서울에 있는 시임대신과 삼사의 크고 작은 여러 신하들 가운데 한 사람도 다투어 논쟁하지 않았으니, 윤상(倫常)은 끊어지고 분의(分義)는 사라졌습니다. 시임대신과 삼사 여러 신하들을 아울러 처벌한 뒤에라야 나라를 다스릴 수 있을 것입니다.

또 대신 이건명의 차자를 보니, 최석항의 일을 말하면서 도리어 깊은 밤에 계품하였다고 하면서 승지를 공격하여 배척하였습니다. 나라에 사변(事變)이 생겨서 깊은 밤 다급할 때 이미 상소로는 아뢸 수 없었으므로 궁궐로 달려가 청대하였는데 무엇이 불가하다는 것입니까? 이것을 오히려 가로막는다면 언로가 이 일로 인하여 가로막힐 것이니, 대신의 이 말이 신은 옳은지

---

185) 이조(李肇) : 1666~1726. 본관은 전주, 자는 자시(子始), 호는 학산(鶴山)이다. 1696년(숙종 22)에 정시문과에 급제하여 1699년 홍문록에 오르고, 청요직을 두루 지냈다. 1720년 고부사(告計使)의 부사(副使)로 청나라를 다녀온 뒤 예조참판에 올랐다. 1721년(경종1) 도승지 재직시 노론이 연잉군을 앞세워 대리청정을 요청하면서 정권을 독점하려 하자 경종 보호에 앞장섰다. 1722년에는 형조판서로서 임인옥사를 다스려 노론 4대신을 축출하는 데 참여하였고, 이후 각조의 판서를 역임하였다. 1725년(영조1) 관작을 삭탈 당하고 밀양으로 유배 가서 그곳에서 병사하였다.

알지 못하겠습니다."

도승지 홍계적이 대신과 중신, 재신(宰臣)이 와서 청한 일에 대해 자세히 아뢰고, 또 말하기를,

"조성복은 변방으로 귀양 보내는 것이 마땅하지만, 홍문관에서는 파직을 청하는 이외에 달리 죄를 논한 사례가 없으니 조태억의 말은 사실을 잘 알지 못한 것입니다."

하였다. 조태억이 말하기를,

"신도 또한 10년 전 경악(經幄)186)에서 근무하였는데 어찌 홍문관의 규례를 알지 못하겠습니까? 이와 같이 무거운 죄를 지었는데도 어떻게 귀양보내라고 청하지 않을 수 있겠습니까?"

하니, 홍계적이 말하기를,

"어제 이미 환수하라는 하교가 있었기 때문에 이것을 다행으로 여겨서 죄를 더하라는 청을 할 겨를이 없었습니다."

하였다. 조태억이 말하기를, "이 말은 구차합니다." 하니, 홍계적이 말하기를, "조태억이 아뢴 것은 조성복의 일 이외 모두 협잡에서 나왔습니다." 하여, 조태억이 말하기를, "신은 대신과 삼사에 대해서 단지 바르게 경계하려고 한 것뿐입니다." 하였다.

○ 응교 신석, 교리 이중협이 배척을 받은 일로 인하여 지레 나가서, 상소하여 말하기를,

"경연에서 다른 사람을 논할 때 파직을 넘지 않는 것은 고례(古例)가 곧 그러합니다."

하였다.

---

186) 경악(經幄) : 신하가 국왕에게 유교 경전이나 역사서를 강론하는 일이나 그를 행하는 자리를 말하며, 일반적으로는 경연(經筵)이라고 한다.

○ 양사에서 새롭게 다음과 같이 아뢰었다. - 사간 어유룡(魚有龍), 정언 신무일(愼無逸)[187], 지평 이유(李瑜)·유복명 -

"전 집의 조성복이 상소 하나를 올렸는데, 그 뜻이 해괴하고 패악하여 신들이 서로 돌아보며 얼굴빛이 변할 정도로 두렵고 놀라웠습니다. 다행히 종사(宗社)가 소리 없이 도와서 바로 명을 취소하셨으니 진실로 기쁘고 다행스러워 지극하게 축하해 마지않았습니다.

다만 생각건대 성상의 이런 하교가 얼마나 중대한 일입니까? 그런데 갑자기 조성복의 상소가 들어온 뒤에 내려졌으니, 이는 조성복이 그렇게 되도록 길을 터놓은 것이므로 그 죄를 어떻게 다 베어 죽일 수 있겠습니까?

상소 가운데 말한 정축 연간의 일은 이미 오늘날에 비유해서는 안 되는 일이었고, 하물며 그 말단에서 쓴 표현은 더욱 어찌 신하로서 감히 말할 수 있는 일이겠습니까? 그런데 감히 멋대로 상소문에 썼으니, 그 죄상은 만분(萬分) 절통하므로 엄히 징토를 가하지 않을 수 없습니다. 청컨대 조성복을 외딴 섬에 위리안치 하십시오."

주상이 답하기를, "아뢴 대로 하라." 하였다.

○ 의금부에서 조성복을 진도(珍島)에 위리안치 하였다. - 금부도사 박광원(朴光元)이 데리고 떠났다. -

○ 사헌부에서 다음과 같이 아뢰었다.

"지난밤 비망기가 승정원에 내려졌는데, 실로 이는 국가의 비상한 거조이므로 뭇 신하들이 두렵고 놀란 것이 어떠했겠습니까? 출납의 직임에 있는 자가 환수하라는 청을 허락받지 못하였다면 마땅히 급하게 대신과 여러

---

187) 신무일(愼無逸) : 1676~? 본관은 거창(居昌), 자는 경소(敬所), 호는 백연(白淵)이다. 1702년 (숙종28) 진사가 되고, 1721년(경종1) 정시문과에 급제하여 청요직을 두루 역임하다가 신축환국으로 삭출되고 1723년 유배되었다. 1725년(영조1) 풀려나 승지가 되었다. 1727년 정미환국으로 파면 당했다가 1729년 다시 승지가 되고, 1732년 대사간이 되었다.

재신에게 보고하여 모여서 힘껏 다투는 것이 사체에 당연한 일이었습니다.

　그런데 이렇게 하지 않고 도리어 다른 사람의 지휘를 받아서 깊은 밤 계품하고 계속해서 청대하였습니다. 대신이 궁궐 바깥에 이르렀지만 끝내 유문(留門)을 계청하지 않아서 대신과 여러 신하들이 갈림길에서 방황하게 만들었습니다. 일이 해괴하기가 이보다 심할 수 없으니, 직무를 감당하지 못한 죄를 징계하지 않을 수 없습니다. 청컨대 해당 승지를 모두 파직하십시오."

　주상이 답하기를, "아뢴 대로 하라." 하였다. - 파직으로 현고(現告)[188]된 사람은 이기익과 남도규이다. -

　○ 사간원에서 다음과 같이 아뢰었다.

　"신들이 삼가 듣건대, 호조참판 조태억이 오늘 청대하였을 때 대신 이하 여러 신하들을 터무니없는 사실을 꾸며서 두루 헐뜯기에 있는 힘을 다하였다고 합니다. 그 의도가 교활하고 참혹하며, 설계한 것이 음험하여, 아! 역시 심합니다. 지난밤 비망기가 내려진 뒤 대신과 여러 신하들이 놀라고 황공하여 어쩔 줄을 몰랐습니다. 그런데 중신이 이미 앞서 들어가서 성명을 또 즉시 거둬들였으므로 다투어 논쟁할 필요가 없어 밖에서 되돌아왔으니 어찌 한 터럭이라도 헐뜯을 단서가 있겠습니까?

　그런데 조태억은 중신이 먼저 들어가서 윤허 받은 것과 여러 신하들이 입대(入對)하지 못한 일을 이야깃거리로 삼아서 마치 기이한 재물을 얻은 것처럼 하였습니다. 그리하여 자기 지위를 벗어난 혐의는 돌아보지도 않고 멋대로 일망타진할 계략을 꾸며서 급하게 청대하여 멋대로 비방하고 헐뜯었습니다. 그 기회를 틈타 날뛰면서 진신을 함정에 빠트리고 조정을 무너뜨리려는 형상이 너무나 놀랍고 해괴하니, 청컨대 조태억을 파직하고 서용하지 마십시오."

---

188) 현고(現告) : 국가의 행정지시 사항이나 일반범죄 사실 등을 해당 관청이나 관원에게 신고하거나 고발하다.

주상이 답하기를 "번거롭게 하지 말라." 하였다.

○ 사직 이광좌가 상소하여 다음과 같이 말하였다.

"오늘날의 일은 지극히 중대하기 때문에 병을 무릅쓰고 눈물을 흘리며 아뢰지 않을 수 없습니다. 삼가 제왕의 승통(承統)은 지극히 엄하고 또한 중대하므로 조정에 군림하여 이 일을 처리할 때 모두 정해진 제도가 있으니, 신하가 감히 정도에 벗어나는 논의를 낼 수 없다는 것은 너무나도 분명합니다.

그런데 신이 강교(江郊)에 병으로 누워 있다가 뒤늦게 나라 사람들이 왁자하게 떠들고 있다는 소식을 들었는데, 말하기를, '조성복의 상소 가운데 신하로서 논할 수 없는 일을 논하였다.' 합니다. 알지 못하겠습니다만 이런 말이 정말로 있었습니까? 아닙니까?

동궁의 예(禮)는 《예기(禮記)》〈문왕 세자(文王世子)〉편에 처음 드러났는데, 조현(朝見, 임금을 배알함)에 때가 있고 문안에 절차가 있다는 것을 천년이 지난 뒤에도 선명하게 볼 수 있습니다. 그렇지만 조회에 참여해 앉거나 국사에 참여하여 듣는 일은 《예경(禮經)》에도 조문이 없고, 옛날에도 상고할 근거가 없습니다. 이는 진실로 군주가 군림하는 도리는 체통과 분수가 확연히 구분되기 때문에 비록 세제의 존엄함으로도 간섭하여 어지럽힐 수 없기 때문입니다.

하물며 우리나라는 조종조(祖宗朝) 이래로 예법이 매우 엄하여 진접(晉接)[189]에 정상적인 의례가 있고, 청결(聽決)[190]에 정상적인 법도가 있으므로 참여해 앉고 참여해 듣는 것은 3백 년 동안 없었던 규례인데 어떻게 신하된 자가 감히 입에 올려 아뢰어 청한단 말입니까?

예로부터 세자의 나이가 어리다고 해서 어찌 국사를 숙련하지 않으려

---

189) 진접(晉接) : 황제를 직접 대면하고 은총을 받는 것을 말한다. 《주역》〈진괘(晉卦)〉 괘사(卦辭)의 "진괘는 나라를 편하게 하는 제후에게 말을 많이 하사하고 낮에 세 번씩 접견하는 상이다.[晉, 康侯用錫馬蕃庶, 晝日三接]" 말에서 나온 것이다.

190) 청결(聽決) : 송사(訟事)를 듣고 이에 대해 판결을 내리는 것을 말한다.

하겠으며, 군부가 고생하는데 어찌 그 수고를 나누는 것을 원치 않겠습니까? 그렇지만 혹 이 일로 말하는 자가 있지 않았는데, 조성복은 어떤 사람이기에 감히 천고에 없는 일을 창안하여 열성조가 이미 완성한 법규를 어겼으니 도대체 무슨 마음입니까?

또한 듣건대, 일찍이 정축(1697, 숙종23) 연간에 어떤 사람이 이와 같이 청하였다고 하는데, 신은 어떤 사람이 어떻게 말했는지 기억이 나지 않습니다만 당시 일은 지금과는 크게 다릅니다. 당시 우리 전하는 나이가 어렸으므로 깊은 궁궐에서 덕을 기르면서 바깥일에 대해서는 학습하지 않았으니 그런 말이 혹 이 때문에 나왔을 수도 있습니다.

그렇지만 지금 춘궁은 전하의 그때 나이보다 18세가 많고, 출합(出閤)[191]한 지 이미 오래되어 여러 일을 밝게 익혔으니, 진실로 관찰하고 본받아 때때로 익히기를 기다릴 필요가 없는데, 오늘날 이렇게 청한 것은 과연 어떤 명분이란 말입니까? 더욱이 그때 그 말은 마침내 시행되지 못하여 쓸데없는 빈말이 된 데 불과하고, 또한 사체로 보아 위에서 아뢴 것처럼 너무나도 불가한데, 어떻게 감히 그 사례를 끌어다가 아뢰어 청한단 말입니까?

삼가 보건대 전하께서는 지나치게 공손하고 말이 없어서 강극(剛克)[192]이 밖으로 드러나지 않으니, 인심이 거리낌 없이 제멋대로 하는 것에 익숙해져서 국체를 존중하는 풍토가 점점 사라지게 되었습니다. 그래서 이같이 지극히 중대한 일을 마구 논하여 청하면서 다시 돌아보고 꺼리는 것이 없습니다.

오늘날 국가의 기강이 비록 해이해졌다고 말하지만 하찮은 조성복의 무리가 어찌 감히 이렇게 할 수 있습니까? 이에 대해 죄주지 않으면 신은 기강이 땅에 떨어져 나라가 나라답지 못하게 될까 두렵습니다. 그런데 상소가 들어간 지 여러 날이 지났는데도 대신과 삼사에서 한 마디도 그 죄를 말하는 자가

---

191) 출합(出閤) : 대군이나 왕자가 장성하여 결혼하면 궁을 나가 생활하는 것과 공주와 옹주(翁主)가 하가(下嫁)하는 것을 칭한다.
192) 강극(剛克) : 강함으로 극복해 나간다는 뜻으로,《서경》〈홍범(洪範)〉에 나오는 삼덕(三德) 가운데 하나이다. 삼덕은 정직(正直)과 강극과 유극(柔克)이다.

없으니 신은 매우 마음이 아픕니다.

　신이 밤중에 상소를 다듬어 올리려 할 즈음에 삼가 듣건대 조성복의 상소로 인하여 특별히 비망기를 내렸는데 너무나도 뜻밖의 하교가 있기까지 하였다고 합니다. 비록 다행히 곧 거두어 들였지만 조성복을 찬배(竄配) 보내라는 청은 끝까지 윤허 받지 못하였다고 합니다.

　전하께서는 황천(皇天)의 큰 명을 받고 조종(祖宗)의 막중한 임무를 계승하여, 춘추는 삼기(三紀, 36세)에 차지 않아서 정력이 왕성한 바로 지금 구오(九五)[193]에 새롭게 올라 억조창생이 떠받들어 바야흐로 억만년 무궁한 아름다움을 기원하고 있는데 애초에 어찌하여 이러한 하교를 갑자기 내리셨습니까?

　비록 질병 때문이라고 하교하셨지만 원래 드러난 증세가 없으며, 잠자고 식사하는 것이 평상시와 같고, 신명(神明)이 손상된 것도 없는데 이것을 핑계로 한가롭게 지내실 생각이라면 어찌 이러한 이치가 있겠습니까? 상하를 물론하고 설사 이상한 병이 있을지라도 약이(藥餌)[194]에 부지런히 힘써서 마침내 완전히 회복된 경우가 어찌 없었겠습니까? 당당한 천승의 임금이 한 때 질병으로 인하여 만기(萬機)의 위중함을 물리치려고 하니 고금 천하에 어찌 이런 일이 있단 말입니까?

　임금의 한 몸은 스스로 사사로이 할 수 없는데, 만약 한 가지 병 때문에 의무를 저버리거나 조그만 수고 때문에 한가하게 보양하려고 생각한다면 세상에 어떻게 군림하는 임금이 있겠습니까? 오늘날 신하로서 하늘 아래 땅 위에서 어찌 이런 하교를 받들 이치가 있고, 이런 하교를 받들 사람이 있겠습니까?

　다행히 곧 성심(聖心)을 뒤집고 새롭게 깨달아서 처분이 이미 정해졌으니, 지금 이후로는 간절히 원하건대 심기(心氣)를 굳게 정해 혹시라도 이러한

---

193)　구오(九五) : 《주역》에 있는 각 괘(卦)의 여섯 효(爻) 가운데 밑에서 다섯 번째의 양효(陽爻)를 구오라고 하는데, 제왕(帝王)의 자리를 뜻한다.

194)　약이(藥餌) : 질병을 예방하거나 치료하기 위해 쓰는 약물과 식료품을 합한 것으로, 주로 병든 후에 치료하는 것을 일컫는다.

거조를 하지 말아서, 하늘이 부여한 중책을 저버려서 하늘에 계신 조종의
영령을 슬프게 하지 않는다면 매우 다행이겠습니다.

 오늘의 일은 단지 조성복이 감히 청할 수 없는 말을 아뢴 것으로 인하여
이 지경에 이르렀으므로 만약 통렬히 징계하지 않는다면 나라 사람들의
마음을 보상할 수 없으니, 빨리 극변에 정배하라고 명하십시오.

 대신과 삼사의 경우는 조성복의 죄를 논하지 않았을 뿐 아니라, 어젯밤
이후로 성상을 위하여 한마디 말을 하는 자가 없었으니, 신하의 절의(節義)가
땅을 쓴 듯 사라졌습니다. 어찌 이 같은 일이 있었는데 신이 듣지 못하였겠습니
까? 만약 정말 한마디 말도 하지 않았다면 또한 원컨대 빨리 그 죄를 밝혀
바르게 다스려주십시오."

 주상이 답하기를,

 "조성복의 일은 실로 전례를 잘못 원용한 데에서 나왔다. 경은 사직하지
말고, 빨리 들어와서 직무를 살피라."

 하였다.

 ○ 부사과 박필정(朴弼正)과 박치원(朴致遠)이 상소하여 대략 다음과 같이
말하였다.

 "조성복이 겉으로는 진계(陳戒)한다고 핑계대고, 속으로는 우리 임금이
무능하다는 마음을 품었으니, 한 달 안에 또 하나의 역적 유봉휘가 있었습니다.
청컨대 먼 곳으로 물리치는 형전을 시행하십시오. ……"

 ○ 형조참판 이조(李肇)가 상소하여 대략 운운하고, 다음과 같이 말하였다.

 "또한 삼가 비상한 처분이 있었다는 말을 듣고 대면하여 아뢸 것을 청하고자
급히 궁궐 아래 쫓아갔는데, 중신이 이미 앞서 청대하였습니다. 신이 따라서
들어가려고 승정원의 신하와 세 차례나 왕복하였지만 끝내 저지당했으니
실로 그 의도가 어디에 있는지 알지 못하겠습니다.

아! 이러한 명이 있고부터 동궁 저하가 한밤중에 두 차례나 궁료를 인접(引接)하고 눈물을 흘리며 하령하시는 것이 어쩔 줄을 모르는 듯 하셨습니다. 이때를 당하여 조정 신료라면 놀라고 두려워하며 함께 나아가서 시간을 다투어 급하게 모두 청하여 한편으로는 앞서 내린 명령을 반려할 여지로 삼고, 다른 한편으로는 저궁의 마음을 위안하는 것을 한시라도 조금도 늦출 수 없었습니다.

신이 이 일에 대해 들은 것은 이미 가장 늦었는데, 대루원(待漏院)[195]에 도착해보니 궁궐 바깥이 조용하고, 대신과 삼사 가운데 한 사람도 도착한 자가 없었으며, 출납하는 곳에서도 또한 신이 입대(入對)하는 것을 허락하지 않았습니다. 오늘날 국사는 회복할 여지가 없을 것이니, 신은 진실로 개탄하고 분하게 여깁니다.

신이 재신(宰臣)의 반열에 있는데 이러한 일이 생겼을 때 한두 승지가 가로막아서 궐문을 지척에 둔 곳에서 한마디 말도 못하고 돌아왔습니다. 신이 나약하여 경시당한 것은 진실로 논할 가치도 없지만, 국가의 체통을 손상한 것이 이러한 지경에까지 이르렀습니다. ……"

주상이 답하기를, "이미 재신의 비답에 유시하였다." 하였다.

○ **12일**, 부사직 박태항(朴泰恒) 등 32인이 상소하여 다음과 같이 말하였다. "국가 기강이 문란해지고 인심이 타락하여 예로부터 이른바 '임금이 임금답지 못하고 신하가 신하답지 못하다.'는 것을 불행히 오늘날에 보게 되었습니다. 신들이 비록 산직(散職)[196]에 물러나 있지만 모두 두 조정에서 시종(侍從)의 반열에 있었는데, 한밤중에 잠들지 못하고 그저 잘못되지 않기만을 바랐지만 그렇게 되지 않았습니다.

---

195) 대루원(待漏院) : 대루청(待漏廳)이라고도 하는데, 이른 아침 대궐에 출근하는 사람들이 대궐문이 열리기를 기다리며 대기할 수 있도록 마련해 놓은 곳으로서, 창덕궁 금호문(金虎門) 밖에 있었다.

196) 산직(散職) : 직임(職任)이 없는 관직으로서 실직(實職)에 반대되는 말이다.

이전에 조성복이 외람되게 대간의 직책을 핑계 대며 갑자기 상소 하나를 던져서 중앙과 지방이 흉흉하고 뭇 사람들이 놀라서 두려워하기에 신들이 머리를 모아 분개하면서 오직 성명(聖明)이 밝게 전형(典刑)을 보여주기를 기다릴 뿐이었습니다.

지난밤 홀연히 삼가 듣건대 이미 온유한 비답을 내리고 곧 비망기를 내렸는데, 바로 신하가 차마 들을 수 없고 차마 받들 수 없는 내용이 있다고 하여, 황급히 한밤중에 한 중신이 청대하여 반복해서 아뢰어 깨우쳐서 다행히 반한의 명을 받았습니다.

이에 온 나라의 생명을 지닌 무리들이 처음에는 놀랐다가 마침내 기뻐하고, 근심이 기쁨으로 변하지 않은 사람이 없었으니, 신들이 다시 드릴 말씀이 없을 것도 같습니다만 아직도 구구하게 위급한 마음이 있어서 스스로 그만 둘 수 없습니다.

아! 생각건대 우리 선왕이 전하께 크게 어려운 일을 남겨주었으니, 크게 드러내어 크게 계승해야 할 책임이 또한 전하의 마음에 달려 있습니다. 그러므로 편안하게 거처할 겨를이 없이 부지런하게 잘 따라서 탈이 없게 해야 할 것인데, 우리 전하의 지극 정성과 통달한 효로써 어찌 이에 생각이 미치지 못하십니까?

전하의 춘추가 많으니 부지런했던 의지가 해이해져서 그렇게 하셨다는 말입니까? 전하가 재위하신 지 오래되어 한가롭게 편안해지려는 뜻이 있어서 그렇게 하셨다는 말입니까? 전하가 질병이 깊어져서 정사를 결단하기 어렵기 때문에 그렇게 하셨다는 말입니까?

전하의 나이가 바야흐로 한창이라 보력(寶曆)[197]을 새롭게 고쳤으니, 정사에 마땅히 온 정신을 기울여 힘써서 날마다 친히 만기를 처리하여 수작(酬酌)할 때 지체되는 일이 없어야 합니다. 그렇지만 질환이 있다면 방해받는 것은 우러러 헤아릴 수 있는데, 알지 못하겠습니다만 전하께서는 무슨 고통이

197) 보력(寶曆) : 천자가 반포하는 책력으로, 전하여 임금의 지위를 뜻한다.

있어서 이렇게 하셨습니까? 신들은 삼가 성의의 소재를 잘 알지 못하겠습니다.

이 일이 생긴 이래로 온 나라가 어지러워져서 비록 중간에 그만두겠다는 명령이 있었지만 두려운 마음이 아직까지 남아 있습니다. 이에 서로 돌아보고 허둥지둥하면서 멈추어 정박할 곳이 없으니, 이것이 어떤 거조이고 이것이 무슨 모양입니까? 만약 성지(聖志)를 굳게 정해서 영구히 편안하게 하는 방도를 삼지 않는다면 종사의 근심을 이루 다 말할 수 없을 것입니다.

아! 오늘날 신료가 누구인들 전하의 신하가 아니겠습니까? 한밤중에 대궐 안에서 작은 종이가 갑자기 내려졌는데, 대신은 깊이 잠들었고 삼사는 말없이 조용해서 아득하게 조금도 바로잡을 의사가 없었습니다.

만약 한 중신이 전석(前席)에서 힘껏 국가 거조의 망극함을 다투지 않았다면 장차 어찌 될 뻔했습니까? 저들이 마음을 둔 곳은 비록 길 가는 사람도 알고 있다고 해도 지나치지 않을 것입니다.

신들이 또 삼가 듣건대 한 대신이 올린 차자에서는 중신이 깊은 밤에 청대한 일을 가지고 승지를 허물하고 꾸짖으면서 현저하게 불쾌한 기색을 드러냈다고 하는데, 이것은 또 무슨 마음입니까?

아! 명색이 대신이면서 나라의 예사롭지 않은 일을 당하여 한 사람은 베개를 높이 베고 방관하고, 다른 한 사람은 소장을 올려 도리어 공격하였습니다. 대신이 이와 같으니, 그 밖의 사람들은 알 만합니다. 이륜(彝倫)이 무너져 없어지고 의리가 어두워진 것이 어쩌다가 이 지경에 이르렀단 말입니까?

신들은 삼가 이제부터는 비록 종사가 위태로워 망하는 상황이 목전에 닥치더라도, 충신과 지사가 설령 피눈물을 흘리며 충성을 다하려 해도, 또한 대궐 안 지척의 장소에 도달할 수 없어서 순식간에 장차 구할 겨를이 없을까 두렵습니다. 말이 여기에 미치니 저도 모르게 기가 막힙니다.

또한 이 일을 유념해 보면 결코 어리석고 바보 같은 일개 조성복이 스스로 꾸며낼 수 있는 일이 아닙니다. 저들이 경영하고 있는 속셈을 헤아려보면 기회를 틈타 교묘한 꾀로 농락하여 속으로는 임금을 업신여기는 마음을 품고, 겉으로는 시험해 보려는 계책을 시행하려고 귀신과 물여우처럼 몰래 엿보고 은밀히 정탐하여, 더이상 천지의 상경(常經)과 군신의 대강(大綱)이 있음을 알지 못하고 있습니다.

은연중 마음속에 싹 튼 것을 멋대로 글로 써대니, 표현한 말은 번쩍번쩍 아름답지만 그 의도는 음흉하고 교활하므로 신들은 그 상소에 대하여 대략 분변할 것을 청합니다. 법연(法筵)[198]에 직접 나와서 신료들을 인접할 때 전례(典禮)가 엄중하고 의절이 경건한 것은 우리나라 3백 년뿐만 아니라 제도가 생긴 이래로 또한 천백 대에 걸친 제왕의 가법임이 분명히 서책에 실려 있는데, 생각건대 어떻게 정사를 듣는 곳에서 저군(儲君)이 지존을 옆에서 모시는 일이 있으며, 만기에 대해 가부를 결정하는 일이 있습니까?

비록 전하의 뜻이 번거로운 것을 싫어하여 애써 노고를 나누도록 명령하더라도 우리 동궁 저하는 반드시 편안한 마음으로 기꺼이 따르려 하지 않을 것입니다. 하물며 지금 책례를 거행한 지 겨우 며칠이 지났을 뿐이므로 당연히 두려워하고 조심하느라 밤낮으로 편치 못할 즈음에 갑자기 비상한 하교를 받들고 나서는 한밤중 깊은 밤에 두 차례나 궁료를 인접하고 눈물을 흘리며 울다가 말이 소리를 이루지 못하였습니다.

지극히 정성스럽고 몹시 슬퍼하는 것이 신명(神明)을 감동시키고 주변의 신하들을 두렵게 만드는 것을 볼 수 있으니, 오늘날 동궁의 마음이 바로 을유년(1705, 숙종31) 전하의 마음과 무엇이 다르겠습니까? 만약 전하가 이점에 유념하신다면 그렇게 슬퍼하며 근심하지 않고도 위로하여 편안하게 할 방도를 생각할 수 있을 것입니다.

삼가 원컨대 전하께서는, 위로는 선대왕이 물려준 막중한 책무를 체득하여 오직 그 뜻을 잇는 것으로써 마음을 삼고, 아래로는 세제의 간절하고 지극한 정성을 생각하여 반드시 마음을 편하게 하도록 권장하십시오. 또한 다시 종사와 생민을 생각하면 소홀히 할 수 없는 일이 있으니 스스로 책려하고

198) 법연(法筵) : 예식을 갖추고 임금이 신하를 만나보는 자리이다. 경연(經筵)을 지칭한다.

스스로 분발하여 오직 영원한 계책을 품고 한가하고 편안할 겨를이 없이 기강을 엄격히 세워서 조정에 엄숙하게 떨치십시오.

조성복과 같이 분수를 범하고 의리에 어긋난 자는 통쾌하게 왕법으로 처벌하여 꼬리를 물고 다시 일어나지 못하게 해야 합니다. 베개를 높이 베고 방관하거나 도리어 소장을 올려 공격한 두 정승과 직책이 삼사에 있으면서 잠자코 말이 없던 여러 신하들도 아울러 허물을 꾸짖어 처벌하십시오. 이를 통해서 국세를 안정시키고 인심을 편안하게 하여 억만년을 이어 갈 수 있는 공고한 기틀로 삼으십시오.

상소가 완성되어 장차 올리려고 할 즈음에 삼가 듣건대 조성복이 양사의 아룀으로 인하여 천극(荐棘)199)되는 명이 있었다고 하는데, 그 죄는 단지 이에 그칠 뿐만이 아닙니다. 다시 원컨대 빨리 현륙(顯戮, 처형한 뒤 시체를 전시함)을 더하여 떳떳한 법을 바로잡으십시오."

- 부사직 박태항·심수현(沈壽賢), 김일경(金一鏡), 유중무(柳重茂), 박휘등(朴彙登)200), 이진망(李眞望)201), 이진유(李眞儒)202), 이명의(李明誼)203), 윤성시(尹聖時)204), 김유(金濰)205),

---

199) 천극(荐棘) : 유배된 죄인에게 가해지는 형벌이다. 곧 배소(配所)의 주위에 가시울타리를 설치하여 외부와 격리하는 것이다.

200) 박휘등(朴彙登) : 1653~1726. 본관은 반남(潘南), 자는 내경(來卿)이다. 1683년(숙종9) 진사가 되고, 1694년 별시문과에 급제하여 청요직을 두루 지냈다. 1705년(숙종31) 도성 축조에 반대하면서 좌의정 이여를 탄핵했다가 경성판관(鏡城判官)으로 출보되었다. 이듬해 다시 사헌부 장령이 되었으며, 1713년 승지에까지 올랐으나 1716년 병신처분 이후 원주·상주 목사로 나갔다. 경종 즉위 후 다시 승지가 되어 이진유(李眞儒) 등이 주장한 장희빈 추보(追報)에 찬성하였다. 영조 즉위 후 다시 승지가 되었는데, 김일경(金一鏡) 일파로 몰려 1726년(영조2) 내내 노론의 집요한 공격을 받았지만 영조가 들어주지 않아서 처벌은 면하였다.

201) 이진망(李眞望) : 1672~1737. 본관은 전주, 자는 구숙(久叔), 호는 도운(陶雲)·퇴운(退雲)이다. 영의정 이경석(李景奭)의 증손이다. 1696년(숙종22) 생원이 되고, 1711년(숙종37)에 식년문과에 장원하여 1716년 홍문록에 올랐고, 1721년(경종1) 승지가 되었다. 1725년(영조1) 대사성 재직시 이광좌의 신원을 상소하였다. 영조의 잠저(潛邸) 때 사부(師傅)로서 왕의 예우를 받았다. 1730년 형조판서에 올라 예조판서·대제학 등을 역임하였다. 저서로 《도운유집》이 있다.

202) 이진유(李眞儒) : 1669~1730. 본관은 전주, 자는 사진(士珍), 호는 북곡(北谷)이다. 이경직

유정(柳綎)206), 김시형(金始炯)207), 여선장(呂善長), 윤진(尹晉), 이광보(李匡輔)208), 이경열(李
景說), 이광도(李廣道), 조명교(曺命敎)209), 황정(黃晸)210), 김대(金岱)211), 윤회(尹會)212), 윤동

(李景稷)의 증손, 이정영(李正英)의 손자, 참판 이대성(李大成)의 아들이다. 1707년(숙종33)
진사가 되고, 그 해 별시문과에 급제하여 청요직을 두루 지냈다. 1722년(경종2) 노론
4대신을 제거하는 일에 참여하였다. 1724년 경종이 죽자 이조참판이 되어 고부 겸
주청사(告訃兼奏請使)의 부사로 청나라에 다녀왔다. 이듬해 노론이 등용되자 외딴 지역에
안치되었다가 중앙에 압송되어 문초를 받던 중 옥사하였다.

203) 이명의(李明誼) : 1670~1728. 본관은 한산(韓山), 자는 의백(宜伯)이다. 1702년(숙종28) 진
사가 되고, 1712년 정시문과에 급제하여, 경종대 대사간 등을 역임하였다. 영조 즉위
뒤 김일경의 상소에 동참하였다는 죄로 귀양 갔고, 1728년(영조4) 이인좌 난에 연루되어
고문을 당하다가 죽었다. 그 뒤 1755년에 역률(逆律)이 추시(追施)되었으며, 순종 때
복권되었다.

204) 윤성시(尹聖時) : 1672~1730. 본관은 해평(海平), 자는 계성(季成)이다. 좌찬성 윤근수(尹根
壽)의 현손이며, 윤현(尹晛)의 증손이다. 1699년(숙종25) 생원이 되고, 1705년 증광문과에
급제하여 청요직을 두루 거쳤다. 1721년 김일경·목호룡 등과 신임옥사를 주도하였다.
영조가 즉위하면서 유배되었다가 의금부에 잡혀 와 고문받던 끝에 장독(杖毒)으로
죽었다. 1755년(영조31) 나주괘서사건(羅州掛書事件) 때 김일경 이하 6적의 하나로 몰려
역률이 추시되었다가, 순종 때 복권되었다.

205) 김유(金濰) : 1685~1748. 본관은 안동, 자는 여즙(汝楫)이다. 1702년(숙종28) 생원이 되고,
1710년 증광문과에 급제하여 경종·영조 연간 청요직을 두루 거치고, 1731년(영조7)
승지가 되었다. 1739년 대사간으로 있다가 '임금을 업신여긴 죄'로 기장현(機張縣)에
천극(栫棘)되었는데, 이듬해 풀려났다.

206) 유정(柳綎) : 1684~1752. 본관은 진주(晉州), 자는 여신(汝信)이다. 1705년(숙종31) 진사시,
1710년 증광문과에 급제하여 청요직을 두루 거치고, 1738년(영조14) 승지, 1739년 한성부
우윤, 형조참판에 올랐다.

207) 김시형(金始炯) : 1681~1750. 본관은 강릉(江陵), 자는 계장(季章)이다. 1713년(숙종39) 김
장생(金長生)의 문묘종사를 위해 권당(捲堂)을 주동한 혐의로 정거(停擧)되기도 했다.
1717년(숙종43) 식년문과에 급제하여 경종대 지평 등을 거쳐 영조대 집의 등을 지내고,
1734년 대사헌, 1738년 형조판서 등을 역임하였다. 시호는 효헌(孝獻)이다.

208) 이광보(李匡輔) : 1687~1745. 본관은 전주(全州), 자는 좌백(左伯)이다. 이경직의 현손이다.
유생 시절에 최석정이 지은 글을 가지고 윤증을 제사한 일 때문에 노론측의 공격을
받아 정거(停擧) 당하였다. 1714년(숙종40) 증광문과에 급제하였으나 파방되고, 1715년
식년문과에 급제하여 청요직을 두루 지냈다. 1721년(경종1) 지평으로서 노론 4대신을
논죄하였다. 영조 즉위 직후 노론의 탄핵을 받아 유배되었다가 1727년(영조3) 정미환국
(丁未換局)으로 등용되어 승지 등을 거쳐 대사간·도승지 등을 역임하였다.

209) 조명교(曺命敎) : 1687~1753. 본관은 창녕(昌寧), 자는 이보(彝甫), 호는 담운(澹雲)이다.
조한영(曺漢英)의 증손이다. 1717년(숙종43) 사마시, 1719년 증광문과에 급제하여, 1721년

형(尹東衡)213), 조원명(趙遠命)214), 서종하(徐宗廈)215), 권익관(權益寬)216), 유만중(柳萬重), 정
해(鄭楷)217) -

(경종1) 검열 재직시 신임옥사로 파직당하였다. 영조 즉위 뒤 정언 등을 지냈고, 1727년
경종의 질병을 해명하는 상소를 올려 소론을 배척하는 데 앞장섰다. 1735년 대사성,
1747년 대사헌, 1750년 이조참판 등을 역임하였다.

210) 황정(黃晸) : 1689~1752. 본관은 장수(長水), 자는 양보(陽甫)이다. 예조참판 황이장(黃爾
章)의 아들이다. 1717년(숙종43) 진사가 되고, 1719년 춘당대 문과에 급제하여 경종대
지평을 거쳐 영조대 호조참판 등을 역임하였다.

211) 김대(金岱) : ?~1742. 본관은 부안(扶安), 자는 사종(士宗)이다. 1717년(숙종43) 식년문과에
급제하여, 이조좌랑·양덕현감(陽德縣監) 등을 역임하였다.

212) 윤회(尹會) : 1657~1733. 본관은 파평, 자는 성제(聖際)이다. 1683년(숙종9) 생원이 되고,
1691년 증광문과에 급제하여 청요직을 두루 지냈다. 1709년 노론 중신 이관명과 이만성을
탄핵하였고, 최석정을 변론하였다. 경종대 신임옥사 당시 노론 일파를 논죄하고 숙청하
는 데 앞장섰다가 1725년(영조1) 유배되었다.

213) 윤동형(尹東衡) : 1674~1754. 본관은 파평, 자는 사임(士任)이다. 윤순거(尹舜擧)의 증손,
윤절(尹晢)의 손자이고, 윤증의 문인이다. 1711년(숙종37) 진사가 되고, 1713년(숙종39)
증광문과에 급제하였는데, 1722년 노론을 추종하였다고 삭판되었다. 1727년(영조3)
다시 등용되어 홍문록에 올랐다. 1732년 승지, 1733년 대사간을 거쳐서 1753년(영조29)
한성부판윤에 올랐다가 지돈녕부사로 기로소(耆老所)에 들어갔다.

214) 조원명(趙遠命) : 1675~1749. 본관은 풍양(豊壤), 자는 치경(致卿)이다. 판서 조형(趙珩)의
증손이다. 1702년(숙종28) 사마시, 1710년 증광문과에 급제하여 경종대 청요직을 두루
지냈다가 1724년 영조 즉위 직후 파직되었다. 1727년 정미환국으로 다시 등용되어
승지·대사성 등을 거쳐 1749년(영조25) 정헌대부로 의정부 좌참찬에 올랐다. 시호는
정간(貞簡)이다.

215) 서종하(徐宗廈) : 1670~1730. 본관은 달성(達城), 자는 비세(庇世)이다. 1711년(숙종37) 식
년문과에 급제하여 청요직에 진출하였다. 1721년(경종1) 노론 4대신 처벌을 주장하는
상소에 연명하였다가 1724년 영조가 즉위하자 그 해에 관작을 박탈당하고 이어 유배되었
다. 1728년(영조4) 이인좌의 난으로 유배지에서 서울로 압송되어 신문을 받던 중 매를
맞고 죽었다.

216) 권익관(權益寬) : 1676~1730. 본관은 안동, 자는 홍보(弘甫)이다. 1711년(숙종37) 식년문과
에 급제하여 청요직을 두루 지내고, 1723년(경종3) 충청감사가 되었다. 1724년(영조
즉위) 노론에 의해 유배되었다가 1727년(영조3) 풀려나와 공조참의 등을 역임하였다.
1728년 이인좌의 난에 연좌되어 다시 외딴섬에 안치되었다가 이듬해 풀려났는데, 그
해 사간원의 탄핵을 받아 또다시 변방에 정배되었다. 1735년 관작이 회복되었으나,
1776년에 다시 반역의 죄상이 추궁되어 관작이 추탈되었다.

217) 정해(鄭楷) : 1673~1725. 본관은 연일(延日), 자는 여식(汝式)이다. 1705년(숙종31) 진사가
되고, 그 해 알성문과에 급제하여 청요직을 두루 거쳤다. 1721년(경종1) 김일경·박필몽

○ 부사과 한세량(韓世良)이 상소하여 다음과 같이 말하였다.

"삼가 신은 병들어 궁벽한 시골에 누워 세상과 서로 멀리 떨어져 있어서, 지난밤 비로소 승정원에 내린 비망기에서 크고 작은 나랏일을 모두 세제에게 재단하게 하라고 하교하셨다는 것을 들었습니다. 신은 읽다가 절반에도 미치지 못하여서 저도 모르게 간담이 떨어지는 듯하고 눈물이 줄줄 흘렀습니다.

삼가 생각건대 왕세제는 어짊과 효성스러움이 일찍 드러났고, 위호(位號)가 이미 정해져서 사방의 신서(臣庶)가 목을 늘이고 바라보지 않는 사람이 없어서 국본이 영원히 튼튼하여 차례를 이을 것이라고 믿고 있는데, 어찌 전하는 급급히 서둘러서 갑자기 이러한 비상한 거사를 하셨습니까? 놀라고 근심하고 또 의아하여, 그 연유를 알지 못하겠습니다.

이어서 삼가 조성복의 상소 원본을 보니 이르기를,

'정무를 재결할 때마다 세제를 불러 정사를 듣는 데 참여하게 하고, 가부를 강론하여 확정하소서.'

하였습니다. 아! 통탄스럽습니다. 하늘에는 두 태양이 없고 땅에는 두 임금이 없습니다.[218] 전하의 조정에서 북면(北面)한 자가 어떻게 감히 이러한 말을 마음에 싹 틔우고 입에 올린단 말입니까? 비록 세제에게 조정에 임하게 하라고 직접 청한 말은 없다고 하더라도 그가 이르기를, '늘 불러서 정사를

등과 같이 노론 4대신을 4흉(凶)으로 몰아 논죄하는 소를 올려 이들을 위리안치 하게 하고, 이듬해 사사(賜死)시켰다. 1722년 장령을 거쳐 사간이 되어 노론을 비호하는 어유귀를 논죄하는 상소를 올렸다. 1724년 영조가 즉위하자 유배되었다가 이듬해 죽었다.

218) 하늘에는 …… 없다 : 증자(曾子)가 묻기를, "초상에는 두 사람의 상주가 있고, 사당에는 두 신주가 있다고 하는데, 그것이 예법에 맞는 일입니까?[喪有二孤, 廟有二主, 禮與?]" 하였다. 이에 공자가 답하기를, "하늘에는 두 개의 태양이 없고, 땅에는 두 사람의 왕이 없다.[天無二日, 土無二王.]"고 전제한 뒤에, 노나라 계환자(季桓子)의 초상을 치를 때 그의 아들인 계강자(季康子)와 임금인 애공(哀公) 두 사람이 상주가 된 고사를 인용하면서 "오늘날 두 사람의 상주가 있게 된 풍습은 계강자의 잘못에서 비롯된 것이다.[今之二孤, 自季康子之過也.]" 하였다. 《禮記 曾子問》

듣는데 참여하게 하고 가부를 강론하여 확정하게 하십시오.' 한 것은 조정에 임하게 하자고 청한 일이 아니고 무엇입니까? 이에 전하의 이 거조가 과연 조성복이 아뢴 것임을 비로소 알게 되었습니다.

신하 된 자로서 감히 은밀하게 천위(天位)를 옮길 계책을 품었으니, 그 죄악을 고려하면 어떻게 하늘과 땅 사이에서 하루라도 숨을 쉬게 할 수 있겠습니까? 지난번 저위(儲位)를 세우라고 청할 때, 공정대왕[恭靖大王, 정종(定宗)] 때의 일을 가리키는 것처럼 말한 것은 대개 아우를 저사로 삼은 데에서 기인하였다는 뜻인데, 그 말단의 한 가지 일은 오히려 나라 사람들의 의혹을 면하지 못하였습니다. 어찌 조성복이 이어서 이처럼 시험해 보는 상소를 올릴 줄을 생각이나 하였겠습니까?

중신이 힘껏 다투어서 다행히 성명을 거둬들이고, 조성복을 먼 지방으로 내쫓으라는 청을 또한 윤허하셨습니다. 그렇지만 신들은 생각하기를, 이러한 데도 나라의 형법을 흔쾌히 바르게 하지 않는다면 단지 세제의 마음을 위안할 수 없을 뿐만 아니라, 대의(大義)가 소멸하고 강상이 무너져서 난신적자가 장차 꼬리를 물고 일어날 것이니, 어찌 크게 두려워하지 않을 수 있겠습니까?

일찍이 선대왕이 병들었을 때 시골 선비 한 명이 상소하여 정사를 돌보는 일을 전하에게로 옮기게 하라고 청하자 즉시 엄하게 국문하고 바로 극형에 처하였습니다. 앞선 일이 분명하여 실로 모범[219]이 되니, 삼가 원컨대 성명께서는 확고하게 결단을 내려 모두 베어 죽이라는 여론에 흔쾌하게 부응하십시오. ……"

○ 승정원에서 다음과 같이 아뢰었다.

"신이 삼가 보건대 부사직 박태항 등이 연명하여 올린 상소에서 조성복에게 지극한 처벌인 현륙(顯戮)을 가해야 한다고 청하였는데, 그 표현과 의도가

---

219) 모범 : 원문은 "柯則"이다. 《시경》〈벌가(伐柯)〉에 "도끼 자루를 벰이여 도끼 자루를 벰이여, 그 법칙이 멀지 않네.[伐柯伐柯, 其則不遠.]"라고 한 데서 온 말이다.

오로지 여러 신하들을 무함하여 조정을 어지럽히는데 있었습니다. 시험
삼아 그 상소 가운데 의도가 작용한 부분을 말해 본다면 이르기를,
　'한밤중에 대궐 안에서 작은 종이가 갑자기 내려졌는데, 대신은 깊이 잠들었
고, 삼사는 말없이 조용해서 아득히 조금도 바로잡을 의사가 없었습니다.'
　하였습니다. 또 말하기를, '그 마음을 둔 곳은 비록 길 가는 사람도 알고
있습니다.' 하였으니, 아! 사람이 하는 말이 어떻게 이처럼 극단적인 차원에까
지 이르렀습니까?
　며칠 전 비망기가 내려진 것은 깊은 밤이었으므로 두 대신과 여러 신하들이
놀라고 당황하여 바쁘게 뛰어다니면서 장차 청대하여 쟁론하려고 계획하지
않은 사람이 없었는데, 중신이 여러 신하들이 모이는 것을 기다리지 않고
단독으로 먼저 입대하였습니다. 성명을 반한한 뒤에 이르러서는 여러 신하들
이 등대할 일이 없어졌으므로 마침내 모두 서로 이끌고 물러났으니, 저들이
미처 입대하지 못한 이유는 이와 같은 것에 불과할 뿐입니다.
　그런데 지금 여러 신하들을 수수방관한 죄과에 억지로 몰아넣어 길가는
사람들도 안다고 지목하였으니 이는 진실로 무슨 마음이란 말입니까? 깊은
밤에 허둥거릴 때 궐문을 잠그는 잠깐 사이에 혹은 들어가고 혹은 들어가지
못한 것은 진실로 사세가 마침 그러했기 때문인데, 궁궐에 나아가 도착한
것이 조금 앞서거나 조금 늦은 것을 가지고 마치 기이한 재화를 얻는 것처럼
죄를 얽어 꾸며낸 것이 끝이 없었습니다.
　아! 오늘날 신하들이 나라를 위해 충성을 다하고 윗사람을 섬김에 예를
다하는 방도가 과연 청대에 혹 미치거나 혹 미치지 못하는 것에 의해 결정된다
는 말입니까? 피차를 구별하고 선후를 비교해서 반드시 이것을 가지고 조정의
신하들을 모두 쫓아내려고 하니 진실로 통탄스럽고 놀랍다고 할 만합니다.
심지어 '길가는 사람도 안다.'고 한 말은 위험천만하여, 곧 한편의 고변서(告變
書)와 같았습니다.
　또한 부사과 한세량이 이어서 상소 하나를 올렸는데, 그것을 가져다 보니

대개 또한 조성복을 토벌하라고 청하는 내용이었습니다. 혹 이르기를, '하늘에는 두 태양이 없고 땅에는 두 임금이 없습니다.' 하거나, 혹 이르기를,

'비록 세제에게 조정에 임하게 하라고 직접 청한 말은 없다고 하더라도 그가 이르기를, 「늘 불러서 정사를 듣는데 참여하게 하고 가부를 강론하여 확정하게 하십시오.」라고 한 것은 조정에 임하게 하자고 청한 것이 아니고 무엇이겠습니까?'

하였습니다. 혹은 이르기를, '신하가 되어서 감히 은밀하게 천위를 옮길 계책을 품었다.'거나, 혹 이르기를,

'지난번 저위를 세우라고 청할 때 공정대왕 때의 일을 가리킨 것처럼 말한 것은 대개 아우를 저사로 삼은 뜻을 끌어온 것인데, 말단의 한 가지 일은 오히려 나라 사람들의 의혹을 면치 못하였습니다.'

하였습니다. 조성복의 상소는 지극히 해괴하고 패악하니 토벌을 청하는 논의를 누가 불가하다고 하겠습니까? 그런데 '하늘에는 두 태양이 없고 땅에는 두 임금이 없습니다.' 하는 말을 끌어들인 이유는 무엇입니까? '은밀하게 천위를 옮긴다.'는 말은 가리키는 의도가 어디에 있습니까?

이러한 구절의 말들은 모두 지극히 흉패한데 '말단의 한 가지 일'이란 과연 무슨 일을 가리키는 것입니까? 이른바 '나라 사람들이 의혹한다.'는 것은 그것이 과연 무슨 말입니까? 두려워하고 의심하는 마음을 품고 있다 보니, 스스로 그 말이 감히 말해서는 안 되는 지위에 있는 분을 막고 핍박하고 있다는 것을 깨닫지 못하였습니다.

아! 남의 신하가 되어 어떻게 감히 이런 말을 마음에 싹 틔우고 입에 올린단 말입니까? 신은 실로 통탄스럽습니다. 지금 이 두 상소는 전례에 따르면 봉입할 수 없으므로, 이처럼 구구한 소회를 아울러 첨부하여 황공하게도 감히 아룁니다."

○ 양사에서 다음과 같이 합계하였다.

"한번 저위를 세운 뒤에 한 종류의 불령한 무리들이 달갑지 않은 마음을 품고 반드시 저지하려고 하였습니다. 유봉휘의 상소가 이미 목표를 이루지 못하자 은밀히 사주하고 몰래 부려서 곁을 엿보아 흉악한 짓을 저지르는 것이 이르지 않은 곳이 없었습니다.

조성복의 상소가 나오자 마치 기이한 재물을 얻은 것처럼 때를 틈타 불쑥 일어나 반드시 성총(聖聰)을 교란하고 국본을 동요시키려는 자가 참으로 많이 늘어났지만, 한세량 상소의 말처럼 흉패스러운 자는 있지 아니하였습니다. 원래 상소를 비록 모두 보지는 않았지만 지금 승정원에서 아뢴 것을 보면 진실로 지극히 놀랍고 통탄스럽고 한탄스러운 마음을 이길 수 없습니다.

그 상소에서 이른바 '말단의 한 가지 일'이라는 것은 가리키는 것이 어떤 일이며, '나라 사람들이 의혹한다.'는 말은 어떤 사람을 가리키는 것입니까? 말뜻이 포장한 흉악함은 너무나도 헤아리기 어려운데, 한세량 또한 한 명의 신하로서 어떻게 감히 이러한 말을 마음에 싹 틔우고 입에 올린단 말입니까? 그 죄상은 하늘과 땅 사이에 용납하기 어렵습니다. 청컨대 한세량을 위리안치 하십시오."

주상이 답하기를, "윤허하지 않는다." 하였다.

○ 사헌부에서 다음과 같이 아뢰었다.[220]
"지난번 조성복의 상소는 의도가 지극히 패악하고, 말단의 말은 더욱 신하로서 감히 말해서는 안 되는 것이었으니, 출납하는 곳에서 마땅히 엄한 말로 배척하여 물리치고 계품(啓稟)하여 죄를 청하기에 겨를이 없어야 할 것인데, 흐리멍덩하게 봉입하고 의심을 품지 않았습니다. 그 어리석고 착오를 저질러서 직무를 제대로 수행하지 못한 죄를 논하지 않을 수 없으니 청컨대 해당 봉입 승지를 파직하고 서용하지 마십시오. - 이교악(李喬岳)[221]과 김치룡(金致

龍)[222]이다. - "

주상이 답하기를, "아뢴 대로 하라." 하였다.

○ 사헌부에서 다음과 같이 아뢰었다.[223]

"지금 삼가 사직 박태항 등이 상소한 원본을 보니, 조성복의 죄를 성토한다고 빙자하였지만, 꾀를 내어 해독을 끼치려는 계략이란 오로지 여러 신하들을 모함하여 조정을 일망타진하려는 데 있었습니다. 아! 사람의 말이 어찌 이 지경에 이른단 말입니까?

며칠 전 비망기가 내려진 것은 깊은 밤이었으므로 대신과 여러 신하들이 놀라고 당황하여 바쁘게 뛰어다니면서 장차 청대하여 힘써 쟁론하려고 계획하지 않은 사람이 없었습니다. 그러나 거주지의 멀고 가까움에 따라서 와서 도착하는 선후가 있었으니, 사체를 헤아려 볼 때 함께 모이기를 기다려서 서로 이끌고 등대하는 것이 진실로 당연한 일이었습니다. 그런데 중신이 먼저 돌입하였으니, 이것은 무슨 마음입니까?

아! 깊은 밤 허둥거릴 때 궐문을 잠그는 잠깐 사이에 혹은 들어가고 혹은 들어가지 못한 것은 진실로 사세가 마침 그러했기 때문입니다. 그런데 단지 궐에 나아가 도착한 것이 조금 앞서거나 조금 늦은 것을 가지고 마치 기이한

---

221) 이교악(李喬岳) : 1653~1728. 본관은 용인(龍仁), 자는 백첨(伯瞻), 호는 석음와(惜陰窩)이다. 송시열 문인이다. 1696년(숙종22) 사마시를 거쳐 1705년 알성문과에 장원하여 청요직을 두루 지냈다. 1710년 지평 이방언(李邦彦)과 함께 최석정을 논척하여 《예기유편》을 불사르게 하였다. 유생 곽경두가 최석정의 유배를 상소하였다가 왕의 노여움을 사자, 홍우서·이택 등과 함께 그를 옹호하다가 유배되었지만 곧 풀려났다. 경종대 신임옥사가 일어나자 다시 유배되었다. 1725년(영조1) 이후 노론이 득세할 때 도승지 등을 역임하였지만 1727년 정미환국으로 관작을 삭탈 당하였다.

222) 김치룡(金致龍) : 1654~1724. 본관은 언양(彦陽), 자는 천용(天用)이다. 1675년(숙종1) 생원·진사에 모두 합격하고, 1691년 증광문과에 급제하여, 1694년 갑술환국 이후 청요직을 두루 역임하였다. 1711년 강원도관찰사가 되고, 1721년(경종1) 사은부사로 청나라에 다녀온 뒤 승지가 되었다.

223) 사헌부에서 …… 아뢰었다 : 《승정원일기 경종 1년 10월 12일》 기사에는 바로 위의 승지를 파직하라는 계사에 이어서 나온 동일한 계사이다.

재화를 얻은 것처럼 다른 사람을 모함하는 칼자루로 삼으려 했으니 그 마음 씀씀이와 의도가 지극히 매우 절통합니다. 더욱이 그 '길가는 사람도 안다.' 등의 말은 지극히 흉악하고 참혹하여 급서와 같으니, 결단코 엄하게 징계하지 않을 수 없습니다. 청컨대 박태항을 삭탈관작하여 문외출송 하십시오."

주상이 답하기를, "번거롭게 하지 말라." 하였다.

○ 사간원에서 이진검을 멀리 귀양 보내라고 아뢰자 주상이 아뢴 대로 하라 하여, 밀양부(密陽府)로 멀리 유배 보냈다.

○ 다음과 같이 비망기를 내렸다.

"아! 경은 선조의 예우를 받은 신하인데, 일을 마친 뒤에 시일이 오래되었는 데도 서로 대면하지 못하여, 마음속으로 한탄하면서 정성이 모자란 것을 스스로 부끄러워하였다. 지금 국세가 어지럽고 재이가 거듭 발생하는 때를 당하여, 경은 진실로 나라를 자기 몸처럼 여기므로 반드시 이러한 점을 유념할 것이라고 생각한다. 전날 부지런히 경을 부른 것이 여러 차례였지만 경의 마음을 되돌리지 못하였다. 그리하여 지금 이진검의 죄명을 이미 정하였으니 다시는 조금도 인혐할 만한 일이 없다.

또한 경의 너그러운 도량으로써 어찌 다시 다른 사람에게 끌려 들어갈 필요가 있겠는가? 경은 나라의 많은 어려움을 자기 몸처럼 여기고 선조의 특별한 은혜를 유념하여 즉시 조정으로 나와 간절히 바라는 소자의 소망에 부응하라."

주상이 전교하기를, "사관을 보내 이 판부사에게 유시(諭示)를 전하고, 함께 오게 하라." 하였다.

○ 좌의정 이건명이 차자를 올려 영의정의 치사(致仕)를 허락한 명을 거두어 달라고 청하고, 또 말하기를, "대리청정을 반한한 뒤에 차자와 상소가 다투어

올라왔습니다."-"그 중대함을 핑계대고 남을 모함하려 한다.224)"고 운운하였다. - 하
니, 주상이 다음과 같이 답하였다.

"어제 영의정이 사직을 청한 것에 애써 따른 것225)은 노병(老病)을 안타깝게
여겨서 그런 것이지, 의지하고 믿으며 돌보는 마음을 어찌 조금이라도 느슨하
게 할 수 있겠는가?

여러 신하들이 경연에서 아뢰고 상소하여 진달한 일은 실로 나라를 위해
진언(進言)하려는 데서 나온 일인데 어찌 중대한 일을 핑계 대고 꾀하려는
계책이 있단 말인가? 경은 안심하고 사직하지 말라."

○ 좌의정과 양사가 청대하자, 주상이 전교하기를, "몸이 불편하니, 소회를
글로 써서 들이라." 하여, 이건명이 다음과 같이 아뢰었다.

"일전에 비상한 하교가 전혀 뜻밖에 나왔으므로 크고 작은 뭇 사람들이
급하게 허둥지둥하면서 밤새도록 분주하지 않은 사람이 없었는데, 다행히 성심이
깨우쳐서 곧 즉시 거둬들였습니다. 이 모든 것을 보고 듣는 자라면 누군들
우리 성상의 간언을 잘 따르시는 아름다움을 공경히 우러러 보지 않겠습니까?

한밤중에 인심이 안정되고 중앙과 지방에서 기뻐하여, 종사의 끝없는
아름다움이 실로 여기에 기반을 두고 있으므로 오늘날 신료들은 마땅히
다시 거론하는 일이 없어야 합니다. 그런데 하루 이틀 사이에 소장(疏章)이
어지럽게 나와 승정원에 가득 차서 조정 신료들을 얽어 모함하지 않은 것이
없는데, 신 또한 그 가운데 들어있었습니다.

아침에 올린 차자226) 한 통은 허락의 은혜를 받지 못해 바야흐로 절박하고

224) 그 …… 한다 : 박태항과 한세량 등 소론 측 상소에 대하여 이건명이 "此其意不專在於爲國,
實出於藉重傾陷之計."라고 비판한 말 가운데 나왔다. 《承政院日記 景宗 1年 10月 12日》
225) 영의정이 …… 것 : 김창집이 10월 10일 사직을 청하니 경종이 바로 허락하였다. 본서
앞의 10월 10일자 맨 마지막 기사에 보인다.
226) 아침에 올린 차자 : 이건명이 김창집의 사직을 허락하지 말라고 청한 차자이다. 이날
이건명은 이 차자를 올리고 나서, 이어서 '藉重傾陷'이라는 표현이 들어간 또 다른
차자를 올렸다. 여기의 계사가 가장 나중에 있었으며, 이로 인해 경종은 김창집의

우울하여 위축되어 있을 즈음에 삼가 듣건대, 전 승지 한세량이 상소 한 통을 올렸는데, 말뜻이 흉악하고 참혹하다고 합니다. 신이 비록 그 상소 원본을 보지 못하였지만 듣건대 그 상소 가운데 '하늘에는 두 해가 없다.' 하거나 또, '은밀히 천위를 옮기려 한다.' 하였다 합니다. 단지 이 몇 구절만으로도 곧 급서와 같으니, 알지 못하겠지만 한세량은 무엇에 근거하여 이같이 무륜(無倫)하고 패역한 말을 하였단 말입니까?

이는 그 뜻이 조정 신하를 얽어 모함하는 데 있는 것이 아닙니다. 그 말의 맥락을 보면 감히 말해서는 안 되는 지위에 있는 분을 막고 핍박하려는 의도가 현저히 들어 있어서, 왕법으로 논하여 엄하게 캐어 물어 인심을 진정시키지 않을 수 없습니다.

영의정이 자리를 떠나게 할 수 없다는 일에 대해서는 신이 앞선 차자에서 간략하게 아뢰었습니다. 오늘날 조정이 흩어지고 국세가 위태로운데 이것이 어찌 원로대신이 짐을 벗어버리고 한가한 데로 나아가는 날이겠습니까? 성상께서 비록 늙은 신하를 안타깝게 여기는 뜻으로 이처럼 우대하는 예가 있었지만 혹 의지하고 믿을 만한 사람이 없다는 것을 깊이 생각하지 않아서 그런 것 아닙니까?

일찍이 선조 때에 영의정이 또한 누차 간절하게 치사(致仕)하겠다고 아뢴 적이 있었으나 선왕이 끝내 허락하지 않은 일은 예절을 소홀히 하려고 했던 것이 아니었습니다. 삼가 〈어제화상찬(御製畵像贊)〉[227]을 보면, 그 은혜를 융숭하게 베풀고 장려하여 칭찬하는 뜻이 있어 진실로 천고의 군신 관계에서도 드문 일이었습니다.

그런데 지금 즉위하신 초기에 갑자기 물러나는 것을 허락한다면, 어찌 성명께서 선왕의 뜻을 추모하고 옛사람을 임용하는 뜻에 부족함이 있지

사직을 허용하였던 것을 철회하였다. 《承政院日記 景宗 1年 10月 12日》

227) 어제화상찬(御製畵像贊) : 숙종이 김창집의 화상에 찬한 글이다. 숙종은 해당 글에서 "머리털은 희고 마음은 붉어 조정에서 명망이 높았다.[髮白心丹, 望重廊廟.]' 하며 그를 높이 평가하였다. 《英祖實錄 9年 2月 6日》

않겠습니까? 삼가 바라건대 성명께서 굽어살펴 한세량을 잡아다가 엄하게 심문하고, 영의정의 치사를 허락한 명을 즉시 도로 정지하십시오."

주상이 답하여 말하였다.

"알았다. 이번 일은 본래 대간의 상소 때문이 아니므로 조성복에게는 이미 천극의 형전을 내려서 바로잡은 것이니, 여러 신하들이 잘못 알고 있기 때문이다. 영의정은 늙고 병이 많은데 작년과 금년 이래로 근력을 다했으므로 혹 몸을 상하게 할까 염려한 나머지 한가하게 편히 조리하도록 한 뒤에 함께 국사를 처리하려고 한 것이었다. 그러나 다시 생각해 보니 경솔함을 면하지 못하였으므로 비지(批旨)를 이제 막 거둬들였다. 한세량이 올린 상소의 말은 근거가 없어 나 또한 불쾌하니, 경의 말이 옳다."

주상이 전교하기를, "영의정의 차자와 비답을 거둬들여라." 하였다.

거둬들이자, 다음과 같이 답하였다.

"《예경(禮經)》에 치사에 대한 가르침이 있고,228) 《국전(國典)》에 봉조하(奉朝賀)229)를 설치한 것을 내가 어찌 모르겠는가? 하물며 지금 재변이 극심하고 국세가 위태로운 가운데 좌의정은 얼마 안 있으면 북경에 사신으로 갈 것이고, 우의정은 언제쯤 출사할지 기약할 수 없으니, 밤낮으로 걱정되고 두려운데, 믿을 수 있는 것은 오로지 원로대신의 도움과 보호뿐이다.

그런데 쉬게 해달라고 청하는 소장이 연달아 이르니 혹 경의 나라를 자기 몸처럼 여기며 힘쓰는 정성이 혹 직무에 구애되어 손상될까 염려하여, 잠시 지극한 소원에 부응하였다. 그렇지만 내가 마음속으로 잊지 못하고 반복해 생각해보니, 지극히 편치 않은데, 후회한들 무슨 소용이 있겠는가?

---

228) 《예경(禮經)》에 …… 있고 : 《예기(禮記)》 〈곡례 상(曲禮上)〉에 "대부는 나이가 칠십이 되면 일을 그만둔다.[大夫七十而致事]"는 구절이 있다.

229) 봉조하(奉朝賀) : 《국전(國典)》은 《경국대전(經國大典)》이다. 이에 따르면 봉조하란 공신과 공신적장(功臣嫡長) 그리고 정3품 당상관 이상의 관원이 치사(致仕)한 뒤에 조정에서 받는 벼슬이다. 공무(公務)에는 종사하지 않고 조정의 의식(儀式)에 참여하였으며, 대개 역임한 직책보다 한두 등급 아래인 3품~5품의 녹봉을 지급받았다.

오늘날 거취는 실로 안위에 관계되므로 결코 훌쩍 떠나버리게 할 수 없다. 경은 모름지기 나의 지극한 뜻을 체득하여 안심하고 사직하지 말라. ……"

○ 양사 - 지평 이유와 정언 신무일 - 에서 다음과 같이 소회(所懷)를 아뢰었다.

"아! 오늘날 국사가 얼마나 아슬아슬하고 위태합니까? 지난번 저위를 세운 한 가지 일은 실로 성상께서 종사를 위해 거행한 대계(大計)였는데, 그 광명정대함은 실로 지난 역사책에서 보기 드문 일이었습니다. 국본이 이미 정해졌으니 인심이 매일 데가 생겨서 국가가 반석처럼 편안합니다.

그런데 갑자기 조성복이 올린 상소는 지극히 흉패하였는데, 지난밤 비망기가 조성복의 상소가 나온 뒤에 갑자기 내려졌으니 이는 실로 조성복이 단서를 연 것입니다. 아! 슬픕니다. 조성복의 죄를 베어 죽이는 것으로 끝낼 수 있겠습니까? 지금 이 조성복 한 사람이 저지른 일에 대해서 우리 조정에 가득 찬 모든 신료들이 통탄하고 한탄하지 않는 사람이 없으므로, 이에 신들이 우러러 죄를 성토하며 빨리 천극하기를 청하였던 것입니다.

지금 조성복이 이미 정죄(正罪)되었고, 또한 다행스럽게도 전하께서 곧 깨닫고 이내 거둬들이는 것을 허락하였으니, 이제 국가에 다시 무슨 일이 생기겠습니까? 그런데 일종의 불령한 무리들이 이 기회를 틈타 어지럽게 앞다투어 나와 반드시 성총을 의심하고 혼란스럽게 만들어서 조정 신료들을 일망타진하려는 계략을 꾸몄으니, 이게 무슨 꼴입니까?

최석항이 전날 밤에 청대하였는데, 여러 신하들이 모두 도착하기 전 그 틈을 타서 몰래 은밀히 살피다가 불쑥 나타나 황급히 등대(登對)하여, 여러 사람들이 힘써 다투는 길을 거꾸로 막고 자기가 혼자 일을 처리한 자취를 자랑하려고 하였습니다. 비록 그가 아뢴 것이 타당하여 다행스럽게 반한의 명이 이르렀지만 그 은밀한 종적과 교묘한 정태를 어떻게 가릴 수 있겠습니까?

그 당시 대신과 여러 신하들이 최석항이 입대할 때 함께 모이지 못한 것은 사세가 마침 그러하여 나온 일에 불과하였습니다. 그런데 저들이 뜻을 잃고 원망하는 마음을 품고서 마치 기이한 재물을 보듯 하면서 생각하기를, '이것을 빌어서 전하를 속일 수 있다.' 하고, '조정의 신하들을 이로 인하여 함정에 빠트릴 수 있다.' 한 것입니다.

그리하여 남의 마음을 지레 짐작하는 계략이 그치지 않아서, 조태억은 해당 기관의 관리로서 일이 결정된 뒤에 끊임없이 청대하였고, 박태항이 이어서 일어나 멋대로 상소를 올렸으며, 한세량의 상소에 이르러서는 더욱 흉패스러워 차마 똑바로 바라볼 수 없었습니다.

전하가 시험 삼아 이 무리들이 한 일을 본다면 그것이 과연 나라를 위한 마음에서 나온 것이겠습니까? 아니면 이 또한 화를 전가시키려는 계략에서 나온 것이겠습니까? 삼가 원컨대 전하께서는 밝게 꿰뚫어보고 슬기롭게 살피시어 이 간사하고 흉악한 무리들을 그 죄의 경중에 따라서 모두 밝게 그 죄를 바로잡으십시오."

주상이 답하기를, "대신에 대한 비답과 계사에 대한 비답에 이미 자세히 말하였다." 하였다.

○ 청은군(淸恩君) 한배하(韓配夏)가 상소하여 대략 다음과 같이 말하였다.
"삼가 듣건대 조성복이 상소하여 올린 말은 지극히 무엄한데, 계속해서 삼가 비망기를 보니 신하로서 차마 들을 수 없는 하교였습니다. 아! 황천(皇天)이 묵묵히 도와서 나라의 근본이 크게 정해졌고, 춘궁 저하의 영명(英明)하심이 일찍부터 나타났으니 이는 실로 종사의 기쁨입니다.

우리 전하께서 정령(政令)을 시행하여 조금도 빠뜨린 것이 없는데, 생각지도 못하게 적신 조성복이 은밀하게 임금을 무시하는 마음을 품고서 임금의 권세를 함부로 희롱하여 바로 즉위한 원년에 감히 말할 수 없는 지위에 대해서 헌의하였으니, 조성복의 죄를 어찌 베어 죽이는 것으로 끝낼 수 있겠습니까?

아! 설령 성상의 하교와 같이 편하게 조리하기 위해 이러한 거조가 있었다고 하더라도 오늘날 신하 된 자라면 진실로 마땅히 을유년(1705, 숙종31) 고사(故事)처럼 힘써 다투어야 했습니다. 그런데 저 조성복이라는 자가 이내 감히 방자하게 우러러 청하면서 조금도 두려워하고 꺼리지 않았습니다. 아! 조성복의 마음은 길가는 사람도 알고 있으니, 어찌 통탄스럽지 않겠습니까?

이와 같이 흉악한 역적을 만약 엄히 징치하지 않는다면 어찌 크게 두렵지 않을 수 있겠습니까? 하물며 삼가 듣건대 춘궁이 비망기를 듣고 나서 근심하고 슬퍼하다가 궁료들을 대면하고 눈물을 흘리기까지 하였다고 합니다. 조성복의 죄는 여기에 이르러 더욱 용서하기 어렵게 되었습니다. ……"

○ 사직 이정신(李正臣)이 상소하여 말하기를,
"청컨대 사악한 논의에 흔들리지 마십시오. 혹 이날 이후에 조성복과 같은 자가 또 무슨 해괴한 말을 할지 두렵습니다. ……"
하였다.

○ 예조참판 이집(李㙫)이 상소하여 다음과 같이 말하였다.
"나라에서 들어와 청대하는 것을 허락할 때 애초에 많고 적은 한도와 밤낮의 구분이 없었습니다. 하물며 일에는 크고 작음이 있는데, 만약 큰 일이 생겼을 때 시간을 기다리기 어렵다면 밤중에도 또한 가능하고 새벽에도 또한 가능하였습니다. 어찌 두려워하면서 사람을 기다리고 입을 다물고 있다가 처벌을 기다릴 수 있겠습니까? 하물며 며칠 전 일은 어찌 털끝만큼이라도 늦추거나 기다릴 수 있겠습니까?

그런데 지금 밤중에 홀로 들어간 일을 허물하여 승지를 죄주는 데 이르렀으니 신은 아마도 이로부터 임금의 총명을 막고 가리는 습성이 이루어져 마침내 나라가 나라답지 못하게 될까 두렵습니다. 바라옵건대 현명하게 판단하여 뒷날 큰 폐단이 없게 하십시오."

○ 판부사 조태채가 차자를 올려 말하기를,

"밤중에 비상한 거사가 있다고 듣고 놀라서 걱정하다가, 시임 대신과 왕복하며 한편으로는 수레를 독촉하여 대궐에 나아가 한목소리로 윤허를 청할 계획이었습니다. 그런데 길에서 들으니, 중신이 홀로 청대하여 이미 반한의 명이 있었다고 하므로 신은 마음속으로 매우 기뻐하고 축하하였습니다.

그리고 비망기가 이미 거두어졌으니, 다시 아뢰어 청할 일이 없었기 때문에 돌아왔습니다. 그런데 이광좌가 대궐에 나가지 않았다고 뒤섞어서 거짓을 꾸며 배척하므로 위험하다는 것을 알 수 있었습니다. 삼가 파직하여 물리쳐 주십시오."

하였다. 또 말하기를, "호령 하나하나를 신중히 하는데 힘쓰십시오." 하고, 또 영의정의 사직을 받아들이는 것은 불가하다고 논하였다.

○ 장령 이정소가 상소하여 조성복을 성토하며 말하기를,

"다행히 성명을 중단하고 또한 대계(臺啓)를 윤허하였으니, 여론이 감복하여 송축하는 마음을 금치 못하겠습니다. ……"

하였다. 판부사 조태채의 차자에 답하기를, "…… 영부사의 일은 당초 경솔하였으므로 이미 고쳐서 내렸다." 하였다.

○ 지사 홍만조(洪萬朝)[230] 등이 상소하였는데, 대략 다음과 같이 말하였다.

"며칠 전 비망기는 실로 신하가 차마 들을 수 없는 내용이었으므로 온 나라의 백성들이 머리를 맞대고 통곡하면서 날이 지나도 마음을 정하지 못하였습니다. 비록 중신의 말로 인하여 고쳐서 반한의 명을 내렸지만 토역의

---

230) 홍만조(洪萬朝) : 1645~1725. 본관은 풍산(豐山), 자는 종지(宗之), 호는 만퇴(晚退)이다. 대사헌 홍이상(洪履祥)의 증손이다. 1669년(현종10) 성균관 유생이 되고, 1678년(숙종4) 증광문과에 급제하여 청요직을 두루 거쳤다. 1717년 형조판서에 오르고, 1718년 우참찬을 지낸 뒤 이듬해 기로소(耆老所)에 들어갔다. 1721년(경종1) 판의금부사를 거쳐 영조 즉위 직후 판돈녕부사가 되어 졸하였다. 시호는 정익(貞翼)이다.

거사는 조금도 늦추는 것을 용납할 수 없고, 제방의 방도를 궁구하지 않을 수 없습니다.

신들은 모두 대대로 녹을 받는 신하로서 부끄럽게도 대부의 반열에 있으니 삼가 옛사람이 목욕하고 역적을 성토하는 의리를 따르고자 합니다. …… 속히 분명한 분부를 내려 먼저 조성복의 임금을 무시하는 부도한 죄를 바로잡고, 이어서 대신이 임금을 잊고 나라를 저버린 죄를 다스리십시오. ……"

그 상소에 다음과 같은 말이 있었다.

"앞선 시대에 저사를 훈도하는 도리를 다하지 않은 것이 없지만, 이성(二聖, 경종과 세제)이 모두 조정에 임해서 신하들을 대면하고 왈가왈부(日可日否)한다는 말은 듣지 못하였습니다. 이는 그 의도가 은연중에 또 다른 거조로써 우리 임금의 마음을 유도하려는 것입니다. ……

며칠 전 비망기는 얼마나 망극한 일입니까? 그런데 대신이란 자가 자기 집에 드러누워 태연히 움직일 줄 모르다가 느릿느릿 들어왔지만 밖에서 곧바로 물러났으니, 거의 강 건너 불 보듯이 하여 임금을 잊고 나라를 저버렸습니다. ……

과연 경악(驚愕)하는 마음이 있었다면 설령 중신이 먼저 들어갔더라도, 대신이 마땅히 뒤따라 들어가서 한 목소리로 힘껏 간쟁해야 했습니다. 그런데 길가에서 방황하며 수수방관하였으니, 이는 조성복과 같은 마음이므로, 차자 가운데 조성복을 배척하는 말이 한마디도 없는 것은 당연한 일이었습니다."

○ 지평 유복명이 소회를 아뢰고, 어유룡도 소회를 아뢰었다. 어유룡은 단지 말하기를, "조성복의 상소로 인하여 갑자기 비상한 하교를 내렸다."고만 운운하고, 토죄하라는 말은 없었다. 유복명은 조성복 상소의 말이 신하가 감히 입 밖에 낼 말이 아니라고 하였지만, 그 나머지 말뜻은 어유룡과 거의 같았다.

○ 13일, 우의정과 함께 오라고 하면서 다음과 같이 비망기를 내렸다.

"아! 오늘날 국사가 아슬아슬하여 위태롭구나! 영의정은 정성껏 힘쓰다가 노병(老病)으로 조섭하고 있으며, 좌의정은 사신으로 국경을 나갈 날이 멀지 않다. 이같이 국세가 어지럽고 재이가 거듭 생겨날 때를 당해 정승의 자리가 거의 비어 있는 것과 같으니, 오늘날 국사는 위급하다고 할 만하다. 경은 관대한 도량으로 어찌 여기에 유념하지 않는가?

지난번 대간의 말은 잘못이고 어그러졌으니 마음에 둘 가치가 없다. 지금 경을 생각하는 것은 큰 가뭄에 구름과 무지개를 기다리는 것과 같을 뿐만이 아니다. 간절히 바라건대 경은 이전의 일은 버려 두고 시속의 태도를 빨리 씻어버린 뒤에, 마음을 돌이켜 도성으로 들어와 나랏일을 함께 도모하여 한편으로는 장차 망하는 나라를 안정시키고 다른 한편으로는 밤낮으로 생각하는 내 마음을 위로하도록 하라."

이어서 전교하기를, "우의정에게 사관을 보내 유시하고, 함께 오라." 하였다. 승정원 - 도승지 홍계적, 해방(該房) 승지 한중희 - 에서는 지금 양사가 합계 중이라고 하면서 그 내용을 봉입하였다.

○ 승정원에서 다음과 같이 아뢰었다.

"며칠 전 한세량 상소의 말은 지극히 흉패하였는데, 본원에서 상소의 글을 봉입한 뒤에 대신과 양사에서 혹은 소회로써 혹은 계사로써 아울러 토죄하라고 청하였습니다. 그런데 대신의 소회에 대한 비지(批旨)에서는, '경의 말이 맞다.' 하교하였지만, 양사 합계에 대해서는 '번거롭게 하지 말라.' 답하였습니다.

대계(臺啓)가 비록 윤허 받지 못하였으나, 대신의 소회에 대한 비답에서 드러내놓고 허락한다는 의도를 보였으니, 성명께서 깊이 미워하고 통렬하게 배척하는 심정을 우러러 알 수 있었습니다. 그런데 본원에서 계품한 것에 대해서는 도리어 죄인을 잡아다가 심문하라는 전지는 들이지 말라는 명이

351 신축년(1721, 경종1) 10월

있었으니, 신들은 삼가 지극히 걱정스럽고 개탄스러움을 금할 수 없습니다.

한번 조성복의 상소가 나온 뒤로부터 소장을 올려 죄를 청하는 것을 누가 안 된다고 말하겠습니까? 그렇지만 한세량의 상소에 이르러서는 표현한 말과 의도가 지극히 패악하여, 그 '천위를 은밀히 옮긴다.'고 말한 것은 바로 급변을 알리는 글이었습니다. 그리고 '말단의 한 가지 일은 오히려 의혹을 면하지 못하였다.'고 까지 말한 것은 드러내놓고 춘궁을 위태롭게 핍박하여 국본을 동요시키려는 계략이 있어서 감히 말할 수 없는 지위에 대해서까지 의의(擬議)231)하였으니 부도하게도 임금을 무시하였으며 하늘을 거스르고 분수를 범하였습니다.

그 죄상은 실로 왕법으로 용서할 수 없고 신인이 함께 분노할 일이니, 만약 우리 춘궁 저하로 하여금 이 상소의 말을 보게 한다면 그 위태롭고 긴박하여 불안하기가 마땅히 어떠하시겠습니까? 그러니 성상이 춘궁을 보호하는 도리에 있어서 또한 어떻게 한결같이 난신적자가 흉악한 속셈을 펼치는 것을 방치하고 엄히 징토를 가하는 것을 생각하지 않을 수 있겠습니까?

아! 전하께서 유봉휘의 죄에 대해 아직도 사시(肆市)232)의 형륙(刑戮)을 윤허하지 않으시니, 지금 이 적신이 기회를 틈타 기세를 올린 것이 반드시 여기에서 비롯되지 않았다고 할 수 없습니다. 이러한데도 만약 빨리 엄히 국문하라는 명을 더하여 시원하게 왕법을 바로잡지 않는다면, 삼가 윤상(倫常)이 무너져서 국가가 순식간에 망할까 두렵습니다. 신들이 부끄럽게도 근밀(近密)의 지위에 있으므로 구구한 소회를 황공하게도 감히 아룁니다."

주상이 전교하기를, "알겠다. 대간의 논계에 따라서 거행하라." 하였다.

○ 주상이 다음과 같이 전교하였다.

"당초 이와 같은 상소는 봉입하지 말아야 하는데, 어리석게도 열람하여

---

231) 의의(擬議) : 일의 시비곡직(是非曲直)을 헤아려 그 가부를 의논하는 일이다.
232) 사시(肆市) : 죽여서 주검을 저자에 버려 뭇사람에게 보이다.

살피지 못하고 경솔히 봉입하였다. 박태항 등이 올린 9종의 상소는 - 병조참판
김재로와 사과(司果) 박필정 등의 상소는 11일 입계하였고, 사직 박태항 등, 청은군 한배하,
사과 한세량, 사직 이정신, 장령 이정소, 예조참판 이집, 사직 홍만조 등의 상소는 12일
입계하였는데, 9종 모두 조성복의 죄를 청하는 상소였다. - 돌려주고, 봉입 승지는
파직하라."

○ 승정원에서 아뢰기를,
"지금 삼가 비망기를 보니 한세량 등의 상소를 봉입한 승지를 파직하라는
명을 내렸습니다. 당초 이 상소가 승정원에 도착하자 도승지 홍계적이 엄하게
통렬히 배척해야 한다고 품계하고 봉입하였으니 허락 없이 봉입한 일과는
차이가 있습니다. 청컨대 거듭 잘 생각하여 홍계적을 파직하라는 명을 거두어
주십시오."
하니, 주상이 답하기를, "아뢴 대로 하라." 하였다.

○ 주상이 다음과 같이 전교하였다. "원임과 시임대신, 삼사, 2품 이상은
빈청에 와서 모이도록 하라."

○ 다음과 같은 비망기를 내렸다.
"아! 나의 병근(病根)이 날로 점점 더하여 나을 기약이 없고, 수응(酬應)이
번다해서 우선 피곤한 일은 없지만 수라의 여러 절차로 말하자면 먹기 싫은
일이 이전보다 악화되어 증세가 더욱 심해졌다. 그래서 일찍 저위를 정한
것은 실로 대리(代理)를 거행하려고 한 것이었으며, 이를 자성께 아뢴 지
오래되었지만 책례(冊禮)가 이제 막 지났기 때문에 실행하지 못하였다.
지금 여러 신하들이 나의 본뜻을 알지 못하고, 대간의 상소로 인하여
나온 것처럼 여겨서 서로 계속해서 시끄럽게 논쟁하기 때문에 우선 거둬들여
나의 뜻을 보이고, 조성복의 망령되고 경솔한 죄를 바로잡은 것이다. 그렇지만

공사(公事)가 적체되어 수응이 실로 절박하니, 일체 그저께의 비망기에 의해 거행하여 조섭하는 방도를 다 할 수 있게 하라."

○ 대신과 승정원 그리고 2품 이상이 합문 바깥에서 청대하자 주상이 전교하기를,
"요즈음 건강이 더욱 편치 못하여 수응 역시 어려우니 소회를 써서 들이라."
하니, 승정원에서 구전(口傳)으로 아뢰기를,
"누차 청대하여 지극히 황공합니다만, 신들이 각각 소회가 있어서, 입대하지 않으면 그 마음속에 품고 있는 생각을 모두 아뢸 방도가 없습니다. 거듭 잘 생각하여 입대를 허락해 달라는 뜻으로 다시 청하여 우러러 여쭙니다."
하였다. 주상이 전교하기를,
"너희들이 내 병세가 어떤지 알지 못하여 이와 같이 거듭해서 번거롭게 청하는 것이다. 애초에 인견이 어렵지 않았다면, 너희들의 정성을 왜 막으려 했겠느냐? 인견하기 어려울 뿐만 아니라 수응은 더욱 어려우니 다시는 번거롭게 하지 말라. 소회가 비록 각자 다르더라도 바로 써서 들이라."
하였다.

○ 대신이 승전색(承傳色)을 통하여 구두로 아뢰기를,
"옥후(玉候)가 편치 않은 가운데 재차, 재삼(再三) 청대하는 것이 지극히 황공하다는 것을 알고 있습니다. 그렇지만 이번 일은 매우 중대하니 소회를 써서 들일 수 있는 일이 아닙니다.
여러 신하들이 또한 마땅히 각각 소회를 진달해야 하니, 비록 침실에서 인견하더라도 무방할 듯하여 이에 감히 다시 청대합니다. 만약 청대하지 못한다면 신들은 마땅히 합문 바깥에 엎드려 있을 것이며, 결코 물러날 뜻이 없습니다. 황공하지만 감히 아뢰니다."
하였다. 주상이 다음과 같이 전교하였다.

"경 등이 아직도 내 병세가 어떤지 알지 못하여 이와 같이 거듭 청하는 것이다. 당초 인견하기가 만약 어렵지 않았다면 대신 이하의 정성을 내가 어찌 막았겠는가? 인견은 그것이 지극히 어렵다는 것을 반드시 알아 두고, 다시는 번거롭게 하지 말라. 비록 소회가 각기 다르더라도 즉시 써서 들이라."

○ 또 아뢰기를,

"신들이 삼가 성교를 들으니, '건강이 편치 않아서 수응이 더욱 어렵다.' 하셨는데, 거듭 번거롭게 하는 것이 매우 미안하다는 것을 모르는 것이 아닙니다. 그렇지만 여러 신하들이 각자 소회가 있는데, 문자로는 표현하기 어려우니, 여러 사람들의 심정이 답답하지 않은 사람이 없어서 반드시 대면하여 아뢰고자 합니다. 특별히 인견을 허락하여 구구한 정성을 다하게 해 주십시오. 황공하지만 감히 아룁니다."

하였다. 주상이 다음과 같이 전교하였다.

"건강이 편치 않아서 수작이 매우 어렵다. 비록 건강이 좋은 때에도 만약 많은 사람들이 떠들어대는 소리를 들으면 매우 고통스러워, 마치 장차 병이 겹쳐질 것 같았다. 근래 건강이 더욱 편치 않아서 여러 사람들을 만나 대화하면 병세가 반드시 더해져 지극히 걱정스러워질 것이니 소회를 써서 들이게 한 것이다.

그런데 지금 또 청대하여, 내 병세가 어떤지도 모르면서 다시 번거롭게 하는가? 오늘의 비망기는 내 병환을 조리하려고 부득이 내린 것인데, 두세 차례나 번거롭게 하니, 어찌 이같이 매우 고통스럽게 하는가? 다시는 번거롭게 하지 말고 소회를 써서 들이라."

○ 승정원에서 재차 아뢰기를,

"신들이 성상의 몸이 편안하지 못하여 수작이 매우 어렵다는 것을 모르는 것이 아니지만, 이 같은 비상한 거조를 만나 끝내 조정에 입시하여 대면하고

충성된 마음을 아뢰지 못한다면 답답한 아랫사람들의 심정을 스스로 전달할
방법이 없습니다. 다시 거듭 잘 생각하셔서 입대를 윤허해주십시오. ……"

하니, 주상이 전교하기를,

"이미 조정의 비답에 유시하였으니, 다시 번거롭게 하지 말고, 소회를
써서 들이라."

하였다.

○ 왕세제가 다음과 같이 상소하였다.

"삼가 일전에 갑자기 신하로서 차마 듣지 못할 하교를 내렸으므로, 놀라고
두려워한 나머지 어쩔 줄을 몰라 피를 토하는 심정으로 상소를 올리려고
할 때 성상께서 마음을 돌려 즉시 내리신 명을 취소하시니 삼가 송축(頌祝)을
금하지 못하였습니다. 그런데 남은 두려움이 아직 진정되지 못한 가운데
또 삼가 빈청에 내리신 하교를 보니, 신의 심담(心膽)이 마구 떨려 차라리
죽고 싶었지만 그러지 못하였습니다.

아! 오늘날 일은 정유년(1717, 숙종43) 때의 일[233]과는 크게 다른 점이
있습니다. 전하께서는 춘추가 한창이므로 바로 정신을 가다듬어 정치에
힘써야 할 때입니다. 비록 조금 편찮으시더라도 신명(神明)이 도와주어 회복하
실 수 있을 텐데, 갑자기 막중하고 막대한 일을 신처럼 불초한 자에게 맡기려
하십니다. 신은 이미 학문이 어둡고 또 아는 것이 없는데 어찌 감히 만분의
일이나마 감당하기를 바라겠습니까?

삼가 생각건대 전하께서 오늘 내리신 하교가 비록 수고를 대신하게 하려는
뜻에서 나온 일이더라도, 도리어 성상께 심려를 끼치게 될까 두렵습니다.
이에 감히 죽음을 무릅쓰고 애절하게 호소하니, 엎드려 바라건대 위로는

---

233) 정유년(1717, 숙종43) 때의 일 : 1717년 7월, 숙종이 오래된 안질(眼疾)로 정무를 보기
어렵게 되자 당시 왕세자였던 경종에게 청정(聽政)을 하게 하고 청정 절목을 나라에
반포한 일이 있었다.

종사를 생각하시고, 아래로는 여러 사람들의 마음을 따르시어 속히 왕명을
거두소서."

주상이 다음과 같이 답하였다.

"상소한 말은 살펴보았다. 나의 병이 깊은 것은 전부터 상세히 알고 있을
것이니, 실로 형식적으로 사양하는 데 비할 바가 아니다. 지금 국세가 어지럽고
어려움과 근심이 눈에 가득한 날에 나의 고질병으로 인하여 기무(機務)가
정체됨이 많으니, 근심하고 두려워하지 않을 수 있겠는가?

부득이 너에게 대리를 명한 것은 바로 조종조의 고사(故事)인데 어찌하여
사양하는가? 아! 부탁이 지극히 중대하니 밤낮으로 힘쓰고 두려워하며 공경하
고 삼가서 잘 받들고234) 다시는 사양하지 말아서 온 나라 신민(臣民)의 희망에
부응하도록 하라."

○ 대신과 2품 이상이 소회를 써서 들이자, 주상이 다음과 같이 전교하였다.
"아! 내 병증은 앞뒤 비지(批旨)에서 이미 다 말하였다. 또한 아침저녁
사이에 생긴 게 아니고 십여 년 내에 상처가 쌓인 결과이다. 병세가 날마다
깊어져 치료하기 어렵게 되는 것은 의원에게 늘 있는 일이라고 하지만 오늘날
이 거조가 어찌 편리한 대로 편하게 쉬는 것을 이양(頤養)235)의 방도로 삼으려
는 것이겠는가? 이는 사소한 병증이 아니어서 만약 즉시 치료하지 않으면
실로 말하기 어려운 근심이 있을 것이다. 또한 대리는 조종조의 고사인데
어찌하여 이렇게까지 하는가? 경 등은 나를 곤란하게 만들지 말고 다시는
번거롭게 하지 말라."

---

234) 잘 받들고 : 원문은 "式克欽承"이다. 《서경(書經)》〈열명 하(說命下)〉에 나오는 "제가
　　공경히 이어서 뛰어나고 어진 이를 널리 불러 여러 지위에 세우겠습니다.[惟說式克欽承,
　　旁招俊乂, 列于庶位.]"고 한 구절에서 따온 것이다.
235) 이양(頤養) : "頤神養性"의 준말로, 마음을 가다듬어 정신을 수양한다는 뜻이다. 《주역》
　　〈이괘(頤卦)〉는 산(山)을 뜻하는 간괘(艮卦)와 우레[雷]를 뜻하는 진괘(震卦)의 결합이다.
　　또한 이(頤)는 '턱'이라는 뜻인데, 턱을 움직여 음식물을 씹어 몸을 기르기 때문에
　　'기른다.'라는 의미가 파생되었다.

- 영의정 김창집, 판중추부사 조태채, 좌의정 이건명, 지사(知事) 강현(姜鋧)236), 호조판서 민진원, 좌참찬 임방·이의현, 공조판서 황일하, 훈련원도정(訓鍊院都正) 윤취상(尹就商), 청은군 한배하, 형조판서 이조(李肇), 강원감사 김연, 사직(司直) 윤각·이광좌, 예조참판 이집, 이조참판 이병상, 병조참판 김재로, 사직 이삼, 호군(護軍) 오중주(吳重周)237)·이휘(李 暉)238)·유취장(柳就章)239) -

○ 승정원에서 소회를 써서 들이자, 주상이 전교하기를, "이미 조정의 비답에 유시하였으니, 번거롭게 하지 말라." 하였다.

○ 삼사에서 소회를 써서 들이자, 주상이 전교하기를, "합사에 대한 비답에서 다 말하였으니, 번거롭게 하지 말라." 하였다.

○ 조정에서 소회를 다시 아뢰니, 주상이 다음과 같이 전교하였다.
"비망기와 비지에서 이미 다 말하였으니, 반드시 말을 많이 할 필요가

---

236) 강현(姜鋧) : 1650~1733. 본관은 진주(晉州), 자는 자정(子精), 호는 백각(白閣)·경암(敬庵)이다. 판중추부사 강백년(姜柏年)의 아들이다. 1675년(숙종1) 진사시에서 장원하고 1680년 정시문과와 1686년 문과증시에 연이어 급제하였다. 1689년 이조참의, 1708년 대제학, 다음해 예조판서·한성부판윤을 거쳐 경종 때 다시 판의금부사를 지냈다. 경종대 신임옥사에서 노론을 치죄하였는데, 그 죄로 1725년 삭출되었다가 곧 석방되어 판의금부사·좌참찬에 올랐다. 시호는 문안(文安)이다.

237) 오중주(吳重周) : 1654~1735. 본관은 해주(海州), 자는 자후(子厚), 호는 야은(野隱)이다. 숙종대 수군절도사 등을 지냈으며, 1722년 임인옥사 당시 유배되었다. 영조 즉위 뒤 금군별장 등에 기용되었으나 사퇴하였다. 1728년 이인좌의 난 당시 통제사로서 공을 세우고 이어 사퇴하였다.

238) 이휘(李暉) : 1655~1723. 본관은 용인(龍仁), 자는 여욱(汝旭)이다. 숙종대 무과에 급제하여 선전관을 거쳐 함경도 병사 등을 역임하였다. 1722년 임인옥사에 연루되어 관작이 삭탈되었다.

239) 유취장(柳就章) : 1671~1722. 본관은 진주(晉州), 자는 여진(汝進)이다. 1721년(경종1)에 분부총관(分副摠管)을 지내고, 이듬해 훈련중군(訓鍊中軍)이 되었다. 그러나 신임옥사 당시 소론의 공격을 받아 유배되어, 곧 노론의 거두 김창집 등과 함께 처형되었다. 1808년에 유생 김정언(金鼎言)의 상소에 의하여 신임충량(辛壬忠良)으로 불리었다.

없다. 병근이 몸속을 해쳐서 심화(心火)가 점점 불어나 화열(火熱)이 오르내리듯 할 때는 정신이 아득히 막막해져서 어두워 깨닫고 살피지 못하게 된다. 이것은 위험한 조짐으로서 반드시 죽고 사는 문제인데 어떻게 아끼는 마음이 없겠는가? 나를 아는 자는 내 마음에 근심이 있다고 할 것이고, 나를 모르는 자는 싫증이 났다고 할 것이니, 이와 같은 상황이 어찌 애달프지 않겠는가?

지금 국본은 이미 정해졌고 나의 화열 증세는 점점 치료하기 어려운 지경에 이르러서, 억지로 행하면 반드시 후회가 남을 것이고, 전적으로 조섭하고 치료하는 데 뜻을 둔다면 공무에 방해됨이 있을 것이다. 이 지경에 이르렀으니, 세제로 하여금 근심과 수고를 나누게 하는 방법 외에 다시 다른 도리가 없다. 이것은 다만 내 한 몸만을 아끼자는 것이 아니라 바로 국가를 위한 일이다. 만약 그렇지 않다면 무슨 근거로 이와 같이 하겠는가?

내가 만약 깊은 질병이 없다면 비록 쉰 살이 되었어도 반드시 청정(聽政)을 대신하게 하지 않았을 것이다. 어찌 나이로써 건장하다거나 약하다는 것을 논하겠는가? 경들이 나를 사랑하여 생각을 바꿔 달라. 연일 밤새도록 수작하다 보니 기운이 매우 편치 않다."

○ 승정원에서 재차 아뢰자, 주상이 전교하기를,
"이것은 바로 조종조에 이미 거행한 일이니, 비망기에 의거하여 거행하고 다시는 번거롭게 하지 말라."
하였다.

○ 삼사에서 재차 아뢰자, 주상이 전교하기를, "전후 비지에서 나의 뜻을 다하였으니 모름지기 번잡하게 하지 말라." 하였다.

○ 부호군 심수현 등이 상소하기를,
"신들은 갑자기 비상한 하교가 다시 내려졌다는 말을 듣고서 놀라고 두려우며 가슴이 무너져 내리는 듯한 심정을 이기지 못하여 서로 이끌고서 대궐 앞에서 호소합니다. ……"

하니, 주상이 답하기를,

"전후 비지와 비망기에서 이미 내 뜻을 다 말하였다. 오늘의 일은 내가 이미 굳게 결정하였으니 다시는 번거롭게 하지 말라."

하였다. - 상소에 참여한 사람은 박태항 등의 상소와 같고, 양성규, 박필몽(朴弼夢)240), 심공(沈珙), 윤유(尹游)241), 이보욱, 김시엽, 김동필(金東弼)242), 조최수(趙最壽)243), 박징빈, 조지빈(趙趾彬)244)이 더 들어갔다. -

---

240) 박필몽(朴弼夢) : 1668~1728. 본관은 반남(潘南), 자는 양경(良卿)이다. 1710년(숙종36) 증광문과에 급제하여 청요직을 두루 거쳤다. 1721년 김일경 등과 노론 4대신의 죄를 성토하여 신임옥사를 일으켰다. 영조가 즉위한 뒤 도승지가 되었으나 탄핵을 받아 유배되었다. 1728년(영조4) 이인좌의 난이 일어나자 유배지에서 나와 반란에 가담한 태인현감 박필현(朴弼顯)의 군중으로 가 서울로 진군하려 하였다. 그러나 도중에 반란이 진압되었다는 소식을 듣고 죽도(竹島)에 숨었으며, 검모포(黔毛浦)로 가 잔당들과 다시 거사하려다가 무장현감 김몽좌(金夢佐)에게 붙잡혀, 서울로 압송되어 처형되었다.

241) 윤유(尹游) : 1674~1737. 본관은 해평(海平), 자는 백수(伯修), 호는 만하(晩霞)이다. 윤세희(尹世喜)의 아들이고, 윤순(尹淳)의 형이다. 1702년(숙종28) 생원이 되고, 1718년 정시문과에 급제하여 청요직을 두루 역임하였다. 1725년(영조1) 신임옥사 주동자의 한 사람으로 지목되어 삭출되었다. 정미환국(1727) 직후 대사간에 복직되었고, 형조·이조·예조판서를 역임하였다.

242) 김동필(金東弼) : 1678~1737. 본관은 상산(商山), 자는 자직(子直), 호는 낙건정(樂健亭)이다. 1704년(숙종30) 춘당대 문과(春塘臺文科)에 급제하여 청요직을 두루 거쳤다. 1721년(경종1) 보덕 재직시 세제를 모해하려는 환관 박상검(朴尙儉)·문유도(文有道) 등을 처벌하게 하였다. 신임옥사 당시 김일경을 탄핵하다가 좌천되기도 했다. 영조대 탕평책을 적극 협찬하였다. 1728년 이인좌 난 이후 이조·공조판서를 지냈다.

243) 조최수(趙最壽) : 1670~1739. 본관은 풍양(豊壤), 자는 계량(季良)이다. 1714년(숙종40) 증광문과에 급제하여 청요직을 두루 지내고, 1727년(영조3) 대사간, 1730년 대사헌, 1739년 지의금부사(知義禁府事) 등을 역임하였다.

244) 조지빈(趙趾彬) : 1691~1730. 본관은 양주(楊州), 자는 인지(麟之)이다. 좌의정 조태억의 아들이다. 1718년(숙종44) 정시문과에 급제하여, 1723년(경종3) 홍문록에 올랐다. 1725년(영조1) 노론의 탄핵을 받고 유배 갔다가 1727년 풀려나 이조좌랑이 되었으며, 승지·대사간 등을 역임하였다.

○ 14일, 빈청에서 아뢰기를,

"신들이 누차 청대하였으나 끝내 윤허를 받지 못하여 부득이 재차 소회를 올리고 물러났습니다. 지금 또 빈청에 나와 성후가 편치 않은 중에 이같이 번거롭게 소란을 피우는 것이 지극히 편치 않다는 것을 모르지 않습니다만 신들이 각자 소회가 있는데 직접 뵙고 상세히 아뢰는 것만 같지 못하여 뭇 사람들의 심정이 막혀 있습니다. 오늘 특별히 인접(引接)해 주시면 천만다행이겠습니다."

하니, 주상이 다음과 같이 전교하였다.

"연일 밤새도록 수응하였기 때문에 건강이 더욱 편치 못하여 다시 만나서 말할 방도가 없으니, 청대하지 말고, 소회를 써서 들이라."

○ 승정원에서 뵙기를 청하였으나 비지(批旨)가 또한 같았다.

○ 빈청에서 재차 다음과 같이 아뢰었다.

"연일 밤새도록 수응하였기 때문에 성후가 더욱 편치 않은데 이 같은 때에 다시 번거롭게 해서 매우 황송합니다. 그렇지만 이미 비상한 명이 있었는데 한 번도 등대(登對)할 수 없었으므로 뭇 사람들의 심정이 더욱 답답해졌습니다. 비록 소회를 써서 들이더라도 문자로는 끝내 그 뜻을 다 전달할 수 없어서 부득이 다시 뵙기를 청합니다."

주상이 다음과 같이 전교하였다.

"청정하는 일은 내가 오늘 처음 만들어 시작한 것이 아니다. 조종조의 고사를 본받아서 질병을 조리하기 위한 일인데, 경들은 내 병세는 생각하지 않고 도리어 내 병이 이와 같은 데에 이른 것을 괴롭게 여겨서 마치 비상한 일을 만난 것처럼 하였다.

이번 일은 노고를 제거하려고 한 일인데, 실로 이렇게까지 하는 의도를 모르겠다. 인견은 결코 할 수 없으니 이전 비망기에 의거하여 거행하고,

경들은 그만 물러가라."

○ 승정원에서 재차 아뢰었지만 비지는 같았다.

○ 왕세제가 재차 다음과 같이 상소하였다.

"아! 신이 외람되게 받은 저위는 진실로 이미 감당할 수 없는데, 게다가 오늘날 또 이러한 감당하지 못할 명을 내리니 하늘을 쳐다보고 눈물을 흘리고 벽을 따라 방황하면서 차라리 자진(自盡)해 모르는 일로 만들고 싶습니다. 돌아보건대 신은 성의가 모자라고 문사(文辭)가 졸렬하여 비록 천심을 감동시키지 못하지만 삼가 생각건대 해와 달의 밝음은 아무리 작은 것도 비추지 않음이 없는데, 어찌 오늘날 이처럼 위급하고 절박한 심정만은 살펴 주지 않는 것입니까?

백번 생각하고 헤아려 봐도 결단코 감당하여 받들 희망이 없으므로, 이에 감히 부월(鈇鉞)을 피하지 않고 다시 천청(天聽)을 번거롭게 하니, 삼가 바라건대 성명께서는 신의 안타까운 심정을 살피시고, 억조창생의 바람을 굽어 따라서 빨리 성명을 거두어주십시오. ……"

주상이 답하기를,

"어제 비지 가운데 간절한 속마음을 이미 다 말하였는데, 다시 무슨 말을 더 하겠는가? 너 또한 이미 나의 병세를 알고 있으면서 어찌하여 이해하지 못하는가? 나의 뜻이 굳게 정해졌으니, 결코 윤허하여 따를 이치가 없다. 승지는 가서 이러한 뜻을 유시(諭示)하라."

하였다.

○ 승정원에서 세 번째 아뢰기를,

"삼가 '이전 비망기에 따라 거행하라.'는 하교를 받았는데, 신들은 곧 삶을 포기하고라도 이러한 하교를 듣고 싶지 않습니다. 신들은 부끄럽게도 근밀의 직책을 맡고 있으므로 반드시 소회를 한 번 아뢰고자 하였으나 끝내 윤허하는 것에 인색하십니다. 마음의 여지를 얻지 못하여 속마음을 모두 드러내지 못하니, 더욱 우울한 심정을 이기지 못하고, 이에 감히 다시 뵐 것을 청합니다."

하니, 주상이 답하기를,

"이미 대신의 비지에서 말하였으니 번거롭게 하지 말고, 병을 근심하는 마음을 편안하게 하라."

하였다.

○ 승정원에 다음과 같이 전교하였다.

"세제가 내가 훈계한 것을 거행하지 않고 고민하며 불안해 하니, 사부(師傅)와 빈객(賓客)이 함께 가서 위로하는 것이 좋겠다."

○ 빈청에서 세 번째로 다음과 같이 아뢰었다.

"얼마 전 재차 뵙기를 청하였지만 접견245)을 허락하지 않을 뿐만 아니라 도리어 신들에게 물러가라 하였으니, 신들의 심정이 그지없이 절박해서 어쩔 줄을 모르겠습니다. 전하께서는 또한 신들의 청을 굳게 거절하려고 수작이 어려워서 진현(進見)하게 할 수 없다고 핑계 대니 신들은 죽음이 있을 뿐입니다. 어찌 감히 이것으로 인해 물러날 수 있겠습니까?

전하께서는 평소에 늘 신들을 보았는데, 어찌 유독 오늘만 볼 수 없을 리가 있겠습니까? 실로 매우 개탄스럽습니다. 인접을 승인받기 전에는 결코 그칠 수 없습니다."

주상이 다음과 같이 전교하였다.

"인견이 만약 어렵지 않다면 한 번 청하고 두 번 청하는데 어찌 허락하여

---

245) 접견 : 원문은 "晉接"이다. 황제를 직접 대면하고 은총을 받는 것을 말한다. 《주역》〈진괘(晉卦)〉괘사(卦辭)의 "진괘는 강후에게 말을 많이 하사하고 낮에 세 번씩 접견하는 상이다.[晉, 康侯用錫馬蕃庶, 晝日三接.]"는 말에서 나온 것이다. 강후(康侯)는 나라를 잘 다스리는 제후(諸侯)라는 뜻이다.

시행하지 않겠는가? 내가 병중이라 수작이 더욱 절박한데 경들이 내 상태를
이와 같이 가볍게 여기니 어떻게 차츰 회복할 방도를 생각하겠는가?
　대신을 공경하는 도리로서 비록 존중해야 한다고 말하지만 군신의 분의는
어찌 서로 살피지 않는가? 병중에 만나서 이야기하다 보면 서로 다투어서
이처럼 매우 고통스러울 것이니, 그 의도를 알지 못하겠다."

　○ 다음과 같이 전교하였다.
　"양사에서 한결같이 합사하여 대신에 대해 쟁론하는 것은 특히 타당하지
못하다.246) 또한 이 대신의 거취는 다른 사람들과 다르니, 어제 비망기를
우의정에게 전하라."

　○ 승정원에서 아뢰기를,
　"비망기를 통하여 우의정 조태구에게 사관을 보내 전유하라고 명하셨는데,
지금 양사에서 조태구를 삭출하라는 합계가 한창입니다. 이전부터 대간의
계사가 크게 일어났을 때에는 선유(宣諭)하여 돈소(敦召, 왕이 신하를 간곡한
말로 부르는 일)하는 등의 일은 거행할 수 없는 것이 전례(前例)이므로 오늘
이 비망기는 반려한다는 뜻을 감히 아룁니다. ……"
　하니, 주상이 전교하기를, "알았다." 하였다.

　○ 양사에서 - 사간 어유룡, 지평 유복명·이유·신무일 - 피혐하며 다음과 같이
말하였다.
　"유봉휘가 국본을 동요시킨 일은 그 죄가 강상에 관계되는데, 우의정
조태구가 바야흐로 대신의 반열에 있으면서 목욕하고 토벌하는 의리를 생각

---

246) 양사에서 …… 못하다 : 양사에서 합사하여 조태구가 유봉휘를 비호하였다고 탄핵하고
　　관작을 삭탈하라고 청한 일을 가리킨다. 이 논계는 8월에 시작되어 10월까지 줄기차게
　　이어졌으므로 경종의 이런 하교가 나왔다. 《承政院日記 景宗 1年 8月 25日, 9月 2·3·4·5·6·8·
　　9·10·11·15·17·20·21·24·26日, 10月 7·11·12日》

하지 않고 헛되이 당여를 보호할 계책을 품고 있으니, 《춘추》의 의리에 비추어 보아 먼저 당류들을 다스리는 법을 시행한다면 조태구를 마땅히 먼저 다스려야 합니다.

신들의 청은 모두 엄하게 토벌하려는 데에서 나와 한 번 두 번 반복하여 아뢰었지만 오래도록 유음(兪音)[247]을 내리지 않다가 뜻하지 않게 성명께서 도리어 별도로 전유하라고 하교하셨습니다. 이에 승정원에서 이미 전례에 따라 반려하였는데, 하루가 지나지 않아 다시 전교를 내려 '특히 타당하지 못하다.' 책망하기까지 하셨습니다. 이어서 또한 그 비망기를 전하고 불러오게 하였는데, 이는 대각이 생긴 이래 일찍이 들어본 적이 없는 일입니다.

성명께서 대각을 경시하는 것이 이 지경에 이른 것은 신들의 말과 의논이 군부로부터 신임을 받지 못한 결과가 아닌 것이 없으니, 청컨대 직임을 갈고 배척하라고 명하여 주십시오."

주상이 답하기를, "사직하지 말고 물러나 기다려라." 하니, 사헌부에서 처치하여 나오게 하라고 청하였다.

○ 대신과 2품 이상이 정청(庭請)하여 아뢴 말에 대해 주상이 다음과 같이 답하였다.

"전후의 비지에서 이미 나의 민망하고 절박한 뜻을 모두 말하였는데, 다시 무슨 말을 더하겠는가? 이번에 대리하게 한 일은 정유년(1717, 숙종43)에 이미 행한 전례에 따른 것이고, 또한 괴로움과 아픔을 나누는 것은 바로 형제간에 우애하는 아름다운 일이므로, 번거로운 정무를 나누어 병든 마음을 조금이나마 편안하게 하려는 계획이었다.

그런데 위로는 대신으로부터 아래로는 하인들에 이르기까지 마치 큰일이라도 난 것처럼 날마다 궁궐을 지키고 서로 버티면서 시끄럽게 떠들어서

---

247) 유음(兪音) : 신하가 말이나 글로 아뢴 것에 대해 임금이 답하는 것, 혹은 답한 글을 가리킨다.

나의 뭇 생령들이 끓는 물이 담긴 솥 안에 있는 것처럼 만들었으니, 이게 무슨 꼴이란 말인가?

군신 사이에 심지(心志)가 서로 부합되었다면 어찌 다시 이와 같이 하겠는 가? 또한 내 병세가 조금 나아지면 다시 서정(庶政)을 직접 맡는 일이 어렵지 않을 터이니, 경들은 다시 번거롭게 하지 말고 즉시 속히 거행토록 하라."

○ 승정원에서 전한 소회에 대하여, 주상이 다음과 같이 답하였다.

"이미 정청의 비답에 유시하였으니, 다시 번거롭게 하지 말고 속히 거행토록 하라."

○ 삼사에서 전한 소회에 대하여, 비답이 같았다.

○ 우의정의 거처에 《소학》 1부를 내려보냈는데, 그 가운데 비망기 한 장이 들어 있어, 이에 우의정 조태구가 과천(果川)으로부터 들어와 마포(麻浦) 강가에서 명을 기다렸다.

○ 왕세제가 세 번째 상소하여 다음과 같이 말하였다.

"거듭 임금의 위엄을 더럽혔지만 작은 정성조차 전하의 마음에 닿지 못하여 '간절한 속마음을 이미 다 말하였는데, 다시 무슨 말을 더하겠는가' 하교하시기 에 이르니, 신은 이에 더욱 다시 놀라고 두려워서 몸 둘 바를 모르겠습니다.

아! 신은 이미 끝내 스스로 분수를 지키지 못하고 외람되게 세제의 자리에 있게 되었습니다. 또 천심(天心)을 감동시켜 돌이킬 수 없어서 갑자기 비상한 명령을 받았으니, 신은 훗날 무슨 낯으로 하늘에 계신 선대왕의 영령을 우러러보겠습니까?

이것이 신이 비록 번거롭게 어지럽힌 죄를 받더라도 끝내 허락을 얻지 못한다면 결코 그만둘 수 없는 이유입니다. 이에 다시 밝은 하늘 아래에서 머리를 조아리고 울부짖지 않을 수 없습니다. ……"

주상이 다음과 같이 답하였다.

"이미 전후 비답에서 모두 말했는데, 다시 무슨 말을 더하겠는가? 형제간에 괴로움과 아픔을 나누는 의리를 깊이 생각하여 내가 정신을 수양하고 보신하게 하는 것이 바라는 바이다. 또한 내 뜻이 굳게 정해졌으니 비록 아무리 상소할지라도 윤허하여 따를 이치는 만무하다. 다시 번거롭게 진달하지 말아서 나의 마음을 편안하게 하라."

○ 죄지은 신하 조태구가 차자를 올렸는데, 대략 말하기를,

"신에 대해 대간의 탄핵이 한창이고 질병이 악화되어 죽어가는 가운데, 삼가 국가에 큰일이 있다고 들었습니다. 이에 죄를 무릅쓰고 차마 죽더라도 도성 바깥에 나아가 엎드려 감히 옛사람이 감옥에 갇혀서도 상서(上書)한 사례를 본받아서 피를 토하는 심정으로 간절히 호소하니, 성명을 거둬주시기 바랍니다."

하고, 그 차자에서 또 다음과 같이 말하였다.

"특별히 내린 비망기에서 하신 말씀은 정녕 간절하였는데, 비록 승정원에서 아뢰어 중간에 그치게 하였지만 그 윤음은 조지(朝紙)에 반포되었습니다. …… 선정신(先正臣) 김정(金淨)[248]과 조헌(趙憲)[249], 고 명신(名臣) 이명준(李命俊)[250]이 비록 감옥에 갇혀 있었지만 또한 상소를 많이 올렸습니다. ……"

---

248) 김정(金淨) : 1486~1521. 본관은 경주(慶州), 자는 원충(元沖), 호는 충암(冲菴)·고봉(孤峯)이다. 1507년(중종2) 증광문과에 장원 급제하여 청요직을 두루 역임하였다. 1519년 기묘사화(己卯士禍) 당시 유배되었다가 1521년 옥사로 사사되었다. 김정은 1520년 옥중에서 기묘사화 당시 자신이 도망갔다는 소문은 무고라고 변명하는 상소를 올렸다. 《中宗實錄 15年 6月 15日》

249) 조헌(趙憲) : 1544~1592. 본관은 배천(白川), 자는 여식(汝式), 호는 중봉(重峯)·도원(陶原)·후율(後栗)이다. 이이(李珥)·성혼(成渾)의 문인이다. 1567년(명종22) 식년문과에 급제하여, 선조 즉위 이후 호조좌랑·통진현감·공주목제독 등을 지냈다. 선조대 과격한 상소를 자주 올린 것으로 유명하였다. 1592년 임진왜란 당시 의병을 일으켜 일본군과 대항하다가 금산전투에서 전사하였다.

주상이 다음과 같이 답하였다.

"경은 선조께서 예우하신 신하로서 일찍이 중망(重望)을 받아서 정승에 발탁된 것은 실로 공의에 따른 것이었는데, 보호하는 도리를 다하지 못하여 갑자기 나를 버렸으니, 마음 깊이 생각을 두고 있다.

요전에 올린 상소문에 있는 말[251]은 고사(故事)를 끌어다가 쓴 것에 불과한데 대간의 논계가 계속해서 이어져서 아직도 멈추지 않고 있지만, 경의 관대한 도량으로써 반드시 개의치 않으리라고 생각한다. 또한 오늘의 일은 조종조의 옛 사례일 뿐만 아니라 오로지 국가를 위한 일이니, 경은 안심하고 근심하지 말라."

○ 가주서(假注書)[252] 정유일(鄭惟一)[253]이 우의정의 처소에 전유(傳諭)하고, 서계(書啓)하기를,

"유지(諭旨)를 전한 뒤에 대신 조태구가 정청의 거조를 듣고서 도성 바깥에 나와 머물고 있습니다."

하니, 주상이 전교하기를, "알았다." 하였다.

---

250) 이명준(李命俊) : 1572~1630. 본관은 전의(全義), 자는 창기(昌期), 호는 잠와(潛窩)·퇴사재(退思齋)이다. 이항복(李恒福)·성혼(成渾)의 문하에서 수학하였다. 선조대 형조좌랑 등을 역임하다가 계축옥사(1613, 광해군5) 때 유배되었다. 1623년 인조반정으로 장령에 복직되어 형조참판·강릉부사·대사간 등을 역임하다. 1630년(인조8)에 조기(趙琦)와 김두남(金斗南)이 자신들의 첩의 딸을 궁중에 몰래 들여보내 인조를 섬기게 함으로써 이를 통해 권세를 잡으려고 하다가 일이 발각되어 조정이 시끄러웠다. 이때 이명준 등이 간언을 올려 이들을 쫓아내었다. 《燃藜室記述 仁祖朝古事本末》
251) 요전에 …… 말 : 조태구가 유봉휘를 변론하면서 말한 인조대 이경여의 일과 숙종대 경종이 태어났을 당시의 일을 가리킨다. 본서 앞의 1721년 8월 24일 기사에 보인다.
252) 가주서(假注書) : 승정원의 임시관직이다. 정7품 관직이었던 2인의 주서가 유고시에 임시로 차출, 임명되었다. 이들은 대부분 주서의 주임무였던 승정원의 일기를 기록, 정리하는 일을 대신하였다.
253) 정유일(鄭惟一) : 1691~1775. 본관은 동래(東萊), 자는 집중(執中), 호는 일암(逸菴)이다. 1721년(경종1) 식년문과에 급제하여 병조정랑·음성현감·목천현감·강원도사 등을 역임하였다.

○ 판부사 김우항이 차자를 올리니, 주상이 다음과 같이 답하였다.

"경이 늙어서 병들었다는 사실은 내가 이미 들어서 알고 있다. 오늘의 일은 조종(祖宗)의 고사를 본받은 것이니, 거조에 무슨 경솔함과 갑작스러움이 있겠는가?

내 병은 깊고 고질이 되어 진실로 말하기 어려운 근심이 있기 때문에 세제에게 대리하게 하였으니, 이는 내 몸을 위한 일이 아니라 국가를 위함이다. 또 형제가 근심과 수고를 나누는 것은 원래 아름다운 일이므로 조금도 서로 다툴만한 도리가 없으니, 경은 안심하고 염려하지 말라."

○ 형조참의 이인복(李仁復)254) 등의 상소와 사과 정석삼(鄭錫三)255) 등의 상소를 올렸는데, 승정원이 도로 내보냈다.

○ 약방에서 계사(啓辭)256)를 올리니, 주상이 다음과 같이 답하였다.

"나의 병근은 단지 한때의 증세가 아니라 세월이 이미 오래되었다. 따라서 한갓 약물로써 효과를 보기는 진실로 어렵지 않겠는가? 만약 내 말을 따라서 건강을 다스리는데 적당한 약을 복용한다면 혹 조금이나마 효력이 있을 것이다. 이렇게 하지 않고 한갓 마음과 생각을 허비한다면 비록 기묘한 약이 있더라도 장차 어디에 쓰겠는가? 지금 약을 쓰지 않고도 병이 나을

---

254) 이인복(李仁復) : 1683~1730. 본관은 전주, 자는 내초(來初), 호는 춘절재(春節齋)이다. 영의정 이원익(李元翼)의 5대손이다. 1705년(숙종31)에 진사가 된 뒤 문음으로 입사(入仕)하여 1708년 하양현감(河陽縣監)이 되었으며, 그 뒤 경상도도사로 재직 중 1714년 증광문과에 갑과로 급제하였다. 1716년 홍문록(弘文錄)·도당록(都堂錄)에 차례로 뽑히고, 수찬 등을 거쳐 경종대 동부승지·사직 등을 역임하였으며, 영조대 병조참판에 올랐다.
255) 정석삼(鄭錫三) : 1690~1729. 본관은 동래(東萊), 자는 명여(命汝)이다. 영의정 정태화(鄭太和)의 증손이다. 1711년(숙종37) 식년문과에 급제하여, 병조정랑 등을 거쳐 1722년(경종2) 사간이 되었다. 1725년(영조1) 승지가 되었는데, 경종의 질병을 포고하는 것에 반대하여 상소하였다. 이로 인해 탄핵을 받고 절도에 안치되었다가 같은 해 방면되었다. 1727년 다시 승지가 되어 1729년 졸하였다.
256) 계사(啓辭) : 공사(公事)나 논죄(論罪)에 관하여 임금에게 아뢴 말이나 글이다.

방법이 있는데, 입에 쓴 약을 시험하려고 하니, 또한 곤란하지 않은가? 입진(入診)하여 약에 대해서 논의하는 일은 하지 말라."

○ 비변사에서 아뢰기를,
"호조참판 조태억은 거듭 대간의 탄핵을 받아서, 왕명을 받아 사신으로 나갈 기약이 없으니 개차(改差)하십시오."
하였다.257)

○ 동지겸주청부사(冬至兼奏請副使)에 윤양래(尹陽來)258)를 임명하였다.

○ 전 목사 이형좌(李衡佐)259) 등이 상소하여, 대략 빨리 성명을 거두어서 위로는 선왕의 오르내리는 혼령을 위로하고, 아래로는 저궁의 절박한 심정을 편안하게 하라는 내용으로 승정원에 제출하였는데, 승정원에서 도로 돌려주었다.

257) 비변사에서 …… 하였다 : 조태억은 8월 25일 세제책봉 주청을 청하는 사행의 부사(副使)로 임명되었지만 10월 11일 세제 대리청정을 청한 조성복과 이것을 저지하지 못한 노론 대신과 삼사를 모두 비판하였다가 사간원의 탄핵을 받았으므로, 비변사에서 이렇게 아뢰었다. 《승정원일기 경종 1년 10월 14일》 기사에는 경종이 허락한 것으로 되어 있다.
258) 윤양래(尹陽來) : 1673~1751. 본관은 파평(坡平), 자는 계형(季亨), 호는 회와(晦窩)이다. 1699년(숙종25) 진사가 되고, 1708년 식년문과에 급제하여 청요직을 두루 거쳤다. 1722년(경종2) 동지 겸 주청부사(冬至兼奏請副使)로 청나라에 가서 경종의 병약함을 발설했다는 죄목으로 유배되었다. 1725년(영조1) 승지에 임용되어 공조참판을 거쳐 호조판서·대사헌 등을 역임하였다. 1746년 신임옥사에 관련된 소론의 뿌리를 뽑아야 한다고 주장했다가 한 때 삭직되었다. 이 해에 판돈녕부사로 치사하고 봉조하(奉朝賀)가 되었다. 시호는 익헌(翼獻)이다.
259) 이형좌(李衡佐) : 1668~1746. 본관은 경주(慶州), 자는 경윤(景尹), 호는 초천(椒泉)이다. 이항복의 후손이고, 이세필(李世弼)의 아들이며, 좌의정 이태좌의 동생이다. 1702년(숙종28) 진사시에 합격하고, 공주목사 등을 지냈으며, 1728년(영조4) 강원도관찰사에 올랐다. 그 뒤 한성부 우윤·동지중추부사 등을 역임하였다.

○ 영중추부사 이이명이 상소하여 은화의 허실을 조사할 것을 청하면서 다음과 같이 말하였다.

"시의(時議)에 오랫동안 미움을 받아서 사람들이 의심해서는 안 되는 지위에 있는 분을 의심하도록 만들고, 이에 더하여 흉언을 선동하여 듣는 자가 대신 두려워 할 정도인데도 조정에서는 억지로 내버려 두고 별도로 변명한 것이 없습니다. 그리하여 원한을 품고 있지만 억눌리고 막혀서 하소연할 곳이 없는데, 심지어 죄벌이 말하는 자에게 먼저 이르렀으니, 이것은 신의 뜻이 아닙니다."

주상이 다음과 같이 답하였다.

"만리 바깥에서 돌아왔는데 서로 보지 못하니 마음이 항상 부끄럽고 한스러웠다. 지금은 처분이 이미 정해져서 조금도 편안치 못할 단서가 없다. 경은 선조가 예우한 원로인데, 국가에 어려움이 많은 때를 당하여 어찌하여 마음을 바꾸어 조정에 나와 국사를 함께 하지 않는가?"

○ 15일, 약방에서 아뢰자 주상이 다음과 같이 답하였다.

"초겨울이 이미 반이나 지났고, 은전(殷奠)도 이미 경과되었다. 하지만 나의 깊은 병은 작지 않아서 은전에 참석할 수 없었으니 더욱 다시 망극한 마음이 든다. 매일같이 수응이 번다하니, 병중에 괴로움을 어찌 다 말할 수 있겠는가? 그렇지만 비록 약물이 아니어도 차도가 있을 것 같은데, 어찌 약을 의논할 일이 있겠는가? 우선 약을 의논하지도 말고, 입진도 하지 말라."

○ 영부사 이이명이 들어와서 사은(謝恩)[260] 하였다.

○ 관학 유생 임선(任選) 등 상소, 생원 이장춘(李長春) 등 상소, 보덕 유척기

---

260) 사은(謝恩) : 관직을 제수받은 자, 가계(加階)나 겸직을 받은 자, 휴가·출사의 명을 받은 자 등이 공복을 갖추어 왕에게 숙배(肅拜)하고 치사(致謝)하는 일이다.

등 상소, 사직 이태구(李泰龜)261) 등 상소, 전 군수 정중만(鄭重萬)262) 등 상소,
전 목사 유술(柳述) 등 상소, 생원 이만승(李萬升) 등 상소를 입계하였다.

○ 생원 이현모(李顯謨)263) 등이 다음과 같이 상소하였다.
"천지 사이에 신하가 되어 만약 속으로 업신여기는 마음을 품고 겉으로
시험해 보려는 계략을 부린다면 이는 신인이 모두 분노하고 왕법이 용서하기
어려운 일입니다. 지난번 적신(賊臣) 조성복이 상소 하나를 올렸는데, 그
마음이 업신여긴 데에서 나왔고, 시험해 보려는 계략에서 나왔습니다. 아!
조성복의 죄는 위로 하늘 끝까지 닿았다고 이를 수 있습니다.
생각건대 우리 전하가 대위(大位)를 이어받은 이래로 인(仁)과 효(孝)를
마음으로 삼아서 뭇 신하들이 주청하는 것은 굽혀서 그 뜻을 따르지 않은
것이 없었으므로 업신여기는 마음이 매일매일 자라나서 조성복에 이르러
지극해졌습니다. 저 조성복은 유독 우리 전하의 신하가 아니란 말입니까?
조성복이 조금이라도 돌아보고 꺼리는 마음이 있게 하였다면 그가 어떻게
이런 일을 마음에 싹을 틔워 입으로 말하였겠습니까?
전하께서 종사의 무궁한 계책을 깊이 생각하고 국본을 새롭게 세워 국가의

261) 이태구(李泰龜) : 1636~1724. 본관은 전주, 자는 여수(汝守)이다. 종실 금산군(錦山君) 성윤
    (誠胤)의 증손이다. 1676년(숙종2) 정시문과에 급제하여 청요직을 두루 지내고, 1689년(숙
    종15) 기사환국 이후 홍문록에 올랐다. 이때 헌납으로서 고(故) 청성부원군 김석주의
    관작을 삭탈하라 청하는 합사에 참여하였다. 1693년 경상도관찰사로 나갔다가 남인
    정권 하에서 사헌부의 탄핵을 받기도 하였다.
262) 정중만(鄭重萬) : 1658~1732. 본관은 해주(海州), 자는 여일(汝一), 호는 백석(白石)이다.
    부인은 인평대군 이요(李㴭)의 딸인 전주 이씨이다. 1675년(숙종1) 진사가 되었다. 1690년
    (숙종16)에 영의정 권대운 등을 통해 그의 처남 복평군 이연의 집안에서 궁중에 독약을
    반입시켰다는 일이 재차 제기되자 그 말이 그의 아내에게서 나왔다는 사실이 밝혀졌다.
    그 결과 체포되어 국문을 받고, 결국 아내와 함께 유배되었다가 1693년 풀려나 영조대
    한성부 주부, 공조좌랑 등을 역임하였다.
263) 이현모(李顯謨) : 1685~1731. 본관은 전주, 자는 문약(文若)이다. 1721년(경종1) 생원이
    되고, 1727년(영조3) 정시문과에 급제하여 청요직을 두루 역임하다가, 1731년(영조7)
    용강현령(龍岡縣令)으로 나가서 사망하였다.

기반이 영구히 굳어졌으므로, 온 나라 백성들이 목을 늘이고 바라는 희망은 바야흐로 깊어지고, 양궁이 사이좋게 합하는 즐거움은 끝이 없었습니다. 그런데 조성복이 불쑥 튀어나와 이처럼 시험해 보려는 계략을 부려서 전하께서 갑자기 신하들이 감히 들을 수 없는 하교를 내리게 하였습니다. 이에 춘궁이 편치 않아서 눈물을 흘리기까지 하였으니, 그 죄를 이루다 베어 죽일 수 있겠습니까?

일찍이 선조 때 시골 선비가 상소하여 전하께 국사를 대리하게 할 것을 청하자 즉시 엄히 국문하라고 명하고 곧 극형에 처하였습니다. 오늘날 저궁의 편치 않은 마음이 바로 그날 전하의 마음입니다. 전하께서 만약 조금이라도 춘궁을 위로할 마음이 있다면 지난날 일을 오늘날 마땅히 본받아야 한다고 말할 수 있습니다. 알지 못하겠습니다만 전하는 무엇을 꺼려 엄히 국문하지 않습니까?

성명(成命)을 이미 거둬들인 뒤에 또 지난번 판부(判付, 왕의 재가)에 따르라고 하교하여 위로는 조신(朝紳)과 장보(章甫)로부터 아래로는 하인들과 천인에 이르기까지 울부짖으며 분주하지 않는 자가 없어서 말하기를,

'이것은 조정 신료들이 조성복의 죄를 엄히 성토하지 못하여 저 조성복이 아직도 하늘과 땅 사이에 목숨을 부지하게 하였기 때문에 전하가 또 이런 전도된 거조를 한 것이다.'

합니다. 지금 조정의 신하들이 만약 정성을 모아 하늘에 호소하여 반한하기를 기약하지 못한다면 장차 어떻게 임금을 잊고 역적을 비호한 죄를 면할 수 있겠습니까?

무릇 국가는 전하의 국가가 아니라 바로 조종의 국가이고 바로 영고(寧考, 죽은 부왕)의 국가입니다. 생각건대 우리 조종과 영고께서 이미 우리 전하에게 중대하고도 어려운 일을 물려주었는데,[264] 전하가 역적 한 명의 시험해

---

264) 중대하고도 …… 물려주었는데 : 원문은 "遺大投艱"이다. 《서경》〈대고(大誥)〉에 주(周)나라 성왕(成王)이 "내가 하는 일은 하늘이 시키신 것이다. 내 몸에 크고 어려운 일을

보려는 계략에 동요되어 또 왕위를 벗어놓고 한가하게 지내려고 한다면, 조종의 사직은 어찌할 것이며, 선왕의 부탁은 어찌하시렵니까?

이로써 말한다면 조성복의 죄는 비록 온갖 방법으로 목을 벤다고 하더라도 속죄할 수 없습니다. 전하께서 만약 속히 결단을 내려 엄히 징토하는 형전을 시행하고, 난적의 죄를 바로 잡지 않는다면 사람은 사람답지 않고, 국가는 국가답지 못하여 위태롭게 망하는 재앙이 아침저녁으로 닥쳐올 것입니다.

삼가 바라건대 성명(聖明)께서는 빨리 성명(成命)을 거둬들여서 한편으로는 저궁의 눈물 흘리는 심정을 위로하고, 다른 한편으로는 뭇 신하들이 울부짖으며 호소하는 정성에 부응한 뒤에 엄히 조성복을 국문하여 신인의 분노를 씻어버리십시오. ……"

주상이 답하기를, "전후의 비지에서 내 뜻을 모두 말하였다." 하였다.

○ 부사직 권규(權珪)265)와 이인징(李麟徵)266) 등이 다음과 같이 상소하였다.

"삼가 생각건대 아! 마음이 아픕니다. 황천(皇天)이 어찌 우리 국가를 혼란에 빠트려 망하게 하려 하며, 조종(祖宗)이 어찌 우리 종사를 친절히 보살펴 도와주지 않겠습니까? 전하는 어찌하여 이런 말을 하고, 춘궁이 어떻게 편안히 이 분부를 받을 수 있겠습니까? 전하의 성학이 고명(高明)하니 앞선 역사를 낱낱이 살펴보시면 국가가 생긴 이래로 어찌 오늘날과 같은 거조가

맡겼다.[予造天役, 遺大投艱于朕身.]"고 한 것에서 인용하였다.

265) 권규(權珪) : 1648~1723. 본관은 안동, 자는 국서(國瑞)·덕장(德章), 호는 남록(南麓)이다. 영의정 권대운(權大運)의 아들이다. 1675년(숙종1) 증광문과에 급제하여 청요직을 두루 거쳐 1689년 도당록(都堂錄)에 올랐다. 1694년 갑술환국으로 유배갔다가 1697년 풀려났다. 1721년(경종1) 세제 대리청정을 반대하는 상소를 올렸다. 1722년 신임옥사로 소론이 집권하자 공조참판 등을 역임하였다.

266) 이인징(李麟徵) : 1643~1729. 본관은 연안(延安), 자는 옥서(玉瑞), 호는 운강(雲崗)이다. 1675년(숙종1) 사마 양시에 합격하고, 1679년 식년문과에 장원한 뒤, 1689년 홍문록에 선발되었다. 1694년 갑술환국으로 외직에 나갔다가 1696년 승지가 되었다. 경종대 공조판서 등을 지냈는데, 영조 초년에 극변에 유배 보내라는 노론의 집요한 주장에도 불구하고 영조는 오히려 한성판윤·공조판서로 기용하였다.

있었습니까? 이전에도 대리청정의 거조가 비록 혹 있었다 하더라도 모두 춘추가 많고 질병으로 거동하기 어려워 어쩔 수 없는 뒤에 있었습니다.

아! 전하의 총명과 지혜는 여러 왕 가운데 가장 뛰어나고, 어진 명성과 어진 소문이 사람들의 피부와 뼈에 스며들어서, 30여 년간 덕을 함양한 지 이미 오래되어 백성들이 더욱더 사랑하며 떠받들었습니다. 그런데 지금 새로이 대위(大位)에 올라 정신을 가다듬고 다스리기를 도모하는데, 적신 한 명의 말 때문에 이와 같은 차마 들을 수 없는 하교를 내리니, 이것이 어찌 뭇 신하들이 전하에게 바라는 바이겠습니까?

전하께서 비록 '성궁에게 질병이 있다.' 말하지만, 전하에게 질병이 없다는 사실은 신민(臣民)들이 모두 알고 있습니다. 전하께서 비록 '이것이 나의 본뜻이다.' 말하지만 그것이 전하의 본뜻이 아니라는 점도 온 나라 신민들이 모두 알고 있습니다. 전하는 어찌하여 이처럼 과격하고 괴로운 하교를 내려 적신의 말을 사실로 만드십니까?

아! 전하의 이 거조는 누가 초래한 것입니까? 신들은 조성복의 무리가 초래한 것이라고 여깁니다. 우러러 생각건대 우리 춘궁이 놀라고 분통해 하는 마음은 신들보다 훨씬 더 할 것입니다. 그러므로 조성복은 왕법으로도 반드시 베어 죽일 죄를 지었을 뿐만 아니라, 춘궁을 위해서도 반드시 베어 죽일 의리가 있습니다. ……"

○ 승정원에서 다음과 같이 아뢰었다.

"지금 막 부사직 권규 등이 상소 한 장을 올렸는데, 신들이 그 내용을 보니 앞부분에

'아! 마음이 아픕니다. 황천이 어찌 우리 국가를 혼란에 빠트려 망하게 하려 합니까?'

하였고, 중간에 또 이르기를,

'전하가 비록 말하기를, 「이것이 나의 본뜻이다.」했지만, 그것이 전하의

본뜻이 아니라는 것을 신민들은 모두 알고 있습니다.'

하였으니, 그 말의 흉패함이 어찌 이같이 지극하단 말입니까?

아! 당초 비망기에서 이미 '오늘 여러 신하들이 나의 본뜻을 알지 못한다.' 하교하고, 또 중간의 비지에서 '이번 일은 본래 대간의 상소 때문에 나온 것이 아니다.' 유시하였는데도 오늘날 권규 등이 어떻게 전하의 본뜻을 알아서 이렇게 멋대로 임금을 무함하는 부도한 말을 한단 말입니까?

이 무리들은 성상의 이번 일을 억지로 본뜻이 아닌 것으로 돌려서 마치 전하께서 과격하게 괴로운 점이 있어서 나온 것처럼 하여, 그 성궁을 무함한 죄로 말하자면 한세량보다 심하고, 그 국본을 위태롭게 핍박하려는 계략으로 말하자면 유봉휘보다 더합니다. 이와 같은 흉역의 말은 마땅히 곧장 엄히 국문할 것을 청해야 하는데, 그 상소는 한 번 예람을 거치지 않을 수 없으므로 이에 봉입한다는 뜻을 감히 아룁니다."

주상이 전교하기를, "이 상소는 돌려주고, 이 같은 상소는 들이지 말라." 하였다.

○ 생원 민통수(閔通洙)[267] 등이 다음과 같이 상소하였다.

"10일에 내린 비망기는 갑자기 천만뜻밖에 나왔었는데, 다행히 하늘이 전하의 마음을 열어주어 즉시 반한의 명을 내렸으니, 크고 작은 신민들이 크게 놀라고 당황하였다가 진실로 기쁜 마음을 이기지 못하고, 성덕(聖德)이 멀지 않아 회복된 것을 우러러 흠모하였습니다.

그런데 얼마 지나지 않아 또다시 앞서 명한 하교를 되풀이하니 온 나라의 생명이 있는 모든 무리들이 놀라고 당황하고 의혹하여 위로는 대신으로부터 아래로는 모든 신료들과 선비들에 이르기까지 진심에서 우러나오는 정성으

---

267) 민통수(閔通洙) : 1696~1742. 본관은 여흥(驪興), 자는 사연(士淵)이다. 민유중의 손자, 민진원의 아들이다. 1721년(경종1) 사마시, 1734년(영조10) 정시문과에 급제하여 청요직 을 두루 거쳤다. 1739년 교리로서 상소하여 이광좌를 비난하고 부친 민진원을 변론하였 다. 이후 이조좌랑·응교·승지 등을 역임하였다.

로 호소하면서 반드시 청을 들어주기를 기대하였습니다.

그러나 천청(天聽)은 아득하기만 하여, 질병이 깊어졌다고 유시하고, 이어서 조종조의 고사를 인용하여 반드시 뭇 신하들의 심정을 굳게 거절하고자 하므로, 신들은 윤음(綸音)을 입으로 전하여 외우면서 저도 모르게 가슴이 막혀서 통곡하였습니다.

지금 우리 전하께서 새롭게 대위를 계승하였는데, 나이가 한창이어서, 여러 정무를 부지런히 살펴서 밤낮으로 해이해지지 않으시니, 멀리서나 가까이서 보거나 들은 사람들이 바야흐로 눈을 씻고 발돋움하여 교화가 이루어지고 잘 다스려서 안정되기를 기다리고 있습니다. 비록 하늘의 조화가 간혹 어긋나서 옥체가 편치 않더라도 만약 편의에 따라 조섭하여 조용히 수작하신다면 질병을 다스리고 업무를 처리하는 것이 어찌 서로 방해가 되겠습니까?

조종조의 고사는 춘추가 들고 견디기 어려운 질병이 생겼을 때 있었던 것이므로 전후의 사실이 또한 크게 같지 않은 점이 있어서 진실로 원용할 수 있는 사례가 아닙니다. 하물며 지금 재이와 흉년이 연이어서 어려움이 날로 커지는 때를 만나서 어찌 위로는 종사의 부탁을 생각하지 않고, 아래로는 신민의 바람에 부응하지 않고, 바로 즉위 초에 갑자기 번거로운 것을 싫어하여 스스로만 편안해지려는 뜻을 보여서 선대왕의 어렵고도 큰 부탁을 저버리려 합니까?

또한 춘궁 저하께서 저위의 명을 새롭게 받고 스스로 정성을 다하는 방도는 오직 문침 시선(問寢視膳)[268]의 절차에 있는데, 갑자기 이처럼 감당하기 어려운 하교를 받들었으니, 놀라서 당황하고 두려워 떨리는 것은 필연적 이치입니다. 삼가 듣건대 어제 궁료를 인접하고 눈물을 흘려서 목소리가 나오지 않았다고 합니다. 비록 어제 성상의 하교를 보더라도 그 근심하고 번민하며 어쩔

---

268) 문침 시선(問寢視膳) : 문침은 임금이 자는 곳에 직접 가서 올리는 문안 인사이고, 시선은 세자가 아침저녁으로 임금의 수라상을 몸소 돌보던 일이다.

줄을 모르는 뜻을 전하께서도 또한 이미 굽어살펴서 불쌍히 여기셨습니다. 전하께서 우애하는 지극한 뜻이 있는데, 어찌 유독 한결같이 강박하기만 하고 위로할 방도를 생각하지 않습니까?

신들은 삼가 빨리 성심(聖心)을 돌려 비망기를 거둬들여서 춘궁의 답답하고 근심하는 심정을 풀어주고 온 나라가 크게 축원하는 정성에 부응한다면 종사와 신민의 경사가 이보다 나은 것이 없다고 생각합니다. 만약 혹 오래도록 윤허하지 않으신다면 어찌 단지 신료들만 죽을 때까지 대궐을 지키며 머리가 깨지더라도 힘껏 다툴 뿐이겠습니까? 중앙과 지방의 신료와 백성들도 장차 한목소리로 대궐에서 부르짖을 것이니, 삼가 이것이 어지러운 단서가 되어 도리어 조섭하고 보양하는 절차에 방해될까 두렵습니다.

신들이 진실로 성균관과 함께 상소해야 마땅하지만 아직 합격자 명단을 발표하기 전이라 선발된 선비들 전체의 끝에 스스로를 붙일 수 없는 점을 고려하여, 이에 감히 동방(同榜)의 합격자만을 이끌고 상소문을 올립니다. ……"

주상이 임선·민통수·이장춘·이만승의 상소에 답하기를, "앞뒤 비지에서 내 뜻을 모두 말하였다." 하였다.

○ 대사헌 이희조가 상소하여 다음과 같이 말하였다.

"…… 이미 눈에 보이는 증상이 없는데, 어찌 한때의 하찮은 병 때문에 갑자기 정무를 내려놓으십니까? 왕세제가 눈물을 흘리며 어찌할 바를 모르고 인심이 동요하는데, 이것이 어찌 국가가 위급하여 존망이 걸린 큰 문제가 아니겠습니까? ……"

○ 양사가 다음과 같이 합계하였다. - 한세량에게 형률을 더해 엄히 국문해야 한다고 하였는데, 그 내용은 이미 12일자 양사 합계에 보인다. -

"지금 승정원에 대한 비답에서 비록 '대간의 논계에 따라서 거행하라.'는 하교가 있었지만,269) 그 죄상을 살펴보면 실로 하늘과 땅 사이에 용납하기 어려워서 그 왕법을 바로잡고 원악(元惡)을 징토하는 도리로 보아 천극에 그치는 것은 불가합니다. 청컨대 한세량을 사로잡아 엄히 국문하십시오.

지금 부사직 권규가 상소 한 장을 올렸는데, 그 말뜻이 지극히 흉패하였습니다. 상소 원본은 비록 얻어 보지 못하였지만 지금 승정원의 계사를 가지고 보건대, 그 가운데 말하기를,

'전하께서 비록 「이것이 내 본뜻이다.」하였지만, 그것이 전하의 본뜻이 아니라는 것을 온 나라 신민이 모두 알고 있습니다. 전하는 어찌하여 이처럼 과격하고 괴로운 하교를 내리셨습니까? ……'

하였습니다. 아! 그 말이 흉악하고 참혹한 것이 어찌 이 지경에 이르렀단 말입니까? 당초 비망기에서 이미 '지금 여러 신하들이 내 본뜻을 알지 못한다.'고 하교하였고, 중간에 비지를 내려 또 '이번 일은 본래 대계로 인하여 나온 것이 아니다.'라고 유시하였는데, 지금 저 권규 등이 어떻게 그것이 전하의 본뜻이 아님을 미리 알아서 감히 이처럼 전하를 무고하는 부도(不道)한 말을 합니까? 하물며 '과격하고 괴롭다.[激惱]'는 두 글자는 그것을 쓴 의도를 더욱 헤아릴 수 없습니다.

지금 이처럼 성명을 거두라고 청하는 것은 진실로 신하의 당연한 도리인데, 이 기회를 빙자하여 불쑥 괴이한 논의를 내놓았으니, 그 무고가 주상에게 이르고 말이 국본을 핍박한 죄는 유봉휘와 한세량보다 더합니다. 그러므로 엄하게 징토하는 도리에서 볼 때 끝까지 살펴서 밝히지 않을 수 없으니, 청컨대 권규를 사로잡아 엄히 국문하십시오."

---

269) 승정원에 …… 있었지만 : 한세량이 조성복을 비판하는 상소가 10월 12일에 있었는데, 그날 양사에서 합계하여 한세량을 위리안치시키라고 청하였지만 경종이 허락하지 않았다. 그런데 같은 날 좌의정 이건명의 차자에 대한 비답에서는 한세량 상소의 말이 불쾌하다고 말하였다. 이에 13일 승정원에서 양사 합계에 대한 비답과 이건명에 대한 비답이 일치하지 않는다고 지적하자 양사의 논계를 윤허하는 비답을 내린 일을 가리킨다. 즉 한세량을 위리안치 하라고 승인한 것이었다. 그런데 양사에서는 여기서 한 발 더 나아가 한세량을 국문하라고 경종을 압박하고 있다.

주상이 답하기를 "윤허하지 않는다." 하였다.

○ 사간원에서 다음과 같이 아뢰었다.

"신들이 삼가 사직 홍만조 등의 상소 원본을 보았는데, 아랫부분에 대신이 차자를 올려 승지의 일을 논한 것[270]을 지극히 의도적으로 얽어 모함하였습니다. 토죄할 일에 대해서는 어찌 단지 조성복 한 사람만 언급한단 말입니까? 일이 놀랍고 원통하기가 무엇이 이보다 심할 수 있겠습니까?

대개 그날 중신이 함께 모이는 것을 기다리지 않고 반드시 혼자 들어가려고 한 상황은, 사체로써 헤아려 보건대, 어찌 매우 놀라운 일이 아니겠습니까? 승정원의 신하가 어두워서 살피지 못하고 번거롭게 아뢴 것을 따라서 최석항이 입대하여, 결과적으로 대신과 여러 신하들로 하여금 함께 들어가지 못한 채 갈림길에서 방황하다가 끝내 바깥에서 물러나 돌아가게 하였으니, 정승 이건명이 차자를 올려 논한 것은 진실로 체통을 얻은 말이었습니다.

그런데 지금 홍만조 등은 한쪽 편에서 지시하는 뜻에 투합(投合)하여 평소에 품었던 유감스러운 마음을 풀어보려고, 악을 서로 같이 도와서 수컷이 울자 암컷도 함께 울 듯이 조정을 허물어뜨리고 어지럽힐 계책을 조성하였습니다. 그 정상을 논한다면 매우 애통하고 놀라우니, 청컨대 홍만조를 삭출하십시오."

주상이 답하기를, "윤허하지 않는다." 하였다.

○ 조정에서 정청(庭請)하면서 올린 계사(啓辭)에 대하여 주상이 전교하기를, "이미 전후 비답에서 유시하였으니, 빨리 멈추라." 하였다.

○ 승정원에서 올린 계사에 대하여 주상이 답하기를, "이미 전후 비답에서

---

270) 대신이 …… 것 : 좌의정 이건명이 10월 11일 차자를 올려 최석항이 입대하는 것을 막지 못한 승지들을 처벌하라고 건의한 것을 가리킨다. 본서의 앞에 보인다.

유시하였으니 즉시 속히 거행하라." 하였다.

○ 삼사에서 정청하면서 아뢰니, 주상이 답하기를, "이미 유시하였으니, 번거롭게 하지 말라." 하였다.

○ 종친의 반열에서 정청하니, 주상이 전교하기를, "이미 빈청에 내린 전후 비답에서 유시하였다." 하였다.

○ 왕세제가 네 번째 상소를 올리니, 주상이 답하기를,
"상소를 살펴보고 소상히 알았다. 전후 비지(批旨)에서 이미 내 뜻을 유시하였다."
하였다.

○ 16일, 생원 윤득형(尹得衡) 등이 상소하였는데, 그 대략은,
"거듭 피를 쏟으면서 청하니, 삼가 바라옵건대 비상한 명을 환수하고, 특히 역신의 죄를 바로잡아서 종사와 신인(神人)의 바람에 부응하고 온 나라의 신민의 분노를 쾌히 씻어 버리십시오."
라고 말한 일이었다.

○ 관학 유생 홍전보(洪銓輔) 등이 상소하였는데, 그 대략은,
"신들이 삼가 국가의 비상한 거조를 보고, 놀라고 걱정하는 마음을 이길 수 없어서 어제 충심을 진달하고 반한의 명을 내려주기 바랬습니다. 그런데 비지를 받들어 보니, 윤허 받지 못하였으므로 신들은 이 때문에 지극히 우울하고 꽉 막힌 심정을 이기지 못하겠습니다. 바라건대 성명을 거두신다면 종사에 다행이겠습니다."
라고 말한 일이었다. 주상이 윤득형과 홍전보 등의 상소에 답하기를, "내

뜻은 이미 앞뒤 비지에 다 말하였다." 하였다.

○ 우의정 조태구가 상소하였는데, 그 대략은 "다시 피를 쏟으며 청하니, 빨리 성명을 거두어서 신인의 바람에 부응하기 바랍니다."라는 일이었는데, 입계하였다.

○ 익위(翊衛)[271] 이정영(李挺英) 등이 상소하였는데, 그 대략은,
"신들이 외람되게 궁료의 끄트머리에 있으면서 국가의 비상한 거조를 목격하고 놀라고 당황하여 나라를 걱정하고 백성을 사랑하는 마음을 이기지 못하였습니다. 이에 감히 서로를 이끌고서 지엄한 분께 호소하니, 성명을 거두어서 춘궁의 안타까워하는 마음을 위로하여 편안하게 해주십시오."
하는 일이었다.

○ 왕세제가 다섯 번째 상소를 올리니, 주상이 답하기를, "상소를 모두 살펴보았다. 날마다 내린 비지에서 이미 내 뜻을 유시하였다." 하였다.

○ 조정에서 구전(口傳)으로 청대하였는데, 봉화(烽火)[272]가 지나가고 나서도 비답이 내려오지 않았다. 조정에서 또 아뢰기를,
"신들이 아침에 청대하고, 종일 합문 바깥에서 기다렸습니다. 그렇지만 합문이 이미 닫히고 물시계가 초저녁을 알릴 때까지 아직도 비답이 없습니다. 이에 신들은 더욱 지극히 억울함을 이기지 못하여 매우 황공한 줄 알면서도

---

271) 익위(翊衛) : 세자익위사(世子翊衛司)의 정5품 관직이다.
272) 봉화(烽火) : 병란이나 사변이 있을 때 신호로 올리는 불인데, 평상시에 한 번, 적이 출현하면 두 번, 국경에 접근하면 세 번, 국경을 침범하면 네 번, 접전(接戰)하면 다섯 번을 올렸다. 평상시에 해가 저물면 올리는 봉화는 변방에 아무 탈이 없다는 것을 알려주어서 평안화(平安火)라고 하였다. 즉 봉화가 지나갔다는 것은 해가 이미 지고 밤이 되었다는 것을 말한다.

다시 이처럼 우러러 진달하니, 삼가 빨리 인대(引對)를 허락하여 주십시오."

하였다. 주상이 전교하기를,

"전후 비지에서 이미 내 뜻을 다 말하였으니, 청대하지 말라. 앞선 비망기에 의거하여 거행하고 물러나는 것이 마땅하다."

하였다.

○ 삼사에서 청대하자 주상이 전교하기를,

"이미 전후 비지에서 내 뜻을 유시하였으니, 청대하지 말라. 앞선 비망기에 의거하여 거행하라."

하였다.

○ 승정원에서 청대하였으나, 같은 비지를 내렸다.

○ 조정에서 정청하면서 계사를 올리니, 주상이 다음과 같이 전교하였다.

"경 등의 지극한 정성을 내가 이미 안다. 나의 병세가 만약 수응할 수 있는 정도라면 어찌 여기에 이르렀겠는가? 근래에 화증(火症)이 점점 올라 정신을 차리고 살필 수 없다. 하루 동안에도 자주 발작하기 때문에 장차 좌우로 하여금 전례를 상고하여 거행하게 하는 지경에 이를 것이니, 이렇게 하고도 어찌 나라를 다스릴 수 있겠는가?

이것은 내가 진심으로 하는 말이다. 좌우가 하는 것이 옳은가? 세제가 하는 것이 옳은가? 경들은 깊이 생각하여, 앞서 내린 비망기대로 거행해서 우리 형제가 더불어 고통을 분담하여 한편으로는 나로 하여금 병을 조리하게 하고, 다른 한편으로는 망해 가는 나라를 붙들어 세우라."

○ 정사(政事)가 있었다. 이삼(李森)을 충청병사(忠淸兵使)로 삼았다.

○ 승정원에서 계사를 올렸다.

○ 삼사에서 합계한 말에 대해서 주상이 답하기를, "정청에 대한 비답에서
이미 논하였으니, 번거롭게 하지 말라." 하였다.

○ 삼사가 합계하여 유봉휘의 일에 대해 사로잡아 엄히 국문할 것을 청하였
다. 양사가 합계하여 조태구의 일에 대해서는 삭출을, 한세량의 일에 대해서는
사로잡아 엄히 국문할 것을, 권규의 일에 대해서는 국청을 설치하여 엄히
심문할 것을 청하였는데, 조어(措語)를 첨가하고 고쳐서 이르기를,
   "그가 말한 것은 반드시 지목하여 배척하는 곳이 있을 것인데, 그가 말한
것은 과연 누구의 뜻이며, 과격하게 괴로워하는 것은 무슨 일입니까?"
   하였다.

○ 사헌부에서 박태항을 멀리 유배 보내고, 그 상소에 서명한 사람들은
삭출할 일을 아뢰었다. 사간원에서 조태억을 파직하고 서용하지 말라는
일과, 홍만조를 파직하고 서용하지 말라는 일을 아뢰었다. - 어제 승정원에서
홍만조를 삭출하라고 아뢰었는데, 오늘 적용할 형률을 고쳐서 아뢰었다. -

○ 지평 유복명이 아뢰기를,
   "신이 박태항을 삭출할 일에 대해서, 당초 동료들이 모인 자리에서 소두를
멀리 유배 보내고, 상소에 연명한 사람들을 모두 삭출하는 형률을 적용할
것을 청하였는데, 신의 생각으로는 상소 말미에 연명한 다수 사람들을 모두
함께 삭출하자는 청은 혹 지나치다고 여겼기 때문에 말미에 소두를 삭출할
일로써 다시 논의하여 추후에 개정하였습니다. 그런데 지금 들건대 공의가
떠들썩하게 일어나 크게 비난하고 배척한다고 합니다. ……"
   하니, 주상이 답하기를, "사직하지 말고 물러가 여러 사람의 논의를 기다리

라.”하였다. - 이 비답은 18일에 비로소 내려졌다. -

○ 지평 이유가 유복명이 박태항의 형률을 줄여준 일로 인피하면서, 그가 두려워 겁을 내고 있다고 아뢰어 배척하였다.

○ 보덕 유척기 등이 연명으로 상소하였는데, 주상이 답하기를, “이미 빈청 계사에 대한 비답에서 유시하였다.”하였다.

○ 삼사·양사·사헌부·사간원에서 계사를 올렸으나 비답을 내리지 않았다.

○ 유복명과 이유가 피혐하였으나 비답을 내리지 않았다.

○ **17일**, 영의정 김창집, 영부사 이이명, 판부사 조태채, 좌의정 이건명 등이 연명으로 차자를 올려 다음과 같이 말하였다.

“신들이 …… 엎드려 생각건대 당초의 비망기 가운데 ‘크고 작은 국사를 모두 결정하게 하라.’는 하교273)는 진실로 국조(國朝) 이래로 없었던 일이므로, 중앙과 지방의 신하와 백성들이 놀라고 의혹하고 근심하고 두려워하는 것은 바로 여기에 있으니, 신들이 비록 만 번을 주륙 당하더라도 결코 감히 받들 수가 없습니다.

그런데 정유년(1717, 숙종43)의 일에 이르러서는 본래 선조(先朝)께서 재정하신 일이고, 또한 절목이 구별되어 있어서, ‘모두 결정하게 하라.’는 명과 비교해 보면 차이가 있을 뿐만이 아닙니다.274) 더욱이 이번 성상의 하교는

---

273) 당초의 …… 하교 : 경종이 1721년 10월 10일에 세제인 연잉군에게 대리청정을 명한 최초의 하교이다.
274) 정유년의 …… 아닙니다 : 정유년(1717, 숙종43) 숙종은 자신의 눈병을 명분으로 하여 세자에게 대리청정을 명하여 강행하였다. 당시 숙종이 노론과 소론의 대립 속에 노론의 의리를 인정하였고, 노론 대신과 독대 직후 대리청정을 발표하였으므로 소론 측으로부터

지성으로 슬퍼하는 데서 나왔으니, 전하의 신하 된 자로서 어떻게 감히 빠르고 갑작스럽다는 데 구애되어 일체 모두 거역하여 우리 전하의 마음을 상하게 하겠습니까?

엎드려 바라건대 빨리 해당 관서에 명하여 단지 정유년 절목에 의하여 품지(稟旨)해 거행한다면 천만다행이겠습니다."

○ 지난밤, 정청에 대한 비답이 내려온 뒤 대신이 정청을 정지할 뜻으로 반열 가운데 수의(收議)하니, 여러 재신(宰臣)들은 별다른 말이 없었는데, 최석항과 이광좌 등 여러 사람들이 불가하다고 하면서 다투었지만 정청을 정지하겠다는 논의를 막지 못하였다.

삼사 가운데 오직 지평 유복명만이 당시 인혐 중에 있었는데, 비답을 받지 못한 와중에 반열에 나와 받들어 이을 수 없다는 뜻으로 힘껏 다투니, 조태채가 아침을 기다려서 다시 모이자는 뜻으로 발언하고, 명을 내려 모임을 마치고 나갔다. 다음날 아침 대신이 차자를 올려 정청을 일단 멈추겠다는 뜻을 아뢰고 각 사(各司)에 감결(甘結)[275]을 보냈다. 4대신이 연명으로 차자를 올려 정유년 절목에 의거하여 거행할 것을 청하였으나 비지는 내려오지 않았다.

우의정이 당시 도성 바깥에 있다가 궁궐에 들어와서 청대(請對)하자, 승정원에서 대계(臺啓)가 바야흐로 한창이라 품달(稟達)할 수 없다는 뜻으로 가로막고,

---

그 정치적 의도를 의심받았다. 이때의 절목을 작성하는 기준으로서 당시 영의정 김창집은 '용인(用人)·형인(刑人)·용병(用兵) 이외'의 일은 모두 세자에게 재결을 받겠다고 말하였다. 《肅宗實錄 43년 10월 21일》1721년(경종1) 10월 17일 영의정 김창집 등 노론 4대신이 세제의 대리청정에 대해 정유년의 절목에 따라 거행하도록 요청하는 연명 차자를 올렸는데, 이때의 절목은 앞서 경종이 세제 연잉군에게 모든 대소사를 대리청정하도록 명한 것에 비하면 세제의 결정권을 다소 제한한 것이었다. 그렇지만 이것은 결국 노론측에서 세제의 대리청정을 수용한 것이어서 소론에게 반격의 빌미를 제공한 셈이 되었다. 《景宗實錄 1년 10월 17일》

275) 감결(甘結) : 상급 관청에서 하급 관청에 보낸 공문이다.

서로 다투는 사이에 안에서 홀연히 우의정을 인접하겠다는 명이 있었다. 이에 대신과 여러 재신들이 뒤를 따라 들어가 입대하여 같은 말로 아뢰어 청하였다. 영의정 또한 인책(引責)하면서 진달하니, 마침내 비망기를 환수하라는 명이 있어서, 두 차례의 비망기와 한 차례의 정청에 대한 비답을 탑전에 도로 바쳤다.

승지 홍석보와 조영복이 우의정을 인견할 때 승정원에서 아뢰는 것을 기다리지 않은 일을 가지고 어디서 그가 들어오겠다는 뜻을 들었는지 주상에게 말의 근원을 따져 물었다. 이에 좌참찬 최석항이 그 무엄함을 배척하였지만, 주상이 결정을 내리지 않았다.

여러 재신들이 입대했을 때 단지 대리청정하라는 명을 환수하라고 청한 것 외에 다른 일에 대해서는 한 마디도 거론하지 않았다. 삼사가 전날 올린 계사에 대해서는 모두 비답을 내리지 않았는데, 우의정을 멀리 유배 보내고 최석항을 삭출하라고 아뢰는 말을 탑전에서 다시 내놓았다.

《燃藜述續一》校勘·標點

燃藜述續　卷之一

○ 肅宗四十六年庚子六月初四日, 上候沈篤, 世子下令于大臣曰 : "聖候日漸有加, 欲行祈禱·疏釋何如?" 大臣回達, 當日受香.

初五日曉, 行祈禱, 祭于廟社及山川. 牌招刑·禁堂上, 疏釋罪囚.

初六日, 上候益加, 命移臥床, 使之東首而臥曰"神氣稍似爽快矣".

初七日, 又行祈禱, 祭于五處. 而世子親製祝文, 有"以某代某"之語.

侍藥廳入診時, 領相金昌集·右相李健命·判府事趙泰采·慶恩府院君 金柱臣隨入. 上令小宦扶持起坐, 酬酢如常云.

○ 初八日辰正二刻, 上昇遐于慶德宮 隆福殿. 中宮殿以承傳色下敎喪事, 大臣及東平尉·臨昌君, 自內延礽君主喪事分付. 未時襲.

初九日小斂.【襲斂時, 入侍領·右相·判樞李頤命·趙泰采·金宇杭·府院君金柱臣·禮判李觀命·大憲趙道彬·大諫李宜顯·校理洪廷[1]弼·弼善李尙說·輔德宋成明·承旨尹憲柱·趙鳴鳳·韓世良·韓重熙·柳重茂·趙觀彬·注書李重煥·假注書[2]柳應煥·趙顯命·史官李箕鎭·呂善長·申昉. ○ 判書閔鎭遠·參議金雲澤·錦平尉 朴弼成·金道浹·沈廷輔·密豐君俱以內敎入參.】

○ 領相金昌集爲院相.

---

1) 廷 : 底本에는 "庭"으로 되어 있다.《承政院日記 肅宗 46年 6月 8日》기사에 근거하여 수정하였다.

2) 注書 : 底本에는 없다.《承政院日記 肅宗 46年 6月 8日》기사에 근거하여 보충하였다.

○ 摠護使李健命.

○ 初九日, 中殿以諺書下敎于大臣曰：“自平日盛德, 大臣·朝紳非不知之, 而猶有所不能悉者矣. 浩多公事酬應之時, 至廢寢食諸節, 晝夜不休, 敬事上天, 雖遇小小災異, 恐懼之中, 察春夏秋冬之候, 或雨雪愆期, 風日不和, 則無一時弛慮. 若難視察, 則必以日之陰晴·風起何方, 問諸內侍·宮人.

若不愆於農事, 不乖於時氣則必喜, 或雨之多少, 不適於農事則³⁾必憂, 未嘗一刻暫弛. 故雖多年積傷之中, 至于今日, 大小國事與民弊, 若⁴⁾莫不違及. 雖當天地崩坼之境, 可不略敍盛德之萬一哉? 勤勞國事, 至爲病崇, 致損聖壽矣.

至于今日, 喪葬諸具亦不可不致極如禮, 必體聖上之德意, 仍察民生之弊瘼宜矣. 近來該曹儲蓄無不蕩竭, 自上軫念, 凡殯殿·山陵·器皿等物所入銀子, 以純銀⁵⁾打造, 踏‘啓’封置. 前頭殯殿·山陵銀器, 自內當下所封銀子, 但如樣造納可也. 殯殿所用金杯三口·瓶一坐, 三四年前已爲造置, 亦欲以此用之耳.

自上以爲：‘近來諸道年年凶荒, 今番通信使所來銀子, 出給戶曹, 而其餘數則幷江界·內司奴婢貢布代銀子, 同爲踏「啓」封置, 將以備前頭賑恤時所需.’ 而仍曰：‘若得年年豐登, 不煩用此則幸矣.’

今日, 國家不幸, 罪逆深重, 遽遭此變, 而此等事豈不可使大臣知之乎? 仰恃聖德, 竊⁶⁾祈無疆之壽. 閏月衣襨曾已製置, 常時所製衣襨, 今又待令, 該曹則雖衣襨之屬, 不必一一如例準備. 只待內間書示, 始爲備納, 務遵平日省約之意, 毋爲虧損盛德之地, 幸甚.”【十四日, 又以諺敎, 下銀子三千七百五十三兩.】

───────────

3) 事則：底本에는 “則事”로 되어 있는데, 옆에 수정 부호가 있다. 成均館大 尊經閣 所藏《燃藜述續》(이하 ‘존경각본’으로 줄임)과《承政院日記 肅宗 46年 6月 8日》기사에 근거하여 이에 따랐다. 이하 底本에서 수정한 부분은 그대로 따르고, 별도의 校勘記를 달지 않는다.
4) 若：底本에는 없다.《承政院日記 肅宗 46年 6月 8日》기사에 근거하여 보충하였다.
5) 純銀：底本에는 “此”로 되어 있다.《承政院日記 肅宗 46年 6月 8日》기사에 근거하여 수정하였다.
6) 竊：底本에는 “切”로 되어 있다.《承政院日記 肅宗 46年 6月 8日》기사에 근거하여 수정하였다.

○ 大臣率百官勸進于世子, 三啓不允. 十一日又再啓勸進, 玉堂上箚以請, 答以"成服後勉從"爲敎.

○ 大妃殿諺敎下于院相曰: "聖上平日勤勞國事之外, 甚嗜書史, 故所寫所製[7]者甚多, 出示朝廷者曾已記識以藏. 當此天地罔極之中, 冊子則送于東宮, 仍爲出示之地矣."

○ 館學儒生尹志述等上書, 言儒生服制事, 令該曹稟處.

○ 十二日, 大斂下梓宮, 設殯殿于資政殿. 初, 大行王遺命"時御所, 諸殿皆狹窄, 予身後移殯于洞口內宣政殿, 宜矣". 至是大臣稟啓, 則答曰: "此則遷奉未安, 時御所, 資政殿雖狹, 亦可奉安. 云云." 故設于資政殿.

○ 十三日卯時, 成服後, 世子受寶於殯殿. 前以冕服出於崇政門, 卽位後, 受百官朝賀. 尊中宮殿【惠順王妃 金氏】爲王大妃, 追陞端懿嬪 沈氏爲王后, 嬪魚氏爲妃.

○ 十七日, 正言申哲[8]疏陳四件事. 一言: "諸臣朝夕之臨, 參以情禮, 宜不可闕. 而朔望陪祭之外, 雖禁省入直者, 終不得一番入臨, 是豈情理之所安者乎? 伏願殿下, 俯詢禮官, 亟定諸臣哭臨之節."
二言: "朝臣受杖一條, 各司長官外, 雖宰列從班, 皆不許受杖. 日者館儒尹志述之疏, 明有所據, 而禮官略而不論, 臣竊[9]慨然. 亦令禮官劃卽變通, 俾無

---

7) 製 : 底本에는 "制"로 되어 있다. 존경각본에 근거하여 수정하였다.
8) 哲 : 底本에는 "晢"로 되어 있고,《景宗實錄 卽位年 6月 17日》《景宗修正實錄 卽位年 10月 17日》기사에서도 "晢"로 되어 있으나,《知守齋集 卷9 弘文館應敎申公墓碣銘》에 근거하여 "哲"으로 수정하였다. 이하 동일 사례에 대해서는 별도의 校勘記를 달지 않는다.
9) 竊 : 底本에는 "切"로 되어 있다.《承政院日記 肅宗 46年 6月 17日》기사에 근거하여 수정하였

斑駁之譏."

三言: "宣政殿設殯, 實有難便, 而因山之前, 另擇吉日, 奉移殯殿于宣政殿, 以無負遺教焉."

四言: "金世欽·朴泰春諸人情犯切痛, 關係甚重, 而混被還牒之典. 解霈之澤雖云'無物不沾', 如此之類, 決不可輕還舊牒, 宜還收給牒之命, 以嚴懲罪之典."

答曰: "一款·二款令禮官議啓. 而移奉事旣已上承慈旨, 不可改變. 下款事已經大霈, 勿論宜矣."

○ 二十三日, 府啓【執義趙聖復】: "原州牧使沈廷10)輔, 以王室至親, 厚被先朝寵遇. 而聖上大漸之日, 廷輔與諸大臣, 同被自內召入之敎, 而徑出闕門, 退坐閑處. 及其再召, 累度催促, 屬纊之後, 始乃入侍. 苟有秉彛之天者, 其泛忽不勤何忍至此? 請削奪官爵.

頃日歲抄中, 朴泰春·呂必重·姜履相11)·金世欽·李彦明·洪錫九等, 或傳播凶言, 煽出溥疏; 或疏救凶人, 造辭叵測; 或媚事凶徒, 密贊陰謀, 罪犯切痛, 俱被屛裔之律. 我聖考懲奸隄防之意, 豈不嚴且明哉? 今當嗣服之初, 首施給牒之典, 如此負犯至重之類, 決不可輕還舊牒, 請還收." 答曰 "不允".【又啓刑判兪集一不進哭班, 盃觴隨後, 請削.】

○ 二十四日, 誌文製述官判府事李頤命箚子, 誌文撰進之命, 乞回授可堪之人事, 答曰: "孤以險釁, 獲罪于天, 遭此罔極之痛, 只自號哭而已. 今觀卿箚, 益甚愕然. 仰念先朝之知遇, 從速製進."

다.

10) 廷 : 底本은 판독하기 어렵다. 존경각본과 《承政院日記 肅宗 46年 6月 23日》기사에 근거하여 수정하였다.

11) 相 : 底本에는 "祥"으로 되어 있다. 《景宗實錄 卽位年 6月 23日》기사에 근거하여 수정하였다.

○ 七月日, 持平洪鉉輔疏略：“東平尉 鄭載崙國哀時, 無省記, 宿闕中, 請削黜. 禮判金演溲觴班次, 請削奪.”

○ 正言申晳啓：“左尹尹就商庭請時, 退坐私次, 不出庭班, 請罷職.”

○ 工曹判書閔鎭遠啓曰：“子曰：‘孟莊子之孝, 其不改父之臣與父之政也.’ 先朝舊臣, 雖或稍拂己意, 必曰：‘此先朝簡拔, 益篤信任.’ 先朝舊政, 雖不便己意, 必曰：‘此先王熟講, 一意遵行.’” 上曰：“此說好矣.”

○ 十六日, 府啓【掌令朴弼正】：“淸恩君 韓配夏, 闕外盃盤, 及魂殿忠義, 差出從子·堂侄, 請罷職不敍. 右尹金重器庭請時離班, 以尹就商被彈, 投疏角勝, 請罷.”

○ 十八日, 吏判權尙游病遞, 代趙泰耈落點.

○ 十九日, 正言徐宗燮疏曰：“殿下聽政, 淵默爲主, 事端疑晦, 輒靳問難. 甲乙論辨, 或欠可否, 過於愼重, 若不出口, 疏批或與疏辭不相副. 參判李光佐大行候班一不進參, 元無自廢之義, 出應敦匠之役, 處義無據. 云云.”

○ 徐疏後, 都承旨洪致中於入診時【二十三日】, 以疑之太過, 有所筵稟. 徐以此避嫌【二十四日】, 有云：“李光佐情勢, 不過以前日毁板事, 嘗遭先大王未安之敎. 此何爲便訣堯·舜之端, 而諉以私情之未暴, 擔閣分義, 謬執己見, 竟不入候於奉諱之前. 苟有秉彝之未盡泯, 則今日未逮之痛, 固倍於他人. 敦匠雖曰不廢, 大體已虧, 微勞奚贖?”
洪對疏【二十五日】：“退處之人, 無自就朝班之道, 必召而應之. 有不得已, 如侍藥·敦匠, 然後不敢不趨命者, 事理所宜. 光佐屛退五載, 其不入內班, 其勢然也. 城外闕下百餘日, 承聞起居, 禮舒分伸, 惟以蹤跡觖脆, 不得唐突班行.

其所處義未見不可, 而今乃逆疑心迹, 直斷以秉彝盡消·分義都喪, 此果平恕之道乎? 朝論分岐, 言議過中, 此誠近來痼弊. 矧當新化, 尤宜協心靜鎭, 以養和平之福, 而一言妄發, 譏誚交至. 云云."

○ 二十一日, 龍仁幼學趙重遇疏曰: "竊伏念帝王之德莫過於孝, 而追報之道《禮經》明訓, 母以子貴,《春秋》大義. 今殿下嗣登大位, 爲宗社·神人之主, 而所生之親尙闕名號, 寂寞窮閭, 祠屋蕭條, 一杯丘墓, 宿草荒涼. 伏想殿下嚴盧哀疚之中, 必有怵然不自安者矣.

文武朝臣秩從二品, 尙有榮贈之典, 以殿下堂堂千乘之尊, 獨無爵號之加於誕育之親, 則其何以尊國體而伸至情哉? 上自大臣, 下至三司, 無一人爲殿下言此事者, 不知而不言耶? 抑知之而不言耶? 臣竊爲之慨然也.

廷臣雖未有請, 殿下宜卽處分, 而仄聽屢日, 尙未有聞, 未知殿下有何疑難而然耶? 臣尙記, 向日先大王鑑殿下之情, 而特許遷葬; 達殿下之志, 而復令望哭. 以此推之, 先大王陟降之靈, 必不弗咈於今日之擧矣. 臣伏睹《璿源譜略》一書, 前後纂輯, 悉稟睿裁, 而'禧嬪'二字, 未嘗刪去, 則亦豈非先大王微意存於其間者乎? 伏願殿下, 特令禮官, 亟定名號, 以伸至情, 以尊國體, 千萬幸甚."

○ 政院啓【洪致中·權煥·洪啓迪·尹錫[12]來同參, 韓重熙聯名. 宋成明親病受由.】曰: "再昨幼學趙重遇稱名人, 來呈疏槪, 而適當院中殆空之時, 以同僚齊會後, 取見停當之意, 言之矣. 卽者趙重遇又呈疏槪, 臣等見其疏本, 則上陳慈殿復膳之請, 而其下款, 則以'母以子貴'爲言, 而敢曰'先大王陟降之靈, 必弗咈於今日之擧', 又敢曰'先大王微意, 存於其間'. 噫噫! 是豈今日臣子之所忍發口者哉?

---

12) 錫: 底本에는 "陽"으로 되어 있다. 《景宗實錄 卽位年 7月 21日》기사에 근거하여 수정하였다.

伏惟先大王當初處分之後, 下敎不啻嚴截, 頃在丙戌備忘記, 有曰'暗行御
史書啓中, 敢以爵號書之, 事之可駭, 莫此爲甚', 仍命罷職. 又於丁酉年咸一海
上書也, 以'敢書爵號, 亦甚絶痛'爲敎. 聖意所在昭如日星, 至今布在人耳目,
則凡我臣庶孰敢有所容議?

而今於梓宮在殯·仙寢未冷之日, 已有如此陰邪之輩, 欲逞其眩惑嘗試之
計, 矯誣先旨, 用意凶慝. 如使此輩苟有追念先志·嚴畏先朝之心, 則其敢以誣
罔之言, 肆然加之於不敢加之地, 而少無憚哉? 此等鬼蜮之徒, 若不嚴懲痛斥,
則不但日後隄防之漸弛, 抑恐有歉於我聖上遵先無改之道. 臣等驚痛之極, 不
敢循例捧入, 區區所懷, 敢此附陳."

傳曰 : "今觀趙重遇疏本, 一篇主意, 專在亟定名號之請. 其下款, 則以'母以
子貴'爲言, 而敢曰'先大王陟降之靈, 必弗咈於今日之擧矣', 又敢曰'先大王微
意, 存於其間'. 此豈臣子之所忍發口? 亦有乖於處分之意. 矧今仙寢未冷之日,
何[13]敢以誣罔之言, 若是其肆然哉? 不可不痛斥, 趙重遇邊遠定配, 此疏還出
給."【重遇 三水府.】

○ 二十一日, 大司諫趙觀彬上疏 : "臣竊覵聖明於嗣服以來, 凡所施爲一
遵先旨. 至於昨日處分, 而紹述之美·懲討之嚴, 上足以悅豫先王在天之靈, 下
足以戢破奸人伺隙之謀. 此實簡冊之所未見, 而亦惟爲宗祉無疆之休. 而若其
重遇凶慝之情, 則有不可不痛卞者, 此輩以此說嘗試於今日者, 蓋以妄[14]度之
心, 敢議難言之地, 欲售其禍人國家之計. 而至以'微意'·'弗咈'等語, 矯誣先
旨, 少無顧忌, 此豈重遇一人之所獨辦者哉?

彼凶黨之包藏禍心·揣摩奸計, 厥惟久矣, 其將換面迭出·百計煽動, 必欲眩
惑聰明·壞亂朝廷而後已. 其所可驚而可憂者, 不特嬴豕蹢躅之漸, 明夷入腹

---

13) 何 : 底本에는 없다. 《承政院日記 景宗 卽位年 7月 21日》기사에 근거하여 보충하였다.
14) 妄 : 底本에는 "忘"으로 되어 있다. 存慶閣本과 《承政院日記 景宗 卽位年 7月 22日》기사에
　　근거하여 수정하였다.

之戒矣. 伏願聖明益恢乾剛, 以嚴隄防, 仍命如許之疏, 勿復捧入, 毋使凶邪之
輩接迹而起焉."

又言: "喉院所當合辭嚴斥, 而宋成明陳情之疏, 適在是日. 雖未知親病輕
重之如何, 而乍出旋入, 顯有知幾規避之迹. 云云."

答曰: "昨日處分已定, 而爾疏臚列, 亦甚明快. 下款事推考."

○ 都承旨洪致中所啓: "疏章勿捧, 固有後弊, 而事關先朝, 不當一任紛紜.
諫臣之意似出於此, 自上必有明白指教, 然後本院當爲擧行." 上曰: "勿捧可
也."

○ 府啓【執義趙聖復·掌令朴弼正·持平洪龍祚】: "趙重遇疏本, 一則曰'《春秋》大
義', 一則曰'先王微意', 嘻噫! 此何言也? '母以子貴', 《春秋》公羊之說, 而胡氏
之傳極論其非, 程·朱之訓亦甚嚴截. 疏中'大義'之云, 已極無據, 而至於'先王
微意'及'弗咈於今日之擧'等說, 尤爲切痛. 前則有朴萬鼎·朴涏之批, 後則有
特罷御史·痛斥一海之敎. 處分之嚴正, 堅如金石; 旨意之昭揭, 皎若日星, 則
今日臣子, 何敢以此等矯誣之言, 肆然發口哉? 亟命嚴刑窮問."

答曰"不允", 再啓, "依允".

○ 判決趙泰億疏略: "趙尙健, 以臣父流涕宋尙敏·饋餉宋時烈, 爲脅持計.
蓋尙敏訟師, 死於桁楊, 臣父流涕, 蓋出傷時, 非有私也. 時烈聞曰'此淚豈不
公?' 後有爲臣父挽者曰'當時哭士漢庭空, 大老猶稱此淚公', 觀此, 臣父與時
烈素不親厚可知. 時烈由北南遷[15], 路過三陟, 臣父適離官次, 臣母以糧饌·匹
布送之, 僕妾涕謝, 時烈亦錄文字. 以此謂臣不當救時烈所憎尹宣擧者, 果成
說乎?"

---

15) 由北南遷 : 底本에는 "由南遷北"으로 되어 있다. 《承政院日記 景宗 卽位年 7月 25日》 기사에
근거하여 수정하였다.

又云：“臣聞申球疏出, 尙健深斥之.” 又云：“金民澤以會葬·行服, 構誣沈琓.” 趙尙健對疏又曰：“其祖不朽之托, 未嘗不及於先正, 而未及尹拯. 云云.”

○ 刑曹啓目：“趙重遇供. 云云.”

○ 二十九日, 金昌集·李健命請勉出趙尙健·金相玉, 筵說云云.

○ 八月初三日, 承旨金一鏡疏：“李禛[16]翊, 以‘市恩徼福’與‘深憂過慮’對待爲辭, 指逼之罪, 輿情同憤. 云.” 答曰：“旣往之事, 不必深嫌.” 初批“凶人之疏”, 因承旨黃璿微稟, 以“旣往之事”改下.

○ 初七日, 平壤呈李頤命疏：“大行誌文, 物情不滿, 臣敢請出使後, 命大臣·詞臣刪正, 廟堂不奉敎何也? 在道流聞, 似有闕略, 臣欲自附‘諱親’之義, 安知迷見必合事理? 惟俟罪責, 命移授他人. 云云.” 答曰：“詢于廟堂, 極意刪改.”

○ 初十日, 持平鄭宅河啓：“一鏡見棄淸流, 貪汚州郡, 反詈禛翊, 有同急書, 謂之‘逼脅’, 驅人惡逆. 請勿擬淸選.” 答曰“不允”.

○ 淸州 安樟·申璿·權始經等通文曰：“辛巳誣獄, 尙忍言? 以誕育聖躬·母臨六載之尊, 罹譖陷禍, 群情痛傷. 天道無終屈之理, 人情有必伸之義. 云云.”
鄕校答通“一種無賴, 乘時闖發云云”, 則雙泉答通曰：“己卯群枉, 雪於孝陵；乙巳慘禍, 伸於宣廟；丙[17]戌姜獄, 戊戌乃伸；辛巳誣獄, 獨不追雪於

今日乎?" 淸州 權世衡·蔡之淑通文, 太學掌議尹志述答通, 申璿等二十四人
墨削.

○ 十七日, 吏判趙泰耉疏遞, 前望閔鎭遠落點.

○ 二十日, 掌令朴弼正, 以大臣筵稟韓配夏事避嫌.

○ 二十五日, 吏判閔鎭遠因大臣箚請變通, 許遞, 前望宋相琦落點, 戶判趙
泰耉落點.

○ 二十七日, 答韓配夏辭疏曰"誣罔之言, 何足爲嫌?" 後因大臣所達, '誣罔'
改以'爽誤'.

○ 三十日, 承旨宋成明疏略: "臣方自處之不暇, 不宜撓及他事, 而近日差
出玉堂之政, 誠不勝慨然者, 略此附陳焉. 自初新錄定奪之時, 輒曰'玉堂無人
焉'. 噫! 一時才彦之林立者, 無他罪過, 而公然束閣於一邊, 視之若無, 事之怪
駭, 莫甚於此. 而參錄之後, 未曾一經者不特數人矣.

若崔尙履者, 業已見擬於進乎此之銓郞, 則何惜乎一條氷銜也? 其身從而奄
忽, 良可悲也. 設欲速行館錄, 何不圈取前錄中人, 僉擧公選, 若是竊竊然自私,
認爲己物, 殆無異於掩耳偸鈴者也? 自夫局面之換, 彼此用捨之偏係者, 固不
爲不多, 簸弄公器, 縱恣無忌, 亦未有若是之甚也.

如趙尙健·金相[18]玉兩人所遭, 揆以廉隅·道理, 決無一分可出之勢. 平日自
謂與兩臣相好者, 非不心[19]知其然[20], 而猶且維縶之·驅迫之, 必欲勉出乃已,

---

18) 相 : 底本에는 "尙"으로 되어 있다. 《景宗實錄 卽位年 8月 30日》 기사에 근거하여 수정하였
   다. 이하 동일사례에 대해서는 별도의 校勘記를 달지 않는다.
19) 心 : 《承政院日記 景宗 卽位年 8月 30日》 기사에는 "深"으로 되어 있다.

愛人以德者, 豈如是乎? 朝廷之待兩臣, 可謂太薄矣. 至於身在兩司者, 疏請瀛錄之速行, 前所未聞, 尤可笑也.

雖以朝家事體言之, 今日違牌罷職, 明日請紋 ; 他日又違牌坐罷, 明日又請紋, 如是者不啻數十次. 前後開政多因玉堂, 而玉堂差除, 輒不[21]出此兩人, 傍人觀瞻亦涉支離. 臣未知兩人外, 無一介可以備數於瀛館者耶? 其艱難窘遁[22]之態, 雖使三尺童子聞之, 亦不覺絶倒矣.

不特此也. 或別無開釋申飭之旨, 而勒以榻前下敎, 張皇書出 ; 或因大臣建請, 明有禁推之命, 又無發落之敎, 而終無奉承傳擧行之事. 擧行條件中, 擅下上敎所無之'當'字, 苟然彌縫, 政官請紋, 又復自若, 外間傳聞, 莫不駭異. 縱殿下宏量大度, 靡不曲循而勉應, 此輩獨不念君上之至尊·朝綱之甚嚴乎? 此正所謂無禮於吾君者也, 臣竊痛之.

且臣伏聞頃於前承旨金一鏡疏批之下也, 入直承宣密招司謁, 微稟請改, 竊戒吏胥秘之勿泄云. 從古出納之地, 封駁[23]·繳還則有之矣, 如許擧措實未之聞也. 臣謂伊日承宣令譴罷, 以杜後弊也.

又於此日, 因大臣之請, 淸恩君韓配夏疏批遽有改付標之擧云. 人君一言若倒置是非, 關繫興喪, 則相臣匡正固無不可, 此特批旨字句之間, 輕重較殊耳, 何至煩請也? 況金一鏡方被罷職之論, 臺啓未及收殺, 本院亦不至苟簡, 而遽然請遞, 抑何意也? 每事類如是, 則臣恐伸縮舒慘之權·抑揚與奪之機, 專歸於下, 而不在於上也. 云云."

答曰 : "省疏具悉. 疏陳之事大意固好, 可不留心焉? 黃璿譴罷之請得宜, 爾其勿辭, 調理察職."

---

20) 然:《承政院日記 景宗 卽位年 8月 30日》기사에는 "狀"으로 되어 있다.

21) 不:底本에는 없다.《承政院日記 景宗 卽位年 8月 30日》기사에 근거하여 보충하였다.

22) 遁:《承政院日記 景宗 卽位年 8月 30日》기사에는 "束"으로 되어 있다.

23) 駁:底本에는 "綴"로 되어 있다.《承政院日記 景宗 卽位年 8月 30日》기사에 근거하여 수정하였다.

○ **九月**初一日, 政院啓【趙鳴鳳·權熀】曰: "臣伏見右副承旨宋成明疏本, 則其所滿紙臚列, 專在於敲撼廟堂·擊去銓地, 而右噴左嚷, 欲售其壞亂朝廷之計. 當此梓宮在殯, 上下哀遑之日, 其何[24]忍爲此? 而至於攙論同副承旨黃璿事, 尤極巧憯. 伊時批旨之下也, 璿與伴直僚員【卽韓世良】相議稟白, 卽改下批, 則其非暗昧秘諱之狀, 夫孰不知? 而乃曰'密招司謁', '戒使勿泄', 噫嘻! 是何言也? 司謁乃禁掖待令之人, 則不可密自呼來, 院吏非一官私挾之儓, 則亦何戒囑勿傳耶?

今其巧言勒加以密地諱事之科, 至請譴罷. 卽此一事, 槪見其全篇用意之慘毒·遣辭之危逼. 而殿下只憑其構陷之言, 乃於疏批中, 旣敎以'大意固好', 又降黃璿譴罷得宜之命. 臣等死罪, 或恐殿下未暇審察其疑亂熒惑之情, 而致有此擧也, 臣等竊不勝憂歎之至. 伏乞聖明亟恢三思, 特垂反汗之命." 答曰"不允".

○ <u>全監韓祉</u>疏, 答曰"旣往之事, 不必追提".

○ 右相<u>李健命</u>箚槪乞賜誅譴, 以謝人言事. 答曰: "卿之前後筵奏, 實出匡救之意, 於卿別無所嫌, 安心勿待罪."

○ 梓宮'上'字書寫時, 傳曰: "領·右相處, 遣承旨, 偕來同爲入侍." 右承旨<u>權熀</u>書啓, 領相以爲: "今此承宣疏中所論, 罔非人臣極罪, 臣方席藁恭俟嚴譴, 不得承命. 云云." 右相以爲: "臣之所遭, 有非臣子之所敢聞者, 何可自同恒人, 晏然復進殿下之陛哉? 云云."

○ 正言<u>金龍慶</u>辭疏兼陳淺見事, 答曰: "宋成明疏語, 殊甚謬戾, 特罷其職. 而大臣情勢, 雖曰'難安', 期於勉出矣."

---

24) 何: 底本에는 없다. 《承政院日記 景宗 卽位年 8月 30日》기사에 근거하여 보충하였다.

○ 初二日, 答領議政金昌集辭箚曰：“宋成明之疏, 極其謬戾, 以卿體國之誠, 有何掛齒? 今日結裹時, 不可不入參, 安心偕來, 以副至望.”

○ 傳曰：“今日梓宮結裹時, 領·右相不可不入參, 更爲傳諭, 因與偕來.” 大臣又不承命. 上又以“梓宮結裹, 卿等不可不入參, 故結裹時刻, 不得已退定, 勿爲堅執, 斯速入參”事, 更爲傳諭. 領·右相始爲入參, 二更時, 始行結裹之節.

○ 掌令宋必恒辭疏兼斥宋成明. 上以勿辭察職爲敎, 而不答成明事. 翌日又陳宋成明事, 乞賜一言之批, 呈政院, 還出給.

○ 副提學金在魯·副應敎趙尙健·校理金相玉再牌不進, 依承傳罷職.

○ 初六日, 院啓【獻納宋必恒·正言金橰·金龍慶, 金橰發論.】：“今仙寢在殯, 擧朝憂遑, 上下大小, 惟當專心一意於愼終之節. 而乃者, 前承旨宋成明乘時投疏, 一篇精神, 專出於敲撼朝廷·傾奪銓地之計. 而捫摵排軋之不足, 乃以‘無禮吾君’·‘舒慘與奪, 不在上而在下’等語, 公肆誣陷, 罔有紀極, 用意殆同急書.
梓宮書寫何等重大, 而大臣終不入參, 乃至結裹之日, 幾乎過時, 僅僅成樣. 苟使成明一分顧念於大禮, 則當此之時, 何忍爲此擧耶? 究厥罪狀, 決不可罷職而止. 請前承旨宋成明削奪官爵.” 答曰“不允”.

○ 注書徐宗伋因宋成明疏陳卞疏云：“七月二十九日疏決時, 兩相以趙·金勉出事陳達, 自上發落, 有‘禁推’二字, 餘音未能曉然聽解. 右相以‘姑無職名, 前頭違牌當如是, 而開釋似好.’云云, 故以‘當禁推矣’四字, 書入擧條.”

○ 初五日, 館學儒生李箕重等疏：“何蕃·陳東·歐陽澈·董養等, 氣節卓絶, 故先王特命立祠, 成均祠傍, 已有定奪, 而未及擧行. 今於誌文特載此事,則四人祠宇不可不趁, 因山之前, 創立妥侑, 以追先志. 云云.”

○ 初六日, 司諫金濟謙疏請留淸風府使趙觀彬.

○ 初八日, 去夜成均館官員, 以大司成黃龜河之意啓曰：“昨日儒生不入夕食堂, 臣馳往問之, 則儒生沈埏等以爲：‘疏事因疏頭嫌避, 終至不成, 齋任亦引入, 故不敢獨入. 云云.’ 而掌議尹志述書陳所懷以爲：‘我先大王崇節義 · 激士氣之盛德, 不入於誌文中. 故玆以辛巳 · 丙申兩年事, 未盡者請改之意發論, 因設疏廳, 而方外士友無一人相應者, 已極慙忸. 而東 · 西齋及四學下齋生, 擧皆無緣不參, 至於上齋生, 幾盡謀避, 僅與留齋者七八人, 艱成議事之會, 而不得已以居齋生, 差出疏頭, 則疏頭又以無所據之說, 引嫌逃走.

臣旣以齋任忝主張是事, 而惟其平日言行不能見重於齋生, 致有此無前狼狽, 其何敢晏然入堂, 以廁衿紳之列乎? 然臣之所蘊蓄於中, 而欲陳於[25]嚴廬之下者, 庶幾因此而有所陳暴, 使天下後世知有一脈不死之公議, 則其亦不幸而幸矣. 恭惟我大行大王, 臨御四十年之間, 仁覆如天, 明斷若神, 使綴旒之國勢措之泰山, 陷溺之人心免爲禽獸. 此東域含生之類, 所以沒世而不能忘盛德 · 至善者也.

嗚呼! 日月有時, 莭塗將啓. 而曲阜之履已遠, 昌歜之好莫追, 則今日臣子之所可自效其萬一者, 惟在於發揮先大王平日之志事, 以之垂萬世貽燕之謨, 慰一國如喪之慟. 而我殿下所以無憾於必誠 · 必愼之道者, 亦惟在是. 苟於此而一有未盡, 則殿下何從而伸其無窮之孝思, 臣子烏得以免於《春秋》不臣之誅哉?

嗚呼! 我先大王政敎 · 謨訓動合規則, 前後事業卓度越百王, 而若辛巳 · 丙申事, 其處變之當道 · 衛道之盡誠, 實千萬古所未有者也. 伏見判府事李頤命所撰進幽宮之誌, 則於辛巳事, 沒而不書；於丙申事, 微婉其辭, 使是非相混,

---

25) 於：底本에는 없다.《承政院日記 景宗 卽位年 9月 7日》기사에 근거하여 보충하였다.

臣竊不勝驚駭痛惋之至.

　夫辛巳年間之變, 暗密難測, 而我先大王明燭幾微, 謹於防患, 夬恢乾剛, 明施典章, 使宮闈肅而輿情洩. 其處分之嚴正·意思之深遠, 求之簡冊亦所罕見也. 若丙申事, 則變起師生, 而民彝日壞, 其流之害, 將至父子薄而君臣絶. 我先大王聖學高明, 洞卞是非, 旣明正尹拯背師之罪, 繼又勉戒我殿下無得或撓. 其淑人心·正士趣之功, 眞可以建天地而不悖, 此斯文之所永賴而不墜者也.

　嗚呼! 我先大王旣有此盛德事, 而今不可以復見焉, 則凡爲先大王臣子者, 孰不飮泣追思, 表章來世? 而李頤命乃於白首之年, 猶且顧瞻利害, 費盡機巧, 忘先王隆厚之恩, 而籍他日讒賊之口, 此豈人臣所可忍爲? 及其公議譁然, 知不可逃罪, 則最後又以'諱親'之說, 作爲義理, 有若殿下眞有可諱之親, 而臣子自有當諱之義者然.

　噫嘻! 此何言也? 惟我先大王·先后受祖宗之重, 而傳序於殿下, 嗣登寶位, 爲宗社·生民之主, 而殿下之不敢復有私親, 義理明矣. 況辛巳處分, 實出於先大王爲國家萬世之慮, 前後章奏之批, 明我聖旨之所在者, 炳如日星, 則殿下之不敢復以他意存於淵衷, 道理當然. 而大臣旣自怵迫於禍福, 使先大王懿美之德, 不免於掩翳而不章. 又復傅會經訓, 文致奸言, 要以自掩其心迹而誣一世耳目.

　嗚呼! 使先大王尙在於今, 則相臣猶敢以此等語, 肆然於章牘之間哉? 其不忠無狀之罪, 又不可勝誅矣. 伏願殿下亟命他大臣, 改撰[26]先大王幽宮之誌, 而於其所不書者痛快說去, 毋令先大王盛德大業, 終至剝蝕, 則實國家之大幸, 而我先大王在天之靈亦可以少慰矣.

　臣初欲以此陳章, 而此義理人所共知, 相臣之疏, 亦以物議爲言, 意謂朝廷之上, 必有不忍背先王而爲殿下言之者, 故姑以建祠爲請矣. 今則刻役不日將

---

26) 撰 : 底本에는 "譔"으로 되어 있다. 《承政院日記 景宗 卽位年 9月 7日》 기사에 근거하여 수정하였다.

始, 而處於經幄者疏已具, 而畏縮不敢發, 廟堂·臺閣之臣, 亦未有一陳於紸纊之下者. 殿下股肱耳目如此, 猶可以爲國乎? 臣竊痛之.

噫嘻! 廷臣之歷盡風霜·志氣摧頹者, 固不足言, 而獨惜夫士林之中, 平昔以言議自任·節義自詫, 常以爲高出世人者, 曾無一介慷慨倡義之人. 而齋任之積歲居泮·久享廩祿者, 盡爲徒費薤鹽之歸, 此眞可謂令人代羞者也.

雖然臣旣發大論, 而見輕於自中, 貽此莫大之恥辱於賢關, 則祖宗朝三百年培養之風, 掃地盡矣. 其在廉隅, 不敢冒入, 縮伏閭舍, 恭俟處分云.' 臣以嚴廬哀疚之中, 不當以此煩瀆, 斯速還入之意, 反覆勸諭, 而終不回聽矣."

○ 再啓曰: "聖廟捲堂, 事體未安, 斯速勸入事, 命下矣, 臣招致掌議尹志述及諸生·沈坰等, 傳宣聖旨, 則尹志述聽批之後, 卽削名出去. 沈坰以爲: '齋任削名出去, 情勢一倍難安. 而當此哀疚之中, 一向撕捱, 亦甚惶悚, 不得不仰承聖敎, 還入食堂云矣.'"

○ 傳曰: "大臣及年老諸臣開素."

○ 初九日, 正言金楺啓曰: "臣伏見泮儒尹志述書陳所懷, 則以先大王誌文之不請刪改, 非斥臺閣, 語意深緊, 臣於是不勝懼然之至. 大臣所撰誌文中辛巳一款, 全然遺闕, 八年封爵, 末梢處分, 俱有事實之可據者, 而不書顚末, 模糊說去. 今雖去古未遠, 人無不知, 而時往事邁之後, 不惟致疑於此, 其暗昧先大王志業者, 亦多矣. 明陵虛右之命, 先志有在, 而只曰'倣長陵舊制'者, 語未瑩暢, 無所着落, 將貽後世之疑議, 是豈非今日痛恨者乎?

至於斯文是非, 則當初所爭, 只在'父師輕重', 而今以師生爲世爭端爲言者, 殊欠別白. 且溫行時恤民·設科等事, 淸聖廟御筆宣額之典, 俱係先朝之盛擧, 而亦且泯沒. 此所以國人之莫不抑鬱者也. 臣竊欲將此數事, 仰請處分, 而未有職名, 越俎是懼, 耿耿于中, 久而靡已.

及夫入臺之後, 仄聞上石始鐫, 已有日矣, 竊恐言或後時, 而徒使大事狼狽,
趑趄數日, 含默不發. 玆者泮儒之譏切至此, 不言之失, 實所無逃, 其何可晏然
於臺次乎? 請命遞臣職." 答曰"勿辭".

○ 院啓【金梣】: "今玆山陵誌文多有闕略, 物情之駭憤, 蓋已久矣. 其在愼終
之道, 固宜極意修潤, 俾無一毫未盡. 而況今改撰之請, 至發於首善之地, 則公
議拂菀 尤可見矣. 噫! 幽宮之誌, 事體嚴重, 一有疵議之後, 猶復以事役之已
始, 刪改之重難爲慮, 不思變通, 苟然仍用, 則層生之議難遏, 而無窮之悔必多.
請令都監亟速稟旨擧行事." 答曰"依啓".

○ 江留洪啓迪因宋成明疏陳卜疏: "臣在喉司, 入侍時書出擧條事, 極意
構捏, 冒死仰籲, 乞蒙鐫削." 答曰: "此等疏語, 不必深嫌. 卿其勿辭, 速往察
職."

○ 初十日, 右相箚槪: "卽以誌文改撰事, 令都監稟旨擧行之敎, 在臣分義,
決不可冒嫌承當, 乞遞臣摠護之任事." 答曰: "誌文, 大臣極意撰述, 元無闕
漏之處, 亦無錯認之說, 決不可改撰. 有何覆奏之理乎? 卿其安心勿辭."

○ 獻納宋必恒啓曰: "尹志述以誌文有逸事, 侵詆撰進之大臣, 極其深緊.
至謂'臺閣之臣, 聚議竊歎, 而終不爲一陳於紽纊之下', 其所非斥, 不比尋常,
臣誠不勝驚悚之至. 蓋聖誌文成之後, 雖或有言, 旣不趁卽點竄於未刻之前,
而文已下石, 役又幾盡, 則區區之意竊以爲到今提論, 終涉重大, 非斥之言猝
發於泮儒之口, 請遞斥. 云云."

○ 答獻納宋必恒避嫌啓曰: "誌文大臣極意撰述, 已無闕漏·錯認之處. 文
已下石, 刻役垂畢之際, 尹志述以毒手之質, 挺身聚議, 憑據誌文, 沮戲大事,

搆捏元老, 語及私親, 遣辭陰險. 此等風習不可不隄防, 邊遠定配. 爾無所嫌, 勿辭退待."

○ 答執義洪禹傳避辭曰:"尹志述事, 處分已定, 爾無所嫌矣."

○ 修撰兪拓基疏辨宋成明疏中趙·金兩臣事, 又曰:"尹志述所懷中, '經幄之臣疏已具而不敢發'. 如臣初不屬藁者, 尤何逃於媗婀? 云云."

○ 十一日, 政院啓曰:"臣等伏見獻納宋必恒避辭批答, 則有尹志述邊遠定配之命, 臣等竊不勝驚歎. 尹志述所懷語多觸激, 狂妄27)甚矣, 而原其本情, 則不過年少儒生, 全昧事體, 只恐先朝志事, 或有所不備於誌文中, 有此舉耳. 以殿下天地大度, 不爲之寬假, 而遽施遠配之典, 豈不有歉28)於包容之德耶?
且志述旣是太學齋任, 而朝家於首善之地, 培養優待者, 自古有別, 則今因其言語之狂妄, 而輕加威怒, 至於屛裔, 實非聖世之美事. 更加三思, 還收尹志述定配之命事." 答曰"勿煩."

○ 傳曰:"承旨持公事入侍."

○ 刑曹, 尹志述 扶安縣29)邊遠定配啓.

○ 正言金龍慶上疏請寢尹志述定配之命. 答曰:"尹志述凌籍大臣, 則還

---

27) 妄:底本에는 "忘"으로 되어 있다. 존경각본과 《承政院日記 景宗 卽位年 9月 10日》기사에 근거하여 수정하였다.

28) 歉:底本에는 "嫌"으로 되어 있다. 《承政院日記 景宗 卽位年 9月 10日》기사에 근거하여 수정하였다.

29) 縣:底本에는 "懸"으로 되어 있다. 존경각본과 《承政院日記 景宗 卽位年 9月 10日》기사에 근거하여 수정하였다.

收之請, 未知得當也."

○ 正言金楎上疏附陳憂慨之忱, 自首欲陳未發, 斥兪拓基曰："儒臣以未屬藁之說, 分疏自衒, 如此陋態, 不忍正視." 答曰："尹志述沮戲大事, 罪止編配, 則宜寢之說, 未知其可也."

○ 持平鄭宅河避嫌, 且請還收定配之命曰："尹志述書所懷, 盛論判府事李頤命製進誌文中, 辛巳·丙申事, 或全沒·或衍微辭. 而至以'臺閣之臣, 或聚議竊歎, 而終未有一陳, 殿下之股肱耳目如此, 可以爲國?'爲言, 臣於此竊不勝瞿然之至. 夫聖誌爲文, 事雖闕略, 而大臣旣自托於諱親之義, 語涉微婉, 而亦自有是非之難掩者. 況且有人言, 旣不能趁卽添改, 則追論於大役方張之際, 終涉重難. 今乃以不請改撰詆斥言者, 極其深緊, 兩司引避, 情勢無異. 云云."
又請收定配之命云："方當新化之初, 正宜開廣聰明, 恢廓言路. 而況志述之言, 亦出於守經常而多感慨, 今此儒生之以言獲罪, 臺閣以不言見斥, 俱非聖世之美事. 云云." 答曰"退待物論".

○ 府【執義洪禹傳】啓請亟寢尹志述定配之命曰："大臣所撰誌文, 誠不無闕略之處, 則志述之身爲泮任, 或慮先大王弘謨·盛德有所脫漏, 採取物議, 書陳所懷, 亶出於顯揚先烈之意. 雖其遣辭之際, 多不裁擇, 此不過年少儒生過激之致. 其在恢聖量·振士風之道, 決不可輕加摧折, 況可遽施投畀之重典? 士林摧沮, 聽聞駭歎, 豈意始初淸明之日, 乃有此非常之過擧乎?" 答曰"不允".

○ 十二日, 泮儒捲堂. 知館事李觀命·同知館事申鈝·宋相琦·大司成黃龜河牌招, 使之進去勸入.

○ 答大司成黃龜河所懷疏曰："尹志述所論, 本多過激, 則收還之請, 未知其得當也. 勿辭, 從速察職." 違牌罷職.

○ 正言金槹避嫌啓："諸臺避辭乃被斥泮儒事也, 臣亦曾已引避, 何可晏然可否於其間? 旣不得處置[30], 則決不可仍冒. 云云." 答曰"勿辭退待".

○ 正言金龍慶避嫌啓云："難冒之義云云. 誌文雖有未盡別白, 旣不能趁卽添刪, 至今提論, 終涉重大, 區區微意, 蓋在於此. 云云.

尹志述所懷中語, 信口說去, 雖欠稱停, 若其大意, 只願誌德之文, 無一毫闕漏處. 而遽加威怒, 繩以重律, 聽聞駭歎. 況今末俗委靡, 士風消散, 而志述居首善之地, 奮激發之論, 言或不擇, 志固可尙. 而殿下急於扶護大臣, 乃反摧折竄逐, 臣言議拙訥, 批旨虪虪. 云云.

僚疏有云'身居臺閣于今三日, 尙不引嫌', 臣痰火之疾, 挾感添劇, 自致遲延. 隨牌詣闕, 寂寥數語, 略有陳列, 而旣在三日之後, 又未蒙採納之實. 云云. 況僚席之語, 譏責切至, 無地自容. 云云." 答曰"勿辭".

○ 執義洪禹傳避嫌啓："臣以一體見斥之人, 決不可可否於立落之際." 答曰："勿辭".

○ 十三日, 答掌令李重協疏曰："尹志述之遠配, 出於處分之嚴正, 反汗之請, 未知其得當."

○ 十四日, 掌令李重協避嫌啓："諸臺引避, 泮儒不言之斥, 臣實當之, 尙何可否於人? 請遞斥."

---

30) 置：底本에는 "實"로 되어 있다. 존경각본에 근거하여 수정하였다. 이하 동일사례에 대해서는 별도의 校勘記를 달지 않는다.

○ 入診時領相所啓 : "年前吳命尹托以館儒誣辱先正, 而臣以館儒不可施罪之意, 陳達於先朝, 卽蒙允從. 今此志述, 雖有妄擧, 士氣不可摧折, 特爲回思而處之, 則聖德有光, 諸事順便矣." 上曰 : "大臣所達誠是, 當留念矣."

提調趙泰耆曰 : "大臣以爲'所撰出於諱親之義', 此箇義理固當有之, 而志述專昧此義, 語甚謬妄. 殿下以爲'太無忌諱, 欲爲隄防', 聖意所在, 固不爲過. 而一時諸人紛紜救解, 未知其爲何如也. 大臣雖以太學生爲言, 而自削其名, 擧措怪妄, 此與陳疏儒生, 有異矣.

且空堂儒生, 亦有不可知者. 掌議削名出去, 諸生復爲還入, 則似出於意見之各異. 而又以志述被罪, 復爲空堂, 未知其義何據. 雖然, 聖廟空堂多日, 不可不趁卽勸入矣."

領相曰 : "志述所懷, 雖與上疏有異, 旣是齋任, 似不可摧折. 雖甚怪妄, 因此聖廟空堂, 朝廷不寧, 似當留念勸入矣." 仍陳辭免之意. 上曰 : "勿辭, 安心行公."

○ 十五日, 四學儒生趙徵等上疏請改誌文·放釋尹志述. 答曰[31] : "尹志述所論過激, 放釋之請, 未知其得當也."

○ 四學儒生趙徵等[32]疏略曰 : "尹志述義理明正, 辭氣洞快, 足以感發士氣. 先大王, 聖慮宏遠·聖學高明, 伊時聖敎有曰'爲宗社也, 爲世子也', 有曰'深究義理, 是非大定', 今反闕漏糊塗, 威烈不彰. 志述所擔當者, 今世所規避也 ; 所陳暴者, 今世所囁嚅也. 所宜扶植獎勸, 而今乃繩以重律, 天下後世, 將謂斯何?"

---

31) 曰 : 底本에는 없다. 《承政院日記 景宗 卽位年 9月 15日》 기사에 근거하여 보충하였다.

32) 四學 …… 等 : 底本에는 없다. 《承政院日記 景宗 卽位年 9月 15日》 기사에 근거하여 보충하였다.

○ 十六日, 領相箚論捲堂勸入事, 又言金楺凌辱兪拓基事.【詳見《爛餘》.】答曰:"宋相琦同成均之任遞改. 吏參沈宅賢一向違召, 殊甚未安, 遞職. 大司成速差勸入, 違牌之人別䋲, 金楺宜罷其職矣."

○ 同日, 政. 同成均李宜顯·吏參李澤·吏議金在魯·大司成金雲澤落點.

○ 十七日, 正言申昉避嫌啓:"金楺之重被譴罰, 宜有還收之擧. 臣旣代其職, 不可安然, 略陳難冒之狀, 仍附還收之請, 不惟不賜開納, 曾無一言酬答. 云云."

○ 十八日, 同成均勸入儒生, 啓:"沈坦等所懷:'尹志述欲令先大王大處分·大是非, 闡揚而備載, 奮然自當, 言人之所不敢言. 公議不泯, 士林增氣, 旣參議事之會, 不可晏然.'以臣拙訥, 有難回聽, 大司成牌招, 同爲勸入'."傳曰"允".

○ 十九日, 同知館事李宜顯·大司成金雲澤偕往泮宮, 勸入儒生, 則沈坦等所懷以爲:"尹志述, 以齋任首倡改撰之論者, 特以先大王事行, 或不能彰著於後世, 敢以人所不敢言之事, 仰陳於聖明之下. 其果敢激發之氣, 不可摧折, 而反被遠配之律. 臣等以同參議事之人, 決難復入食堂. 云云."
且以戶判趙泰耉向日筵中所達之言, 多般侵斥, 金雲澤, 以己意付奏於所懷之末 以爲:"儒生輩旣與志述同事, 則志述未放之前, 雖屢次勸誘, 似無復入之理. 請商量善處. 云云."自上只以更爲勸入爲批. 翌日政, 雲澤擬承旨, 受點.

○ 同成均·大司成勸入, 啓:"沈坦等所懷:'尹志述慮幽誌之未盡·慨疏事之不成, 抗言改撰, 如以爲難, 而不用則已. 謂之「沮戲」而竄謫, 不亦過乎? 大臣筵奏, 亦出輿論, 而「一時紛紜救解」與「疏儒有異」等說, 出於入侍重臣.

志述掌一國士林之議, 則豈可與得罪斯文之疏頭比論? 而國家所以待之者, 亦豈不自別乎?

臣等縷縷開諭, 而牢守廉隅, 終不回聽. 抑念自古賢關, 有國所重, 矧惟我朝培養是先, 儒生空齋, 實爲莫大之變. 故祖宗朝以來, 初雖有嚴旨施罰之擧, 而輒因館官陳啓, 率皆收還成命者, 誠以儒生不可裁制, 士氣不可摧折, 而聖廟不可一日曠直故也. 況[33]齋任未及陳疏, 而只以所懷竄謫, 前所未有, 則同事儒生之不欲容易還入, 其勢固然.

若不少恕察, 徒以嚴命, 一向相持, 則竊恐聖廟空虛, 爲日益久, 而國家事愈極未安. 儻蒙另加聖恩, 言雖過激, 特許勿問, 則有光於天地大度, 允叶於培養之道. 自前館官, 因勸諭之命, 尾陳善處之方, 非止一二, 玆敢附達. 云云."

○ 三啓 : "終無變通之意, 似當有別樣開勸之擧. 云云."

○ 四啓 : "牢守廉隅, 今雖別樣開諭, 似無還入之理. 而聖廟久虛, 誠萬萬悶慮, 而他無善處之策, 何以爲之? 云云." 連以更爲勸入下敎.

○ 二十日, 五啓, 又附達曰 : "自前齋任被罰未解, 則同事諸生, 無入齋之例, 故諸生固守古規. 朝家之待儒生, 不可以威力强迫, 空齋一旬未安, 孰有大於此者乎[34]? 曾在先朝, 亦有館儒竄配, 因空館, 收還勸入, 此誠聖上留意體行處. 百爾思之, 善處之方, 此外無他. 云云."

傳曰 : "累日空齋, 事體未安, 竄配還收."

○ 府前啓【持平申晢】朴泰春等事 · 金一鏡事 · 尹志述定配還收事 · 都承旨趙

---

33) 況 : 底本에는 "故"로 되어 있다.《承政院日記 景宗 卽位年 9月 18日》기사에 근거하여 수정하였다.
34) 孰 …… 乎 : 底本에는 "孰大"로 되어 있다.《承政院日記 景宗 卽位年 9月 20日》기사에 근거하여 수정하였다.

鳴鳳改正.【望實不稱云云.】諸臺處置, 鄭宅河遞差,【自列之章, 終涉糊塗, 云云.】其餘宋
必恒·金龍慶·洪禹傳·李重協·申昉·洪龍祚諸避嫌人竝出仕.

○ 二十六日, 持平李德壽避嫌啓 : "交鬨之言, 動成詬罵, 搢紳之間, 禮讓掃
地, 使臣精白論列, 其將以爲公乎? 絲髮無裨, 自劃臺省." 又言姜履相爲妻三
寸, 請遞斥. 答曰"勿辭退待". 府處置 : "自劃臺地, 誠爲太執, 嫌不參恕, 自有
近例, 請出仕."

○ 二十八日, 弘文錄圈點. 三點趙文命·鄭錫五·李箕鎭·申哲·申昉·金民
澤·金濟謙, 副學金雲澤·副應敎趙尙健·校理兪拓基·修撰金相玉.

○ 二十九日, 傳曰 : "朔奠, 以氣候不平, 不得參."

○ 藥房請入診, 傳曰 : "勿爲入診."

○ 十月初一日, 吏曹弘文錄申哲·申昉·吏曹佐郎兪拓基.

○ 都堂錄金鎭商·李重協·李德壽·徐宗燮·洪鉉輔·尹延加入.

○ 初四日, 正言趙最壽上疏 : "伏以臣方乞免, 無暇他論, 而目今朝[35]綱弛
而黨勢張, 國家將危, 則在草野, 猶將言之, 官旣諫名, 又安敢默而已? 臣仰惟
殿下翼室恭默, 無所措爲, 曾未有一言一事之可窺幾微者. 而今日廷臣[36]不知
何故, 自生疑懼, 爲計日深. 凡所以操切上躬, 無所不至, 而至於尹志述事而極

矣.

殿下嗣服之後, 苟或爲私[37]親而有過隆之擧, 則爲臣子者雖以死爭之, 未爲不可, 而今殿下於此事, 未嘗一毫議及, 則爲志述者, 尤無可言之端. 至於誌文一款, 爲君父'諱親'乃臣子至當之義, 而志述何人, 乃敢忽然提起, 必欲暴揚往事於大文字之上, 以增我殿下傷痛之私懷者, 已是不忍. 而若其'有若殿下眞有可諱之親'等語, 勒令君父, 自絶其所生之恩. 加非理於君父, 若是無嚴, 豈不萬萬絶痛哉?

嗚呼! 人於所生私親, 不幸遇變, 古亦有之, 情或未伸, 恩則不可便絶. 玆誠亘萬古不易之義, 故志述之倡此擧也, 館學儒生同氣味者, 亦皆相顧驚愕, 盡數奔散, 人心所同, 於此可見. 志述之攘臂獨當, 抑何意哉? 非獨君臣之分, 擧皆掃盡, 抑恐彝倫之義, 亦仍此而斁絶也. 律止竄配, 是我聖上斟酌寬假之典, 一邊之人, 紛然救解, 終使聖上不能獨抵衆口, 還寢成命而後已.

是義理乍明而復晦, 主威稍行而旋奪, 臣竊不勝其痛惋歎惜也. 當初捲堂儒生, 不過志述之一二餘黨, 所宜幷志述逐出. 若至空館, 則自有他儒生勸入之規例, 而必欲勸入其黨, 而以爲有志述之資, 要君護黨, 又孰甚焉? 臣謂志述宜施絶島竄配之律, 以正王章. 兩司諸臣之交章迭疏, 紛然營救, 不少[38]顧忌, 其在分義·道理, 安敢如是? 國子堂上憑藉勸入, 附陳己見, 而脅持操切, 有浮於儒生所懷, 似此擧措, 無嚴極矣. 不可無譴[39]責之道, 兩司及國子堂上幷, 宜一體罷職, 可也.

噫! 禎翊之向來所犯, 何等重大, 而前承旨金一鏡, 旣被禎翊反噬之言, 則陳疏自卞, 在所不已. 疏批辭意, 極其嚴正, 則承宣從中而請改, 臺臣承風而擊去,

---

37) 私 : 底本에는 "我"로 되어 있다. 《景宗實錄 卽位年 10月 7日》《承政院日記 景宗 卽位年 10月 7日》 기사에 근거하여 수정하였다.

38) 不少 : 底本에는 "少不"로 되어 있다. 《承政院日記 景宗 卽位年 10月 7日》 기사에 근거하여 수정하였다.

39) 譴 : 底本에는 "見"으로 되어 있다. 존경각본과 《承政院日記 景宗 卽位年 10月 7日》 기사에 근거하여 수정하였다.

而請配之啓, 迄今爭執, 公論齊憤, 莫不爲駁. 臣謂當初發啓之臺臣, 宜加譴罷, 微稟承宣, 從中幻弄之罪, 不可以罷職薄罰而止, 亦宜施削黜之典, 以杜後弊也.

　臣又聞本院方有前承旨宋成明削奪之啓, 臣於此尤有所不可混參者. 噫! 當初威權下移·主勢孤危之日, 成明之言, 可謂切至, 而衆咻憤怒, 閱月論啓, 其亦縱肆之甚矣. 臣意以爲削奪之請, 不惟嚴辭揮斥, 頃日特罷之命, 亦宜亟令還寢也. 噫! 近日可駭·可愕·惶忙·可笑之擧, 式日斯生, 無非可言, 而見今因山不遠, 聖慕罔極, 不可逐事論列, 瀆撓於[40]哀疚之中. 故只敢以無禮君父·大乖義分之[41]不可不急言者, 略陳其一二, 惟殿下澄省焉."

　答曰: "省疏具悉. 侵詆大臣, 語欠和平, 未知其得當."【初七日, 批下.】

　○ 初五日, 領·右相引嫌疏, 答曰: "臺言過當, 不必爲嫌."

　○ 初六日, 玉署【校理[42]申昉】請趙最壽罷職, 略曰: "眩惑聰聽, 網打朝紳, 不加嚴斥, 反下溫批. 此輩自在先朝, 蓄怨含慼[43], 潛摩暗揣, 必欲一逞. 云云."

　○ 初九日, 院啓【司諫趙鳴謙·正言洪龍祚】: "近來一種不逞之徒, 積憾蓄憪, 換面迭出, 必欲闚伺傾軋, 蓋已久矣. 乃者, 正言趙最壽憑藉泮儒之事, 欲售網打之計, 投進一疏, 指意陰險, 人之巧憯, 胡至於此? 泮儒被罪, 實非聖朝美事, 此輩亦有人心, 豈不知其過擧? 而乃敢潛相揣摩, 妄謂此機之可乘, 恐動天聽, 搆陷朝紳, 靡有紀極, 不覺其情態之難掩·手脚之盡露.

　況此廞衛將戒, 上下哀隕之日, 恣意壞亂, 罔念國事, 致令莫重習儀, 不擧於

---

40)　於 : 底本에는 없다.《承政院日記 景宗 卽位年 10月 7日》기사에 근거하여 보충하였다.
41)　之 : 底本에는 없다.《承政院日記 景宗 卽位年 10月 7日》기사에 근거하여 보충하였다.
42)　校理 :《承政院日記 景宗 卽位年 10月 10日》기사에는 "副校理"로 되어 있다.
43)　慼 : 底本에는 "恚"로 되어 있다.《承政院日記 景宗 卽位年 10月 10日》기사에 근거하여 수정하였다.

正⁴⁴⁾日. 雖輿儓·下賤, 莫不戟手憤罵, 論其罪狀, 萬萬痛惋. 請趙最壽削奪官爵, 門外黜送." 答曰:"趙最壽罷職."

○ 獻納李重協·執義洪禹傳·持平金楗, 皆以伸救志述之臺諫引避. 而重協曰:"趙最壽, 以聲罪泮儒, 恐動聖聽, 極其危險, 而謂'兩司諸臣, 譁然營救', 竝請譴罰." 又曰:"'日後或有過隆之擧, 則爲臣子者, 以死爭之'云者, 看得一分義理. 而乃以年少儒生不擇語言者, 執爲罪案, 欲售其傾奪之計, 不亦可羞之甚乎? 云云."

禹傳曰:"最壽聲罪泮儒, 不遺餘力, 一篇精神, 專在於壞亂朝廷. 有若實有大罪惡, 而諸臣曲相救解者然, 上以誣亂聖德⁴⁵⁾·下以排軋朝紳, 必欲空朝廷而後已. 云云."

楗曰:"向日泮儒遠配之命, 實是意外非常之過擧. 臣等之略陳還收之請者, 爲聖朝也, 重賢關也. 今乃責之以'不少顧忌', 人之危險胡至此極? 人心陷溺, 義理晦塞, 惟以擠陷異己·乘時求逞爲急. 至以'自生疑懼, 爲計日深⁴⁶⁾'等語, 肆然筆之於章奏, 必欲禍人家國而後已. 在廷臣僚盡入一網中, 其心所在路人所知, 吁! 亦慘毒矣. 士夫羞恥, 不足深責於此輩. 云云." 并例批.

○ 副學金雲澤陳卜疏云:"尾陳己見, 前例非一, 他儒勸入, 必出特敎. 云云."

○ 太學諸生又捲堂. 大司成洪致中啓:"沈堈等所懷以爲:'臣等頃以齋任尹志述事有所難安, 空齋退出, 幸我殿下特恢轉環⁴⁷⁾之量, 還寢遠竄之命

---

44) 正:底本에는 "定"으로 되어 있다.《承政院日記 景宗 卽位年 10月 9日》기사에 근거하여 수정하였다.

45) 德:《承政院日記 景宗 卽位年 10月 8日》기사에는 "聽"으로 되어 있다.

46) 深:底本에는 "甚"으로 되어 있다.《承政院日記 景宗 卽位年 10月 8日》기사에 근거하여 수정하였다.

47) 環:底本에는 "環"으로 되어 있는데, 그 옆에 "圜"으로 수정하였으나,《承政院日記 景宗

矣. 卽伏見趙最壽疏本, 則用意陰密, 遣辭危險, 至以我殿下反汗之美, 歸之於義理晦而主威奪. 最壽亦我先大王臣子也, 如有一分追先帝·報陛下之心, 則豈忍以此等說, 熒惑君父於嗣服之初, 而爲此嘗試諂諛之態哉?

臣等當初捲堂, 非爲一志述也, 實慮處分之過當. 聖上之還收成命, 實出包荒之大度, 則彼所謂「義理晦」·「主威奪」者, 豈非凶悖之甚者乎? 志述本意, 蓋欲卞相臣「諱親」之說, 而謂「在先大王狀德之文, 則宜無可諱之義也」, 豈是勒令君父絶其所生之恩, 如最壽之言乎?

今最壽摘抉句語, 搆成罪案, 欲爲眩惑天聽, 闖逞網打之奸計, 如此心迹, 尤不忍正視也. 最壽以臣等謂之「志述一二餘黨」, 又以勸入草記, 謂之「脅持操切, 有浮於儒生所懷」, 噫嘻! 此何言也?

臣等旣與誌文請改之議, 終見齋任被罪之擧, 不勝慨然, 擧一齊相率捲堂, 則輿論所在, 於此可見. 而最壽只拈一二, 目以私黨者, 其意必以爲公議可掩, 孤軍易逐, 肆然有阻搪勸入·指導他逕之意. 其巧密之計·縱恣之習, 亦豈非萬萬切痛哉? 若其草記結語, 不過援先朝已行之例, 勉殿下遹追之道. 而最壽反以此謂「脅持操切」, 直驅之於「要君護黨」之科, 言之罔極, 胡至於此? 臣等旣被其無限醜詆, 又使師席仍此而受誣辱, 則臣等不可晏然入堂.'云矣."

傳曰:"聖廟空堂, 事體未安. 更爲勸入."

○ 初十日, 還入啓云云:"廉義難入, 而嚴廬哀疚之中, 復事瀆擾, 實涉惶悚. 云云."

○ 院前啓【洪龍祚】:"目今仙寢在殯, 擧朝哀遑, 此豈人臣黨伐鬩鬧之時? 而前承旨宋成明急急投疏, 專出於敲撼廟堂·傾陷銓地之計. 而捃摭排軋之不足, 乃以「無禮吾君」·「舒慘與奪, 不在上而在下」等語, 公肆搆誣, 罔有紀極, 其用意憯毒, 有不忍正視者. 此等不靖之論, 若不嚴加斥絶, 則必將譖說益肆,

_____

卽位年 10月 9日》 기사에 근거하여 바로 잡았다.

壞敗國事而後已. 請<u>宋成明</u>削奪官爵·<u>趙最壽</u>削奪官爵門外出送事." 答曰"不
允".

○ 傳曰 : "來望奠, 不得參奠, 政院知悉."

○ 十一日, <u>宋成明</u>事停啓.【洪龍祚】

○ 十三日, 命招領相, 卜相, <u>李濡</u>·<u>李頤命</u>·<u>金宇杭</u>·<u>權尙夏</u>·<u>趙泰采</u>·<u>崔奎
瑞</u>, 加卜<u>鄭澔</u>, 加卜<u>趙泰耉</u>落點, 領相獨爲封入.

○ 十四日, 右相請對時, 數日調攝, 當爲參奠事, 下敎.

○ 傳曰 : "明日望奠, 病不得參奠." 藥房請入診, 傳曰 : "所患不至大段,
勿爲入診."

○ 十八日, 傳曰 : "初喪時入參執事人員, 破殯時入參."

○ 十九日, 啓殯.

○ 二十日, 丑時發行大駕, 寅時出宮. 大妃殿·中宮殿移御<u>昌慶宮</u>, 大殿自
<u>慕華館</u>幕次, 移御<u>昌慶宮</u>.

○ 二十一日, 辰時下玄宮, 大駕迎哭于<u>慕華館</u>幕次. 酉正, 親行初虞祭, 其後
虞·卒哭, 大臣攝行.

○ 二十五日, 修撰<u>趙文命</u>疏略 : "向來三儒臣之出, 何其突然也? 一時橫激

之臺言, 雖或不必引而爲嫌, 至若被駁於儒臣之儒臣, 卸却廉隅一事於身外, 冒處不可處之館職. 而至廢草完議[48]流來之規, 苟且了當, 而乍出乍入於一日之內, 有甚忙事而若是其遑遑急急也? 此豈[49]大臣當初筵奏[50], 急於成㨾館錄, 他不暇顧故歟? 或者彼亦體大臣意, 但念館事之重, 不計一身之可出與不可出, 做出蒼黃悅惚底擧措耶? 其得失, 在臣特剩語耳.

今之論者若曰: '主錄之人, 旣有冒當之嫌, 參錄之人, 亦有所不可冒出之義云爾.' 則其將以此言歸之於沮戲耶? 臣念廉隅一節, 士夫所重, 苟於此一有放倒焉, 孔子所謂'鄙夫'是也, 可與事君也哉? 廉義之關人立朝·行己, 不輕而重者如是. 臣方責人以冒沒廉恥, 苟完館錄, 臣又從以[51]冒沒廉恥, 苟膺館職, 天下寧有是理? 念臣通籍十年, 始與淸選, 其在私分, 非不爲榮. 廉恥之心, 人皆有之, 臣雖疲劣, 豈冒受此人之吹噓, 苟有一身之榮, 而曾莫之愧也? 云云."

○ 十一月初三日, 右承旨柳重茂疏: "伏以日月遄邁, 弓釰遽藏, 旣返至虞, 奄經[52]卒哭. 伏惟聖情痛疾, 遑遑如失, 攀號莫逮, 何以堪處? 從[53]今以往, 殿下所以寓哀而展誠者, 只在於魂殿饋奠之禮·東朝奉養之節耳.

然帝王之孝, 異於匹庶, 祖宗之托, 厥惟艱大, 雖當亮陰恭默之中, 將不得不日親庶務, 總攬權綱. 此實更化之一大機會, 向前之最初路程, 而目今天災時變, 疊見層生, 國計民憂, 無一可見, 危棋累卵, 未足以喩其殆岌之勢也.

---

48) 草完議：底本에는 없다. 《鶴巖集 辭修撰疏 庚子十月二十四日》과 《景宗實錄 卽位年 10月 24日》 기사에 근거하여 보충하였다.

49) 豈：《鶴巖集 辭修撰疏 庚子十月二十四日》에는 "皆"로, 《景宗實錄 卽位年 10月 24日》 기사에는 "蓋"로 되어 있다.

50) 筵奏：底本에는 "奏筵"으로 되어 있다. 《景宗實錄 卽位年 10月 24日》 기사에 근거하여 수정하였다.

51) 以：底本에는 "而"로 되어 있다. 《鶴巖集 辭修撰疏 庚子十月二十四日》에 근거하여 수정하였다.

52) 經：底本에는 "輕"으로 되어 있다. 존경각본과 《承政院日記 景宗 卽位年 11月 11日》 기사에 근거하여 수정하였다.

53) 從：底本에는 없다. 《承政院日記 景宗 卽位年 11月 11日》 기사에 근거하여 보충하였다.

雖三事百工一心向國, 精白淬礪, 擔當做去, 猶患其莫了收拾. 而環顧朝廷, 私意滔滔, 日夜之所經營, 不出於懷祿保位·黨同伐異之習, 民生倒懸, 國儲蕩然, 而置之相忘, 曾莫少恤.

至於用捨之際, 偏係日甚, 臨棄注擬, 巧加物色; 排布甚窘, 冒濫居多, 聖朝公器, 職此日輕. 而三司言議之地, 朝遞暮換, 不過是私黨若而人而止. 異己者, 無一參錯[54], 轉展成習, 狃以[55]爲常, 從而倡說曰'惡其有言故耳'.

噫! 官師相規, 曰可曰否, 自是國家淸平之福, 而今也不然, 所以阻塞言路, 爲苟度時日之妙方矣. 如是則人必杜口結舌而後, 可以見容於朝, 而衛國之莫敢矯其非者, 始可謂治世乎? 朋奸日滋, 縱恣成習, 而今之出入臺省者, 無非頤指氣使之類. 故交護胥匿, 無敢一言, 馴致, 放心肆志, 略無忌憚. 凡其所欲靡不滿足, 而其可駭可愕之擧, 至[56]於弘錄一事而極矣.

夫玉堂圈錄, 三百年盛選也, 從古稱之爲登瀛, 此何等淸地? 此何等公器? 而今番新錄之後, 擧世莫不駭笑, 至登慢語, 比之穿窬. 朝廷羞辱, 莫甚於此, 其所以致此, 蓋有由焉. 臣聞館中舊制, 必齊會曾前出入之人, 商確完議, 動費多日而始得圈點, 此出於重其選之意也. 故在前新錄命下, 則輒召在外僚員, 雖當陞品者, 留待完錄, 而今則不然.

異己之人, 一併排擯, 或除邊倅, 或補圻邑, 其餘無故者數三人, 亦視以局外, 一不收錄. 日日所敦迫者, 只在於趙尙健·金相玉兩臣, 旣罷則請敍, 旣敍則首擬, 如是者, 不啻數十次, 有若館錄完圈, 非此兩臣, 莫可者然. 彼兩臣者, 卒乃忘廉冒恥, 忽然突出, 卒乍之間, 急急完圈, 紛然迸退. 其入也, 如竊襲; 其出也, 如急避, 閃忽慌忙, 莫測端倪. 誠不料淸朝學士院中, 遽有如許擧措也.

至於都堂會圈, 事體尤重, 諸堂未會, 而首揆汲汲先到; 疏批未下, 而銓郞冒沒催赴, 深夜招集, 忙迫完了, 吏胥掩口, 道路指目. 噫! 嵫彼巖廊, 做事如此, 年少死黨之輩, 顧何足責?

大凡主錄, 自處以玉堂, 然後乃可以薦人無愧, 被錄者, 亦得以無愧於心. 而如兩臣輩, 濫竽不合之狀, 儒臣已言之, 其決不可復入, 人皆知之. 雖以兩人之靦然無恥, 猶不敢爲唐突行公之計, 畢竟爲威勢所驅脅, 廉隅一節, 都不暇恤.

況兪拓基, 自許以年少名流, 而新被臺論, 至以'陋態不忍正視'爲言. 其所醜辱, 令人代羞, 一未伸白, 遽然冒出, 終歸於自傷廉隅, 人之譏謗, 烏得免乎?

此數臣者, 業已出當新錄, 則似無情勢之可言, 而館直一空之時, 又何以相率迸出哉? 雖以其乍出旋入, 不敢蹲冒見之, 其不以玉堂自處, 則可知也, 旣不以玉堂自處, 則猶可以抗顏於莫重圈點之擧乎?

錄體之苟簡·所出之不正如是, 其中一二濫充之類, 固無可言, 而地望·才華之允合斯選者, 亦自不少, 而卒未免涇渭之渾流, 豈不惜哉? 彼雖急於廣樹黨友·防遏異己, 獨不念國體之全虧·公議之可畏乎?

右議政趙泰耉者, 當殿下嗣服之初, 首拜冢宰, 再授度支, 終擢三事之任, 眷注之隆, 倚毗之篤, 迥出常倫. 大臣亦非不思感激報效之道, 而因山甫訖, 自城外而往歸, 此豈樂爲哉? 蓋以頃年一疏, 重觸時諱, 節拍層生, 情志愈蹙. 前後恩禮, 雖隆摯, 而心事未暴之前, 終不爲趨命之計耳. 云云.

大臣平日體國之誠, 通朝之所知, 世祿之家, 本非果於忘世, 殿下誠宜就其難安之節, 而劈破開諭, 則必不難於幡然改圖矣. 不然而徒縻之以恩數, 則近侍雖閱月相守, 恐無益於召致也. 伏願殿下深加明察, 特降明旨, 昭釋其當初心事, 以開可進之道焉.

前參判李光佐之年前屢次抗疏, 亶出於苦心血誠, 亦以心事未白爲一切難進之意, 與大臣所處, 大略相似耳, 此亦自上宜有一番開釋. 而向來所遭臺言, 殆近吹覓. 蓋侍藥焦遑之時, 前後承候於都下; 國哀罔極之日, 曉哺臨哭於闕下; 及至敦匠有命, 則卽又趨事, 臣子誠禮, 可謂隨事自盡矣. 至於不入內班,自有所執, 先輩之有嫌端者, 其所處義, 亦多如此.

蓋人臣事君, 進退爲重. 昔宋臣司馬光, 退處洛陽, 去注不遠, 神宗寢疾旣久, 至於處置後事, 而初無奔問之擧. 神宗喪後[57], 又以赴闕爲疑, 明道之勸赴, 亦且以爲世道, 而千載尙論之士, 未嘗有以此議光者. 則今光佐之[58]前後處義, 未見其全無所據, 而臺臣直歸之於‘秉彝盡泯’, 其何言之太無理也?

人才眇然之時, 如光佐者, 何處得來? 積年屛散, 固已可惜, 而今因一人擠排之言, 曾不恕察, 譴罷隨之, 久靳牽復之典, 臣切慨惜. 云云.”

答曰: “省疏具悉. 館錄旣完之後, 隨加物色, 侵詆大臣, 殊極未安. 下款事, 依施.”【十二日, 下批.】

○ 初四日, 京畿幼學金行進疏略: “臣等伏在草野, 晩而始伏見賊臣志述所進所懷, 臣等看來, 毛骨俱竦, 實不欲與此賊幷生於孝理之世, 封章請斬. 將叫閽之際, 伏聞道路之傳者, 諫臣已上懲討之疏, 幷請營救者之罪, 臣等竊喜. 夫當彝倫晦盲之日, 能有此公議之間發也. 雖然諫臣之疏, 下語不嚴, 議律亦輕, 不厭人心, 則臣等不可泯默中撤, 玆敢悉陳於紸纊之下.

嗚呼!《春秋》子無絶母之道, 子無讎母之義, 殿下私親, 非殿下所生之母乎?《詩》曰: ‘哀哀父母, 生我劬勞.’ 又曰: ‘父兮生我, 母兮鞠我. 拊我畜我, 長我育我, 顧我復我. 欲報之德, 昊天罔極.’ 父母之於子, 其劬勞顧復之恩, 若是其至焉, 是則自天子至庶人, 一也. 焉有子爲帝王, 則割斷所生之恩而莫之恤乎?

殿下嗣位後, 則道理·事體與前自別, 如今日臣子者, 若知子母天倫之重·君臣分義之嚴, 豈無一分顧藉之心? 而今志述乃敢曰‘殿下不敢復有私親, 義理至明’, 似此義理, 出何傳記? 臣等竊[59]痛之.

---

57) 後: 底本에는 없다. 《承政院日記 景宗 卽位年 11月 11日》 기사에 근거하여 보충하였다.

58) 之: 底本에는 없다. 《承政院日記 景宗 卽位年 11月 11日》 기사에 근거하여 보충하였다.

59) 竊: 底本에는 “切”로 되어 있다. 《承政院日記 景宗 4年 4月 24日》 기사에 근거하여 수정하였다.

在昔宋 桓公夫人, 生襄公而出, 歸于衛, 襄公卽位, 夫人思之, 乃作《河廣》
之詩. 先儒曰 : '天下豈有無母之人! 爲襄公者, 當生則致其孝, 沒則盡其禮而
已.' 又曰 : '母之與子, 初無絶道, 歲時問安之使[60], 交錯於道路, 而一草一木
之微[61], 必先以奉乎親, 則子之心, 可以無愧 ; 而母之心, 亦可以少慰矣.' 夫襄
公之母, 旣見黜[62]於父, 而先儒若是其推廣天理·曲盡人情者, 豈不以母子之
道, 終不可絶 ; 生育之恩, 在所必報乎?

今若推此義而言之, 殿下所以追報私親, 臣子所以仰體聖情, 其宜各有道.
而今志述乃敢曰'殿下無可諱之親, 臣子無當諱之義', 噫嘻! 亦甚矣. 其將使
殿下待私親以罪人, 絶所生之大恩, 爲殿下臣子者, 亦皆惡言相加, 無所諱避,
然後快於其心歟? 母子之間, 人所難言. 雖於敵[63]以下, 亦不敢顯言直斥, 以傷
孝子心, 而志述乃敢曰'明施典章, 輿憤少洩', 有若幸殿下罔極之變·快國家不
幸之事者然.

噫! 渠若有一分人心嚴畏之意, 則其何敢脅君絶母, 不少[64]顧藉, 若是之肆
然耶? 其斁敗倫紀·慢轢君父, 可謂無餘地矣. 此賊終逭王章, 偃息於覆載之
間, 則臣恐環東土數千里, 將未免淪胥入於夷狄禽獸之域而莫之救也. 伏願殿
下, 先將志述付之攸司, 亟正邦刑, 使彝倫無壞, 輿憤少洩. 云云."

○ 同日, 忠淸道幼學洪渝等疏曰 : "目今新化之初, 賊臣志述, 倡起絶母之
議於賢關, 倫彝斁絶, 義理晦塞, 玆敢叫率同志之士, 仰籲於嚴廬之下. 臣等謹
按,《詩》《小雅[65]》之蓼莪篇曰 : '父兮母兮, 生我劬勞. 欲報之德, 昊天罔極.'

---

60) 使 : 底本에는 없다.《承政院日記 景宗 4年 4月 24日》기사에 근거하여 보충하였다.
61) 微 : 底本에는 "美"로 되어 있다.《詩傳 卷第三 衛 河廣》의 豊城朱氏가 작성한 小註에
    근거하여 수정하였다.
62) 黜 : 底本에는 "出"로 되어 있다.《景宗實錄 卽位年 11月 4日》기사에 근거하여 수정하였다.
63) 敵 : 底本에는 "適"으로 되어 있다. 존경각본과《景宗實錄 卽位年 11月 4日》기사에 근거하여
    수정하였다.
64) 不少 : 底本에는 "少不"로 되어 있다.《承政院日記 景宗 4年 24日》기사에 근거하여 수정하였
    다.

又按⁶⁶⁾《衛風》〈河廣〉章, 范氏註曰:'天下豈有無母之人哉! 有千乘之國, 而
不得養其母, 則人之不幸也. 生則致其養, 死則致其禮而已.'豐城 朱氏小註
曰:'子之與母, 初無絶道也, 而襄公者, 當盡其孝養, 不失其愛親之仁.'

　蓋宋 襄公之母, 爲桓公所出, 而先儒處變之論, 若是明的, 則其正義理·重
彝倫之意⁶⁷⁾, 於此可見. 而彼志述者, 陰懷無將悖理之心, 憑藉誌文, 鼓煽凶論.
館學齋生, 雖其臭味之與同者, 亦不無一端義理之心, 故擧皆奔散, 疏事不成.
然後用意空齋, 書陳所懷, 滿紙臚列, 無非凶言悖說. 而其若'明施典章, 使宮闈
肅而輿憤洩', '有若殿下眞有可諱之親, 臣子眞有當諱之義者然'等語. 噫嘻!
此可忍爲殿下道乎?

　凡人之常情, 雖於敵以下, 不敢對其子而直斥其父母事者, 豈不以親其親之
心, 不忍提說, 重傷孝子哀痛之私情也? 況於⁶⁸⁾君父之至尊至嚴者乎? 今志述
乃於至嚴至尊之地, 暴揚其不忍聞之辭, 永垂於萬世幽宮之誌, 無一分顧藉之
意, 謂其心有殿下乎? 臣謂無殿下也.

　且其言曰'殿下不敢復有私親', 此等義理志述於何看得? 今有赤子於此, 人
或曰'爾無所生之親', 必咈然而怒, 惻然而傷, 彼有何知此固天得之性·自然之
理也? 今志述惡敢曰'殿下無私親'? 其視殿下, 何如也? 其無君悖理之罪, 上通
于天, 而尙能容息於覆載之間, 猶謂國有刑典乎? 趙最壽一疏, 差強人意, 而終
不免罪重罰輕之譏, 則固不可以快遠邇之心·洩神人之憤. 而言未見用, 竟至
斥罷, 竊惜乎殿下處分, 失之太寬, 使奸凶無所懲畏, 而重貽聖明之累也.

　嗚呼! 古語曰:'同惡相濟, 同類相救.'今者絶母之論, 豈志述之造次剙出

____
65) 小雅：底本에는 "風"으로 되어 있다.《詩經》蓼莪章은 "風"이 아니라 "小雅"篇이므로《詩傳》
　에 근거하여 수정하였다.
66) 按：底本에는 "曰"로 되어 있다. 존경각본과《承政院日記 景宗 4年 24日》기사에 근거하여
　수정하였다.
67) 之意：底本에는 "義"로 되어 있다.《承政院日記 景宗 4年 24日》기사에 근거하여 수정하였
　다.
68) 於：底本에는 없다.《承政院日記 景宗 4年 24日》기사에 근거하여 보충하였다.

者乎? 任敞·禎翊之悖疏·凶言, 實權輿於此, 而卽其同惡相類者也. 如使此輩
早伏無將之刑, 則雖惡如志述·凶如志述·不道如志述, 渠安敢繼發此論於今
日乎? 由其懲討不嚴·防閑不峻, 或小施偏配, 旋卽放還; 或翺翔宰班, 金紫煥
赫[69], 宜乎志述之肆然無忌憚, 提起不忍聞·不忍道之事, 喋喋於殿下之前, 而
謂莫能誰何也.

　噫! 母子天顯之親, 而志述欲絶之; 彝倫扶世之道, 而志述欲斁之. 彼志述
者, 非但殿下之罪人, 實天下萬世爲人母子者之罪人也. 伏願殿下俯循一國之
公論, 先正賊臣志述無君·無母之罪, 敞·禎翊等, 亦令一體按法, 以爲鎭人心·
安宗社之地, 千萬幸甚."

　○ 府啓【掌令任洞】: "卽伏聞有鄕儒金行進·洪渝爲名, 相繼投疏, 連續入啓,
原疏雖未及得見, 而觀其大槩之書出小報者, 則亦可知其爲重遇之疏也. 頃日
重遇之疏, 聖上特爲還給, 嚴加懲治, 其後又有此等疏章勿捧之敎, 我聖上遵
先王·杜譖賊之意, 孰不怵忻? 而一自最壽投疏嘗試之後, 自上略施譴罷, 不復
嚴斥, 故此輩一倍增氣, 無所畏忌, 召募無賴, 出沒和應, 假托儒名, 躍進凶疏.
在喉舌者, 如有一分顧惜名義之心, 則所當明示聖敎, 嚴辭退斥. 而今乃不少
持難, 肆然捧入, 其不有成命·陰助凶黨之罪, 不可不懲. 請今日仕進承旨, 并
罷職不敍."
　答曰"不允".【捧入承旨李翊漢·沈壽賢. ○ 累啓, 不允. 至辛丑三月二十五日, 掌令蔡膺福楊前
停論.】

　○ 左承旨韓世良·右承旨柳重茂陳疏, 未承批, 捧入兩承旨进出.

　○ 上假注書, 口傳啓曰"因臺啓, 諸承旨出去"事, 徵稟. 傳曰: "同副承旨任

守幹牌招入直."

○ 府啓: "臺諫正書, 初昏直傳承傳色."

○ 任守幹因臺啓引嫌疏, 例批.

○ 府啓: "臣詣臺, 請承旨欲傳啓, 則承旨任守幹稱嫌不來. 若與諸承旨同罪, 則初不當入直. 而在院不動, 可駭莫甚, 請重推." 答曰"不允".

○ 初六日, 掌令任洞啓曰: "臣昨以同副承旨任守幹偃然在直·不爲[70]接臺之罪, 論啓請推矣. 卽伏見守幹疏本, 則以儒疏捧入相議停當, 首實引嫌, 而乃敢曰:'此與重遇, 指意自別, 不可無端退却.' 末又別出一節曰:'憲臣之啓, 此其不斟量, 擊去喉司, 欲成御下蔽上之習, 可謂太無忌憚也.' 臣看來, 不勝驚駭痛惋之至. 夫兩凶疏措語, 臣未得見, 無由詳知, 而見其大槪, 可知其凶黨嘗試之計耳. 其心所在與重遇無異者, 明若觀火, 而今守幹獨以爲'指意自別, 不可退却', 顯有主張扶植之意, 人心之陷溺, 一至於此, 尙何言哉?
且守幹始旣爲凶疏左袒, 力主捧入, 則於其捧入之日, 雖不仕進, 此宜與仕進承旨同罪矣. 特臣未知其然[71], 不及幷論耳. 在守幹之道, 惟當縮伏俟罪之不暇, 而何故揚揚入闕, 陳疏自列乎? 自卞猶不敢, 況敢反噬言者於臺啓方張之日乎? 其所謂'太[72]無忌憚'者, 正自道也. 至於'欲成御下蔽上之習'云者, 指誰而發也? 身旣同入於臺彈, 而反侵論己之臺諫者, 非御下而何? 不待臺啓之末梢, 而先欲熒惑而沮遏者, 非蔽上而何?

<hr/>

70) 爲: 底本에는 "有"로 되어 있다.《承政院日記 景宗 卽位年 11月 6日》기사에 근거하여 수정하였다.
71) 然:《承政院日記 景宗 卽位年 11月 6日》기사에는 "狀"으로 되어 있다.
72) 太: 底本에는 "大"로 되어 있다.《承政院日記 景宗 卽位年 11月 6日》기사에 근거하여 수정하였다.

此正守幹罪目, 而今乃反加於臣身, 其輕視臺閣·力戰公論者, 尤可見其縱恣無忌憚之甚也. 此輩經營排布, 出沒和應, 乘我大喪, 思眩聖聰, 改頭換面, 分隊角戰, 其計已完矣. 守幹之心, 卽行進·淪之心也 ; 行進·淪之心, 卽重遇之心也. 守幹何不自爲, 而惟以主張捧入爲自巧免耶? 其亦可哀也. 云云."
答曰 : "勿辭, 退待物論."

○ 初七日, 執義洪禹傳啓任守幹請罷職不敍, 以"守幹之罪, 無異仕進承旨, 而承牌, 反詈不接傳啓. 疏語憯毒, 顯有和應·眩惑之計"措語. 任泂則以"當初論劾, 實循公議, 請出仕."

○ 初八日, 京畿·忠淸儒生趙台明等疏, 亟正賊臣敓之從弟泂, 以賊臣之餘孽, 不顧至親之嫌, 挺身突入, 不有君父, 誣辱多士之罪事, 呈政院, 退却不捧.

○ 初九日, 儒生李應齡等上疏大槪 : "凶人志述倡絶母之論, 以滅倫紀, 賊臣敓·禎翊以謀危聖躬之人, 尙保首領. 臣等不勝憤惋激切之心, 封章來詣閤門, 則喉司以臺啓之方張, 屢度往復, 終無捧入之意. 請先治喉司壅蔽之罪, 以勵人心事." 呈政院, 退却不捧.

○ 靈光幼[73]學金無黨疏槪 : "請追復私親爵號, 別立祠宇, 以盡至情. 至於趙重遇, 則語多妄率, 被罪宜矣, 而尹志述則意在爲先王, 明白其志事, 則雖有過激之言, 不可罪也. 云云." 亦退不捧.【三疏不捧, 皆承旨韓世良入直時.】

○ 十一日, 持平鄭宅河討行進等疏, 末言兵曹臺郞, 居間嚮導, 入送政院之罪.

---

73) 幼 : 底本에는 "儒"로 되어 있다. 존경각본에 근거하여 수정하였다.

○ 十二日, 右承旨柳重茂再疏曰："今番弘錄之慌忙苟且, 卽里巷婦孺之所共駭笑也. 被錄人中, 亦有物情之未協者, 則先到一事, 猶係瑣節. 臣之所指陳, 只以目下事平心說去, 則有何一毫近似於傾軋? 且臣言本無爽誤之端, 而勒歸之於搆捏之科, 其亦異矣. 雖然批旨中旣有'未安'之敎, 則臣之不能晏然仍冒也, 決矣. 且憲府新有請罷兩承宣之啓, 臣於是, 尤用不安.

蓋臣之在院也, 金行進來呈疏槪, 而以虞祭齋戒, 退却不捧, 原疏未及得見, 姑未知措語之何如. 而諸議以爲：'疏辭若一毫關涉於重遇疏, 則依定奪退却可也. 不然只論志述事, 則更爲啓稟, 有所煩復.'云矣. 厥後行進疏捧入之日, 適會臣陳疏, 在家之時, 院中出納, 雖未參涉, 而伊日酬酢, 臣旣與聞, 則當諸僚一倂被劾之日, 臣安得獨爲晏然乎?

但以自處之道言之, 臣前疏中旣有侵斥臺省之語, 臺臣固當引避之不暇. 況聞洪渝疏中有'斬[74]任敞'三字, 而敞於臺臣爲從兄弟, 則佯若不聞, 急急詣臺, 輕加駁擊於捧入之承宣, 何其全昧事體, 至此之甚也? 弘錄被選之人, 亦不知臣言[75]之爲[76]羞, 乃於臣疏未下批之前, 偃然陳疏, 恣意反噬, 不少疑難. 何其無廉隅忌憚之至此也? 臣切痛之. 云云."傳曰："遞差."

○ 領相因柳疏辭箚, 答曰："柳重茂謬妄之言, 予已知之, 本職遞差, 於卿少無所嫌. 北使逼近, 酬應多端, 此亦不可不念也."

○ 十三日, 承旨鄭亨益疏請謁陵, 答曰："疏辭得宜, 令該曹擇日擧行."

○ 十六日, 同[77]副承旨李眞儉疏曰："嗚呼! 此何等時也? 外則百姓困悴,

---

74) 斬：底本에는 "勤"으로 되어 있다.《承政院日記 景宗 卽位年 11月 13日》기사에 근거하여 수정하였다.

75) 言：底本에는 없다.《承政院日記 景宗 卽位年 11月 13日》기사에 근거하여 보충하였다.

76) 爲：底本에는 없다.《承政院日記 景宗 卽位年 11月 13日》기사에 근거하여 보충하였다.

77) 同：底本에는 "右"로 되어 있다.《景宗實錄 卽位年 12月 28日》기사에 근거하여 수정하였다.

十室九空；內則腹心潰裂, 百無一恃, 雖君臣上下同意協恭, 一心於國事, 惟懼其難濟. 目今朝廷之上, 壅蔽成習, 言路杜塞, 舉措錯亂, 日加一日, 危亡之象, 迫在朝夕. 而大小臣僚, 惟以排軋異己・甘心死黨爲大事業, 無有體國奉公・秉心忠亮者, 如此而國不亡者, 未之有也.

如臣眇末・進退之無關者, 不啻若江湖之一鳧雁, 而以臣一身之義言之, 進而無益, 不如退而斂迹, 此臣所以徊徨悶蹙而不敢進者也. 臣旣灰心世道, 惟以畢命松楸爲期, 而喉司之職, 旣非言責, 則不欲以觸忤時勢之意, 備陳於紸纊之下矣. 目今可駭・可愕之舉, 難以毛舉, 三司言議之地, 無一人參錯於其間, 則臣安得徒守出位之嫌, 始終泯默而已乎?

噫! 不幸近日, 人心陷溺, 世道波蕩, 乘機傍伺者, 敢舉[78]不可議之事, 欲售慫通嘗試之計；竊權閃弄者, 追提不忍聞之說, 欲肆操切迫脅之習, 趙重遇・尹志述, 卽其所使者也. 夫重遇之疏, 托恩而悖義；志述之言, 假義而絶恩, 此皆殿下之罪人而國人之所共惡者也.

噫! 方當嗣服之初, 群下之所仰贊於殿下者, 惟當以勉抑至情, 一遵先朝已定之規而已, 宜不敢以一毫非義導君父. 而彼重遇者妄揣天意, 伺釁闖發, 不顧大義之重, 圖逞希覬之心, 論其情狀, 萬萬絶痛, 殿下所以深惡而嚴懲者也.

議者以必殺爲過重, 而臣愚死罪, 竊有妄度, 或者聖意主於隄防, 以爲寧失於過也. 信如是則誠國家之福也, 一重遇之死何足道哉? 殿下施措之間, 旣[79]無毫末可爭之端, 則今日臣子, 亦不當更提往事於無事之時, 不顧諱親之義, 以傷殿下之心也, 明矣. 彼志述者, 獨何心腸, 了不顧忌, 惟以斥言爲快? 其絶悖無倫之言, 臣不敢復陳於殿下之前, 而渠亦今日臣子, 是可忍也?

謹按《詩》之《衛風》〈河廣〉章註, 豐城 朱氏論宋 桓公夫人之事曰：'母出, 固與廟絶, 而母之與子, 初無絶道也. 宗廟之中, 不以恩掩義；閨門之內, 不以

---

78) 舉：底本에는 "希"로 되어 있다. 《景宗實錄 卽位年 12月 28日》 기사에 근거하여 수정하였다.

79) 旣：底本에는 "豈"로 되어 있다. 존경각본과 《景宗實錄 卽位年 12月 28日》 기사에 근거하여 수정하였다.

義勝恩. 襄公能盡其誠於宗廟, 則外旣不失乎承重之義；盡其孝敬於慈母, 則內亦不失於愛親之仁, 庶乎恩義兩全而無憾矣.'

以此觀之, 子無絶母之義, 旣已昭載於經傳矣. 蓋宋桓公夫人之事, 比之今日, 其事若殊, 而若其不絶所生之義, 今古何異? 使天下無諱親之義則已, 自孔子已行之, 而《春秋》無讎母·絶母之義者, 固已昭如日星, 鑿鑿可據. 果如志述之言, 必使殿下絶所生之恩而後, 方快於心也. 噫! 彼鄕曲無知之類, 冒儒爲名·童孩80)乳臭之兒, 受人嗾哦者, 渠何所省識? 惟其潛伏暗揣·頤指煽動者, 不顧禍國家·乖人倫, 吁! 亦甚矣.

重遇則處分旣嚴, 其身已死, 固不暇於費辭更論. 然嘗試嫁禍之徒, 接踵繼起者, 將不知其幾何, 則此正殿下益加嚴防處也. 志述之罪, 輿情之所共憤, 殿下旣下嚴敎, 而罰止遠配, 則此出於斟酌處分.

今日廷臣, 固當同辭嚴斥, 以雪君父之辱. 而不惟不此之爲, 又從以極力伸救, 有若扶護敢言之士·獎詡立節之人者, 終至於操持君父, 反汗後已. 必使甘受其辱而無所措手, 徒知有志述而不知有君父, 此何心術? 此何義理? 臣切痛之. 臣意以爲殿下與其含憤隱忍, 一任群小之簸弄, 無寧更正志述辱君父之罪, 仍治黨與紛紜伸救者, 以嚴方來焉. 噫! 志述, 何足道哉?

彼金槺者, 身居侍從, 遣辭之悖妄, 無異於志述, 則志述定配之後, 惟當縮伏引罪之不暇. 而乃反自同無故之人, 挺身伸護, 至以'可尙'等語加之於志述, 縱恣無忌憚, 莫此爲甚. 臣謂若不與志述同罪, 則竊恐此輩終無懲畏也.

趙最壽之一疏, 辭嚴義正, 則臺啓迎擊, 其習絶痛. 況其被斥於最壽之諸臺, 不恤人言, 冒沒仍蹲, 廉隅一節, 不足責之於此輩, 而辱朝廷而羞臺閣, 爲如何哉? 臣請一倂澄汰, 以重臺閣也.

臣於任泂事, 尤有所痛恨者. 行進·渝之疏, 意雖挾雜, 然其發於外之辭語, 則只是論志述事而已, 與重遇疏, 條貫不同, 喉司之不得擅却, 事理固然. 今乃白地聲罪, 盡逐諸承旨, 已極無狀. 而況頃年賊黻疏中不道之語, 一上公車,

---

80) 孩 : 底本에는 이 옆에 "駭"가 더 있다.

衆口傳播, 其叔弘望恐禍及己, 陳章首實.

雖以血黨之私護者猶不敢掩覆, 至請投畀, 其負犯之彰, 於此可見矣. 似聞逾之疏幷論敞罪, 而今洄以敞之從弟, 敢生掩護之計, 佯若不知, 汲汲詣臺, 乃敢移鋒於喉院, 擊去乃已, 放縱無嚴, 奚至於此極? 苟長此習, 將何所不至乎? 人情莫不駭痛, 而臺閣處置, 又從而請出, 彼雖急於死黨, 苟有一分嚴畏之心, 則安敢乃爾? 臣謂宜加嚴懲, 請出洄之臺臣, 亦不可不罪也.

且臣於丁酉獨對時事, 嘗有所難[81]言者. 其事先已發端於入診之時, 則獨對之由, 入對大臣, 宜有所默揣者. 而不待承·史之導前, 投足延英一步地, 已非人臣光明底道理. 入對時說話, 史臣不得書之, 則非外人之所敢知, 而旣曰'匡救', 則不可謂必無是事. 至今四年之間, 中外人心, 莫不以此爲大臣之罪, 而臣愚則以爲遽然獨對爲可罪, 入侍以後事, 不欲抑勒深罪, 以傷仁恕之道.

而第大臣膺命赴燕也, 上箚請得銀貨, 乃敢以丙子使行時, 彼人所引《大明會典》事爲言者, 實非人臣之所敢言.《會典》事, 事在久遠, 殿下亦何以得其詳乎? 丙子請封儲位時, 故相臣徐文重, 膺上价之命, 彼中言:'《會典》中,「諸侯王年滿五十, 正室無子, 然後始許承重爲嗣」之語.' 而不許封典, 其後再請, 而乃得準副.

思之至今, 爲東方臣子者, 莫不憤惋. 而我殿下正位春宮, 殆將三十年所, 代理萬機, 屢接北使, 則雖彼人, 必不容他議於其間. 而大臣乃敢逆探彼人未萌之心, 敢忍援引於今日, 以爲恐動之計者, 此何心也? 況其所請於彼者, 自是應行之常典, 雖不費一錢, 自可順成, 而六萬餘銀貨, 其將用之於何處耶?

至於誌文事, 尤有所未解者. 始則不欲斥言者, 蓋出於諱親之義, 末乃在道封章, 自作物議, 請改文字於刻役已始之後者, 似若啓志述今日之事者[82]然, 人之疑惑, 烏得免乎?

---

81) 難:《景宗實錄 卽位年 12月 28日》기사에는 "欲"으로 되어 있다.

82) 事者:底本에는 "志"로 되어 있다.《景宗實錄 卽位年 12月 28日》기사에 근거하여 수정하였다.

至若新錄事, 前承旨柳重茂之疏, 已言之矣, 臣不必架疊. 而第玉堂自是公朝極選, 雖擧措得宜, 掄選至公, 當此黨論岐貳·好惡各異之日, 尙難厭服於輿論. 況今番圈點, 其出入閃弄, 手脚慌忙, 迹同豕突, 事近鷗攫[83], 閭巷嗤點, 作爲笑䰡. 而且其主圈者, 卽春澤之弟, 而被選者, 又是春澤之弟·益勳之孫. 其他濫竽者, 亦不無其人, 其錄體若是駭, 【缺】其揀選又如是猥雜, 而欲使人之無言, 不亦難乎? 其在公體, 所當登時削改, 不可一刻苟存, 以貽四方之譏.

日昨承宣之疏, 不過採輿人公論之言, 輕輕說去, 殿下旣遞其職, 又以'謬妄'爲敎. 此雖出於慰藉大臣, 而獨不念是非之倒置乎? 臣竊不勝慨憤也.

噫! 殿下新升寶位, 春秋鼎盛. 宗社之重, 事務之煩, 罔不在殿下, 厥初謂宜摠覽權綱, 振勵群下, 夙夜憂勤, 肅穆御下, 使小人有所畏而不爲, 君子有所恃而爲重. 而竊觀臨御以來, 政令之間, 剛乾不足;聽斷之際, 延拖成習, 因循委靡, 苟度時日, 大小批旨濡滯不下.

聰明睿知, 發號施令, 何事不做? 而姑就今日所處分而觀之, 則一味淵默, 無所猷爲. 一政一令, 曾無大驚[84]動·大振作之擧, 終使百隷怠官, 庶務叢挫[85], 自至莫可收拾之境, 今日國事, 可謂殆哉岌岌矣.

抑殿下哀疚之中, 聖情罔極, 皇皇如求, 無意於萬機[86]而然歟? 抑殿下環顧朝廷, 無一忠藎可恃者, 而孤立憂危, 無所倚毗而然歟? 帝王之孝, 異於匹庶, 不以攀號皇皇爲孝, 而以丕承丕顯不墜基緒爲孝焉. 如是而後, 乃可謂聖王之大孝也.

自古大有爲之君, 推則哲之明, 任柱石之良, 明是非·正好惡, 顚倒駕御, 廓揮乾斷, 義理涇渭, 淵鑑自照. 攬權柄而不移, 儼臨下而不懈, 上焉而有激勵振刷之效, 下焉而無縱恣濫僞之習. 此不過殿下一心做了, 何憚而不爲也?

---

83) 攫:底本에는 "投"로 되어 있다. 《景宗實錄 卽位年 12月 28日》 기사에 근거하여 수정하였다.
84) 驚:底本에는 없다. 존경각본에 근거하여 보충하였다.
85) 挫:底本에는 "坐"로 되어 있다. 존경각본에 근거하여 수정하였다.
86) 機:底本에는 "幾"로 되어 있다. 존경각본에 근거하여 수정하였다.

臣於荐召之下, 不得不趨詣闕外, 而旣不能致身殿陛, 叩謝恩命. 耿耿忠悃,
終不敢隱忍泯默, 玆敢冒瀆於紸纊之下, 惟聖明留神焉."【後十二月二十八日, 始下
批.】

答曰: "省疏具悉. 疏陳上款, 事係重大, 不宜輕議. 瀛選, 公論旣定之後,
因襲柳重茂謬妄之言, 隨加物色, 不有餘力, 未知其穩當. 李頤命之斷斷無他,
前後忠勤, 可勝言諭, 費辭侵斥, 甚無謂也. 縷縷陳戒, 言甚切至, 可不留意焉?"

○ 十七日, 以大妃殿復膳事, 宗親及百官庭請, 蒙允勉從.

○ 十八日, 領相箚: "山陵展謁, 當寒動駕, 多傷損之慮, 新春定期. 云云."
答曰"所陳得當."

○ 十九日, 掌令宋必恒前啓中: "朴泰春等事停啓, 反罝之言, 雖甚可駭,
旣有所嫌, 勢難參啓, 任泂遞差."

○ 二十日, 答右議政趙泰耇六次辭疏曰: "前後疏批, 罄悉至意, 而巽辭彌
堅, 造朝愈邈, 只增愧恧, 無以爲喩. 北使在邇, 前頭必不無商確之擧, 鼎席不
可不備員. 幸卿深慮國勢之岌業, 勿以情勢爲辭, 卽速安心就道. 云云."

○ 答兵判崔錫恒辭疏曰: "雖平常之時, 本兵之任, 不宜暫曠, 矧今此時
乎? 卿其勿辭, 斯速行公."【兵判李晩成以勅使回避, 遞.】

○ 二十二日, 迎[87]接都監啓曰: "勅使稱以皇旨, 要見國王弟·子侄及宗室
事. 臣等以國王姑無儲嗣, 弟二人, 一則昨年無子身死, 一則疾病沈篤, 不得運

---

87) 迎 : 底本에는 "延"으로 되어 있다. 《承政院日記 景宗 卽位年 11月 28日》기사에 근거하여
    수정하였다. 이하 동일 사례에 대해서는 별도의 校勘記를 달지 않는다.

動, 亦姑無子, 宗室元無近屬. 彼又曰：‘王弟雖病, 必欲相見. 王弟何妃嬪所
生, 娶某氏爲婦, 詳細錄示. 諸宗親便殿接見, 亦命陪侍於[88]御座.’ 譯官謂‘事
大以後, 所無之事, 決不可奉行’. 勅使曰：‘此事不欲奉行, 領議政仰稟上旨,
親傳文字, 俺等見此, 不爲詣闕, 卽當復路.’ 縷縷爭執. 云云.”

○ 備邊司啓曰：“卽因都監草記, 勅使稱以皇旨, 要見國王弟·子姪·宗室.
而不欲奉行, 則領相仰稟上旨, 作爲文字以示事, 令廟堂稟處矣. 卽今王子及
宗室不得出見, 則勅使必欲持我國文字者, 似爲歸奏之計. 不可不依其言書
給, 故文字搆出書入, 以備睿覽, 後傳給. 而王子某嬪出, 娶某氏, 亦依其言出
示. 頭辭則或用魂殿致奠例, 或只書臣職名, 一依勅使所言, 書給似宜. 臣方進
去館所之意, 敢啓.”

○ 書示曰：“朝鮮國世子年今三十三歲, 時無子女, 世子弟今年二十七歲,
娶郡守徐宗悌女, 其母嬪崔氏, 時無子女.”【雖登極, 未受冊封, 對勅使稱“朝鮮國世子兼
權知國事”.】

○ 二十五日, 禮判李觀命, 勅使處節目講定後, 入來.

○ 皇旨云云：“朝鮮國王襲封五十載, 伊國從未有似此歷爵[89]年久者. 且
李【御諱】甚是謹愼, 進貢無不以誠心將之, 供職五十有餘年, 終無踈忽之處. 防
守伊國邊鄙, 太平歲久, 毫無事故, 伊國老幼無不感激者. 忽聞患疾溘逝, 朕心
不勝痛側. 除[90]遣臣致祭之處, 着[91]該部照例儀[92]奏外, 朕於聞時, 遂遣大臣

___

88) 於：底本에는 없다.《承政院日記 景宗 卽位年 11月 28日》기사에 근거하여 보충하였다.
89) 歷爵：底本에는 “曆壽”로 되어 있다.《景宗實錄 卽位年 11月 27日》기사에 근거하여 수정하
였다.
90) 除：底本에는 “謹”으로 되어 있다.《景宗實錄 卽位年 11月 27日》기사에 근거하여 수정하였
다.

二員, 馳驛往唁. 這表章傳於朝鮮國王, 妻·子姪勻諭."

○ 二十六日, 右相趙泰耉箚曰:"伏以臣自退還鄕廬以來, 廟堂凡務, 一無來問於臣者, 新喪子婦, 經營窆葬, 摧腸悲撓之中, 漠然無所聞知. 晚始得見北使所謂知會文字謄本, 略其大旨以爲:'例[93]遣大臣致祭之外, 特旨揀選近御大臣·臣僚往唁. 云云.' 意欲直往山陵, 拜奠. 其下又言:'相見世子并弟·子姪, 見後急回, 被旨. 云云.' 是果眞傳消息, 則其意不可測, 豈不驚心? 此若不思防塞, 其可謂國有人乎?

且以事理言之, 則上國之弔列國之君, 而并及弟姪之爲陪臣者, 古無是焉. 上國行之爲失禮[94], 陪臣受之爲冒嫌. 彼雖不可責之以禮義, 今王子·諸宗, 豈敢安於此哉? 山陵拜奠, 爭之而不得, 則猶可勉從, 至於此事, 決不可聽許. 伏望另飭廟堂與儐接諸臣, 使之據禮嚴防焉, 其所防之不患無辭也. 臣昨上辭本, 未及承批, 其在事例, 固不敢復有進言. 而似聞勅行已到弘濟院, 事勢迫急, 不得不擺脫常規, 更以短箚, 略貢愚忱. 云云."

答曰:"箚事令廟堂商確議施焉. 從速就道, 以補不逮." 吏判有闕, 代權尙游. 前判書宋相琦, 領[95]相箚請, 許遞.

○ 大駕迎勅于慕華館.

○ 二十七日, 勅使詣魂殿設奠.

91) 着:底本에는 "著"로 되어 있다.《景宗實錄 即位年 11月 27日》기사에 근거하여 수정하였다.

92) 儀:底本에는 "議"로 되어 있다.《景宗實錄 即位年 11月 27日》기사에 근거하여 수정하였다.

93) 例:底本에는 "別"로 되어 있다.《承政院日記 景宗 即位年 11月 26日》《景宗實錄 即位年 11月 26日》기사에 근거하여 수정하였다.

94) 禮:底本에는 "體"로 되어 있다.《承政院日記 景宗 即位年 11月 26日》《景宗實錄 即位年 11月 26日》기사에 근거하여 수정하였다.

95) 領:底本과 존경각본에도 "領"으로 되어 있다.《承政院日記 景宗 即位年 11月 25日》《景宗實錄 即位年 11月 25日》기사에 근거할 때 "左"가 되어야 한다.

○ 二十八日, 慶尙監司趙泰億狀啓: "慶州府尹權熀, 昨年尙州, 流毒一境. 大同各衙門所納錢布, 無面遍徵於白地, 不干之人, 闔境騷然, 怨讟徹天, 去而愈甚. 東京大府, 畀諸此人, 以致再設之弊, 不得已罷黜."

○ 十二月初一日, 右相再箚曰: "今者得見二十八日, 迎接都監及備局啓辭, 則皆云'勅使稱以皇旨, 要見國王弟·子侄及宗室, 而至於備局書示王子某嬪出, 娶某氏'. 噫噫! 此何擧措也? 已示之書, 今無可奪之勢, 而竊見偕來承旨韓世良政院小報中, 所謂皇旨謄本, 則其末端只云'這表章傳於朝鮮王, 妻·子侄勾諭', 凡十四字而已. 何嘗有'弟·宗室'等語? 亦何嘗有'王子某嬪出, 娶某氏'之文耶? '弟·宗室'三字與'王子某嬪出, 娶某氏'之文, 實載於皇旨中, 承旨示臣之本, 則謄傳之際, 豈有缺誤文字而然耶?

若臣所見之本無所缺誤, 則客使與都監·備局之所云皇旨中'弟·宗室'及'王子某嬪出, 娶某氏'者, 據何旨而然耶? 何不以皇旨中所無, 據理力塞耶? 設令眞有皇旨, 豈無方便之道, 而一從其言, 書以示之惟謹耶? 臣實仰屋長歎, 直欲無聞也. 爲今之計·善後之策, 未知從何處着手耶? 此事關係甚大, 不得不復有所云云. 伏乞聖明下臣此箚, 令廟堂更思從長善處之道, 使國體毋至虧損, 而異國不敢輕侮焉, 則社稷不勝萬幸."

答曰: "前後批旨備陳勤懇, 必待朝夕造朝矣. 今見箚辭, 又有疾恙[96], 不勝驚慮. 書示事, 首揆再三牢塞, 而終不能得, 出於不得已也. 縷縷進言, 憂愛之忱, 可不感佩? 箚末事, 令廟堂稟處, 卿其安心勿辭."

○ 初二日, 歲抄朴泰春·金世欽·李廷師·黃璿·李禛翊等幷敍用. 參判李鳳徵·右議政睦來善·判書李玄逸·福平君樘·陽元君煥·義原[97]君爀幷職牒

---

96) 恙: 底本에는 "蟻"으로 되어 있다. 《承政院日記 景宗 卽位年 12月 2日》 기사에 근거하여 수정하였다.

97) 原: 底本에는 "元"으로 되어 있다. 《景宗實錄 卽位年 12月 2日》에 근거하여 수정하였다.

還給.

○ 府【朴弼正】前啓金一鏡·任守幹及當日仕進承旨并罷職不敍事. 新啓：
"一自國有大憾, 一種不逞之徒, 妄揣天意, 欲爲[98]眩惑之計, 換面迭出, 乘機跳
跟之狀, 固已駭痛. 前承旨柳重茂, 白首之年, 猶有患得之心, 承人指使, 投進
一疏, 其遣辭之憯毒·造意之陰險, 不足多卞. 而第其呈疏之日, 是何日也? 卒
哭纔罷, 讒書卽上, 嗚呼! 彼重茂獨非先王之臣耶[99]? 而何[100]忍爲此擧於此日
也?

上自廊廟·下至三司, 無不罹其鋒, 其必欲疑惑聰聽·網打朝紳者, 實是從古
讒人之所不敢爲也. 且其疏末'劈破開諭'之請, 雖未知指意之何居, 我先王處
分皎如日星, 殿下頃年下敎出於遵守, 則此豈[101]今日臣子之所敢容喙者哉?
至若凶儒之疏, 時未批下[102], 重茂之再疏, 旣知疏中所云, 則其符同和應·經
營排布之迹昭不可掩. 此而置之, 則將無以懲奸讒而嚴隄防. 請前承旨柳重茂
削奪官爵, 門外黜送." 答曰"不允".

○ 禮參朴泰恒疏論延接之失曰："豈可一從口傳聽許乎? 狀啓已有此說,
今從淺入深, 問所不當, 極可異也. 首譯請罪. 云云." 答曰："已悉於右相之批
矣."

○ 政院【兪崇·李正臣·鄭亨益】啓曰："臣等伏見歲抄啓本·單子, 則有罪人睦
來善·李玄逸·李鳳徵職牒還給之命, 臣等竊不勝驚惑之至. 夫來善之做出'不

---

98) 爲：《承政院日記 景宗 1年 2月 15日》기사에는 "售"로 되어 있다.
99) 耶：底本에는 없다.《承政院日記 景宗 1年 2月 15日》기사에 근거하여 보충하였다.
100) 何：底本에는 없다.《承政院日記 景宗 1年 2月 15日》기사에 근거하여 보충하였다.
101) 豈：底本에는 없다.《承政院日記 景宗 1年 2月 15日》기사에 근거하여 보충하였다.
102) 批下：底本에는 "下批"로 되어 있다.《承政院日記 景宗 1年 2月 15日》기사에 근거하여
　　　수정하였다.

恭·不敬'之語, 勒加不敢加之地 ; 玄逸之'不順坤彝, 自絶于天'等語, 實是人
臣之極罪 ; 鳳徵之投進凶疏, 語多絶悖, 敢欲紊亂邦禮·斁敗名分, 則三人罪
犯, 俱係綱常. 而職牒還給之命, 遽下意外, 實有乖於明義理·嚴懲討之典. 且
㮨·煥·爀等, 亦有職牒還給之命, 逆獄連坐, 何等重罪, 而告身還給, 及至此
輩? 揆諸王法, 決不可更置宗籍, 請還收職牒還給之命."事, 傳曰"不允".

○ 初三日, 府新啓請睦來善·李玄逸·李鳳徵·㮨·煥·爀職牒還給之命竝
還收事, 傳曰"不允".

○ 初五日, 領·左相聯名箚曰 :"伏見右議政趙泰耉箚本, 盛論接應客使時
事, 咎責廟堂, 語意深峻, 臣等不勝駭惑之至. 夫'王弟·倭要見'出於儐臣狀聞,
而徑[103]先往復, 易生葛藤. 且諸儐臣, 雖有所言, 似難回聽, 故欲待其到館而處
之矣. 到館後, 彼又發端, 不待僚相之言, 臣等亦知其決不可從, 以病爲辭, 牢
拒其言.

及至聖上親臨館所之日, 彼乃以皇旨如此之意, 雖有所言, 亦無力請之意,
其事仍得寢止. 臣等雖未知彼言之必出於皇旨, 彼旣以此爲言, 言不可直歸之
於矯命, 致有觸激生梗之患, 倉卒之間, 方便之道, 自不得不然. 是以山陵奠祭,
亦不見於文字, 而未嘗質卞皇旨之眞僞, 但以禮意·事勢爭執者, 皆此意也.

至於'某嬪出, 娶某氏'一句語, 皇旨有無之難測, 旣如上所陳. 而比諸請見之
事, 不但無甚關重, 而自山陵事以來, 節節相爭, 智力已竭. 彼方以'若不奉行,
則不爲詣闕, 卽當復路'爲言, 都監屢言聖上坐待接見之狀, 終始堅持, 無意變
動, 其爲困辱, 莫此爲甚.

苟無大段必爭之義, 則不宜一味揮斥, 以惹事端. 而今乃不諒事情之如何,
只因末後枝葉, 竝與其所已彌縫之本事, 而囫圇說去, 至以無復'着手'爲言, 臣

103) 徑 : 底本에는 "輕"으로 되어 있다.《景宗實錄 卽位年 12月 5日》기사에 근거하여 수정하였
다.

等愚昧, 誠莫曉其所以也. 臣等本以庸陋, 卒當重任, 不能周旋於接待之際, 徒費心力, 而非斥之言, 極其非常. 云云."

答曰: "右揆箚辭, 斷斷無他. 卿等爲國忠勤之誠, 予已稔知, 於卿小無所嫌. 云云."

○ 初八日, 備邊司啓曰: "六月都政尙不擧行, 此實曾所未有之事. 吏曹判書權尙游身病近益危劇, 不可無變通之道. 吏判今姑改差, 其代卽爲差出, 以爲今月內必行都政之地何如?"

○ 十一日, 右相第三疏: "領·左相箚, 因臣憂慨之言, 過加疑怒. 臣箚所云, 意出古人推車之義, 欲使國體無虧損之端, 彼人無輕侮之患而已. 臣之初箚在未見皇旨前, 而驟聞知會文字之語, 不覺驚駭, 只就事理論之矣.

大臣箚以爲'不待僚言', 臣亦知其不可, 則可謂不謀而同矣. 然臣得見二十二日請對說話, 則'請見弟姪'一款, 初無防塞之請, 只以'何以爲之'仰稟, 臣何以預料其到館後防塞, 不爲之一言哉? 徑[104]先往復之難, 勢或然矣. 筵席稟定之際, 顧何有葛藤之慮, 而不爲直陳牢塞之意, 只以'何以爲之'一句, 泛然仰稟也?

此事在國體·在後弊, 不可不痛加防塞, 而其時筵奏, 未有定算之見於外者, 臣安得不及時箚陳乎? 厥後得見皇旨, 然後始知自初操縱者, 太牟非出於皇旨, 而彼乃憑藉'勻諭'二字, 有此意外無理之擧, 豈不痛甚? 皇旨一出之後, 不在於其中者, 一見可知矣. 旣非皇旨中語, 則宗戚多少·某出某娶, 勿論關重與否, 寧有公然書示彼人之理哉?

直以皇旨中所無, 明白爲辭, 據理嚴斥, 彼復何辭以難之? 不此之爲, 乃反書給許多剩語, 此路一開, 從今以往, 彼人所要, 雖有無理加於是者, 更將何以違

---

104) 徑: 底本에는 "經"으로 되어 있다. 《景宗實錄 卽位年 12月 11日》 기사에 근거하여 수정하였다.

覆也? 此所以仰屋吁歎, 不知善後之圖者也. 朝廷不知慮此, 乃反疑臣言之不
諒, 臣亦莫曉其所以也."

答曰: "卿之疏, 槪感歎罔涯. 彼言雖曰非眞, 旣稱皇旨, 則事係關重, 不可
以口舌論難也. 領·左之意如斯, 而終莫得其適者, 正如是也. 事已至此, 則不
必煩撓, 似是矣. 領·左之公亮盡忠·卿之憂慨之忱, 於斯至矣, 幸卿於往於今,
勿以介懷焉. 承宣始爲召還, 以安調病, 卿其安心, 從容善攝, 臥閤論道, 以副
至望."【偕[105]來承旨韓世良, 傳諭後入來.】

○ 十三日, 領相箚"敢申血懇, 亟許退黜, 以彰妬賢·僨事之罪", 答曰: "前
後批旨, 悉陳無餘, 而見今箚辭, 心甚愕然, 罔知爲諭. 右相疏批, 已諭予心腹
之辭, 則卿亦一倍戀戀. 於卿少無嫌碍, 卿其安心勿辭, 速出論道, 以副予如渴
之望."

○ 左相箚"情勢轉益危蹙, 不得不更此申籲, 乞賜譴罷", 答曰: "已諭於領
相之批, 更何多誥? 同休共慽之義, 勿以爲嫌, 速出論道, 以副虛佇之望."

○ 忠淸左道儒生李夢寅等【六百五十餘人】疏曰: 伏以云云. 君臣分義之嚴·
母子倫常之重, 經天緯地, 亙古亙今, 此而一壞, 則人不人而國不國矣. 豈料我
殿下新服之初, 彼志述遽發無倫·不道之說? 慢君父·斁彝倫胡至此哉? 殿下
光承先王之統·尊處千乘之位, 忍令一小竪, 揚臂僇辱我殿下誕生之親, 無復
餘地. 而猶不能出一言下一令, 小懲凶恣之罪, 則所謂分義也·倫常也, 至此而
盡滅無餘矣. 臣等寧裂冠毁冕, 逃入山林, 不欲與此賊竝立於孝理之世也.

噫! 帝王家變怪, 如殿下所遭者, 雖或有之, 而未聞有以獲罪於先朝, 而便絶
其天性之親. 亦未聞有爲其臣子者, 向君父斥其所生之親, 勒令棄絶, 如志述
之爲者也. 其心必曰'此先王之罪人也, 今亦不可不待之以罪人', 則是以罪人

---

105) 偕: 底本에는 "諸"로 되어 있다. 용례를 고려하여 수정하였다.

之子視殿下也, 天下寧有是哉? 然此豈志述所柎爲哉? 迹其萌孼106), 所由來漸
矣. 臣等請推本溯源而論之.

洪惟我先大王, 春秋鼎盛, 未有儲嗣, 晩得元良, 一國歡慶. 及其定策儲位之
後, 一種陰凶之徒常懷不滿之意, 而惟我先王, 以'止慈'之念, 嚴加隄防, 保護
之道, 至深且切. 己巳下政院之批, 有曰: '元子名號已定, 君臣分義大定之後,
以早定國本, 顯示不滿之意, 人心世道, 可以推知.' 又於甲戌特下備忘, 至有
'强臣·凶孼, 動撓國本者, 論以逆律'之敎, 故妖孼不得逞其凶矣.

及遭辛巳之變, 始乃群起而雀躍, 如敵·奎瑞·禎翊輩, 換面迭出, 交投凶疏,
'逼尊'之語·'傷恩'之說, 靡所不至. 至於使春宮絶私親之言, 猶不能肆然發諸
口, 大臣之服制獻議, 亦曰'子無絶母之義'云爾, 則今日進言於殿下之前者, 揆
以事體·道理, 尤宜自別於前. 而一志述倡發不道之說, 而其徒紛紜和應, 相繼
營救, 身居首揆者, 亦且托以泮儒, 游辭救解, 略無忌憚. 今日在庭之臣, 苟有
一分嚴畏殿下·顧惜殿下之心, 則安敢乃爾?

尤有所未曉者, 首進堂箚, 伸救志述者, 卽上所云獻議大臣之孫也. 其祖則
曰'子無絶母之義', 而其孫則力救無母之賊, 如恐不及, 此可見人心之陷溺, 尤
有甚於辛巳也. 頃年鎭商之疏, 敢於遷墓之日, 欲沮望哭之禮, 使殿下不得展
人子一慟, 此實於人情天理爲萬萬絶悖之言. 而殿下卽祚以來, 不惟不加
微107)譴, 朝除夕遷, 恩點絡繹, 有若崇獎直節然, 雖以閭巷之賤臣, 莫不致惑於
殿下之施措, 則今日來志述之詬辱, 未必非殿下啓之也.

今玆請討志述之論, 勿論賢愚·貴賤, 萬口同辭, 八方章甫, 雲起影從, 人情
之所同, 不可壅遏, 而承宣迎格之言, 遽出賊敵之從弟. 渠以闔門俟108)戮之人,

---

106) 孼 : 底本에는 "蘖"로 되어 있다.《承政院日記 景宗 4年 4月 24日》기사에 근거하여 수정하였
다.

107) 微 : 底本에는 "懲"으로 되어 있다.《承政院日記 景宗 4年 4月 24日》기사에 근거하여
수정하였다.

108) 俟 : 底本에는 "竢"으로 되어 있다.《承政院日記 景宗 4年 4月 24日》기사에 근거하여
수정하였다.

肆然突出[109], 狂噴亂嚷, 盡逐異己於喉院之中, 操切天聰於批下之前, 情狀之
窮凶·擧措之絶悖, 儘是惡逆之種也. 自斯以後, 居喉舌者以力拒儒疏爲能事,
有若遵守成憲者然, 臣等未知千百多士明倫常·討凶賊之疏, 何嘗有勿捧之
敎, 而政院之退却何其肆然也?

　至於尹陽來, 則威喝衛史, 指揮禁卒, 使冠儒·服儒, 不敢近於九閽下, 兩道
儒生, 彷徨街路, 直欲排闥叫天, 而不可得. 騎曹之禁絶言路, 今始刱見, 而司
馬門不入之事, 不幸近之矣.

　矧今弔慰冊封, 俱無消息而無勅, 北使一朝出來, 多般恐喝, 莫測端倪. 而一
自金昌集與北使往復說話之後, 臣等疑懼, 驚遑罔措, 有若何樣禍機, 迫在朝
夕. 此何等時勢? 此何等爻象? 噫! 獨對大臣, 賫去六萬貨, 而起承宣之訝惑;
當國首揆, 書給一張紙, 而致右揆之驚慮, 今日人心, 安得不波蕩乎?

　殿下孑然孤處於深寂之中, 而此輩之種種回測, 一至於此, 則目今朝廷恃以
爲國者, 果誰人也? 獨惜乎右揆, 以倚毗之大臣, 當危疑之際, 一向退坐, 虛紆
聖眷, 此豈今日所望於彼相者哉? 竊有所不取也. 臣等漆室有憂, 忠憤所激,
不計趙重遇之覆轍, 言未知裁云.”

　○ 十四日, 上候吐出黃水一升許.

　○ 十六日, 領相金昌集箚曰：“伏以臣於僚相前後之箚, 已不勝其危怖, 而
又有鄕儒繼起, 亦以此事爲臣之罪, 疏末臚列, 萬萬陰凶. 乃因[110]騎省之不卽
許入, 至於持兵[111]器而闌入禁中, 其爲驚駭莫此爲甚. 苟求其故, 莫非臣遲回

---

109) 出：底本에는 “入”으로 되어 있다.《承政院日記 景宗 4年 4月 24日》기사에 근거하여
　　 수정하였다.
110) 因：底本에는 “困”으로 되어 있다. 존경각본과《承政院日記 景宗 卽位年 12月 16日》기사에
　　 근거하여 수정하였다.
111) 兵：底本에는 “金”으로 되어 있다.《承政院日記 景宗 卽位年 12月 16日》기사에 근거하여
　　 수정하였다.

不去, 坐犯衆惡而然也. 臣略聞聲息, 未得其詳, 故不敢輕先自列, 縮伏私次, 恭俟朝家處分矣. 昨伏聞聖體有不平之候, 藥房連日問安, 而臣職忝保護, 獨不得進參起居之禮, 臣罪至此, 益無所逃. 云云." 答曰: "未登儒疏, 不必介懷. 有疾未參, 有何所傷? 卿其須體如渴之旨, 亟斷巽讓之章."

○ 十九日, 參知黃璿, 因一鏡疏批事, 卜疏, 例批.

○ 二十日, 政院啓曰: "李夢寅等上疏捧入事, 命下之後, 累送院吏, 使之推來, 則刑曹[112]托以燒火, 終不入送. 故他無推入之道, 分付刑曹·使之推入之意啓稟, 蒙允矣. 卽者夢寅疏下幼學安重烈, 稱以改書, 更爲來呈, 而旣稱改之, 則雖非當初所呈原本, 亦爲捧入乎?" 傳曰"依爲之."

○ 初覆時, 兩司以睦來善·李鳳徵·李玄逸·埂·煥·爀[113]·燦給牒事論啓. 大臣拈出睦來善·李玄逸之罪, 請允臺啓, 有依啓之命. 承旨李正臣以二人·七人更稟.

傳曰: "只二人依啓. 其時大臣, 亦招院吏, 以更稟之意分付. 而正言金萬胄啓斥承旨之更稟, 李正臣疏卜改付標之時措辭, 更稟, 事理則然. 云云."

○ 二十二日, 三覆時, 左相李健命所啓: "日者, 臣以李夢寅原疏推入處分事, 仰達蒙允矣. 其後聞之, 則夢寅托以原疏已爲燒火, 不納, 而其疏下安重烈者, 改書來呈云. 其疏批尙未下故, 雖未詳其措語之如何, 蓋聞當初來呈騎省疏槪, 則舉領相之名, 請治辱國之罪云. 此必指今番北使接待時事, 故領相箚子以僚相兩箚後, 鄕儒繼起爲言. 而臣亦以同事, 故向於前席, 略陳惶悚之意

---

112) 刑曹 : 底本에는 없다. 《承政院日記 景宗 卽位年 12月 20日》 기사에 근거하여 보충하였다.
113) 爀 : 底本에는 "赫"으로 되어 있다. 《景宗實錄 卽位年 12月 2日》 기사에 근거하여 수정하였다.

矣.

今聞改呈之疏, 則元無辱國等說, 而別論他事云, 極爲怪駭矣. 夢寅原疏, 不但疏槪之謄播, 其疏本方外或有見之者云. 傳言雖不足信, 其非初疏, 則判然無疑, 此輩成命之下, 恣意變幻·欺瞞天聰之狀, 誠可痛惡. 自上賜覽後處分, 則姑未知何如, 而改疏一款, 不可仍置. 持刀闌入事, 旣命推治, 則亦令該曹, 使之推出欺瞞之狀, 發爲問目, 窮覈處之, 則紀綱可以小立, 奸宄庶得懲畏矣." 上曰"依爲之."

○ 李夢寅原情曰："今此志述斁倫之罪, 神人之所同憤, 覆載之所不容, 而自有領相救解之後, 君臣之分·母子之倫, 滅盡無餘, 則可勝痛哉? 可勝誅哉? 矣等以《春秋》討罪之義, 封章叫閽, 終不得上徹, 至被拘囚, 自分一死矣. 幸承捧入之命, 疏本得徹於紸纊之下, 今日雖被誅戮, 死榮於生, 千萬幸甚.

持斫刀·入禁門事段. 矣等此擧專出明倫·討凶賊之意, 而喉司·騎省俱以賊述之血黨, 盤據內外, 一向壅蔽, 使不得入呈, 矣等自以爲'疏未上徹, 未正賊臣之罪, 則毋寧身自伏斧於禁庭, 以暴血忱'.

果於伊日, 佩斫刀一介, 率疏下二人, 陪疏投足於禁庭之內者, 誠出於忠憤之所激. 今領相之箚·左相之奏, 輒以持兵器·持刀入宮爲言, 張大其事, 恐動天聰, 必欲驅之於罔測之科. 夫所謂刃者, 亦兵器之謂[114]也, 斫刀與兵器爲用自別, 彼豈不知? 而急於搆殺, 乃敢以兵器等說, 瞞辭告君, 自不覺其誣罔之歸者.

其所用意遣辭萬萬危怕, 若欲以此而搆殺, 則請引古事而証之. 在昔東漢梁冀欲殺李固·杜喬, 其弟子趙承等數人腰斧鑕, 詣闕面訴, 太后赦之. 又其弟子郭亮左提章鉞·右秉斧鑕, 詣闕上書. 雖以梁冀之凶逆, 未聞以持兵詣闕構成罪案, 則梁冀之所不忍爲, 今相臣忍爲之耶?

我東方禹偉, 卽麗朝名賢也. 當忠宣朝, 偉以白衣, 持斧荷藁席, 直入闕,

---

114) 謂：底本에는 "爲"로 되어 있다. 존경각본에 근거하여 수정하였다.

上疏敢諫. 近臣展疏不敢讀, 偟勮聲曰: '卿爲近臣, 未能格非, 而逢惡至此, 卿知其罪耶?' 左右震慄, 王有慙色. 未知其時之臣, 亦有以持刃入闕, 恐動其君, 而搆殺設計者乎? 奧我宣廟朝, 有若臣趙憲, 累進宰臣誤國之疏, 持斧伏闕, 尙不以爲罪案, 至今傳以爲美談, 則矣身此擧古今何殊? 而以此搆殺, 必欲甘心而後已者, 眞所謂'欲加之罪, 何患無辭'者也.

改書疏本事. 矣身治疏入城之後, 得聞領相與北使往復說話, 尤不勝萬萬驚愕之至. 果以矧今北使之來, 只藉渠所稱謄示之皇旨, 多般恐喝, 莫測情僞. 而至於殿下春秋之幾何·嗣續之有無, 元非皇旨中所有, 又非北使之索問, 而昌集無端書給, 彼人歸奏於榻前. 而彼人以胡書飜譯之際, 抹去'春秋'二字, 改書'年'字而去云. 噫嘻! 此何擧也? 此何事也?

謹按《禮記》〈曲禮〉篇曰'問國君之年, 長[115]曰「能從宗廟社稷之事」', 此言不敢直言其君之年也. 又曰'齒路馬有誅', 齒君之路馬, 尙且有誅, 況數吾君之年乎? 昌集乃於犬羊之前, 數吾君之年而告之, 若是其無難, 則君父之辱, 朝廷之恥, 莫此爲大. 而加之'宗室'二字, 又無彼人之文迹, 都監草記, 備局啓辭, 以'諸宗班列坐御坐之後'等語·'再三稟達者, 亦何義理也'等語, 挿入於向日所呈疏末, 直爲此懍懍也之下, 終不得入呈. 以至擲破疏函·蹴裂疏本, 末乃誣罔草記, 搆捏聲罪. 疏本中旣書先大王及主上殿下, 則何尊敬之地, 而至被禁卒之蹴裂. 若是貽辱國家, 矣等痛迫之極, 不覺抱疏痛哭, 相與付火而就囚.

及其構出原疏之際, 更思之, 則昌集辱國之罪, 係是矣身上京後事, 曾未及相議於在鄕疏下, 則添入別語, 亦似未穩, 故拔去此一節. 及至推入命下之後, 仍以拔去之本書呈. 矣身爲國一死, 已決於心, 則何嘗有一毫畏威怵禍, 變幻欺瞞之計, 而故爲拔去乎? 云云."

○ 該曹結語: "挾有刃之物, 肆然突入禁門, 乃是前古所未有之變, 則自有當律. 原疏托以燒火, 終不還入之狀, 極爲無嚴, 平問之下, 決難推納, 竝請三

115) 長: 底本에는 "對"로 되어 있다.《禮記 曲禮》에 근거하여 수정하였다.

人刑推得情." 判付內 "除刑推, 議處", 議處照律, <u>李夢寅</u>杖一百, 發配邊遠【<u>三水府</u>】充軍, <u>沈得佑</u>【<u>江陵</u>】·<u>趙瀅</u>【<u>三陟</u>】段隨減一等, 各杖九十·徒三年.

○ 二十八日, 政院啓【<u>南道揆</u>·<u>鄭亨益</u>】請下<u>李眞儉</u>疏批云: "玉堂全數引入, 況親政吏郞, 皆從瀛選出. 云云." 疏批始下.【見上.】

○ 二十九日, 右相疏: "首揆箚, 鄕儒繼起, 歸之於彼此相應之科. 而左揆誦陳【卅二三覆, 請<u>李夢寅</u>嚴覈時.】, 亦出何意? 云云." 答曰: "鄕儒之侵斥大臣, 予實慨然, 而此何由卿言而然耶? 尤不近理, 不必介懷. 同寅協恭, 共濟國事."

○ 校理<u>金濟謙</u>疏: "<u>李眞儉</u>以削出新錄爲請云云, 主錄之臣, 無限撕捱, 許多開釋, 猶加醜辱. 臣之叨選, 卽此輩之大不欲也. 臣有所痛迫於中者, 自先代以來, 守正嫉惡, 積忤凶黨. 臣父爲聖考, 昭[116]洗誣衊, 尤爲半國人所仇. 惟其嘗受寧考之覆燾, 獲免蠆毒之中傷, 失志於當日, 憾懟而求逞者, 表裏應和, 必欲嫁禍. 云云." 例批.

○ <u>孝寧殿</u>朔祭, 及正朝單子, 傳曰: "初獻官書入. 春夏秋冬四享[117]大祭親行·朔望奠攝行事, 磨鍊."

○ 三十日, 玉堂箚子有云: "愆候難强, 則四享大祭, 容或有不得親行之時. 如其不然, 朔望殷奠, 獨[118]可攝行, 以貽如不祭之歎[119]? 今復預爲定式如此, 則臣恐其不足於遠邇之聽聞也. 夫人子之致哀親喪, 宜無與於他人. 而<u>滕世子</u>

---

116) 昭: 底本에는 "照"로 되어 있다. 《漢湖集 先伯父府君行狀》에 근거하여 수정하였다.

117) 享: 底本에는 없다. 용례를 고려하여 보충하였다.

118) 獨: 《景宗實錄 卽位年 12月 30日》 기사에는 뒤에 "何"가 더 있다.

119) 歎: 《景宗實錄 卽位年 12月 30日》 기사에는 뒤에 "哉"가 더 있다.

面墨哭哀, 則弔者大悅; **魏 孝文**居喪號慟, 則群臣亦哭. 此可見天理·人情之所同然, 今日群臣望於君上者, 亦以此耳.

殿下之平日講學, 豈有<u>滕世子</u>馳馬試劍之習? 我朝之聲名·文物, 豈有<u>元魏</u>夷狄之俗? 而今在廷之臣, 一有未盡其哀, 環海之內, 或不見心悅誠服之風, 則豈不有遜於彼二國? 而爲臣不言者, 其罪亦豈止於墨刑哉?"

傳曰: "今觀校理<u>金濟謙</u>箚本, 力陳親享, 滿紙臚列, 其在事體, 殊甚未便, <u>遞差</u>."

○ 政院啓曰: "卽伏見備忘記, 有校理<u>金濟謙</u><u>遞差</u>之命, 臣等聚首驚惑, 莫知所以爲喩也. 夫玉堂之箚請親享, 出於節節忠愛之誠, 而不料其言不槪於聖心, 乃有此未便之敎, 不加假借, 至於特遞其任, 是豈臣等所望於殿下者哉?

噫! 隙駟難留, 歲籥將改. 伏想聖上愛慕之誠, 自倍於他辰, 親參設奠, 情禮當然, 此何待於群下之言? 而昨日乃有饋奠攝行之敎, 則其於自量氣力, 有所難强, 可以想知矣.

在廷臣僚, 自聞此敎, 孰無憂慮之忱? 而彼儒臣之縷縷箚論, 只自附於有懷必陳之義而已, 則在聖上聽納之道, 隨其言之可否, 可則納之, 否則置之, 無所不可. 而至於顯示未安之意, 有此嚴斥之敎耶?

殿下嗣服以來, 凡於章奏之間, 設有過中之言, 輒加優容, 未嘗摧折, 聖度淵弘, 孰不欽仰? 而何獨於堂箚, 處分太過? 臣等竊爲殿下惜之. 伏願殿下, 亟賜諒察, 特收校理<u>金濟謙</u><u>遞差</u>之命."

傳曰: "忽焉思惟, <u>濟謙</u>箚陳, 亶出忠愛, 予實愧之. 爾等之言尤爲切至, 可不允從焉?"

○ **景宗元年辛丑正月**初三日, 正言<u>金萬重</u>疏: "大喪以來, 一種不靖輩, 迭出嘗試, 至<u>進·寅·逾</u>疏而極矣, <u>李眞儉</u>承間壞亂, 無一完人. 獨對事, 先王明諭大臣之無罪, 可質蒼天, 到今愘間. 銀貨事, 元金俱完, 雖欲搆罪, 果成說乎?"

【右相孝友陳勉箚, 似在此際.】

○ 初四日, 院新啓：“一自大喪以來, 不靖之輩, 乘時壞亂, 固無所不至. 而至於語犯先王恣意悕間, 豈有如李眞儉之妄悖無倫者乎? 噫! 丁酉獨對時事, 先大王遄卽悔悟, 誕降絲綸, 兩聖之間, 慈孝無隔, 擧國含生, 至今感頌, 爲先王臣子者, 何忍追提此事?

而彼眞儉者, 以失志慍懟之徒, 乃於先陵坏土未乾之日, 汲汲投疏. 至以‘入診時發端’等語, 肆然筆之於書, 末復以爲‘旣曰「匡救」, 則不可謂必無是事’. 蓋其意, 始若搆罪大臣, 而其歸則專在於訐揚先朝一時過擧, 提醒於今日, 必欲因此得間, 一反先朝之大小處分. 若有一分人心, 則何其悖亂之若是耶? 若其造意陷人之計, 特其細故耳. 論其罪犯, 不可容誅, 而邦憲未加, 神人共憤. 請承旨李眞儉姑先削奪官爵門外黜送.” 答曰“不允”.

○ 初八日, 判府事李頤命疏曰：“歸到境上, 聞尹志述論臣不忠·李眞儉請治獨對·齎貸之罪, 驅臣罔測, 席藁俟罪. 云云.”

答曰：“得見幹事準請之報, 指日待卿之造朝, 意慮之外, 巽章遽至, 愕然之極, 罔知攸思. 志述事及李眞儉之爽實, 予甚痛之[120], 而斟酌置之. 卿以體國之誠, 寬大之量, 不必介懷. 云云.”

○ 書狀朴聖輅疏云：“用於何處之說, 帶得禍心. 六萬銀貨, 依數還納. 云云.”

○ 副使李肇疏：“請得公貨, 便作成規. 臣亦參涉商論, 建白雖在上价, 臣旣同事, 理難晏然.” 例批.

---

120) 痛之：《承政院日記 景宗 1年 1月 8日》기사에는 “洞知”로 되어 있다.

○ 十五日, 知事沈檀疏："向日臺言率多童殺, '名義'二字, 不曉何指. 辛巳事死囚虛妄之狀, 諸臣皆知, 故臣亦在所引, 而初無請拿之擧. 雖因臺啓, 混被行遣, 而先大王洞燭被誣, 隨例牽復, 今株連之鋒, 至及銓官. 云云."

○ 十六日, 金萬胄以李眞儉擬律太輕, 引避.

○ 二十五日, 正言金橝疏："臣只論誌文稟處事及繳還疏儒竄配之命, 未嘗獎詡志述. 而李眞儉疏, 百端捃摭, 做出'可尙'二字, 公肆誣罔. 云云. 追提獨對時, 以自效於嗣服之初. 云云." 例批.

○ 二十八日, 左相箚請勉出首相, 答曰："首揆事, 以待秋曹查處, 而至今遷延, 益用抑鬱. 中夜無寐, 言念國事, 罔知攸爲."

○ 二月初五日, 院啓【正言李聖龍】趙最壽事·李鳳徵·烶·煥·㷥等事. 又所啓李眞儉遠竄, 改措語曰："世道淪陷, 義理晦塞, 不逞之徒群起迭出, 必欲眩惑聖聰, 壞亂國事, 陰險巧憯, 至於李眞儉之疏而極矣. 疏中臚列, 罔非搆捏傾陷, 而銀貨·《會典》等說, 設計造意, 不忍正視, 然此特細故耳.

獨對一事, 此豈今日臣子所敢[121]發於殿下前者? 而今乃曰'不可謂無是事', 是事有無, 到今追提, 意實叵測. 又曰'入侍以[122]後事, 不敢深罪', 彼旣不以是爲罪, 則其意將欲何爲而必發此言耶? 無禮於先王, 不敬於殿下, 如此悖倫蔑義之人, 不可不明正其罪. 云云." 答曰"勿煩."

○ 持平魚有龍論李眞儉疏云："大臣忠悃, 一心徇國, 不辭夷險. 云云." 答："臺論已發, 不必疊牀."

---

121) 敢:《承政院日記 景宗 1年 2月 5日》기사에는 뒤에 "欲"이 더 있다.
122) 以:底本에는 없다.《承政院日記 景宗 1年 2月 5日》기사에 근거하여 보충하였다.

○ 十九日, 承旨<u>金始煥</u>啓"庭試不遠, 丙申疏儒, 六年廢錮, 請分付觀光", 依爲之.

○ 二十一日, 左相論<u>李夢寅</u>箚, 持刀突入云云, 答曰 : "因供, 於卿別無所嫌. 國勢艱虞之日, 引嫌控免, 何至此極?"

○ 工曹參議<u>李禛翊</u>疏 : "臣以先朝舊物, 不能殉身, 苟延性命, 人言罔極, 搆誣慘刻. 臣之被誣於[123]<u>一鏡</u>者, 只是頃疏中'市恩徼福'四字也. <u>一鏡</u>前則曰 : '恩從[124]誰出, 福自何生? 市於何地, 徼於何時?' 隱然歸之不敢擬之地 ; 後則曰 '「市恩徼福」與「深憂過慮」四字, 上下對待爲辭', 抑勒驅之於逼尊之科, 抉字摘句, 翻文換意[125].

臣之所論, 不過直斥伊時執政之容護凶黨, 以爲他日市徼. <u>一鏡</u>以爲 : '恩福生出, 惟上是克, 市徼爲說, 在下不敢云.' 臣疏所引<u>朱子</u>之論<u>微生高</u>, 謂之 '市恩', <u>李沆</u>之論人疏, 亦用恩福者, 蓋'恩福'二字, 不獨用於在上者, 有何一毫挨逼之端?

且'憂之深而慮之過者', 只出於[126]忱畏局面之屢換, 計較自己之禍福而已, 則<u>一鏡</u>豈敢以'只爲一人'等語, 肆然筆之於書? 鄕曲鬼怪, 稱以儒疏, 藉<u>一鏡</u>緖論, 挿入臣名, 便同急書.

先大王敎以'雖百世公論, 不以臺言爲非', 亦以<u>一鏡</u>'逼尊'之說, '殊涉不韙'爲敎. 殿下答臣對卞故相<u>尹趾完</u>疏批曰'大臣疏中「將心」等語, 危險同急書, 爾實無罪', 臣之得保首領, 莫非先王及殿下生成之澤. 云云." 答曰"爾無所嫌".

○ 大司成金雲澤上疏曰: "伏以日昨筵中, 因承旨金始煥所達, 有丙申疏儒解罰之命[127]矣. 臣方待罪國子之任, 宜以成命, 傳于齋任, 使令舉行. 而第此疏儒林象極·吳命尹迭相投甌, 誣辱先正臣宋時烈, 而其所造意遣辭極其凶悖, 此先朝所以投諸遠裔·嚴加懲治者也. 雖頃年之後, 因赦蒙放, 而士林施以儒罰者, 實出於扶正斥邪之意, 則其不可强咈公議, 而勒解重罰也, 決矣.

且念己亥年朝家令解疏儒等儒罰, 而被罰儒生四十餘人, 卽爲解罰. 而至於象極·命尹等, 罪關斯文·罰名甚重者, 則以不容混同解罰之意, 草記陳達而置之, 此固聖明所記有洞悉者也. 今承宣全沒此輩罪名, 肆然陳達, 汲汲請解, 臣竊駭惑. 臣以爲亟寢成命, 依前仍置, 決不可已也. 臣之愚見旣如此, 朝令之下, 不得奉行, 伏乞亟遞臣職, 以安私分. 云云."

答曰: "旣已解罰, 則還寢不可. 爾其勿辭, 從速察職."

○ 二月二十七日, 【會作三月.】持平李廷熽疏曰: "頃日李夢寅之持刃入闕, 前古所無, 供辭臚列, 尤極凶悖. 其設計造意, 專在敲撼廟堂·壞亂國事, 此已萬萬痛駭. 至於隱諱初疏之本, 托以燒火者, 誠極回測, 該曹之據法請刑, 事理當然, 則除刑議處之敎遽出意外, 固知聖度天大, 無所不容. 而第聖讒之典, 不可不嚴; 折奸之道, 不可不明, 伏願殿下, 令攸司嚴刑夢寅等, 依律定罪焉.

仍竊伏念, 卽今擔當國事, 誠心做去; 鞠躬盡瘁, 期以死已者, 只是領相而已. 夢寅·重烈等之構虛捏無·必欲逐去者, 蓋以領相去位, 則國事判渙, 國事判渙, 則凶徒庶有乘間濟私之隙故耳. 以殿下之明哲, 想必俯燭其奸狀, 而所以發'中夜無寢'之敎者也. 亦願殿下快[128]賜處分, 盡誠勉出, 與共國事.

判府事李頤命之前後忠勤, 亦殿下之所嘗獎許者也. 萬里歸來, 遽遭罔極之讒, 何幸聖明洞察其枉, 始旣賜之優旨, 繼又申之重賞, 在廷臣僚, 孰不仰殿下

斥絶奸言·優待元老之德音? 而第還納公貨, 事歸虛囧, 尙不施反陷之律, 徒令
近侍相守, 欲望大臣之造朝, 則是不幾於欲其入而閉之門乎? 況陳暴之疏, 已
浹五旬, 亦未承批, 彷徨城外, 進退路阻. 伏乞聖明, 卽速賜批, 恢杜讒之路焉.

至於奉使殊方·終始同事之人, 其所去就, 宜無異同. 而曾無一言卞白之事,
致令大臣獨受誣捏, 而揚揚出入於近密之地, 少無難安之意. 其於處義, 極爲
無據, 此等風習, 臣竊痛之.

向者右相趙泰耉陳疏辭職, 未及承批之前, 聞北使之請見王子[129]·諸宗, 直
走家僮, 投上一疏, 有若非常之變, 迫在呼吸者然. 其擧措之忙迫, 有非常情之
所可測度, 而其所謂'陪臣受之爲冒嫌', '王子·諸宗, 亦豈敢安於此?'云者, 尤
極危險. 蓋彼人之請見, 只是'勻諭'之意云, 則'冒嫌'等說, 果何指的耶? 至於
'豈敢安'三字, 帶得愍然之意, 如使大臣苟有一毫追念疇昔之意, 則其果忍此
歟? 及國言喧藉, 十手共指, 則又覓出'孝友'二字, 反以'只有一弟, 益篤親愛'等
說, 無端陳眎, 舂而簸之, 難掩手脚之呈露. 如許情態, 誠不忍正視, 伏願殿下,
深加照察焉.

且念近日臺閣之論啓, 實採擧國公共之議, 或出於嚴懲討·屛奸慝之意, 或
出於糾汚吏·爲國計之誠. 而久不開納, 天聰愈邈, 至於言事之疏, 亦皆無所可
否, 顯施訑訑之色. 臣愚死罪, 竊恐若此不已, 則大小臣僚, 擧將緘口結舌, 以
言爲戒, 古人所謂'言路塞, 國亡'者, 不幸近之. 伏願殿下, 亟恢聽納之量, 一一
允從. 云云."

答曰: "夢寅等旣已處分, 不必更議. 右相斷斷無他, 爾胡不諒, 費辭侵逼?
良可異也."

○ 三月初三日, 院啓: "被墨儒新榜, 査拔. 云云."

○ 初九日, 司諫任泂卜李眞儉疏語疏云: "頃年臣從兄敞之被配也, 臣父

---

129) 王子: 底本에는 없다.《景宗實錄 1年 3月 10日》기사에 근거하여 보충하였다.

故知事弘望適於辭疏之末, 略及不安之意, 曰：'家姪皦以怪妄之疏, 得罪朝廷, 至於編配, 臣卽馬援罪人. 云云.' 臣父自謂'不能檢飭子姪, 乃有此妄言之失而已'. 眞儉乃曰'恐禍及己, 陳章首實', 隱然欲以叔證姪. 未知, 何事爲'恐禍', 何語爲'首實'? 云云."

答曰："先卿謹愼, 予已知之. 云云."

○ 右副承旨金始煥疏曰："伏以臣頃參是職, 適當入侍, 略以丙申疏儒解罰之意有所陳稟, 蒙允矣. 其後得見大司成金雲澤之疏, 則成命之下, 非但沮格不行, 侵斥臣身, 語意深緊, 臣於此竊不勝駭歎之至. 夫丙申疏儒之所坐者, 何事耶? 天下之惡, 莫大於誣人；天下之冤, 莫甚於受誣. 而況以百代山仰之儒宗, 橫被千古所無之惡名, 則斯文之椓喪·世道之斁敗, 無復餘地.

始則奸基作俑[130], 中焉賊球闖出, 必欲甘心而後已者, 罔有記極. 而末又相臣祖述之, 稱以爲聖祖卞誣, 自任己功. 其所首尾排布, 後先和應, 陷人以惡逆之科者, 都不過抉摘文字, 羅織罪案, 則造意之陰慝·設計之凶慘, 正與子光舊事同一手段.

雖氣力方張, 時議打成, 而伊時聖批昭如日星, 至有'本文中上下文理, 披閱詳矣, 未見其有近似於儒疏, 何可以誣毁之目, 直驅之於罔測?'等敎, 此則淵鑑之明, 固已燭破其鬼蜮情態矣. 明明聖祖初, 何嘗有被誣·卞誣之事? 急於戕賢, 至及於不敢言之地, 以爲禦人之欛柄. 如有一分敬憚之心, 其縱恣無嚴, 豈能至此之甚邪?

尤有所絶痛者. 作此士禍之後, 惟恐凶計之敗露, 中外章甫之守闕陳卞者, 鎭日相續, 而表裏符同, 一切壅蔽公車之下, 便成言路之禁, 是則賊光之所未嘗爲. 古今天下, 寧有如許變怪?

噫! 刀肉異勢, 禍色滔天, 言之者坐錮, 觸之者立碎, 一時善流網打殆盡, 士林之氣索然. 而吳命尹·林象極等, 奮不顧身, 倡率同志, 欲排雲而叫閽者,

---

130) 俑：底本에는 "傭"으로 되어 있다.《景宗實錄 1年 3月 9日》기사에 근거하여 수정하였다.

或出於尊賢衛道之誠, 或出於扶正斥讒之義. 其凜凜正直之風節, 亦足以振勵衰俗. 設令言不遜順, 語多過激, 此固可獎而不可罪, 未知所坐者, 何事耶?

山林旣骨之人, 本不關涉於世路, 而有此宵小輩逞毒, 慘被泉壤之誣辱, 則一國輿情, 莫不扼腕而齊憤, 劈破是非, 洞雪冤枉, 固是士論之所不可已. 苟有秉彝之天者, 豈不知事理曲直之當然? 而黨習已痼, 恬不爲怪, 一邊臺啓紛紜, 一邊儒罰浪藉, 惟以務快私憤·力詆公議爲事, 似此擧措, 曾未有之. 雖朝謫十人, 暮罰千人, 奚足以默其口折其氣, 而反欲威制疏儒, 不顧國脈之斷喪乎?

儻非先王培養愛護之盛德, 則許多名下之士, 將不知幾人之死於嶺海. 而非但洪恩曲全, 霈澤旋降, 御前停擧以下, 倂令解罰, 則孰不欽仰聖意之所在? 而因循至今, 終至於廢閣君命之歸, 事體未安, 孰甚於此?

蓋在戊戌秋慶科時, 禮判閔鎭遠草記, 請解御前停擧及泮罰, 則嶺南亂場儒生及果川儒生略干人外, 一倂解停事命下. 乙未·丙申以後, 許多疏儒, 皆在當解之中, 而自下旣不擧行, 亦不以不爲擧行之意有所覆奏. 故己亥慶科時, 只命解嶺南·果川儒生. 而乙·丙以後疏儒, 自先朝旣認爲已解, 故不爲擧論, 則雲澤疏所謂'己亥年, 自朝家命解罰, 而林象極·吳命尹等, 本館草記, 不爲解罰'之說, 臣未知其何所據也.

前後儒生被罰未解者, 不啻多人, 或有身故而尙帶罰名者, 故適會稱慶設科之日, 敢有所陳達. 臣之所論, 不但在於象極·命尹, 而今雲澤只單擧此兩人, 有若被罰廢擧者止此而已者然, 其亦欺罔之甚矣. 臣之筵奏時, 恐其語涉支蔓, 未及提擧其本事源委, 論臣者斥之以草草陳達者, 則容或可也. 臣未敢知, '肆然'者, 何語；'汲汲'者, 何事, 而盛氣凌詆, 若是其憤薄耶?

至於'全沒罪名'之說, 尤極可笑. 雖使極口暴揚, 不過曰'斯文之變', 倡於奸基而黑白倒置；士林之禍, 俑於賊球而義理晦塞. 相箚·戚疏, 倂力釀成, 毁板·追削, 無所不至. 故數百多士相率乘伸卞, 而時勢所壓, 終至被罰焉爾. 如此奏達, 然後方可謂不沒罪狀, 而亦得以大快其心乎?

臣所駭惑者, 擧條旣下, 成命將行, 而汲汲投疏, 遊辭嘗試. 科期隔宵, 事勢已急, 而始以一張草記, 誘諸齋任之不出, 塞責彌縫, 竟至沮戲. 攸司之臣, 可謂惟意所欲, '肆然'之斥, 恐或在彼而不在此也.

當此新服之初, 八方同慶, 草木群生咸囿於昭蘇之中. 惟彼爲賢訟卞之儒生, 胡大罪過, 而南遷北謫, 旣經無限風霜;削籍停擧, 又爲累年廢錮. 有若關係重大, 勿揀赦典之類, 至使兩朝成命俱未免廢格於下, 則三百年培植士氣之意, 至此而掃如矣. 豈不有歉於我殿下造士之新化乎? 云云."

答曰:"已諭於大司成疏批, 不必撕捱. 爾其勿辭, 從速察職."

○ 初十日, 前副率朴弼謨疏:"睦天任擊鼓供辭謬悖. 臣父故應敎臣泰輔己巳被罪時, 聖朝斟酌行遣, 不欲必死, 及其監鞫來善, 肆其慘毒, 婦孺輿儓, 莫不爲臣家切齒於來善, 臣家與來善, 不共戴天. 天任謂其祖以法外之刑, 有所不忍, 縷縷陳白, 而伊時日記不少槪見. 所謂上箚, 不忍正視, 彼旣甘心必致之死, 卒以草草一箚, 欲掩耳目, 欲蓋彌彰. 天任所當掩諱, 反表出之, 不思甚矣."

○ 獻納趙聖復疏曰:"金始煥, 乃於仙馭賓天之後, 變亂黑白, 眩惑聖聰. 全沒前後聖敎, 只藉最初處分未定前批旨, 掇拾慶逸輩餘論, 一則曰'子光', 二則曰'士禍'. 苟有嚴畏先朝之心, 何忍爲此?"

○ 十一日, 李廷燁避嫌:"北使之請, 廟堂元無肯許事, 而大臣汲汲陳箚, 恐動天聽. 最後一疏, 强覓'親愛'之說, 要掩國人之目, 心事崎嶇, 彌縫艱辛. 云云." 例批.

○ 大司成金雲澤對金始煥疏:"變幻黑白, 倒置是非, 直欲變改先朝處分於今日." 答曰:"承宣之言, 不必深嫌."

○ 十二日, 領相金昌集疏曰:"夢寅臚列, 罔非極罪, 白地傅會, 抑勒擠陷. 始煥之疏, 尤極陰狡. 尹宣擧, 嫌人議己, 欲掩其累, 敢引寧考, 比況其身;陰與賊鑴[131], 狼藉倡和, 文字俱存, 焉可誣也? 鑴·宣旣以逼尊爲罪, 故特爲幽隱之語, 藏頭酬酢, 故先王驟見, 未能覺察, 旣已覷破情狀, 始乃切痛, 累降嚴旨, 明正處分.

始煥乃欲藉先王最初未定之敎, 以爲左契, 殊不知臣所承批旨. 有曰'朝廷處分已定'. 又曰:「士禍兆矣.」之說, 殊極未安.' 又曰:'今玆毀板之命, 處分豈不正當?' 又曰:'今日事是非, 不啻黑白之易卞.' 又曰:'寧有一毫近似於士禍?' 又曰:'明示好惡, 處分嚴正, 此等凶險之說, 終不敢眩惑予聰.' 又曰:'向使慶遂之言得行, 則其流之害, 眞士禍作矣.' 又曰:'玆事關係至重, 爲聖祖辨誣.'

凡此聖敎, 昭如日星, 可俟百世. 況聖上在東宮, 批答明白切峻, 不可勝誦, 仙馭已遠, 謂可矯誣, 不畏聖明之赫然昭臨乎? 臣仇怨滿國, 讒搆百出, 乞許歸田, 俾完性命. 云云."

答曰:"金始煥事, 在先朝國是已定, 而今又追提, 予亦非之. 於卿斷無深嫌."

○ 十三日, 金始煥疏曰:"相臣之怒臣·辱臣, 無所不至. 又襲前日誣陷儒賢之手段, 不料聖明之世, 有此兇猾巨慝也. 忘君·背親·病國之狀, 不一而足. 權移主上, 罪關宗社, 前後負犯, 國人切齒, 尙今偃息輦下, 可謂王法太寬. 其何能齒諸人類, 與議士論是非哉?

只以殿下過於慰藉, 故縱恣貪猾, 愈往愈極, 愚弄殿下, 有同匹敵, 如臣虀粉, 顧何足論? 明明在天之靈, 何關於朝臣之爭卞? 而急於持人, 輒必藉重於不敢言之地, 以爲脅制上下之計, 此等情態, 臣切痛之."

---

131) 鑴:底本에는 "鐫"으로 되어 있다.《景宗實錄 1年 3月 12日》기사에 근거하여 수정하였다. 이하 동일사례에 대해서는 별도의 校勘記를 달지 않는다.

答曰：“侵迫相臣，胡至此極？予實慨然.”

○ 十五日，正言李聖龍啓曰：“斯文大論，是非已定，先王處分，昭若日星；殿下遵承，堅如金石. 近來凶疏，指不勝屈，而不敢提此事者，畏先王也，畏公議也. 金始煥，積平日慍懟之志，乘群陰躑躅之機，始請解罰，嘗試聖意；終及本事，熒惑天聽. 乃謂乙·丙以[132]後疏儒，自先朝認爲已解者，矯誣先旨，得罪公議，構陷大臣，罔有紀極. 請遠竄.”【始命罷職，後泰仁定配.】

○ 修撰洪鉉輔疏救領相，斥金始煥，有云：“臣雖自畫於進講之任，其口亦能言也. 云云. 托以儒罰，敢欲變亂先朝已定之處分，至於繆辱大臣，其視不有先王，特細故耳. 捏合千古罔測之悖說，肆然搆誣，若其‘罪關宗社[133]’四字，乃是變書之最危怕者. 有若賈堅巷兒，瞋目奮臂，恣肆惡喙，若不痛懲，狐鼠輩必將接踵跳踉，卒至禍人家國而後已.”

答曰：“爾之言病，予已知之. 敏於事而訥於言，夫子亦美之. 金始煥事[134]，臺啓已發[135]，不必疊牀.”

○ 右相趙泰耇因李廷熽疏陳卜疏云：“向日北使知會文字中，假托皇旨之言，極甚怪駭. 請見弟·子姪，實無如許事理，筵稟元無定算，一有差失，關係莫重. 臣之此言，直出於驟聞而駭，爲國家過爲憂慮之致，斷斷此心，天日臨之. 言之者，何所預慮？王子·諸宗，亦何嫌於言之者哉？及其事過，如浮雲過空，而經年之後，忽然以‘惎間’不忍聞之言，肆然說出. 雖急於構陷，苟有人心，何忍濡舌於此二字乎？

---

132) 以：底本에는 없다.《景宗實錄 1年 3月 15日》기사에 근거하여 보충하였다.
133) 社：底本에는 “祀”로 되어 있다. 존경각본과《景宗實錄 1年 3月 15日》기사에 근거하여 수정하였다.
134) 事：底本에는 없다.《景宗實錄 1年 3月 15日》기사에 근거하여 보충하였다.
135) 已發：底本에는 없다.《景宗實錄 1年 3月 15日》기사에 근거하여 보충하였다.

堯·舜之道, 孝悌而已, 歲首陳言, 捨此奚先? 臣之前箚, 不過言其大體, 要令廟堂據理而塞彼之言, 毋虧損於國體而已. 後箚所論, 不過非堯·舜不陳, 欲使聖上盡帝王修齊之化, 加勉於始初之政也. 先後所言, 各有義意, 元無一毫相關, 而彼乃捏合爲說, 將以成萋斐貝錦之計, 不自覺其肝肺之如見. 彼誠以'孝友'二字爲不可陳於君前, 而眞箇是'覓出'之物乎?"

答曰: "卿以體國之誠·寬大之量, 疎闊之論·意外之斥, 不足介懷."

○ 十六日, 李廷熽又避: "大臣疏, 怒臣之覰破心術, 盛氣張皇, 極口憤薄, 臣不勝駭然. 一則曰'冒嫌', 二則曰'豈敢安', 一節深於一節, 指意非常, 苟有人心, 何忍濡舌於此等文字? 伊時廟堂不許北使之請, 諸宗亦無出見之事. 而急急投疏, 語極危險, 隱然有惑亂嫁禍之計, '萋斐貝錦', 正是[136]自道也.

最後一疏, 專出於周遮彌縫之計, 而今乃曰'歲首陳言[137]', '加[138]勉初政'者, 尤不滿一哂. 新服之初, 何無一言半辭之及於孝友, 而乃於國言喧騰之後, 始覓出'親愛'二字耶[139]? 辭苟意艱, 欲掩彌彰, 此所謂'如見肝肺'. 云云." 例批.

○ 同副承旨李世瑾疏: "諫院論承宣之啓, 遽下罷職之命, 固知聖意出於慰安大臣. 繼伏見右相批旨, 以臺論爲迂闊. 雖右臺臣者, 亦以爲非, 而獨聖明不明示顯斥. 云云." 答曰: "爾言雖出於憂愛, 臺言不必顯斥, 勿以爲訝, 宜矣."

○ 校理金濟謙因金始煥疏陳卞疏, 答曰: "承宣之言, 不足爲嫌."

---

136) 是 : 底本에는 없다. 《景宗實錄 1年 3月 16日》 기사에 근거하여 보충하였다.
137) 言 : 底本에는 없다. 《景宗實錄 1年 3月 16日》 기사에 근거하여 보충하였다.
138) 加 : 底本에는 없다. 《景宗實錄 1年 3月 16日》 기사에 근거하여 보충하였다.
139) 耶 : 底本에는 없다. 《承政院日記 景宗 1年 3月 16日》 기사에 근거하여 보충하였다.

○ 十七日, 領相疏略：“夫以滓穢僭佞之人, 爲百世之宗儒, 則臣安得免罔測之科也? 臣自謂爲聖祖卞誣, 而明明聖考, 亦嘗許之以此, 不意始煥, 乃以爲關宗社之罪也. 若臣罪則有之, 身荷兩聖之倚毗, 曾不能進退百僚, 致賢邪之雜進, 未能闡明先王之意, 如日星之昭揭, 坐使朝綱墜地, 百怪竝興. 云云.” 答曰：“體國之誠‧寬大之量, 勿以介懷. 云云.”

○ 右副李挺周‧掌令蔡膺福等論金始煥疏, 掌令李浣言：“承宣疏, ‘遽下’二字, 陰護黨私. 云云.” 答曰：“‘陰護’等語, 未知其穩當也.”【金疏啓, 不盡錄.】

○ 十八日, 右相趙泰耉疏曰：“臺啓之叱罵僇辱, 名曰大臣者得此, 古今所未有也. 其執以爲奇貨者, 不過以‘冒嫌’‧‘不安’等語, 殿下試思之, 此等懸空事理, 其有不可言之理乎? 若使朝廷一從北使之言, 君臣上下, 混被無別, 則犯分失禮, 壞盡國體. 臣忝在大臣, 其何可越視乎? 要令廟堂將如許義理, 據禮明言, 以塞彼言也, 於王子‧諸宗, 少無所碍. 今以‘甚間’‧‘嫁禍’等語, 公然騰口, 此豈忍爲乎? 先事預陳, 本欲得禮之正, 俾無不安之事, 言之者, 何所顧慮? 聽之者, 毫無可嫌, 所謂‘周遮彌縫’者, 果何事也? 世道多喪, 人心陷溺, 君臣之分‧禮義之方, 全不知爲何等, 惟務黨同伐異, 不顧事理是非. 云云.”
答批有曰：“前上疏辭, 誠得國體, 斷斷無他, 則意外侵詆, 誠未滿一哂. 以卿體國之誠, 勿以介懷. 云云.”

○ 李廷熽對疏曰：“使相臣斷斷無他, 只當勿許請見而已, 何必‘冒嫌’‧‘不安’等語加之於骨肉之間乎?”

○ 二十五日, 備堂引見時, 領相金昌集‧戶判閔鎭遠言書講久廢. 戶判縷縷進言曰：“臣在藥房時, 殿下有濕痰‧客火‧小便頻數之症, 先王每令入診, 非獨惟疾之憂, 誠以求嗣之道, 不可不念. 卽今求嗣一款, 何等急務, 而不使入診[140]? 云云."

　○ 判府事<u>李頤命</u>疏略："臣蒙先王大恩, 河海莫量, 人謂不盡誠於模畫日月, 臣冤痛欲死. 義理至微, 猶可俟於百世. 奉使時事, 萬目所睹, 何有爲隱? 而其言莫測, 其倪其疑, 無所不及, 煽動詛說, 疑亂一時, 此千古所未聞. 使千人分其罪, 誅九族而猶輕, 一身蒙此惡名, 豈敢自容於覆載之間乎? 云云."

　答曰："心腹之言, 已諭於前疏之批, 引嫌太過, 心甚憮恧. 遷延之久, 今至四箇月, 尤極面覰. 卿以體國之誠, 不念先大王殊遇之恩, 棄余邁邁? 此亦孤之涼德不敏. 云云."

　○ 三十日, 執義<u>任泂</u>疏請親享, 論"疏批留意, 不見其效". 又言："禮堂奉行, 一時失言, 而不復稟定, 直以初獻官磨鍊, 不可無警責. 民間巷語, 皆以爲'自今以後, 不可恃國家而活', 只此一語, 已極寒心."

　又曰："近來臺啓, 有大關係, 不可不從. 而殿下惟以'不允'·'勿煩'爲不易之例批, 凶黨增氣, 臺諫解體."

　又曰："<u>李森</u>特便佞武夫, 臺諫論其驟陞於圻鎭, 則擢爲捕將, 又論其不合, 則選爲都監中軍. 云云." 答曰："言甚切至, 深用嘉納. <u>李森</u>素有膽略, 到處有治績, 費辭詆毀, 未知穩當."

　○ 五月初六日, 校理<u>趙文命</u>疏曰："善醫人者, 先治受傷之本；善醫國者, 先治受病之源. 苟求今日國家受病之源, 惟朋黨是已. 自古亡國之事非一, 而莫烈乎朋黨之禍. 禍于漢, 禍于宋, 曁我皇明, 卒至生民塗炭, 社稷空墟而後已, 豈非有國者昭鑑? 殿下之國甚病矣. 比如人, 心腹臟胃, 無一不病；血脈肢體, 無處不傷, 死亡凜凜, 對病求藥, 起死回生之術, 莫如打破朋黨一事而已. 朋黨之害非一, 而大者有五, 曰：'是非不眞也·用人不廣也·紀綱不立也·言路不

140) 診：底本에는 "珍"으로 되어 있다. 존경각본에 근거하여 수정하였다.

開也·廉恥都喪也.' 蓋皆死症也. 有一於此, 足以亡國, 救之之道, 不過曰'皇建其有極'.

奚謂是非不眞? 自有黨論以來, 甲是乙非, 乙是甲非. 所是也, 以一善掩百過；所非也, 以微眚棄大德, 不問道理, 惟以角勝爲務. 奚謂用人不廣? 自有黨論以來, 分割門戶, 進退出入·取捨銓衡之際, 不問其人善否, 只計議議異同. 奚謂紀綱不立? 自有黨論以來, 愛憎僻而私欲勝, 倖門開而公道絶, 賞罰不明, 好惡失正；百隷怠惰, 國体不尊. 奚謂言路不開? 自有黨論以來, 當國者, 類皆樂於自用, 憚於周詢；喜人佞己, 惡人議己, 肆號令於上, 使人不敢言其長短. 奚謂廉恥都喪? 自有黨論以來, 禮讓漸壞, 傾奪成風, 進退所關, 得失所在, 鮮不撓奪. 是非勒定而賢路塞, 用人不廣而才俊遺, 紀綱不立而主威不能伸於下, 言路不開而下情不能通於上, 廉恥都喪而風化大壞.

朋黨之禍, 古豈無之? 賢邪顛倒, 其分截然, 若漢之南·北部·宋之元祐·熙·豐是也. 在上如非桓·靈·徽·欽, 則卞別至易, 進退不難. 惟今之黨, 善惡優劣, 無甚異同；陰陽黑白, 無甚分別. 今殿下必以大公至正之心, 建極于上, 勿論彼此, 惟賢是取, 使上下臣庶曉然知上意之所在, 將不日有於變之休. 云云."
【紀綱條末段, 有曰："世稱儒相, 一武夫呼如小兒, 國之大臣, 非合啓而叱若奴隷."】

○ 初八日, 疏決時, 判義禁崔錫恒曰："金始煥, 無隱不諱, 以言獲罪, 憫旱疏決, 其意安在?"

左相李健命曰："判堂所陳, 非矣. 告君直截, 謂之無隱, 始煥轉輾層激, 二月之竄, 不可遽放." 掌令宋道涵啓請錫恒重推. 上曰"依".

領相金昌集曰："趙文命疏, 大體好, 說弊易, 捄弊難. 只曰'建極', 不曰'若何則爲建極'也. 爲國之道, 不可不卞邪正·明是非, 廟堂稟處之命, 別無可以覆奏."

○ 二十七日, 大憲李縡疏曰："殿下卽祚以來, 凡百施措, 委靡怠豫, 了無一言一事, 可以答天心·慰民望者. 以親享事, 進諫者衆, 不得感回天聽, 日昨備忘, 小可解群下之惑. 苟充此心, 善端發見, 油然有火燃·泉達之勢. 日月易得, 孝思無窮, 往者不可挽, 來者猶可追. 殿下不於此展哀, 更待何時?

頃者[141]四享定式, 大違事體·禮典, 殿下又不克一踐其言, 則及今改圖, 尤有光於日月之更. 此後享祀, 亦必量筋力而行, 要自盡聖情, 方可以大慰中外之心·永係神人之望矣. 苟或不然, 但曰‘前日備忘使人曉然’, 每每攝行, 群下又從而莫敢言, 則是上而禦人之諫, 下而成主之過, 臣爲是不敢不妄陳先事之戒.

人主深居九重, 本源之微未易窺測, 有諸內·形諸外者不能掩. 殿下臨朝視政, 專尙淵默, 凡於是非·黑白之卞, 殆若無適無莫, 大小政令, 一切置於悠泛之域, 若與一箇身心不相關涉者然. 以是, 下之所以奉承者, 牽補玩揭, 苟度時日, 若墮深井之中, 如是而能爲國者, 未之有也.

殿下試看前史, 曷嘗有臨御之初, 終年不開講者乎? 承宣入對之規, 遂廢而進見益踈;殿講·親政之擧, 或有而緩急倒置. 賓廳次對, 國之重事, 而廈氈吁咈, 不過一‘唯’字. 苟如是而止, 則雖三接之勤, 亦何益哉?

深拱九重, 罕見臣隣, 未敢知, 所親近者誰歟? 所做措者何事歟? 蠱心喪德, 非徒聲色馳騁爲然, 一念未克, 足爲喪邦根柢, 甚可畏也. 天災日臻, 人心日離;私意日肆, 義理日紊, 紀綱日頹. 然猶不至遽亡者, 先王德澤之在人也. 殿下其可自恃此而自逸乎? 今臣所陳竊, 附先格之義, 殿下又若曰‘留意’而已, 則臣復何望乎?”

答曰:“日月易[142]逝, 初朞倏迫. 哀痛之中, 見卿疏陳, 誠誨至切至懇, 予用嘉納. 卿辭如此, 本職今姑許遞. 卿其勿辭, 入來察職.”

○ 五月初八日, 備忘記:“<u>孝寧殿殷奠攝行, 實由於却痛, 不得親行尋常悲</u>

---

141) 頃者:底本에는 없다.《景宗修正實錄 1年 5月 28日》기사에 근거하여 보충하였다.
142) 易:底本에는 “其”로 되어 있다.《景宗修正實錄 1年 5月 28日》기사에 근거하여 수정하였다.

恨. 昨日筵中, 副修撰<u>李重協</u>, 以玉署承候之臣, 未知[143]予之病症, 縷縷煩達, 語甚至懇, 心竊歎恧. 而縱欲强爲, 其勢末由, 如許厥咎[144], 中外諸臣知悉焉."

○ 十五日, 吏判<u>宋相琦</u>以備局草記許遞, 李宜顯落點.

○ 十六日, 暗行御史<u>趙文命</u>·<u>權益寬</u>·<u>李聖龍</u>·<u>徐宗燮</u>·<u>魚有龍</u>·<u>趙榮世</u>六人, 分往<u>三南</u>.

---

143) 知 : 底本에는 뒤에 "汝"가 더 있다. 《承政院日記 景宗 1年 5月 9日》 기사에 근거하여 삭제하였다.

144) 厥咎 : 底本에는 없다. 《承政院日記 景宗 1年 5月 9日》 기사에 근거하여 보충하였다.

燃藜述續　卷之二

○ 景宗元年辛丑六月初四日, 判府事李頤命借來史官書啓【李普昱】:
"臣之此來【自砥平來廣津.】, 只爲趁國祥詣陵底, 一伸至痛. 萬望召還史官, 無阻
臣詣陵之路."

○ 傳曰: "今觀狀啓, 愕然且戁, 無以爲諭. 不念共濟之義, 空負虛佇之望,
將未免抑鬱成疾也. 光陰迅邁, 練期迫近. 大臣異於庶僚, 奚有越班展哀之理
乎? 亟回遄心, 以副至望."

○ 二十五日, 執義金橰疏請祈雨親祭, 又陳李晩成忠勤, 責諭還朝云云. 答
曰: "所患不潔之症, 有欠於齋[1]明, 趑趄度日. 爾疏正合予意, 令該曹不卜日
舉行. 李晩成, 縷縷懇諭, 猶未還朝, 予甚愧焉."

○ 閏六月十日, 引見時, 金昌集啓曰: "殿下不曾留意國事, 諸臣惟思奉身
而退. 崔奎瑞自在先朝已久退野, 鄭澔·權愭·李晩成·金興慶·李光佐無意造
朝. 洪致中未還朝[2], 李縡還舊庄, 此外居輦下而不樂仕者, 亦多. 願特下備忘,
引咎自責, 諸臣亦豈不感激乎?"

---

1) 齋: 底本에는 "齊"로 되어 있다. 《承政院日記 景宗 1年 6月 25日》 기사에 근거하여 수정하였
다.

2) 洪致中未還朝: 《景宗實錄 1年 閏6月 10日》 기사에는 "洪致中省掃之行, 久不還朝"로 되어
있어 이를 반영하여 번역하였다.

○ 七月十二日, 吏判李宜顯疏遞. 前望崔錫恒以兵判移拜.

○ 七月十五日, 掌令朴致遠疏論吏判崔錫恒, 答曰 : "齮齕東銓之長, 無所不至, 予甚歎惜. 至於遞改之請, 尤可異也."

○ 掌令朴致遠避嫌啓疏曰 : "吏判崔錫恒, 先王大政日, 深惡痛斥, 以'極無據'爲敎[3], 罷職五六年, 終不復授以銓衡, 聖意可見. 今可遵奉, 不可以進退百官之柄, 更授已試見斥之人, 以啓群小覬覦[4]之門. 云云." 答曰"勿辭退待".

○ 玉堂李重協處置請遞曰 : "前後疏啓, 固多可取, 徑[5]論銓長, 無已太激."

○ 正言李廷熽疏救致遠, 斥重協處置[6], 大乖物情.

○ 二十一日, 戶判閔鎭遠啓曰 : "殿下居憂, 顔色之慽·哭泣之哀, 未有以感動群下, 大小祭享, 絶無親行, 講筵尙未一開. 根本之地如此, 其何以示民出治乎? 是以, 群下解體, 無有奉公憂[7]職之意, 祖宗三百年基業·先王五十年志事, 至於殿下身, 終不免隳絶. 伏願卽命該曹, 大小祭享親行磨鍊[8]·明日爲始開講事, 明白下敎, 則宗社之幸."
上曰"當留意". 鎭遠曰 : "'留意'二字, 終無擇施, 請卽命施行." 又曰 : "明日

---

3) 爲敎 : 底本에는 없다.《承政院日記 景宗 1年 7月 16日》기사에 근거하여 보충하였다.
4) 覬 : 底本에는 "齫"로 되어 있다. 존경각본과《承政院日記 景宗 1年 7月 21日》기사에 근거하여 수정하였다.
5) 徑 : 底本에는 "經"으로 되어 있다.《景宗實錄 1年 7月 16日》기사에 근거하여 수정하였다.
6) 置 : 底本에는 "實"로 되어 있다. 존경각본에 근거하여 수정하였다. 이하 동일사례에 대해서는 별도의 校勘記를 달지 않는다.
7) 憂 :《承政院日記 景宗 1年 7月 20日》기사에는 "盡"으로 되어 있다.
8) 鍊 : 底本에는 "練"으로 되어 있다. 존경각본과《承政院日記 景宗 1年 7月 20日》기사에 근거하여 수정하였다.

晝講, 卽下令, 則實光聖德矣." 上曰"晝講爲之".

○ 獻納<u>徐命均</u>疏救吏判曰："朋黨好惡, 固無彼此, 而放恣無忌, 未有如今之甚. 進退‧取捨一視臭味之異同, 至於三司之⁹⁾望, 艱辛費力, 率多投合之輩, 言議之乖戾, 擧措之駭悖, 固不足責. 而<u>朴致遠</u>之論銓長, 可知其一端矣. 除旨才下, 汲汲投疏, 捏虛搆罪, 逆阻其出. 先朝雖有一時譴罷, 而復授西銓, 亦旣膺命. 空地粧撰, 敢欲藉口於處分, 無嚴甚矣."

又言："玉堂處置, 手脚忙亂, 揣摩情態, 盡露於'徑論'二字. 云云."

○ 執義<u>趙聖復</u>疏："專任一邊, 固不免用人不廣, 而不卞邪正, 俱收幷蓄, 適足以壞亂朝廷. 先朝已定之大是非‧大處分, 堅持不撓. 云云. <u>朴致遠</u>之論斥銓長, 臣亦不以爲公正, 而因此一人醜詆諸臺, 又自陷於推助之科, 竊爲諫臣惜之." 答曰："<u>朴致遠</u>事, 予甚惡之."

○ <u>趙文命</u>疏曰："臣前上去朋黨疏, 四朔居外, 歸見朝象, 無甚刮目, 但有<u>朴致遠</u>迎擊銓長疏出. 惟彼重臣髮短心長, 勤勞忠順, 特立於群咻衆罵之中, 凝然無所動. 先公後私‧憂國盡瘁, 渠豈不知? 蓋以爲若去此一人於此地, 可保永久無事也, 忍爲此大慙愧之擧, 獨不有傍觀者一拊掌耶? 若謂專出於<u>致遠</u>則不足責, 不然畫此計者其亦浪生惻矣, 臣實哀之." 答曰"勿辭".

○ 吏判<u>崔錫恒</u>疏曰："臣在西銓時, 行私除拜, 不用久勤, 則何不登時刺擧, 乃以移拜後追論耶? 丙申事, 開政罷後, 以藥院事嚴旨遽下, 翌日以政注事, 特命罪罷. 無何用¹⁰⁾大臣言, 甄復江留, 藥院下敎, 快示悔悟, 纔周年, 又授西銓. 伊時委折大略如斯, 而不待自處, 徑加論斥, 若不早退, 未知駮機至於何

---

9) 之：底本에는 없다.《承政院日記 景宗 1年 7月 24日》기사에 근거하여 보충하였다.
10) 用：《景宗實錄 1年 7月 27日》기사에는 "因"으로 되어 있다.

境."

答曰: "近來此等所習, 予實痛惋. 決不可以此引入, 中其逐去之計. 卿以寬大之量, 意外侵詆不必深嫌."

○ 八月初三日, 獻納徐命均對趙聖復疏: "憲臣愛護致源, 猶不敢以其論爲公正, 可見一端羞惡之心, 乃復譏臣以'推助'. 非公則私, 非正則邪, 扶植私邪之論爲推助乎? 攻斥之者, 爲推助乎? 蓋進退之權, 專在銓地, 故或恐異己之參錯, 慫恿致遠, 爲此駭悖之擧. 其中自好者, 莫不譁然攻之, 處置之儒臣, 强置落科, 外示公議. 其曰'徑論'者, 蓋謂徐徐劾去, 而遽然論列, 未免輕先耳. 殿下淵默太過, 有欠剛果. 故爲黨論者, 無所懲畏, 經營布置, 專取頤指氣使之輩. 致遠辱朝廷·羞臺閣, 不可無斥遠之擧, 勅勵群工, 益臻蕩平之域. 云云."

○ 初四日, 院李廷熽疏, 以徐疏敲撼銓地, 混斥三司, 侵斥朴致遠, 傾軋不靖, 請罷職. 答曰"不允".

○ 初五日, 校理趙文命斥李廷熽, 扶徐命均疏. 答曰: "納言之言, 未爲不可, 而臺言予實病之."

○ 十六日, 廚院啓【監膳提調閔鎭遠】: "今日大殿供上生鮮, 臣與郎廳及薛里同坐, 看品後封進. 而薛里進後點退, 該薛里金世寬罪狀, 今攸司稟處. 今後, 本院封進後, 不得任意點退, 捧承傳, 定式. 云云."

答曰: "薛里點退, 非今剙始, 尊重御供之古規, 非但予也. 魂殿祭享之物·慈殿供上, 若有不合, 則不可不點檢, 定式之說, 未知其得當也."

○ 十九日, 正言李廷熽上疏略: "伏以豫建儲位, 國家大本·宗社至計, 自古哲后明辟, 莫不以建儲爲急先務. 蓋以儲嗣之位, 若不豫建, 則宗社靡所托,民志無所繫故也. 今我主上殿下, 受皇天付畀之重·承先王艱大之托, 而春秋鼎盛, 尙無繼嗣, 不徒中外臣民, 恤恤然隱憂永歎而已.

竊伏想我慈聖, 巨創哀痛之中, 慮此而益加憂念, 我先大王在天之靈, 亦必睠懷而悶鬱矣. 況我祖宗曾有已行之令[11]典, 豈非今日之所當遵奉者乎? 方今國勢岌業·人心渙散, 尤宜念國家之大本·宗社之至計, 而在大臣之列者, 尙無建請之擧, 臣竊慨然也. 伏願殿下, 以此上稟慈殿·下議大臣, 卽定社稷之大策, 以係億兆之顒望, 則國家億萬年無疆之休, 實基於此. 云云."

答曰: "省疏具悉. 疏辭議大臣稟處."

○ 二十日, 賓廳啓曰: "以正言李廷爐上疏, 有疏辭議大臣稟處之命矣. 臣等來詣賓廳, 而玆事至重且大. 原任大臣·六卿·政府東西壁·判尹·三司長官幷卽牌招來會, 以爲入對稟處之地, 如何?" 依啓.

○ 領相以下請對入侍. 領相金昌集·左相李健命·原任趙泰采·戶判閔鎭遠·判尹李弘述·兵判李晩成·大提學工判李觀命·參贊任堅·刑判李宜顯·大憲洪啓迪·大諫洪錫輔·史官申思喆·承旨趙榮福·校理申昉.【判樞金宇杭·吏判崔錫恒·禮判宋相琦牌不進.】

○ 時夜二更. 領相金昌集曰: "臺臣之言, 乃宗社大計. 卽今, 國勢孤危, 人心波蕩, 而聖上春秋鼎盛, 尙無儲嗣, 宗社之憂, 莫大於此, 凡有血氣, 孰無是憂? 臣忝在大臣之列, 夙夜憂慮, 何敢少弛? 而不能仰請者, 只緣事體至重且大, 至今囁嚅矣. 臺臣以大臣不言爲咎, 誠難免不職之責矣. 臺言至當, 孰敢有他議乎? 諸臣皆方入侍, 下詢決定, 何如?"

判府事趙泰采曰: "宗社大計, 莫重於建儲, 自古人君, 若無螽斯之慶, 則自下請而建之者, 有之. 宋仁宗, 兩皇子雖夭, 春秋非晩晩, 而諫臣范鎭, 屢疏請

11) 令: 底本에는 없다.《景宗實錄 1年 8月 20日》기사에 근거하여 보충하였다.

之, 其時大臣文彦博等, 亦力請定策矣. 聖上春秋鼎盛, 尙無嗣續, 群情之缺望, 爲如何哉? 臺言旣發之後, 不可一時遲延. 深惟國計, 亟賜處分, 則豈非國家億萬年無疆之休乎?"

左相李健命曰: "聖上春秋鼎盛, 而尙無螽斯之慶, 群下之憂慮, 不可勝言, 祖宗之靈, 亦必眷顧. 而慈聖下敎'連日爲念國事, 强進粥飮', 雖在哀疚之中, 其爲宗社慮深矣. 臺臣之言, 出於爲國大計, 至以大臣之尙不建請爲言, 慙悚之極, 何能免尸素之責? 言出之後, 不宜一刻遲緩, 深加聖思, 早定大計. 云云."

諸臣皆以速定爲請, 而上皆不答.

承旨趙榮福曰: "大臣·諸臣, 爲國家大計縷縷陳達, 而久不允從, 下情極爲抑鬱矣. 此是宗社·臣民之所托, 亟賜允從, 何如?" 上曰"允從矣". 大臣·諸臣皆曰: "此實宗社·臣民之福也."

領相金昌集曰: "臺臣疏中所云'祖宗朝已行之令典, 豈非今日所當遵奉?'云者, 似指恭靖大王時事也. 聖上上奉慈聖, 不可不仰稟慈旨, 而如此大處分, 必得手筆而示之之後, 可以奉行. 臣等當退出於閤門外, 恭俟處分矣." 左相李健命曰: "此乃至重至大之事, 何可不稟于慈聖乎? 雖夜深, 必受慈聖筆跡之後, 召臣等下之, 則此實國家無疆之慶也. 臣等當退出而待之." 上曰"當依爲之."

○ 諸臣退待閤門外. 及曉, 閔鎭遠曰"請承傳色, 更爲請對何如?" 趙泰采曰"有若督促, 事體不敢". 鎭遠曰: "此何等大事, 何可拘於常規?" 趙榮福曰"此言是矣", 諸大臣皆曰"然". 乃口傳啓曰: "今此處分, 似不容淹延, 夜已深矣, 伏想仰稟慈聖. 且聖候未寧中, 久未就寢, 事甚未安, 速許入對."

○ 五更, 命入侍于樂善堂. 昌集曰"稟啓于慈聖乎?" 上曰"唯". 健命曰"必奉睹慈聖手札, 然後可以奉行矣". 上指案上封紙曰"在此矣". 昌集受而拆之, 乃'延礽君'三字及諺敎也. 健命讀諺敎曰: "孝宗大王血脈及先大王骨肉, 只有主上與延礽君而已. 有何他議乎? 予意如此, 下敎于大臣, 宜矣."

昌集曰"宗社無疆之福也". 承旨入上前, 書傳曰"以延礽君【某】爲", 未及盡書, 健命曰: "恭靖大王登極, 太宗大王稱世子, 古事則皆稱'世弟'. 臣等當博考仰稟, 姑先書以'儲嗣'宜矣." 上曰"唯". 承旨曰: "儲嗣已定, 凡干擧行[12]節目, 牌招禮曹堂上, 擧行何如?" 上曰"唯".

○ 二十一日, 賓廳啓曰: "延礽君旣定儲嗣之後, 仍處私室, 未安. 亟命入處闕內, 何如?" 傳曰"允".

○ 禮曹啓曰: "延礽君, 旣定爲儲嗣, 冊禮都監官員, 令該曹差出, 卽令考例擧行, 何如?" 傳曰"允". 又啓曰: "入闕擇日, 今日官推擇, 則八月二十四日·九月初六日爲吉云, 以何日定行乎?" 傳曰"九月初六日定行".

○ 延礽君上疏: "伏以臣愚駿不肖, 比數是爵, 已踰涯分, 尋常怳懼, 若隕淵谷. 不料千萬意外, 遽承萬萬不敢當之命, 臣聞此命[13], 心膽俱墜, 驚徨涕泣, 不知置身之所也. 噫! 雖微官末職, 量其才力, 有所不堪者, 則猶懼其敗事獲戾, 臣是何人, 而是何等位也? 年歲荐歉, 憂虞溢目, 尤非臣所可承當者.
臣之性情, 本來疎闊, 惟以徒守己分, 安於聖世, 心嘗自劃者矣. 臣之衷悃, 非但天地鬼神之所可質, 先大王陟降之靈, 抑亦照燭, 聖明在上, 焉可誣也? 臣聞命以來, 惶隕抑塞, 席藁號泣, 惟望天意之悔悟. 伏願聖明, 仰稟慈聖, 亟收成命, 毋使不肖之身重陷大戾. 云云."
答曰: "省疏具悉. 豫建儲嗣, 所以重宗社也. 噫嘻! 予以不穀, 已過立年, 尙無嗣續, 又有奇疾, 言念國事, 無計可施. 玆以仰稟慈旨, 俯從群下之情, 委以儲貳之重, 小心翼翼, 勤勤孜孜, 以副國人之顒望." 仍傳曰"遣[14]承旨傳諭".

○ 二十二日, 禮曹啓曰: "以倫序言之, 則雖是介弟 ; 以位言之, 則乃是儲嗣. 取考祖宗朝故事, 則定宗大王受禪之三年, 冊封太宗大王爲世子, 太宗亦是定宗之弟, 而稱以世子. 豈以帝王家, 以繼序爲重·倫次反輕而然歟? 抑其時太祖方在上王之位, 至尊所壓而然歟? 自古歷代人君, 立其弟爲後, 皆封太弟, 史牒所載, 班班可考. 今此名號以世弟爲定, 則名義·禮節似皆允當, 而事體重大, 臣曹不敢擅便, 議大臣稟處, 何如?" 傳曰"允".

領·左相議以爲: "歷代帝王, 未有繼嗣, 以親弟建儲, 輒封太弟者, 班班可考. 而我朝定宗登極後, 太宗冊封世子, 伏想太宗討平鄭道傳逆亂之後, 太祖封爲世子, 而太宗以謙讓之德, 推位於定宗. 故定宗雖登寶位, 太宗世子之號, 仍舊不改. 況太祖方居上王位, 則世子之號, 無小碍也, 今日事勢, 與定宗時有別. 先正臣李彦迪當仁宗違豫之日, 明宗方爲大君, 而有封世弟以定國本之議. 先賢定論旣如此, 則今此延礽君位號, 似當以世弟爲定." 傳曰"依議施行".

○ 副司直柳鳳輝上疏【二十一日呈.】: "臣伏聞, 正言李廷熽請建儲, 聖批以議大臣稟處爲答. 臣聞來, 已不勝其驚惶憂惑矣. 翌朝始聞大臣卽與諸宰入對, 以亟從臺言爲請, 仍請仰稟慈聖, 得手札下敎, 退留閤外, 夜深後, 又以玆事不容淹延, 卽速更召, 承傳仰達, 及其更對, 處分已定云.

爲國建儲, 何等重大? 而時任大臣之在江外不遠之地, 邈然不知 ; 原任卿宰之初招不進者, 亦不更招, 猝遽忙急, 略無顧念國體[15]底意, 臣未知此何擧措也. 臣世受國恩, 致位宰列, 數十年出入近密. 當此之時, 其何敢畏鈇鉞之誅, 默無一言, 以負我先王與殿下乎?

惟我殿下, 再聘中壼, 今僅數年, 嘗藥憂惶, 仍居諒闇之中, 嗣續有無, 姑無可論. 而殿下寶算方盛, 中壼年才踰笄, 日後螽斯之慶, 此固擧國臣民之所顒望. 或者兩宮有疾患, 妨於誕育, 則其在保護之地, 固當竭誠議藥[16], 靡不用極, 而

---

15) 體 : 底本에는 "勢"로 되어 있다. 存經閣本과 《承政院日記 景宗 1年 8月 23日》 기사에 근거하여 수정하였다.

未聞有念及於此者. 乃於卽祚之元年, 猝然爲此擧, 此其故何哉? 殿下嗣服,
纔周歲矣, 臣民今方拭目於新化, 則臺疏所謂'國勢岌嶪, 人心渙散'者, 未知何
所據而發也. 設有如其言者, 當軸大臣, 所宜博訪廷議, 從容陳白, 使中外曉然
知其爲某緣某由. 而今乃不然, 始使如廷燼之痴獸無識者, 草草疏請, 有若嘗
試者然. 反得'稟處'二字之敎, 乃於更鼓已深之後, 登對力請, 必準乃已, 與廷
燼和應之狀, 有不可掩矣.

至若事之不可不仰稟慈聖者, 則亦當以稟定之意[17]仰達, 而退以俟下敎, 事
體則然. 而旣請入稟, 旋請出宣, 再請之啓, 至謂'不可淹延', 便同使令, 殆近催
督, 此眞可謂無人臣禮者耳. 曾在戊辰殿下之誕生也, 仁顯王后久無嗣續, 其
時立嗣, 非不急矣, 而前席下詢之際, 諸臣以'姑觀數年, 正宮無斯男之慶, 而王
子年長, 則有司自當建請之不暇'爲言. 當日臣子, 夫豈有他意哉? 蓋所以重國
本·尊國體也.

人臣事君之道, 自當如此, 而今則忙忙急急, 有若不容蹉過時刻者然, 半夜
嚴廬, 一請·再請, 使莫重莫大之擧終至草率之歸. 國體太輕, 殆不成樣, 人心
疑惑, 久而靡定, 臣誠莫曉其何以至此也.

臣經年死疾, 一息雖存, 兩脚筋縮, 全不動用, 而忽聞朝家擧措之非常. 雖其
成命已下, 毋容更議, 大臣及入對諸臣愚弄迫脅之罪, 不可不明正. 而殿下之
廷無一人[18]言之者, 玆敢不避越俎之嫌, 冒死以陳之. 伏願聖上明斷[19], 繼自
今凡於事爲之間, 必斷自宸衷而行之, 毋使威福下移. 仍正大臣以下罪犯, 以
謝國人, 以肅朝廷, 不勝幸甚."

---

16) 議藥 : 《承政院日記 景宗 1年 8月 23日》 기사에는 "醫治"로 되어 있다.
17) 意 : 底本에는 "議"로 되어 있다. 존경각본과 《景宗實錄 1年 8月 23日》 기사에 근거하여
　　수정하였다.
18) 人 : 底本에는 없다. 《承政院日記 景宗 1年 8月 23日》 기사에 근거하여 보충하였다.
19) 斷 : 底本에는 뒤에 "奮"이 더 있다. 《承政院日記 景宗 1年 8月 23日》 기사에 근거하여
　　삭제하였다.

○ 二十三日, 右承旨韓重熙請對入侍時, 時原任大臣及諸臣牌招事, 榻前下敎, 大臣·三司詣閤門外.

傳曰: "噫! 先大王, 以日月之明, 深慮予之無嗣矣. 到今予之疾恙漸加, 無望斯男, 敬承付托之重, 晝夜憂懼, 不遑寧處, 百爾思惟之極. 日昨臺疏, 無非爲宗社定國本, 正合先大王之盛慮及予憂歎之志, 故仰稟慈殿則曰'孝宗大王血脈·先大王骨肉, 只有予與延礽君', 不出乎此也. 慈敎至切, 不覺涕泗.

噫! 予有一分嗣續之望, 則何有此敎乎? 旣定儲嗣, 實是宗社無疆之福, 抑亦予之所大望也. 柳鳳輝之疏, 出於千萬意外, 語涉狂妄, 此何人斯, 何如是乎? 不可置之, 卿等論以啓達."

○ 大臣【領·左相】·三司【大憲洪啓迪·大諫兪崇·司諫申晢·掌令宋道涵·正言李聖龍·校理申昉】合辭啓曰: "臣等伏見柳鳳輝之疏, 敢以國家大計歸之於草率之科, 而構捏臣等, 驅諸罔測之地. 臣等驚惶震怖, 只當泥首俟罪之不暇. 而今於特召之下, 區區私義, 有不足恤, 乃敢相率入來, 以俟處分矣. 伏承聖敎, 十行綸音, 罔非出於憂國本而爲宗社之至意. 懇惻悲切, 有足以泣鬼神者, 臣等聚首莊誦, 不覺涕泗之汎瀾也.

噫! 殿下嗣續之憂, 不但殿下之憂. 今奉聖旨, 先王之所深慮·慈聖之所下敎, 則今日臺諫之建請·諸臣之力贊, 亦云晩矣. 有何忙急之失, 而鳳輝之言, 乃至於此耶? 況其'愚弄迫脅'等說, 其意蓋出於聲罪諸臣·網打朝著之計. 而信如斯言, 臣等之罪, 固不可勝誅, 以人主之尊爲群下之所愚弄·迫脅, 則果何如也? 名位已定, 神人有托, 而若曰'愚弄迫脅, 成此大計', 則惟我春儲之心, 其將安乎?

噫! 成命一下, 萬姓延頸, 擧國含生之類, 莫不歡忻慶忭, 佇見寶曆無疆之休. 彼鳳輝, 抑何心腸, 獨自驚惶憂惑, 內懷不滿, 顯有動搖國本之意, 其無將不道之罪, 彰露無餘. 若不嚴加懲討, 則亂臣賊子必將接跡而起, 請柳鳳輝設鞫嚴問, 以正王法." 答曰"依啓". 政院啓請設鞫處所, 傳曰"本府爲之".

○ 大諫兪崇所啓趙最壽削黜·徐命均罷職事, 依啓. 李眞儉遠竄, 不允.

○ 二十四日, 府啓: "日昨聖敎, 大臣及卿宰齊會賓廳, 仍爲入侍. 此實國家莫大之擧, 職在卿列, 宜不敢偃然在家, 而吏曹判書崔錫恒·禮曹判書宋相琦, 俱爲違牌不進. 其情勢·病狀, 雖曰難强, 揆諸事體·道理, 至爲未安, 終不可不論, 請命罷職." 答曰"不允."

○ 備忘記: "反覆思惟, 國本已定之後, 柳鳳輝妄上疏章, 極其謬戾, 所當嚴處, 而鞫問過當. 參酌, 極邊遠竄."

○ 大臣·三司請對入侍啓【執義洪龍祚·掌令李浣亦參. 其餘見上.】曰: "臣等伏見備忘記, 有罪人柳鳳輝極邊遠竄之命, 臣等不勝驚惑之至. 昨日合啓之辭, 卽允設鞫之請, 神人之憤, 庶可少洩, 處分之正, 孰不欽仰? 而鞫坐未開之前, 遽命酌處, 竊恐天鑑之尙未盡燭其奸情·慝態而有此擧也. 臣等請就其疏中凶言而條陳之.
　其疏有曰'嘗試', 夫'嘗試'者, 卽事有可疑而俯仰之謂也. 今我殿下天顯篤愛之情, 有何疑事之可試於其間, 而忍爲此不道之言耶? 又曰'忙忙急急, 使莫重之擧終至草率', 又曰'國體太輕, 殆不成樣', 必欲以慈殿丁寧懇惻之旨·聖上光明正大之擧, 歸之於忙急草率·不成體樣之科. 敢肆誣毁之言於國家盛德之事, 欲加不美之名於宗社莫大之慶, 爲人臣而其忍爲此乎?
　其疏又曰'愚弄迫脅', 夫所謂'迫脅'者, 卽强其所不行之謂也. 伊日聖上禀承之敎, 昨日備忘曉諭之音, 有已仰見大公至正之聖意. 早已有爲宗社·憂國本之定算矣, 今此搆出二字目, 又何凶慘之甚也? 若其所謂'人心疑惑, 久而靡定'等語, 尤極叵測. 今此國本早定, 鴻基永固, 擧國含生, 莫不延頸, 所謂'疑之者', 何人? '惑之者', 何人? 固結之衆心, 强謂之'疑惑'；大定之人心, 强謂之'靡定'. 若非陰藏禍心·動搖國本之計, 則何以發此等凶言耶?

大抵鳳輝, 自以失志怨國之徒, 常懷嫁禍搆罪之意, 當此國有大慶之日, 獨
有隱然不滿之心, 肆爲悖逆之言, 莫念王章之至嚴. 論其情節, 自有常憲, 投畀
之典, 失刑極矣, 鞫問正法, 斷不可已. 請還收遠竄之命, 依前設鞫, 以正國法."
依啓.

○ 右議政趙泰耉箚略: "伏以臣於病伏垂死之中, 卽伏見因司直柳鳳輝陳
疏, 至有設鞫之擧, 何至於是耶? 國有大慶·處分旣定之後, 有此進言, 誠可謂
謬妄, 而其心則出於爲國之赤忱, 斷斷無他. 故相臣李敬輿, 當孝廟陞儲之日,
力主守經之論, 其時雖被竄逐, 而孝廟卽祚, 首先登庸, 卒爲名相. 戊辰諸臣,
無非體國盡忠之人, 而何嘗以一時爭論, 有所鞫問之事乎? 今日之忠於殿下
者, 後必盡忠於儲宮. 設令其所言雖甚狂妄, 爲國盡忠, 遽命鞫問, 豈不大有傷
於聖上容諫之道乎? 導人主以撲殺言者, 恐非聖世之美事. 伏願聖明特加三
思. 云云."
答曰: "省疏具悉卿懇. 今觀卿箚, 果知其設鞫之過當. 以此古例, 議于大臣
稟處, 卿其安心, 勿以爲慮. 亟遵前旨, 從速上來, 進參賀班焉."【政院以錄事直呈,
而箚頭, 職姓名不爲書錄, 違常規之意, 入啓.】

○ 王世弟四疏: "伏以臣難冒之狀, 磬竭無餘, 聖慈必惻悲矜允. 而伏承下
批, 辭意隆重, 又不知[20]臣之所圖, 尤不勝其抑塞悶懣之至. 臣之不才, 冒叨是
位, 早晚僨敗, 已爲自料. 而昨得見柳鳳輝之疏, 語極危險, 臣毛骨俱悚, 心膽
如墜, 此又臣難冒之一端.

噫! 雖微官末職, 旣有人言, 則其在自靖之道, 決不可遵仍. 況儲嗣之位,
是誠邦國之重本, 而不顧言議之峻發, 怵於嚴命, 冒沒承當, 則臣之一身羞恥,
固不足惜, 而其於國家何? 千思萬量, 斷無承命之勢, 不得不敢陳危苦之狀,
而五日之內四章, 煩瀆宸聽, 臣罪萬殞猶輕. 伏願聖明, 上念宗社之重, 俯察臣

20) 知: 《承政院日記 景宗 1年 8月 25日》 기사에는 "如"로 되어 있다.

麯[21]脆之情, 以其諸衛之屬, 亟命罷歸, 仍收成命. 云云."

答曰: "國家莫重大事, 旣已完定, 而明其柳鳳輝之罪狀, 則狂妄之說, 有何介懷? 如此之時, 如此之人, 何代無之? 少無不安之端. 上以念宗社, 下以副國人之顒望, 更勿控辭, 亟斷來章, 以安予心. 衛屬亦如儀焉."

○ 左議政李健命箚曰: "卽伏見右相箚本, 獎許柳鳳輝以出於忠赤, 驅臣等於撲殺言者, 已不勝危怖. 而況其引用臣先祖故事, 尤有所萬萬痛心者. 玆不敢循例獻議, 略陳崩迫之私悃, 以冀聖明之裁察焉.

臣之祖父文貞公臣敬輿, 當乙酉建儲之日, 仁祖招大臣諸宰, 下敎有曰: '世子卒, 元孫幼, 予將擇長而立之. 諸宰臣之意, 何如?' 蓋其時元孫幼, 孝宗以次嫡爲大君故也. 臣祖父乃陳守經之說, 違忤天意, 翌年丙戌, 至被遠竄之罪. 孝廟登極之後, 首先登庸, 蓋遵仁廟遺敎也, 玆事顚末, 載在國乘, 照人耳目.

今則殿下, 久無嗣續, 先大王盛慮之攸及, 我慈聖手書之丁寧, 允符神人之望. 而鳳輝亦一臣子, 獨何心腸, 乃於成命已下, 名位大定之後, 肆然以'擧措忙急'·'人心疑惑'等說, 謄諸章奏, 以爲疑亂一世·動搖國本之計? 此實古今天下所未聞也, 其與乙酉詢問時事, 有何一毫彷彿? 而大臣藉以爲喩, 無乃急於營護, 不暇顧其事實而然耶?

噫! 大臣所引'守經'之說, 又何謬悖之甚耶? 當時旣有元孫, 則初所爭執是爲守經. 而今則惟此處分之外, 更無權經之可論. 告君之辭, 決不當如是誣罔, 臣切痛之. 夫國家大事, 至重且嚴. 儲位未定之前, 人臣各陳所懷, 義理當然, 而旣定之後, 名分截然, 苟非陰懷二心者, 何敢容議於其間? 而今大臣謂之忠赤, 此豈常情之所及者? 云云."

答曰: "右相之援據古事, 雖有錯認, 實非誣罔, 不必深嫌. 卿其安心恕諒焉."

○ 二十五日, 三司合啓曰: "國本大定, 神人胥悅, 自非與鳳輝同一逆肝賊膽者, 則孰敢異議於已定之大策? 孰忍有他意於莫大之邦慶? 而右議政趙泰耉, 罔念沐浴請討之義, 敢懷爰護私黨之計, 投進一箚, 指意叵測. 誣引乙酉·戊辰之事, 欺罔聖聰, 左袒凶逆. 噫嘻! 可勝痛哉?

蓋乙酉事, 則聖祖所詢, 實在於儲位未建之前, 而大臣所達, 亦在於名號未定之時, 則今此所引, 不但誣當日大臣, 亦所以誣聖祖也. 至於戊辰事, 則亦與今日事, 大不相襯者, 必以伊時事故爲提說於今日者, 其心所在, 尤不忍正視. 噫嘻! 可勝痛哉? 蓋其大小譬引, 專出於眩惑·疑亂之計, 至以'爲國赤忧'·'爲國盡忠'等語, 奬詡凶賊, 有若忠言讜論者然, 此則不但護逆而已. 人心陷溺, 義理之晦塞, 胡至於此極也?

今日國家莫大之擧, 孰有急於建儲一事? 而乃以動搖國本之賊, 反謂之忠於殿下, 寧有動搖國本, 而獨忠於殿下者乎? 蓋趙泰耉向來'冒嫌'二字, 已極非常, 而今又營救凶賊, 自不覺其肝膽之盡露. 當此人心危疑·懲討方嚴之日, 凡所挺身而爲亂賊地者, 不可不明正其罪. 請右議政趙泰耉, 爲先削奪官爵, 門外黜送."【司諫申晳以嫌不連啓, 避遞. 趙泰耉, 晳之姑母夫也.】

○ 兩司合啓: "日昨賓廳齊會之擧, 乃是國家莫大之事. 判府事金宇杭, 謂有身病, 終不赴召, 揆諸事體, 已極不是. 而且其疏辭, 在於國有大慶之後, 全無頌忭之意, 形於文字者, 分義·道理, 豈容如是? 請宇杭罷職." 答曰"不允".【連啓不允, 至九月初六日, 停啓.】

○ 府啓吏判崔錫恒·禮判宋相琦請罷職.【亦以違牌事也. 二十九日, 停.】

○ 二十六日, 禁府啓曰: "因右相趙泰耉箚子, 議于大臣, 則領相金昌集以爲: '鳳輝動搖國本, 罪關惡逆, 懲討之典, 不可不嚴之狀, 已悉於閤門論啓·筵席陳請, 則庶幾我聖明, 俯燭臣等沐浴請討之義矣. 今因右相箚子, 有議大臣稟處之命, 臣於此誠不勝愕然駭惑也. 箚中或曰「其心出於爲國之赤忱, 斷斷無他.」; 或曰「爲國盡忠, 遽命鞫治, 有傷於容諫之道.」; 或曰「導人主以撲殺言者, 豈是聖朝之美事?」臣未知爲國者, 果何言歟? 動搖殿下儲位者, 其可謂忠歟? 臣等指鳳輝爲凶逆, 而必欲討之以不道; 大臣則謂鳳輝爲忠赤, 而獎詡之以無他. 彼此意見之不同, 不啻霄壤之相懸, 大臣此言, 實是常情之外也.

且所引乙酉·戊辰時事, 强欲捏言於今日之事[22], 亦有所不可比同者. 蓋其時諸臣所達, 皆在詢問之際, 事在國本未定之前. 今日則名號大定, 神人有托, 苟有秉彝之天, 孰敢孼[23]芽其間? 而彼鳳輝者, 敢以凶悖之說[24], 欲爲沮敗之計, 其所設心萬萬絶痛. 設鞫嚴問, 乃所以治凶逆, 而亦欲歸之於撲殺言者之科, 其於事體·義理, 果如何耶? 臣等徒知討逆之義. 云云.'"【左議政李健命以陳箚卞誣, 不得收議. 判府事金宇杭·趙泰采病不收議, 判府事李頤命·權尙夏在外, 不得收議[25].】

傳曰: "柳鳳輝之言, 只是狂妄而已. 無鞫問之事, 鞫問徑斃, 則其罪不施. 且東宮又有不安之節, 遠地竄逐, 以定人心[26]爲宜. 依前備忘, 柳鳳輝遠竄."
【政院以大臣·三司, 方以嚴鞫處斷合辭陳請還收, 判付不得書入之意, 入啓.】

○ 禮曹, 王世弟冊禮吉日, 九月二十六日辰時, 世子嬪冊禮, 同日未時.

○ 閤門外, 三司合啓曰: "昨伏見賓廳合辭之批, 以'所論過當, 依前擧行'

---

22) 事 : 底本에는 "時"로 되어 있다. 《承政院日記 景宗 1年 8月 25日》 기사에 근거하여 수정하였다.

23) 孼 : 底本에는 "蘖"로 되어 있다. 존경각본에 근거하여 수정하였다.

24) 說 : 底本에는 傍註로 缺이라고 표기하였다. 《承政院日記 景宗 1年 8月 25日》 기사에 근거하여 보충하였다.

25) 不得收議 : 底本에는 "云云"으로 되어 있다. 《承政院日記 景宗 1年 8月 25日》 기사에 근거하여 수정하였다.

26) 心 : 底本에는 "言"으로 되어 있다. 《承政院日記 景宗 1年 8月 25日》 기사에 근거하여 수정하였다.

爲敎, 犯上不道之賊, 其將自此, 容息於覆載之間矣. 三綱淪, 五倫墜, 人其將不得爲人, 國其將不得爲國矣. 臣等誠淺不足, 以回天聽於危疑之際; 言微不足, 以衛春宮於搖撼之中, 思之痛心, 尙何言哉?

今鳳輝疏中, 語逼春宮·罪關王法之狀, 卽神人之所共憤, 而獨殿下以'狂妄'·'謬戾'爲敎. 相箚中'謬戾'之云·'忠赤'之獎, 蓋亦有所窺測而敢欲容護之計也. 彼背君27)負國之相臣28), 固無足言, 而惜乎! 殿下未免被欺於濟私之言, 所已允於大臣·諸臣之請者, 一朝而反之.

噫! 古今所未有之凶逆, 忽出於卿宰之列, 使我春宮心懷不安, 至有'毛骨俱竦, 心膽如墜'之語, 以殿下愛我春宮之心, 何不念及於窮蹙·不安之情, 而不思所以慰安·保護之道哉? 不誅此賊, 則儲位不可安; 欲安儲位, 則此賊不可不誅. 請罪人柳鳳輝, 亟命設鞫嚴問, 以正王法. 又請趙泰耉, 削奪官爵, 門外黜送." 幷答曰"亟停勿煩".【二十六日, 趙啓與金啓, 同爲兩司合啓.】

○ 賓廳啓: "王世弟驚怖凶言, 上章辭避, 臣等聞來, 不勝憂遑痛迫之至. 倡率諸僚, 敢伸沐浴之請, 殿下一向牢拒, 不加澄29)省, 臣等悶鬱抑塞, 莫曉聖意所在.

噫! 建儲之日, 君臣之義已定, 爲人臣而敢以定號爲非. 是陰懷動搖之計者, 千古所未聞之凶逆也. 而況儲宮疏中, 至有'毛骨俱竦, 心膽如墜'之語, 使吾儲宮不安於位至此, 則鳳輝何敢一刻容息於覆載之間? 而臣等亦何忍與此賊, 俱生於一天之下乎?

使鳳輝得保首領, 則有百鳳輝必將接迹而起. 云云. 玆敢相率合辭, 更陳討

---

27) 君 : 底本에는 "公"으로 되어 있다. 《承政院日記 景宗 1年 8月 26日》기사에 근거하여 수정하였다.

28) 臣 : 底本에는 "國"으로 되어 있다. 《承政院日記 景宗 1年 8月 26日》기사에 근거하여 수정하였다.

29) 澄 : 底本에는 "證"으로 되어 있다. 《承政院日記 景宗 1年 8月 26日》기사에 근거하여 수정하였다.

逆之義. 此實存亡所關, 不得請則不敢退. 云云." 答"亟停勿煩".【賓廳會議³⁰⁾座
目：金昌集·李健命·閔鎭遠·李弘述·李晩成·李宜顯·權尙游·兪集一·黃一夏·許玧³¹⁾·申翊夏·李
森·尹慤·李堜·李秉常·金在魯. 二十七日, 李堜追參.】

○ 賓廳大臣以下·正二品以上請對, 傳曰"勿爲請對, 所懷書入". 啓曰："殿
下每以'過當'斥臣等之論, 以'勿煩'拒臣等之請. 而今又不借方寸之地, 以許臣
等之面陳, 殿下果以鳳輝, 有一分可恕；而臣等之言, 有一分過當耶? 云云."
　答曰："柳鳳輝以狂妄之言, 竄逐爲可, 設鞫過當, 而如是遷延, 則不但東宮
之心不安, 當大慶之日, 亦有所妨, 實非美事. 卿等之請, 予實未曉也, 亟停勿
煩, 以安儲貳之心."

○ 三司詣閤門外請對, 傳曰"所懷書入". 所懷啓曰："臣等目見天討不行·
凶賊逭誅, 敢以沐浴之義, 仰陳討罪之請.【九月初十日, 改措語云："請者今幾日矣, 而每
下例批, 天聽漸邈, 使逆魁至今容息於覆載之間, 三綱淪矣, 五典斁矣. 人其將不得爲人, 國其將不得
爲國. 噫嘻! 此何擧措也?"】及承批旨, 至以'亟停勿煩'爲敎, 臣等於此, 不勝抑鬱憂歎
之至, 相率請對, 及承所懷書入之命. 是不幾於訑訑之聲色, 拒人於千里乎?
咫尺天陛, 無以强入, 相顧憂鬱, 卽欲碎首於殿門之外也.
　噫! 春邸之逆臣, 卽殿下之逆臣. 未知殿下, 何所顧惜於一逆臣? 而春邸以
此引嫌, 至有不安其位之意, 大臣·諸臣之沫血請討者, 亦幾遭矣, 而設鞫之命
旣下而旋寢, 使凶逆之輝尙保首領於覆載之間,【以上并刪. 九月初十日, 改措語.】此
何擧措也?
　玆事不在多談, 惟在鳳輝之爲逆與不爲逆而已. 殿下試觀鳳輝之設心, 逆耶
非逆耶? 國家至重之事, 謂之'國體太輕'者, 非逆而何? 宗社莫大之慶, 謂之'忙
急草率'者, 非逆而何? 當此國有大慶, 臣民歡忭之日, 獨自'驚遑憂惑'者, 非逆

---

30) 議：底本에는 뒤에 "議"가 더 있다. 존경각본에 근거하여 삭제하였다.
31) 玧：底本에는 "允"으로 되어 있다. 존경각본에 근거하여 수정하였다.

而何?

伊日諸臣登對之時, 苟有心腸者, 唯恐其陳請之不力, 而今乃以'必準乃已'爲斥者, 非逆而何? 群下之仰請處分, 聖上之入稟慈敎, 事係重大, 宜不容淹延, 而今乃以不美之目, 加之於不敢言之地者, 非逆而何? 國本大定, 神人胥悅, 而今以'人心疑惑, 久而靡定'等語, 動搖天聽者, 非逆而何? 歷論前牒, 建儲之光明正大, 未有如今日者, 而今乃目之以'迫脅'者, 非逆而何?

爲人臣者有一於此, 其爲天地之所不容·王法之所必討者, 明矣. 而況鳳輝之撐腸拄腹, 罔非逆心, 遣辭造意, 皆是凶言. 其陰懷不滿·動搖國本之計, 不待深究而彰露無餘. 此而若不嚴加懲討, 則人何以爲人, 國何以爲國乎? 云云."

答曰: "已諭於賓廳之批矣, 亟停勿煩."

○ 賓廳大臣·二品以上·三司合啓略: "王法久稽, 輿情之憤鬱, 日以益甚矣. 殿下念祖宗繼序之嚴重·體慈聖付托之丁寧, 則雖施好生之德, 有不可得. 云云."

答曰: "柳鳳輝之事, 已悉於前後之批, 不必煩諭. 國本已定之後, 卿等所論, 極涉過當, 依前舉行."

○ 昨日請對時, 領相所啓: "問事郎廳, 是時急之任, 雖有疾故, 宜不敢辭遞. 而昨日尹淳·鄭錫五, 呈病固辭, 不得已遞改, 幷請拿問定罪." 依允.

○ 生員李混[32]等疏曰: "伏以君臣之倫, 窮天地·亘萬古而不墜者, 凡爲天下國家者, 於此而不嚴隄防, 則亂賊之輩, 必草萌[33]蜂起, 有不可禁絶者矣. 是

---

32) 混: 底本에는 "焜"으로 되어 있다. 존경각본과 《承政院日記 景宗 1年 8月 27日》 기사에 근거하여 수정하였다.

33) 萌: 底本에는 "岫"으로 되어 있다. 존경각본과 《承政院日記 景宗 1年 8月 27日》 기사에 근거하여 수정하였다. 이하 동일 사례에 대해서는 별도의 校勘記를 달지 않는다.

以古先哲王, 雖有愛育之仁·好生之德, 而一有犯分干紀者, 則必殺無赦, 非得已也. 夫儲位者, 君之貳也·國之本也, 臣子之所仰戴者, 與君無異. 而若懷異心於此, 則亦必殺無赦, 乃所以重宗祀而尊繼體也.

噫! 歷考往牒, 亂臣賊子, 何代無之? 稱兵犯闕者, 有之;陰謀賊害者, 有之矣. 而未有名號已定·萬民屬望之日, 心懷悍毒, 露章顯詆, 如鳳輝者也. 臣請就其疏而條陳之.

今此建儲, 實循一國共公之論, 鳳輝獨以爲'已不勝其驚遑憂惑'. 臣等未知, 其所'驚遑'者, 何事? 其所'憂惑'者, 何事? 此已非常情所可知也. 處分大定, 億兆歡忭, 而鳳輝乃獨以爲'人心疑惑, 久而靡定'. 臣未知, 其'疑惑'者, 何故? '未定'者, 何人也? 臣等伏聞, 伊日聖上手傳慈旨, 大臣親承展讀, 而其所建而爲嗣者, 卽孝宗之曾孫·先王之子·聖上之弟也, 自古建儲, 未有若是之光明正大者也. 彼鳳輝反以爲'卒遽忙急, 不成貌樣'者, 抑又何哉?

在昔漢文元年, 有司請豫建太子, 我朝仁宗初服, 先正臣李彦迪, 首發建世弟之議, 從古國家之建儲, 不容少緩如此. 而鳳輝乃曰:'卽祚元年, 猝然爲此舉, 其故何哉?' 范鎭十九上章, 鬚髮爲白, 范宗尹造膝力請, 亟定大策. 古人之於建儲, 竭心盡誠必如此.

而鳳輝乃以'登對力請, 必準乃已'爲諸臣之罪案, 此皆心懷不滿, 不敢直斥, 求其說而不得故也. 至若'雖其成命已下, 毋容更議'十字, 則鳳輝之肝肺隱慝彰著無餘矣. 成命未下, 則抑將[34]他議於其間乎? 人臣之不道無將, 胡至於[35]此極?

以今月二十一日, 聖上答王世弟初疏之批觀之, 我聖上之望絶斯男, 鳳輝亦已知之. 而翌日乃上此疏, 至曰'殿下寶算方盛, 中壼年纔踰笄'云. 司馬光所謂'小人以爲「陛下春秋鼎盛, 何遽爲此不祥之事?」云'者, 正爲鳳輝說也. 鳳輝旣

---

34) 將:《承政院日記 景宗 1年 8月 27日》기사에는 이 아래 "容"이 더 있다.

35) 胡至於:底本에는 "至"로 되어 있다.《承政院日記 景宗 1年 8月 27日》기사에 근거하여 수정하였다.

知殿下望絶斯男, 又敢顯斥今日之擧, 必欲動搖而後已. 噫嘻! 彼鳳輝者, 獨非我先王之臣子乎?

今我世弟邸下因此不安, 陳疏遜避, 請徹衛屬. 於是乎鳳輝人人得以誅之矣, 雖或幸逭於市誅[36], 渠何敢偃息於覆載之間哉? 今玆諸臣之合辭力請, 必欲正法者正所以重宗廟·爲國體也. 殿下之始允·終靳, 尙拒群情, 雖出於天地好生之德, 臣等竊恐君臣之倫, 從此而墜, 亂臣賊子, 接跡而起, 其勢必至於大用鈇鉞而後[37]止. 此所謂'小不忍, 則亂大謀也'.

《易》曰'履霜堅冰至', 孔子解之曰: '弑君與父, 非一朝一夕之故.' 今此鳳輝之疏, 有本有源, 臣等請溯而論之. 此輩於先朝末年, 憾恨次骨, 欲一逞其毒者, 久矣. 殿下嗣服之後, 眞儉唱之於前; 客使之來也, 泰耇和之於後, 至於鳳輝始究竟其事, 而泰耇今復挺身箚救. 其受授明白, 同一關捩, 則其非一人一時事也.

乍提獨對, 欲售甚間之陰[38]謀, 厚誣封典, 捏造危亂之巧譖者, 眞儉也; '冒嫌'二字, 顯挑禍機, 張皇其說, 搆亂骨肉者, 泰耇也. 唯其計之未售·譖之不行, 實賴我殿下聖孝出天·因心爲友. 而及夫天佑邦家, 神人有托, 從前讒鋒毒計, 無處可施, 則蜇弩彌中而自射, 囊沙壅水而終決, 憤毒盈懷, 貳心奮發, 自不覺其歸於惡逆者, 鳳輝也. 眞儉草荆之, 泰耇潤色之, 不罪眞儉也, 故泰耇繼之; 不罪泰耇也, 故鳳輝繼之. 臣等以爲眞儉·泰耇之罪, 亦不可不誅也, 今又不誅鳳輝, 則繼此而起者, 又將至於何境耶? 云云."

答曰: "省疏具悉. 鳳輝罪狀旣明之後, 大臣·諸臣連日請鞫, 殊甚不當, 而東宮之心亦不安於此耳. 右相箚辭, 斷無他意, 幷諭於鼎席·三司之批矣, 爾等勿爲煩訴."

---

36) 市誅:《承政院日記 景宗 1年 8月 27日》에는 "市朝之戮"으로 되어 있다.

37) 後: 底本에는 없다.《承政院日記 景宗 1年 8月 27日》기사에 근거하여 보충하였다.

38) 陰: 底本에는 없다.《承政院日記 景宗 1年 8月 27日》기사에 근거하여 보충하였다.

○ 館儒金聖澤等·金始鼎等·金鐵根等, 亦上疏, 幷不允.

○ 二十七日, 賓廳啓【禮判李㙫亦參.】略："聖批曰'鳳輝狂妄之言, 竄逐爲可,
設鞫過當'. 噫! 直之溢爲'狂', 讜之過爲'妄'. 今儲位旣定, 名號係於百姓, 而乃
敢肆然疵議, 略無顧忌, 其凶悖不道之狀, 實載籍以來所未見也. '狂妄'二字,
其果一毫近似, 而尙可以只施竄逐之典而已乎?

聖批又曰'春宮之心不安, 大慶之日[39]有妨', 此亦有不然者. 東宮因鳳輝之
指斥, 至有'毛骨俱竦, 心膽如墜'之語, 其憂危忧迫之情, 尤可以仰揣矣. 快正
凶逆之罪, 正所以安春宮之心, 豈有東宮因此不安於心之理乎? 不誅鳳輝, 則
東宮之心, 益不得安, 動搖國本之賊, 必將接跡而起矣.

國有大慶, 含生之類皆懽忭, 而如鳳輝者, 乃敢陰懷貳心, 沮戲慶禮[40]如此.
當此人心陷溺·怪變層生之日, 若不亟加懲討, 則國法不嚴, 凶賊增氣, 前頭之
憂, 將無所不至. 臣等必欲快正邦刑者, 正欲其大慶之順成也. 況常憲久屈,
輿憤[41]未洩, 懽忭者變爲愁鬱, 則顧不有妨於慶禮乎? 云云." 答曰："賓廳·三
司, 旣已處分矣, 依前下敎, 更勿煩瀆."

○ 三司合啓罪人柳鳳輝設鞫正法事, 賓廳同答.

○ 兩司合啓, 前右議政趙泰耈削奪門黜事·判府事金宇杭罷職事, 幷勿煩.

○ 二十八日, 右相處傳諭史官【尹光益】書啓："臣傳諭命召于右議政趙泰
耈[42]待命之所, 則以爲：'敢援囚人納供之例, 敢此陳暴. 鳳輝之疏, 出於名號

---

39) 日：底本에는 없다.《承政院日記 景宗 1年 8月 27日》기사에 근거하여 보충하였다.

40) 禮：底本에는 "忭"으로 되어 있다.《承政院日記 景宗 1年 8月 27日》기사에 근거하여
　　수정하였다.

41) 憤：底本에는 "情"으로 되어 있다.《承政院日記 景宗 1年 8月 27日》기사에 근거하여
　　수정하였다.

旣定之後, 固不可謂不狂妄, 而旣無一言半辭, 抵逼於儲宮, 所論者, 只是廟堂
擧措之忙急耳. 孝·顯兩廟與先大王子孫, 只有殿下與儲宮, 若從容建議, 則此
實擧國之所同情. 今日廷臣, 孰敢有異議於其間? 鳳輝之心, 亦豈異是?

但言其忙急之擧, 訐責伊日引對諸臣, 罔有紀極焉耳. 以此而謂之'凶逆', 旣
非本情, 則歸臣言於護逆之科, 冤痛罔極, 有不可言. 況此合啓措語, 直以'同一
逆肝'爲頭辭, 末又繼之以'不但護逆而已'云, 則人臣負此罪名, 將安所歸?

踳天蹐地, 置身無所, 病不卽待令於犴狴之下, 只自泥首於席藁之間, 以俟
王章之加. 自惟本情, 顧念人言, 方寸抑菀, 冤酷莫白, 終夜悲泣, 淚將成癯矣.
命召乃所以命大臣者, 何敢於此際晏然冒受? 謹使錄事復此齎納. 云云.'矣.'

○ 大臣·二品以上賓廳請對, 傳曰: "近日氣候不平, 勿爲請對, 所懷書入."
政院答曰: "上候不平, 二品以上不爲同入, 領·左相只爲請對矣." 傳曰"旣已
書下, 勿爲請對".

領·左相所懷: "臣等目見凶孼假息, 儲宮不安, 敢將一國臣民驚遑痛迫之
情, 鎭日號籲, 天聽愈邈. 今日再請入對, 必欲面陳, 而輒下所懷書入之敎, 益
不勝抑鬱悶[43]戚之至. 鳳輝通天之罪惡, 前後臣等及三司之言, 罄盡無餘. 聖
明試更取其疏而觀之, 此賊之情, 其果有一毫可恕? 而臣等之言, 其果有一毫
過當者乎?

夫獨懷不悅於擧國同情[44]之日, 顯加非議於名號大定之後, 敢以光明正大
之擧, 反歸於愚弄迫脅而成者, 已極萬萬無狀. 況且'成命已下, 無容更議'一句
語, 隱然有追恨不已底意, 其包藏陰慝, 到此而綻露無餘. 鳳輝亦有心腸, 信以
爲其言如此, 則儲宮尙可自安乎? 云云? 答曰"不允".

---

42) 泰耉：底本에는 없다.《承政院日記 景宗 1年 8月 27日》기사에 근거하여 보충하였다.
43) 悶：底本에는 "憫"으로 되어 있다. 존경각본에 근거하여 수정하였다.
44) 情：《承政院日記 景宗 1年 8月 28日》기사에는 "歡"으로 되어 있다.

○ 臨昌君 焜等疏, 亟循廷臣之請, 以伸王法. 答曰："已諭於相臣·三司之批, 毋用瀆擾."

○ 府【似是持平柳復明, 當考.】啓："大臣·諸宰之齊會哀籲, 實出於[45]臣子沐浴請討之義, 則職在應參者, 宜不歇後. 而身居宰列, 終始不參者, 其數甚多, 論以分義, 極爲可駭. 除老病·在外外, 卿宰中不參之人, 請命罷職不敍." 答曰"勿煩". 前啓崔錫恒·宋相琦事, 停啓.【九月初四日停啓, 此亦是柳復明.】

○ 輔德朴師益·弼善李重協·兼弼善申皙·文學申昉·說書黃梓等·承旨李箕翊·趙榮福·韓重熙·南道揆·獻納李箕鎭請討鳳輝之罪, 并不允.

○ 二十九日, 藥房以賓廳批旨, 有氣候不平之敎, 請入診議藥. 答曰："近日有咳嗽之候, 不爲大段, 勿爲入診."

○ 世弟冊封奏請使, 金昌集·趙泰億·兪拓基爲之. 左相上箚言："領相當此國家多事之日, 不宜暫離, 請效原隰之勞." 答曰"箚辭得宜, 依施焉".
後以時任大臣無故行公, 只領·左相, 命以原任及宗班中備擬, 以礪山君 枋爲正使. 後掌令李浣疏請依丁丑例, 以大臣充送, 領·左相請對, 以左相單付.

○ 三十日, 王世弟五疏曰："伏以臣前疏中, 以柳鳳輝疏, 有仰陳者. 其疏邊出於臣惶蹙悶菀之中, 故不得不以終難冒承之意, 呼籲於仁覆之天, 而至於'危險'二字, 不過行語間所陳而已. 臣之一言, 添爲柳鳳輝罪案, 縉紳章甫, 相繼力爭, 鎭日不止, 臣不安之端, 尤益萬萬. 伏願聖明俯垂照察, 終使柳鳳輝不至大戾, 則奚但爲臣心之少安? 抑亦聖明寬大之典, 臣無任惶恐隕越之至."
答："省疏具悉. 前疏中'危險'二字, 不必深惡於柳鳳輝事, 予已知之, 故賓

---

45) 於：底本에는 없다. 《承政院日記 景宗 1年 8月 29日》 기사에 근거하여 보충하였다.

廳·三司之請, 終不允從矣. 今觀疏辭, 斷斷無他, 正合予意, 亦出於好生之道, 可不留意, 以安爾心焉?" 仍傳曰"承宣傳宣".

○ **九月**初二日, 判府事權尙夏隱卒傳敎.

○ 初四日, 府前啓不參賓廳呼籲人罷職不敍事, 停啓.

○ 初六日, 持平柳復明啓亟寢結役講行之令, 以定民心, 依啓[46].

○ 初十日, 府啓: "向日賓廳啓, 出於沐浴之義, 而副摠管申翊夏, 身預卿宰之會, 名聯請討之章, 而承批罷出, 輒去鳳輝肯命之所, 請削奪[47]." 不允.

○ 十二日, 吏判因大臣筵奏許遞, 權尙游代之.

○ 十九日, 備忘記: "冊封後, 世弟及嬪, 三殿朝謁, 而孝寧殿無展謁之節目, 情禮未安. 以吉服先展謁後入內, 行大妃殿及內殿朝謁, 似爲得當. 議大臣, 大臣以爲'展謁於魂殿, 似合情禮', 依議施行."

○ 二十四日, 府啓【掌令李浣】: "儲位大定, 臣民懽忭. 而江原監司金演, 賓廳齊會之日, 偃然在家, 無意隨參. 及其物議喧騰, 潛往陽川, 縣道封章, 情迹暗昧, 請罷職不敍. 忠監李世瑾, 爲人怪毒, 心術回僻, 令色巧言, 本來伎倆, 罷職不敍. 順天府使[48]李夏源, 爲人輕儇, 隨時俯仰. 壬辰冬, 投進一疏中, '一家人'

---

46) 依啓:《景宗實錄 1年 9月 6日》기사에는 "不從"으로 되어 있다. 이것은 유복명이 제안한 것을 처음에는 따르지 않았다가 나중에 따랐기 때문으로 보인다.《承政院日記 景宗 1年 9月 9日·12日》

47) 削奪:《景宗實錄 1年 9月 10日》기사에는 "削職"으로 되어 있다.《承政院日記》같은 날 기사에는 底本과 같이 "削奪官爵"으로 되어 있다.

三字, 到今傳笑, 見棄公議, 改遞. 統禦使申光夏, 罷職不敍.” 不允.【二十六日幷
停.】

○ 二十六日, 王世弟受冊寶於仁政殿. 開冑筵, 講《小學》·《綱目》, 上以時
臨東宮曰：“吾欲聞吾弟讀書聲.”

○ 世弟冊禮.

○ 持平李瑜啓：“前啓四件事, 停啓後新啓. 臺閣論人, 雖許風聞, 彈劾之
際, 宜加詳審, 其不可任情取快也, 明矣. 乃者, 掌令李浣, 以金演·李世瑾·李
夏源·申光夏等事, 有所論列, 而苟非吹毛覓疵, 率是架虛鑿空, 全不擇發, 意
在挾雜, 凡在聽聞, 莫不爲駭. 其在公議, 不可無警, 請罷職.” 依啓.

○ 二十七日, 仁政殿陳賀冊封, 頒敎文大提學李觀命製.

○ 二十八日, 大憲李喜朝陳戒疏, 優批留中.

○ 二十九日, 政院, 李鳳徵等給牒覆逆啓. 答曰：“如許則死罪, 幷宥之義,
果安在哉?”

○ 十月初三日, 館學鄭亨復49)等疏請先正兩宋從享, 不待覆奏擧行. 答
曰：“先王不許, 實出於愼重之道, 到今不可輕許.”

---

48) 府使：底本에는 없다. 《承政院日記 景宗 1年 9月 24日》 기사에 근거하여 보충하였다.
49) 復：底本에는 “益”으로 되어 있다. 존경각본과 《承政院日記 景宗 1年 10月 3日》 기사에
근거하여 수정하였다.

○ 備忘記：“冊禮時禮房承旨<u>李箕翊</u>·輔德<u>朴師益</u>·相禮<u>梁聖揆</u>·都廳<u>金濟謙</u>·<u>朴師益</u>并加資.”

○ 持平<u>柳復明</u>陳戒保護疏，優批.

○ 初五日，<u>孝寧殿</u>冬享大祭，親行.

○ 初六日，執義<u>趙聖復</u>疏曰：“臣竊有區區憂愛之忱，略貢疏末，以備聖明之澄省焉. 恭惟我主上殿下，念宗社之大策，推因心之至愛，上體先旨，內稟慈敎，亟正50)國本，允屬元良. 邦國有盤泰之安，億兆係延頸之望，殿下此舉，誠卓越於百王，罕睹於往牒.

第伏念离筵勸講，實爲今日之急務，而竊聞冊禮已行之後，尙不一開講筵，引接宮僚，此或由於連値祀享，未能遑暇於此耶? 春宮講學之方，最要專一，不容有一日間斷. 故不拘齋51)忌，輒下召對之令者，實祖宗以來敎養之良規也.

況我王世弟邸下，年紀已盛，不比沖齡，而十年嘗藥，未能專精於學問，顧今勸課之道，尤不宜少緩. 臣謂宜自今勉勵春宮，書筵法講，無或無故暫輟. 雖値齋戒，輒引僚屬，講論書史，以責日就月將之效，俾無十寒一曝之憂也.

且伏念王世弟邸下，生長深宮，久處外閤，旣無外人相接之事，未嘗經意於當世之務. 臣愚死罪，竊以爲於國家大小之事，或不無思慮之所未周·而機宜之所未練矣.

臣嘗閱《政院日記》，曾在先朝丁丑年間，廷臣有以引對臣隣之際，令殿下傍侍參聞·敎習國事之意，上章陳請者，輒蒙嘉納之批. 臣竊謂爲此言者，誠得

---

50) 正：《承政院日記 景宗 1年 10月 10日》기사에는 “定”으로 되어 있다.

51) 齋：底本에는 “齊”로 되어 있다. 존경각본과 《承政院日記 景宗 1年 10月 10日》기사에 근거하여 수정하였다. 이하 동일사례에 대해서는 별도의 校勘記를 달지 않는다.

訓迪儲君之美法也. 殿下於其時, 尙在沖年, 而猶且云然, 今日東宮, 年貌之壯盛, 不啻倍蓰於殿下之當年, 則明習庶政, 尤豈非當務之急耶? 殿下儻於臣僚引接之時·政令裁決之際, 輒引世弟, 侍側參政, 一以爲講確可否之道, 一以爲隨事訓習之方, 則[52]其必明練於庶政, 而有輔於國事矣. 伏願殿下, 深留聖意, 仰稟慈旨而進退焉." 答曰: "所陳好矣, 可不留意?"【初十日始下.】

○ 初十日, 傳曰: "予有奇疾, 十餘年之來, 差復無期, 乃是先朝之軫念, 酬應萬機, 誠難矣. 往在丁酉, 有聽政之命, 靜攝之中, 爲其調便耳, 至於予躬, 他不暇顧. 及自登極以來, 夙夜憂懼, 近日症勢, 尤爲沈痼, 酬應亦難, 政事多滯, 言念國事, 心懷采增. 今世弟年壯英明, 若使聽政, 則國事可有依托, 予得安意調養, 大小國事, 幷令世弟裁斷焉."

○ 左承旨李箕翊·同副承旨南道揆·應敎申哲·校理李重協請對入侍, 請還收備忘【筵說見《爛餘》】, 上曰"勿煩".

申哲啓曰: "臣等伏見趙聖復疏, 則下款所陳極爲驚惑, 繼之以駭惋. 卽今儲位初定, 宗社有托, 臣僚之所望於東宮者, 只在於敦孝友·勤講學而已. 至於參廳[53]·裁斷, 實非今日之所宜言也. 其疏中援據丁丑事, 而此則有所不然者. 其時殿下以沖弱之年, 在先大王膝下, 則其所以在傍參聞, 實出於'遇物則誨'之義也. 今此'講確可否'之說, 其無識謬妄, 甚矣, 請趙聖復罷職." 上曰: "罷職則爲太過矣." 申哲曰: "罷職之罰, 何爲太過乎?"

箕翊曰: "本院無請罪臺閣之規, 故不敢先爲仰達, 而玉堂所達, 元非太過也." 哲曰: "臣等方欲以聖復請罪事陳箚, 而未及入啓之前, 遽下備忘, 驚遑不知所達矣. 丁丑之事, 何可援引比之於今日乎?" 道揆曰: "玉堂所達誠是,

---

52) 隨事訓習之方則 : 底本에는 "隨事之方則訓習"으로 되어 있다. 존경각본과 《承政院日記 景宗 1年 10月 10日》 기사에 근거하여 수정하였다.

53) 聽 : 底本에는 "政"으로 되어 있다. 《承政院日記 景宗 1年 10月 10日》 기사에 근거하여 수정하였다.

特賜允從, 何如?" 重協曰: "臣等於趙聖復疏批遽下之後, 始見其疏, 極爲駭痛, 而未及陳箚請罪之前, 遽下備忘. 趙聖復之罪, 罷職猶輕, 豈有一毫過重之理乎?" 上曰 "依所達罷職, 可也".

○ 右參贊崔錫恒來待闕外請對, 傳曰 "允", 留門入侍. 崔錫恒請對時, 政院·玉堂更爲入侍.

錫恒啓曰: "卽見備忘記, 不勝驚遑, 雖已夜深, 敢此請對矣. 自古帝王家, 或有如許處分, 皆由於春秋壽耈, 或在位已久, 勞悴成疾 ; 或身有毒疾, 積年沈痼, 萬不得已而爲之.

今我殿下, 以春秋則才過三十, 正當明習國事, 可做至治, 以在位則未滿一年. 以疾則臣待罪藥院, 今已周年, 聖候輕重, 豈不詳知乎? 凡於問安之批答, 每以無疾爲敎, 或請入診, 則或以別無大段疾患, 或以爲無顯形之症, 不許入診. 所謂不安之節, 不過痰火引飮, 小便頻數而已, 此豈沈痼篤疾乎? 殿下每以奇疾爲敎, 臣誠莫曉其故也. 無此三件事, 而卽位之元年, 猝下此敎者, 抑何故耶?"

李箕翊曰: "伏聞備忘下後, 王世弟引接宮僚, 涕泣下敎云. 中外人心驚惶, 固不可論, 而東宮心事, 殿下何可不念乎[54]?" 南道揆·申哲·李重協言大同.

錫恒曰: "先大王, 以無疆之業付殿下者, 蓋欲其勵精圖治·夙夜不懈, 無隆我祖宗三百年基業. 而臨御之初, 遽有就閑之念, 先大王付托之意, 果[55]安在哉[56]? 況我春宮邸下, 引接宮僚, 至於涕泣云, 情理憫迫, 據此可知, 殿下何不念及於此耶?

自聞此敎, 大小臣僚莫不驚惶, 政院·玉堂卽已請對, 有所陳達, 群情之遑遑, 不言可想. 中外人心, 若聞此奇, 必將驚駭, 莫可鎭定, 到此地頭, 將何以處

---

54) 乎：底本에는 없다.《承政院日記 景宗 1年 10月 10日》기사에 근거하여 보충하였다.
55) 果：底本에는 없다.《承政院日記 景宗 1年 10月 10日》기사에 근거하여 보충하였다.
56) 哉：底本에는 없다.《承政院日記 景宗 1年 10月 10日》기사에 근거하여 보충하였다.

之? 伏望卽收成命, 以定人心." 箕翊曰"云云".

錫恒曰: "殿下之爲此擧者, 要不過自占便宜之私意, 有乖於撐柱萬古之公心, 以一己之私廢萬世之公, 則貽累於聖德, 爲何如哉? 殿下若上體先王之明命, 下軫春宮之情理, 俯察大小臣僚·中外士庶之輿情, 則必將惕然感悟矣. 臣不得請, 則雖至明日, 不敢退, 更望夬賜明敎, 收回成命." 上曰"予當思之".

錫恒曰: "伏承此敎, 可見天意之回照, 不勝感幸." 諸臣曰"云云". 崔錫恒曰: "凡於臨事之際, 有三思, 或有一思而定者, 或有再思而定者, 或有三思而後定者. 此事則一思, 可以斷定, 何待三思乎?" 上曰"勿爲更煩."

錫恒曰: "殿下纔以'當思'之57)意下敎, 今又以'勿煩'爲敎, 臣五內如焚, 莫曉聖意之所在也. 旣示回聽之意, 又示拒諫之色, 此豈平日所望於聖明者乎? 小58)臣受59)先朝罔極之恩, 致位到此, 涓埃未答, 遽抱攀髥60)之痛. 追先帝報陛下之義, 在於殿下, 而老而不死, 又見此事, 只恨尙遲一死, 靡辦61)褥蟻矣."

箕翊曰: "三百年宗社, 億萬姓顒望, 都在於62)殿下之一身, 殿下雖欲一朝推而委之於世弟, 殿下之心, 亦豈63)安乎? 才經冊禮, 旋下備忘, 群情遑遑, 莫適所從, 殿下之心, 亦安乎? 此非持疑之事, 而如是持疑, 此臣等所以苦口力爭, 必欲還收也."

重協曰: "丁酉事與今日有異. 先大王十年違豫, 酬酢之際, 有妨眼視, 故遂

---

57) 之 : 底本에는 뒤에 "之"가 더 있다.《承政院日記 景宗 1年 10月 10日》기사와《損窩遺稿 啓辭 請對 辛丑十月初十日三更三點》에 근거하여 삭제하였다.

58) 小 : 底本에는 없다.《承政院日記 景宗 1年 10月 10日》기사에 근거하여 보충하였다.

59) 受 : 底本에는 뒤에 "小"가 더 있다. 존경각본과《承政院日記 景宗 1年 10月 10日》기사에 근거하여 삭제하였다.

60) 攀髥 : 底本에는 "拚鬚"로 되어 있다.《承政院日記 景宗 1年 10月 10日》기사에 근거하여 수정하였다.

61) 靡辦 : 底本에는 "未辨"으로 되어 있다.《承政院日記 景宗 1年 10月 10日》기사에 근거하여 수정하였다.

62) 於 : 底本에는 없다.《承政院日記 景宗 1年 10月 10日》기사에 근거하여 보충하였다.

63) 亦豈 : 底本에는 "其"로 되어 있다.《承政院日記 景宗 1年 10月 10日》기사에 근거하여 수정하였다.

下代理之敎. 其時臣僚, 亦知其謝事靜攝, 有益於病患, 故不爲强聒, 而今日事與其時, 絶異矣, 早爲還收幸甚."

錫恒曰: "趙聖復疏本, 才已得見, 則始發爲春宮勸講之言, 此誠是也. 又以傍坐參政爲言, 凡人主出坐法殿, 引對臣僚, 事體至嚴且重. 春宮旣不當與殿下幷坐, 若坐於座側, 事體妨碍, 坐次難便. 其下又以'講確可否'爲言, 渠以么麼一臺官, 何敢發如此之言乎? 玆因玉堂之言, 爲先罷職云, 而如許重罪, 決不可罷職而止, 特施屛裔之典, 以爲懲勵之道." 上曰: "此則太過矣."

錫恒曰: "臣意則猶以爲太輕, 豈有過重之理? 臣職在經筵, 以請罪之意, 略陳一疏, 送于政院, 則闕門已閉, 雖不得入啓, 今當入侍, 敢請其罪矣. 且自古聖王於大處分, 必須十分愼重. 《洪範》曰: '謀及乃心, 謀及蓍龜, 謀及卿士, 謀及庶人.' 其所愼重之道, 有如此者, 聖復疏批纔下, 而有此備忘. 如此莫重莫大之事, 因么麼一人之言, 輕擧而不以[64]爲難, 國事更無可恃矣.

曾在先朝乙酉冬, 有傳禪之敎, 其時三公·卿宰·三司·百官咸造在庭, 伏閤苦爭. 而至于三司請對, 臣以大諫入侍, 合辭爭執, 終至回天, 殿下亦必記有之矣. 先大王聽納之德, 人至于今, 誦[65]之不衰, 聽政與傳禪, 雖曰有間, 玆豈非殿下今日之所當法者乎? 今若快回成命, 則上可以慰先王在天之靈, 中可以安春宮崩迫之情, 下可以解臣民抑鬱之心.

《易》曰'不遠復'. 若過今夜, 則在廷臣僚, 必將坌集闕下, 齊聲呼籲, 必以準請爲期. 卽須收回, 則非但合於'不遠復'之義, 其爲增光於聖德, 可勝言哉?"

上曰: "重臣之言, 累累至此, 依施焉." 錫恒曰: "承此下敎, 不覺感泣, 死無所恨. 云云." 遂命備忘記還收, 箕翊遂跪進而退. 時已五更三點矣.

○ 春坊書入備忘. 東宮引接上下番, 弼善金槹·兼說書趙顯命涕泣. 敎曰: "今此下敎, 出於千萬夢想之外, 驚惶罔措. 俄者上告慈殿, 苦口懇乞於大殿,

---

64) 以 : 底本에는 없다.《承政院日記 景宗 1年 10月 10日》기사에 근거하여 보충하였다.

65) 誦 : 존경각본과《承政院日記 景宗 1年 10月 10日》기사에는 "頌"으로 되어 있다.

斷無反汗之意. 今夜欲爲陳章, 而恐有妨於丙枕, 欲待明朝, 諸僚之意, 何如?"
上下番云云, 驚惶云云, 明朝陳章, 至當云云.

○ 領相金昌集箚槪竝許休退事. 入啓,【十一日】答曰: "省箚具悉.《禮經》致
仕之訓, 國典奉朝賀之設, 予豈不知? 以卿體國之誠, 筋力尙強, 且無大段疾
病, 倚毗之心, 不弛于中. 退閑之請再上, 心甚愕然, 不得已許施. 從容調理,
臥閤論道."

○ 十一日, 左相李健命箚略曰: "昨夕伏聞備忘記, 有世弟聽政之命, 政院
·玉堂面訴而不得請. 不勝驚愕之忱, 進詣闕外, 欲與諸宰之先到者, 請對力陳
矣. 俄'因重臣所達, 還收傳旨'云, 臣轉憂爲欣, 只切頌祝.
而仰惟殿下, 春秋鼎盛, 新膺寶命, 方當勵精圖治之不暇. 而遽懷調養之意,
下此千萬意外之敎, 雖幸不遠而復, 若其擧措之顚倒·聽聞之疑惑, 果如何哉?
臣於事過之後, 不必費辭贅陳, 而爲聖明憂則大矣.
伏願殿下, 繼自今益加存省之工[66], 凡於政令施措[67]之間, 深察事理之當
否, 必愼必重, 毋底有悔. 且朝廷體貌至重至嚴, 雖是急遽之際, 一重臣之深夜
請對, 有異常規, 而政院遽然啓稟, 未免率爾. 今其所言出於匡救, 處分終歸[68]
至當, 而後弊所關, 不可置之. 當該承旨, 宜加警責, 以存事體. 云云." 答曰:
"箚辭至切, 可不深念? 下款事依施."

○ 戶曹參判趙泰億請對入侍時【承旨李箕翊·南道揆, 因左相攻斥, 詣闕之後, 出去, 只都
承旨洪啓迪同入. 史官朴璝[69]·金克謙·金翰運.】, 非斥三司·大臣之不能匡救. 啓曰:

---

66) 工: 底本에는 "功"으로 되어 있다.《承政院日記 景宗 1年 10月 11日》기사에 근거하여
수정하였다.
67) 施措: 底本에는 없다.《承政院日記 景宗 1年 10月 11日》기사에 근거하여 보충하였다.
68) 歸: 底本에는 "始"로 되어 있다.《承政院日記 景宗 1年 10月 11日》기사에 근거하여 수정하였
다.

"天佑東方, 儲位初定, 冊禮已行, 一國含生, 孰不懽忭? 日開書筵, 講學惟勤, 群下之心, 慶忭方切, 千萬意外, 遽有此命, 臣等未知聖意所在.

曾在乙酉, 先大王臨御三十餘年, 連有疾患, 故至有傳禪之命. 其時臣民, 孰無爲殿下延頸之忱? 而事係重大, 故三司諸臣·百僚·五部坊民, 縷縷陳請, 終至反汗. 其時臣以北評事, 適在京, 隨參庭請, 聞殿下懇辭不得, 至於雪夜闕庭, 露坐泣禱.

丁酉縉紳疏中, 亦以此事提及, 殿下乙酉心事, 卽東宮今日情境, 殿下念及於此, 則當不使世弟當此境界. 伏聞去夜, 東宮引接宮僚, 涕泣嗚咽, 殿下何不念此乎? 殿下若果有疾恙, 有妨萬機, 則臣僚孰不爲國事憂悶? 而藥院之批, 每以無形現之症爲答. 臣亦積年屛廢, 久未仰瞻, 頃於冊禮, 入參侍衛, 始敢瞻望, 比諸十年, 別無傷損, 臣私心喜幸, 出而語人. 昨日下敎, 何爲而發耶?

臣請對入來, 街路百姓咸言'吾王將捨棄國事', 莫不相顧齎[70]咨. 人心若是波蕩, 殿下顧何以知之? 此後堅持聖意, 更無爲此率爾之擧. 侍側參政, 雖不直請[71]聽政, 而爲人臣者, 豈敢發此言乎?

備忘中'大小國事并令裁斷', 又非特爲參政也, 喉院所當繳還, 而草草請對, 有若塞責. 且殿下此擧, 何等重事? 時任大臣, 其當率百官請對, 以收還爲期如乙酉. 而恬然退坐, 袖手傍觀, 乃於成命還收之後, 左相及兵曹參判金在魯, 始到闕外, 聞已還收, 因爲經還, 此何道理? 刑參李肇, 重臣入來之後, 追到闕下, 則喉司阻搪不稟.

且聖復因玉堂之請, 止於罷職, 其罪豈止於罷職? 當此國有大事之日, 在京時任大臣及三司大小諸臣無一人爭論, 倫常絶矣, 分義蔑矣. 時任大臣及三司

---

69) 琰：底本은 "峻"으로 되어 있다. 존경각본과 《承政院日記 景宗 1年 10月 11日》 기사에 에 근거하여 수정하였다.

70) 齎：底本에는 "鬱"로 되어 있다. 《承政院日記 景宗 1年 10月 11日》 기사에 근거하여 수정하였다.

71) 請：底本에는 없다. 존경각본과 《承政院日記 景宗 1年 10月 11日》 기사에 근거하여 보충하였다.

諸臣, 并加譴罪, 然後可以爲國矣.

又見大臣箚, 言崔錫恒事, 反以深夜啓稟, 攻斥承宣. 凡國有事變·深夜蒼黃之際, 旣不能陳疏, 則赴闕請對, 孰爲不可? 而此猶防塞, 則言路因此壅蔽, 大臣此語, 臣不知其是矣."

都承旨洪啓迪備陳大臣·重·宰臣來請之事, 又言："趙聖復則屛裔宜矣, 玉堂則請罷之外, 無他論罪之例, 泰億之言, 不諒事實矣."

泰億曰："臣亦十年前, 待罪經幄, 豈不知玉堂規例? 如此重罪, 何可不請其竄逐?" 啓迪曰："昨日旣有還收之敎, 故以是爲幸, 不暇及於加罪之請矣." 泰億曰"此言苟且矣". 啓迪曰："泰億所達聖復事外, 皆出於挾雜矣." 泰億曰："臣則大臣·三司, 只欲規警而已."

○ 應敎申晢·校理李重協因被斥徑出, 疏云："經筵論人, 不過罷職, 古例卽然."

○ 兩司新啓【司諫魚有龍·正言愼無逸·持平李瑜·柳復明】："前執義趙聖復, 投進一疏, 而旨意駭悖, 臣等相顧失色, 驚惶錯愕. 幸賴宗社之默佑, 旋爲反汗, 誠不勝忻幸忭祝之至. 第念聖上此敎, 何等重大之事? 而猝下於聖復疏入之後, 是則聖復有以啓之, 其罪可勝誅哉? 疏中所云丁丑間事, 已非今日之所當引喩, 況其末端措語, 尤豈人臣所敢言者? 而乃敢肆然筆之於章奏之間, 其爲罪狀萬分切痛, 不可不嚴加懲討. 請趙聖復絶島圍籬安置." 答曰"依啓".

○ 禁府趙聖復 珍島圍籬安置.【都事朴光元出去.】

○ 府啓："去夜備忘記下于政院, 實是國家非常之擧, 群下之驚惶錯愕, 爲何如哉? 居出納之任者, 不能準其還收之請, 則所當急報於大臣·諸宰, 齊會力爭, 事體當然. 而不此之爲, 乃反受人指揮, 深夜啓稟, 續續請對. 及至大臣之來到闕外, 則終不啓請留門, 致令大臣·諸臣彷徨於岐路. 事之駭異, 莫此[72]爲甚, 其溺職之罪, 不可不懲. 請當該承旨幷罷職." 答曰"依啓".【罷職現告李箕翊·南道揆.】

○ 院啓: "臣等伏聞, 戶曹參判趙泰億今日請對時, 大臣以下諸臣遍加搆誣, 不遺餘力云. 用意之巧慘, 設計之陰險, 噫! 亦甚矣. 昨夜備忘下後, 大臣·諸臣, 莫不驚惶罔措. 而重臣旣已先入, 成命又卽收回, 無可爭論, 自外退歸, 則有何一毫疵毀之端? 而泰億以重臣之先入準請·諸臣之未及入對, 作爲話柄, 如得奇貨. 不顧出位之嫌, 肆爲網打之計, 急急請對, 恣意[73]詆毀. 其乘機跳踉, 傾陷搢紳·壞亂朝廷之狀, 萬萬駭惋, 請趙泰億罷職不敍." 答曰"勿煩".

○ 司直李光佐疏: "今日之事關係至重, 不得不力疾涕泣而陳之. 伏以帝王承統至嚴且重, 臨朝聽事, 俱有定制[74], 非臣子所敢發論於度外者, 灼然明甚矣. 臣病伏江郊, 晚伏聞國言喧藉, 謂'趙聖復疏中, 論臣子不敢論之事'. 未知此言, 信然乎? 否乎?

東宮之禮, 始著於《文王世子》, 而朝見有時, 問視有節, 千載之下, 燦然可見. 若夫參坐於朝, 參聽於事, 於《禮》無文, 於古無稽. 此誠以臨御之道, 體分截然, 雖貳極之尊, 有不可參涉而混幷故也. 況我國家自祖宗朝以來, 禮法甚嚴, 晉接有常儀, 聽決有常度. 參坐參聽, 三百年所未有之規, 夫豈爲人臣子者, 所敢開口而上請者乎? 自古儲貳幼沖, 則豈不欲其習於事? 君父勤瘁, 則豈不願乎分其勞? 而未或有以此爲言者, 聖復何人, 敢欲創千古之所無, 違列聖之

72) 此 : 底本에는 없다. 존경각본과 《承政院日記 景宗 1年 10月 11日》 기사에 근거하여 보충하였다

73) 意 : 底本에는 "爲"로 되어 있다. 《承政院日記 景宗 1年 10月 15日》 기사에 근거하여 수정하였다.

74) 制 : 底本에는 "製"로 되어 있다. 존경각본과 《承政院日記 景宗 1年 10月 11日》 기사에 근거하여 수정하였다.

成規, 抑獨何心哉?

　且聞以曾在丁丑年間, 有人爲此請云, 臣不記何人所論云何, 而其時事與今絶異. 時則我殿下方在沖年, 育德深宮, 未習外事, 其言或出於此. 而今我春宮加殿下當日之年十八歲, 出閤旣久, 明達庶事, 固無待於觀效視習, 今日此請, 果何名耶? 況其時其言, 終不見行, 爲不用之空言, 亦以事體之萬萬不可如上所陳, 其敢援例而陳請乎?

　竊伏見殿下太尙恭默, 剛克不見於外, 以致人心狃於放肆·國體漸失尊重. 如許至重之事, 矢口論請, 無復顧忌. 今日國綱, 雖曰解弛, 幺麽聖復輩, 安敢乃爾? 此而不罪, 臣恐紀綱墜地, 國不能爲國. 而疏入累日, 大臣與三司, 無一言其罪者, 臣切痛心焉.

　臣夜治此疏, 將上之際, 伏聞因聖復疏, 別下備忘, 至有萬萬意外之敎. 雖幸旋卽還收, 而聖復竄配之請, 竟靳允兪云. 殿下受皇天之駿命·承祖宗之重寄, 春秋未滿三紀, 精力正在旺壯, 九五新升, 億兆愛戴, 方祝億萬年無疆之休, 此等之敎, 初何爲猝降也?

　雖以疾病爲敎, 元無形見之症, 寢食如常, 神明無減, 因是而思就閑, 豈有此理乎? 勿論上下, 設有奇疾, 勉强藥餌, 終得完復者, 何限? 而堂堂千乘之主, 因一時疾恙, 欲謝萬機之重者, 古今天下, 寧有是乎? 君上一身, 非可自私, 若因一病思釋務·因小勞思養閑, 則世安有臨御之君乎? 今日臣子戴天履地, 安有奉承此敎之理·之人乎? 幸卽聖心飜悟, 處分旣定, 而今後則竊願堅定心氣, 毋或爲此擧措, 不以負皇天付畀之重, 慰祖宗在天之靈, 萬萬至幸也.

　今日事, 只因聖復所陳不敢請之言, 乃至有此境, 若不痛加懲勵, 無以謝國人之心, 亟命投畀絶邊. 至於大臣·三司, 不惟不論聖復之罪, 昨夜以後, 未聞有爲聖上一言者, 臣節掃地矣. 豈有之而臣未及聞耶? 如果無一言者, 亦願亟賜明正其罪焉." 答曰: "趙聖復實出於誤認援例之致. 卿其勿辭, 從速入來察職."

○ 副司果<u>朴弼正</u>·<u>朴致遠</u>疏略：“聖復外托陳戒, 內懷吾君不能之心, 一朔
之內, 又有一賊<u>煇</u>. 請施屛裔之典. 云云.”

○ 刑曹參判<u>李肇</u>疏略云云：“且伏聞處分非常, 欲請面陳, 急趨闕下, 重臣
已先請對矣. 臣欲隨入, 則喉司之臣, 三次往復, 終始阻搪, 實未知其意之所在
也. 噫! 自有此命, 東宮邸下, 半夜之間, 再接宮僚, 涕泣下令, 若無所措. 當此
之時, 凡在廷臣驚遑咸造, 急時齊請, 一以爲繳還前令[75)]之地, 一以爲慰安儲
宮之心, 不容一時少緩.

臣之有聞, 旣在最晚, 及到漏院, 闕外寂然, 大臣·三司, 無一人至者, 出納之
地, 亦不許臣之入對. 今日國事, 無復餘地, 臣誠慨惋也. 臣忝居宰臣之列, 當
此有事之時, 爲一二承宣之所阻, 闕門咫尺之地, 不得進一言而歸. 臣之疲軟
見輕, 固不足論, 虧損國體, 乃至於此. 云云.” 答曰“已諭於宰臣之批矣”.

○ 十二日, 副司直<u>朴泰恒</u>等三十二人疏曰：“王綱凌替, 人心陷溺, 古所謂
‘君不君, 臣不臣’者, 不幸於今見之. 臣等雖處散地, 俱忝兩朝侍從之列, 中夜
耿耿, 直欲無訛而不可得. 乃者<u>趙聖復</u>, 猥藉臺職, 遽投一疏, 中外洶洶, 衆情
駭懼, 臣等聚首憤惋, 惟俟聖明之明示典刑矣.

去夜忽伏聞, 旣賜溫批, 旋下備忘, 乃有臣子所不忍聞·所不忍承者, 蒼黃半
夜, 一重臣請對, 反復開陳, 幸奉反汗之命. 擧國含生之類, 莫不始愕而終忭·
回憂而爲欣, 臣等似若更無所容辭, 而尙有區區危迫之衷, 不能自已者.

嗚呼! 惟我先王遺大投艱于殿下, 丕顯丕承之責, 亦惟在殿下之一心. 孜孜
不遑寧處, 遵而無怨, 而夫以我殿下之至誠·達孝, 胡不念及於斯耶? 謂殿下春
秋晼晚, 志勌于勤而爲之耶?

謂殿下臨御旣久, 意在暇逸而爲之耶? 謂殿下疾病沈痼, 難於聽斷而爲之

---

75) 令 : 底本에는 “命”으로 되어 있다. 《承政院日記 景宗 1年 10月 11日》기사에 근거하여
수정하였다.

耶? 聖算方盛, 寶曆維新, 政當勵精圖治, 日親萬機, 酬酢無滯. 其疾患之見妨,
自可仰揣矣, 未知殿下, 何苦而爲此耶? 臣等竊未曉聖意所在也.

自有此事以來, 擧國波蕩, 雖有中寢之令, 而餘悸在心, 相顧遑遑, 靡所止泊,
此何擧措? 此何景像? 苟非堅定聖志, 以爲永久鎭安之道, 則宗社之憂有不可
勝言者. 噫! 今日臣僚, 孰非殿下之臣子?

半夜禁中, 尺紙猝降, 而大臣熟睡, 三司寂默, 漠然無一分匡救底意思. 儻非
一重臣力爭於前席, 國家擧措之罔極, 將復如何? 其心所在雖謂之路人所知,
不爲過矣. 臣等又竊伏聞, 一大臣陳箚, 至以重臣之深夜請對, 咎責承宣, 顯有
不快之色, 此又何心?

嗚呼! 名爲大臣而當國家非常之擧, 一則高枕而傍觀, 一則投章而反攻. 大
臣如此, 其他可知. 彛倫之斁絶, 義理之晦塞, 胡至此極? 臣等竊恐, 從今以往,
雖有宗社之危亡, 迫於目前, 忠臣·志士, 設欲沫血陳忠[76], 亦無自達於禁闥咫
尺之地, 呼吸之頃, 將不暇救. 興言及此, 不覺氣短.

且念此事, 決非痴駿一聖復之所自辦[77]. 其經營揣摩, 闞發幻弄, 內畜無君
之心, 外售嘗試之謀, 潛窺暗偵, 如鬼如蜮, 不復知有天地之常經·君臣之大
綱. 隱然萌於心, 肆然筆於書, 遣辭閃鑠, 造意陰譎, 臣等請就其疏而略卞之.

夫法筵臨御, 臣僚引接, 典禮嚴重, 儀節肅穆, 不惟我國家三百年, 自有制度,
抑亦千百代帝王家法, 昭在方冊, 顧安有儲君, 陪侍至尊於聽政之所·可否裁
決於萬機者乎?

縱殿下志在厭煩, 勉令分勞, 而惟我東宮邸下, 必不肯安意受命. 而況今冊
禮之行, 纔有日矣, 寅畏兢業·夙夜靡寧之際, 猝承非常之敎, 半夜深更中, 再
接宮僚, 涕泣汎瀾, 言不成聲. 有以見至誠惻怛, 感神祇而聳臣隣者矣, 東宮今
日之心, 卽何異於殿下乙酉之心哉?

儻殿下念及乎此, 其能不盡然感慨, 思所以慰安者. 伏願殿下, 上體先大王

---

76) 忠 : 底本의 원문은 판독이 어렵다. 존경각본을 따랐다.
77) 辦 : 底本에는 "辨"으로 되어 있다. 존경각본에 근거하여 수정하였다.

付畀之重, 惟以繼志爲心 ; 下念震邸懇惻之誠, 必以安意爲勉, 亦復以宗社·
生民之眷, 係有不可忽者, 自勵自奮, 惟懷永圖, 不遑暇逸, 嚴立紀綱, 振肅朝
著.

如聖復犯分悖義者, 快正王法, 使不得接跡而復起. 高枕傍觀·投章反攻之
兩相, 職在三司, 寂默之不言諸臣, 并施譴罰. 俾國勢底定·人心獲安, 以爲億
萬年鞏固之基焉.

疏成將上之際, 伏聞聖復因兩司之啓, 有荐棘之命, 而其罪不但止此. 更願
亟加顯戮, 以正常憲. 云云."

【副司直朴泰恒·沈壽賢·金一鏡·柳重茂·朴彙登·李眞望·李眞儒·李明誼·尹聖時·金濰·柳綎·
金始炯·呂善長·李匡輔·尹晉·李景說·李廣道·曺命敎·黃晸·金坌·尹會·尹東衡·趙遠命·徐宗廈·
權益寬·柳萬重·鄭楷】

○ 副司果韓世良疏曰 :"伏以臣病伏窮巷, 與世相遠, 昨夕始伏聞下政院
備忘, 有大小國事并令世弟裁斷之敎. 臣讀未至半, 不覺心膽如墜·涕淚無從
也. 伏惟于世弟, 仁孝夙著, 位號已定, 四方臣庶, 莫不延頸, 國本永固, 繼序有
恃, 而何殿下之汲汲, 遽有此非常之擧也? 驚憂且惑, 莫知其由.

繼伏見聖復疏本則曰 :'政務裁決之間, 輒引世弟參聽, 講確可否.' 嗚呼!
痛矣! 天無二日, 地無二主. 北面殿下之庭者, 何敢以此等語萌於心而發於口
乎? 雖無直請世弟臨朝之語, 其曰'輒引參聽, 講確可否'者, 非請[78]臨朝而何?

始知殿下此擧, 聖復果啓之也. 爲人臣子而敢懷陰移天位之計, 顧其罪, 安
得一日容息於覆載之間哉? 向來儲位請建時, 似指恭靖大王時事云者, 蓋因以
弟爲儲之意, 而其末後[79]一事, 猶未免國人之疑惑. 豈意聖復, 踵有此嘗試之
疏也?

重臣力爭, 幸收成命, 聖復屛裔亦賜允兪. 而臣等以爲, 此而若不快正邦刑,

78) 請 : 底本에는 없다. 《承政院日記 景宗 1年 10月 12日》 기사에 근거하여 보충하였다.
79) 後 : 底本에는 없다. 존경각본에 근거하여 보충하였다.

則非但世弟之心, 無以慰安, 大義滅而綱常斁, 亂臣賊子, 其將接跡而起, 豈不大可懼哉? 曾在先大王寢疾之日, 有一鄕儒疏請移政於殿下, 卽爲嚴鞫, 仍置極刑. 前事昭昭, 實爲柯則, 伏願聖明, 廓揮乾斷, 快副共誅之輿情. 云云."

○ 政院啓曰: "臣伏見副司直朴泰恒等聯名上疏, 則以趙聖復極加顯戮爲請, 而若其遣辭造意, 專在搆陷諸臣·壞亂朝廷. 試就其疏中用意處, 言之, 有曰: '半夜蒼黃, 尺紙猝降, 大臣熟睡, 三司寂默, 漠然無一分匡救底意思.' 又曰'其心所在, 路人所知'. 噫嘻! 人之爲言, 胡至此極?

日昨備忘之下, 在於深夜, 兩大臣及諸臣, 莫不驚惶奔走, 將爲請對爭論之計, 而重臣不待諸臣之齊會, 獨先入對. 及其成命反汗之後, 則諸臣無所事於登對, 遂皆相率而退. 其未及入對之由, 不過如斯而已. 今乃勒歸諸臣於袖手傍觀之科, 至目以路人所知者, 是誠何心哉?

夫深夜蒼黃之頃, 禁鑰乍下之際, 或入或未及入, 此固事勢之適然, 而因其赴闕之差先差後, 如得奇貨, 搆罪罔極. 噫! 今日人臣, 爲國盡忠·事上盡禮之道, 其果係於請對之或及或未耶? 區別彼此, 較量先後, 必欲因此而盡逐在廷之臣者, 誠可痛駭. 而至於'路人所知'等語, 萬萬危險, 便一急書.

且副司果韓世良繼呈一疏, 取見其措語, 則蓋亦請討聖復. 而或曰: '天無二日, 地無二王.', 或曰: '雖無直請使世弟臨朝之語, 而其曰「輒引參聽, 商確可否」者, 非謂臨朝而何?' 或曰: '爲人臣而敢懷陰移天位之計.', 或曰: '向者儲位請建時, 似指恭定大王時事云者, 蓋引以弟爲儲之意, 末後一事, 猶未免國人之疑惑.'云.

夫聖復之疏, 極其駁悖, 請討之論, 夫誰曰不可? 而第其'天無二日, 地無二王'之援說者, 何? '陰移天位'之說, 指意安在? 此等句語, 俱極凶悖, 而至於'末後一事', 果指何事? 所謂'國人疑惑', 其果有何說? 妄懷危疑之心, 自不覺其語之扯逼於不敢言之地. 噫! 爲人臣子者, 何敢以此等語, 萌於心而發於口哉? 臣實痛之. 今此兩疏, 不容循例捧入, 區區所懷并此, 惶恐敢啓."

○ 兩司合啓："一自建儲之後, 一種不逞之徒, 心懷不悅, 必欲沮敗. 而鳳輝之疏, 旣得未售[80], 密囑潛使, 旁伺逞凶, 無所不至. 及至聖復疏出, 而如得奇貨, 乘時闖發, 必欲疑亂聖聰·動搖國本者, 寔繁其徒, 而未有如世良疏語之凶悖者[81]也. 原疏雖未盡見, 而今以喉院啓觀之, 誠不勝驚愕痛惋之至. 其疏所謂'末後一事', 所指者何事；'國人疑惑', 所指者何人耶? 語意之包藏凶惡, 萬萬叵測, 世良亦一臣子, 何敢以此等語萌於心而發於口哉? 其爲罪狀覆載難容. 請韓世良圍籬安置." 答曰"不允".

○ 府啓："日昨趙聖復疏, 指意絶悖, 末端措語, 尤非人臣所敢言者, 則居出納之地者, 所當嚴加退斥·啓稟請罪之不暇, 而乃反曚然捧入, 無所持疑. 其昏謬溺職之罪, 不可不論, 請當該捧入承旨, 罷職不敍.【李喬岳·金致龍】答曰"依啓".

○ 府啓："卽伏見朴泰恒等疏本, 則憑藉聲罪聖復, 而若其逞謀售毒之計, 專在搆陷諸臣·網打朝廷. 噫嘻! 人之爲言, 胡至此哉? 日昨備忘之下, 在深夜之後, 大臣·諸臣, 莫不驚遑奔走, 將爲請對力爭之計. 而隨其家居之遠近, 致有來到之先後, 揆以事體, 待其齊會, 相率登對, 固所當然. 而重臣經有[82]突入, 是何心腸耶?

噫! 深夜蒼黃之頃, 禁鑰乍下[83]之際, 或入或未及入, 此固事勢之適然. 而只以赴闕之差先差後, 如得奇貨, 作爲傾軋之欛柄, 其設心造意, 萬萬絶痛. 況其'路人所知'等語, 尤極凶慘, 有同急書, 決不可不嚴加懲勵. 請朴泰恒削奪官

---

80) 旣得未售：底本에는 "豈不得售不逞"으로 되어 있다.《承政院日記 景宗 1年 10月 12日》기사에 근거하여 수정하였다.

81) 者：底本에는 없다.《承政院日記 景宗 1年 10月 12日》기사에 근거하여 보충하였다.

82) 經有：《承政院日記 景宗 1年 10月 12日》기사에는 "徑自"로 되어 있다.

83) 下：底本에는 "出"로 되어 있다.《承政院日記 景宗 1年 10月 12日》기사에 근거하여 수정하였다.

爵, 門外黜送." 答曰"勿煩".

○ 院啓李眞儉遠竄, 依啓, 密陽府遠竄.

○ 備忘記："噫! 卿以先朝禮遇之臣, 竣事後日月斯久, 未得相面, 心事恨歎, 自愧誠淺. 當今國勢波蕩, 災異層出, 卿以體國之誠, 想必念及於此. 前日勤懇, 不啻縷縷, 而莫回, 故今則李眞儉罪名已定, 更無可引之嫌. 且卿以[84]休休之量, 何必更撕於人也? 卿其體國事之多艱·念先朝之殊眷, 卽日造朝, 以副小子虛佇之望." 傳曰："遣史官傳諭于李判[85]府事, 與之偕來."

○ 左相李健命箚請收領相許休, 又言"聽政反汗之後, 箚疏迭起."【"藉重傾陷"云云.】答曰："昨日勉副領相休致之請, 軫悶老病, 倚毗眷注, 何可少弛? 諸臣之筵奏·疏陳, 實出於爲國進言, 有何藉重之計哉? 卿其安心勿辭."

○ 左相·兩司請對, 傳曰"氣候不平, 所懷書入". 健命啓曰："日昨非常之敎, 出於千萬意慮之外, 大小群情, 莫不遑遑失措, 達宵奔走, 幸賴聖心覺悟, 旋卽收還. 凡在瞻聆, 孰不欽仰我聖上轉環之美哉? 半夜之間, 人心安帖, 中外歡忭, 宗社無疆之休, 實基於此, 則今日臣僚, 宜無更論之事. 而一日二日, 疏章紛紜, 充滿公車者, 罔非搆捏朝臣, 而臣亦入其中矣.
朝進一箚, 未蒙恩許, 方切憫蹙之際, 伏聞前承旨韓世良投進一疏, 語意凶慘. 臣雖未及見其疏本, 聞其疏中, 有曰'天無二日', 又曰'陰移天位'. 只此數句, 便是急書, 未知世良有何所據而發此無倫悖逆之語耶? 此其意非在搆捏朝臣, 觀其語脈, 顯有挺逼不敢言之地, 論以王法, 不可不嚴加究問, 以鎭人心.

84) 以：底本에는 없다. 《承政院日記 景宗 1年 10月 12日》기사에 근거하여 보충하였다.
85) 判：底本에는 "領"으로 되어 있다. 《承政院日記 景宗 1年 10月 12日》기사에 근거하여 수정하였다.

至於首相之不可去位, 臣於前箚, 略陳之矣. 方今, 朝著渙散, 國勢危綴, 此
豈元老大臣釋負就閑之日乎? 聖上雖軫悶老之意, 有此優[86]待之禮, 而或未深
思於倚毗之無人而然歟?

曾在先朝, 首相亦嘗累陳休致之懇, 而先王終不許者, 非欲疏於禮節也. 竊
覵〈御製畵像贊〉, 則其眷注之隆 · 奬許之意, 實千古君臣之所罕有也. 今於嗣
服之初, 遽然許退, 豈不有歉於聖明追先旨 · 任舊人之意哉? 伏乞聖明, 俯賜諒
察, 韓世良拿問嚴覈, 首相休致之命, 卽爲還寢事." 傳曰 : "知道. 今番事, 本非
臺疏而發也, 故趙聖復旣正荐棘之典矣, 諸臣誤認之致也.

領相年老多病, 昨今年來, 費盡筋力, 故慮或有傷損, 暇閑調便後, 共濟國事
也. 更思之, 未免輕率, 故批旨才已還收. 韓世良疏語無據, 予亦不快, 卿言是
矣." 傳曰 : "領相箚子及批答還入."

還入, 答曰 : "《禮經》致仕之訓, 《國典》奉朝賀之設, 予豈不知? 矧今災異
孔棘 · 國勢波蕩之中, 左揆不久赴燕, 右相出仕無期, 夙夜憂懼, 專恃元老大臣
之輔護矣. 請閑之章連至, 慮或以卿體國盡瘁之誠, 或有礙職務[87]傷損, 故暫
副至願矣. 予心耿耿, 反復思惟, 則極涉未安, 追悔何及[88]? 今日去就, 實係安
危, 其不可邁邁也, 決矣. 卿其須體至意, 安心勿辭. 云云."

○ 兩司【持平李瑜 · 正言愼無逸】所懷 : "嗚呼! 今日國事, 何等岌岌乎殆哉? 日者
建儲一事, 此實聖上爲宗社大計, 而其爲光明正大, 實是往牒之所罕有. 國本
旣定, 人心有係, 國家如[89]盤石之安. 而忽然聖復之疏極其凶悖, 前夜備忘猝
下於聖復疏出之後, 則此實聖復有以啓之. 噫嘻痛哉! 聖復之罪, 可勝誅哉?

---

86) 優 : 底本에는 "憂"로 되어 있다. 존경각본과 《承政院日記 景宗 1年 10月 12日》 기사에
　　근거하여 수정하였다.

87) 務 : 底本에는 뒤에 "之"가 더 있다. 존경각본과 《承政院日記 景宗 1年 10月 12日》 기사에
　　근거하여 삭제하였다.

88) 及 : 底本의 원문은 판독이 어렵다. 존경각본을 따랐다.

89) 如 : 底本에는 없다. 《承政院日記 景宗 1年 10月 12日》 기사에 근거하여 보충하였다.

今此聖復一人之所爲, 凡我滿庭臣僚, 莫不痛惋, 此臣等所以仰請討罪, 亟施荐棘者矣.

今聖復旣已正罪, 且幸殿下旋卽開悟, 輒許還收, 則自此國家更有何事? 而一種不逞之徒, 乘此機會, 紛紜迭出, 必欲售其疑亂聖聰·網打朝紳之計, 此何景像耶?

錫恒之前夜請對, 乘諸臣之未及齊到, 潛伺挺出, 忙急登對, 逆杜諸人力爭之路, 要衒自家獨辦之迹. 雖其所奏得當, 幸致反汗之命, 而若其踪跡之陰秘·情態之巧密, 何可掩乎? 伊時大臣·諸臣之未及齊會於錫恒入對之時, 不過出於事勢適然. 彼以失志懷怨之心, 視若奇貨, 謂'殿下假此而可欺也', 謂'廷臣因此而可陷也'.

逆臆之計, 無所不已. 泰億以該司之官, 無端請對於事定之後, 泰恒繼起而肆然投疏, 至於世良之疏, 則尤極凶悖而有不忍正視者. 殿下試觀此輩之事, 其果出於爲國之心耶? 其亦出於嫁禍之計耶. 伏願殿下, 洞垂睿照, 凡此奸兇90)之徒, 隨其輕重而明正其罪焉." 答曰 : "大臣批答及啓辭之批, 已悉矣."

○ 淸恩君 韓配夏疏略 : "伏聞聖復投進一疏, 語極無嚴, 繼伏見備忘記, 有臣子不忍聞之敎. 噫! 皇天默佑, 邦本大定, 春宮邸下, 英明夙著, 此實宗社之休. 惟我殿下, 政令施措, 少無闕遺, 而不料賊臣聖復, 潛懷將心, 擅弄主勢, 乃於卽祚元年, 敢議於不敢言之地, 聖復之罪, 可勝誅哉?

噫! 設如聖敎, 爲便調養, 有此擧措, 爲今日臣子者, 固當力爭, 如乙酉故事. 而彼聖復者, 乃敢肆然仰請, 不少畏忌. 噫嘻! 聖復之心, 路人所知, 寧不痛惋? 如此凶逆, 若不嚴懲, 則豈不大可懼哉? 況伏聞春宮, 自聞備忘, 憂惶震迫, 至於對宮僚垂涕云. 聖復之罪, 至此而益難貸. 云云."

90) 兇 : 底本에는 "究"로 되어 있다. 《承政院日記 景宗 1年 10月 12日》 기사에 근거하여 수정하였다.

○ 司直<u>李正臣</u>疏：“請勿撓邪議. 或恐日後如<u>聖復</u>者, 又發何樣怪駭之說. 云云.”

○ 禮曹參判<u>李堞</u>疏曰：“國家之許入請對, 初無多少之限·夜晝之分. 況事有大小, 苟有大事之時, 時刻難待, 則夜亦可也, 曉亦可也. 何可忡忡待人·默默待罪哉? 況如日昨事, 其可毫分汎緩91), 有所遲待? 而今以92)夜中獨入爲過, 至罪承宣, 則臣恐自此壅蔽之習93)成, 終至於國不爲國而後已. 乞垂睿裁, 俾無大端後弊.”

○ 判府事<u>趙泰采</u>箚曰：“夜聞非常之擧, 驚惶憂慮94), 與時任大臣往復, 一邊促駕詣闕, 以爲齊聲準請之計矣. 路聞重臣獨爲請對, 已有反汗之命, 臣心切慶祝. 而備忘既收, 則更無事於陳請, 故還歸矣. 乃者<u>李光佐</u>, 以未及赴闕, 渾加搆斥, 危險可知也. 乞賜罷斥.” 又言“一號一令, 務存愼重”, 又論首相勉副之不可.

○ 掌令<u>李廷爐</u>疏討<u>聖復</u>云：“幸寢成命, 且允臺啓, 輿情咸服, 不勝頌祝. 云云.” 答判府事<u>趙泰采</u>箚曰：“云云. 領府事事, 當初妄率, 故已爲改下矣.”

○ 知事<u>洪萬朝</u>等疏槪：“日昨備忘, 實是人臣所不忍聞, 擧國含生之類, 聚首痛泣, 經日靡定. 雖因重臣之言, 改下反汗之命, 而討逆之擧, 不容少緩, 隄防之道, 不可不究. 臣等俱以世祿之臣, 忝居大夫之後, 竊附古人沐浴之義.

---

91) 汎緩 : 底本에는 “泛後”로 되어 있다. 《景宗實錄 1年 10月 12日》 기사에 근거하여 수정하였다.

92) 以 : 底本에는 “於”로 되어 있다. 존경각본과 《景宗實錄 1年 10月 12日》 기사에 근거하여 수정하였다.

93) 習 : 底本에는 없다. 《景宗實錄 1年 10月 12日》 기사에 근거하여 보충하였다.

94) 慮 : 底本에는 빠져 있다. 《承政院日記 景宗 1年 10月 12日》 기사에 근거하여 보충하였다.

云云. 亟降明旨, 先正聖復無將不道之罪, 仍治大臣忘君負國之罪. 云云."

疏語有云: "前世訓儲之道靡不用極, 未聞二聖并臨, 曰可曰否於接待臣隣
之際, 此其意, 隱然以別件擧措慫慂我聖衷. 云云. 日昨備忘, 何等罔極之擧?
身爲大臣者, 偃臥私室, 恬不知動, 緩緩入來, 自外徑退, 殆同越視, 忘君負國.
云云. 果有驚愕之心, 則設使重臣先入, 大臣當隨後踵入, 同聲力爭. 而彷徨岐
路, 袖手傍觀, 與聖復同一心腸, 宜其箚中, 無一言半辭之論斥聖復也."

○ 持平柳復明所懷, 魚有龍所懷, 有龍只云'因一聖復疏, 遽下非常之敎'云
云, 無討罪之語. 復明則聖復疏語, 有非人臣之所敢發口云, 其餘則語意大同.

○ 十三日, 右相偕來備忘記: "噫! 今日國事, 可謂岌岌乎殆哉! 首揆盡瘁,
以老病調攝, 左相出疆之期不遠. 當此國勢波蕩·災異層出之時, 鼎席殆若空
矣, 今日國事, 可謂危且急矣. 卿以寬大之量, 胡不念及於斯耶?

向來臺言謬戾, 不足介懷. 當今思卿, 不啻若大旱之望雲霓也. 切望卿[95]抛
棄前事, 快滌時態, 幡然入城, 共濟國事, 一以安將亡之國, 一以慰小子宵旰思
想之心." 仍傳曰: "遣史官, 往諭於右相, 與之偕來." 政院【知申洪啓[96]迪·該房韓
重熙】以方在合啓中, 措辭封入.

○ 政院啓曰: "日昨韓世良疏語, 極其凶悖, 自本院措辭捧入之後, 大臣·
兩司或以所懷·或以啓辭, 幷請討罪. 及承批旨於[97]大臣所懷, 則以'卿言是也'
爲敎, 兩司啓辭, 則以'勿煩'爲答. 臺啓雖未蒙允, 而大臣所懷之批, 顯示開可
之意, 則有以仰認聖明之深惡痛斥. 而及夫本院啓稟, 則反有拿問傳旨勿捧之

95) 卿: 底本에는 없다. 《承政院日記 景宗 1年 10月 13日》 기사에 근거하여 보충하였다.
96) 啓: 底本에는 "萬"으로 되어 있다. 존경각본과 《景宗實錄 1年 10月 13日》 기사에 근거하여
수정하였다.
97) 於: 底本에는 "則"으로 되어 있다. 《承政院日記 景宗 1年 10月 13日》 기사에 근거하여
수정하였다.

命, 臣等竊不勝憂慨之至.

一自聖復疏出之後, 陳章請罪, 夫誰曰不可? 而至於世良之疏, 則遣辭造意, 極凶極悖, 其曰'陰移天位'云者, 直是急變之書. 而至以'末後一事, 猶未免疑惑'爲言者, 顯有危逼春宮·撼搖國本之計, 擬議於不敢言之地, 不道無將, 悖天犯分.

其罪狀, 實是王法之所難貸·神人之所共憤, 而如使我春宮邸下覽此疏語, 其危蹙不安, 當復如何? 在聖上保護春宮之道, 亦豈容一任亂臣賊子之逞其胸臆, 而不思所以嚴加懲討也?

噫! 殿下於鳳輝之罪, 尚靳肆市之戮, 今此賊臣, 乘機增氣, 未必不由於此也. 此而若不亟加嚴鞫之命, 夬正王法, 則竊恐彝倫斁絶, 國家之亡, 迫在呼吸. 臣等忝在近密之地, 區區所懷, 惶恐敢啓." 傳曰: "知道. 依臺論擧行."

○ 傳曰: "當初如此之疏, 勿捧可也, 而曨不覽察, 率爾捧入. 朴泰恒等上疏九度【兵參金在魯·司果朴弼正等疏, 十一日入啓; 司直朴泰恒等·清恩君 韓配夏·司果韓世良·司直李正臣·掌令李廷燮·禮參李壋·司直洪萬朝等, 十二日入啓, 凡九度, 皆請罪趙聖復.】還出給, 捧入承旨罷職."

○ 政院啓曰: "卽伏見備忘記, 韓世良等上疏捧入承旨罷職事, 命下矣. 當初此疏之到院也, 都承旨洪啓迪, 以嚴加痛斥之意, 稟啓捧入, 則與無端捧入有異. 請加三思, 還收啓迪罷職之命." 答曰 "依啓".

○ 傳曰: "原任時任大臣·三司·二品以上來會賓廳."

○ 備忘記: "噫! 予之病根, 日漸層加, 痊可無期, 而酬應煩多, 姑無委頓之事, 以水刺諸節言之, 倍前厭進, 症形益深. 故早定儲位者, 實欲代理矣, 以此稟于慈聖久矣, 冊禮纔過, 故未果矣.

今此諸臣, 不知予之本意, 有若因臺疏而發者然, 相繼爭論紛紜, 故姑爲還收, 以示予本意, 以正趙聖復妄率之罪也. 若公事積滯, 則酬應實爲切迫, 一依再昨備忘擧行, 以全調攝之道焉."

○ 大臣·政院·二品以上, 閤門外請對, 傳曰"昨今氣候, 益加不平, 酬應亦難, 所懷書入". 政院口傳啓曰: "累次請對, 極其惶恐, 而臣等各有所懷, 若不入對, 則無以盡其衷情. 更加三思, 許令入對之意, 更請仰達."
傳曰: "爾等不知予病勢之如許, 如是累度煩請. 當初引見非難, 則爾等誠悃, 何以防塞乎? 非但引見爲難, 酬應尤難, 更勿煩瀆. 所懷雖各不同, 卽爲書入."

○ 大臣以承傳色口傳啓曰: "玉候不平之中, 請對至再至三, 極知惶恐. 此事至重且大, 非可以所懷書入之事. 諸臣亦當各陳所懷, 雖於臥內引見, 似無所妨, 玆敢更爲請對. 而若不得請對[98], 則臣等當伏於[99]閤門外, 決[100]無退去之意矣. 惶恐敢啓."
傳曰: "卿等猶未知予病之如何, 如是累請. 當初引見, 若不難, 則大臣以下誠悃, 予豈防塞乎? 引見決知其極難, 勿復煩瀆. 雖所懷各自不同, 卽爲書入."

○ 又啓曰: "臣等伏聞聖敎, 則'氣候不平, 酬酢尤難', 非不知縷縷煩瀆之爲極未安. 而諸臣各有所懷, 難以文字形容, 群情莫不抑鬱, 必欲面陳. 特許引見, 以盡區區之誠. 惶恐敢啓."
傳曰: "氣候不平, 酬酢甚難. 雖在氣候和平之時, 若聽多人喧聒之聲, 則甚

苦, 若將添病. 近日氣候, 尤甚不平, 與多人接話, 則病勢必有所加, 極爲可悶,
故所懷使之書入矣. 今又請對, 不知予病勢之如何, 更爲煩瀆乎? 今日備忘,
本意無他事, 欲調養予病患, 出於不得已也. 再三煩瀆, 何至若是甚苦耶? 更勿
煩瀆, 所懷書入."

○ 政院再啓曰: "臣等非不知聖體之欠安而酬酢之甚難, 遭此非常之擧,
終不得入侍天陛, 面陳忠悃, 則下情抑鬱, 無以自達. 更加三思, 允從入對. 云
云."
傳曰: "已諭於朝廷批答矣, 更勿煩瀆, 所懷書入."

○ 王世弟上疏曰: "伏以乃於日昨遽下臣子不忍聞之敎, 驚惶罔措, 將欲
瀝血陳章之際, 聖鑑回悟, 卽賜[101]反汗, 伏不勝頌祝. 而餘悸未定之中, 又伏見
下賓廳之敎, 臣心膽懼[102]戰, 寧欲溘然而不可得也.
今日與丁[103]酉時事, 大有所不然. 聖上春秋鼎盛, 正當勵精圖治之日. 雖有
欠安之節, 神明所扶, 自臻勿藥, 而遽以莫重莫大之事, 欲加如臣不肖. 旣昧學
問, 且無知識, 何敢望其承當於萬一乎? 伏惟殿下今日之敎, 雖出於代勞之意,
恐反貽憂於聖慮也. 玆敢冒死哀籲, 伏乞上念宗社, 下順群情, 亟收成命."
答曰: "省覽疏辭. 予之沈病, 前已詳知, 實非飾讓之比. 今此國勢波蕩·艱
虞溢目之日, 因予病痼, 機務多滯, 可不憂懼哉? 不得已命爾代理, 乃是祖宗朝
故事, 何以讓焉[104]? 嗚呼! 付托至重至大, 夙夜寅畏, 敬之愼之, 式克欽承,

101) 賜: 底本에는 "使"로 되어 있다. 《承政院日記 景宗 1年 10月 13日》 기사에 근거하여 수정하였
다.
102) 懼: 底本에는 "俱"로 되어 있다. 《承政院日記 景宗 1年 10月 13日》 기사에 근거하여 수정하였
다.
103) 丁: 底本에는 "乙"로 되어 있다. 《承政院日記 景宗 1年 10月 13日》 기사에 근거하여 수정하였
다.
104) 焉: 底本에는 "爲"로 되어 있다. 《承政院日記 景宗 1年 10月 13日》 기사에 근거하여 수정하였
다.

毋庸[105]更辭, 以副擧國臣民之望."

○ 大臣·二品以上所懷書入, 傳曰: "噫! 予病症已悉於前後批旨矣. 且非一朝一夕之祟, 十餘年內, 積傷之致. 凡干病勢, 日沈難治, 乃醫家常事, 今日之爲此擧者, 豈有隨便宴息, 以爲頤養之道哉? 此非些少之症, 若不趁卽治療, 則實有難言之憂. 且代理乃是祖宗朝故事, 何至此耶? 卿等無以困我, 更勿煩瀆."

【領相金昌集·判樞趙泰采·左相李健命·知事姜鋧·戶判閔鎭遠·左參贊任埅·李宜顯·工判黃一夏·訓都尹就商·淸恩君 韓配夏·刑參[106]李肇·江原監司[107]金演·司直尹慤·李光佐·禮參李塿·吏參李秉常·兵參金在魯·司直李森·護軍吳重周·李暉·柳就章】

○ 政院所懷書入, 傳曰"已諭於朝廷之批矣, 勿煩".

○ 三司所懷書入, 傳曰"盡於合辭之批矣, 毋庸煩瀆".

○ 朝廷所懷再啓, 傳曰: "備忘及批旨, 已盡矣, 不必多詰. 然病根內傷, 心火滋蔓, 若火升降之際, 則精神索莫, 昏不覺察. 似此危兆, 必死生之所關也, 安無[108]顧惜之心乎? 知我者謂我心憂, 不知我者謂我倦怠, 而若是, 豈不嗟惜哉?

今則國本已定, 予之火熱之症, 漸至難醫之境, 强以行之, 則必有後悔, 欲專

---

105) 庸：底本에는 "用"으로 되어 있다. 《承政院日記 景宗 1年 10月 13日》기사에 근거하여 수정하였다.
106) 參：底本에는 '判"으로 되어 있다. 《承政院日記 景宗 1年 10月 13日》기사에 근거하여 수정하였다.
107) 原監司：底本에는 "留"로 되어 있다. 《承政院日記 景宗 1年 10月 13日》기사에 근거하여 수정하였다.
108) 無：底本에는 "有"로 되어 있다. 존경각본과 《承政院日記 景宗 1年 10月 13日》기사에 근거하여 수정하였다.

意調治, 則有妨於公務. 到此地頭, 使世弟分憂·分勞之外, 更無他道. 此非特
惜予之一身也, 乃所以爲國也. 如其不然, 何所據而爲此也[109]? 使予苟無沈痼
之疾, 雖至知命之年, 必不代理也. 豈可以年歲壯弱論哉? 卿等, 愛予而動念
也. 連日達夜酬應, 氣甚不平矣."

○ 政院再啓, 傳曰:"此乃祖宗朝已行之事, 依備忘擧行, 勿復煩瀆."

○ 三司再啓, 傳曰:"前後批旨, 罄竭予意, 須勿煩撓."

○ 副護軍<u>沈壽賢</u>等上疏:"臣等猝聞復下非常之教, 不勝驚惶崩迫之忱,
相率叫閤. 云云." 答曰:"前後批旨及備忘, 已悉予意. 今日之事予已牢定,
更勿煩焉."【疏錄與<u>朴泰恒</u>等疏同. <u>梁聖揆·朴弼夢·沈珙·尹游·李普昱·金始煒·金東弼·趙最壽
·朴徵賓·趙趾彬</u>添入.】

○ 十四日, 賓廳啓曰:"臣等累次請對, 終未蒙允許, 不得已再上所懷而退
去矣. 今又來詣賓廳, 非不知聖候不平之中, 如是煩擾, 極爲未安, 而臣等各有
所懷, 不如面達爲詳, 群情抑塞. 今日則特賜引接, 千萬幸甚."
傳曰:"連日達夜酬應, 故氣候益加不平, 無復接語之道, 勿爲請對, 所懷書
入."

○ 政院請對, 批旨亦同.

○ 賓廳再啓曰:"連日達夜酬應, 故聖候尤不平, 如此之時, 更爲煩瀆, 極涉
惶悚. 而旣有非常之命, 而不得一番登對, 群情愈益抑塞. 雖以所懷書入, 文字

109) 也:底本에는 "者"로 되어 있다.《承政院日記 景宗 1年 10月 13日》기사에 근거하여 수정하였
다.

終不能達意, 不得已更爲請對."

傳曰: "聽政之擧, 非予今日刱始也. 法祖宗朝故事, 欲調養病症, 卿等不念我病勢, 反惱予病, 至於如此, 有若遭非常之擧者然. 玆事欲除勞苦, 實不知至於如此之意也. 引見決不可爲, 依前備忘擧行, 卿等退去, 可也."

○ 政院再啓, 批旨同.

○ 王世弟再疏曰: "噫! 臣所叨儲位, 固已不敢當者, 而況於今日, 又下此萬萬不敢當之命, 瞻天涕泣, 繞壁彷徨, 寧欲自盡而無知. 顧臣誠淺文拙, 雖未克格感天心, 而竊伏想日月之明, 無微不燭, 何獨不諒於今日如許危迫之情乎? 百爾思量, 斷無堪承之望, 玆敢不避鈇鉞, 更瀆天聽, 伏願聖明察臣悶蹙之情, 俯循億兆之望, 亟收成命. 云云."

答曰: "昨日批旨中, 已悉心腹之懇, 更何多誥? 爾且旣知予之病勢, 而胡不諒哉? 予志牢定, 斷無允從之理. 承旨往諭."

○ 政院三啓曰: "伏承‘依前備忘擧行’之敎, 臣等直欲無生而不聞此敎也. 臣等職忝近密, 必欲一陳所懷, 而終始靳許. 不借方寸之地, 不得畢暴衷情, 益不勝憂鬱之忱, 玆敢更爲請對." 傳曰: "已悉於大臣之批, 勿復煩瀆, 以安病心."

○ 傳于政院曰: "世弟予所訓戒, 不爲擧行, 憂悶蹙蹙, 師傅·賓客, 齊往慰勞 可也."

○ 賓廳三啓: "俄者再次請對, 不但不許晉接, 反令臣等退去, 崩迫之極, 不知所出. 殿下且欲牢拒臣等之請, 諉以酬酢之難, 不得進見, 臣等有死耳. 安敢因此退去耶? 殿下平日每見臣等, 豈獨今日, 有不可見之理乎? 實爲萬萬慨然. 未蒙引接之前, 決不可止矣."

傳曰 :"引見若不難, 則一請再請, 豈不聽施? 予病裏酬酢, 尤爲切迫, 而卿
等視予之狀, 如是輕歇, 何以念差復之道乎? 敬大臣之道, 雖曰尊重, 君臣分義,
何不相諒耶? 病中接話[110]相爭, 如是甚苦, 未曉其意也."

○ 傳曰 :"兩司之一樣合辭, 爭論大臣, 殊未妥當[111]. 且此大臣去就與他有
異, 昨日備忘, 傳授右相."

○ 政院啓曰 :"右議政趙泰耉處, 以備忘記, 遣史官傳諭事[112], 命下矣, 兩
司方以削黜合啓. 自前臺啓方張之時, 宣諭敦召等事[113], 例不得擧行, 今此備
忘, 玆以繳還之意, 敢啓[114]. 云云." 傳曰"知道".

○ 兩司【司諫魚有龍·持平柳復明·李瑜·愼無逸】避嫌曰 :"鳳輝動搖國本·罪關綱
常, 而右議政趙泰耉, 方在大臣之列, 不思沐浴之義, 徒懷護黨之計, 揆以《春
秋》先治黨與之法, 則趙泰耉[115]當先治. 臣等之請, 蓋出於嚴討, 一啓再啓, 兪
音久閟, 不意聖明反降別諭. 喉司旣已據例繳還, 而曾不踰日, 復下傳敎, 至責
以'殊未妥當'. 仍且傳授備忘, 使之召來, 自有臺閣以來, 曾未所聞也. 聖明之
輕視臺閣至於此, 莫非臣等言議, 不能見信於君父之致, 請命遞斥."

---

110) 話 : 底本에는 뒤에 "接話"가 더 있다. 존경각본과 《承政院日記 景宗 1年 10月 14日》 기사에
　　근거하여 삭제하였다.
111) 當 : 底本에는 없다. 존경각본과 《承政院日記 景宗 1年 10月 14日》 기사에 근거하여 보충하였
　　다.
112) 右議政 …… 事 : 底本에는 없다. 《承政院日記 景宗 1年 10月 13日》 기사에 근거하여 보충하였
　　다.
113) 事 : 底本에는 없다. 존경각본과 《承政院日記 景宗 1年 10月 13日》 기사에 근거하여 보충하였
　　다.
114) 敢啓 : 底本에는 없다. 《承政院日記 景宗 1年 10月 13日》 기사에 근거하여 보충하였다.
115) 泰耉 : 底本에는 없다. 《承政院日記 景宗 1年 10月 14日》 기사에 근거하여 보충하였다.

答曰"勿辭退待". 府處置請出.

○ 大臣·二品以上庭請啓辭, 答曰："前後批旨, 已悉予悶迫之意, 更何多誥? 今此代理, 不過依丁酉已行之事, 且分苦分痛, 乃兄弟間友愛之美事, 故[116]欲分繁務, 少安病心之計矣. 上自大臣, 下至輿儓[117], 有若大擧措者然, 連日守閤, 相持紛紜, 使我群生鼎沸云, 是何景像耶? 君臣之間, 心志相孚, 則豈復如斯也? 且予之病勢少愈, 則復親庶政非難, 卿等勿復瀆擾, 卽速擧行."

○ 政院所懷, 答曰："已諭庭請之批矣, 更勿煩瀆, 卽速擧行."

○ 三司所懷, 批答同.

○ 右相處《小學》一部賜送, 中有備忘一張, 自果川, 入來麻浦江上, 待命.

○ 王世弟三疏曰："再瀆宸嚴, 微誠未格, 至以[118]'已悉心腹之懇, 更何多誥'爲敎, 臣於此益復驚惶, 罔知攸措. 噫! 臣旣不能終守己分, 冒居震邸之位. 又不能[119]感回天心, 遽當非常之命, 則臣於他日, 將何顔面瞻望先大王在天之靈哉? 此臣所以雖被瀆擾之罪, 不得準請, 則決不敢止也. 玆不得不更爲叩首泣籲於天日之下. 云云."
答曰："已悉於前後之批, 復何多誥? 兄弟間, 深思分苦分痛之義, 使予頤養

116) 故：底本에는 없다.《承政院日記 景宗 1年 10月 14日》기사에 근거하여 보충하였다.
117) 儓：底本에는 "擡"로 되어 있다. 존경각본과《承政院日記 景宗 1年 10月 14日》기사에 근거하여 수정하였다.
118) 以：底本에는 "於"로 되어 있다. 존경각본과《承政院日記 景宗 1年 10月 14日》기사에 근거하여 수정하였다.
119) 能：底本에는 "當"으로 되어 있다. 존경각본과《承政院日記 景宗 1年 10月 14日》기사에 근거하여 수정하였다.

保身, 是所望也. 且予志堅定, 雖呈十章, 萬無允從之道. 更勿煩陳, 以安予心."

○ 負罪臣趙泰耈箚槪 : "臣於臺議方張·疾病垂死之中, 伏聞國有大事. 冒罪忍死, 進伏城外, 敢效古人囚謫上書之例, 瀝血陳籲, 乞收成命."

箚又云 : "特下備忘, 丁寧懇惻, 雖因喉啓中寢, 而綸音則頒在朝紙. 云云. 先正臣金淨·趙憲·故名臣李命俊, 雖在囚謫, 亦多上書. 云云."

答曰 : "卿以先朝禮遇之臣, 夙負重望, 卜擢台鼎, 實循公議, 未盡保護之道, 遽然棄我, 心深思想. 向日疏辭[120), 不過援引故事, 臺論繼發, 迄未收殺, 以卿寬大之量, 想必無介懷. 且今日事, 非但祖宗朝故例, 專爲國家事也, 卿其安心勿慮焉."

○ 假注書鄭惟一右相處傳諭, 書啓 : "諭旨後, 大臣閭庭請之擧, 進住城外." 傳曰 "知道".

○ 判府事金宇杭箚, 答曰 : "卿之老病, 予已諗知. 今日事, 法祖宗之故事, 有何擧措之率[121)遽也? 予之疾病深痼, 實有難言之慮, 故使世弟代理, 非爲予身, 爲國家也. 且兄弟分憂分苦, 自是美事, 少無相爭之道, 卿其安心勿慮."

○ 刑曹參議李仁復等疏·司果鄭錫三等疏呈, 政院還出.

○ 藥房啓辭, 答曰 : "予之病根, 非特一時之症, 歲月旣久, 故徒以藥物責效, 誠不難乎? 若從吾言, 調治氣候以服相當之藥, 則或見一分之效. 不此之爲, 徒費心慮, 則雖有奇藥, 將焉用哉? 今有勿藥差病之道, 而欲施苦口之藥,

---

120) 辭 : 底本에는 "事"로 되어 있다. 《承政院日記 景宗 1年 10月 14日》 기사에 근거하여 수정하였다.

121) 率 : 底本에는 "卒"로 되어 있다. 《承政院日記 景宗 1年 10月 14日》 기사에 근거하여 수정하였다.

不亦難乎? 勿爲入診議藥."

○ 備局啓:"戶參趙泰億重被臺論, 出疆無期, 改差."

○ 冬至兼奏請副使尹陽來.

○ 前牧使李衡佐等疏槪, 亟收成命, 上以慰先王陟降之靈, 下以安儲宮崩
迫之情事呈政院, 還出給.

○ 領樞李頤命上疏請覈銀貨虛實, 有云:"積忤於時, 使人疑之於不當[122]
疑之地, 加以煽動凶言, 聽者代怖, 朝廷懲置而無別白. 含冤抑塞, 無所告訴,
至於罪罰之先及於言事者, 非臣意慮所及."
答曰:"往返萬里, 不得相面, 心常愧恨. 今則處分已定, 少無難安之端. 卿
以先朝禮遇之元老, 當國家之多艱, 何不幡然造朝, 共濟國事乎?"

○ 十五日, 藥房啓, 答曰:"孟冬已半, 殷奠已過. 予之沈病非細, 不得參奠,
益復罔極. 連日酬應煩多, 病裏苦狀, 何可言諭? 雖非藥物, 庶有差可之道, 豈
有議藥之事? 姑勿議藥, 勿爲入診."

○ 領府事李頤命入來, 謝恩.

○ 館學儒生任選等疏·生員李長春等疏·輔德兪拓基等疏·司直李泰龜等
疏·前郡守鄭[123]重萬等疏·前牧使柳述等疏·生員李萬升等疏入啓.

---

122) 當:《承政院日記 景宗 1年 10月 14日》기사에는 "忍"으로 되어 있다.
123) 鄭:底本에는 "李"로 되어 있다.《景宗實錄 1年 10月 15日》기사에 근거하여 수정하였다.

○ 生員李顯謨等疏：“天地之間，爲人臣而苟有內懷慢侮之心·外爲嘗試之計者，則此神人之所共憤·王法之所難貸也. 昨者, 賊臣聖復投進一疏, 而其心則出於慢侮, 其計則出於嘗試. 噫嘻! 聖復之罪可謂上通于天矣.

惟我殿下自承大位以來, 仁孝爲心, 凡群下之奏[124]請者, 無不曲循其意, 故慢侮之心, 日滋月長, 至於聖復而極矣. 彼惟聖復者, 獨非我殿下臣子乎? 使聖復少有一分顧忌, 渠何敢以此萌於心而發諸口耶? 殿下深惟宗社無窮之計, 國本新建, 邦基永[125]固, 八域延頸之望, 方深；兩宮融洽之樂, 無窮. 而聖復闖然爲此嘗試之計, 使殿下遽下臣子不敢聞之敎, 春宮不安, 至於流涕, 其罪, 可勝誅哉?

曾在先朝, 有鄕儒疏請殿下代理國事, 則卽命嚴鞫, 仍致極刑. 今日儲宮不安之心, 卽殿下伊日之心也. 殿下若欲少慰春宮之心, 則前日之事, 可謂今日之所當法者也. 未知殿下, 何憚而不爲之嚴鞫乎?

成命旣收之後, 又有依前判付之敎, 上自朝紳·章甫, 下至輿儓·下賤, 莫不叫號奔走, 以爲：‘此莫非在廷臣僚, 不能嚴討聖復之罪, 使彼聖復尙此假息於覆載之間, 故殿下又爲此顚倒之擧也.’ 今日廷臣, 苟不能積誠籲天, 期於反汗, 則其將何以免於忘君護逆之罪乎?

夫國家者, 非殿下之國家, 乃祖宗之國家也, 乃寧考之國家也. 惟我祖宗·寧考, 旣已遺大投艱于我殿下矣, 殿下動於一賊臣嘗試之計, 又欲釋負就閑, 則其於祖宗之社稷何, 先王之付托何?

以此言之, 聖復之罪, 雖斬萬段, 有不可贖矣. 殿下若不亟揮乾斷, 以嚴懲討之典·以正亂賊之罪, 則人不得爲人, 國不得爲國, 危亡之禍, 迫在朝夕. 伏乞聖明亟收成命, 一以慰儲宮流涕之情, 一以副群下呼籲之誠, 然後嚴鞫聖復, 以洩神人之憤. 云云.”

---

124) 奏：底本에는 “責”으로 되어 있다.《承政院日記 景宗 1年 10月 15日》기사에 근거하여 수정하였다.

125) 永：底本에는 “初”로 되어 있다.《承政院日記 景宗 1年 10月 15日》기사에 근거하여 수정하였다.

答曰：“前後批旨, 備悉予意矣.”

○ 副司直權珪·李麟徵等疏曰：“伏以嗚呼痛哉! 皇天豈欲亂亡我國家, 祖宗豈不眷佑我宗祊? 殿下何爲出此言? 春宮何安受此命耶? 殿下聖學高明, 歷觀前史, 自有國家以來, 安有如今日之擧耶? 在前代理聽政之擧, 雖或有之, 而皆在於春秋遲暮·疾病難强, 萬不得已之後也.

噫! 殿下聰明·睿智高出百王, 仁聲·仁聞浹人肌[126]骨, 三十餘年, 養德已久, 億兆之民, 愛戴彌切. 逎者, 新登大位, 勵[127]精圖治, 而因一賊臣之言, 有此不忍聞之敎, 此豈群下之所望於殿下哉?

殿下雖曰‘聖躬有疾’, 而殿下之無疾, 一國臣民皆知之；殿下雖曰‘是予本意’, 而殿下之非本意, 一國臣民皆知之. 殿下何爲此激惱之敎, 以實賊臣之言耶?

噫嘻! 殿下此擧誰所致耶? 臣等以爲聖復輩致之. 仰惟我春宮駭痛憒惋之心, 有倍於臣等. 聖復不但在王法, 有必誅之罪；在春宮, 有必誅之義. 云云.”

○ 政院啓曰：“卽者, 副司直權珪等投進一疏, 臣等觀其措語, 首以‘嗚呼痛哉! 皇天豈欲亂亡我國家?’爲言, 其中有曰：‘殿下雖曰「是予本意」, 而殿下之非本意, 臣民皆知之’, 言之凶悖, 胡至此極?

噫! 當初備忘, 旣敎以‘今者諸臣, 不知予之本意’, 又中間批旨, 又諭以‘今番事, 本非爲臺疏而發’, 則今此珪等, 何以知殿下本意, 而肆爲此誣上不道之言耶?

此輩敢欲以聖上此擧, 勒歸於非本意, 有若殿下有所激惱而發者然, 言其誣及聖躬之罪, 則甚於世良；語其危逼國本之計, 則浮於鳳輝. 此等凶逆之言,

---

126) 肌：底本에는 “肥”로 되어 있다. 존경각본과 《承政院日記 景宗 1年 10月 15日》기사에 근거하여 수정하였다.

127) 勵：底本에는 “厲”로 되어 있다. 존경각본과 《承政院日記 景宗 1年 10月 15日》기사에 근거하여 수정하였다.

所當直請嚴鞫, 而其疏不可不一經睿覽, 玆以捧入之意, 敢啓."

傳曰:"此疏還出給, 此等疏勿爲捧入."

○ 生員閔通洙等上疏曰:"初十日所下備忘記, 遽出於千萬意慮之所不及, 幸賴天啓淵衷, 卽降反汗之命, 凡玆大小臣民, 驚惶錯愕之際, 誠不勝歡忻之忱, 仰欽聖德之不遠而復矣.

曾未數日, 又有此復申前命之敎, 一國含生之屬, 率皆驚駭惶惑, 上自大臣, 下至庶僚·韋布, 無不血誠呼籲, 必以準請爲期. 而天聽邈然, 至以疾病之沈痼爲諭, 而繼引祖宗朝故事, 必欲牢拒群下之情, 臣等傳誦綸音, 尤不覺抑塞而痛哭也.

今我殿下新膺大位, 寶算方盛, 憂勤庶政, 夙宵靡解, 遠近觀聽, 方此拭目翹踵, 以俟化成治定之期. 雖天和或愆, 玉體欠寧, 若隨宜調攝, 從容酬酢, 則治疾裁務, 顧何相妨耶?

至於祖宗朝故事, 乃在於春秋向暮·疾病難强之時, 則前後事實, 亦有大不相同者, 固不可援而爲例. 況今災荒連仍·艱虞溢目之時, 又安可上不念宗社之托, 下不副臣民之望, 乃於卽位之初, 遽示厭煩自便之意, 以孤先大王艱大之投哉?

且春宮邸下, 新膺儲貳之命, 所以自盡其誠者, 惟在於問寢視膳之節, 而忽承此不敢當之敎, 驚惶震惴, 理所必至. 伏聞日昨引接宮僚, 涕泣, 不能成聲. 雖以昨日聖敎觀之, 其憂悶罔措之意, 自上亦已俯察而矜憐矣. 以殿下友愛之至意, 獨何忍一向强迫, 不思所以慰安之道乎?

臣等竊以爲亟回聖心, 收還備忘, 以敍春宮悶蹙之情, 以副擧國顒祝之誠, 則宗社臣民之慶, 無過於此者. 儻或久閟兪旨, 則豈但臣僚抵死守閤, 碎首力爭而已? 中外臣庶, 又將齊聲叫閤, 竊恐紛撓之端, 反有妨於攝養之節.

臣等固當與太學合疏, 而顧以未及放名之前, 不可自附於選士之末, 玆敢唱率一榜. 云云."

答<u>任選</u>·<u>閔通洙</u>·<u>李長春</u>·<u>李萬升</u>等疏曰："前後批旨, 備悉予意矣."

○ 大司憲<u>李喜朝</u>疏："云云. 旣無形見之症, 寧因一時微恙, 遽然釋務耶? 王世弟涕泣罔措, 人心波蕩, 此豈非國家危急存亡之大關? 云云."

○ 兩司合啓【<u>韓世良</u>加律鞫問, 措語已見十二日.】："玆於政院之批, 雖有'依臺論擧行'之敎, 而顧此罪狀, 實是覆載之難容, 其在正王法·懲元惡之道, 不可桮棘而止. 請<u>世良</u>亟命拿鞫嚴問.

卽者, 副司直<u>權珪</u>投進一疏, 而語意極凶悖. 原疏雖未得見, 而今以政院啓辭觀之, 則其中有曰：'殿下雖曰「是予本意」, 而殿下之非本意, 一國臣民, 皆知之. 殿下何爲此激惱之敎? 云云.'

噫嘻! 言之凶慘, 何至此極? 當初備忘, 旣敎以'今者諸臣, 不知予本意', 中間批旨, 又諭以'今番事, 本非因臺啓而發', 則今此<u>珪</u>等, 何以逆知其非殿下之本意, 而敢爲此誣上不道之言耶? 而況'激惱'二字, 其所用意, 尤有所不可測者.

今此還收成命之請, 固臣子道理之當然, 而憑藉此機, 闖逞異議, 其誣及上躬, 而語逼國本之罪, 浮於<u>鳳輝</u>·<u>世良</u>. 而其在嚴懲討之道, 不可不極加究覈, 請<u>權珪</u>拿鞫嚴問."

答曰"不允".

○ 院啓："臣等伏見司直<u>洪萬朝</u>等疏本, 則下款以大臣箚論承宣事, 極意搆捏. 至以討罪之擧, 豈但<u>聖復</u>一人爲言? 事之駭愡, 孰甚於此? 蓋伊日之重臣, 不待齊會, 必欲獨入之狀, 揆以事體, 豈非可駭之甚者?

而喉院之臣, 朦不覺察, 隨其煩槀入對. 致令大臣·諸臣未及同入, 彷徨岐路, 終至自外退歸, 則相箚所論, 誠爲得體之言. 而今<u>萬朝</u>等, 投合一邊之指意, 欲逞平日含憾之心, 顯有同惡相濟, 雄唱雌和, 助成壞亂朝廷之計. 論其情狀, 萬萬痛駭, 請<u>洪萬朝</u>削黜."

答曰"不允".

○ 朝廷庭請啓辭, 傳曰：“已諭於前後之批矣, 亟停.”

○ 政院啓辭, 答曰：“已諭於前後之批矣, 卽速擧行.”

○ 三司庭請啓, 答曰“已諭, 勿煩”.

○ 宗班庭請, 傳曰“已諭於賓廳前後之批矣”.

○ 王世弟四疏, 答曰：“省疏具悉. 前後批旨已諭予意矣.”

○ 十六日, 生員尹得衡等疏槪：“更申瀝血之請, 伏乞還收非常之命, 特正賊臣之罪, 以副宗社·神人之望, 快[128]洩擧國臣民之憤.”事.

○ 館學儒生洪銓輔等上疏大槪：“臣等伏見國家非常之擧, 不勝驚憂之忱, 昨陳血懇, 冀賜反汗. 而及承批旨, 未蒙允許, 臣等於此, 益不勝悶鬱抑塞之至. 乞收成命, 以幸宗社.”事.
答尹得衡·洪銓輔等疏曰"已悉予意於前後之批旨矣".

○ 右議政趙泰耉疏槪“更申血泣之請, 以冀亟收成命, 以副神人之望”事, 入啓.

○ 翊衛李挺英等疏槪：“臣等忝居宮僚之末, 目見國家非常之擧, 不勝驚

---

128) 快：底本에는 “夬”로 되어 있다.《承政院日記 景宗 1年 10月 16日》기사에 근거하여 수정하였다.

惶憂愛之悃. 玆敢相率呼籲於宸嚴之下, 冀收成命, 以爲慰安春宮悶蹙之心."
事.

○ 王世弟五疏, 答曰 : "省悉. 連日之批, 已諭予意矣."

○ 朝廷口傳請對, 過烽火時, 批答未下. 朝廷又啓曰 : "臣等朝者請對, 而終
日祗候於閤門之外矣. 闕門已閉, 更漏將下, 而尙無發落. 臣等益不勝抑鬱之
至, 極知惶恐, 而復此仰達, 伏乞極賜引對."
傳曰 : "前後批旨, 已悉予意, 勿爲請對. 依前備忘擧行, 退去宜矣."

○ 三司請對, 傳曰 : "已諭予意於前後批旨, 勿爲請對. 依前備忘擧行矣."

○ 政院請對, 批旨同.

○ 朝廷庭請啓辭, 傳曰 : "卿等之至誠, 予已知矣. 予之病勢, 若可以酬應,
則何至於此耶? 近來火症漸升, 不得覺察. 一日之內頻發, 故將至於使左右考
例擧行之境, 若如是, 則豈可以爲國也? 此予至誠之言. 左右可乎? 世弟可乎?
卿等深思之, 依前下備忘擧行, 與我兄弟, 分苦分痛, 一以使調予之病, 一以扶
將亡之國."

○ 有政. 李森爲忠兵.

○ 政院啓辭.

○ 三司合啓辭, 答曰 : "已論於庭請之批, 勿煩."

○ 三司合啓鳳輝事, 拿鞫嚴問. 兩司合啓趙泰耉事, 削黜；韓世良事, 拿鞫嚴問；權珪事, 設鞫嚴問, 添改措語, 有云："其所爲說, 必有指斥之處, 其謂果誰之意, 而激惱於何事耶?"

○ 府啓朴泰恒遠竄·疏下削黜事. 院啓趙泰億罷職不敍事·洪萬朝罷職不敍事.【昨日院啓洪削黜, 今改律.】

○ 持平柳復明啓曰："臣於朴泰恒削黜事, 當初僚席, 以疏頭遠竄·疏下幷削黜擬律, 而臣意則疏末多人, 一倂請削, 似或過重, 故末乃以疏頭削黜事, 有所更議追改矣. 今聞公議譁然, 大加非斥. 云云."
答曰"勿辭, 退待物論".【此批始下於十八日.】

○ 持平李瑜以柳復明減朴泰恒律, 引避, 啓斥其畏怯.

○ 輔德兪拓基等聯名疏, 答曰"已諭於賓廳啓辭之批矣".

○ 三司·兩司·府·院啓辭, 批答未下.

○ 柳復明·李瑜避嫌, 批答未下.

○ 十七日, 領相金昌集·領府事李頤命·判府事趙泰采·左議政李健命等聯名箚曰："臣等云云. 第伏念當初備忘中, '大小國事幷令裁斷'之敎, 實國朝[129]以來所未有之事, 中外臣庶之驚惑憂遑, 正在於此, 臣等雖萬被誅戮, 決不敢承奉.

---

129) 朝：底本에는 "家"로 되어 있다.《寒圃齋集 卷7 庭請後與領議政金昌集·領府事李頤命·判府事趙泰采聯名箚》에 근거하여 수정하였다.

至於丁酉事, 自是先朝裁定, 且有節目之區別, 其視'并令裁斷'之命, 不啻有間. 而況此聖敎, 出於至誠惻怛, 則爲殿下臣子者, 安敢以徑遽爲拘, 一併違拒, 以傷我殿下之心哉? 伏乞聖明亟令攸司, 只依丁酉節目, 稟旨擧行, 千萬幸甚."

○ 去夜, 庭請批答下後, 大臣以庭請停止之意, 收議於班中, 諸宰無異辭, 崔錫恒·李光佐諸人以爲不可, 爭之, 不得. 三司中, 惟持平柳復明方在引嫌, 未承批中出班, 力爭其不可奉承之意, 趙泰采以待明朝, 更會之意發言, 而出令罷出. 及至翌朝, 以大臣陳箚庭請姑罷之意, 捧甘於各司. 四大臣聯箚請依丁酉節目而擧行, 批旨未下.

右相方在城外, 詣闕請對, 政院以"臺啓方張之日, 不可稟達"之意, 阻搪相爭之際, 自內忽有右相引接之命. 大臣·諸宰, 隨後入對, 同辭陳請, 領相亦引咎陳達, 遂有備忘還收之命. 兩度備忘及庭請批答一度, 還納榻前.

承旨洪錫輔·趙榮福以"右相引見, 不待政院之陳稟, 從何得聞其入來?"之意, 質問言根於上. 左參贊崔錫恒斥其無嚴, 上無發落. 諸宰入對時, 只請聽政還收外, 無一言提論他事. 三司前日之啓, 并未下批, 而更發右相遠竄·崔錫恒削黜啓於榻前.

찾아보기

역주 l

김용흠

서울대학교 국사학과 학사, 연세대학교 대학원 문학석사·박사, 현 연세대학교 국학연구원 연구교수

주요논저 l 《조선후기 정치사 연구 I‐인조대 정치론의 분화와 변통론》(2006), 《조선후기 실학과 다산 정약용》(2020), 《목민고·목민대방》(역서, 2012), 《형감》(역서, 2019), 《대백록》(역서, 2020), 《당의통략》(역해, 2020), 《동남소사》(역서, 2021), 《수문록 1·2》(역서, 2021· 2022), 《황극편 1~5》(역서, 2022~2024), 〈조선의 정치에서 무엇을 볼 것인가‐탕평론·탕평책 ·탕평정치〉(2016), 〈조선후기 노론 당론서와 당론의 특징‐《형감(衡鑑)》을 중심으로〉 (2016), 〈《경세유표》를 통해서 본 복지국가의 전통〉(2017), 〈晚靜堂 徐宗泰의 정치 활동과 탕평론〉(2020), 〈묵재 이귀의 정치활동과 경세론〉, 〈강진본 《동남소사》의 특징과 다산 정약용〉(2023), 〈《당의통략》의 당쟁 인식과 탕평론〉(2024)

원재린

성균관대학교 사학과 학사, 연세대학교 대학원 문학석사·박사, 현 연세대학교 국학연구원 연구교수

주요논저 l 《조선후기 성호학파의 학풍연구》(2002), 《임관정요》(역서, 2012), 《동소만록》(역 서, 2017), 《형감》(역서, 2019), 《대백록》(역서, 2020), 《동남소사》(역서, 2021), 《수문록 1·2》(역서, 2021·2022), 《황극편 1~5》(역서, 2022~2024), 〈조선후기 남인당론서 편찬의 제 특징〉(2016), 〈성호사설과 당쟁사 이해〉(2018)

김정신

덕성여자대학교 사학과 학사, 연세대학교 대학원 문학석사·박사, 현 연세대학교 국학연구원 연구교수

주요논저 l 《형감》(역서, 2019), 《대백록》(역서, 2020), 《동남소사》(역서, 2021), 《수문록 1·2》 (역서, 2021·2022), 《황극편 1~5》(역서, 2022~2024), 〈주희의 묘수론과 종묘제 개혁론〉 (2015), 〈주희의 소목론과 종묘제 개혁론〉(2015), 〈기축옥사와 조선후기 서인 당론의 구성·전 개·분열〉(2016), 〈16~7세기 조선 학계의 중국 사상사 이해와 중국 문헌〉(2018)

연려술속 燃藜述續 1 번역과 주해

김용흠·원재린·김정신 역주

초판 1쇄 발행 2025년 3월 26일

펴낸이 오일주
펴낸곳 도서출판 혜안

등록번호 제22-471호
등록일자 1993년 7월 30일

주소 04052 서울시 마포구 와우산로 35길 3(서교동) 102호
전화 02-3141-3711~2 / **팩스** 02-3141-3710
이메일 hyeanpub@daum.net

ISBN 978-89-8494-746-7 93910

값 42,000 원